Die akademische Gerichtsbarkeit
der Universität Heidelberg

Lukas Ruprecht Herbert

Die akademische Gerichtsbarkeit der Universität Heidelberg

Rechtsprechung, Statuten und Gerichtsorganisation von der Gründung der Universität 1386 bis zum Ende der eigenständigen Gerichtsbarkeit 1867

UNIVERSITÄTS-
BIBLIOTHEK
HEIDELBERG

ÜBER DEN AUTOR

Dr. Lukas Ruprecht Herbert, Rechtsanwalt
In Mannheim am 06.12.1983 geboren, aufgewachsen in Schwetzingen. Abitur am Johann-Sebastian-Bach Gymnasium Mannheim. Studium der Rechtswissenschaften in Heidelberg. 2009 Erste juristische Staatsprüfung. Referendariat am Landgericht Mannheim. Nebentätigkeit in einer führenden Kanzlei für Unternehmenssanierung und Insolvenz. Zweite juristische Staatsprüfung 2013. Seit 2014 als Rechtsanwalt ausschließlich im Bereich des Insolvenzrechts tätig. 2017 dreimonatiger beruflicher Auslandsaufenthalt auf den Cayman Islands.

Bibliografische Information der Deutschen Nationalbibliothek
Die Deutsche Nationalbibliothek verzeichnet diese Publikation in der Deutschen Nationalbibliografie. Detaillierte bibliografische Daten sind im Internet unter http://dnb.ddb.de abrufbar.

Die Online-Version dieser Publikation ist auf heiBOOKS, der E-Book-Plattform der Universitätsbibliothek Heidelberg, http://books.ub.uni-heidelberg.de/heibooks, dauerhaft frei verfügbar (Open Access).
urn: urn:nbn:de:bsz:16-heibooks-book-348-5
doi: https://doi.org/10.11588/heibooks.348.481

Umschlagabbildung:
Friedrich Rottmann, Begebenheit auf dem Heidelberger Universitätsplatz, 1804, 21,7 × 28 cm (Blatt). Kurpfälzisches Museum der Stadt Heidelberg, Inv.-Nr. S 4961/3.

ISBN 978-3-946531-80-7 (Hardcover)
ISBN 978-3-946531-81-4 (PDF)

hora, dies, vita fugit;
manet unica virtus

Danksagung

Lange Jahre hat sich die Anfertigung der Dissertation hingezogen. Dass sie abgeschlossen wurde, ist auch ein Verdienst der hier zu berücksichtigenden Personen.

Den Mitarbeitern des Universitätsarchivs Heidelberg, insbesondere Frau Sabrina Zinke, bin ich dankbar für ihre Geduld und die schnelle, unbürokratische Beschaffung unzähliger Akten aus den Tiefen des Bestands.

Herrn Dr. Martin Cramer danke ich für die freundschaftliche Zusammenarbeit im Rahmen des Korrekturlesens und für unverzichtbare Dienste als Motivator.

Besonders zu Dank verpflichtet bin ich meinen Doktorvater, Herrn Professor Klaus-Peter Schroeder. Die Betreuung über mehr als acht Jahre hinweg zeichnete sich durch das stete Interesse an der Bearbeitung des Themas aus. Als Kenner nicht nur der Heidelberger Universitäts- und Studentengeschichte hat er mit vielfältigen Hinweisen zum Gelingen beigetragen und das Projekt freundlich unterstützt.

Mein Großvater Gerhard Herbert hat mich bei der Übersetzung lateinischer Urkunden, die gerade für die ersten Dezennien der Universitätsgeschichte unverzichtbar sind, unterstützt. Durch das Wecken des Interesses an der Geschichte im Allgemeinen und derjenigen der Kurpfalz im Besonderen legte er den Grundstein der nun vorliegenden Arbeit; seinem Andenken soll sie zugeeignet sein.

Einleitung

Die Arbeit stellt die Entwicklung der akademischen Gerichtsbarkeit der Universität Heidelberg in ihrer beinahe fünfhundertjährigen Geschichte dar. Dabei wird das Universitätsgericht als organisatorischer Teil des Rechtsverbands und die gelebte Praxis der Rechtsprechung untersucht. Die vielschichtige Rolle der Professoren als Richter und Lehrer einerseits und Prozessparteien andererseits ist als ein typisches Merkmal der Universitätsgerichtsbarkeit relevant.

Bei der Bearbeitung der Geschichte einer Institution, die ihre Wurzeln im Mittelalter hat und bis in die zweite Hälfte des neunzehnten Jahrhunderts in Erscheinung trat, stellt sich die Frage, nach dem Aufbau: In einzelne Themenbereiche gegliedert oder chronologisch? Für die abschließende Beschreibung der jeweiligen Merkmale spricht die Vermeidung von Wiederholungen und die bessere Übersichtlichkeit. Ein chronologischer Aufbau hat jedoch den Vorzug, dass der Wandel der *alma mater heidelbergensis* und ihrer Glieder von der kirchlich geprägten *universitas magistrorum et scholarium* über die calvinistische Hochschule der frühen Neuzeit, die Jesuitenuniversität des achtzehnten Jahrhunderts zur badischen Landesuniversität deutlicher wird.

Arbeiten über die universitäre Gerichtsbarkeit im Allgemeinen liegen bereits vor.[1] Auch die spezifische Geschichte von einzelnen Universitäten wie etwa Marburg,[2] Giessen,[3] Kiel,[4] Freiburg[5] und zuletzt auch Leipzig[6] wurde bearbeitet.

Für Heidelberg existieren nur Bearbeitungen der akademischen Gerichtsbarkeit im Rahmen von Aufsätzen[7] und Abschnitten in umfassenderen Werken.[8] Hier fehlt eine umfassende Arbeit über die Ruperto Carola. Diese soll gerade die erhaltenen Gerichtsakten mehr als nur anekdotisch einarbeiten.[9]

1 Vgl. Stein und aus der neueren Zeit Alenfelder.
2 Vgl. Woeste.
3 Vgl. Dette.
4 Vgl. Toll.
5 Vgl. Bubach.
6 Vgl. Rudolph in: Universitätsgeschichte als Landesgeschichte, S. 187ff.
7 Oberdörfer, Bemerkungen, S. 474ff.
8 Weisert, S. 22f.
9 Im Gegensatz etwa zu Oberdörfer, Fn. 7.

Inhaltsverzeichnis

A. Einführung

Eine eigene Gerichtsbarkeit für Angehörige einer Universität besteht heute nicht mehr. Es erscheint auch kaum vorstellbar, dass sich durch die bloße Immatrikulation die Gerichtszuständigkeit ändert. Zwar sind in der Bundesrepublik Deutschland gemäß Art. 101 Abs. 2 GG Sondergerichte zulässig, allerdings nur für besondere Sachgebiete und nicht für besondere Personengruppen, es sei denn, die Beschränkung auf ein Sachgebiet führt unweigerlich zu einer Beschränkung auf eine besondere Personengruppe.[10] Solche Gerichte sind etwa der Anwaltsgerichtshof, Disziplinargerichte für Beamte oder Berufsgerichte für Ärzte.

Eine zivil- und strafrechtliche Gerichtsbarkeit für Professoren, Studenten, Beamte der Universität aber auch bloße Universitätsverwandte wie Buchbinder, Buch- und Papierhändler und Witwen von Universitätsangehörigen,[11] ja sogar deren Hausangestellte würde daher gegen Art. 101 Abs. 2 GG verstoßen.

Gleichwohl stellte die eigenständige Gerichtsbarkeit einst eines der konstitutiven Merkmale der Universität dar. Sie folgte aus dem Charakter der Universität als Genossenschaft der Lehrenden und Lernenden. Zu ihrem Wesen schreibt Otto von Gierke im Jahr 1868, also etwa zu der Zeit, in der die akademische Gerichtsbarkeit abgeschafft wurde, folgendes:[12]

> *Alle Universitäten stimmten daher bei sonstiger großer Mannichfaltigkeit der Verfassungen darin überein, daß sie freie, durch sich selbst bestehende Körperschaften waren, welche als Gesammteinheiten eine Fülle besonderer Rechte und Pflichten, vor Allem aber die allgemeinen Genossenschaftsrechte besaßen; neben dem Recht der öffentlichen Lehre und seinen Folgen also namentlich Autonomie, Gerichtsbarkeit und Selbstverwaltung, freie Bestimmung der eigenen Organisation und Wahl der Vorstände und Organe, Aufnahme und Ausschließung der Mitglieder, Verkehrs- und Vermögensfähigkeit im bürgerlichen Recht.*

Otto von Gierke bezeichnet die akademische Gerichtsbarkeit als eines der maßgeblichen Kriterien zur Einordnung der Universität als Genossenschaft.

10 Sodan-Sodan, Art. 101 Rn. 12.

11 Alenfelder, S. 62.

12 Gierke, Das deutsche Genossenschaftsrecht I, S. 438.

Die vorliegende Arbeit beschreibt die Entwicklung der Heidelberger akademischen Gerichtsbarkeit von der Gründung der Rupertina im Jahr 1386 bis zur Abschaffung der letzten verbliebenen Reste durch die Reform der Universitätsstatuten in den Jahren nach 1968.

In seiner frühen Untersuchung „*Ueber die Verfassung und Verwaltung deutscher Universitäten*" hält Christoph Meiners im Jahr 1801 fest:

> *Unter den Vorrechten hoher Schulen ist keins älter und allgemeiner, als Exemtion von dem Gerichtszwange der ordentlichen Obrigkeiten der Universitäts-Städte, und eigene Gerichtsbarkeit über ihre Angehörigen. Eigene Gerichtsbarkeit ist unter allen Prärogativen von Universitäten das Einzige, welches in dem Laufe von sieben Jahrhunderten nicht allein nicht geschmälert, sondern eher erweitert worden ist: ein Factum, das für die Nützlichkeit und Nothwendigkeit akademischer Gerichte das günstigste Vorurtheil erregt.*[13]

Gleichwohl besteht die unabhängige Gerichtsbarkeit heute nicht mehr.

Ein Symbol der Gerichtsgewalt existiert an der Ruperto-Carola jedoch heute noch: das Szepter des Rektors. Früher sollte dieses Zeichen die Funktion des Rektors als Kopf einer Korporation mit eigener Gerichtsbarkeit zeigen. Es wurde als Ausdruck seiner Würde bei Prozessionen und Feiern vor ihm hergetragen.[14] Zum ersten Mal erwähnt wurde ein solches im Jahr 1387.[15] Heute kann dieses, in der Ausführung wohl von 1492, im Universitätsmuseum Heidelberg besichtigt werden.[16]

Der Typus der Universität entsteht im Mittelalter, einer Zeit, die, im Gegensatz zu unserer, die Parallelität verschiedener Macht-, Rechts- und damit auch Gerichtssphären in einem Staat kennt.[17] Neben der Universität sind etwa Stadt, Hof, Land und die Kirche als Träger eigener Gerichtsbarkeiten zu nennen.

Auf dieser Grundlage ist die akademische Gerichtsbarkeit, also die ausschließliche Zuständigkeit der Universität für zivil- und strafrechtliche Streitigkeiten und Klagen von oder gegen ihre Mitglieder und Verwandten, im mittelalterlichen Staat entstanden.[18]

---

13 Meiners I, S. 103.
14 Hautz I, S. 57; Thorbecke, S. 48f.
15 Winkelmann II, Nr. 32.
16 Zu den Szeptern siehe Paatz in: Ruperto-Carola Sonderband 1961, S. 76ff., Abbildung S. 79.
17 Maack, S. 27.
18 Woeste, S. 9.

B. Erster Schwerpunkt: Akademische Gerichtsbarkeit von der Gründung der Heidelberger Rupertina bis zum Ende des siebzehnten Jahrhunderts

I. KAPITEL: Entstehung einer eigenständigen akademischen Gerichtsbarkeit

Die beiden großen Vorbilder der europäischen Universitätsgründungen des vierzehnten Jahrhunderts sind Bologna und Paris. Um die Entstehung der universitären Gerichtsbarkeit Heidelbergs zu verstehen, hilft zunächst ein Überblick über die beiden Vorbilder.

1. Anfänge der Universität Bologna

a) Entstehung der Universität

Die Entwicklung der Rechtsschulen hat ihren Ursprung in Pavia und Ravenna.[19] Möglich ist deren Entstehung wegen des Fortbestehens der autonomen lombardischen Städte seit dem Ende des Römischen Reichs. In den Städten hielt sich eine eigene Bildungstradition neben den nördlich der Alpen dominierenden kirchlichen Schulen.[20] Aus dem kommunalen Schulwesen erwachsen Gelehrte, die sich mit dem römischen Recht befassen und mit der Zeit immer mehr Schüler um sich versammeln. In Bologna aber entsteht aus dem *studium*, einer Rechtsschule, durch die Erweiterung des Fächerkanons eine frühe Form der Universität.[21] Es ist die erste große „Juristenuniversität", an der sich in ihrer Hochphase im zwölften und dreizehnten Jahrhundert mehr als tausend Studenten dem wieder entdeckten römischen Recht widmen.[22]

---

19 Kaufmann I, S. 161; Rashdall I, S. 105ff.; Wieacker, S. 26; zu Pavia: Lange, S. 26f.

20 Rashdall I, S. 94; Bünz in: Geschichte der Universität Leipzig I, S. 28.

21 Zu den Begriffen *universitas* und *studium generale* siehe Hammerstein in: HRG V, Sp. 492f.; Rashdall I, S. 15; zu *studium* auch Fried, S. 7ff. Eine Übersicht auch bei Steffen, S. 29f.

22 Belloni in: HRG I, Sp. 641–643; Kaufmann I, S. 167 Fn. 1; Walter, S. 78f. nennt für das 13. Jahrhundert zwischen 1464 und 2000 Studenten als Höchstzahl, die ältere Forschung

Die oberitalienische Stadtuniversität wird, im Gegensatz zur deutschen[23] Universität ab dem vierzehnten Jahrhundert, nicht durch einen singulären Beschluss eines Rates oder eines Herrschers gegründet, sondern entsteht im Laufe eines längeren Zeitraums. Dabei bildete sich zunächst ein freier Zusammenschluss der Schüler und in Reaktion darauf eine Organisation der Lehrer. In Bologna gründen sich beide Organisationen im Verlauf des zwölften Jahrhunderts, ohne dass ein präzises Gründungsdatum bekannt ist.[24] Im Unterschied zu den Universitäten nördlich der Alpen trägt der Zusammenschluss der Schüler, die *universitas scholarium*, die oberitalienischen Hochschulen. Sie stellen die Professoren an und sichern den Studenten so einen erheblichen Einfluss auf die Lehrmethode, den Inhalt und den äußeren Ablauf.

Ein weiteres Kennzeichen der Universität, wie sie sich in Norditalien herausbildet, ist das Bestehen der *nationes*. Unter einer solchen versteht man einen landsmannschaftlich organisierten Teilverband der Studentenschaft.[25] Die Zusammenschlüsse erfolgen freiwillig und auf Initiative der Scholaren, weshalb ihnen auch nicht alle Studierenden angehören. In Bologna gibt es die *Citramontani*, die *nationes* der italienischen Studenten aus der Lombardei, der Toskana und aus Rom. Daneben besteht als größte und älteste Landsmannschaft die der *Ultramontani*, gebildet durch die Studenten aus den Gebieten nördlich der Alpen. Untergliedert wird sie in bis zu dreizehn *nationes*, darunter auch die Deutsche Nation, welche im ausgehenden zwölften Jahrhundert gegründet worden war.[26] Die Nationen der Universität Bologna üben die niedere Gerichtsbarkeit über ihre Mitglieder aus. Durch den freiwilligen Eintritt in die Nation unterwirft der Scholar sich der Satzung und damit auch der Gerichtsbarkeit.[27]

---

ging noch von etwa 6000 im Jahr 1300 aus, Kaufmann I, S. 183 nennt sogar 10.000. Wiederentdeckt wurden die Pandekten (Digesten), der Codex war auch nach dem Untergang des Römischen Reichs in Norditalien bekannt: Rashdall I, S. 99f.; Schmutz, S. 12; Lange, S. 14f.

23 „Deutsch" im Sinne der Gebiete des Heiligen Römischen Reich Deutscher Nation außerhalb Italiens, zu den begrifflichen Schwierigkeiten Schmutz, S. 15.

24 Savigny III, S. 168f.; Belloni in: HRG I, Sp. 641; Steffen, S. 37.

25 Kaufmann I, S. 188; Gieysztor in: Geschichte der Universität in Europa I, S. 114.

26 Kaufmann I, S. 189; Rashdall, S. 156f.; Stein, S. 19; Kibre, S. 20; Schumann, S. 58; Steffen, S. 87ff.; Bünz in: Geschichte der Universität Leipzig I, S. 29. Die erste Erwähnung findet sich erst 1265, allerdings bestand die Nation unstreitig schon früher, siehe Schmutz, S. 58. Die Deutsche Nation wirkte bis in das achtzehnte Jahrhundert hinein in Bologna, Müller in: „Der Burschen Herrlichkeit", S. 17.

27 Steffen, S. 89.

Neben der niederen Gerichtsbarkeit wenden die *nationes* eine Art juristischer Selbsthilfe an.[28] Hierzu sprechen die Vorsteher im Falle eines ungestraften Verbrechens gegen eines der Mitglieder der Nation einen Verruf über die Häuser in Tatortnähe aus. Den Scholaren ist es dann untersagt, ein Zimmer in einem solchen Haus zu mieten. Dadurch werden die Eigentümer, die als Bürger Bolognas weitergehende politische Rechte als die Studenten haben, dazu bewegt, Druck auf die Stadtoberhäupter auszuüben, um das geschehene Verbrechen doch noch zu ahnden.[29]

b) Die Habita

Die Blüte der Bologneser Universität läßt neben den ökonomischen Vorteilen für die Bürger auch Schwierigkeiten im Zusammenleben mit den Akademikern entstehen.[30] Sowohl Magister als auch Scholaren sind, da sie kein Bürgerrecht innehaben, meist weit von ihrer Heimat entfernt schutzlos der städtischen Rechtsprechung Bolognas ausgeliefert. Diese neigt dazu, Bürger prozessual zu bevorzugen. Insbesondere die Sitte, Scholaren für Schulden ihrer abgereisten Landsleute haften zu lassen, belastet die Lernenden. Ein weiteres Risiko stellen die unsicheren Straßen für die häufig an die Wirkungsorte bekannter Magister reisenden Scholaren dar.[31]

Deshalb nutzt die Gemeinschaft der Magister und Scholaren den Aufenthalt von Kaiser Friedrich Barbarossa im Jahr 1155 vor Bologna und bittet ihn um seinen Schutz und um eine Neuregelung der Gerichtszuständigkeit.[32] Der Kaiser gewährt daraufhin die *authentica habita* als Reichsgesetz.[33] Ausgearbeitet wurde die *Habita*, zumindest in ihrer ursprünglichen Fassung, von Doktoren der Bologneser Rechtsschule.[34]

---

28 Müller in: „Der Burschen Herrlichkeit" S. 15: Die *nationes* sind deshalb als Schutzbünde innerhalb der Kommune anzusehen, ähnlich den Zünften.

29 Kibre, S. 23.

30 Zu den erheblichen ökonomischen Vorteilen der Stadt siehe Walter, S. 79ff.

31 Kibre, S. 11.

32 Fried, S. 52; Kaufmann I, S. 164.

33 Zur *Habita* und deren Entstehung schon 1155 siehe: Stelzer, DA 34, S. 123ff. (147); ihm folgend Brüdermann, S. 34; auch Oppl, S. 50 und Koch, S. 35, Rüegg in: Geschichte der Universität in Europa I, S. 32, Oberdörfer, Bemerkungen S. 474 und Bünz in: Geschichte der Universität Leipzig I, S. 28 nennen 1155. Maack, S. 28 geht mit Stein, S. 12 noch von 1158 aus, ebenso Bussi in: HRG I, Sp. 486, Kibre, S. 10; Alenfelder, S. 21; Bubach, S. 26, Fn. 31; Köhler, S. 190 und Fried, S. 52. Auch die ältere Literatur nennt als Entstehungsjahr 1158 und den zweiten Reichstag von Roncaglia als Entstehungsort, siehe nur Savigny III, S. 168; Kaufmann I, S. 165; Rashdall I, S. 143; Wieacker, S. 35. Zeilinger, S. 206 vermutet, dass die *Habita* schon auf dem ersten Reichstag von Roncaglia 1154 entstanden ist und den Magistern und Scholaren 1155 in Bologna nur überreicht wurde.

34 Stelzer, DA 34, S. 153.

In diesem Privileg stellt der Kaiser die Scholaren und Magister ihrem Antrag gemäß unter seinen Schutz und statuiert, dass sie nach eigener Wahl nur vor ihren Lehrern oder vor dem Ortsbischof verklagt werden können.[35] Ursprünglich beziehen sich die *Habita* auf die besonderen Umstände in Bologna. Später werden sie von Scholaren an allen Hohen Schulen angewandt und durch Abschriften verbreitet.[36]

Möglich war dies, weil die *Habita* unter dem Titel *„Ne filius pro patre etc."* in das *Corpus Juris Civilis* eingefügt wurde.[37] Dies erfolgte unter Cod. 4.13 oder am Ende von 4.12.[38] Durch das Einordnen in das *Corpus Juris* und die dafür nötige allgemein gehaltene Formulierung ohne Nennung der Universität Bologna, wurde die Wirkkraft der *Habita* erheblich erhöht, da sich so die Glossatoren Jahrhunderte lang mit dem Privileg befassten.[39]

Die *Habita* ist die älteste Regelung der akademischen Gerichtsbarkeit. Durch sie ist zwar noch keine zwingend eigenständige Gerichtsbarkeit für Angehörige der Universität begründet, wohl aber ein Wahlrecht des Beklagten. Dadurch kann eine die ortsfremden Scholaren benachteiligende lokale Gerichtsbarkeit vermieden werden.[40] Die *Habita* bedeuten kein Privileg für die Universität selbst, sie wenden sich lediglich an den einzelnen Schüler im Verhältnis zu seinem Lehrer. Deshalb ist in diesem Gesetz auch nicht die Basis für die eigentliche akademische Gerichtsbarkeit zu sehen.[41] Einfluss übte die *Habita* jedoch auf die späteren päpstlichen und landesherrlichen Universitätsprivilegien und die durch jene geschaffene Gerichtsbarkeit aus.[42]

c) Bolognas universitäre Gerichtsbarkeit

Die Gerichtsbarkeit der Universität Bologna entwickelt sich, vom Papst unterstützt, im Widerstreit mit der Stadt als Recht der Korporation, während die *Habita* ein Scholarenrecht ist. Als die Gerichtsbarkeit der Bologneser Rektoren in der zweiten Hälfte des dreizehnten Jahrhundert entsteht, umfasst sie neben den Scholaren auch die wirtschaftlich mit der Universität verbundenen Handwerks- und Gewerbebetriebe.[43] Zu beachten ist, dass es sich

35 Savigny III, S. 170; Kaufmann I, S. 164; Stein, S. 12f.
36 Stein, S. 12; Stelzer, DA 34, S. 131.
37 Maack, S. 28.
38 Dilcher in: HRG I, Sp. 276; Stelzer, DA 34, S. 136, 139f.
39 Stelzer, DA 34, S. 124; zu den Glossatoren siehe Dilcher in: HRG I, Sp. 1708–1711.
40 Bubach, S. 26; Stein, S. 12f.
41 Maack, S. 28.
42 Boehm in: Universität und Gelehrtenstand, S. 39.
43 Brüdermann, S. 34; Steffen, S. 107ff. Die auch in Heidelberg bedeutsame Gruppe der Universitätsverwandten gab es somit schon in Bologna.

beim Rektor der *universitas scholarium* um einen Studenten, handelt. Deshalb konnte er nur über Seinesgleichen, nicht aber über die von den Studenten angestellten Professoren richten. Letztere standen als Bürger Bolognas unter die städtische Gerichtsbarkeit.[44]

Allerdings werden im Spätmittelalter und in der Renaissance die *Habita* auch in Bologna als Bestätigung und zur Verdeutlichung des Rechts der Universität auf eine eigene Gerichtsbarkeit verwendet.[45]

2. Überblick über die Entwicklung der Universität Paris

Neben Bologna ist Paris als eine der Pflanzstätten der abendländischen Hohen Schulen zu nennen. Im Gegensatz zu der von den Studenten getragenen lombardischen „Juristenuniversität" handelt es sich bei der von den Lehrenden gebildeten Pariser Universität um die bekannteste Theologenhochschule des Mittelalters und der frühen Neuzeit.[46] Da sie aus den Schulen der dortigen Kathedrale und dem Kloster St. Genovefa entstand, liegt der Primat der Theologie als der höchsten Wissenschaft nahe.[47]

In Paris entwickelte sich die eigene Gerichtsbarkeit am Ende des zwölften Jahrhunderts. Zunächst hatte Papst Coelestin III. den Scholaren der Pariser Universität 1194 das Privileg erteilt, nur vor ein Gericht der Kirche geladen werden zu dürfen.[48] In der Bulle *„parens scientiarum"* von 1231, gleichsam der Magna Charta der Universität Paris, erneuerte Papst Gregor IX. das Unterordnen unter das kanonische Recht und die kirchliche Gerichtsbarkeit. Der Bischof wurde zum Gerichtsherrn bestimmt, mit der Einschränkung, dass er keinen Scholaren wegen Schuldklagen verhaften dürfe.[49]

Als im Jahr 1200 nach einem Streit zwischen Scholaren und Bürgern, der für fünf deutsche Studenten mit dem Tode endete, die Gemeinschaft der Scholaren und Magister droht, die Stadt zu verlassen, zeigt sich, dass auch die weltliche Macht eine Regelung treffen muss.[50] Um solche Streitigkeiten in

---

44 Steffen, S. 107.

45 Stein, S. 14, 16.

46 Hammerstein in: HRG V, Sp. 492f.

47 Rashdall I, S. 275; Kaufmann I, S. 247; Stein, S. 5. Die einzelnen Schulen werden von Ferruolo, The Origins of the University, S. 11–47 dargestellt.

48 Hammerstein in: HRG V, Sp. 492.

49 Hier wird die Parallele zur Habita deutlich, die sich auch auf die Haftung für Schulden bezog, einem der typischen Probleme der Scholaren des Mittelalters und späterer Zeiten. Siehe auch Kaufmann I, S. 258f.; Rashdall I, S. 337f.

50 Kaufmann I, S. 248; Alenfelder, S. 27.

ruhigere Bahnen zu leiten, unterstellt König Philipp II. Augustus die Scholaren und Magister dem Bischof von Paris als Gerichtsherrn.[51] Dieser überträgt das Amt bald an seinen Kanzler.[52] Somit haben die beiden entscheidenden Gewalten des Mittelalters in Frankreich, der König und der Papst, eine Regelung über die Gerichtsbarkeit der Pariser Scholaren getroffen. Allerdings handelt es sich um keine eigene Gerichtsbarkeit der Universität, sondern lediglich um die Zuweisung unter die bestehende Gerichtsbarkeit der Kirche.[53] Tätig wird der Kanzler im Rahmen der kirchlichen Hierarchie. Wird ein Scholar durch die städtischen Behörden festgenommen und weder nach der Fürsprache durch zwei Magister noch nach einer letztmaligen Aufforderung durch den Rektor freigelassen, dann kann sich der Rektor an den Kanzler wenden. War dadurch die Freilassung nicht zu erreichen, stand dem Rektor zu, Berufung beim Bischof einzulegen.[54]

Neben der Kontrolle des Niveaus der Graduierungen ist die Rechtsprechung über die Scholaren und Magister eine wichtige Aufgabe des Kanzlers. Beide Tätigkeiten lassen ihn zum bischöflichen Überwachungsorgan für die sich bildende *universitas magistrorum* werden. Die Existenz des solchermaßen ausgestatteten Kanzleramtes ist für die französische Universität des Mittelalters in Abgrenzung zur italienischen maßgeblich.[55]

Wie in Bologna, so gibt es auch in Paris *nationes*. Sie entstehen ab etwa 1222 an der Fakultät der *artes*[56] und setzen sich in Paris im Gegensatz zu Bologna aus den Scholaren und den Magistern einer Herkunftsregion zusammen. Gegliedert ist die Fakultät in vier *nationes*. Zu nennen sind die der Gallier oder Franzosen, welche aus den Parisern und den Südfranzosen gebildet wurde, sowie Spanier, Italiener und Griechen. Weiterhin die picardische Nation aus Niederländern und Nordfranzosen und die normannische Nation, bestehend aus Scholaren und Magistern aus der Normandie. Nach der französischen ist die englische Nation die zweitgrößte, die sich aus Engländern, Holländern, Schweden, Dänen, Ungarn und Deutschen zusammensetzt. Sie

51 Savigny III, S. 341f.; Weisert, S. 14; Koch, S. 27.

52 Zur Rolle des Kanzlers in der Entwicklung der Universität Paris siehe Gabriel in: Zimmermann, S. 106–154, zur Gerichtsbarkeit S. 109. Zum Kanzler im Mittelalter siehe Acht in: HRG II, Sp. 610–613.

53 Kaufmann I, S. 248.

54 Gabriel in: Zimmermann, S. 109.

55 Rashdall I, S. 282; Kaufmann I, S. 251.

56 Im Unterschied zu den *nationes* in Bologna, die Teil der Universität als solcher und nicht einer Fakultät waren: Gieysztor in: Geschichte der Universität in Europa I, S. 114.

wird 1378 in *nacio Alemanie* umbenannt, da die Deutschen in ihr tonangebend wurden.[57]

Zu Beginn des dreizehnten Jahrhunderts kommt es mehrmals zu Auseinandersetzungen zwischen der Genossenschaft der Magister, wie die *universitas magistrorum* auch bezeichnet wird,[58] und dem Kanzler. Die Magister rufen im Jahr 1209 den Papst zu Hilfe, weil der Kanzler, abgesehen von ungerechtfertigten finanziellen Forderungen an die neuen Lehrer, auch durch die Festnahme von Scholaren bei leichten Vergehen seine Rechte überschritten hatte. Daraufhin erklärt Papst Innozenz III., er selbst habe in seiner Pariser Studienzeit Vergleichbares nicht erlebt, und untersagt dem Kanzler ein entsprechendes Vorgehen.[59] 1213 werden die Streitigkeiten durch einen Vertrag zwischen dem Kanzler und der Gemeinschaft der Magister vorerst beendet. Durch dieses Konkordat können die Akademiker ihre Vorstellung über das Festnahmerecht durchsetzen, welches nur bei schweren Vergehen und Fluchtgefahr bestehen sollte. So entwickelt sich die entstehende Universität gerade in Abgrenzung zu ihrem Gerichtsherrn.

Nachdem das Festnahmerecht des Kanzlers durch den Papst eingeschränkt wurde, unternahmen die Magister den Versuch, ein Wahlrecht der Scholaren zwischen der kirchlichen Gerichtsbarkeit und einer neu zu schaffenden akademischen Gerichtsbarkeit zu etablieren. Ziel dabei ist es, die Gleichstellung mit den Rechten der Akademiker in Bologna zu erreichen. Da die Magister in Paris zu Beginn des dreizehnten Jahrhunderts aber hauptsächlich Theologie und die freien Künste unterrichten, fehlt ihnen das juristische Fachwissen, mit dessen Hilfe die Doktoren in Italien ihre Gerichtsbarkeit ausüben. Deshalb gelang es in dieser Zeit nicht, neben den kirchlichen Gerichten ein Universitätsgericht in Paris zu schaffen.[60]

In der Gründungsurkunde wird das Heidelberger Generalstudium als *„hoffentlich würdige Magd des Pariser Studiums"* bezeichnet.[61] Allerdings sollte Heidelberg nur im Aufbau der Organisation dem avignontreuen Paris folgen, inhaltlich wird während des Großen Abendländischen Schismas durch das Bekenntnis zum römischen Papst gerade ein Gegenpunkt gesetzt.[62]

57 Kaufmann I, S. 266; Rashdall I, S. 318; Schumann, S. 63f. Savigny III, S. 349 nennt für die Umbenennung den Zeitraum um 1430.

58 Weisert, S. 14; Stradal in: HRG I, Sp. 1525.

59 Kaufmann I, S. 251, Fn. 2; Ferruolo, S. 298.

60 Rashdall I, S. 290.

61 Düchting in: Moritz, Gründungsurkunde, S. 27.

62 Besonders die süddeutschen Kirchenprovinzen waren zerrissen zwischen den beiden Päpsten, folgten doch Konstanz, Basel und Straßburg dem französischen Papsttum, während Mainz und Worms romtreu waren: Feine, S. 460. Zur Zielsetzung der Hei-

II. KAPITEL: Gerichtsbarkeit bei Gründung der Heidelberger Universität

1. Regelungen der Gründungsurkunden[63]

In einer Urkunde vom 1. Oktober 1386[64] gibt Pfalzgraf[65] Ruprecht I. (1353–1390)[66] Auskunft über die Privilegien der neugegründeten Hohen Schule zu Heidelberg. Diese Urkunde existiert in einer umfangreichen lateinischen Fassung und in einer deutschsprachigen Zusammenfassung.[67] Für die Heidelberger *Rupertina* stellen die Gründungsurkunden die maßgebliche Rechtsgrundlage dar. Die *Rupertina* ist – wie sämtliche deutschen Universitäten – nicht autonom aus einer Genossenschaft entstanden, die nach ihrer Etablierung privilegiert wurde, sondern durch einen landesherrschaftlichen Gründungsakt.[68] Hierin ist der wesentliche Unterschied zum Typus der italienischen Universität zu sehen.

Zunächst weist Ruprecht darauf hin, dass die Magister und Scholaren in den Genuss der gleichen Privilegien wie die Angehörigen der Universität zu Paris kommen sollen.[69] Die französische Hochschule folgte im Großen Abendländischen Schisma dem Papst zu Avignon, Clemens VII.[70] Deshalb mussten Lehrende und Lernende, die in Treue zum römischen Papst

---

delberger Gründung siehe Kuno Fischer, S. 16f.; Thorbecke, S. 29, Hautz I, S. 121; Ritter, S. 36ff. vergleicht die Motive der Gründer der Universitäten Prag, Wien und Heidelberg. Die Kirchenpolitik König Ruprechts beschreibt Heimpel in: Land und Kultur, S. 170ff.

63 Als Gründungs- oder Stiftungsurkunden wurden in Heidelberg insgesamt neun Urkunden bezeichnet, nämlich zwei Bullen und zwei Mandate zweier Päpste aus den Jahren 1385–1389 sowie fünf Privilegien, welche Kurfürst Ruprecht der Ältere (I.) am 1. Oktober 1386 erließ. Den Zweiten Weltkrieg überstanden nur die älteste der päpstlichen Urkunden (gedruckt bei Schaab/Lenz, S. 122ff.) und das wichtigste der kurfürstlichen Privilegien: Dahlhaus in: Moritz, Gründungsurkunde, S. 31.

64 Winkelmann I, S. 11f., Z. 10ff. Zum Begriff der Urkunde siehe Frenz in: HRG V, Sp. 574–576.

65 Der Kurfürst, Pfalzgraf und Herzog Ruprecht stiftete als erster Fürst eine Universität im Heiligen Römischen Reich, ohne König zu sein. Dies ist vor dem Hintergrund der „königsgleichen Politik" der königsfähigen Wittelsbacher zu sehen, vgl. Press, ZGO 130 (1982), S. 210.

66 Häusser I, S. 165ff.; Schaab I, S. 101.

67 Die lateinische Originalurkunde in deutscher Übersetzung bei Moritz, Gründungsurkunde, S. 27f.; die deutsche Urkunde, welche die Untertanen informieren sollte und deshalb die Privilegien zusammenfasst bei Winkelmann I, S. 11f.

68 Westphalen, S. 18.

69 Winkelmann I, S. 11f., Z. 23; Düchting in: Moritz, Gründungsurkunde, S. 27.

70 Überblick zu der Entstehung des Schismas bei Mikat in: HRG III, Sp. 1462ff.; Feine, S. 459ff.; ferner auch Hautz I, S. 24ff.; Weisert, S. 19; Wolgast, S. 1.

Urban VI. halten wollten, Stadt und Schule verlassen.[71] Die Heidelberger Gründung sollte unter anderem jene Studenten und Professoren anziehen. Damit wird deutlich, dass die Rechte der Angehörigen der Heidelberger *universitas*[72] nicht hinter denen des Vorbildes[73] zurückstehen durften. Außerdem hatte die kurpfälzische Universität mit Marsilius von Inghen[74] einen Gelehrten als Initiator und Gründungsrektor, der schon in Paris Rektor war.

In Heidelberg ist die akademische Gerichtsbarkeit durch Kurfürst Ruprecht I. mit folgenden Worten begründet:

> *Wir geben auch einem iglichen rectori der dan ist und vieren darczu, die sie under in seczen, vollen gewalt macht und richtunge uber alle sachen, die meinster und schuler mit einander zu schaffen haben. Wer ez aber, daz ein lei mit einem meinster oder schuler zu schaffen hetde so sol im der meinster oder schuler antworten vor dem rector.*[75]

Anzumerken ist dazu, dass es sich bei der Universitätsgerichtsbarkeit, die einen Teil der universitären Autonomie darstellte, um keine völlig vom kurfürstlichen Willen losgelöste Institution handelt. Die Fürsten in Heidelberg haben die Universitätsstatuten, auch bezüglich der akademischen Gerichtsbarkeit, jederzeit, insbesondere aber in Zeiten des sich häufenden Missbrauchs, kraft ihres herrschaftlichen Rechtes nach Belieben reformiert.[76]

Zu den Heidelberger Privilegien gehört neben einer aus einem Magister und einem Bürger gebildeten Kommission, welche immer nach Weihnachten die Höhe der Mietzinse für ein Jahr festlegen sollte,[77] Steuer- und Zollprivilegien[78] sowie der gesonderte akademische Gerichtsstand in Anlehnung an das französische Vorbild.[79]

---

71 Wolgast, S. 1; Kuno Fischer, S. 16; zu den Stationen von Marsilius von Inghen siehe Rexroth, S. 189ff.

72 Zur unterschiedlichen Benennung der Universität: Hammerstein in: HRG V, Sp. 492; Hautz I, S. 100ff.

73 Kolb, S. 87; Wolgast, S. 3; Ritter, S. 42.

74 Zu diesem siehe Ritter, Marsilius; Drüll III, S. 373 und Drüll/Zimmermann/Hesse in: Heidelberger Universitätsämter, S. 8ff.

75 Winkelmann I, S. 12., Z. 31ff.

76 Kaufmann II, S. 113f. Beispiele für solche Reformen werden im Folgenden aufgezeigt werden.

77 Winkelmann I, S. 12., Z. 24ff.; eine ähnliche Kommission, die aus Vertretern der Universität und der Stadt zusammengesetzt war bestand auch schon im Jahr 1228 in Vercelli: Kaufmann I, S. 177. Auch in Wien wurde eine solche im Stiftungsbrief erwähnt: Csendes, S. 160; Rexroth, S. 117.

78 Winkelmann I, S. 12, Z. 16ff.

79 Wolgast, S. 4; Ritter, S. 96; Winkelmann I, S. 12., Z. 31ff.

Im Folgenden wird die Heidelberger universitäre Gerichtsbarkeit, wie sie bei der Gründung des Generalstudiums bestand, beschrieben. Ein Vergleich erfolgt mit den Regelungen der beiden älteren Schwestern[80] im Heiligen Römischen Reich Deutscher Nation, Prag und Wien, sowie der bald auf Heidelberg folgenden Gründungen in Leipzig, Freiburg und Tübingen.

Für Prag ist dabei zu beachten, dass es sich bei der „*Carolina*" der frühen Jahre um zwei unterschiedliche Universitäten handelt, die zusammen ein *studium* bilden. So gibt es eine eigenständige Juristenuniversität, welche die verbundenen Fakultäten der Artisten, Theologen und Mediziner ergänzt.[81] Für die Heidelberger Statuten sind die der Prager Universität keine Blaupause. Beide Generalstudien teilen aber das Pariser Vorbild.[82] Wichtig für die Rupertina war die ältere Schwester vor allem wegen der vielen Magister, die kurz nach der Heidelberger Gründung von Prag in die Neckarstadt gehen.[83]

In Prag wird die Gerichtsbarkeit des Ortsbischofs über die Scholaren im Jahr 1397 durch Papst Bonifaz IX. aufgehoben und an den jeweiligen Rektor übertragen.[84]

Bei der Stiftung der Wiener Universität 1365 wird den Mitgliedern der Genossenschaft ein eigener Gerichtsstand zugesichert, ohne zu unterscheiden, ob sie geweiht sind oder nicht. Für alle Immatrikulierten ist der Rektor oberster Richter.[85] Im Falle eines Todesurteils war der Hofrichter des Universitätskanzlers, dem Probst der Allerheiligenkirche, für die Vollstreckung zuständig.

---

80 Moraw in: Studien zum städtischen Bildungswesen, S. 525.

81 Denifle, S. 600; Moraw, Gesammelte Beiträge, S. 108; Bünz in: Geschichte der Universität Leipzig I, S. 41.

82 Im Prager Stiftungsbrief wird neben Paris auch Bologna als Vorbild genannt, siehe die deutsche Übersetzung von Blaschka in Geschichte der Karls-Universität, S. 53f. Die beiden Vorbilder können sich wegen ihrer Widersprüchlichkeit nicht auf eine Universität bezogen haben. Im Ergebnis kann Bologna als Mutteruniversität der Juristenuniversität und Paris als Vorbild der drei anderen Fakultäten bezeichnet werden: Denifle, S. 587; Rashdall II, S. 217f.; Rexroth, S. 78, Bünz in: Geschichte der Universität Leipzig I, S. 41f.

83 Rexroth, S. 210; Ritter, S. 60; Schumann, S. 127ff. mit Nachweisen der einzelnen Prager Absolventen. Konrad von Soltau war als einer der bekanntesten Prager Magister unter den ersten Theologieprofessoren Heidelbergs: Drüll III, S. 101. Auch Johann de Noet, Professor für Kanonisches Recht in Heidelberg von 1386–1432, kam aus Prag: Drüll III, S. 264.

84 Denifle, S. 603. Die frühe Geschichte der Prager Karls-Universität ist nur sehr lückenhaft überliefert; insbesondere über die Gerichtsbarkeit finden sich nur wenige Informationen; in den Stiftungsbriefen wird abgesehen von dem Verweis auf die Privilegien nach dem Vorbild von Paris und Bologna kein Hinweis auf die Gerichtsbarkeit gegeben.

85 Csendes, S. 163; Rexroth, S. 117.

Der Rektor der Tübinger Universität erhält bei der Stiftung im Jahr 1477 die Gerichtsbarkeit über ihre Mitglieder ohne ausdrückliche Einschränkung zugesprochen.[86]

a) Zusammensetzung des Gerichtes

Gemäß der Heidelberger Gründungsurkunde besteht das Gericht aus dem Rektor[87] und vier weiteren Personen.[88] Nach Hermann Weisert[89] handelt es sich bei ihnen um die vier Prokuratoren der *nationes* der Artistenfakultät. Eine solche Zusammensetzung hätte dem Pariser Vorbild entsprochen.[90] Auch bei der bald auf die Heidelberger *alma mater* folgenden Gründung der Universität Leipzig besteht das Gericht neben dem Rektor aus vier Assessoren, von denen jeder eine Nation vertritt.[91]

In Heidelberg bilden sich keine *nationes*, im Unterschied zu Bologna und Paris. Daher kann das Gericht nicht in dieser Zusammensetzung tätig werden.[92] Die für die Entwicklung in den älteren Universitäten wichtigen Nationen setzen eine Studentenschaft voraus, die aus unterschiedlichen Regionen stammt und groß genug ist, um eine Untergliederung zweckmäßig zu machen. In Bologna und Paris studieren im Mittelalter und der frühen Neuzeit Studenten aus nahezu allen Gegenden Mitteleuropas.[93] Im Gegensatz dazu kommen hauptsächlich Scholaren aus den Diözesen Mainz, Worms, Konstanz, Speyer, Würzburg und Trier nach Heidelberg.[94] Um die Bildung von

---

86 Teufel, S. 81.

87 Zur Entwicklung des Rektorenamts vom Führungs- zum Herrschaftsorgan siehe Schwinges, Rektorenwahlen, S. 14f.

88 Winkelmann I, S. 12, Z. 32; auch Oberdörfer, Bemerkungen, S. 475 ist ohne Begründung dieser Ansicht. Zu den Beisitzern oder Assessoren als Mitglieder eines Gericht seit dem Mittelalter siehe Baumann in: HRG I, Sp. 512ff.

89 Weisert, S. 22; so auch schon Ritter, S. 100.

90 Stein, S. 41.

91 Rudolph in: Universitätsgeschichte als Landesgeschichte, S. 191.

92 Rexroth, S. 215; Weisert, S. 22; Hautz I, S. 56; Thorbecke, S. 43; Stein, S. 50; Ritter, S. 93. Schwinges in: Geschichte der Universität in Europa I, S. 195 bezeichnet die Zeit vor dem Großen Schisma als Blütezeit der Nationen, weshalb diese nur im westlichen und südlichen Europa zu Einfluss kommen konnten. Irrig Seibt in: FS Schlesinger I, S. 419, der davon ausgeht, dass schon in den Heidelberger Statuten keine Nationengliederung vorgesehen gewesen sei.

93 Ritter, S. 505 nennt für den Zeitraum von 1289–1386 durchschnittlich 315 deutsche Immatrikulationen in Bologna; deutlich niedrigere Zahlen bei Steffen, S. 88 mwN. Auf einem Pariser Rotulus von 1362 haben sich nach Ritter, Marsilius, S. 18 allein 441 Artistenmagister eingetragen, davon waren 55 Mitglieder der Englischen (Deutschen) Nation. Genaue Scholarenzahlen sind jedoch unbekannt.

94 Aus den genannten Diözesen stammten 66,6 % der zwischen 1386 und 1450 Eingeschriebenen: Fuchs, S. 7 mit weiteren Herkunftsnachweisen. Zu einem ähnlichen Ergebnis

Nationen zu ermöglichen, die ja zumindest in der Bologneser Ausführung freiwillige Zusammenschlüsse waren,[95] ist eine gewisse, schwierig zu beziffernde Anzahl von Studenten eines gemeinsamen Herkunftsgebietes erforderlich.[96] In Heidelberg finden sich dafür zu wenige Studenten insgesamt ein, und außerdem kommen nicht genug von ihnen aus dem gleichen Herkunftsgebiet.[97] Letztlich scheitert die Einführung der *nationes* in der Artistenfakultät auch am fehlenden Willen der Artistenmagister, eine solche zu unterstützen. Lediglich Marsilius von Inghen versucht dies zwischen 1386 und 1387. Er will insbesondere eine Rheinische Nation begründen. Da er aus den heutigen Niederlanden stammt, hätte er der Nation auch selbst angehört. Die Einführung wird jedoch von seinen Kollegen nicht unterstützt. Wegen der kurzen Rektoratsintervalle konnte sich Marsilius nicht durchsetzen, trotz seines hohen Einflusses als Gründungsrektor.[98] Möglicherweise lehnen die anderen Magister die Einführung der *nationes* ab, weil sie an ihrer Herkunftsuniversität Prag Erfahrungen mit Streitigkeiten zwischen Deutschen und Böhmen gemacht haben. Dort ist es in den Jahren 1384 bis 1386 zu einer Auseinandersetzung zwischen den Nationen gekommen. Mit dem damaligen Prager Rektor Konrad von Soltau wechselten daraufhin 24 Magister und Baccalare nach Heidelberg.[99] Die Ablehnung der Nationenverfassung durch die Prager Gruppe anzunehmen ist wahrscheinlich, der Einfluss von Konrad von Soltau auf die junge Universität als groß anzusehen.[100]

---

kommt auch Scharnke, S. 18. Dieselbe weist auf S. 20f. nach, dass der Zuzug von oberrheinischen Studenten in der Gründungszeit gering war, weil in der Straßburger Diözese der Avignoner Papst anerkannt wurde, während die geringe Anzahl von Basler Studenten wohl eher mit den dort engen wirtschaftlichen Beziehungen nach Oberitalien zusammenhing, die ein Studium in Bologna begünstigten.

95 Im dreizehnten Jahrhundert entwickelte sich nach Schumann, S. 70 eine Zwangsmitgliedschaft; Steffen, S. 88 mwN geht davon aus, dass nur ein Teil der deutschsprachigen Studenten im Bologna des dreizehnten Jahrhunderts Mitglied der Deutschen Nation waren.

96 So auch Müller in: „Der Burschen Herrlichkeit“, S. 18.

97 Zwar immatrikulierten sich in den ersten beiden Jahren sehr viele Personen, viele taten dies aber nur aus Prestigegründen ohne die Absicht ein längeres Studium zu führen. 1386–1420 schrieben sich insgesamt 4630 Personen in Heidelberg ein, siehe Schwinges, S. 76. Diese im Vergleich zu anderen Generalstudien geringe Anzahl könnte in Verbindung mit den wenig unterschiedlichen Herkunftsregionen (Fuchs, S. 7) zum Ausbleiben der *nationes* in Heidelberg geführt haben, vgl. Kuno Fischer, S. 23. Auch Eulenburg, S. 53 sieht in Heidelberg eine der kleineren Generalstudien. An anderen deutschsprachigen Universitäten der Zeit entstanden *nationes*, etwa in Prag, Wien und Leipzig; über diese siehe Schumann, S. 72ff.

98 Auf diese Entwicklung weist Rexroth, S. 215 hin.

99 Seibt in: FS Schlesinger I, S. 413.

100 So wurde Konrad sofort nach Änderung der Statuten 1393 zum ersten Rektor, der nicht der Artistenfakultät angehörte, gewählt: Weisert in: Semper Apertus IV, S. 303.

Schon in der ersten Statutenreform 1393 werden die Nationen nicht mehr erwähnt.[101] Durch die Reform der Universitätsverfassung, sind die Regelungen, die dem Vorbild Paris nachempfunden sind, an die bescheideneren Heidelberger Gegebenheiten angepasst.[102]

Das Gericht der ersten Instanz besteht wohl nur aus dem Rektor. Eine Appellation an die Versammlung der Magister ist möglich.[103] Der Rektor als Gerichtsherr kann andere Magister zur Beratung hinzuziehen.[104] Ob die Beisitzer nur beratende Funktion oder auch Entscheidungskompetenzen haben, bleibt unklar.

Im Gegensatz zu Heidelberg besteht in Leipzig das Gericht aus dem Rektor und vier Beisitzern, die je eine Nation vertreten, wobei einer von ihnen immer der Vorjahresrektor ist.[105]

b) Rechtsgebiete

Die Gerichtsbarkeit der Universität umfasst damals das gesamte Zivilrecht sowie das Disziplinarrecht ohne ersichtliche Einschränkungen. Im Strafrecht jedoch wird zwischen geweihten und nicht geweihten Mitgliedern des Studiums unterschieden. Für die Kleriker unter den Scholaren, Magistern und Doktoren ist der Bischof von Worms als Diözesanbischof zuständig. Den weltlichen Immatrikulierten wird in Strafsachen der Vogt von Heidelberg als Gerichtsherr zugeteilt.[106]

Die deutschsprachige Urkunde vom Oktober 1386 trennt nicht zwischen den Rechtsgebieten und statuiert die Zuständigkeit für: *„alle sachen, die meinster oder schuler zu schaffen hetde“.*

Bei kleineren Vergehen, insbesondere wenn der Beschuldigte nicht auf frischer Tat ertappt wurde, sollten der Schultheiß[107] und die Amtleute zu-

---

101 Winkelmann I, S. 53ff.; Wolgast in: Semper Apertus I, S. 4.

102 Weisert, S. 21, S. 30f.;

103 Weisert, S. 22. Anderer Ansicht Thorbecke, S. 47, der bei schweren Fällen eine erstinstanzliche Zuständigkeit der Versammlung der Magister vermutet. Aus den ersten Jahren nach 1386 fehlen eindeutige Überlieferungen. Zur Appellation als Rechtsmittel (Verhandlung und Entscheidung eines Streits in der nächst höheren Instanz) des späten Mittelalters und die begriffliche Unschärfe siehe Weitzel in: HRG I, Sp. 268–271.

104 So z.B. in einem Fall vom 29. März 1400, als der Pedell wegen einer Beleidigung des Buchbinders verurteilt wurde: Miethke, Amtsbücher I, Nr. 293, S. 313. Neben dem Rektor waren drei Magister anwesend, davon mindestens ein Jurist (Johannes de Noet).

105 Rudolph/Kern in: Einst und Jetzt 54, S. 55.

106 Winkelmann I, S. 9, Z. 42f.; Weisert, S. 23. Die Strafgerichtsbarkeit über die Kleriker wurde der Universität Ende des Jahres 1394 vom Bischof übertragen, siehe unten S. 55.

107 Als Vertreter des Grafen als eigentlichen Gerichtsherrn war der Schultheiß Vorsitzender des städtischen Gerichts: Erler/Neidert in: HRG IV, Sp. 1519–1521. Zu Herkunft und Bedeutung siehe Grimm, DWB IX, Sp. 1982–1987.

ständig sein. Diese dürfen den Beschuldigten aber nur befragen und ihn gegen die Zusicherung von Bürgen, oder auf sein Gelöbnis hin, wieder freilassen.[108] Lediglich sein Kostgeld soll der Inhaftierte bezahlen.[109] Ausdrücklich wird den Amtleuten verboten, Magister und Scholaren gefangen zu nehmen. Das galt vor allem, wenn ein Laie für die gleiche Tat nur mit einer kleinen Geldstrafe rechnen müsste.[110] Zur Aufrechterhaltung der Disziplin wurde dem Amtmann zu Heidelberg und seinen Knechten aufgegeben, dem Rektor Hilfe zu leisten.[111]

Wird ein Angehöriger der Universität *an frischer dath gefunden in sachen darumbe er were billich einem bischof zu antworten*, so soll er dem Bischof, oder einem von diesem für Heidelberg dazu Bevollmächtigten, Rede und Antwort stehen.[112] Hier wird deutlich, dass die Zuständigkeit des Rektors für das Strafrecht nicht vollständig ist.[113] Vielmehr ist er für leichte[114] Delikte zuständig, bei schweren Fällen müssen die Beschuldigten dem Bischof als Kanzler der Universität übergeben werden. Um dieser Aufgabe angemessen nachkommen zu können, gestattete der Kurfürst dem Bischof, in Heidelberg einen Beamten zu beschäftigen und einen Kerker einzurichten.[115]

Weitgehender als in Heidelberg ist die Gerichtsbarkeit der Prager Hohen Schule. Deren Rektor entscheidet über alle Angelegenheiten, die Magister und Scholaren betreffen. Sowohl das Zivilrecht, das Disziplinarrecht als auch das gesamte Strafrecht fallen in seine Kompetenz. Er ist auch für die Geistlichen unter den Immatrikulierten zuständig.[116]

In Wien ist der Rektor für alle Klagen zuständig, die gegen ein Mitglied der Universität erhoben werden. Sowohl Straf- als auch Zivilrecht sind umfasst.[117] Für schwerwiegende Delikte ist zunächst der Dompropst von Aller-

108 Winkelmann I, S. 12, Z. 2ff.
109 Winkelmann I, S. 12, Z. 9.
110 Winkelmann I, S. 11, Z. 44: *„da ein leie mit kleinem gelt von queme“*; ebenso in der Freiburger Stiftungsurkunde: Bubach, S. 69f.
111 Winkelmann I, S. 12, Z. 40ff.
112 Winkelmann I, S. 12, Z. 10ff.
113 So auch Stein, S. 60, Fn. 19, der Heidelberg einer Gruppe von Universitäten zuordnet, die in ihrer ersten Zeit keine Zuständigkeit für schwere Strafrechtsdelikte hatten, nämlich Prag, Wien und Heidelberg. Leipzig, Rostock, Basel, Freiburg und Ingolstadt erhielten auch später keine weitergehende Kompetenz.
114 Schlosser, S. 23 nennt für das späte Mittelalter unblutige Körperverletzungen, kleinere Diebstähle und Freveldelikte als Beispiele für die leichteren Delikte und bezeichnet Totschlag, Notzucht und Diebstahl als schwere Delikte, da diese die Todesstrafe zur Folge hatten.
115 Winkelmann I, S. 9, Z. 43f.
116 Dix, S. 204.
117 Csendes, S. 166f: *„umb yeklich sache, si sein grozz oder klain“*

heiligen und ab 1384 der Bischof zuständig, beide jeweils in ihrer Funktion als Kanzler des Studiums.[118]

Der Rektor der Leipziger Universität urteilt in Zivil- und in Ehrenstreitigkeiten auch über die Kleriker, dank eines Privilegs des Bischofs von Merseburg aus dem Jahr 1419. Bei weitergehenden Strafrechtsfällen hingegen ist für geweihte Mitglieder der Korporation der Bischof zuständig.[119] Nach der Reformation erlangt das akademische Gericht wahrscheinlich die vollständige Zuständigkeit für das Strafrecht, wenn auch nur gewohnheitsrechtlich.[120]

In Tübingen ist der Rektor als Universitätsrichter zuständig für das gesamte Zivilrecht.[121] Des Weiteren amtet er auch in Straf- und Disziplinarfällen. Dabei steht ihm auch die Kompetenz zu, in schweren Fällen zu urteilen, wie sich schon an einem von der Universität gefällten und vollstreckten Todesurteil gegen eine Kindsmörderin aus dem Jahr 1592 zeigt.[122]

Die Zuständigkeit der Heidelberger Universitätsgerichtsbarkeit umfasst, wie an den Vergleichsuniversitäten, in ihrer Frühzeit die bürgerlichen Rechtsstreitigkeiten, das Disziplinarrecht und die leichteren Delikte des Strafrechts. Zu beachten ist aber, dass die Gründungsurkunden zwischen einzelnen Rechtsgebieten, wie allgemein im Mittelalter, nicht unterscheiden.[123]

c) Unter die akademische Gerichtsbarkeit fallende Personen

Das Universitätsgericht ist für Streitigkeiten zwischen Magistern und Scholaren zuständig, aber auch für Klagen von Bürgern gegen Universitätsangehörige.[124] Da im späten Mittelalter häufig keine Exmatrikulation nach Beendigung der Studien erfolgt, bleiben Angehörige akademischer Berufe, etwa Ärzte und Anwälte, meist ihr Leben lang Mitglieder der Universität und behalten damit auch ihren Gerichtsstand beim akademischen Gericht,[125] sofern sie nicht durch die Übernahme eines Amtes einer anderen Sondergerichtbarkeit, etwa der des Hofes, unterfallen.[126]

---

118 Alenfelder, S. 59.

119 Bünz in: Geschichte der Universität Leipzig I, S. 290ff.; Rudolph in: Universitätsgeschichte als Landesgeschichte, S. 189.

120 Rudoplh/Kern in: Einst und Jetzt 54, S. 55.

121 Teufel, S. 82.

122 Teufel, S. 94f.

123 Nach Schlosser, S. 22, bestehen zwar erhebliche Schwierigkeiten die damals nicht erfolgte Unterscheidung zwischen den Rechtsgebieten heute anzuwenden, gleichwohl soll sie erfolgen, wo die Quellen ein solche zulassen.

124 Winkelmann I, S. 12, Z. 34f.

125 Stein, S. 67.

126 Zu den vielfältigen Gerichtssphären in Heidelberg siehe Schroeder, Tod den Scholaren, S. 7.

Weiterhin fallen die Diener und sonstigen Angestellten der Gelehrten und Studenten in die Zuständigkeit des akademischen Gerichts.[127] Somit ist die Gruppe der Universitätsverwandten, die später häufig in Prozessen vor dem Universitätsgericht eine Rolle spielt, diesem schon in der Gründungsphase zugeordnet.[128]

Durch die akademischen Privilegien, neben der Gerichtsbarkeit vor allem die Steuerbefreiung, ist die Mitgliedschaft in der Universität auch für Personen attraktiv, die keinerlei Studienabsichten haben. Es handelt sich hier etwa um reisende Kaufleute und Musiker. Um diese *falsi scholares* von der Nutzung der Privilegien auszuschließen, fordert die Universität, dass die *veri scholares* nach der Immatrikulation die Vorlesungen besuchen und ihr Leben dem akademischen Ablauf anpassen. Nur die echten Studenten sollen unter die akademische Gerichtsbarkeit fallen.[129]

Einzelheiten sind aus den ersten Jahrzehnten nach der Universitätsgründung nicht bekannt. Erst aus dem Jahr 1420 ist eine Urkunde teilweise[130] überliefert. Sie bestätigt eine Vereinbarung zwischen Universität und Bürgerschaft Heidelbergs über die Gerichtsstände.[131] Danach können Bürger Studenten vor dem Rektor verklagen. Dieser soll zunächst versuchen, eine Einigung zwischen den Parteien zu erreichen. Die Einigung solle *„in der gütlichkeit nach gelegenheit der sache“*[132] zustande kommen. Kann kein Kompromiss erzielt werden, so urteilt der Rektor. Ihm sind zwei Bürgermeister zur Untersuchung beigeordnet, das Urteil aber fällt er alleine. Bei Klage eines Studenten gegen einen Bürger sind die Bürgermeister zuständig, denen der Rektor und ein oder zwei Magister beigeordnet sind. Auch hier ist erst eine gütliche Einigung anzustreben; falls eine solche nicht zu erreichen ist, urteilen die Bürgermeister. Entscheidend für den Gerichtsstand ist die Frage, welcher der beiden in Frage kommenden Sphären der Be-

---

127 Winkelmann I, S. 6, Z. 4; S. 12, Z. 45; Thorbecke, S. 51.

128 So war es schon in Bologna: Savigny III, S. 186; Stein, S. 21. In Heidelberg findet sich 1398 ein Fall, in dem der Rektor über den Diener eines Professors wegen Diebstahls urteilt: Miethke, Amtsbücher I, Nr. 276, S. 303; Ritter, S. 101, Fn. 1. Näheres siehe unten S. 59.

129 So schon in den Disziplinargesetzen von 1387: Winkelmann I, S. 19, Z. 32ff. und ausdrücklich der Rektor Otto vom Stein bei der Verlesung der Statuten am 28. August 1471: Winkelmann I, S. 119, Z. 23ff.; siehe auch Stein, S. 66; Thorbecke, S. 58; Schwinges in: Geschichte der Universität I, S. 169; Schroeder, Tod den Scholaren, S. 10.

130 Der überlieferte Teil der Urkunde beginnt mit dem Wort *„Item“*. Dieses ist nach Grimm, DWB X, Sp. 2182 ein Verknüpfungswort zu vorherigem Inhalt. Vgl. auch Winkelmann I, S. 118.

131 Winkelmann I, S. 117, Z. 32ff.; im Copialbuch überliefert zwischen einer Urkunde vom 8. April 1420 und einem Transsumpt von 1421.

132 Winkelmann I, S. 117, Z. 36f.

klagte angehört, derjenigen der Stadt oder derjenigen der Universität. Dies entspricht dem grundlegenden, heute noch gültigen Rechtssatz *„actor sequitur forum rei"*.[133]

Die wechselseitige Regelung soll ein faires Verfahren garantieren. Da Bevorzugungen von Studenten durch den Rektor sowie von Bürgern durch die Bürgermeister der jeweiligen anderen Seite sofort aufgefallen wären, entstand eine gegenseitige Kontrolle.

Die Urkunde geht offensichtlich von einer bestehenden Gerichtsbarkeit des Rektors für die Universität und des Bürgermeisters für die Stadt aus, da zu urteilen ist *„als sich gebüret"*.[134] Es bleibt aber zu bedenken, dass die Urkunde nur fragmentarisch überliefert ist. So ist es durchaus möglich, dass weitere Regelungen der Gerichtsbarkeit in ihr getroffen sind.

Kurfürst Philipp der Aufrichtige regelt im Jahr 1479 die Frage des Gerichtsstandes. In einer Urkunde regelt er die Frage, wer die Freiheiten und damit die Gerichtsbarkeit der Universität genießen solle. Neben Meistern, Studenten und deren Dienern, Pedellen,[135] Buchhändlern und Schreibern sind auch Angehörige von anderen universitätsverwandten Berufen erfasst.[136] Sie werden gelegentlich als *„unterthane"* der Universität bezeichnet.[137]

Die Zuständigkeit des akademischen Gerichts für die Universitätsverwandten findet sich an allen untersuchten Generalstudien.[138]

---

133 Da der Kläger im Gegensatz zum Beklagten selbst entscheidet, ob er sein Recht ausüben will, muss er dem Beklagten in dessen Gerichtsstand folgen. Vgl. zur heutigen Rechtslage und deren Ursprung Zöller-Vollkommer, §12 ZPO, Rn. 2; zum Mittelalter: Ritter, S. 101; auch in Wien entschied der Gerichtsstand des Beklagten über die Zuständigkeit eines Gerichtes: Csendes, S: 166.

134 Winkelmann I, S. 117, Z. 39 und S. 118, Z. 4.

135 Pedelle waren Hilfskräfte des Rektors. Sie wurden zu Botendiensten auch vom akademischen Gericht eingesetzt, später oblag ihnen die Bewachung des Karzers. Siehe Woeste, S. 46.

136 Winkelmann I, S. 192, Z. 20ff.

137 Iselin, S. 700.

138 Prag: Dix, S. 204; Wien: Csendes, S. 163: *„alle derselben* [der Immatrikulierten] *diener, knechte und gesinde, die in irr koste sind, und alle ir pedellen"*. Leipzig: Bünz in: Geschichte der Universität Leipzig I, S. 0; Freiburg: Bubach, S. 105; Tübingen: Teufel, S. 82; Stein, S. 67 beschreibt die Ausweitung der akaemischen Gerichtsbarkeit auf Bader, Apotheker, Hersteller mathematischer und chirurgischer Instrmente und Andere sowie deren Familien, Gesellen und Hausangestellten als generelle Entwicklung an den deutschsprachigen Universitäten, gerade im Unterschied zu den älteren Universitäten West- und Südeuropas.

d) Zuständigkeitsgebiet des Heidelberger Universitätsgerichts

Aus der Gründungsurkunde wird nicht deutlich, welchen räumlichen Umfang die Zuständigkeit des Universitätsgerichts hat. So wird nur an die Eigenschaft der Kläger oder Beklagten als Magister und Schüler angeknüpft, nicht aber an die Stadt Heidelberg oder die Pfalzgrafschaft als Zuständigkeitsgebiet.[139] Die Zuständigkeit für das Gebiet innerhalb der Mauern Heidelbergs war daher unumstritten. Ab dem sechzehnten Jahrhundert sind jedoch Streitigkeiten zwischen dem Senat und der kurfürstlichen Verwaltung überliefert, welche sich bei Vorfällen außerhalb der Stadtmauern für zuständig hält. Ob dies in den ersten Jahrzehnten nach Gründung der Universität ebenso der Fall war, bleibt mangels überlieferter Sachverhalte unklar.

Im Vergleich dazu findet sich in der Wiener Stiftungsurkunde mit Bezug auf die Gerichtsbarkeit ein Verweis auf die *„phaffenstat"*.[140] Es handelte sich um einen relativ großen Teil des Stadtgebietes, der in der Nähe der herzoglichen Hofburg lag und in der Urkunde genauer beschrieben ist. Er soll, in Analogie zu Paris, das *quartier latin* bilden; es ist den Mitgliedern der Universität untersagt in anderen Bereichen der Stadt zu wohnen. In dem so bezeichneten Gebiet haben sie dafür erhebliche Vorrechte, insbesondere ist der Mietzins zu ihren Gunsten reguliert.[141] In Leipzig umfasst das Zuständigkeitsgebiet des Universitätsgerichts die Gebäude des Generalstudiums. Diese bilden einen Immunitätsbezirk in der Stadt.[142] Zwischen 1519 und 1658 kann die *alma mater lipsiensis* dank eines päpstlichen Privilegs ihre Mitglieder in schweren Strafrechtsdelikten aus einem Umkreis von drei Tagesreisen vorladen.[143] Für die akademische Gerichtsbarkeit der Universität Tübingen ist bei ihrer Gründung bestimmt, dass sie für Sachverhalte zuständig sein soll, *„die sich in der stat zu Tüwingen oder in demselben ampt"* begeben hatten.[144]

---

139 Winkelmann I, S. 12, Z. 32; auch aus der Lateinischen Urkunde ergibt sich keine örtliche Zuständigkeit: Düchting in: Moritz, Gründungsurkunde, S. 27ff.

140 Csendes, S. 163. Durch die Bezeichnung des Universitätsviertels als „Pfaffenstadt" wird deutlich, wie eng die Verbindung zwischen Akademie und Kirche in den Augen der Zeitgenossen war. Auf diese wird unte näher eingegangen.

141 Csendes, S. 159; Rexroth, S. 132ff. (136) beschreibt die erhebliche Größe des Bezirkes und die letztendlich erfolgreichen Bestrebungen der Stadt Wien nach dem Tod des Universitätsstifter Rudolf IV. das *quartier latin* abzuschaffen.

142 Bünz in Geschichte der Universität Leipzig I, S. 174.

143 Rudolph in: Universitätsgeschichte als Landesgeschichte, S. 190f.

144 Teufel, S. 97.

e) Zwischenergebnis

Die Gründungsurkunden der Heidelberger Universität weisen eine Vielzahl von Regelungen auf. Dabei hat der Aussteller wenig Wert auf Systematik oder Vollständigkeit gelegt. Auch der Bereich der akademischen Gerichtsbarkeit ist nur bruchstückhaft geregelt. So wird dem Rektor zwar die Kompetenz zugesprochen, über alle Magister und Scholaren zu richten. Es fehlen jedoch Bestimmungen zur Frage, für welches räumliche Gebiet das Universitätsgericht zuständig ist. Weiterhin findet sich keine genaue Bezeichnung der Rechtsgebiete in den Urkunden.

Der Vergleich von Regelungen der Heidelberger Gründungsurkunden von 1386 mit jenen der älteren und jüngeren Schwestern im Heiligen Römischen Reich Deutscher Nation zeigt, dass die Kompetenzen, die der Rupertina von ihren Stiftern zugestanden wurden, damals durchaus üblich waren. Weiterhin wird deutlich, dass die zeitgenössischen Urkunden eine präzise Normierung der Gerichtsbarkeit meist nicht erreichen.

2. Regelungen der *Habita* in den Gründungsurkunden

Die Bedeutung der *authentica habita* für die Entwicklung der Universität als neue Organisationsform ist im Abschnitt über die Entstehung der Rechtsschule in Bologna beschrieben. Nun gilt es zu prüfen, welche Anklänge der *Habita* sich in den Heidelberger Gründungsurkunden wiederfinden.

Untersucht wird dabei neben der deutschsprachigen Zusammenfassung auch eine der lateinischen Urkunden.[145]

Die deutschsprachige Urkunde wendet sich hauptsächlich an die Untertanen außerhalb des kirchlichen und akademischen Umfeldes. In ihr sind die Meister und Schüler ausdrücklich unter den Schutz Ruprechts und den seiner Nachkommen gestellt. Der Aussteller betont, dass der Schirm des Pfalzgrafen alle Scholaren umfasse, *„die da hie sint oder komen mogent, oder hinweg ziehent“*.[146] Als besonders schutzbedürftig werden also die reisenden Scholaren erkannt. Deutlich ist die Nähe der Regelung zu denen der *Habita.*

Streng fallen die Strafen aus, die an eine Tätlichkeit gegen eine der geschützten Personen geknüpft sind. Neben dem Verlust der herzoglichen Huld

145 In der zweiten Urkunde vom 1. Oktober 1386 regelt Kurfürst Ruprecht I. die Freiheiten der Universität und den Schutz der Scholaren auf Reisen: Winkelmann I, S. 6f. Die deutschsprachige Urkunde fasst die in den verschiedenen lateinischen Teilurkunden gewährten Rechte und Regelungen zusammen: Winkelmann I, S. 11ff.

146 Winkelmann I, S. 11, Z. 28.

wird eine Geldstrafe von 60 Gulden angedroht, die neben den allgemeinen Strafen zu leisten ist. Die zusätzliche Strafe geht dem Fiskus Ruprechts zu, nicht etwa dem Geschädigten oder der *universitas*.[147] In der *Habita* werden ebenfalls sehr hohe Strafen angedroht und den Tätern der Verlust ihrer Ehre angedroht.[148]

Die Prager Gründungsurkunde ist aus machtpolitischen Gründen sehr vage gehalten. Da die neue Universität nach dem Muster Bolognas gegründet wurde, muss der Inhalt der *Habita* zumindest vom Stifterwillen umfasst gewesen sein.

In der Albertina, wie der Freiburger Stiftungsbrief auch genannt wird, finden sich ebenfalls Parallelen zur *Habita*.[149] Magister und Scholaren werden ausdrücklich unter den Schutz des Landesherrn gestellt. Der Angriff auf einen der Beschützten ist mit hoher Geldstrafe bedacht.

3. Der Scholareneid – Freiwillige Unterwerfung unter die akademische Gerichtsbarkeit

a) Allgemeines

Wer sich in die Matrikel der Heidelberger *alma mater* einschreiben wollte, der musste einen Eid leisten.[150] Dies galt für Scholaren[151] wie auch für Magister.[152] Der Scholareneid betrifft den weitaus größeren Teil der Mitglieder der Universität. Er bedarf näherer Betrachtung.

Der Eid der Scholaren datiert vom 21. November 1386 und wurde mit Änderungen bis zur Universitätsreform von Ottheinrich 1558 verwendet.[153] Die Ableistung des Eides war eine zwingend notwendige Voraussetzung um in den Genuss der Privilegien der Universität zu kommen. Zu schwören war, nachdem der Rektor die Eidesformel verlesen hatte, indem die Schwurfinger

147 Winkelmann I, S. 11, Z. 32ff.

148 Stelzer, DA 34, S. 165.

149 Bubach, S. 67; Köhler, S. 190.

150 Zum Eid an der mittelalterlichen Universität mit besonderem Bezug auf die Heidelberger Situation siehe Miethke in: Glaube und Eid, S. 49ff. Zum Eid im Mittelalter siehe Deutsches Rechtswörterbuch II, Sp. 1301ff.; Munzel-Everling in: HRG I, Sp. 1249–1261, zur Bedeutung des Eides im mittelalterlichen Prozess Sp. 1253–1259.

151 Der Eid der Scholaren findet sich bei Hautz II, S. 333, bei Toepke I, S. 649, Fn. 1, bei Winkelmann I, S. 14 und in einer deutschen Übersetzung als Anhang I.

152 Der Amtseid der Lehrer ist bei Winkelmann I, S. 14 gedruckt.

153 Toepke I, S. 649, Fn. 1.

auf den in die Matrikel geschriebenen Anfang des Johannes-Evangeliums gelegt und die Worte *„ita iuro"* gesagt wurden.[154]

Der Eid band den Leistenden für sein ganzes Leben. Durch ihn entstand ein Treueverhältnis zwischen dem Scholar und der Universität.[155] Deshalb hielt sich das akademische Gericht auch noch Jahre nach dem Fortgang aus Heidelberg für ehemalige Studenten zuständig.

b) Analyse des Wortlauts

Gleich zu Beginn der Eidesformel wird die Treue des Scholaren zur Universität Heidelberg und seine Unterwerfung unter die Macht des Rektors betont. Besonders schützenswert erschien der *universitas* die Ehre ihres Oberhaupts. Die Verpflichtung sollte unabhängig von einem später eventuell erreichten akademischen Grad gelten.

Im nächsten Absatz folgt die Aufforderung, alles zu tun, um eine Spaltung der Universität und ihrer Fakultäten zu verhindern, auch wenn der Scholar mit einzelnen Maßnahmen oder Tatsachen nicht übereinstimmen sollte.

Der dritte und letzte Absatz bezieht sich direkt auf die akademische Gerichtsbarkeit. So verpflichtet sich der angehende Student, keine Rache zu üben, falls ihm durch ein anderes Mitglied des Generalstudiums Unrecht geschehen sollte. Vielmehr wird der Geschädigte an den Rektor verwiesen. Dessen Urteil, sofern es ordnungsgemäß zustande gekommen war, hatte bindende Wirkung.

4. Gerichtsbarkeit und Satzungsbefugnis

Eng verbunden mit der akademischen Gerichtsbarkeit ist das Recht der Universität als Korporation, sich eigene Verordnungen und Gesetze zu geben. Beide Rechte sind Ausdruck der Unabhängigkeit der Genossenschaft. Sie haben unter anderem den Zweck, die Disziplin aufrechtzuerhalten.[156] Ausgeübt wurde das Satzungsrecht von der Versammlung der Magister. Es entstand wohl gewohnheitsrechtlich und umfasste jedenfalls die Disziplinargesetzgebung und den organisatorischen Ablauf der Studien.[157]

---

154 Toepke I, S. 649ff., Fn. 1 (S. 651f.).

155 Miethke in: Glaube und Eid, S. 61.

156 Hautz I, S. 58; Stein, S. 11.

157 Siehe etwa: Festlegung der jährlichen Messen etc. durch die Versammlung Magister: Winkelmann I, S. 13; Bestimmung des Amtseides der Lehrer durch die selbigen: Winkelmann I, S. 14;

Im Unterschied zur fehlenden Regelung im Heidelberger Stiftungsbrief findet sich eine Bestimmung in der entsprechenden Urkunde für Freiburg. In deren zweiten Artikel wird der Universität das Recht zugestanden, sich Gesetze und Statuten zu geben.[158]

Umfassende Statuten, die den Aufbau und andere grundlegende Fragen der Universität betreffen, wurden jedoch in der Regel vom Kurfürsten erlassen. Dies geschah meist in Abstimmung und nach Vorschlägen der Korporation. Gelegentlich werden die Statuten aber auch oktroyiert. So erlässt Kurfürst Ludwig IV. die Statutenreform von 1444 nach Gutachten der Universität[159] und der einzelnen Fakultäten.[160] Schon im Jahr 1452 hält dessen Bruder und Nachfolger Friedrich I. eine vorherige Konsultation des Generalstudiums für unnötig. Er erlässt am 29. Mai eine erneute Reform.[161] Durch diese wird neben der Zuweisung von einzelnen Pfründen[162] und Wohnhäusern an die verschiedenen Fakultäten und der Zulassung der *via antiqua* in der Artistenfakultät auch eine Professur für weltliches Recht eingerichtet.[163]

Die Disziplinargesetzgebung des Rektors und der Versammlung der Magister ist sehr kasuistisch geprägt. Immer wieder finden sich Verbote einzelner Handlungen, die dann gegebenenfalls nach wenigen Monaten oder Jahren verschärft oder sonst abgeändert werden.[164] Besonders gefördert wurde diese Tendenz durch den Rektoratswechsel, der zunächst alle drei Monate, ab 1393 dann alle sechs Monate, erfolgte.[165] So werden zum Beispiel die Dis-

158 Bubach, S. 66.

159 Die Vorschläge der Universität bei Winkelmann I, S. 147ff.; Weisert, S. 44; Ritter, S. 378.

160 Mit Ausnahme der Medizinischen, die zu jener Zeit nur pro forma besetzt war: Weisert, S. 44; Ritter, S. 229, 378.

161 Winkelmann I, S. 161ff.; Weisert, S. 46f.; Ritter, S. 384ff.; Alenfelder, S. 48; Moraw, Gesammelte Beiträge, S. 297.

162 Pfründe werden auch als *beneficium* bezeichnet und stellen ein nutzbares Eigenrecht ihres Inhaber dar. Es handelt sich um das Recht, einen bestimmten Anteil der Erträge einer Pfarrei zu nutzen. Ursprünglich war dieses Recht an die Anwesenheit in der Pfarrei und die Ausübung seelsorgerischer Aufgaben gebunden. Durch die Möglichkeit, die Erträge mithilfe eines päpstlichen Dispenses auch außerhalb der Pfarrei zu nutzen und für die Seelsorge einen Vertreter zu bezahlen, wurde einerseits eine Möglichkeit der Studienfinanzierung geschaffen, andererseits entstand durch die Pfründhäufung ein Missbrauch: Feine, S. 394ff.; Becker in: HRG III, Sp. 1743f.

163 Einrichtung der Professur: Winkelmann I, S. 164, Z. 17ff.; Zulassung der *via antiqua*, also der Lehre auf Basis der Werke des Hl. Thomas von Aquin: Winkelmann I, S. 163, Z. 15ff.; Weisert, S. 47; Ritter, via antiqua, S. 55ff. beschreibt das Auftreten der *via antiqua* und den Konflikt mit der *via moderna*, in Heidelberg auch *via marsiliana* genannt, in den Jahren ab 1445.

164 Beispielweise das Verbot des Würfelspiels: Winkelmann II, Nr. 87.; siehe auch Ritter, S. 403. Dieses Vorgehen ist bis zur Aufhebung der Gerichtsbarkeit zu beobachten.

165 Wolgast in: Semper Apertus I, S. 4; Winkelmann I, S. 53.

ziplinargesetze aus dem Sommer 1387 im Oktober 1392 geändert, nur um durch den folgenden Rektor wieder in die ursprüngliche Fassung gebracht zu werden.[166]

Eine Regelung, die das Gerichtswesen des Generalstudiums[167] betrifft, findet sich schon kurz nach der Gründung: Um die Würde der Rektors als Vorsitzenden des Gerichts zu schützen, ist festgelegt, dass seinen Ladungen Folge zu leisten sei. Geschah dies ohne Grund nicht, so wird beim ersten Mal eine Geldstrafe von einem Schillingspfennig, beim zweiten Mal in Höhe von 3 Pfennig fällig. Dann erfolgt eine erneute Ladung unter Berufung auf den bei der Immatrikulation geleisteten Eid.[168] Wer daraufhin nicht erschien, wurde aus der Universität ausgeschlossen.[169]

Gerade in einer eher kleinen Residenzstadt, wie dem Heidelberg des ausgehenden Mittelalters, war die Aufrechterhaltung der Disziplin unter den Studierenden besonders wichtig. Denn neben den Hof trat mit der Universität ein weiterer privilegierter Rechtskreis in das Leben der Stadt, was gerade mit Bezug auf die zuständige Gerichtsbarkeit zu Problemen führen konnte.[170] Besonders in den stark frequentierten Anfangsjahren fällt ein erheblicher Anteil der Einwohner unter die akademische Gerichtsbarkeit, da auf ungefähr viertausend Einwohner etwa dreihundert Studenten und Universitätsverwandte kommen.[171]

In der Neckarstadt zeigen sich solche Auseinandersetzungen immer wieder, zum Beispiel in den sogenannten Studentenkriegen des fünfzehnten Jahrhunderts.[172]

---

166 Winkelmann I, S. 19, Anmerkung 2.

167 Zum Begriff des „Studiums“: Fried, S. 7ff. und zur Bedeutung des Begriffs „Generalstudiums“ Rashdall II, S. 2f.

168 Zum Scholareneid siehe oben S. 46.

169 Thorbecke, S. 48.

170 Zu Heidelberg als Residenz der Pfalz und dem Verhältnis zur Universität siehe Kolb, S. 87f. Auf das Verhältnis der Universität, insbesondere der entstehenden Legistik, zum Hof geht Moraw, Gesammelte Beiträge, S. 295ff. ein. Das Verhältnis der Universität zur Stadt beschreibt er ebd. S. 316ff.

171 Schaab I, S. 121; Kolb, S. 88 geht von kaum mehr als 4000 Einwohnern aus. Rexroth, S. 196 nennt 3000–4000; Schwinges, S. 187 und Moraw, Gesammelte Beiträge, S. 317 gehen von 4000–5000 aus. Nuding, S. 236 nennt unter 4000 Einwohner. Zum Vergleich: Die Stadt Köln, seit 1392 Heimat einer Universität, hatte etwa 40.000 Einwohner: Kolb, S. 88.

172 Zu diesen siehe unten S. 62ff. Den „Studentenkrieg“ von 1422 beschreibt Schroeder, Tod den Scholaren, S. 35ff. Siehe auch Heimpel in: Georgia Augusta 31, S. 20ff.

5. Geistliche und weltliche Scholaren

Die Gerichtsbarkeit über geweihte und weltliche Scholaren wird von der Universität schon bald nach der Gründung einheitlich ausgeübt. Unklar erscheint, auf welcher Grundlage dies möglich war, da nach dem kanonischen Recht über Geistliche nur Geistliche richten durften.[173]

a) alma mater heidelbergensis – corporatio ecclesiastica aut saecularis?

In den ersten Jahrhunderten nach der Entstehung der abendländischen Universitäten sind Scholaren und Magister häufig Geistliche, viele von ihnen aber nur mit den niederen Weihen.[174] Dies gilt auch für die Heidelberger Hohe Schule in den ersten Jahren nach ihrer Entstehung so.[175] Mehrere Gründe führen dazu: die Theologische Fakultät und als deren Vorstufe auch die Artistenfakultät bildeten Geistliche aus. Außerdem leben die Scholaren teilweise von Pfründen.[176] Zumindest in der Anfangszeit waren alle Professoren Kleriker, erst ab 1420 gibt es verheiratete Magister an der Heidelberger Universität.[177]

Gegründet werden die Generalstudien im deutschsprachigen Raum meist durch Landesherren oder Städte. So auch in Heidelberg, wo der Pfalzgraf und Kurfürst Ruprecht I. die Universität schafft. Als weltlicher Herrscher errichtet er eine Institution, die zu einem erheblichen Anteil von Geistlichen besucht und geleitet wird. Handelt es sich bei der neugegründeten Korporation um einen Teil der Kirche oder ist sie dem weltlichen Bereich zuzuordnen?

Diese Frage war und ist umstritten.[178] Seinen Ursprung hat der Streit im neunzehnten Jahrhundert. Da sich damals das Interesse an der Universi-

173 Feine, S. 394, 436.

174 Also sogenannte Minoristen, die nur zu Hilfstätigkeiten bei der Messe zugelassen waren und auch verheiratet sein durften, siehe Feine, S. 392; Bubach, S. 35.

175 Ritter, S. 80.

176 Weisert, S. 17.

177 Thorbecke, S. 29; Ritter, S. 151. Moraw, Gesammelte Beiträge, S. 358 beschreibt den deutschen Professor vor 1520 als unverheirateten Kleriker. Zum Rektor durften Verheiratete erst ab 1549/50 gewählt werden: Winkelmann II, Nr, 947; Drüll III, S. 110. Zuvor waren jedoch bereits zwei verheiratete Professoren ohne päpstliche Zustimmung gewählt worden, vgl. Schroeder, Juristische Fakultät der kurpfälzischen Universität Heidelberg, S. 113f., 115; Wadle in: Semper Apertus I, S. 302.

178 Vgl nur. Alenfelder, S. 45f.; gegen eine Einordnung als kirchliche Anstalt: detailliert und treffend Kaufmann II, S. 106ff.; Weisert, S. 16; Alenfelder, S. 56; für eine solche Thorbecke, S. 28; Kuno Fischer, S. 25; Lossen, S. 79; auch Paulsen I, S. 29; Stein, S. 45: klerikale Körper-

tätsgeschichte vertieft, befassen sich vermehrt Wissenschaftler mit dem Gebiet. Vor dem Hintergrund des Kulturkampfes, der Auseinandersetzungen um das Verhältnis von Kirche und Staat, ordnen einige Autoren, je nach persönlichem Standpunkt, die Universitäten als kirchliche oder weltliche Einrichtungen ein.[179]

Johann Friedrich Hautz und Friedrich Stein bezeichnen die Universitäten pauschal als geistliche Körperschaft oder als *„rein geistliche, der Kirche allein angehörige Corporationen“.*[180] Dies wird etwa durch die Finanzierung durch Pfründen, die geistliche Tracht von Scholaren und Magistern, die Zölibatsverpflichtung der Lehrer und die Beschickung von Synoden und Konzilen durch die Universität begründet und bezieht auch die Gerichtsbarkeit ein, die eine geistliche gewesen sein müsse.[181]

Für Heidelberg ist jedoch festzustellen, dass zumindest die Kurfürsten anderer Meinung waren, sprachen sie doch von der Hohen Schule als *„unser studium“* welches *„dermassen nit ußer handen gewachsen, sundern noch hüt bi tag unser studium si“.*[182]

Ein Argument für das Einordnen gerade der Heidelberger *universitas* als kirchliche Einrichtung könnte in der Tatsache zu sehen sein, dass mit Heiliggeist ein Stift[183] und mit dem Augustinerkloster eine weitere geistliche Institution in das Generalstudium inkorporiert war.[184] Allerdings ist dem entgegenzuhalten, dass gerade der Kurfürst dieses Stift zur dauerhaften Finanzierung an die *universitas* überträgt und dadurch sicher nicht deren Charakter ändern und damit seinen Einfluss auf sie verlieren wollte.[185]

---

schaft; ihm schließt sich Maack, S. 34 ohne Begründung an; unentschieden Fuchs, S. 17; als Töchter der Kirche bezeichnet Häusser I, S. 191 die deutschen Universitäten. Bubach, S. 35 nennt die Frage anachronistisch und unentscheidbar.

179 Bubach, S. 31ff.

180 Hautz I, S. 40 im Jahr 1862; Stein, S. 45 im Jahr 1893: *„Die deutschen Hochschulen des 14. und 15. Jahrhunderts tragen einen scharf ausgeprägten clericalen Charakter.“*

181 Hautz I, S. 40f.

182 Im Januar 1498 entschied Kurfürst Philipp der Aufrichtige einen inneruniversitären Streit: Winkelmann I, S. 199, Z. 39f.; Auch andere Kurfürsten betonten ihre Verbundenheit mit der Stiftung ihrer Vorfahren, so schon 1390 Ruprecht II. Winkelmann I, S. 52, Z. 1ff.; siehe auch Alenfelder, S. 48.

183 Zur Entstehung des Heiliggeiststiftes siehe Zahn, S. 16ff. Auf S. 19 betont er, dass es zu keiner echten Vereinigung zwischen Stift und Studium gekommen ist.

184 Alenfelder, S. 46. Eine Inkorporation ist die dauerhafte Übertragung eines Nutzungsrechts, wie etwa einer Pfründe, an eine Institution: Feine, S. 400.

185 Hinz in: Ruperto-Carola Sonderband 1961, S. 22.

In der Finanzierung durch Pfründen wird ein Argument für die Klerikalität der Hohen Schule gesehen.[186] Die Pfründen waren in Heidelberg aber nie eine ausschließliche Finanzquelle. So bestreiten in der Anfangszeit die Kurfürsten die Besoldung der Professoren aus ihrer Kammerkasse.[187] Es bestanden an der Universität keine Amtspfründen, die Lehrer und Schüler verfügen lediglich zum Teil über eigene Pfründen.[188] Ab 1393 wurden im Rahmen von Schenkungen und Vermächtnissen Anteile an Rheinzöllen erworben und mehrere Dörfer an das Generalstudium übertragen, welche dann der Finanzierung dienen.[189]

Die Räumlichkeiten der Universität sind ihr hauptsächlich durch ihren Mitgründer Kurfürst Ruprecht II. zur Verfügung gestellt. Er hatte die Heidelberger Juden vertrieben und deren Gebäude der jungen Universität übereignet.[190] Nahezu ausschließlich von der Theologischen Fakultät wird das Augustinerkloster genutzt. Kurfürst Friedrich II. hatte es der Hohen Schule übereignet.[191] Folglich stammen weder der größte Teil der Finanzierung, noch die Gebäude von der Kirche; jedenfalls überlässt sie diese dem Generalstudium nicht auf eigenen Entschluss hin, sondern nur auf Anordnung oder Bitten der Kurfürsten.[192]

Außerdem nimmt die Anzahl der Kleriker unter den Immatrikulierten zunehmend ab. Sie sinkt von 48,1 % zwischen 1409 und 1419 auf 7,6 % zwischen 1505 und 1515.[193] Weiterhin ist zu beachten, dass im 14. und 15. Jahrhun-

186 Allgemein zur Finanzierung der scholastischen Universitäten siehe Miethke in Litterae Medii Aevi, S. 270 mwN.

187 Thorbecke, S. 20; Zahn, S. 16.

188 Wolgast in: Semper Apertus I, S. 5; Zahn, S. 16. Die Finanzierung durch Pfründen war für die Professoren nur ein Teil ihres Lebensunterhalts, der jährlich etwa 50–60 von bis zum 200 fl. brachte, ebd. S. 19. Boehm in Universität und Gelehrtenstand, S. 32 betont zwar die Wichtigkeit der Pfründevergabe für das Entstehen der Universitäten, weist aber darauf hin, dass hauptsächlich Theologen in deren Genuss kamen.

189 Zu den Zöllen: Brunn, S. 112ff.; Wolgast, S. 7. Die frühe Wirtschaftsgeschichte der Universität ist ausführlich von Wagner, S. 238ff. dargestellt worden. Siehe auch Ritter, S. 131ff.

190 Schenkungsurkunde bei: Winkelmann I, S. 51ff.; Schaab/Lenz, S. 137ff.; Ritter, S. 136; Schroeder, Tod den Scholaren, S, 17f. Zur Vertreibung der von Ruprecht I. in Heidelberg angesiedelten Juden durch seinen Nachfolger Ruprecht II. im Jahr 1390 siehe Ziwes in: Geschichte der Juden in Heidelberg, S. 36ff.

191 Lucae, S. 364; dieser auch zur Finanzierung im Einzelnen: S. 365f.; 370.

192 Brunn, S. 10; Zahn, S. 17 betont den Widerstand der Kirche gegen die Inkorporation von Pfründen in die Universität, besonders wegen der Befreiung der bepfründeten Magister von der Anwesenheit am Kapitel und von der Beitragszahlung an dieses.

193 Ritter, S. 79; Diese Zahlen nennt auch Mietke in: Litterae Medii Aevi, S. 276. Fuchs, S. 16 gibt für die Jahre 1386–1450 lediglich 13,7–16 % geistliche Würdenträger als Scholaren in Heidelberg an. Allerdings weist er S. 33 daraufhin, dass eine geistliche Laufbahn für viele Immatrikulierte das Ziel der akademischen Ausbildung war; so auch Schwinges,

dert *„scholaris"* und *„clericus"* teilweise als Synonyme verwendet werden und somit eine genaue Unterscheidung nicht möglich ist.[194] Studenten werden im Mittelalter gelegentlich auch abschätzig als *„Halfpapen"* oder *„Halbpfaffen"* bezeichnet.[195] Dies bedeutet *„Student, angehender Geistlicher"* oder auch *„Studierter ohne höhere Weihen"*.[196] Im Stiftungsbrief der Universität Wien ist der Rektor als *„obrist maister der egenanten phaffheit"*[197] bezeichnet. Dieselbe Urkunde unterscheidet wenig später aber auch *„phaffen, maister, studenten und schuler"*.[198]

Diese Beispiele machen deutlich, dass die Scholaren allgemein als den Geistlichen ähnlich angesehen werden. Die Universität des scholastischen Zeitalters eindeutig als weltliche oder kirchliche Institution einzuordnen, ist nicht möglich.

Stein bezeichnet die mittelalterliche Universität in seiner Monographie über die akademische Gerichtsbarkeit als *„klerikale Korporation"*.[199] Der Begriff soll ausdrücken, dass es sich um einen Teil der Kirche handelt, ohne dass geistliche Tätigkeiten im Sinne der Seelsorge ausgeübt werden. Er vermeidet gleichzeitig die Bezeichnung „kirchlich", welcher die Bezugnahme auf den Heilszweck (wie etwa die Orden) ausdrücke.[200]

Gegen das Einordnen als kirchliche Anstalt spricht, dass die Universität nie Bestandteil der kirchlichen Hierarchie war.[201] Dieses Über-Unterordnungsverhältnis ist typisch für den Aufbau der Kirche. Eine Weisungsbefugnis des Bischofs von Worms als Heidelberger Diözesanbischof an den Rektor war nie gegeben.

Allein durch die Immatrikulation konnte niemand Geistlicher werden. Auch das spricht gegen die Annahme, die *universitas magistrorum et scholarium* sei Teil der Kirche gewesen.[202]

S. 411. Die unterschiedlichen Zahlen können von der unterschiedlichen Einordnung, wer als Kleriker zu beurteilen ist, herrühren; vgl. Bubach, S. 35. Auch Mietke in: Litterae Medii Aevi, S. 269 betont die geistliche Laufbahn als Ziel der Scholaren.

194 Zur begrifflichen Unklarheit: Schwinges, S. 409.

195 Hautz I, S. 39; Schwinges in: Geschichte der Universität in Europa I, S. 186; Schwinges, S. 410; Näheres auch bei Bubach, S. 80.

196 Deutsches Rechtswörterbuch IV, Sp. 1459.

197 Csendes, S. 160; Rexroth, S. 134.

198 Csendes, S. 162.

199 Stein, S. 45.

200 Stein, S. 45, Fn. 2.

201 Kaufmann II, S. 89; Zur kirchlichen Hierarchie siehe Feine, S. 394f.

202 Kaufmann II, S. 89.

Festzustellen ist, dass es sich bei den Hohen Schulen des Mittelalters weder um rein kirchliche noch um ganz weltliche Körperschaften handelt.[203] Deshalb ist ihre Gerichtsbarkeit keiner der beiden Sphären ganz zuzuordnen, sondern ist ein Ausdruck ihres genossenschaftlichen Wesens.[204] Den Kurfürsten im Mittelalter, das vom Nebeneinander vieler Rechtssphären geprägt ist, scheint dieses Mischwesen weniger fremd gewesen zu sein als Autoren, die sich erst später mit der akademischen Gerichtsbarkeit beschäftigten.[205]

b) Gerichtsbarkeit über Geistliche

Als Kurfürst Ruprecht I. in den Privilegien der Universität Regelungen für die Gerichtsbarkeit trifft, kann er dadurch zunächst nur über die Laien unter den Eingeschriebenen verfügen. Denn für Bestimmungen über Geistliche fehlt ihm die Zuständigkeit. Deshalb entscheidet er nur, dass der Bischof von Worms der Gerichtsherr der geistlichen Scholaren sein sollte. Da der Diözesanbischof alleiniger Richter über die Geistlichen seines Sprengels war, bezeichnet die Urkunde lediglich den schon bestehenden Zustand.[206] Zur Ausübung seiner Gerichtsbarkeit soll der Bischof berechtigt sein, einen Beamten in Heidelberg zu beschäftigen und einen Kerker einzurichten.[207]

Schon am 25. November 1386 versucht die Hohe Schule, die Gerichtsbarkeit über die Kleriker zu erreichen. Dazu wird der Protonotar[208] Otto von

---

203 Schwinges, S. 410. Dies wird auch durch die Motivation der Kurfürsten zur Stiftung der Universität deutlich: zum einen war es eine machtpolitische, zum anderen aber auch eine fromme, siehe Wagner, S. 15; Zu den Zielen, die Ruprecht I. mit der Universitätsstiftung verfolgte siehe Rexroth, S. 185ff.
Allerdings bezeichnete sich die Tübinger Universität auch nach der Reformation noch als *„corpus ecclesiasticum“*: Thümmel, S. 376.

204 So auch Woeste, S. 13f.; Bubach, S. 33; Alenfelder, S. 56; Boehm in: Universität und Gelehrtenstand, S. 40.

205 Erkennen lässt sich das etwa mit Blick auf die Gründungsprivilegien der Heidelberger Universität, in denen Kurfürst Ruprecht I. die Gerichtsbarkeit regelt, ohne dabei genauer zwischen den Ständen zu differenzieren: Winkelmann I, S. 11f. Auch Paulsen I, S. 41 plädiert für das Primat der zeitgenössischen Einordnung über die rückblickende.

206 Zum kirchlichen Rechtsweg siehe Feine, S. 336ff.; Thorbecke, S. 13. Die geistlichen Gerichte im Mittelalter sind beschrieben bei Schröder/v. Künßberg, S. 633ff. Die Gerichtsbarkeit der Kirche umfasste auch die bürgerlichen Rechtsstreite von und gegen Geistliche.

207 Winkelmann I, S. 9, Z. 42ff. Weisert, S. 23 und ihm folgend Oberdörfer, Bemerkungen, S. 475 bezeichnen das bischöfliche Gefängnis als „Karzer“, wohl wegen des Wortlauts der lateinischen Urkunde. Zu beachten ist aber, dass als Karzer ein universitäres Gefängnis bezeichnet wird, kein bischöfliches.

208 Zu deutsch: „Oberster Schreiber“, Vorstand der Kanzlei und als solcher wichtigster (juristischer) Ratgeber der Landesherrn des 14. Jahrhunderts: Döhring in: HRG III, Sp. 2044–2048.

Neuenstein[209] beauftragt, den Kurfürsten zu bitten, seinen Einfluss auf den Bischof im Sinne der Universität zu nutzen. Die Bestrebungen haben zunächst keinen Erfolg. Der Wormser Bischof Eckard von Ders überträgt die Gerichtsbarkeit über die Kleriker am 25. Dezember des Jahres aber auf den Vogt (*vicedominus*) des Kurfürsten zu Heidelberg. Dadurch wird ein Laie zum Richter über Geistliche, was dem kanonischen Recht widerspricht. In den Universitätsakten vermerkt der Gründungsrektor Marsilius von Inghen den Konflikt. In der Folge unternimmt die Universität weitere Versuche um die Gerichtsbarkeit zu vereinheitlichen, was ihr Ende des Jahres 1394 gelingt.[210]

Die Übertragung erfolgt an den damaligen Rektor Johann de Noet persönlich, nicht an die Universität als Korporation. Sie war stets widerruflich.[211] De Noet ist der erste Professor für Kirchenrecht in Heidelberg. Er wird als ältester und höchst angesehener Jurist des Generalstudiums bezeichnet.[212]

Zunächst wird die Gerichtsbarkeit über Geistliche wohl gewohnheitsmäßig durch den Rektor ausgeführt.[213] Im Rotulus von 1401, den die Universität mit der Bitte um die Erteilung von Pfründen an die eingeschriebenen Personen an den Papst schickt, bittet sie auch um die offizielle Exemtion von der bischöflichen Gerichtsbarkeit.[214] Dass der Papst die Bitte daraufhin gewährte, ist wenig wahrscheinlich, da der gesamte Rotulus nach dem Scheitern des Romzugs König Ruprechts wohl keinen Erfolg hatte.[215]

Ausdrücklich angeordnet wird sie in einer Urkunde von 1479, als Philipp der Aufrichtige entscheidet, dass Priester des Heiliggeiststiftes, also Universitätsmitglieder, die heimlich steuerfrei eingeführten Wein ausgeschenkt hatten, „*gestraft werden mit ernst durch irn obern rector oder dechan*".[216]

---

209 Toepke I, S. 9. Auch als Otto de Lapide (Winkelmann II, Nr. 16) oder de lapide novo (Hautz I, S. 152) bezeichnet.

210 Winkelmann II, Nr. 16; Hautz I, S. 152; Thorbecke, S. 47; Ritter, S. 99; Weisert, S. 23; Alenfelder, S. 54.

211 Winkelmann I, S. 59, Z. 6ff.; Thorbecke, S. 47; Drüll III, S. 264. Anderer Ansicht Oberdörfer, Bemerkungen S. 475, der davon ausgeht, der Rektor habe das Richteramt ohne Widerspruch des Bischofs an sich gezogen. Unklar bleibt, ab wann der Universität selbst die Gerichtsbarkeit über Geistliche zustand.

212 Toepke I, S. 3f., Fn. 8; Tönsing, S. 406; Drüll III, S. 264; Weisert, S. 31. Zu den verschiedenen Schreibweisen des Namens und deren Häufigkeit siehe Nuding, S. 200, Fn. 12. Zur Person und Herkunft de Noets siehe ders. S. 201f. Die Rolle de Noets als erster Professor der juristischen Fakultät stellt Schroeder, Juristische Fakultät der kurpfälzischen Universität Heidelberg, S. 35–37 dar.

213 Ritter, S. 100.

214 Winkelmann I, S. 80, Z. 4f.

215 Zimmermann, S. 63.

216 Winkelmann I, S. 192, Z. 34f. Die Priester des Heiliggeiststiftes waren Professoren der

In Wien ist im Stiftungsbrief ausdrücklich betont, dass die Gerichtsbarkeit der Universität alle *„phaffe, maister, student oder schuler, der zu der universitet gehoert, er sey geweihet oder ungeweihet"* umfassen solle.[217] Die sehr umfangreiche Urkunde ist in der Frage, ob die Gerichtsbarkeit über Geistliche umfasst sein sollte, präziser als die Privilegienbriefe der anderen Vergleichsuniversitäten.

Weitgehend war die Prager akademische Gerichtsbarkeit: Der Rektor urteilt dort über alle Immatrikulierten in allen Rechtssachen. Ermöglicht wird die unbegrenzte Jurisdiktion über Geistliche durch eine Bulle von Papst Bonifaz IX.[218]

Ein Privileg des Bischofs von Merseburg überträgt dem Rektor des Leipziger Generalstudiums die Gerichtsbarkeit über die eingeschriebenen Kleriker, mit Ausnahme der schweren Strafrechtsdelikte, für die der Bischof weiterhin zuständig blieb.[219]

Bei der Stiftung der Tübinger Universität ist dem Rektor die Gerichtsbarkeit über alle Immatrikulierten ohne ausdrückliche Einschränkung zugesprochen.[220]

III. KAPITEL: Fälle aus der Frühzeit der Universität

Aus den ersten Jahren nach Gründung der Hohen Schule zu Heidelberg liegen keine Akten in den Archiven mehr vor. Es finden sich lediglich einige Anmerkungen im Amtsbuch des Rektors.[221] Doch auch die Sekundärliteratur überliefert verschiedene Fälle. Dabei handelt es sich in erster Linie um solche aus dem Urkunden- und dem Regestenbuch[222] der Universität.

Universität. Lossen, S. 82 sieht in der Urkunde eine Bestätigung der These, dass die Kurfürsten die geistliche Gerichtsbarkeit als von ihnen gewährtes Privileg betrachteten.

217 Csendes, S. 163.

218 Dix, S. 204.

219 Bünz in Geschichte der Universität Leipzig I, S. 290; Rudolph in: Universitätsgeschichte als Landesgeschichte, S. 189.

220 Teufel, S. 81. Nach Thümmel, S. 376f. ist daraus jedoch nicht zu schließen, dass die Universität vor der Reformation über peinliche Delikte urteilte.

221 Miethke, Amtsbücher I und II; letzteres auch UAH RA 654.

222 Winkelmann Band I und II.

1. Konflikt zwischen dem Heidelberger Schultheiß und der Universität

Seinen Ursprung hat der langwierige Konflikt zwischen dem Schultheiß der Stadt Heidelberg und der Universität im Juni 1391. Auslöser ist die Festnahme von drei Scholaren durch den Schultheiß.[223] Aufgegriffen werden Heinrich,[224] Konrad von Siegen und Heinrich Umbach,[225] weil sie *„cum gladii"* – also bewaffnet – in der Stadt angetroffen werden.[226]

Anscheinend wurden die Schwerter im Zuge der Festnahme auch eingesetzt, denn ein Gehilfe des Schultheiß' ist dabei erheblich verletzt worden.[227]

Nach einer Aufforderung des Rektors übergibt der Schultheiß die drei Gefangenen an die Hohe Schule, welche sie nach Stellung von Bürgen freilässt. Der Fall ist damit nicht abgeschlossen, da der Schultheiß sich weigert, die beschlagnahmten Waffen herauszugeben. Er begründet dies mit seiner Vermutung, die Universität werde sie den Studenten überlassen.[228]

Eine Versammlung der Universität berät daraufhin über mögliche Sanktionen. Abgelehnt wird der Antrag, die gottesdienstlichen Tätigkeiten in Heidelberg einzustellen, bis die Waffen übergeben sind.[229] Entschieden wird, dass eine Kommission der Universität den Schultheiß auffordern sollte, aus dem universitätseigenen Haus auszuziehen, welches er ohne Mietzahlung bewohnte. Künftige Konflikte ähnlicher Art wollte die Versammlung durch eine erneute Vereidigung des Schultheiß' auf die herzoglich gesiegelten Privilegien vermeiden. Nach dieser Aufforderung war der Schultheiß zwar bereit, zukünftig einen Mietzins zu errichten, gleichwohl wollte er die Waffen nicht herausgeben.[230]

Die Auseinandersetzung setzt sich fort, als der Schultheiß einen zum Christentum konvertierten Juden, der unter der Obhut des Rektors Marsi-

---

223 Nuding, S. 240 schreibt, die Scholaren seien durch die Polizei festgenommen worden. Dieser Begriff ist für das Mittelalter aber problematisch. Später nennt Nuding selbst nur noch den Schultheiß.

224 Immatrikuliert zwischen dem 16. Dezember 1387 und dem 19. März 1388: Toepke I, S. 26.

225 Immatrikuliert 1389: Toepke I, S. 35.

226 Miethke, Amtsbücher I, Nr. 140, S. 195f.

227 Toepke IV, S. 674, Fn. 1; Nuding, S. 240.

228 Miethke, Amtsbücher I, Nr. 141, S. 196f. Ähnlich auch Stein, S. 79, der einen allgemeinen Unwillen der städtischen Instanzen beschreibt, sich auf die Bestrafung von Studenten durch das akademische Gericht zu verlassen.

229 Miethke, Amtsbücher I, Nr. 138, S. 195.

230 Miethke, Amtsbücher I, Nr. 141, S. 196f.

lius von Inghen stand, festnimmt und über Nacht einsperrt. Daraufhin beschwert sich die *universitas* bei ihrem Herrn, dem Kurfürsten.[231]

Beigelegt wird der Streit zwischen der Universität und dem Schultheiß erst, als ihn der Kurfürst nach Wersau bei Schwetzingen versetzt. Das der Universität gehörende Haus nutzt er allerdings nach seiner Versetzung weiter, erst 1396 weist der Kurfürst es endgültig einem Magister zu.[232]

Der bei der Festnahme der Studenten verletzte Gehilfe des Schultheiß' machte gegenüber seinen Schädigern Genesungskosten in Höhe von 12 Gulden geltend. Die Universität streckte den mittellosen Scholaren diese Summe am 10. Februar 1392 vor, nachdem der Kurfürst angeboten hatte, sie später teilweise zu begleichen.[233]

Der Fall zeigt, wie schwer es für die Universität in ihren Anfangsjahren war, einen Konflikt mit einem Mitglied der städtischen Führung beizulegen. Vergleichsweise geringfügig war der Auslöser. Doch die Durchsetzung ihrer Privilegien, Gerichtsbarkeit und der Nutzung des geschenkten Hauses, war langwierig und mit hohem Verwaltungsaufwand verbunden. Erst die Beschwerde bei ihrem Schutzherrn Kurfürst Ruprecht dem II. führte zu einer Lösung, welche die Universität befriedigte. Es zeigt sich die Abhängigkeit der jungen Stiftung von der übergeordneten Macht.[234] Gerade der Schultheiß als städtischer Richter war durch den Ausschluss der Universitätsmitglieder aus der städtischen Gerichtsbarkeit betroffen. Er musste in seiner alltäglichen Amtsführung Rücksicht auf die neuen Umstände nehmen, was ihm offensichtlich wenig zusagte.

2. Der Fall Wernher Fabri von Lorch

Am 17. Oktober 1394 wird Wernher Fabri von Lorch[235] durch den Rektor vorgeladen, in der Marienkapelle[236] zu erscheinen. Ihm wird statutenwidriges[237] Nachtschwärmen vorgeworfen und mit dem Ausschluss gedroht.

231 Miethke, Amtsbücher I, Nr. 142, S. 197; Nuding, S. 240.

232 Miethke, Amtsbücher I, Nr. 212, S. 256.

233 Siehe die Vermögensübersicht der Universität bei Toepke IV, S. 674, Fn. 1; Miethke, Amtsbücher I, Nr. 148, S. 200; Nr. 112, S. 179. Unklar ist aber, ob die Zahlung des Fürsten auch erfolgt ist: Nuding, S. 241.

234 Nuding, S. 242f. Noch Ende des Jahres 1400 musste der Kurfürst den Schultheißen anweisen, durch einen Eid zu versichern, die pfalzgräflichen Privilegien der Universität zu wahren: Miethke, Amtsbücher I, Nr. 302, S. 319.

235 Toepke I, S. 53; Immatrikuliert am 10. Oktober 1392, magunt dioc.

236 Ehemalige Synagoge, Tagungsort der Universität: Wolgast in Semper Apertus I, S. 5.

237 Winkelmann II, Nr. 24.

Der Angeklagte erscheint auf die Vorladung hin, bittet für sich und den anscheinend ebenfalls angeklagten Konrad Kuno um Gnade. Sie werden zu einer Geldstrafe verurteilt, welche sie durch Stellung von Bürgen ableisten. Für den Wiederholungsfall wird ihnen ihr Ausschluss angekündigt.[238]

Diese Strafandrohung scheint genügt zu haben, um die weitere Studiendauer Wernher Fabris in ruhigen Bahnen verlaufen zu lassen. Zumindest ein dauerhafter Ausschluss ist nicht erfolgt. Er wird bereits am 21. Juli 1395 zum *baccalaureus artium* promoviert.[239]

Schon in diesem frühen Fall droht die Universität mit einer massiven Sanktion, dem Ausschluss. Dies sollte wohl einen pädagogischen Effekt auf den angeklagten Studenten haben, wie die spätere Praxis zeigt. Die Erledigung von leichteren, gelegentlich aber auch überraschend schweren Fällen durch eine Geldstrafe findet sich häufiger in den Akten.[240] Im Übrigen verfügt das Studium Generale erst vom Jahr 1545 an über einen Karzer. Zuvor werden Gefängnisstrafen im städtischen Verließ vollstreckt.[241]

3. Verbot des Würfelspiels

Ein interessantes Beispiel für die Neigung der Magister und Doktoren, die Gerichtsbarkeit und die damit verbundenen Disziplinarvorschriften unter Effizienzgesichtspunkten zu sehen, stellt eine Entscheidung aus dem Jahr 1396 dar. Am 13. Juli dieses Jahres werden vom Rektor die Statuten verlesen und das Verbot von Würfelspielen besonders betont. Doch zu viele Immatrikulierte haben gegen dieses Verbot verstoßen. Deshalb entscheidet die Universität sich für eine Amnestie.[242]

4. Urteil über einen Universitätsverwandten

Unter dem Datum des 24. September 1398 findet sich ein früher Fall im Amtsbuch des Rektors. Darin wird über einen Universitätsverwandten geurteilt.[243]

238 Winkelmann II, Nr. 69.

239 Toepke I, S. 53.

240 Auch schon in Bologna um 1300, vgl. Stein, S. 25, 77; auch Misshandlungen, welche von Scharwächtern an Studenten begangen wurden, blieben nur durch Geldstrafe geahndet, vgl. Winkelmann II, Nr. 329.

241 Hautz I, S. 153. Zum Karzer siehe unten S. 76ff.

242 Winkelmann II, Nr. 87.

243 Miethke, Amtsbücher I, Nr. 276, S. 303; Ritter, S. 101, Fn. 1.

Es handelte sich um den nicht namentlich genannten Diener des Artistenmagister Wilhelm von Epfenbach.[244] Dieser hatte seinen „*laicus servitor*" bei einem Diebstahl auf frischer Tat ertappt.

Der Rektor Nikolaus von Kaub befindet sich auf einer Reise nach Rom. Deshalb urteilt der von diesem eingesetzte Vizerektor Johannes de Noet. Da der Diener seine Taten, darunter auch noch nicht entdeckte, gesteht, wird er lediglich zur Leistung von Schadensersatz und zur Herausgabe der Beute verurteilt. Das Urteil zeigt, dass die statutengemäße Gerichtsbarkeit über die Universitätsverwandten bereits in den ersten Jahrzehnten nach 1386 tatsächlich ausgeübt wurde.[245] Weiterhin wird deutlich, dass der Rektor die Kompetenz hatte, über einfache Diebstähle zu entscheiden. Auch insoweit entspricht das Rechtsleben den Statuten.

5. Der Fall Poll

Wegen des Verdachts eines Majestätsverbrechens schließt die Universität am 3. Mai 1401 den Magister Dr. med. Hermann Poll[246] aus Wien aus.[247] Poll, Leibarzt von König Ruprecht, soll versucht haben, diesen zu vergiften. Da er *magister regens*[248] der Medizinischen Fakultät ist, befasst sich auch die Universität mit dem Vorwurf. Verhandelt wird sein Fall, der Schwere des Vorwurfs angemessen, vor der feierlich einberufenen Versammlung aller Doktoren und Magister der Hohen Schule.[249] Nach dem Ausschluss radierte man seinen Name aus den Matrikeln.[250]

Diese Auslöschung aus den Akten, gleichsam eine *damnation memoriae*, erfolgt allerdings nicht gründlich genug, wie an der Überlieferung in den

244 Wilhelm von Epfenbach hatte sich schon am 14. Dezember 1387 immatrikuliert und blieb bis 1425 an der Rupertina: Toepke I, S. 25; Drüll III, S. 552f.

245 Der Vizerektor wird ausdrücklich als statutengemäßer Richter des Dieners bezeichnet: Miethke, Amtsbücher I, Nr. 276, S. 303, Z. 4. Über einen Streit zwischen einem Pedell und einem Universitätsbuchbinder urteilte der Rektor am 29. März 1400: Miethke, Amtsbücher I, Nr. 293, S. 313.

246 Drüll III, S. 230

247 Winkelmann II, Nr. 127. Der Wortlaut des Ausschlusses findet sich übereinstimmend bei Hautz I, S. 237, Fn. 31 und bei Miethke, Amtsbücher I, S. 49, Nr. 12.

248 Zum *magister regens* siehe Schwinges in Geschichte der Universität in Europa I, S. 202 und für Heidelberg Drüll/Zimmermann/Hesse in: Heidelberger Universitätsämter, S. 102f.

249 Miethke, Amtsbücher I, Nr. 310, S. 324.

250 Toepke I, S. 68.

wenigen erhaltenen Unterlagen deutlich wird. Gleichwohl zeigt sie, wie sehr die Universität den Angriff auf ihren Landesherrn und Mitstifter verurteilt.

Der Vergiftungsversuch erfolgt, während der Vorbereitungen des Königs auf seinen Romzug. Nach Johann Friedrich Hautz war Poll durch Gian Galeazzo Visconti, den Herzog von Mailand, bestochen und von seinem Freund Johann von Oberburg verraten worden.[251] Da Ruprecht noch als Kurfürst 1397 der entschiedenste Gegner der Erhebung Gian Galeazzos zum Herzog durch König Wenzel war, hätte dieser nach den Maßstäben der Zeit jedenfalls ein Motiv für eine Ermordung des ihm feindlich gesinnten neuen König gehabt.[252]

Der Ausschluss aus der Universität ist, wie typischerweise in Fällen von Kapitalverbrechen, zwei Gründen geschuldet: die Korporation muss vor Schande bewahrt werdem und zudem geht es darum, den Beschuldigten in die fürstliche Jurisdiktion zu überführen.

Im unmittelbaren Anschluss an die Entscheidung der Universität kommt es in Nürnberg vor dem Hofrichter[253] zu einer gerichtlichen Verhandlung des Attentatsversuchs. Poll wurde zum Tode verurteilt und noch vor dem Juni 1403 lebendig gerädert.[254]

6. Der Fall Heilmann Wunnenberg

Am 27. November 1402 wird dem Artistenmagister und Bakkalaren der Theologie Heilmann Wunnenberg aus Worms[255] die Nutzung des ihm zugewiesenen Hauses untersagt. Er soll in einer Wormser Klerikerversammlung abgestritten haben, der Universität durch Eid unterorfen zu sein. Die Nutzung des Hauses und die Teilnahme an Versammlungen der *universitas* wird ihm bis zur Ableistung des Eides untersagt.[256] Tatsächlich hatte er den Eid schon am 21. November 1386 geleistet.[257]

---

251 Hautz I, S. 236f. bezeichnet den Auftraggeber als *„Galeazzo aus Mantua"*, es handelt sich aber um oben genannten. Ritter, S. 270, Fn. 5 hält dagegen eine florentinische Intrige für wahrscheinlicher. Florenz und Mailand waren Konkurrenten um die Vorherrschaft in Oberitalien, was eine Intrige zumindest nicht unwahrscheinlich macht. Auch Wolgast, S. 10 nennt als Grund für den Ausschluss einen *„angeblichen Mordversuch"*, Miethke in: Glaube und Eid, S. 57 spricht von dem *„armen Magister Hermann Poll"*.

252 Höfler, S. 106, Fn. 3; S. 110.

253 Miethke in Glaube und Eid, S. 57.

254 Drüll III, S. 230; Ritter, S. 270, Fn. 5.

255 Drüll III, S. 207f.

256 Winkelmann II, Nr. 136; Miethke, Amtsbücher I, S. 358, Nr. 358.

257 Miethke, Amtsbücher I, S. 151, Nr. 77.

Interessant ist an dem Fall, dass die Universität damit gegen ihren nach Marsilius von Inghen zweitältesten Lehrer vorgeht,[258] der 1387 und 1392 Rektor war.[259]

Nach dem Jahr 1402 wird er nicht mehr in den Matrikeln erwähnt. Er scheint zumindest vorübergehend aus der Korporation ausgeschlossen worden zu sein. Allerdings gab er am 19. März 1404 in Gegenwart von Vertretern aller vier Fakultäten zu, dass er den Eid gegenüber dem Generalstudium schon geleistet hatte, woraufhin sein Ausschluss aufgehoben wird.[260] Weitere Konsequenzen muss Wunnenberg nicht tragen.[261]

7. Der Erste Studentenkrieg

1406 kommt es in Heidelberg zum sogenannten „Ersten Studentenkrieg".[262] Es handelt sich um eine der folgenreichsten in der langen Reihe von Auseinandersetzungen zwischen Bürgern, Söldnern, Reitknechten und adligen Hofangehörigen auf der einen und den Mitgliedern der Universität auf der anderen Seite.[263]

Ein häufiger Streitpunkt waren Privilegien,[264] besonders das Gerichtsprivileg, der Hohen Schule. Dies bedarf der Erläuterung.

Schon vor Ausbruch des Studentenkrieges hatte es Schlägereien und ähnliche Streitigkeiten zwischen Studenten und jungen Adligen vom Hofe gegeben. Mit der Wahl Kurfürst Ruprecht III. zum deutschen König wuchs der Hofstaat erheblich an, was wiederum das Konfliktpotenzial in der kleinen Residenzstadt erhöhte.[265]

Nach mehreren Schlägereien am 11. und 12. Juni 1406[266] kam es zu einem Angriff des schwerbewaffneten Pöbels auf eine Burse, welcher der Magister

258 Toepke I, S. 6, Fn. 3 sowie S. 7.

259 Toepke II, S. 607f.; Drüll III, S. 208.

260 Miethke, Amtsbücher I, S. 348, Nr. 346; Drüll III, S. 208.

261 Miethke in: Glaube und Eid, S. 62.

262 Die Hintergründe werden bei Schroeder, Tod den Scholaren, S, 27ff., dargestellt. Schilderung auch bei Hautz I, S. 243–250.

263 Ritter, S. 407; Thorbecke, S. 38ff.

264 Thorbecke, S. 37.

265 Hautz I, S. 243.

266 Dieses Datum ergibt sich aus dem Amtsbuch der Universität: Miethke, Amtsbücher I, S. 416, Nr. 429; Bulst-Thiele in: Semper Apertus I, S. 137 nennt Anfang Juni 1406 als Zeitraum der Auseinandersetzungen. Hautz I, S. 244 nennt den 12. Juli 1406 und bezeichnet deshalb Johannes als Rektor; gewählt wurde dieser aber, wohl als Reaktion auf die Geschehnisse, erst am 23. Juni des Jahres: Weisert in: Semper Apertus IV, S. 304.

Johann Lagenator von Frankfurt vorsteht.[267] In dem Haus hatten sich die bedrohten Studenten erfolgreich verschanzt. Daraufhin sandten die adligen Anführer des Mobs einen gefälschten königlichen Befehl an den Schultheiß'[268] mit der Aufforderung, die Tore zu schließen und die Sturmglocken zu läuten. Das Läuten sollte als allgemeines Signal zur Jagd auf Studenten dienen. Und dies mit dem Ruf: *„Tod allen Studenten, Plattenträgern und Langmänteln"*.[269]

Selbst das Eintreffen des Bischofs von Speyer, der auf dem Weg zur königlichen Burg an der angegriffenen Burse vorbeikam, konnte die Erstürmung nicht verhindern. Trotz zahlreicher Verwundeter kommt kein Student zu Tode, was dem Eingreifen des Bischofs zu verdanken ist.[270]

Die Universität berichtet am folgenden Tag dem König von den Geschehnissen und kündigt an, den Lehrbetrieb einzustellen, bis ihr Genugtuung erteilt worden sei. Dies hatten die Doktoren und Magister nach der Sonntagsmesse in einer Versammlung entschieden.[271] König Ruprecht äußert seine Missbilligung der Vorfälle und erzwingt einen Eid der Bürgerschaft, die sich verpflichtet, die Studenten in Zukunft zu schützen und insbesondere die Sturmglocke nicht mehr gegen sie zum Einsatz zu bringen.[272] In der Folge beruft er auch eine Versammlung im Augustinerkloster ein. Sowohl kurfürstliche, als auch städtische Beamte müssen öffentlich beschwören, das Generalstudium zu schützen.[273] Die typische Verschränkung der Sphären von Hof, Stadt und Universität wird hier deutlich.

Der „Erste Studentenkrieg" wird zwar nicht unmittelbar durch das Privileg der akademischen Gerichtsbarkeit ausgelöst, mittelbar spielt sie aber doch eine Rolle: die jungen Adligen vom Hofstaat sind meist als Studenten eingeschrieben, fallen aber unter die Jurisdiktion des Hofes und nicht unter die der Universität. Eine Disziplinierung durch die Magister kann somit nicht erfolgen. Der Lebensstil der jungen Adligen unterscheidet sich erheblich von dem der *pauperes,* dem Großteil der Scholaren. Hieraus entstehen Differenzen und Außereinandersetzungen. Diese Konflikte kulminierten schließlich in Schlägereien und in der pogromartigen Jagd auf die Studenten.[274]

---

267 Zu diesem: Drüll III, S. 284f.; Bulst-Thiele in: Semper Apertus I, S. 136–161; Toepke II, 609.

268 Hautz I, S. 151, Fn. 141.

269 Hautz I, S. 245; Ritter, S. 407; Thorbecke, S. 40; Laut Mietke, Amtsbücher, I, S. 416, Nr. 429: *„Tod den Scholaren, man soll sie alle umbringen, die Tonsurierten, Rasierten und Talarträger!"*.

270 Ritter, S. 407.

271 Schroeder, Tod den Scholaren, S. 30.

272 Hautz I, S. 246f.

273 Schroeder, Tod den Scholaren, S. 31.

274 Lucae, S. 365; Hautz I, S. 243; Ritter, S. 406. Ähnlich verlief auch der „Studentenkrieg" von 1422, der hauptsächlich von den Kurfürstlichen Leibbogenschützen angestrengt wurde,

8. Der Zivilrechtsstreit Freßer gegen Thorn

Einer der eher seltenen Prozesse auf dem Gebiet des Zivilrechts findet 1428 statt, als der Heidelberger Bürger Johannes Freßer den Magister Arnold von Thorn[275] auf Zahlung von 4 Gulden verklagt. Dies vor dem Rektor, der sich sechs Beisitzer[276] auswählt. Das Gericht rät den Parteien zu einem Vergleich. Ein Kompromiss ist nicht zu erreichen. Nun erweitert der Rektor das Gremium auf sechzehn Professoren. Die Beisitzer können sich auch nach einer mehr als zweistündigen Diskussion nicht einigen. Da der Rektor auf eine Entscheidung drängt, entscheidet man, dass weitere Zeugen zu hören sind, um anschließend ein Urteil fällen zu können.

Drei Tage später tritt das nunmehr aus fünfzehn Personen bestehende Gericht wieder zusammen und entscheidet durch Abstimmung. Für ihren Kollegen stimmen vier der akademischen Lehrer, ebenso viele enthalten sich. Sieben votieren gegen ihn. Gemäß der nichterhaltenen Statuten werden die Stimmen der Unentschiedenen zur Mehrheit hinzugezählt, womit die erfoderliche absolute Mehrheit erreicht ist. Deshalb verpflichtet der Rektor Arnold von Thorn zur Zahlung binnen fünf Tagen.

Der Gelehrte will das Urteil nicht annehmen und an die Gesamtversammlung der Doktoren und Magister sowie an die Kurie in Rom appellieren. Deshalb wurde ihm eine fünftägige Frist zur Zahlung eingeräumt, an deren Ende er schriftliche Appellation[277] beim Rektor einlegt. In seinem Antrag fordert er eine erneute Befassung der Gesamtversammlung, welche am 17. August 1428 auch tagt. Die Appellation hat keinen Erfolg. Das erste Urteil wird bestätigt und ihm eine Zahlungsaufforderung übermittelt. Daraufhin gibt der Beklagte seinen Widerstand auf und zahlt.[278]

---

siehe Heimpel in: Georgia Augusta 31, S. 20ff.; detailliert dargestellt bei Schroeder, Tod den Scholaren, S. 35ff.

275 Drüll III, S 20f.

276 Zum Beisitzer siehe Baumann in: HRG I, Sp. 512f.

277 Der Begriff der Appellation wird in Quellen des späten Mittelalters und der frühen Neuzeit uneinheitlich verwendet und bezeichnet sowohl das römisch-rechtliche ordentliche Rechtsmittel, welches zur Verhandlung und Entscheidung des Falles durch die nächst höhere Instanz führt, als auch die schlichte Anrufung eines Richters allgemein, siehe Weitzel in: HRG I, Sp. 268–271; ebenso Kern in: ZRG GA 106 (1989), S. 117. Ebd. 121 weist er nach, dass die Appellation vor den ordentlichen Gerichten der Pfalz erst nach 1462 eine Rolle spielt.

278 Weisert, S. 35.

Während des Prozesses waren, wie 1420 zwischen Stadt und Generalstudium vereinbart, zwei Bürgermeister anwesend.[279] Der Vertrag wurde also im Rechtsleben des akademischen Gerichts eingehalten.

9. Der Fall Gerlach von Andernach

Aus dem Jahr 1434 stammt ein Heidelberger Fall, welcher zeigt, wie weitgehend die Kompetenz des akademischen Gerichts zu der Zeit war. Es geht um einen Totschlag, also ein schweres Strafdelikt. Beigelegt wurde der Konflikt durch eine gütliche Einigung und eine Geldstrafe. Diese Sanktion des Universitätsgerichts überrascht aus heutiger Sicht.[280]

Opfer war der Heidelberger Student Gerlach von Andernach, der sich 1431/1432 an der Hohen Schule eingeschrieben hatte.[281] Er war Kleriker aus der Trierer Diözese.

Am 21. Februar 1434 wird Gerlach Opfer von Misshandlungen durch Heidelberger Bürger. Vier Tage später stirbt er an den erlittenen Verletzungen.[282] Bis ins 19. Jahrhundert kommt es häufig zu Konflikten zwischen städtischer und akademischer Jugend.

Nach seinem Tod versammeln sich die Studenten, um eine Strafverfolgung der Täter durchzusetzen. Sollte der Senat dieser Forderung nicht nachkommen, drohen sie Heidelberg zu verlassen. Daraufhin schreibt der Rektor Heinrich von Limburg an Kurfürst Ludwig III. und bittet ihn, die Täter vorzuladen. Der Herrscher nimmt sich der Sache an. Da die Täter der Vorladung aber keine Folge leisteten, werden sie mit dem Bann belegt.[283] Die selbstverwaltete Universität war erkennbar nicht in der Lage, ohne die Hilfe ihres Herrn ihr Gerichtsprivileg gegenüber Heidelberger Bürgern durchzusetzen.

Am 30. November 1436 erklären Hans Mathis Metzler, Peter Claman und Hans Henckmantel, dass sie den *„ersamen Gerlach von Andernach studen-*

---

279 Zur Vereinbarung siehe oben S. 46.

280 Winkelmann I, S. 135ff.; Schroeder, Tod den Scholaren, S. 43; Hautz I, S. 283f. Schon Stein, S. 77 äußerte zur Verbreitung der Geldstrafe an der mittelalterlichen Universität: *„Es ist für unsere Anschauungen kaum zu fassen, wie unendlich oft diese Strafe für alle nur denkbaren Delicte angedroht wird.“*

281 Toepke I, S. 189.

282 Hautz I, S. 283f.

283 Hautz I, S. 284. Das Schreiben des Rektors an den Kurfürsten ist als Kopie in den Amtsbüchern erhalten, siehe Miethke, Amtsbücher II, fol. 114, S. 312f. Die Antwort Kurfürst Ludwigs an die Universität findet sich ebd., fol. 121r, S. 332f.

ten zu Heidelberg, als der eins nachts of der gaßen daselbst erslagen und leider iemerlich von dem leben zu dem tode bracht“[284] hätten.

Zur Versöhnung mit dem Vater des Erschlagenen, Wilhelm von Sinckhofen aus Andernach, mit Kurfürst Ludwig III. (1410–1436) und der Universität, die sich durch den Angriff auf ihr Mitglied ebenfalls als betroffen ansah, waren die Täter bereit, wöchentliche Messen zu Gunsten des Seelenheils des Opfers und seiner Eltern in einer Kirche des Generalstudiums lesen zu lassen. Weiterhin wollten sie in Büßerkleidung, barfuss und ohne Kopfbedeckung mit einer Wachskerze in der Hand und zusammen mit fünfzig ihrer Freunde an einer besonderen Seelenmesse teilnehmen.[285]

Einhundert arme Menschen in Heidelberg erhalten zudem je ein Weißbrot (zu einem Pfennig). Das Unrecht gegenüber der Universität wird durch einen Eid sowie durch mehrere Wallfahrten beseitigt.

Der Vater des Opfers akzeptiert den Vorschlag und beauftragt die Hohe Schule, die Abwicklung und die Bestimmung der Details zu übernehmen. Daraufhin entscheidet sich diese für die Heiliggeistkirche als Ort der Messen und legt fest, dass die Täter ferner in der Büßerkleidung vom Tatort zur Heiliggeistkirche gehen und diese anschließend umrunden müssen. Die Universität wählt einen Sonntag aus, an dem zuerst die Prozession und dann die Seelenmesse stattzufinden hatte.

Weiterhin haben die drei Täter einmalig 100 Pfund[286] Heller und jährlich 5 Pfund Heller für die Seelenmessen zu zahlen. Dazu wird ein Vertrag zwischen dem Kaplan und der Universität geschlossen. Er regelt die Einzelheiten der Messen. Auch entschied die Universität, wohin und wann die Wallfahrten gemacht werden sollten und formulierte den zu leistenden Eid aus.[287]

Bei der Geldstrafe handelt es sich um eine erhebliche Summe. So entspricht 1 Pfund Heller zum Beispiel dem Lohn eines Knechtes, der im Sommer 10 Tage lang für Erdarbeiten eingesetzt wurde,[288] oder etwa der Summe, die ein Steinmetzmeister beim Kirchenbau an 5 Tagen verdiente.[289]

---

284 Winkelmann I, S. 135, Z. 16f.

285 Die öffentliche Kirchenbuße, einschließlich der Umrundung der Heiliggeistkirche, wurde 1422 auch gegen die Haupttäter des Zweiten Studentenkriegs verhängt, vgl. Schroeder, Tod den Scholaren, S. 38 mwN.

286 1 Pfund Heller = 240 Heller = 1 Mark: Beissel, S. 76; LexNum, S. 62, 282. Zum Vergleich: 1384 dotierte Herzog Albrecht III. die Wiener Universität mit jährlichen Einkünften von 500 Pfund Pfennige: Wagner, S. 366.

287 Winkelmann I, S. 135ff.

288 1425 in Frankfurt a. M.: Elsas IIa, S. 571.

289 1435 beim Bau der Kirche des Hl. Victors zu Xanten, ebenfalls im Sommer: Beissel, S. 152.

Die Auflagen wurden von den Tätern wohl erfüllt, da der Abt von Schönau sie kraft höherer Ermächtigung 1437 vom Bann los sprach.[290]

Der Konflikt wird demnach nicht unmittelbar durch Urteil des Universitätsgerichts beigelegt. Beteiligt sind auch der Vater des Opfers und der Kurfürst. Im Ergebnis wird eine Verhandlungslösung erreicht. Deren Ziel war es nicht, mittels einer Sanktion die Täter zu bestrafen oder die Einwohner Heidelbergs vor weiteren Gewaltverbrechen seitens der Täter zu schützen. Durch die Buße sollte vielmehr das Seelenheil des Getöteten erreicht und seine Chancen im ewigen Leben verbessert werden. Die Betonung der Buße rückt die akademische Gerichtsbarkeit jener Zeit in die Nähe kirchlicher Gerichte.[291]

10. Haftstrafe auf Wunsch der Eltern eines Studenten

Auf Bitten der Eltern des Studenten Johannes Manheymer aus Heidelberg[292] wird der Rektor in seiner Funktion als Universitätsrichter im Juni 1490 tätig.[293] Da sich der Student gegenüber seinen Eltern ungehorsam verhalten hat, bitten sie den Rektor Hartmann von Eppingen[294] mit Erfolg, eine Gefängnisstrafe gegen ihn zu verhängen. Einen universitätseigenen Karzer gibt es noch nicht. Johannes Manheymer verbüßt seine Haft im städtischen Gefängnis unter Aufsicht des Schultheiß'.

Entlassen wird der Student, nachdem er in einer öffentlichen eidlichen Urkunde erklärt, er habe sich gegenüber seinen Eltern ungehorsam verhalten und deshalb die Strafe verdient. Die Dauer der Haftstrafe wird aus dem Dokument nicht deutlich.

Die Genossenschaft der Lehrenden und Lernenden verstand sich als engen Verband mit einer deutlichen Unterordnung der Scholaren unter den Rektor als Oberhaupt der Universität. Johannes Manheymer erklärte dazu: *„als ich ungehorsamlich gegen myn vatter unnd myn mutter gehalten, darumb sie bewegt synt worden, myn hern den rector der universitet zu Heydelberg zu bitten* [...] *mich in gefengniß nemen moge"*.[295] Die Zuständigkeit für Diszipli-

290 Hautz I, S. 284.

291 So auch Häusser I, S. 203.

292 Immatrikuliert am 14. Oktober 1487 als Johannes Manhemmer: Toepke I, S. 388.

293 Eintrag im Kopialbuch: UAH RA 655 fol. 301v/302r: Transkription in der Akte beiliegend.

294 Drüll III, S. 201f.; Schroeder, Juristische Fakultät der kurpfälzischen Universität Heidelberg, S. 71f.

295 UAH RA 655 fol. 301v/302r.

narstrafen war also – aus Sicht der Zeitgenossen – mit der Immatrikulation vom Vater auf den Rektor übergegangen.

Anhand dieses Falles wird deutlich, wie sehr die akademische Gerichtsbarkeit in Heidelberg schon im scholastischen Zeitalter als pädagogische Instanz handelt. Aus späteren Jahrhunderten finden sich immer wieder Fälle, denen eine ähnliche Intention zugrunde liegt.

11. Zwischenergebnis

Aus den aufgezeigten Fällen ergibt sich für die Gerichtsbarkeit der ersten Zeit des Heidelberger Generalstudiums ein uneinheitliches Bild. So entsteht, etwa bei der Zivilklage gegen Arnold von Thorn, der Eindruck, die Prozesse seien langwierig und ineffektiv gewesen. Doch ist zu bedenken, dass insbesondere Thorn ein langjähriger Lehrer der Universität und verdientes Mitglied war. Seine Kollegen würden ihn kaum ohne weiteres zur Zahlung verurteilen, zumal aus der Überlieferung nicht deutlich wird, wie streitig der Anspruch war.[296]

Weiterhin lässt sich schon in dieser Frühzeit festgestellen, dass die akademische Gerichtsbarkeit Geldstrafen als probates Mittel hielt, um nahezu alle Arten von Vergehen und Verbrechen zu bestrafen.[297] Inwiefern dabei die Absicht, Einnahmen zu gerieren im Hintergrund steht, kann heute nur noch vermutet werden.[298] Neben den Geldstrafen finden sich immer wieder Urteile, die eine Buße in der Heiliggeistkirche fordern. Dazu musste der Verurteilte in weißer Kleidung ohne Schuhe erscheinen und eine genau bestimmte Menge von Kerzen anzünden und weitere spenden. Neben der Buße in der Kirche wurde oft auch eine Entschuldigung beim Opfer sowie beim Rektor gefordert, da sich die Hohe Schule durch Angriffe auf ihre Mitglieder selbst betroffen fühlte. Weiterhin findet sich in den Urteilen immer wieder eine Aufforderung an den Verurteilten, künftig schädliches Verhalten zu unterlassen und dies auch zu beschwören.[299]

Zu Haftstrafen kommt es kaum in den ersten Jahrzehnten der Universitätsgeschichte. So lehnt der Senat 1467 einen vom Kurfürst geforderten Kar-

---

296 Siehe auch Weisert, S. 35, Fn. 28.

297 Siehe nur Miethke, Amtsbücher I, S. 295f., Nr. 262, 264.

298 Ritter, S. 106. Stein, S. 77f. geht davon aus, dass die Geldstrafen erhebliche Teile zum Haushalt mancher Universität beisteuerten.

299 Vgl. nur das Urteil gegen den Pedell (oben Fn. 245), den Fall Gerlach von Andernach (oben S. 65)

zer ab, da eine Verurteilung von Scholaren zu Haftstrafen der Frequenz der Universität abträglich wäre.[300]

Behindert wird die Gerichtsbarkeit wohl von häufigen Wechseln im Rektorat. Dadurch kann sich kein festes Verfahren ausbilden. Auch wird das Rektorat nur zum Teil von ausgebildeten Juristen ausgeübt.[301]

IV. KAPITEL: Akademische Gerichtsbarkeit in Heidelberg und die Inquisition

Das Universitätsgericht war kein Inquisitionsgericht. Doch waren mehrere Heidelberger Magister und Doktoren in ihrer Eigenschaft als Gelehrte, aber auch in ihrer Funktion als Mitglieder der Generalstudiums an Inquisitionsprozessen beteiligt. Begründet war dies schon durch den Wunsch Kurfürst Ruprechts I., das Generalstudium solle dem christlichen Glauben zur Stärkung dienen. Auch Ruprecht III. sah einen Hauptgrund für die Existenz der Hohen Schule in der Bekämpfung der Häresie.[302]

Beleg dafür ist etwa ein Fall aus der Gründungszeit der Universität. Zwei Heidelberger Gutachten hatten erheblichen Einfluss auf den Prozess des in Straßburg wegen Ketzerei angeklagten Priester Johannes Malkaw de Prussia.[303] Zunächst wird er 1392 durch ein erstes Gutachten der Heidelberger Universität belastet. Nach seinem persönlichen Erscheinen und der Erläuterung seiner Thesen im Juli 1394 rehabilitiert ihn ein weiteres Gutachten der Hohen Schule.[304]

Insbesondere fällt jedoch der Prozess gegen den Hussiten Johannes Drändorf ins Auge.[305] Das Verfahren begann am 13. Februar 1425 in Heidelberg und endete am fünften Tag mit der Übergabe des Angeklagten an den Pfalzgrafen als weltlichen Arm zur Verbrennung, welche sofort durchgeführt wird.

300 Ritter, S. 105 verweist auf die damals offenbar vergessene Tatsache, dass schon die Statuten von 1387 Karzerhaft vorgesehen hatten.

301 Die Wahrnehmung der Rechtsprechung durch juristische Laien war bis in das 16. Jahrhundert hinein die Regel, Lück in: HRG II, Sp. 135.

302 Ritter, S. 348 und 291, siehe auch Tönsing, S. 57.

303 Dieser war nie Scholar in Heidelberg.

304 Winkelmann I, S. 57 nennt nur das zweite Gutachten, welches er als Freispruch bezeichnet, gleichwohl hat der Prozess nie in Heidelberg stattgefunden; Ausführliche Beschreibung bei Tönsing, insbesondere S. 55ff., 114ff. und 218ff.

305 Einzelheiten zum Prozess siehe Heimpel. Kuno Fischer, S. 28 nennt den Fall Drändorf in seiner Festrede zur Fünfhundertjahrfeier als Beispiel für die Papsttreue der Rupertina.

Bemerkenswert ist dabei, dass das gesamte Inquisitionsgericht aus Heidelberger Universitätslehrern unter dem Vorsitz von Bischof Johann von Worms besteht. So sind etwa Nikolaus Magni von Jauer, Johann Lagenator von Frankfurt und Johannes Plaet (alle Magister der Theologie und ehemalige Rektoren)[306] sowie Johannes de Noet,[307] Dietmar von Treysa[308] und Otto vom Stein[309] (alle Magister des kanonischen Rechts und ehemalige Rektoren), namentlich genannt.[310] Weiterhin werden aber auch alle „regierenden" Doktoren der Theologischen und der Juristischen Fakultät zusammengefasst als Richter bezeichnet.[311] Abgesehen vom Bischof von Worms, der ja zumindest nominell noch Gerichtsherr der Kleriker der Universität ist, und den Richtern waren auch die anderen Beteiligten wie etwa der Notar zumindest ehemalige Angehörige der *universitas*.[312]

Der Angeklagte Drändorf, geboren etwa 1390,[313] ist ein sächsischer Adliger, der ein Armutsgelübde abgelegt hat und gegen die Weltlichkeit und den Reichtum der Kirche predigt. Studiert hatte er in Prag, Leipzig, Dresden und dann wieder in Prag. Während dieses zweiten Aufenthaltes in Böhmen wird Drändorf zum Priester geweiht, allerdings durch einen Weihbischof, der von einem Adligen unter Druck gesetzt wurde. Diese Weihe erfolgte ohne Eidesleistung. Hierin sieht man ein früher Akt der hussitischen Revolution.[314]

Nach mehreren Reisen entlang des Rheines und eines Aufenthaltes in Speyer[315] wird er in Weinsberg verhaftet. Dort will er einen Konflikt zwischen dem Bischof von Würzburg (mit dessen Vollmacht dann später der Bischof von Speyer handelt) und der Stadt Weinsberg nutzen, um einen Aufstand der fränkischen Städte gegen die weltliche Macht der Kirche auszulösen.[316]

Eine Schilderung des genauen Ablaufs des Inquisitionsprozesses ist entbehrlich, ausführlich ist er in der Literatur beschrieben.[317] Anzumerken ist jedoch, dass die Universität im Anschluss an den für sie wegen der zahlrei-

306 Toepke II, 609.
307 Toepke II, 609.
308 Toepke II, 369.
309 Toepke II, 610.
310 Heimpel, S. 147.
311 Ritter, S. 359.
312 Heimpel, S. 147.
313 Heimpel, S. 25.
314 Heimpel, S. 26. Zu Jan Hus und seiner Wirkung auf die Prager Universität siehe Bünz in Geschichte der Universität Leipzig I, S. 46.
315 Heimpel, S. 27f.
316 Ritter, S. 359.
317 Heimpel; Ritter S. 359ff.; Thorbecke S. 34.

chen Verfahrensfehler unbefriedigend verlaufenen Prozess eine Denkschrift an den Papst sandte, welche Vorschläge unterbreitet, wie die hussitische Ketzerei zukünftig schneller zu verfolgen sei.[318]

Die Verurteilung Drändorfs durch die Heidelberger Professoren und seine Verbrennung durch den Pfälzer Kurfürsten Ludwig III. beklagen noch Luther und Melanchthon.[319] Als mit dem lutherischen Ottheinrich[320] die ältere Kurlinie, der Stamm Ludwigs III., ausstirbt, sieht Ottheinrich in der Verbrennung von Glaubenszeugen durch seinen Ahnherrn den Grund für sein Schicksal. Neben Jan Hus, den Ludwig III. in seiner Funktion als Reichsrichter 1415 hinrichten ließ, ist damit auch Drändorf angesprochen.[321]

V. KAPITEL: Reformationen der Universitätsstatuten

1. Neufassung der Disziplinarordnung von 1441

Um das Verhalten der Studenten zu bessern, wurde 1441 die Disziplinarordnung erneuert und Strafandrohungen, insbesondere gegen nächtliche Ruhestörung und unangemessenes Verhalten, verschärft.[322] Untersagt wurde auch das Waffentragen innerhalb der Stadtmauern.

2. Statutenreform von 1444 / 1452

Unter Kurfürst Ludwig IV. wurde die Universität aufgefordert, ihre Statuten zu reformieren. Daraufhin machten die Gesamtkorporation und die einzelnen Fakultäten mit Ausnahme der Medizin Vorschläge. Unter anderem wurde die Stärkung der Rechtsprechungsbefugnis des Rektors gefordert.[323]

Nach langer Diskussion tritt die Reform erst 1452 in Kraft. Erst der mittlerweile ins Amt gekommene Kurfürst Friedrich I. erlässt die neuen Statuten.

Trotz der vorangegangenen Forderung, die Rechtsprechungsbefugnis des Rektors zu erweitern, enthält die Reform von 1452 keinerlei Veränderung

318 Ritter, S. 360.

319 Ritter, S. 359.

320 Kurfürst von 1556–1559; siehe Schaab II, S. 29ff.; ausführlich zur Persönlichkeit: Poensgen in Ottheinrich-Gedenkschrift, S. 22ff.; insbesondere auch Reitzenstein, S. 69ff.

321 Hautz I, S. 276, Häusser I, S. 649.

322 Winkelmann I, S. 140ff.; Ritter, S. 377.

323 Ritter, S. 378.

der Gerichtsbarkeit. In erster Linie sind Organisation der Hohen Schule und Verteilung von Pfründen neu geregelt.[324]

VI. KAPITEL: Bis zum Ende des sechzehnten Jahrhunderts

Die Zeit von der Kirchenreformation bis zum Dreißigjährigen Krieg war für Stadt und Universität eine Epoche des Umbruchs, wie er durch die ältesten noch im Universitätsarchiv befindlichen Prozessakten dokumentiert ist.

Es handelt sich dabei leider um unvollständige Unterlagen. Die Wirren und Zerstörungen des Dreißigjährigen Krieges wie auch des Pfälzischen Erbfolgekrieges haben das Archiv der Universität erheblich in Mitleidenschaft gezogen. So ist unter anderem ein Band der Matrikel verloren gegangen, die Jahre 1663 bis 1668 betreffend.[325] Weitere Verluste entstehen während der Auslagerungen der Bestände von 1624 bis 1650 nach Frankfurt am Main[326] und nach Marburg 1693.[327]

Einzelne Schäden sind jedoch auch durch Lagerfehler des neunzehnten und frühen zwanzigsten Jahrhunderts verursacht worden;[328] Veröffentlichungen aus früherer Zeit berichten oftmals von Fällen, deren Akten heute nicht mehr aufzufinden sind.[329] Einzelne Fälle lassen sich aber noch durch Notizen in den Rektoratsakten rekonstruieren.

1. Professoren am Hofgericht

In einer Urkunde vom 6. Juni 1498 ernennt Kurfürst Philipp der Aufrichtige (1476–1508) den Dechant (Dekan)[330] und die Ordinarien der Juristischen Fakultät zu Mitgliedern des Hofgerichts,[331] dem obersten Landesgericht der

324 Die Universitätsreform ist abgedruckt bei Winkelmann I, S. 161ff.
325 Toepke II, S. 347.
326 Hautz II, S. 169.
327 Hautz II, S. 228.
328 Zum Universitätsarchiv Heidelberg siehe Krabusch in: Ruperto-Carola Sonderband 1961, S. 82–111, zu Rettungen und den Verlusten 1620, S. 93 und 1693, S. 96.
329 Beispielsweise Hautz, Thorbecke, Winkelmann und vor allem Toepke.
330 Grimm, DWB II, Sp. 880.
331 Winkelmann I, S. 205, Z. 9ff.; Schroeder, Juristische Fakultät der kurpfälzischen Universität Heidelberg, S. 77ff.

Kurpfalz.[332] Im Hofgericht, das in wichtigen Fällen unter dem Vorsitz des Kurfürsten tagte, gab es einen starken Einfluss des kurpfälzischen Adels, der im Mittelalter die Beisitzer stellte. Zu dieser Zeit wandte das Gericht vorwiegend deutsches Recht an. Noch Kurfürst Ruprecht II. lehnte die Anwendung des Römischen Rechts ab.[333] Dass Kurfürst Philipp einhundert Jahre später die Rezeption des gelehrten Rechts durch die Berufung der Professoren fördern wollte, ist naheliegend. Die Rechtsprechung von dem fünfzehnten Jahrhundert an ist verstärkt durch das Römische Recht geprägt.[334]

Er begründet seine Entscheidung mit den guten Leistungen, die der Dekan Doktor Niclas von Euweßheim (al. Öwisheim)[335] bisher erbracht habe.[336] Dieser hatte sich 1463 an der Rupertina immatrikuliert.[337] Er tritt am 19. Dezember 1478 als Doktor beider Rechte[338] sein erstes,[339] am 23. Juni 1485 sein zweites,[340] sowie am 20. Dezember 1491 sein drittes Rektorat an.[341] Schon 1470 hat er Prüfungen abgenommen.[342] Auch nach der Ernennung durch den Kurfürsten wird Niclas von Euweßheim am 23. Juni 1502 noch einmal zum Rektor gewählt.

Um den Ablauf der Vorlesungen nicht zu beeinträchtigen, bestimmt der Kurfürst, dass die vormittags lesenden Professoren nur nachmittags, die nachmittags lesenden nur vormittags zu Sitzungen des Gerichts erscheinen müssen. Dadurch war die Anwesenheit von zwei bis drei der fünf Ordinarien gewährleistet, so dass die Hälfte der sechs Beisitzer aus der juristischen Fakultät der Rupertina kam.[343] In den Ferien waren alle ordentlichen Professoren zur Teilnahme an den Sitzungen verpflichtet.[344]

---

332 Sein genauer Entstehungszeitpunkt ist unbekannt, liegt aber wohl im 13. Jahrhundert. Bis zur Einrichtung des Revisionsgerichts 1652 war das Hofgericht das höchste Gericht der Pfalz, siehe Bender, S. 8ff.

333 Bender, S. 11; siehe auch schon Karlowa, S. 8f.: Ruprecht II. empfahl seinen Nachfolgern, keine Geistlichen als Schreiber und Amtleute einzusetzen, wohl weil diese das Römische Recht nutzten. Um das einheimische Recht zu schützen, wollte er es aufzeichnen lassen.

334 Press, S. 78.

335 Zur akademischen Ausbildung und dem Wirken an der Rupertina siehe Schroeder, Juristische Fakultät der kurpfälzischen Universität Heidelberg, S. 73f.

336 Winkelmann I, S. 205, Z. 12.

337 Toepke I, 307 als Nycolaus Morszinger de Euszhem.

338 Seit 1473, siehe Toepke II, S. 517.

339 Toepke I, S. 358 als Nicolai Morsinger de Ewesheym.

340 Toepke I, S. 379 als Nicolai Morsinger de Euweszheym.

341 Toepke I, S. 379 als Nicolai Morsinger de Euweszheym.

342 Toepke II, S. 405 als M. Nicolao Euschem.

343 Kern in: Humaniora, S. 149.

344 Winkelmann I, S. 205, Z. 27ff.

So ist es auch in der Frühzeit der Universität zu einem Austausch von Hof und Hoher Schule, von Theorie und Praxis, gekommen. Die Verbindung wird gerade für Heidelberg als besonders eng beschrieben.[345] Hofgericht und Rat des Kurfürsten sind schon in den frühen Jahren des Generalstudiums fast ausschließlich von Professoren besetzt.[346] Bereits in der Zeit ab etwa 1470 wurden die Rechtslehrer verstärkt zum Hofgericht abgeordnet.[347] Später gelang es ihnen, die Verpflichtung zum Hofgericht zu umgehen, handelte es sich doch um eine zusätzliche, ungeliebte, Belastung.[348]

2. Eigentliche akademische Gerichtsbarkeit

Im November 1479 beschränkt Kurfürst Philipp der Aufrichtige die personelle Zuständigkeit der akademischen Gerichtsbarkeit auf den Kreis der ursprünglich von ihr umfassten Personen.[349] Er betont, dass nur diejenigen der Gerichtshoheit des Rektors unterstehen, die von seinen Vorfahren dazu bestimmt wurden. In der Urkunde werden neben den Magistern und Scholaren und deren Dienern, ebenso die Universitätsverwandten genannt: Pedelle, Buchhändler, Krämer, Pergamentmacher, Schreiber und Buchmaler fielen in die Zuständigkeit des akademischen Gerichts. Wenn die genannten Personen gegen die nicht näher bezeichneten Freiheiten der Universität verstießen, *„so sol der rector ine straffen on alles verziehen nach gelegenheit der sach“*.[350]

Priester des Heiliggeiststiftes und der Universität mussten durch den Rektor oder den Dekan bestraft werden, wenn sie heimlich am Tage oder nachts steuerfrei eingeführten Wein ausschenkten.[351] Hier wird wiederum deutlich, dass sich die Strafgewalt des Rektors auf die Geistlichen sowohl der Universität als auch des mit ihr eng verbundenen Stiftes erstreckte.[352]

---

345 Schroeder, Juristische Fakultät der kurpfälzischen Universität Heidelberg, S. 77.

346 Fuchs, S. 24; 30.

347 Press, S. 80.

348 Jammers, S. 17; Kern, Gerichtsordnungen, S. 322.

349 Winkelmann I, S. 192, Z. 22ff.

350 Winkelmann I, S. 192, Z. 28f.

351 Die Regelung betraf ausdrücklich nur Priester, während das Privileg der Professoren, steuerfreien Wein auszuschenken, nicht problematisiert wird. Vgl. dazu Vandermeersch in: Geschichte der Universität in Europa II, S. 198.

352 Gleichwohl war das akademische Gericht kein geistliches Gericht, da es keine geistlichen Strafen aussprechen konnte.

Den Käufern solchen Weins droht der Kurfürst, sofern er über sie zu gebieten hatte, mit seiner eigenen Strafgewalt,[353] die eine Geldstrafe in Höhe von 10 Gulden vorsah, welche nur im Falle von Armut in eine angemessene Leibesstrafe umgewandelt werden durfte.

Durch die Drohung mit der fürstlichen Justiz sollten potenzielle Käufer abgeschreckt werden, da die Verkäufer unter den privilegierten Gerichtsstand der Universität fielen und deshalb lediglich der Rektor durch den Kurfürsten aufgefordert werden konnte, seiner richterlichen Pflicht nachzukommen. Ähnliche Streitigkeiten über die finanzielle Ausnutzung von Privilegien der Universität durch ihre Angehörigen kamen an fast allen Universitäten des Heiligen Römischen Reichs in dieser Zeit häufiger vor.[354]

Geprägt ist die Epoche von 1480 bis 1520 von Disziplinlosigkeit der Studenten, der Bestechlichkeit von Prüfern und des Streits innerhalb der Universität. So musste wegen des eskalierenden Wegestreits in der Artistenfakultät zwischen den Anhängern der *via antiqua* und denen der *via moderna* 1501 ausdrücklich das Mitbringen von langen Messern in die Disputationen verboten werden. Auch war das Werfen mit Dreck und Unrat in den Vorlesungen verbreitet.[355]

Symptomatisch für den Zustand der Hohen Schule in jenen Jahren erscheint es, dass eine Auseinandersetzung über die Farbe der Barette zwischen der Juristischen und der Artistenfakultät beinahe dreißig Jahre währte, bis sie endlich vom Kurfürsten entschieden wurde.[356]

3. Das Universitätsgericht ab 1526

Erstmals konstituiert sich 1526 ein umfangreicheres Universitätsgericht, als die Fakultäten zur Unterstützung des Rektors Beisitzer bestimmten. Die Wahl gründet auf der Universitätsreform von 1522, deren 379 Artikel allerdings verloren gegangen sind.[357] Aus ihrem gegenüber dem Kurfürst erfolg-

353 Winkelmann I, S. 192, Z. 37.

354 Kaufmann II, S. 247.

355 Ritter, S. 491. Ders., via antiqua, S. 55ff. näher zum Konflikt zwischen *via antiqua* und *via moderna*, in Heidelberg nach Marsilius von Inghen auch *via marsiliana* genannt, in der Zeit ab 1445. Anhänger der *via antiqua* wurden als Realisten bezeichnet, ihre Gegner waren die Nominalisten, vgl. auch Schulze/Ssymank, S. 60f.

356 Winkelmann I, S. 202, Z. 10ff.; Ritter, S. 491. Die Kompetenz des Kurfürsten, einen Streit zwischen den Fakultäten zu entscheiden, wurde infrage gestellt.

357 Schroeder, Juristische Fakultät der kurpfälzischen Universität Heidelberg, S. 103ff. zu den Hintergünden und dem Ablauf der Reformation; Wolgast, S. 27; Thorbecke, Statuten, S. II.

reich verteidigten Recht, den Rektor aus der Mitte der Lehrenden zu wählen, leitete die Universität auch die ihr zustehenden *„orden[t]lyche oberkeyt"* ab, also die Gerichtsbarkeit über ihre Mitglieder.[358] Als Beisitzer des Gerichts amtete Konrad Diem, zunächst Inhaber des Codex-Lehrstuhls, später für die Digesten zuständig, mit Unterbrechungen über den Zeitraum von 1533 bis 1554.[359] Ebenfalls als *„assessor consistorii iuris academici"* ist Sebastian Hugel von der Juristischen Fakultät überliefert.[360]

4. Der Karzer

Schon in der Gründungsurkunde ist der Wormser Bischof als Kanzler der Universität berechtigt, ein Gefängnis in Heidelberg zu errichten.[361] Da die Gerichtsbarkeit des Bischofs über die Geistlichen unter den Immatrikulierten schon bald auf die Universität übergeht, lässt der Bischof das Verließ in Heidelberg nicht bauen. Die Hohe Schule selbst nutzt die Möglichkeit im Jahr 1545. Erst ab diesem Zeitpunkt kann von einem akademischen Karzer in Heidelberg gesprochen werden.[362] Da es sich beim Universitätsgefängnis um das auffälligste – heute noch bestehende[363] – Relikt der akademischen Gerichtsbarkeit handelt, ist dessen frühe Geschichte in diesem Zusammenhang von Interesse.

a) Die Errichtung des ersten Karzers

Jedes Gefängnis dient neben der Bestrafung auch der Abschreckung potenzieller Täter. Den Heidelberger Professoren ist das schon mehr als siebzig Jahre vor der eigentlichen Errichtung des Karzers bewusst. Als 1467 vermehrt Probleme mit straffälligen Scholaren auftreten, planen Rektor und ein Teil der Professoren, ein eigenes Gefängnis einzurichten, um Geldstrafen durch Haftstrafen ersetzen zu können. Aus Gründen finanzieller Status-

358 Zitiert nach Drüll/Zimmermann/Hesse in: Heidelberger Universitätsämter, S. 20.

359 Schroeder, Juristische Fakultät der kurpfälzischen Universität Heidelberg, S. 115.

360 Schroeder, Juristische Fakultät der kurpfälzischen Universität Heidelberg, S. 117.

361 Winkelmann I, S. 9, Z. 42ff.

362 Ungenau ist die Angabe bei Oberdörfer, Bemerkungen, S. 475, schon der Bischof von Worms habe unmittelbar nach 1386 einen Karzer errichten dürfen. Oberdörfer schließt aus dem in den Gründungsurkunden erwähnten Recht des Bischofs *„carceres et officiatum pro criminosorum clericorum"* (Winkelmann I, S. 9, Z. 43) einrichten zu dürfen, auf den „Karzer" im Sinne eines spezifisch akademischen Gefängnisses, also gerade keinem Kerker des Bischofs.

363 Der in Heidelberg zu besichtigende Karzer im Gebäude der Alten Universität ist ein Nachfolgebau des ersten akademischen Gefängnisses.

verbesserung sind Geldstrafen gängige Praxis. Doch häufig trifft diese mehr die Eltern, nicht den studierenden Missetäter selbst.[364] Da die Professorengruppe ihre Forderung nicht durchsetzen kann, kommt es nicht zur Einrichtung eines Karzers, der zu diesem Zeitpunkt in der Artistenschule gebaut werden soll.[365]

Neun Jahre später wird die Errichtung eines Gefängnisses durch die Regierung an die Hohe Schule herangetragen. Kurfürst Friedrich I. fordert die Universität auf, ein geeignetes Haus zu erwerben. Allerdings ist die Senatsmehrheit immer noch nicht von der Notwendigkeit eines Universitätsgefängnisses überzeugt. Der Senat ist der Meinung, dass Haftstrafen gemäß den Universitätsprivilegien nur in besonders schwerwiegenden Ausnahmefällen verhängt werden können.[366] Wenn es zu einer solchen Straftat kommen sollte, wollte man Kurfürst und Bürgermeister um die Erlaubnis bitten, das städtische Gefängnis im Turm der Neckarbrücke (*turris pontis Neccari*) und den Diebsturm im Augustinerkloster zu nutzen.[367]

Erst als Kurfürst Friedrich II. am 6. August 1545 von der Universität fordert, ein eigenes Gefängnis zu errichten, wird im unteren Stock eines baufälligen Hauses der erste Karzer geschaffen.[368] Auslöser für die Forderung des Fürsten sind offenbar die sich damals häufenden Auseinandersetzungen zwischen Studenten und Teilen des Hofstaates, dem *„Hofgesunde und den Reuternn"*.[369] Der Kurfürst verspricht zwar, seine *Familiare*[370] zurückzuhalten, untersagt aber auch den Studenten den Aufenthalt bei Nacht auf der Straße. Bei Verstößen sollte eine sofortige Festnahme durch die Obrigkeit erfolgen. Nun sieht die Universität ihre Privilegien bedroht, stellt doch eine Festnahme von Immatrikulierten und deren Verbringung in außeruniversitäre Haft einen Eingriff in ihre Gerichtsbarkeit dar. Um den Konflikt beizulegen, befiehlt der Herrscher die Einrichtung des Karzers als universitätseigenes Gefängnis. Unklar bleibt aber, wer ruhestörende Studenten festneh-

364 Ritter, S. 106; Auch Stein, S. 78 sieht fiskalische Gründe für die häufige Verhängung von Geldstrafen.

365 Thorbecke, S. 60, Fn. 91.

366 Die Ansicht des Senats war falsch, da in den Statuten von 1387 Haftstrafen schon für leichte Vergehen angedroht waren: Ritter, S. 105.

367 Thorbecke, S. 60, Fn. 91; Juschka in: Semper Apertus V, S. 74. Der Diebsturm ist heute als Hexenturm bekannt und Teil der Neuen Universität, Ritter, S. 105. Noch bis 1930 befand er sich im Eigentum der Stadt, Griesbach/Krämer/Maisant in: Semper Apertus V, S. 91.

368 Winkelmann II, Nr. 903.

369 Hautz I, S. 473. Weitere Beispiele bei Schroeder, Tod den Scholaren, S. 44ff.

370 Mitglieder der *familia* eines Fürsten waren die von ihm Abhängigen, vgl. Schwab in: Geschichtliche Grundbegriffe II, S. 256f.

men durfte. Abgesehen von den Pedellen verfügt die Universität über kein entsprechendes Personal.

Nach August Thorbecke besteht zu dieser Zeit ein weiterer Karzer in der Artistenschule.[371] Es ist jedoch sehr unwahrscheinlich, dass es einen zweiten, fakultätseigenen Karzer gab. Hermann Weisert zeigt, dass sich in den Akten der Artistenfakultät keine Hinweise auf einen solchen Kerker finden. Die Universität nutzte das städtische Gefängnis, was unnötig gewesen wäre, wenn eine ihrer Fakultäten über einen Karzer verfügt hätte. Da nur der Rektor, und nicht der Dekan, befugt war, Gefängnisstrafen zu verhängen, bestand keine Notwendigkeit für ein Fakultätsgefängnis.[372]

b) Standort des ersten Karzers

Das Gefängnis der Universität befand sich im unteren Stock oder dem Keller[373] eines baufälligen Hauses neben der Realistenburse.[374]

Der Kerker war anscheinend in einem sehr schlechten baulichen Zustand. Die Hohe Schule selbst sorgte sich um die dort eingesperrten Studenten, da *„wegen der böszen Dünste keiner lang ohne gefherliche krankheitten darinnen pleiben mag"*.[375]

Nicht nur in Heidelberg war der Aufenthalt im Universitätsgefängnis gesundheitsschädlich: Auch der Zustand des Karzers in Leipzig wird entsprechend beschrieben.[376]

c) Das Karzermandat von 1572

Am 7. Februar 1572 erläßt der Rektor der Heidelberger Universität ein Mandat, in welchem er den Kontakt zwischen den Gefangenen und der Außenwelt einschränkt.[377] Soweit ersichtlich, handelt es sich um den ersten Erlass

---

371 Thorbecke, S. 60, Fn. 91. Gleiches ohne Quellenangabe bei Oberdörfer, Karzer, S. 36.

372 Weisert, S. 60, Fn. 80.

373 So Weisert, S. 59, 60, Fn. 80 mit dem Hinweis auf eine Aktenstelle zu einem *„heußlin über dem Kercker"*. Aus den ersten Jahrzehnten nach der Errichtung des Karzers finden sich Berichte über dessen feuchtes Klima, vgl. etwa unten S. 117 den Fall Caspar Flaminius. Der Standort im Keller ist also zumindest nicht unwahrscheinlich.

374 Nach Hautz I, S. 433, Fn. 62 befand sich der Karzer im baufälligen Gebäude der Realistenburse selbst, während er S. 474 die Lage korrekt angibt. Ders., S. 432ff. zur Zusammenlegung der Heidelberger Bursen zu jener Zeit. Aus der Gesamtheit der Bursen wurde zunächst das Dionysium, später als *„Contubernium"*, Realistenburse und auch *„die Bursch"* bezeichnet, vgl. Wund, S. 134 und Brunn, S. 44. Zur Lage siehe die Karte im Anhang II.

375 Thorbecke, S. 60, Fn. 91. Siehe unten S. 118ff. den Fall Lanius; Der Angeklagte fürchtete 1596 um seine Gesundheit, falls er nicht aus dem Karzer entlassen würde.

376 Rudolph in: Universitätsgeschichte als Landesgeschichte, S. 197.

377 Winkelmann I, S. 312; Übersetzung als Anhang III.

eines Rektors, der auf das fast dreißig Jahre zuvor errichtete Universitätsgefängnis Bezug nimmt.

Ausdrücklich untersagt wurde den Studenten, mit den Gefangenen zu sprechen, zu trinken oder sie mit Wein zu versorgen. Wer gegen das Mandat verstieß, dem drohte dieselbe Strafe, die der begünstigte Gefangene zu verbüßen hatte.

Hingewiesen wird auf die bisherigen Zustände, gegen welche sich die neue Regelung richtet. Besuche im Karzer, die Versorgung von Kommilitonen mit alkoholischen Getränken und gemeinsame Zechereien im Gefängnis erinnern an die Beschreibungen des Universitätsgefängnisses im späten achtzehnten und neunzehnten Jahrhundert. In einem deutlichen Kontrast dazu stehen Berichte aus den Jahren nach 1545, die den Aufenthalt im Heidelberger Karzer als gesundheitsschädlich bezeichnen, oder der Fall des Caspar Flaminius, über dessen harte Haftstrafe unter den Studenten noch Jahrzehnte später gesprochen wurde.[378]

5. Die Universitätsreform Ottheinrichs und deren Auswirkung auf das Gericht

Eine Neuregelung erfährt das akademische Gericht im Zuge der großen, unter Mitarbeit Melanchthons erarbeiteten Universitätsreform des Kurfürsten Ottheinrich vom 19. Dezember 1558.[379] Im Gegensatz zu den oktroyierten Reformen seiner Vorgänger wünschte die Universität diejenige von Ottheinrich und lebte mit ihr trotz einiger Überarbeitungen im Zuge der Konfessionswechsel bis 1746.[380] Durch die neuen, 160 Paragrafen umfassenden Statuten wandelte sich die katholische, relativ unabhängige Genossenschaft der Lehrenden und Lernenden zu einer neuartigen protestantischen Landesuniversität.[381]

378 Der Fall ist unten auf S. 117 beschrieben.

379 Hintergrund und Ablauf der Reformation stellt Schroeder, Juristische Fakultät der kurpfälzischen Universität Heidelberg, S. 127ff. dar.

380 Weisert, S. 63, 74; Wadle in: Semper Apertus I, S. 291; Wolgast, S. 37. Ausführlich zur Entstehung der Reform Hautz II, S. 5ff. und Mugdan in: Ottheinrich-Gedenkschrift, S. 207ff. Zur Ablehnung des Reformationsversuches von 1546 siehe Winkelmann I, S. 234ff.

381 Wadle in: Semper Apertus I, S. 296; Hautz II, S. 17. Zu beachten ist aber, dass die Rupertina, wie alle deutschen Universitäten, bereits durch einen landesherrschaftlichen Gründungsakt entstanden ist und deshalb nie die Eigenständigkeit einer italienischen genossenschaftlichen Universität erreichen konnte, vgl. Westphalen, S. 17f.; 56ff.

Im Zuge der Kirchenreformation und verschiedener Konfessionswechsel erhalten auch andere Universitäten des Reichs im sechzehnten Jahrhundert mehrfach neue Statuten, so zum Beispiel die Leipziger und die Wittenberger *alma mater*.[382]

Ottheinrich, der bereits im dritten Jahr seiner Regentschaft verstarb, suchte den Kontakt zur Universität und kümmerte sich um deren Belange. Er griff auch in Einzelfragen in den akademischen Betrieb ein. So war ihm zum Beispiel die Disziplinierung der Studenten ein Anliegen, weshalb er im Juni 1558 einen Erlass an die Professoren und Bursenregenten übersandte, in dem er sie an ihre Pflichten erinnerte.[383] Da in den Augen des Herrschers die Disziplin durch zahlreiche Studenten aus anderen Teilen des Reichs gestört worden war, sollte jeder Professor *„in seinem lesen und leren merhern vleis furwendt, zu den geordenten tagen kein lectiones underlasse, dieselbige auch dergestalt volnbringe, das die auditores daraus gutten frommen und nutzen schaffen und sie die professores selbsten iren lob rhum und ehr neben aufnemen unserer universitet meren und erweitern."* Durch Dekrete[384] dieser Art wurde die unabhängige Korporation immer mehr in die Landesverwaltung integriert. Durch die Einführung der Reformation in der Pfalz hat zudem der Papst als Schutzherr der Universität an Einfluss verloren.[385] Wegen seines erheblichen Interesses an der Rupertina und deren Neuorganisation durch die Statuten von 1558 wird Ottheinrich heute als zweiter Gründer der Universität angesehen.[386] Fraglich ist, wie sich der zunehmende Einfluss der landesherrschaftlichen Regierung auf die ursprünglich unabhängige Korporation im Rahmen der Gerichtsbarkeit auswirkte.

a) Rechtsprechungskompetenz des Rektors

Bei der Gründung der Heidelberger Universität wurde die Zuständigkeit des Wormser Bischofs für die Gerichtsbarkeit über Geistliche statuiert. Seit der Übertragung auf den damals amtierenden Rektor Johann de Noet im Jahr 1394 übte der jeweilige Rektor die Rechtsprechung über alle Mitglieder der

382 Ludwig in: Universitätsgeschichte als Landesgeschichte, S. 85ff. Ebd., S. 91ff. über den Wechsel von Philippismus zu reinem Luthertum.

383 Winkelmann I, S. 286. Das folgende Zitat ebd., Z. 31ff.

384 Ein weiteres Beispiel stellt der Streit um die von Friedrich III. durchgesetzte Berufung von Petrus Ramus dar. Gegen den erbitterten Widerstand der Artistischen Fakultät erhielt der berühmte Franzose 1569 eine außerordentliche Professur für Ethik. Winkelmann I, S. 311; Wolgast, S. 41: *„Oktroi"*. Siehe auch Winkelmann II, Nr. 1058f.

385 Stein, S. 92.

386 Hautz I, S. 442; Ders. II, S. 5f.; Weisert, S. 34; Ders. in: Semper Apertus I, S. 28.

Hohen Schule gewohnheitsrechtlich aus.[387] Erst die Statuten Ottheinrichs schufen schriftliches Recht.[388] So finden sich in den §§ 6–13 der Statuten[389] detaillierte Regelungen zur Gerichtsbarkeit und zur Rechtsprechungskompetenz des Rektors: Zu seinen Aufgaben gehören neben der Ermittlung der jeweiligen Sachverhalte durch Verhöre auch die Aburteilung kleinerer Streitigkeiten.[390]

Gewählt wurde der Rektor durch den Senat[391] jedes Jahr am Vorabend des Thomastages, also am 20. Dezember. Ein Magister konnte nur alle acht Jahre wiedergewählt werden, während sich die Fakultäten nunmehr jährlich abwechselten.[392]

b) Erweiterung des Gerichts

Die neuen Statuten erweitern das Gericht. Sie legen fest, wie viele Beisitzer aus welcher Fakultät kommen und wer berechtigt ist, sie zu wählen. Da Hermann Weisert eine Ansicht zur Zusammensetzung des Gerichts vertreten hat,[393] die von der Regelung, wie sie sich aus den Statuten ergibt, abweicht, wird im Folgenden dargestellt, welche Mitglieder das Universitätsgericht zu einem bestimmten Zeitpunkt hatte.

aa) Regelung gemäß der Statuten

Die Zusammensetzung des Gerichts regelte § 6 der reformierten Statuten. Ziel der personellen Erweiterung ist es, die Autorität des Rektors sowie die Qualität der Entscheidungen zu verbessern. Während ursprünglich neben dem Rektor[394] sechs Beisitzer gewählt werden, sollten es nach der Reform acht Beisitzer sein. Ottheinrich legte genau fest, wie sich die Gruppe der Beisitzer zusammensetzt. Neben dem Rektor des vergangenen Jahres oder,

---

387 Siehe oben S. 55.

388 Mugdan in: Ottheinrich-Gedenkschrift, S. 219.

389 Thorbecke, Statuten, S. 9–17.

390 Drüll/Zimmermann/Hesse in: Heidelberger Universitätsämter, S. 23.

391 Der auch *consilium* genannte Senat setzte sich aus allen ordentlichen Professoren der vier Fakultäten zusammen. Es handelte sich um 16 bis 18 Personen. Weisert, S. 58f.

392 § 1, Thorbecke, Statuten, S. 5; § 3, Thorbecke, Statuten, S. 7f.; Burchill in: Semper Apertus I, S. 232; Weisert, S. 59; Drüll/Zimmermann/Hesse in: Heidelberger Universitätsämter, S. 27.

393 Weisert, S. 59.

394 In Jahren, in denen das Rektorat als Ehrerweisung an eine hochgestellte Persönlichkeit verliehen wurde, war der Prorektor Vorsitzender des Gerichts. Deshalb sind die Ausführungen bei Weisert, S. 59 teilweise missverständlich. Bei Erlass der Reform 1558 war Pfalzgraf Georg Johann, ein Neffe Ottheinrichs, Rektor: Hautz II, S. 10; Toepke II, S. 13; Wolgast, S. 37; Wadle in: Semper Apertus I, S. 290; Weisert in: Semper Apertus IV, S. 311.

sofern dieser abwesend war, einem anderen angesehenem Professor mussten vier Mitglieder der Juristischen Fakultät und je eines der anderen drei Fakultäten gewählt werden. Die Wahl der einen Hälfte der Assessoren hatte aus dem Senat zu erfolgen, während die andere Hälfte aus den Reihen der „*gemein*[en], *sonderlich von den collegiaten oder andern stipediaten*" gewählt wurde.[395] Bei den *collegiaten* handelte es sich wohl um Mitglieder des *collegium artistarium*, die *stipediaten* waren Inhaber einer bezahlten Stelle, die keine ordentliche Professur innehatten.[396] Durch die Einbeziehung eines größeren, insbesondere auch jüngeren Teils der Universitätsmitglieder in den Kreis der Beisitzer wurde die Akzeptanz der Entscheidungen des Universitätsgerichts erhöht. Denn nach den Statuten von 1522 sollten nur die Professoren der jeweiligen Fakultäten die Beisitzer des Gerichts wählen.[397]

Durch Erhöhung des Anteils an Juristen unter den Beisitzern wurde erstmals sichergestellt, dass die Rechtsprechung durch die Mitarbeit von rechtskundigen Personen geprägt ist. Die Wahlen der Beisitzer fanden regelmäßig zusammen mit der Rektorwahl[398] um den 20. Dezember für das Gericht des folgenden Jahres statt.[399] Um den Proporz zwischen den einzelnen Gruppen im Fall der dauerhaften Abwesenheit eines Beisitzers zu erhalten, wurde festgelegt, dass bei einer Nachwahl immer ein Mitglied derjenigen Fakultät zu wählen sei, welcher das ursprüngliche Mitglied angehört hatte.[400]

bb) Ansicht von Hermann Weisert

Ob in der Praxis von der Regelung, wie sie sich in der Statutenreform findet, abgewichen wurde, ist unklar. Neben dem Rektor des vergangenen Jahres wurden vom Senat zwei Juristen und der Dekan der Artistenfakultät gewählt. Außerdem wurden vier jüngere Artistenmagister, welche üblicherweise an einer der hohen Fakultäten studierten, zu Assessoren bestimmt. Nach Hermann Weisert wurde die abweichende Interpretation des § 6 Abs. 1 durch dessen ungenaue Formulierung ermöglicht und gefördert. Weisert geht davon aus, dass immer dann, wenn der Rektor des Vorjahres kein Jurist war, der Senat schon fünf Beisitzer wählen durfte. Dabei habe es sich um

395 § 6 Abs. 1, Thorbecke, Statuten, S. 10.
396 Weisert, S. 59.
397 Siehe oben S. 77.
398 Zur Rektorwahl, die in Heidelberg in Form einer Repräsentantenwahl stattfand, siehe Schwinges, Rektorwahl, insb. S. 17.
399 Zum Beispiel UAH RA 660, fol. 59r: 20. Dezember 1561; RA 663, fol. 1r: 23. Dezember 1576.
400 § 6 Abs. 1 am Ende, Thorbecke, Statuten, S. 10.

den genannten Rektor und die vier Mitglieder der Juristischen Fakultät gehandelt. Für die *Collegiaten* und *Stipendiaten* blieben nur drei Sitze übrig.[401]

Die Ansicht von Weisert erweist sich als nicht zutreffend. Gemäß § 6 Abs. 1 waren folgende Personen zu wählen: *„aus der iuristen faculteten und profession viere, und auß einer ieden der dreien faculteten einer"*. Aus dem Wortlaut ergibt sich, dass der Senat den vorherigen Rektor und drei Juristen wählen konnte, während auf die *Collegiaten* und *Stipendiaten* ein Jurist und je ein Mitglied der anderen drei Fakultäten entfielen. Da die *Collegiaten* und *Stipendiaten* als Artistenmagister an den höheren Fakultäten studierten und an ihrer ursprünglichen Fakultät lehrten, konnte es sich bei ihnen sowohl um Theologen, Juristen und Mediziner als auch um Artisten handeln. Weisert geht dagegen ohne Angabe von Gründen davon aus, dass ein *Collegiat* oder *Stipendiat* kein Jurist sein konnte.

cc) Das Universitätsgericht nach der Wahl vom 20. Dezember 1561

Wegen der vergleichsweise guten Überlieferungslage wird das Gericht, wie es nach der Wahl vom 20. Dezember 1561[402] bestand, näher betrachtet. Ebenso gilt dies für den *modus vivendi*, wie er sich Zeitraum von 1558 bis 1561 zur Wahl der Beisitzer entwickelt hat.

Die Mitglieder waren:[403]

1. Immanuel Tremellius,[404] der amtierende Rektor als eigentlicher Richter. Er war als Professor für das Alte Testament Mitglied der Theologischen Fakultät. 1575 wurde er erneut Rektor. Als zweimaliger Rektor saß er vier Jahre im *consistorium*.[405]
2. Caspar Agricola;[406] Rektor des Vorjahres, also geborenes Mitglied des Gerichts. Der Professor der Institutionen amtete als Mitglied und im Jahr 1562 auch als Dekan der Juristischen Fakultät. Insgesamt wurde er fünfmal Assessor und war damit sieben Jahre im Universitätsgericht tätig.[407]

401 Weisert, S. 59.

402 UAH RA 660, fol. 59r.

403 In der Reihenfolge, wie sie in den Senatsakte UAH RA 660, fol. 59v genannt sind.

404 Tremellius wurde in seinem ersten Jahr als Heidelberger Professor zum Rektor gewählt: Drüll III, S. 532.

405 UAH RA 663, fol. 1r.

406 Agricola war seit 1546 in Heidelberg, zunächst als Student der Artisten, dann als Artistenmagister und ab 1558 als Institutionenprofessor: Schroeder, Juristische Fakultät der kurpfälzischen Universität Heidelberg, S. 155f.; Drüll III, S. 5f.

407 In den Jahren 1553, 1557, 1561, 1570 und 1573 als Beisitzer; 1561 und 1576 als Rektor: Drüll III, S. 6; UAH RA 663, fol. 1r.

3. Fabritius Reichklaw findet sich weder in den Matrikeln noch in den sonstigen Akten.
4. Michael Kiesler (al. Kislerus)[408], ein gewählter Beisitzer. Er hatte die Würde eines Magisters der Artistischen Fakultät und studierte gleichzeitig die Rechte.
5. Balthasar Reisner (al. M. Balthasar),[409] 1560 Dekan der Artistischen Fakultät[410] und 1559 und 1561 Beisitzer des Gerichts. Als *magister regens in Contubernio* stand er der Burse vor. In dieser Funktion übte er die Disziplinargewalt über die Mitglieder der Burse aus. Zum Zeitpunkt seiner Wahl zum Assessor des Gerichts war er in seinen juristischen Studien weit fortgeschritten; die Fakultät promovierte ihn schon 1562 zum Lizentiaten beider Rechte.[411]
6. Johann Saal (al. Sal), Magister der Artes und seit 1557 Student der Rechte.[412]
7. Sigismund Melanchton, der Neffe des Reformators, hatte als Magister der Artes mit erst fünfundzwanzig Jahren die Lektur für Physik an der Artistenfakultät inne. Fünfmal wurde er zum Gerichtsassessor gewählt.[413]
8. Johann Brunner, der Artistenmagister und Inhaber der Lektur für Ethik an seiner Fakultät.[414]
9. Thomas Erast (al. Liebler, Lieber, Lüber), der kurfürstliche Leibarzt und Professor der Medizin. In den zweiundzwanzig Jahren seiner Zugehörigkeit zur Medizinischen Fakultät amtete er sechsmal als Beisitzer des Universitätsgerichts.[415]

Nach Fakultäten geordnet ergibt sich folgendes Bild: Die drei oberen Fakultäten sind durch je einen Professor vertreten. Unter den Beisitzern finden sich fünf Magister der Artisten, wobei Johann Saal keine Lektur innehatte. Ein Mitglied fehlt in den Matrikeln oder sonstigen Unterlagen der Universität. Die starke Repräsentanz der Artisten entsprach ihrem hohen Anteil an

408 Immatrikuliert am 4. Januar 1560 als Magister: Toepke II, S. 19. 1565 wurde er zum Lizentiat des Rechts promoviert: Toepke II, S. 543.

409 Drüll III, S. 471f.

410 Toepke II, S. 462.

411 Er hatte sich schon am 1. Juli 1550, nach zwei Jahren als Student an der Artistenfakultät, in der Juristischen Fakultät eingeschrieben: Drüll III, S. 471.

412 Toepke II, S. 495.

413 In den Jahren 1560, 1561, 1567, 1569 und 1572: Drüll III, S. 383.

414 Berufen worden war er auf Veranlassung des Kurfürsten, 1563 musste er Heidelberg wegen seiner radikal-zwinglianischen Ansichten verlassen, 1573 wurde er katholisch, trat den Jesuiten bei und wurde Professor in Ingolstadt: Drüll III, S. 54f.

415 Drüll III, S. 141f.

den Immatrikulierten. Da drei der Artistenmagister gleichzeitig Studenten der Rechte waren, ist der juristische Sachverstand des Gerichts größer als auf den ersten Blick vermutet. Außerdem verstärkte dies die Repräsentanz der Juristischen Fakultät in dem Gremium und relativierte den Einfluss der Artistischen Fakultät im Gremium.

Durch die Mitgliedschaft des Vorjahresrektors Agricola und der Wahl von drei Studenten des Rechts wurde § 6 Abs. 1 der Statuten entsprochen: *„aus der iuristen faculteten und profession viere, und auß einer ieden der dreien faculteten einer"*.[416]

Mindestens fünf der neun Mitglieder des Gerichts urteilten mehr als eine Amtszeit im Gericht. Durch die personelle Kontinuität war die Rechtsprechung auch für die Nichtjuristen kein gänzlich unbekanntes Feld.

Aus den Angaben in der Senatsakte ergibt sich nicht, wer welche Beisitzer gewählt hat. Es bleibt unklar, welche Assessoren vom Senat und welche von den *Collegiaten* und *Stipendiaten* gewählt wurden.[417]

c) Eid der Beisitzer

Ottheinrich fordert von den Beisitzern unmittelbar nach ihrer Wahl, jedenfalls vor der ersten Sitzung des Gerichts, dem Rektor einen Eid zu leisten und mit einem Handschlag zu besiegeln.

Die Assessoren sollten *„auf erinnerung des vorigen dem rectori und der universitet gethanen eids zu vestiglicher volltzihung ihres ampts geloben und versprechen, das sie in allen sachen und hendln, so an sie gelangen werden, ihres pesten verstands und vermugens ohn all geverde, gunst, lieb, neid oder haß rathen und sprechen, kein schenkh oder gab ansehen, sondern, was einem ehrbahren mann zusteet, desselben sich frei und unpartheeisch gegen iedermann halten wollen."*[418]

Der Bezug auf den Immatrikulationseid[419] findet sich immer wieder im Zusammenhang mit der Gerichtsbarkeit der Universität, da es sich bei diesem Treueversprechen um die freiwillige Unterwerfung unter das Gericht handelte.

---

416 Thorbecke, Statuten, S. 10.

417 Gleichwohl nutzt Weisert, S. 59, Fn. 79 die angegebene Akte zum Nachweis seiner oben beschriebenen Ansicht.

418 Thorbecke, Statuten, S. 10.

419 Zum Eid der Scholaren bei der Immatrikulation siehe oben S. 49.

d) Besoldung

Im Anschluss an das Verbot, Geschenke oder andere Gaben anzunehmen, wird die Entlohnung der Beisitzer des Gerichts geregelt. Sie sollten je Sitzung 8 Pfennige[420] als *„zimliche besoldung"* erhalten. Im Gegenzug wurden sie aber auch verpflichtet, für jede Sitzung, bei der sie abwesend waren, 8 Pfennige Strafe zugunsten des Fiskus der Universität zu zahlen.[421]

e) Zuständigkeit

Die Zuständigkeit des Gerichts erstreckte sich seit der Gründung schon auf Disziplinarsachen, Zivilsachen und einfachere Strafsachen von Universitätsangehörigen untereinander und gegenüber Bürgern und Fremden.

Zu den Disziplinarsachen zählten auch Verstöße gegen die Kleidervorschriften. Ihnen widmet die Statutenreform erhebliche Aufmerksamkeit. Dabei weicht Ottheinrich, wie er selbst betont, von den Vorschriften seiner Vorfahren ab. Während diese in allen Einzelheiten geregelt hatten, wie sich die Studenten und Universitätsverwandten kleiden sollten, legt der Kurfürst nun fest, dass sich jeder, der die Privilegien in Anspruch nehmen wolle *„und fur studenten gehalten sein wollen, sich aller üppicher und mutwilliger tracht und kleidung, so unnutzer, uberflussiger weise zerschnitten, gethailet, verkurtzet oder sonst zerlumpet umb den leib, arm und schenkhel"* hängender Kleidung enthalten müsse.[422] Die Kleidertracht soll jener der ehrlichen Bürger entsprechen.[423] Der Absatz ist Teil des § 7 unter den allgemeinen Verpflichtungen der Studenten.

Im Anschluss an die Kleiderordnung verbietet § 7 Abs. 12, Abs. 13, lange und unangemessene Waffen zu tragen. Dies galt für Studenten ausdrücklich auch tagsüber. Es folgt eine literarisch anmutende Begründung der Regelung: Neben der vermuteten Unverträglichkeit von Musen und Mars wird auf das Ideal hingewiesen, dass die Waffen der Studenten Bücher und Schreibfedern anstelle von Eisen und Schwert sein sollten.[424]

420 Unklar ist, welcher Pfennig gemeint ist. Es könnte sich um den normalen Pfennig (lat. *denar*) oder den Weißpfennig (lat. *denarius albus*) gehandelt haben. Letzterer hatte einen höheren Silbergehalt. LexNum, S. 16, 62, 282.

421 Thorbecke, Statuten, S. 10.

422 § 7 Abs. 11, Thorbecke, Statuten, S. 13.

423 Schon 1469 regelte die Universität ausführlich und unter Androhung scharfer Sanktionen die Kleidung der Scholaren und untersagte insbesondere übertrieben aufwändige Kleider: Ritter, S. 405.

424 Thorbecke, Statuten, S. 13: *„Dann dieweil die Musae mit dem Marte nichts gemeins oder zu schaffen haben und der studenten arma und waffen nit ferrum oder gladii, sondern libri und calami sein"*

Verboten wird nicht das Tragen von Waffen an sich, sondern nur das Mitführen langer und unangemessener Waffen.[425] Aus dem Wortlaut ergibt sich jedoch nicht, ab wann eine Waffe als lang und unangemessen zu charakterisieren ist.

Wie groß der damals unter die Zuständigkeit des Universitätsgerichts fallende Personenkreis war, zeigt eine Notiz aus dem Jahr 1549. Der Kurfürst forderte durch seinen Kanzler die Universität auf, niemanden ohne ein Zeugnis seines Verhaltens aufzunehmen. Die Hohe Schule erwiderte, von Vierzehnjährigen könne sie ein solches Zeugnis kaum erwarten. In seiner Replik legte der Fürst daraufhin fest, dass nur von Männern, die mit Frau und Kindern zum Studium nach Heidelberg kämen, ein Zeugnis zu verlangen sei.[426]

f) Strafen

In § 8 der Reform werden die Strafen beschrieben, die das akademische Gericht verhängen konnte. Strafbar war allein vorsätzliches Handeln: *„Wo aber einer die obgenante satzungen und stuckh* ***mutwilliger*** *weise uberdrete"*.[427]

§ 8 Abs. 1 entwickelt ein abgestuftes Strafsystem. So sollte bei der ersten Tat regelmäßig eine Geldstrafe von einem Gulden[428] verhängt werden. Wenn dies nicht ausreichte, weil die Tat schwerwiegender war, oder bei einer Wiederholung, sollte der Angeklagte im *„kercker ettlich zeitlang nach gestalt des exceß gezuchtigt und zur gehorsam angehalten"* werden. Als letzte Stufe wurde der Ausschluss von der Universität *„gentzlich oder ein zeitlang nach gelegenheit der sachen"* verhängt.[429]

Eine weitere Sanktion ergibt sich aus § 8 Abs. 2: Den Fakultäten wird es untersagt, Studenten, die gegen die Statuten verstoßen hatten, einen Titel oder akademischen Grad zu erteilen. Erst wenn sich der Täter *„mit dem rector und der universitet sich zuvor versöhnet und vertragen hette"*, sollte ihm ein akademischer Grad verliehen werden.[430] Neben der Strafbarkeit von aktiv

425 Nach Schulze/Ssymank, S. 95 wurde das aus Italien und Frankreich übernommene Verbot des Waffentragens im sechzehnten Jahrhundert im ganzen Reich nicht mehr durchgesetzt; gleichwohl bestand es formell weiterhin.

426 Winkelmann II, Nr. 948.

427 Thorbecke, Statuten, S. 13. Hervorhebung vom Verfasser.

428 Zum Rheinischen Gulden (abgekürzt fl., da die Goldmünze ursprünglich aus Florenz kam): Beissel, S. 85.

429 Beide Zitate aus § 8, Thorbecke, Statuten, S. 14. Wie in Heidelberg, so verhängte auch die Freiburger Universität im 16. Jahrhundert zumeist Geldstrafen und nur in schwereren Fällen Haftstrafen: Bubach, S. 146.

430 Zu dieser Strafform merkt Ritter, S. 106 an, dass sie sehr häufig verhängt wurde, aber nur selten auch zur Ausführung kam

begangenen Taten wurde durch § 8 Abs. 5 die Beihilfe und Anstiftung erfasst. Die Strafe für Anstifter und Gehilfen entsprach derjenigen der sogenannten „*Ungehorsamen*", die einer Vorladung vor das Universitätsgericht ohne Entschuldigung nicht nachkamen.

Mit der Exmatrikulation droht auch § 8 Abs. 4 für den Fall, dass ein Student aus dem Karzer geflohen war oder trotz eines Verbotes die Stadt verlassen hatte.

g) Strafandrohung gegen Ungehorsame

Wer einer Vorladung vor das Gericht des Rektors nicht folgte, dem wurde durch § 10 Abs. 1 eine Geldstrafe angedroht. Beim ersten Termin waren zwei, beim zweiten vier und beim dritten sechs Albi[431] zu bezahlen, sofern kein rechtmäßiger Grund für das Ausbleiben vorgebracht wurde. Aus den so erlangten Geldmitteln wurden die Sitzungsgelder der Beisitzer beglichen. Neben der Geldstrafe sollte die nicht erschienene Partei die vergeblichen Kosten der Gegenseite tragen.

Die bisher beschriebenen Strafen beziehen sich auf leichte Fälle. Wesentlich verschärft wurde die Drohung bei Missachtung von Vorladungen, die unter Berufung auf den Immatrikulationseid erfolgt waren. Wer einer solchen Vorladung keine Folge leistete, den lud der Rektor gemäß § 10 Abs. 2 zunächst zweimal durch einen öffentlichen Anschlag an die Kirchentüren (*valvis ecclesiae*) oder durch einen sonstigen öffentlichen Befehl vor. Nach einer letzten entscheidenden Vorladung, in der ein *terminum satisfactionis* genannt werden musste, befasste sich das Universitätsgericht oder der Senat mit dem Vorgeladenen. Ihm drohte nun der Ausschluss aus der Universität und die Verbannung aus der Stadt Heidelberg. Die Strafe konnte auf „*ettlich iar oder ewig*" lauten.[432]

Im Vergleich mit den entsprechenden Regelungen der 1582 erlassenen Untergerichtsordnung[433] (UGO) erkennt man, dass die Universitätsstatuten wesentlich strenger waren. So hatte der abwesende Vorgeladene nach der UGO bei den ersten beiden Terminen nur die Kosten der vergeblich erschienenen Gegenseite zu tragen. Eine Geldstrafe war auch bei weiterem Aus-

---

431 Der *denarus albus* (dt. Weißpfennig) war eine im Rheinland des 14.–16. Jhds. verbreitete Silbermünze. LexNum, S. 16.

432 § 10 Abs. 2, Thorbecke, Statuten, S. 16. Im Jahr 1593 wurde ein Student wegen Ungehorsams für fünf Jahre relegiert: Toepke II, S. 164, Fn. 3. Noch beim Auszug nach Frankenthal im Jahr 1832 wurden abwesende Studenten durch die Universität durch einen öffentlichen Anschlag vorgeladen.

433 Die Untergerichtsordnung von 1582 war bis zum Ende der Kurpfalz 1803 in Kraft. Kern, Gerichtsordnungen, S. 96.

bleiben nicht vorgesehen und die prozessualen Nachteile konnten bei einem Erscheinen innerhalb eines Jahres nach der Vorladung wieder ausgeglichen werden.[434]

h) Rechtsweg

Gemäß § 13 Abs. 2 wurde die Appellation gegen Urteile des Rektors und seiner Beisitzer in Zivilsachen zum Senat zugelassen. Allerdings war dies nach § 13 Abs. 1 nur bei einem Streitwert höher als 20 Gulden möglich. Lag er über 80 Gulden, so wurde durch die Absätze 2 und 4 der Rechtsweg zum Hofgericht eröffnet. Einen weitergehenden Rechtsweg ließ Ottheinrich nicht zu.[435] Vor jeder Appellation hatte der Beschwerte durch einen Eid zu versichern, dass der Rechtsweg nicht lediglich zur Verzögerung der Vollstreckung des erstinstanzlichen Urteils erfolge.[436]

i) Sonstige Vorschriften zur Gerichtsbarkeit

Der Rektor hält regelmäßig jeden Samstagnachmittag außerhalb der Ferien und Feiertage Gericht.[437] Fast schon modern mutet folgende Anweisung an: *„Es soll auch ein gutter schleuniger proceß in allen hendln und sachen gehalten werden, damit sich niemand desselben orts hab zu beclagen"*. Dem Rektor ist es aufgegeben, alle Prozesse innerhalb seiner Amtsperiode zu beenden, um Verzögerungen zu vermeiden. Nur ausnahmsweise durfte ein laufender Prozess erst in der Amtsperiode des nächsten Rektors entschieden werden.[438] Von der Schwere des Falles hing ab, ob der Rektor allein urteilte oder ob er einige oder alle Beisitzer hinzuziehen musste.[439]

Ansonsten existiert keine genauere Regelung des Verfahrensrechts vor dem Universitätsgericht. Hierin unterscheidet sich die Lage in Heidelberg nicht von der an den anderen Universitäten im Reich. Häufig findet sich aber die Aufforderung, einen schnellen und einfachen Prozess zu gewährleisten; deshalb wird die umständlichere Form des kanonischen Prozesses abgelehnt.[440]

---

434 UGO, VI. Titel, fol. 7, 8r.

435 § 13 Abs. 4, Thorbecke, Statuten, S. 17.

436 Wund, S. 100. Es handelt sich um einen Kalumnieneid (*iuramentum calumniae*), der römisch-rechtlichen Ursprungs ist.

437 § 9 Abs. 1, Thorbecke, Statuten, S. 15; schon seit 1387 war der Samstagnachmittag für die Abwicklung der Angelegenheiten des Generalstudiums bestimmt: Winkelmann I, S. 16.

438 § 9 Abs. 3, Thorbecke, Statuten, S. 15.

439 § 12 Abs. 1, Thorbecke, Statuten, S. 16.

440 Alenfelder, S. 111; Woeste, S. 48; Stein, S. 71.

j) Der Karzer

Ausdrücklich werden der Rektor und die Universität durch die Statutenreform angewiesen, „*sich deß vor wenig iaren in der burß erbaueten carceris zur handhabung gutter gesatz und ordnungen* [zu] *gebrauchen*".[441]

Durch diese Formulierung wird deutlich, dass der Karzer neben der Realistenburse erst kurz vor der Statutenreform neu eingerichtet worden war. Außerdem bekräftigt die Regelung das Recht des Rektors, Haftstrafen zu verhängen. In der Zeit vor der Errichtung des Karzers war diese Kompetenz nicht unumstritten.

k) Rechtshilfe des Schultheißen

Nach § 8 Abs. 3 hat der Schultheiß der Stadt Heidelberg dem Rektor bei der Festnahme von Studenten Rechtshilfe[442] zu leisten. Ausdrücklich bestand diese Verpflichtung für jene Fälle, in denen ein Vorgeladener nicht vor dem Gericht der Universität erschien.

§ 8 Abs. 6 befasst sich ebenfalls mit der Rechtshilfe des Schultheißen. So musste er einschreiten, „*wo einer oder mehr deß nachts uff der gassen mit schreien, toben und anderer ungepuhr begriffen*" war. Die so angetroffenen Scholaren sollte der Schultheiß über Nacht in Gewahrsam nehmen. Dabei hatte er die Mitglieder der Universität angemessen zu behandeln. Am Morgen waren die Festgenommenen an den Rektor zur Bestrafung zu übergeben.[443]

Diejenigen, die sich trotz ihrer Verbannung aus Heidelberg durch das akademische Gericht wieder in der Stadt aufhielten, waren gemäß § 10 Abs. 3 durch den Schultheiß zu verhaften, zu bestrafen und anschließend aus der Stadt zu verweisen.

Das Verhältnis zwischen dem Schultheiß als Organ der städtischen Rechtspflege und dem Gericht der Universität wird in mehreren Paragrafen der Verfassungsreform ausführlich geregelt. So findet sich etwa eine Bestimmung, wie viel und wann die Hohe Schule für die Amtshilfe des Schultheißen und seiner Knechte bezahlen musste.[444] Hintergrund der detaillierten

---

441 § 8 Abs. 6, Thorbecke, Statuten, S. 14.

442 Der Begriff der Rechtshilfe wird von den Statuten nicht verwendet. Begreift man die Rechtshilfe als Tätigwerden des einen Gerichts für das andere, wenn das um Hilfe ersuchende Gericht die Tätigkeit grundsätzlich auch selbst ausführen könnte, dann handelte es sich um eine Verpflichtung des Schultheißen, dem Universitätsgericht Rechtshilfe zu leisten. Vgl. hierzu Schlosser, S. 35.

443 § 8 Abs. 6, Thorbecke, Statuten, S. 14. Das Festnahmerecht außeruniversitärer Autoritäten wurde in späterer Zeit durch den Senat entschieden bestritten.

444 § 8 Abs. 7, Thorbecke, Statuten, S. 15.

Regelungen ist das traditionell gespannte Verhältnis zwischen der städtischen und der akademischen Gerichtsbarkeit in Heidelberg.[445]

6. Lutherisches Zwischenspiel – Die Statutenreform Ludwigs VI.

Nach der Einführung des Calvinismus' in der Kurpfalz durch Friedrich III. kehrt sein Sohn Ludwig VI. zum Protestantismus lutherischer Ausprägung zurück. Um seine religiösen Vorstellungen durchzusetzen, reformiert der Kurfürst 1580 die Universitätsstatuten erneut.[446] Auch Abschnitte, in denen die akademische Gerichtsbarkeit geregelt wird, wurden dabei neu gestaltet. Schon acht Jahre später folgt eine weitere Überarbeitung durch den calvinistischen Bruder und Nachfolger Ludwigs, den Kuradministrator Johann Casimir. Deshalb wird hier nur auf die Statuten von 1580 eingegangen, soweit sie neu gestaltet sind.

a) Die Beisitzer

Statt acht sollten nun wieder sechs Beisitzer gewählt werden. Unklar bleibt aber die genaue Verteilung der Assessoren auf die einzelnen Fakultäten. Es ist nur festgelegt, dass zwei Juristen, ein Theologe und ein geeigneter Artist zu bestimmen seien. Über die beiden Übrigen wird nichts ausgeführt.[447]

Deutlich erhöht ist die Bezahlung der Beisitzer, jedenfalls die der Juristen. Da sie *„die sachen und acta iederzeit mit vleiß verlesen und durchsehen"*, sollten ihnen je sechs Gulden pro Sitzung zustehen.[448] Den Beisitzern aus den anderen Fakultäten werden dagegen nur zwei Albi je Gerichtstag zugestanden. Wie schon 1558 statuiert, sollte die gleiche Summe auch als Strafe fällig werden, wenn ein Assessor eine Sitzung des Gerichts versäumt.[449]

---

445 Zum Verhältnis zwischen Stadt und Universität siehe Schroeder, Tod den Scholaren, S. 14.

446 Schroeder, Juristische Fakultät der kurpfälzischen Universität Heidelberg, S. 173ff.

447 Nach Weisert, S. 66 handelte es sich um je zwei Juristen und Artisten sowie einem Theologen und einem Mediziner. Diese durchaus plausible Ansicht begründet er allerdings nicht.

448 Gold- und Silbergulden (Taler) waren wertgleich und entsprachen 60 Kreuzern, LexNum, S. 132. Ein Albus entsprach 24 Pfennigen, also 6 Kreuzern. Im Ergebnis wurde den Juristen also ein dreißig mal höherer Lohn zugestanden.

449 § 8, Thorbecke, Statuten, S. 162f.

b) Einschränkung der Zuständigkeit

Die Zuständigkeit des Gerichts für an der Universität eingeschriebene Personen ist durch eine Ergänzung des § 10 eingeschränkt. Der Zusatz befasst sich mit denjenigen, die zwar immatrikuliert waren, gleichzeitig aber auch noch *paedagogicas lectiones* hörten, also gleichsam zur Schule gingen. Für Strafmaßnahmen sollte der *praeceptor*, also der Schulvorsteher anstelle des Rektors zuständig sein. Allerdings galt die Regelung uneingeschränkt nur für die Schüler, die auch im Schulhaus lebten. Für Schüler, die außerhalb wohnten, hatte der Schulleiter lediglich die Kompetenz, disziplinarische Strafen zu erlassen. Weitergehende Verstöße fielen in den Bereich des Rektors.[450]

c) Lebenslange Freiheitsstrafe und Todesstrafe

Eine Regelung, die sich nicht in den Statuten Ottheinrichs findet, betrifft Mitglieder der Universität, die *„von wegen begangener missethat das leben verwürckht haben"*.[451] Solche Personen, über die der gesamte Senat urteilen musste, sollten in weniger schweren Fällen entweder relegiert[452] oder für ewige Zeit in den Karzer gesperrt werden.[453] Für vermögenslose lebenslang Inhaftierte, die ihre Nahrung nicht bezahlen konnten, regelte die Reform, durch welche Einnahmen sie unterhalten werden sollten.[454]

Wenn der Senat ein Todesurteil aussprach, weil *„einer solch enorme facinus*[455] *und laster begangen"*, dann mussten Akten und Urteil dem Kurfürsten

---

450 § 10, Thorbecke, Statuten, S. 164. Die *praeceptoren* des Pädagogiums wurden von Universität und Kirchenrat gemeinsam bestimmt und entlassen: Toepke II, S. 71, Fn. 6. Nach Stein, S. 105 gab es in Leipzig und Tübingen im sechzehnten Jahrhundert Magister, die als *praeceptoren* bezeichnet wurden. Ihnen sollten sich die Studenten anschließen und wurden dann von diesen diszipliniert.

451 § 14, Thorbecke, Statuten, S. 164f.

452 Unter der Relegation verstand man ursprünglich die Stadt- oder Landsverweisung. Sie konnte zeitlich begrenzt oder unbefristet erfolgen. Bei der Stadtverweisung handelte es sich um ein genossenschaftliches Recht, d. h. das Stadtgericht konnte die Einwohner aus der Stadt verweisen, weil sie sich freiwillig gegenseitig an die Regeln der Stadt gebunden hatten, vgl. Holzhauer in HRG II, Sp. 1442f., 1445. Hier wird die Nähe zur Universität als Genossenschaft der Lehrenden und Lernenden deutlich. Durch die Immatrikulation erkannte das Mitglied die Gesetze des Studiums an, deshalb konnte das akademische Gericht im Straffall auf den Ausschluss erkennen.

453 Auf die Regelung berief sich der Senat im Jahr 1653, als der Schultheiß sich weigerte, einen Studenten herauszugeben. In der entsprechenden Eingabe an den Kurfürst bittet er auch um *„ein paahr oder mehr Soldaten, die den gefangenen deß nachts über bewachten"*, was die praktischen Schwierigkeiten des Privilegs zeigt, vgl. das Gesuch des Senats an den Kurfürsten vom 20. Juli 1653 in: GLA 205/728.

454 Schon 1582 findet sich eine Notiz, dass der Student Johann Maier wegen eines Ehebruches *„ad perpetuos"* in den Karzer gesperrt wurde: Toepke II, S. 94, Fn. 3.

455 Lat. für Verbrechen.

zur erneuten Prüfung zugesandt werden.[456] Falls der Kurfürst dem Todesurteil der Sache nach zustimmte und auch keine Gnade walten lassen wollte,[457] so hatte die Universität die verurteilte Person an die fürstlichen Amtleute zu übergeben, welche das Urteil zu vollstrecken hatten.[458]

d) Appellation

Zwei Aspekte der Appellation regelt die Erweiterung des § 16.[459] So war zum einen nach einem Urteil des Universitätsgerichts eine sofortige Appellation an das Hofgericht ohne den Senat möglich, wenn beide Parteien zustimmten. Zum anderen wurde festgelegt, dass im Fall einer Appellation vom Universitätsgericht an den Senat, wenn der Rektor wegen seiner Vorbefassung befangen war, sein Amtsvorgänger die Leitung der Senatssitzung übernehmen musste. Sofern auch dieser befangen sein sollte, musste der Senat als Vertreter eine angemessene Person aus seinen Reihen wählen.

7. Rückkehr zum Calvinismus – Die Statutenreform Johann Casimirs

Nach dem Tode Ludwigs VI. übernimmt dessen Bruder Johann Casimir die Regentschaft. Der calvinistische Fürst amtet als Verweser für seinen Neffen Friedrich IV. Selbst bezeichnet er sich als Kuradministrator.[460] Um die Festlegung der Universität auf das lutherische Bekenntnis zu revidieren, erläßt er im Jahr 1588 eine erneute Reform der Statuten.[461] Wiederum sind nur die Neuregelungen zu betrachten, welche die akademische Gerichtsbarkeit unmittelbar betreffen.

Ein nachweisbares Datum für das Inkrafttreten der überarbeiteten Verfassung ist nicht bekannt. Nach Johann Friedrich Hautz tritt die Neuordnung erst am 3. Juni 1605 in Kraft, mehr als zehn Jahre nach dem Regierungsantritt von Friedrich IV.[462] Zu diesem Zeitpunkt erklärt der Kurfürst, er wünsche, dass die jüngste Reform eingehalten werde, andernfalls sei mit

456 Auch Einbruchsdiebstahl zählte zu den peinlichen Verbrechen, für Urteile in entsprechenden Fällen war eine Bestätigung des Kurfürsten erforderlich: Toepke II, S. 170, Fn. 3.

457 Zum Gnadenrecht siehe Bauer in: HRG II, Sp. 424 ff.

458 Die Universität Tübingen musste ebenfalls vom Herzog die Nutzung der Hinrichtungsstätte erbitten: Thümmel, S. 379.

459 § 16, Thorbecke, Statuten, S. 165.

460 Cunz, S. 11 ff.

461 Wolgast, S. 46.

462 Hautz II, S. 136.

seiner Ungnade und schweren Strafen zu rechnen.[463] Hautz versteht die entsprechende Aktennotiz wohl als Nachweis des dann erst erfolgten Inkrafttretens der Statutenänderung. Tatsächlich steht die neue Verfassung schon unmittelbar vor der Veröffentlichung, als Friedrich noch Kurprinz und Ehrenrektor[464] der Rupertina ist.[465] Als Nachweis für eine so lange Verzögerung genügt die von Hautz zitierte Aktennotiz nicht.

a) Beschränkung der akademischen Privilegien auf bestimmte Personengruppen

§ 8, der durch die Reform erstmals Bestandteil der Statuten wird, beschränkt die Personengruppen, welche in den Genuss der Universitätsprivilegien kommen. So durfte der Rektor nur noch diejenigen immatrikulieren, die auch tatsächlich zum Studieren nach Heidelberg gekommen waren. Die angehenden Studenten sollten ihre Eignung durch entsprechende Zeugnisse oder durch ihr Verhalten nachweisen. Wer nicht eingeschrieben war, für den galten die Privilegien nicht.

Gleiches betraf auch bisherige Universitätsverwandte, die nicht zu den im Einzelnen genannten Personen gehörten. Durch die genaue Aufzählung sollten wohl die Unklarheit, welche Handwerker und Händler in den Genuss der akademischen Rechte kamen, beseitigt werden. Genannt wurden, neben den üblichen Dienern der Universität, die Pedelle, drei Buchbinder, zwei Buchführer (also Buchhändler) und zwei Buchdrucker. Die 1560 erwähnten Universitätswerkleute, nämlich Zimmermänner und Steinmetze,[466] sind in § 8 nicht mehr aufgeführt.

Witwen von Professoren und deren Kinder wurden den Universitätsverwandten nur zugerechnet, solange sie nicht wieder heirateten.

Der Paragraf ist überschrieben mit: „*Welche und was fur persohnen under des rectoris stab gehörig und vom selben uffgenommen werden sollen.*“[467] Der Stab des Rektors, also das Szepter der Universität, war das Symbol für die eigenständige Gerichtsbarkeit des Oberhaupts einer unabhängigen Genossenschaft.[468] Auch hundert Jahre später werden die Studenten in einem kurfürstlichen Edikt als die „*Universität-Stab angehörigen*“ bezeichnet.[469] Ob-

---

463 Winkelmann II, Nr. 1473.

464 Von 1393 bis 1704 verlieh die Universität diesen Ehrentitel. Eine Liste findet sich bei Drüll/Zimmermann/Hesse in: Heidelberger Universitätsämter, S. 22.

465 20. Dezember 1588: Winkelmann II, Nr. 1340.

466 Winkelmann II, Nr. 1075.

467 § 8, Thorbecke, Statuten, S. 222.

468 Paatz in: Ruperto-Carola Sonderband 1961, S. 76ff.

469 Im Duellverbot von 1681, GLA 205/1133.

wohl die frühneuzeitliche *universitas* bereits durch die Statuten Ottheinrichs zur Landesuniversität geworden war, betont Johann Casimir durch die Bezugnahme auf das Szepter die Eigenständigkeit der Universität, deren Kennzeichen die akademische Gerichtsbarkeit war.

b) Die Prozessordnung

Die kurpfälzische Untergerichtsordnung wird in § 12 als Vorbild für den Prozess vor dem Universitätsgericht genannt. Dabei sollte die Untergerichtsordnung vom Rektor nicht in jedem Detail angewandt, sondern *„vor augen gehabt und observirt"* werden. So konnte der Prozess vor dem akademischen Gericht eine Form annehmen, ohne dass durch die Anwendung der Untergerichtsordnung die Privilegien der Universität bedroht worden wären.

In der UGO wird die Schriftlichkeit des Prozesses vorgeschrieben, *„auff daß auch alles desto ordentlicher zu gehe / so soll ein jedes Gericht seinen Schreiber haben / der alles das jenige / so für Gericht gebracht wirdt / fleissig auffzeichne"*.[470] In den Universitätsstatuten findet sich keine entsprechende Vorschrift. Der Prozess vor dem akademischen Gericht ist im sechzehnten Jahrhundert noch nicht grundsätzlich schriftlich abgelaufen. Abgesehen von Notizen über Urteile und einzelne Teile von Prozessen finden sich keine vollständigen Prozessakten in den Archiven. Für diese Ansicht spricht auch, dass im unten beschriebenen Fall Meuerer ausdrücklich angeordnet wurde, die Vorfälle schriftlich zu untersuchen.

Die Aufforderung an den jeweiligen Rektor als Vorsitzenden des Universitätsgerichts, alle Prozesse abzuschließen, bevor seine Amtsdauer beendet ist, wird im selben Paragrafen erneuert.[471]

c) Die Beisitzer

Die erneute Statutenreform befasst sich nicht mit der Anzahl der Beisitzer. Durch die Reform Ludwigs VI. wurde die Anzahl von acht auf sechs reduziert. Kurze Zeit nach der Überarbeitung der Universitätsverfassung erläßt Kurfürst Ludwig die Untergerichtsordnung für die Pfalz. Darin wird die Anzahl der Schöffen auf mindestens sieben festgeschrieben, die zusammen mit dem Schultheißen tagten.[472] Den Schöffen am Untergericht entsprechen beim Universitätsgericht die Assessoren. Trotz der entsprechenden Geltung der UGO für den Prozess vor dem akademischen Gericht wird die Zahl der

470 UGO, II. Titel, fol. 3v. Nach Kern, Gerichtsordnungen, S. 139 war aber in vielen Abschnitten das mündliche Verfahren auch zulässig.

471 § 12, Thorbecke, Statuten, S. 223.

472 UGO, II. Titel, fol. 3v; Kern, Gerichtsordnungen, S. 119.

Beisitzer nach Inkrafttreten der UGO nicht erhöht. Auffallend ist auch, dass beide Universitätsstatuten jeweils eine gerade Anzahl an Beisitzern vorsehen, während bei den Untergerichten eine ungerade Zahl galt.

d) Die erste Instanz in schweren Fällen

In nicht genauer bezeichneten „schweren" Fällen sollte der Rektor berechtigt sein, beim Senat um eine Erweiterung des Gerichts mit geeigneten Personen zu bitten. Die erstinstanzliche Zuständigkeit der *„universitet"* für besonders schwere Strafrechtsfälle, womit der Senat als Organ der Korporation gemeint ist, wird damit nicht aufgehoben. Wenn der Senat als Gericht erster Instanz tagte, entfiel er als Appellationsinstanz. Der Verfasser der Reform war sich dieses Problems bewusst. Deshalb sollte besonders abgewogen werden, wann ein Fall erheblich genug war, um eine erstinstanzliche Zuständigkeit begründen zu können: *„welches doch umb der appellation willen nit leichtlich beschehen soll"*. Als Alternative bot man dem Rektor an, die Akten an den Kurfürsten und dessen Großhofmeister, Kanzler und Räte zu übergeben.[473]

e) Die Appellation

Für Streitwerte über 20 fl. eröffnet § 16 den Rechtsweg direkt zum Hofgericht. Der Senat als eigentliche Appellationsinstanz wurde übergangen.[474] Die Nennung eines Streitwerts und die Tatsache, dass in § 12 der Senat als Appellationsinstanz für Strafsachen bezeichnet wird, zeigen deutlich, dass es sich hier um den Rechtsweg für Zivilrechtsstreitigkeiten handelt.[475]

Durch die direkte Appellation an das Hofgericht ab einem Streitwert von 20 fl. sind die Parteien vor dem Universitätsgericht privilegiert. Denn für Klagen vor den Untergerichten galt eine Streitwertgrenze von 50 fl.[476] Unterhalb dieses Wertes ging die Appellation an die Amtleute als Mittelinstanz, bevor der Prozess in einem weiteren Schritt vor das Hofgericht als höchste Berufungsinstanz kommen konnte. Nur Prozesse mit einem Streitwert von mehr als 50 fl. konnten die mittlere Instanz überspringen.[477]

473 § 12, Thorbecke, Statuten, S. 224. Deutlich wird wiederum, dass der Kurfürst die Eigenständigkeit und die Privilegien der Hohen Schule grundsätzlich achtete.

474 § 16, Thorbecke, Statuten, S. 224.

475 Falsch ist deshalb die Ansicht Oberdörfers, Karzer, S. 12. Er geht davon aus, dass der Senat überhaupt keine Appellationsinstanz mehr war. Für das Strafrecht wird er jedoch in § 12, Thorbecke, Statuten, S. 224 indirekt als solche genannt.

476 Schon ab 1481 galt für die ordentliche Gerichtsbarkeit eine Appellationssumme von 20 fl. Sie diente weniger der Entlastung des höheren Gerichts als vielmehr zur Betonung des Ausnahmecharakters der Appellation; Denn nach deutschrechtlichen Grundsätzen war ein Urteil endgültig. Kern in: ZRG GA 106 (1989), S. 135.

477 Kern, Gerichtsordnungen, S. 138.

8. Der Kirchenrat als geistliches Gericht

Durch die calvinistische Kirchenordnung von 1570 wird dem Kirchenrat das Recht der Exkommunikation zugesprochen.[478] Auch die Professoren des Heidelberger Generalstudiums fallen in religiösen Belangen unter die Kompetenz des Kirchenrats.[479] Wie in der altkirchlichen Zeit ist das Universitätsgericht der Reformation also ebenfalls kein geistliches Gericht, da ihm, im Gegensatz zum Kirchenrat, die Exkommunikation als typische geistliche Strafe nicht zur Verfügung stand.

Die Zuständigkeit des Kirchenrats war dabei durchaus weitreichend. So befasste er sich auch mit dem Vorwurf gegen den Theologieprofessor Zanchi, er habe eine außereheliche Beziehung zu einem Dienstmädchen unterhalten.[480] Der Beschuldigte selbst war Mitglied des Kirchenrats.[481]

9. Aufruhr unter den Universitätsverwandten?

Im Februar 1592 untersucht der Senat das Verhalten einiger Universitätsverwandter. Es wurde vermutet, dass die Handwerker der Universität aufrührerische Gespräche geführt hatten. Bei solchen waren insbesondere die Buchdrucker belauscht worden.[482] Deshalb werden sie durch den Senat verhört. Die Protokolle übersandte man dem Kurfürsten. Zu ihrer Exkulpation gaben die Handwerker an, viel geredet zu haben, aber keine Einzelheiten mehr zu wissen, da sie *„gantz truncken geweßen"*.[483] Die akademische Gerichtsbarkeit untersuchte also im Auftrag des Herrschers das Verhalten der Handwerker. Darin kann ein Eingriff in die Rechte der formal unabhängigen Korporation zu sehen sein. Es zeigt sich aber auch die Bereitschaft Friedrichs, die Gerichtssphäre der Universität zu respektieren. Denn obwohl es sich um vermutete Fälle von Hochverrat handelte, ging er nicht mithilfe der kurfürstlichen Justiz gegen die Universitätsverwandten vor, sondern ließ die Untersuchung durch den Senat durchführen.

---

478 So Burchill in: Semper Apertus I, S. 241; nach Press, S. 121 konnte nur der Kurfürst seine Landeskinder exkommunizieren. Dabei habe er sich lediglich auf Gutachten des Kirchenrats gestützt.

479 Burchill in: Semper Apertus I, S. 241.

480 Burchill in: Semper Apertus I, S. 241f.

481 Drüll III, S. 564.

482 Vgl. das Schreiben des Kurfürsten an den Senat vom 23. Februar 1592: UAH RA 667, fol. 80.

483 UAH RA 667, fol. 83r.

Am 29. Februar 1592 lässt Kurfürst Friedrich IV. den Treueid an der Universität erneuern. Es handelt sich wohl um den ersten Eid an der Rupertina, der auf Deutsch zu leisten war.

Neben einer allgemeinen Treuepflicht gegenüber der Heidelberger *alma mater* forderte der Schwur, sich jeden Aufruhrs und jeder Zusammenrottung zu enthalten. Weiterhin verpflichteten sich die Universitätsverwandten, gegen den Kurfürst gerichtete Handlungen zu unterlassen. Besonderes Augenmerk wird auf die Gerichtsbarkeit gelegt: Jeder Schwörende verpflichtete sich, dem Rektor in allem *„was recht und pillich ist"*, vor allem bei Vorladungen, Folge zu leisten. Prozesse mit *„anderen universitetverwantten"* mussten vor dem Rektor geführt werden. Schließlich schwor man, die Stadt nicht vor der Bezahlung sämtlicher Schulden zu verlassen.[484]

10. Fälle

a) Der Fall Meuerer

Die älteste erhaltene Prozessakte der Heidelberger akademischen Gerichtsbarkeit stammt aus den Jahren 1588–1592.[485] Eine genauere Datierung ist nicht möglich, da das Protokoll als Datum nur den 12. Mai festhält, ohne Angabe eines Jahres. Ein erster Hinweis findet sich auf der ersten von zwei Seiten der Akte: von unbekannter Hand ist nachträglich *„Ende 16. Jh.?"* und *„1585/95?"* notiert worden.

Da sich die beteiligten Studenten, die Brüder Fridericus und Edo Christophorus Meuerer (auch: Meürer, Meurer) aus Speyer,[486] am 27. Juni 1588 in Heidelberg immatrikuliert haben, ist dies auch der frühestmögliche Zeitpunkt für die Entstehung der Untersuchungsakte.[487]

Nur Edo Christophorus Meuerer taucht in den überlieferten Unterlagen mehrfach auf. So neben seiner Immatrikulation und seiner Teilnahme an

484 UAH RA 667, fol. 83v, 84r; Toepke II, S. 157, Fn. 3. Text des Eides im Anhang IV.

485 UAH RA 7096; Transkription als Anhang V.

486 Eine Verwandtschaft der Brüder mit dem Assessor am Reichskammergericht in Speyer und kurpfälzischen Hofrat Noe Meurer (gestorben 1583, vgl. Kern in NDB XVII, S. 269f.) erscheint möglich. Im Speyer des fünfzehnten und sechzehnten Jahrhunderts sind mehrfach Ratsherren und Bürgermeister mit dem Namen Meurer nachgewiesen, vgl. Alter in: Geschichte der Stadt Speyer I, S. 455, S. 478.

487 Toepke II, S. 139.

einer juristischen Disputation 1588[488] noch in den Jahren 1592[489] und 1596.[490] Da der Eintrag von 1592 seine Wiederaufnahme betrifft, bei der er zukünftig angemessenes Verhalten verspricht, entstand die untersuchte Akte wohl vor diesem Zeitpunkt. Von den weiteren Studien seines Bruders Friedrich ist dagegen nichts bekannt.

Durch die Bezeichnung *Consist. Acad.* am Anfang des Textes wird deutlich, dass es sich um eine Akte des *Consistorium Iuris Academicum*, mithin des Universitätsgerichts handelt.[491]

Den Brüdern Meuerer wird vorgeworfen, an mehreren *„Händel*[n]" beteiligt gewesen zu sein.[492] Aus der Akte ergibt sich, dass es sich dabei nicht um einfache Streitigkeiten, sondern um Duelle[493] gehandelt haben muss.[494] Diese hatten ihren Ursprung wohl in unterlassenem Grüßen auf der Straße sowie Beschimpfungen in der Öffentlichkeit.

So beschuldigt ein stud. Reiß, wohl Hironymus Reyss, der wie die Beklagten aus Speyer stammt,[495] dass ihn selbige in der Kleinen Augustinergasse[496] verfolgt und beschimpft hätten. Dabei sei er von stud. Meuerer dem Jüngeren[497] als *„Hund etc. gescholten"* worden. Mehrere Tage später habe er den älteren Bruder in der Großen Augustinergasse[498] getroffen, wo es zu einem Streit wegen vorangegangener öffentlicher Beleidigungen, dem Vorwurf des Nichtgrüßens und dem Unterlassen des Hutziehens bei Begegnungen kam. Darauf habe ihn der ältere Meuerer beschimpft und *„mit dem entblösten Deg geschlag"*.

488 Bereits Anfang Dezember 1588, ein halbes Jahr nach seiner Immatrikulation trat Edo Christophorus in einer juristischen Disputation *„De vulgari substitutione"* gegen Noe de Combles an, vgl. Pace, S. 146.

489 Toepke II, S. 159. Es handelt sich um einen Eintrag vom 10. Mai 1592, in dem die Immatrikulation erneuert wurde.

490 Toepke II, S. 187. Im Dezember 1596 war er noch in Heidelberg eingeschrieben.

491 Drüll III, S. XXVII; Bubach, S. 135.

492 Handel/Händel bezeichnet neben dem Warenaustausch auch gerichtliche und außergerichtliche Streitigkeiten, vgl. Grimm, DWB X, Sp. 368–379, Nr. 4, Nr. 5.

493 Ab der Mitte des sechzehnten Jahrhunderts tritt das ursprünglich adlig geprägte Duell häufiger an den Universitäten auf: Brüdermann, S. 170. Zum Duell siehe unten S. 147ff.

494 Neben einer entsprechenden Randbemerkung von derselben Handschrift wie die Datierung nimmt der Text selbst mehrfach Bezug auf Degen und Tätlichkeiten, vgl. UAH RA 7096.

495 Immatrikuliert 1586: Toepke II, S. 127, 143.

496 Zur Lokalisierung im Stadtplan siehe: Derwein, S. 109, Nr. 35.

497 Weder aus den Matrikeln noch aus der Akte ergibt sich, welcher der Brüder der ältere und welcher der jüngere war.

498 Zur Lokalisierung im Stadtplan siehe: Derwein, S. 108, Nr. 34.

Im Protokoll heißt es weiterhin, der Rektor habe den Brüdern Meuerer schon bei vorangegangenen Händeln durch die Pedelle mitteilen lassen, dass sie im Wiederholungsfalle mit *„großer straf"* zu rechnen hätten. Gleichwohl sei es zu den weiteren Duellen gekommen.

Einer dieser Zweikämpfe fand zwischen den Studenten Meuerer dem Älteren und Reichenbach[499] statt. Als Sekundanten fungierten neben dem jüngeren Bruder auch die Studenten Persig (wohl Wilhelmus Bernardus Bersich)[500], Berlepsch (wohl Burckhardus oder Eitel von Berlepsch)[501] und Rynsch.[502]

Aus der Akte ist zu entnehmen, dass es sich um eine Anklage, richtiger wohl um eine Anzeige wegen verbaler und tätlicher Beleidigung handelt. Student Reiß zeigte die Brüder Meuerer an.

Daraufhin ordnete der Rektor in seiner Funktion als Universitätsrichter eine genauere, schriftliche Untersuchung der Angelegenheit an. Daran zeigt sich, dass das Gericht die Angelegenheit ernst nahm, denn normalerweise wurde zu dieser Zeit vor dem akademischen Gericht mündlich verhandelt.

Etwaige Ergebnisse der Untersuchung und gegebenenfalls ein Urteil sind nicht archivarisch überliefert. Auch die Matrikelbände geben keine Auskunft, abgesehen vielleicht von der Tatsache, dass stud. Meuerer der Jüngere in ihnen nicht mehr erscheint. Dies kann jedoch vielfältige Ursachen haben. Zwar könnte er infolge der Duelle oder anderer Vergehen von der Hohen Schule relegiert worden sein, genauso denkbar ist aber auch ein Übertragungsfehler in den Matrikeln, eine Unachtsamkeit des damals zuständigen Universitätsbeamten, oder er könnte, wie zu jener Zeit häufig, ohne Studienabschluss abgegangen sein. Eine ausdrückliche Exmatrikulation beim Abgang vom Generalstudium fand im Mittelalter und der frühen Neuzeit nicht statt.[503] Für Christoph Meuerer könnten die Vorfälle zu einem Ausschluss geführt haben, da er am 15. Mai 1592 um seine Wiederaufnahme als Student des Rechts bittet und gelobt, zukünftig seine Studien ernsthaft zu verfolgen und einen akademischen Grad anzustreben.[504] Der offensichtlich vor-

499 Studenten dieses Namens finden sich 1513, 1515, 1570 und 1667 in den Matrikeln, aber nicht im fraglichen Zeitraum.

500 Immatrikuliert am 25. April 1595; Toepke II, S. 178.

501 Beide immatrikuliert am 15. Oktober 1594; Toepke II, S. 176.

502 Studenten diesen Namens finden sich 1425, 1511 und 1513 in den Matrikeln, mithin nicht im fraglichen Zeitraum; in Frage käme noch Johann Casimirus Rysius, welcher sich am 9. Oktober 1600 einschrieb: Toepke II, S. 204. Dann müsste die Akte entsprechend später datiert werden, wogegen aber die Immatrikulation der Brüder Meuerer 1588 spricht.

503 Stein, S. 67, Fn. 63.

504 Toepke II, S. 159, insbesondere Fn. 4.

angegangene Ausschluss aus der *universitas* kann aber auch einen anderen Grund gehabt haben.

Am Ende der Akte wird noch auf weitere Duelle im „*Kaltenthal*" verwiesen, über die noch nichts ins Protokoll gekommen sei. Bei diesem Ort handelt es sich um das Tal an der Ostseite des Schlosses in Richtung der heutigen Scheffelterrasse. Um 1600 wurden jedoch auch größere Teile der östlichen Altstadt so bezeichnet.[505]

b) Ein „nechtlicher schlaghandel" mit Folgen

In den Annalen der Hohen Schule zu Heidelberg finden sich häufig Verweise auf Untersuchungen oder Urteile, die das Universitätsgericht betreffen. Im sechzehnten Jahrhundert sind ausführlichere Informationen jedoch selten. An dieser Stelle wird ein Fall näher beschrieben, dem sich die Annalen des Rektors auf mehreren Seiten widmen.[506]

Es handelt sich um die zivilrechtliche Behandlung der Folgen eines Duells. Der nächtliche Zweikampf zwischen dem Studenten Johannes Rost[507] aus Bedburg bei Aachen und dem bayerischen Reisigen[508] Michel Weigern fand 1594 statt. Tatort war eine Gasse neben dem kurfürstlichen Marstall im Zentrum der Altstadt. Neben Rost war auch der Student Caspar Flaminius aus Amsterdam in den Fall verwickelt.[509] Er hatte in der Auseinandersetzung nur eine Nebenrolle, der Hauptbeschuldigte war Rost.

Am 18. April 1594 kam es zu einem Treffen, bei dem insbesondere die Kosten für den *Balbirer*,[510] der die chirurgische Behandlung des Soldaten übernommen hatte, „*guttlich verglichen*" werden sollten.[511] Neben dem Rektor, dem Physikprofessor Theophil Mader, nahmen für die Universität der Dekan der Juristenfakultät, Peter Heymann, der Dekan der Artisten, Ethikprofessor Johann Calvin und ein Dr. Caspar teil. Auffällig ist, dass die Hohe Schule neben dem Rektor durch zwei ihrer vier Dekane vertreten wird. Das Generalstudium nahm die Auseinandersetzung also durchaus ernst. Da der Reisigknecht wohl im Dienst des Kurfürsten stand, waren auch dessen Ver-

---

505 Derwein, S. 170f., Nr. 403. Zur Lage der Gasse, die als Kaltental bezeichnet wurde, siehe den Stadtplan bei Schaab I, S. 58f.

506 UAH RA 668, fol. 361v -364v.

507 Immatrikuliert am 26. April 1592: Toepke II, S. 159.

508 Als Reisige wurden berittene Kriegsknechte bezeichnet, vgl. DRW XI, Sp. 784.

509 Zu Caspar Flaminius siehe unten S. 117.

510 Barbiere wurden auch Balbirer genannt. Wegen des päpstlichen Verbots der Chirurgie für Akademiker waren sie seit dem Mittelalter auch für chirurgische Tätigkeiten zuständig.

511 UAH RA 668, fol. 361v.

treter anwesend: neben anderen ein Marschall von Kronberg und der kurfürstliche Rat Carl von Landas. Die Seite des Herrschers war somit ebenfalls hochkarätig besetzt. Die terminliche Koordination scheint vielleicht wegen der Teilnahme der verschiedenen hochgestellten Personen erhebliche Schwierigkeiten bereitet zu haben. So wird gleich zu Beginn des Protokolls festgehalten, dass des *„schlaghandel halben, man ettlich male zuvor zusamen kommen und underhandlung"* habe führen wollen.[512] Die Verhandlung wurde schließlich in einem Gebäude der Hohen Schule, dem *collegio principis*, das auch als *collegium artistarium* bezeichnet wurde, geführt.[513]

Die Universität, die sich intensiv mit dem Fall auseinandersetzte, hatte eigentlich keine gerichtliche Zuständigkeit für Johannes Rost: Denn er schrieb sich erst am 26. April in die Matrikel ein, also eine Woche nach der Verhandlung. Aus dem Protokoll ergibt sich, dass den Parteien das Problem durchaus bewusst war. So wird festgestellt, dass sich Rost *„noch sub patria potestate"*, mithin unter der väterlichen Gewalt und Zuständigkeit befinde.[514] Da er aber dem äußeren Anschein nach Student war, befasste sich die Universität trotzdem mit dem Fall. Die nachgeholte Immatrikulation könnte auf Druck des Generalstudiums erfolgt sein. Ansonsten wäre Johannes Rost in die Zuständigkeit des Schultheißen, also der städtischen Gerichtsbarkeit, gefallen. Es zeigt sich daran, dass die akademischen Richter ihre personelle Zuständigkeit im sechzehnten Jahrhundert weit auslegten.

Gestritten wurde um den Schaden des Reisigknechts, der sich einschließlich des Honorars des Barbiers auf die erhebliche Summe von 200 fl. belief.[515] Der Barbier, dessen Forderung man bei früheren Verhandlungen auf 75 fl. gesenkt hatte, sollte nun 50 fl. für sich und 10 fl. für seinen Knecht erhalten. Die niedrigere Summe war durch die *„ehren erwelten hr. deputierten dahin ermittelt, und mit dem Balbirer verglichen worden."*[516]

Verteilt wurde die Summe auf die Studenten Rost und Flaminius. Dabei fielen 40 fl. auf Rost als Hauptschuldigen,[517] während *„Casparius Flaminius welcher dabei gewessen und sich mit eingelassen, zwölff gulden"* zahlen musste.

---

512 UAH RA 668, fol. 361v.

513 UAH RA 668, fol. 362r.

514 UAH RA 668, 361v, vorletzte Zeile. Die weitreichende väterliche Gewalt erläutert Wacke in: HRG III, Sp. 1540ff.

515 Zum Vergleich: Der Rektor Theophil Mader erhielt als Physikprofessor 160 fl. zuzüglich Naturalien und Wohnung als jährliches Salär: Drüll III, S. 364.

516 Die Reduktion auf 75 fl. wurde im Protokoll zwar begrüßt, gleichzeitig wurde festgestellt: *„So ist doch noch allerhandt und viel"* UAH RA 668, fol. 362r.

517 Anscheinend war Rost zunächst nicht bereit, die Summe zu zahlen und wurde erst von den versammelten *„Deputierten"* überzeugt. *„Rosthius* [...] *aber die 40 fl. dem Reisig Knecht für aller zugeben nicht willig wollte."* UAH RA 668, fol. 361v, letzte Zeile.

Auf die besondere Situation der Studenten wurde Rücksicht genommen: *„und weil Rostius izo nicht bei geltt“*, sollte ein Dritter einspringen, während Flaminius zahlen sollte *„so bald sein Vatter geltt schicken würdt“*.[518]

Der Vergleich, der alle Forderungen beider Seiten befriedigen sollte, wurde von den Beteiligten akzeptiert und an *„aydts statt“* durch einen *„abschiedts brieff“* besiegelt.[519]

11. Weitere überlieferte Fälle

Im Folgenden werden ausgewählte Fälle untersucht, die einen besonderen Bezug zur Geschichte der akademischen Gerichtsbarkeit in Heidelberg haben. Dabei handelt es sich um Gegebenheiten, die in der Literatur überliefert wurden und Aspekte der Gerichtsbarkeit aufzeigen oder deren Umfang verdeutlichen.

a) Das Spottgedicht des Lutheraner Stab

Nachdem Ottheinrich die Pfalz reformiert hatte, war unter Friedrich III. in der Zeit um 1560 zunächst unklar, ob die Religionsauslegung lutherisch oder calvinistisch sein sollte. Eine der an der Einführung der Reformation beteiligten Personen, Ottmar Stab aus Wiesloch, kam mit der akademischen Gerichtsbarkeit in näheren Kontakt.[520]

Stab war Hofprediger von Kurfürst Friedrich II. und hatte dem Herrscher, welcher dem Luthertum nahestand, ohne sein Territorium zu reformieren, im Jahr 1556 auf dem Sterbebett das Abendmahl nach lutherischem Ritus erteilt.[521] Ottmar Stab, schon 1525 an der Rupertina eingeschrieben, wird nach zwei Jahren zum Baccalaureat und 1530 zum Magister der Artistenfakultät promoviert.[522] Verschiedene andere Tätigkeiten folgen, bis er sich 1550 zusammen mit seinen sehr jungen Söhnen wiederum immatrikuliert.[523] Die Erneuerung seiner Mitgliedschaft in der *universitas* fällt mit dem Beginn

518 Da Flaminius kurz darauf durch seine Gläubiger für zwei Jahre in den Karzer gesperrt wurde, während sie auf eine Zahlung seines Vaters warteten (siehe unten S. 117), wird auch der Barbier wenig Glück mit dem Versprechen gehabt haben.

519 UAH RA 668, fol. 362v. Transkription im Anhang VI.

520 Zum Leben und Wirken von Ottmar Stab siehe Hildebrandt.

521 Hildebrandt, S. 31.

522 Toepke I, S. 535; Toepke II, S. 445.

523 Toepke I, S. 606f. Insgesamt schrieben sich vier Söhne von Stab zu unterschiedlichen Zeitpunkten ein. Sie waren zum jeweiligen Zeitpunkt sechs, sieben, neun und zehn Jahre alt, Hildebrandt, S. 25.

seiner Tätigkeit als Hofprediger zusammen. Hier wird wiederum eine Verschränkung zwischen den Sphären des Hofes und der Akademie deutlich.

Im Juni 1560, nach einer Disputation zwischen sächsischen Klerikern, welche für die lutherische Seite antreten und den Heidelberger Professoren Boquin und Erast, die für den Calvinismus fechten, entscheidet sich Kurfürst Friedrich III. für dessen Einführung. Dadurch gerät Ottmar Stab mit seiner Familie, alle Anhänger der Lehre Luthers, in Opposition zur herrschenden Anschauung in der Kurpfalz.[524]

In der angespannten Situation nach dem Wechsel der Richtungen veröffentlicht Philipp, der erst sechzehnjährige Sohn Ottmar Stabs, mehrere Spottgedichte. Sie waren gegen den Calvinismus gerichtet und verhöhnten neben dem Theologieprofessor Boquin auch den kurfürstlichen Großhofmeister Graf Eberhard Schenck von Erbach. Daraufhin lässt der Rektor ihn in den Karzer bringen. Nach einem Bittschreiben, in dem Philipp Stab die Härte der Haft betont und um Erleichterung bittet, wird er im väterlichen Haus unter Arrest gestellt. Durch mehrere Bürgen versicherte Philipp Stab der Universität, dass er nicht fliehen werde.[525] Auch sein Vater Ottmar war wahrscheinlich in die Angelegenheit verwickelt; jedenfalls wird der Hausarrest auf ihn ausgedehnt.[526]

Der Kurfürst befasst sich mit der Angelegenheit persönlich. So schreibt er der Universität, dass Ottmar Stab ihm berichtet habe, Philipp Stab sei durch das Verhör *„blöd und erschrocken“* gewesen und es bevorzugen würde, direkt mit dem Herrscher zu sprechen. Zu einem solchen Vorgehen war der Kurfürst bereit, allerdings nur mit Zustimmung der Hohen Schule, die den Beschuldigten dafür aus dem Hausarrest vorübergehend entlassen müsste.[527] Eine Antwort der Universität liegt nicht mehr vor. Deutlich erkennbar ist die grundsätzliche Bereitschaft Friedrichs III., das Gerichtsprivileg der Rupertina zu respektieren.[528]

Ludwig Hildebrandt wirft die Frage auf, warum die akademische Gerichtsbarkeit gegen Philipp und Ottmar Stab vorgeht, obwohl Philipp nicht

524 Hildebrandt, S. 33. Trotz seiner lutherischen Einstellung hatte Stab an dem Streitgespräch aufseiten der Calvinisten teilgenommen. Die Loyalität gegenüber dem Kurfürsten war also zumindest nach außen hin stärker als die religiöse Überzeugung des Hofpredigers.

525 UAH RA 659, fol. 449v–450v.

526 Winkelmann II, Nr. 1084; Hildebrandt, S. 34. Vgl. auch das Schreiben von Anna, der Ehefrau von Ottmar Stab an den Rektor: UAH RA 659, fol. 455v.

527 Schreiben des Kurfürsten an die Universität vom 17. Juli 1560: UAH RA 659, fol. 451r; Winkelmann II, Nr. 1082.

528 Auch aus UAH RA 659, fol. 461v wird deutlich, dass Kurfürst Friedrich III. im Gegensatz zu Manchem seiner Vorgänger und Nachfolger die Privilegien und Statuten achtete.

mehr immatrikuliert ist.[529] Dabei lässt Hildebrandt außer Acht, dass eine Exmatrikulation regelmäßig nicht erfolgte und Philipp zwar schon zehn Jahre eingeschrieben war, sein jugendliches Alter und das Fehlen einer gesicherten Lebensstellung aber für die weitere Zugehörigkeit zur Universität sprechen.

Entscheidend ist jedoch, dass Philipp Stab sich ausdrücklich der Gerichtsbarkeit des Rektors unterwirft. Er wählt dazu folgende Worte: „*Darumb ich mit freyem guttem willem gelobt und geschworen hab, und ihme das hiermit inn crafft dießes brieffs* [bestätige]".[530] Da die Unterwerfung unter die akademische Gerichtsbarkeit immer ein freiwilliger Akt[531] war, ist Hildebrandts Frage somit beantwortet: Das Universitätsgericht befasste sich mit dem Fall, weil Philipp Stab es so wollte und die äußeren Umstände nicht dagegen sprachen.

Unklar bleibt, ob es zu einem Urteil über Ottmar Stab gekommen ist. Möglicherweise lautete es auf einen Verweis aus den kurfürstlichen Ländern. Wahrscheinlicher aber ist, dass der ehemalige Hofprediger erkannte, dass die weiteren Karriereaussichten für einen Lutheraner in der Pfalz düster aussahen und deshalb freiwillig auswanderte.[532] Vor der Abreise hat Philipp Stab die Urfehde[533] geschworen. In seinem Schwur bekennt er, eine „*schmeschrifft*" verfasst zu haben, die den Kurfürsten und mehrere seiner Diener in ihrer Ehre verletzt hatte. Aus der Urfehde wird deutlich, dass der Rektor über den jungen Stab geurteilt hatte. Nach der Untersuchungshaft im Karzer, die dann zu Hausarrest gemildert wurde, musste der Beschuldigte wiederum für drei Tage in das akademische Gefängnis. Bei seinem zweiten Karzeraufenthalt handelte es sich um die Strafe für seine „*ubertrettung*".[534]

529 Hildebrandt, S. 33.fg

530 UAH RA 659, fol. 449v unten. Zu Beginn des Schreiben bezeichnet Stab sich als „*angehöriger und inverleibter der churfürstlichen universitet heydelbergh*"

531 Der aber meist durch die freiwillige Immatrikulation und den damit verbundenen Eid geleistet wurde. Eine ausdrückliche Unterwerfung wie die von Philipp Stab findet sich nur sehr selten in den Akten.

532 Hildebrandt, S. 34.

533 Die Urfehde ist der Schwur, auf jegliche Vergeltung zu verzichten. Dadurch sollte ein Streit abgeschlossen werden, die Urfehde wird deshalb als Friedensgelöbnis bezeichnet; bei der durch Stab beschworenen Urfehde handelte es sich um die Anerkennung, dass die Haft rechtmäßig war, eine sog. Hafturfehde, vgl. Saar in: HRG V, Sp. 567ff.

534 UAH RA 660, fol. 13v.

b) Eingriff in die Gerichtsbarkeit durch Kurfürst Ludwig VI.

In das Privileg der akademischen Gerichtsbarkeit greift der lutherische Kurfürst Ludwig VI. im Jahr 1578 ein. Dieser Fall betrifft Ausschluss und Landesverweisung von Johannes Beuter.[535] Zwei Jahre nach seiner Immatrikulation wird er 1562 zum Pedell der Universität sowie der Artistenfakultät ernannt. Später ist er Vorsteher einer Privatschule. Als solcher bleibt Beuter weiterhin Mitglied der Universität.[536]

Im August 1578 wird er auf kurfürstlichen Befehl hin in das Gefängnis gesperrt. Nach acht Tagen Haft beschwert er sich darüber bei der Universität. Zum einen sei er selbst in der beschwerlichen Haft erkrankt und schwach, während zum anderen *„auch meine haußfrau daheim krank liget"*. Deshalb sei ihm *„merklich daran gelegen bei meiner haußhaltung und meinem weib und kinde zu sein"*.[537] Daraufhin wendet sich der Rektor an den Kurfürsten und informiert ihn über die Beschwerde und darüber, dass die Universität gewillt sei, die Haft zu beenden, *„sonderlich die weil wir noch nitt eigentlich wissen, was seine verfehlung sein solle."*[538]

Kurfürst Ludwig fordert im September 1578 die Universität auf, Johannes Beuter auszuschließen und ihm den Landesverweis aus der Pfalz mitzuteilen, weil er den Frieden zwischen dem Herrscher und seinem Volk beeinträchtige und sich gegenüber fürstlichen Schatzungsbeamten unangemessen verhalten habe.[539] Hintergrund des Streites war wohl, wie so oft, die Religionsfrage. Da sich die Hohe Schule mit einem Hinweis auf ihr Gerichtsprivileg weigerte, dem kurfürstlichen Befehl Folge zu leisten,[540] wurde Beuter in das Heidelberger Rathaus vorgeladen und durch Ludwig persönlich des Landes verwiesen.[541] Gegen den Eingriff in ihr Privileg erhob die Universität keinen Einspruch. Als Ludwig VI. jedoch 1583 stirbt, nimmt sie den Verstoßenen bald wieder auf. Erst 1591 entfernt Johann Casimir ihn endgültig aus der Universität.[542]

Schon hier zeigt sich, dass Kurfürst Ludwig und Kuradministrator Johann Casimir in die durch die Privilegien geschützte Sphäre der Universität und deren Gerichtsbarkeit eingriffen. Dabei nahmen sie keine Rücksicht auf

535 Immatrikuliert schon im Juli 1560: Toepke II, S. 21.
536 Toepke II, S. 118, Fn. 2.
537 UAH RA 663, fol. 263v.
538 UAH RA 663, fol. 264r.
539 UAH RA 663, fol. 278r; Toepke II, S. 118, Fn. 2.
540 UAH RA 663, fol. 278v.
541 Die Vorladung auf kurfürstlichen Befehl vom 29. September lautete auf *„dienstags umb 7 uhr zu frühe, Im Rathaus alhir zu heydelberg"* UAH RA 663, fol. 281v.
542 Toepke II, S. 118, Fn. 2.

die ablehnende Stellungnahme des Generalstudiums. Im hier gezeigten Fall schrieb die Universität mehrfach an ihren Schutzherrn, um zugunsten des ihr unterstellten Beschuldigten zu intervenieren.[543] Erfolg hatte sie mit ihren Bestrebungen nicht, manche Briefe des Senats blieben völlig unbeantwortet.

c) Neid zwischen Medizinern: Der Fall Antonius Franciscus Pigafetta

Der italienische Arzt Pigafetta wird am 27. August 1573 in Heidelberg immatrikuliert.[544] Zunächst ist der berühmte Chirurg am Hospital in der Stadt tätig. Wegen seiner mangelhaften Sprachkenntnisse wird er jedoch vom Kurfürsten an die Universität überwiesen. Die Hohe Schule soll Pigafetta einen Lehrstuhl zur Verfügung stellen, was sie aber mit Verweis auf ihren erschöpften Fiskus und die bereits erfolgte Besetzung der drei medizinischen Lehrstühle ablehnt.[545] Durch die Abweisung fühlte sich der Italiener persönlich verletzt und vermutete, wohl zurecht, den Medizinprofessor Erast[546] hinter der Ablehnung.[547]

Deshalb zeigt Pigafetta den Erast als angeblichen Arianer und Umstürzler beim Kurfürsten an.[548] Der Vorwurf ist besonders brisant, weil erst drei Jahre zuvor die beiden Antitrinitarier Adam Neuser und Johannes Sylvanus in Heidelberg festgenommen worden waren. Neuser gelang die Flucht, während Sylvanus als Ketzer auf dem Marktplatz mit dem Schwert hingerichtet wurde.[549] Beide galten als enge Freunde von Erast, was den Mediziner verdächtig machte.[550] In den folgenden Jahren versuchte der Kirchenrat

543 Nach Ansicht der Universität war Beuter unter der Gewalt des *„rectors universitatis, dessen iurisdiction er underworffen"*: UAH RA 663, fol. 265r; siehe auch fol. 281r.

544 Toepke II, S. 67, Fn. 3.

545 Winkelmann II, Nr. 1185.

546 Zu Thomas Erast, einem Schweizer Arzt und Humanisten, der in Heidelberg maßgeblichen Einfluss auf die Kirche und die Universität ausübte, siehe Drüll III, S. 141f. und insbesondere Wesel-Roth.

547 Rott in: Neues Archiv für die Geschichte der Stadt Heidelberg IX, S. 5. Schon im November 1573 hatte sich Pigafetta über die Beleidigungen vonseiten Erasts beschwert: Winkelmann II, Nr. 1182.

548 Gemeint sind Antitrinitarier, also Christen, die den Glauben an die Dreieinigkeit Gottes ablehnten. Als Arianer wurden die Anhänger des Arius in der Spätantike bezeichnet. Häusser II, S. 45; Wesel-Roth, S. 77.

549 ADB 37 (1894), S. 285f. Der Prozess ist auch beschrieben bei Häusser II, S. 45–50. Die Vorgeschichte und ein detaillierter Bericht bei Wesel-Roth, S. 65–81 und Philippi in: Semper Apertus I, S. 215–223. Interessanterweise plädierte damals die Juristische Fakultät gegen die Todesstrafe, die Theologische aber für diese: Wolgast, S. 44. Nach Philippi in: Semper Apertus I, S. 220 waren auch die kurfürstlichen Räte gegen die Todesstrafe.

550 Rott in: Neues Archiv für die Geschichte der Stadt Heidelberg IX, S. 8; Wolgast, S. 44. Möglicherweise war Erast auch in die erfolgreiche Flucht von Neuser aus dem „Seltenleer" des Heidelberger Schlosses verwickelt: Philippi in: Semper Apertus I, S. 220.

immer wieder zu beweisen, dass Erast Antitrinitarier war. Zum Gegner des Rates hatte er sich gemacht, weil er die strenge Kirchenzucht ablehnte und das Haupt der innerkirchlichen Opposition gegen diese war.[551] Geschützt wurde der Professor durch seine Zugehörigkeit zur Universität und damit durch seine Unterstellung unter die akademische Gerichtsbarkeit. Der Prozess gegen Erast begann erst, als mit Tremellius ein Theologe Rektor wurde, derm dem Kirchenrat gegenüber freundlich gesinnt, den Schutz der Korporation für ihr Mitglied nicht ausübt.[552] Pigafetta handelte im Auftrag des Kirchenrats.

Erast wird zunächst unter Hausarrest gestellt und im Februar 1575 vom Senat der Universität verhört und dann vor eine Untersuchungskommission unter dem persönlichen Vorsitz des Kurfürsten geladen. Mitglieder der Kommission sind auch der Rektor, der Universitätssyndikus und zwei Theologieprofessoren. Hier hat Erast seine Glaubensansichten zu verteidigen. Dies gelingt ihm durch ein glänzendes Plädoyer in eigener Sache.[553] Nachdem die Untersuchungskommission die vollständige Unschuld des Medizinprofessors feststellt, wird Pigafetta im Mai ein Injurienprozess[554] gemacht.[555] Die Universität wirft ihm vor, dass er neben Erast auch die kurfürstlichen Räte und andere *„Ehrliche Leuth"* beleidigt habe. Außerdem ist Pigafetta beschuldigt, die Nichte seiner Frau verführt und geheiratet sowie ein Dienstmädchen geschwängert zu haben.[556] Auf Wunsch des Generalstudiums übernehmen kurfürstliche Räte die Untersuchung gegen den italienischen Arzt. Wohl aus Sorge, einen Präzedenzfall zu schaffen, sollte die Übertragung auf die Räte unbeschadet der akademischen Privilegien erfolgen.[557]

Die Glaubwürdigkeit von Pigafetta scheint aber bereits einige Monate früher beschädigt zu sein, denn im Dezember 1574 schon hatte der Kurfürst die Universität angewiesen, den Arzt einzusperren.[558]

---

551 Philippi in: Semper Apertus I, S. 216.

552 Wesel-Roth, S. 66, 69, 76.

553 Rott in: Neues Archiv für die Geschichte der Stadt Heidelberg IX, S. 8.

554 Zum sehr lange verworrenen Beleidigungs- und Injurienbegriff siehe Lieberwirth in: HRG I, Sp. 514ff.

555 Hautz II, S. 84f.

556 UAH RA 662, fol. 184r; Rott in: Neues Archiv für die Geschichte der Stadt Heidelberg IX, S. 5; Nach Burchill in: Semper Apertus I, S. 245 wurde die schwangere Magd von Freunden Pigafettas nach Straßburg gebracht, wo sie bei der Geburt verstarb, nicht ohne zuvor die abgestrittene Vaterschaft des Arztes zu bestätigen.

557 Winkelmann II, Nr. 1191.

558 Rott in: Neues Archiv für die Geschichte der Stadt Heidelberg IX, S. 5.

Bestraft wird Pigafetta mit den schärfsten Maßnahmen, die der Universität zur Verfügung standen: Der längeren Karzerhaft folgt die unbefristete Relegation[559] und der Verweis aus der Kurpfalz.[560]

An diesem Fall zeigt sich wiederum der Einfluss des kurfürstlichen Hofs auf die akademische Gerichtsbarkeit. Bei Verdacht der Ketzerei kümmert sich der Herrscher persönlich um die Untersuchung. Auch die generelle Verbundenheit zwischen Hof und Universität spielt eine Rolle: Erast war 1558–1580 kurfürstlicher Leibarzt[561] und Pigafetta sollte auf kurfürstlichen Wunsch in Heidelberg gehalten werden. Bei der abschließenden Untersuchung gegen den ursprünglichen Ankläger Pigafetta handelt es sich, soweit ersichtlich, um den einzigen Fall, in dem die Universität den Kurfürsten bittet, die Angelegenheit seinen Räten zu übergeben. Möglicherweise bestanden Zweifel an einer universitären Zuständigkeit für den Italiener, der an der Rupertina weder studiert noch gelehrt hatte. Doch mag es sich auch um eine Einflussnahme Erasts gehandelt haben, die belastende Untersuchung auf andere Schultern abzuwälzen.

d) Der zweite Studentenkrieg

Im September 1586 kommt es zum sogenannten „zweiten Studentenkrieg",[562] einer Auseinandersetzung zwischen Bürgern und Universitätsangehörigen in Heidelberg. Ausgelöst wurde der Streit durch das Privileg der akademischen Gerichtsbarkeit: *„war grosser Laermen zwischen den Burgern / und Studenten allhie / der Privilegien halber / so man folgends den Studenten-Krieg genant / und ist die Universitaet / etwas zerstoebert worden"*.[563]

Der ehemalige Heidelberger Student Johannes Theodericus[564] aus Neuburg an der Donau kam auf der Heimreise von seinen Studien in Paris durch seine ehemalige Universitätsstadt. Von dort wollte er *„wol bezecht"* weiterwandern. Außerhalb der Mauern misshandelt er einige Frauen und Mäd-

559 Zum Begriff der Relegation siehe unten S. 126.

560 UAH RA 662, fol. 196r. Nach Rott in: Neues Archiv für die Geschichte der Stadt Heidelberg IX, S. 9 schloss die Universität Pigafetta aus und überwies ihn in die kurfürstliche Zuständigkeit. Aus Toepke II, S. 67, Fn. 3 ergibt sich, dass die Universität sich am 5. August 1575 mit Pigafetta befasste, er zu diesem Zeitpunkt aber schon lange ausgeschlossen war.

561 Drüll III, S. 141.

562 Eine monographische Beschreibung des „Zweiten Studentenkrieges" liegt noch nicht vor. Die Rektorakten widmen sich den Vorfällen wiederholt: UAH RA 665, fol. 96ff.; siehe auch Schroeder, Tod den Scholaren, S. 50ff.; Hautz II, S. 125ff.; Toepke II, S. 97, Fn. 2; Winkelmann II, Nr. 1323; Wolgast, S. 47.

563 Zeiller/Merian, S. 40 im Jahr 1645 über die folgenden Ereignisse.

564 Er hatte sich am 16. Oktober 1581 in Heidelberg immatrikuliert: Toepke II, S. 97.

chen, die gerade von der Feldarbeit heimkommen. Daraufhin eilen, von den Hilferufen der Opfer alarmiert, bewaffnete Torhüter herbei. Da sich Theodericus mit der Waffe in der Hand gegen seine Festnahme zur Wehr setzt, wird er verletzt und niedergeschlagen. Der Schultheiß nimmt ihn fest. Darin sieht die Universität einen Eingriff in ihre Gerichtsbarkeit, da sie sich auch für den ehemaligen Studenten zuständig fühlt, weil noch keine fünf Jahre seit seiner Abreise vergangen waren.[565]

Zwar übergibt der Schultheiß den Gefangenen daraufhin an die Universität, welche ihn im *Contubernium*[566] festsetzt.[567] Wenige Tage später fordert die städtische Gewalt den Studenten jedoch wieder heraus. Als die Hohe Schule dies mit Verweis auf ihr Gerichtsprivileg ablehnt, erscheint der Schultheiß mit 50 bewaffneten Männern im *Contubernium* und bringt Theodericus in seinen Gewahrsam. Dies empört die Studenten, möglicherweise versucht der Rektor daraufhin seine Jurisdiktion gewaltsam durchzusetzen,[568] jedoch ohne Erfolg.

Als die Studenten wieder beruhigt sind, rotten sich aufgebrachte Bürger zusammen und machen Jagd auf die Universitätsmitglieder. Die Auseinandersetzung endet für viele Studenten mit Verletzungen, denen einer von ihnen, der Friese Eltco Amptzonius, am 21. September erliegt.[569]

Dem zu diesem Zeitpunkt abwesenden Kuradministrator musste ein detaillierter Bericht vorgelegt werden. Daraufhin erließ Johann Casimir am 17. Oktober 1586 ein ausführliches Edikt über die Vorfälle.[570]

Ein Grund für stärkere Spannungen zwischen Bürgern und Musensöhnen mag in den besonderen Umständen des Jahres 1586 liegen. Die studentische Frequenz hatte sich stark erhöht. Nachdem lange Zeit zuvor um 120 bis 150 Studenten nach Heidelberg ziehen, schreiben sich im Jubiläumsjahr 300 Lernwillige ein. Sie leben privilegiert unter den 6300 Einwohnern der Stadt Heidelberg.[571] Durch den unerwartet hohen Zustrom steigt naturgemäß auch das Konfliktpotenzial in der Enge des Neckartals.

565 Toepke II, S. 97, Fn. 2.

566 Wie oben S. 76 beschrieben, befand sich in einem kleinen Haus direkt neben dem *Contubernium* der Karzer. Wahrscheinlich wurde Theodericus dort festgehalten.

567 Toepke II, S. 97, Fn. 2; Winkelmann II, Nr. 1323; aA Hautz II, S. 126, keine Übergabe an die Universität.

568 So Hautz II, S. 126.

569 UAH RA 665, fol. 117; Toepke II, S. 97, Fn. 2; S. 127, Fn. 2. Amptzonius hatte sich erst etwa zwei Monate vor den Ausschreitungen zusammen mit seinem Bruder eingeschrieben.

570 Winkelmann II, Nr. 1323; Hautz II, S. 126. Dazu befahl der Kuradministrator den Rektor und die Professoren in die kurfürstliche Kanzlei, um ihnen seinen Willen kundzutun: UAH RA 665, fol. 135v.

571 Wolgast, S. 47.

Eine Folge des zweiten Studentenkrieges ist neben dem Auszug eines Teils der Studentenschaft die Absage der Zweihundertjahrfeier der Hohen Schule zu Heidelberg. Das Jubiläum wird in einem kleineren Rahmen ein Jahr später nachgeholt.[572] Schon seit der Gründung der Universität war es mehrfach zu Auszügen gekommen. Verschiedentlich hat man das Studium in Städte des Umlands verlegt, etwa um Seuchen wie der Pest zu entgehen. Der Auszug von etwa zweihundert Studenten im Jahr 1586 war der erste Weggang von Akademikern aus der Neckarstadt. Er war Ausdruck der Unzufriedenheit mit dem Verhalten der Obrigkeit und sollte ihren Forderungen Nachdruck verleihen.[573]

Wohl um nach den Unruhen besseren Kontakt zum schützenden Hof zu erlangen, wählt die Universität im Dezember 1586 den Kurprinzen Friedrich zum Rektor.[574]

e) Der Fall Barbara Hagenbergerin und Joachim Pein

Die Universitäts- und Residenzstadt dieser Zeit ist in verschiedene Gerichtssphären aufgeteilt. Dem Rechtskreis des Schultheiß gehören die einfachen Bürger an. Einen Kreis bildet der Hof, einen weiteren die Universität. Das wird auch an einem Fall aus dem Jahr 1588 deutlich.

Der Schultheiß der Stadt informiert Pfalzgraf Johann Casimir, dass eine weibliche Person, Barbara Hagenbergerin, *„zur hafft gezogen worden* [sei], *da bei nechtlicher Weill"* ein Student namens Joachim in ihren Räumlichkeiten allein angetroffen worden war. Dieser habe wegen der fehlenden Zuständigkeit nicht festgenommen werden können, obwohl es offensichtlich gewesen sei *„was ein verrichtung bei einander gewesen sein werde und vermutlich auch nicht das erst mal furgange"*.[575] Bei dem Studenten handelte es sich wohl um Joachim Pein aus Danzig.[576]

Am 27. April 1588 befiehlt der Kuradministrator dem Rektor, den Vorgang genau zu untersuchen. Die Aussagen des Studiosus sollen an den Hof gemeldet werden, damit die Strafe der Verhafteten angemessen ausfalle. Falls es zur Unzucht zwischen den beiden Genannten gekommen sei, müsse der

572 Am 30. November 1587; Winkelmann II, Nr. 1333; Hautz II, S. 129.

573 Bahnson, S. 44.

574 UAH RA 665, fol. 156ff.; Toepke II, S. 131.

575 Hautz II, S. 134f., Fn. 57.

576 Immatrikuliert am 9.Oktober 1587: Toepke II, S. 136; in den Akten nur *„studiosus joachim"*; außer Pein findet sich im fraglichen Zeitraum kein Joachim in den Matrikeln.

Student besonders hart bestraft werden, da ein solches unangemessenes Verhalten bei den Studenten fast schon üblich geworden sei.[577]

Das Schreiben erreicht den Prorektor Hippolytus à Collibus[578] samstags nach dem Abendessen. Da es zu dem Zeitpunkt schon zu spät ist, um den Studenten vorzuladen, kann dies erst Sonntag Nachmittag geschehen, da der Vormittag für die Messe zur Verfügung stehen musste. Als der Pedell schließlich zur Wohnung des Joachim Pein kommt, ist dieser mit dem Ziel Speyer abgereist und erscheint nicht wieder in Heidelberg.[579]

Der Fall zeigt, dass die verschiedenen Gerichtszuständigkeiten innerhalb einer Stadt zu einer Verlangsamung, gelegentlich auch zur Verhinderung der Strafverfolgung führten. Es wird auch deutlich, dass die Zuständigkeit der universitären Gerichtsbarkeit für die Angelegenheiten ihrer Mitglieder zwar sachlich umfassend war, räumlich jedoch auf Heidelberg beschränkt blieb. Es wurde daher kein Versuch unternommen, den Studenten in Speyer durch die örtlichen Instanzen festnehmen oder auch nur befragen zu lassen.

f) Wenn zwei Juristen streiten – Der Fall Julius Pacius gegen Scipio Gentilis

In den Jahren 1589/90 kommt es in Heidelberg zu einem außergewöhnlichen Prozess. Es handelt sich um die Klage des Doktors beider Rechte und Pandekten- und späteren Codexprofessors der Rupertina, Julius Pacius,[580] gegen den damaligen Studenten und späteren Altdorfer Rechtsprofessor Scipio Gentilis.[581] Beide stammen aus Italien.[582]

Dem Studenten wurde vorgeworfen, ein Schmähgedicht auf den Professor verfasst zu haben.[583] Mitangeklagt war ein Kommilitone namens Petrus

577 UAH RA 666, fol. 22.

578 Eingeschrieben am 31. März 1586; Prorektor ab 20. Dezember 1587: Toepke II, 124, 137. Siehe auch Drüll III, S. 86.

579 Antwort des Prorektors an Johann Casimir: UAH RA 666, fol. 22–23; Hautz II, S. 134f., Fn. 57.

580 Schroeder, Juristische Fakultät der kurpfälzischen Universität Heidelberg, S. 186ff.; Büttinghausen, S. 410; Toepke II, S. 119; Drüll III, S. 428f.

581 Toepke II, S. 133, insbesondere Fn. 2.

582 Büttinghausen, S. 413.

583 Es handelte sich also um einen Unterfall der Injurie, die *Pasquille*. Dabei handelte es sich um eine anonyme beleidigende Schrift, vgl. Mohrmann in: HRG IV, Sp. 1451ff. und Grimm, DWB XIII, Sp. 1482. Solche Beleidigungen durch Schriftstücke wurden ausdrücklich durch die Constitutio Criminalis Carolina von 1532 in Art. CX untersagt, Dreßler, S. 47ff.

Chambutus[584] als Verbreiter des Gedichts.[585] Außerdem verklagte Pacius in einem gesonderten Injurienprozess den Buchdrucker Commelius.[586]

Bei dem Gedicht handelt es sich um ein Loblied auf den früheren Institutionen- und damaligen Pandektenprofessor, Hyppolitus à Collibus (Hyppolit von Colli). Auch der in Zürich geborene Collibus ist italienischer Abstammung.[587] Durch das Lob auf den Kollegen fühlte Pacius sich geschmäht, wahrscheinlich nicht zu Unrecht. Er ging deshalb juristisch gegen den Urheber, den Verbreiter und den Drucker des Gedichtes vor. Ursache des Ärgers zwischen Gentilis und Pacius war, dass Gentilis sich bei der Nachfolge des Institutionenprofessors Knichius[588] vom Senat übergangen fühlte.[589]

Am 5. Februar 1589 fordert Pacius den Senat[590] auf, die Frau des Collibus zu verhören. Es ging um die Frage, ob Gentilis und Chambutus Drohungen geäußert hätten. Gegen eine Befragung protestiert Collibus. Daraufhin beantragt Pacius, dass die Studenten vorgeladen werden, was auch beschlossen wird. Weiterhin wird Gentilis und Chambutus strengstens verboten, etwas gegen den Kläger zu unternehmen.[591] Befragt werden sie am 5. März 1589.[592]

Die Universität ordnete vorsorglich schon am 6. März, einen Tag nach Klageerhebung,[593] an, dass die Verbreitung des Gedichts zu unterbleiben habe. Dazu hatten die Universitätsangehörigen ihre Ausgaben bis zum Ausgang des Prozesses beim Rektor abzuliefern.[594] Pacius beantragte noch mehrfach eine eidliche Befragung der Frau des Collibus', was schließlich nach langen Beratungen auch beschlossen wurde. Da sie des Deutschen nicht mächtig war, sollte ein Dolmetscher hinzugezogen werden.[595] Dies zeigt, dass die Verhandlungssprache damals Deutsch war, obwohl Anträge und Schriftsätze in Latein gehalten sind.[596] Die Vorgeladene weigerte sich jedoch

584 Toepke II, S. 132.
585 Winkelmann II, Nr. 1363.
586 Siehe: UAH RA 668, fol. 208v.
587 Später wurde er Präsident des kurpfälzischen Hofgerichts, Mitglied des Rates und Gesandter der Kurfürsten Friedrich IV. und V.: Allg. Deutsche Biographie, IV., S. 405; Drüll III, S. 86.
588 Immatrikuliert am 16. November 1585 als Andreas Knichen, dr. iur. utr.: Toepke II, S. 121; Siehe auch Drüll III, S. 82.
589 Büttinghausen, S. 414f.
590 Der Prozess fand vor dem Senat und nicht vor dem Universitätsgericht statt, siehe etwa: UAH RA 668, fol. 174 VI, 227 VIII.
591 UAH RA 666, fol. 103; Büttinghausen, S. 416.
592 UAH RA 666, fol. 112.
593 Büttinghausen, S. 419, 421f.
594 Winkelmann II, Nr. 1348.
595 Büttinghausen, S. 425.
596 Zum Beispiel UAH RA 666, fol. 103; Büttinghausen, S. 417.

vor den Senat zu treten, da sie zum einen hochschwanger und zum anderen wegen der Resignation ihres Mannes von seiner Professur nicht mehr unter die Jurisdiktion der Universität, sondern unter die des Kurfürsten falle.[597] Als der Rektor ihr mit Arrest drohen wollte, war sie abgereist.

Den beiden Beklagten wurde verboten, die Stadt zu verlassen, was sie dennoch taten und nach Basel und Wittenberg reisten.[598] Am letzten Tag einer ihm gesetzten sechswöchigen Frist kehrt Gentilis am 14. Juni nach Heidelberg zurück.

Interessant erscheint, dass die Universität wegen ihrer generell schwachen Besetzung und den teilweise als Kläger oder Mitwissenden für den Prozess ausfallenden Ordinarien den kurfürstlichen Hof um einige Räte zur Aushilfe bei der Untersuchung bat. Daraufhin wurden Hofräte dann auch in den Senat gesandt. Allerdings wurde ihnen die Angelegenheit zu langwierig und sie ließen sich entschuldigen.[599]

Der Kläger wird mehrmals vertröstet, bis er sich am 14. Oktober über die Untätigkeit beschwert und Arrest für die Beklagten fordert.[600] Gleichwohl nimmt das Gericht erst am 4. März 1590 seine Tätigkeit auf. Gentilis wird vorgeladen, erscheint aber nicht. Er begründete seine Weigerung mit der Behauptung, er sei Gesandter der Königin von England am kurfürstlichen Hof. Daraufhin erhält er die Auforderung, seine diplomatische Immunität selbst oder durch den Kurfürsten zu beweisen, andernfalls drohe Haft. Obwohl Gentilis den Beweis anscheinend nicht antreten kann (jedenfalls fühlte sich die Universität weiter zuständig für ihn), bleibt ihm die Haft erspart.[601]

Für die Universität stellte die Klage eines Professors gegen zwei Studenten offensichtlich ein gewisses Dilemma dar. Immer wieder fühlten sich Professoren durch die Klage ihres Kollegen befangen. Dieser Ansicht war auch der Kläger Pacius, da er mehrere Professoren für Parteigänger des Gentilis hielt.[602]

Um die Probleme zu lösen ohne die Autonomie der Hohen Schule zu gefährden, geht die Universität in mehreren Schritten vor: Zunächst schickt sie die Akten als „*Appellation*" an das Hofgericht, ohne dass vorher ein Urteil gefällt war. Das Hofgericht sendet die Akten deshalb wieder an die Universität als ordentlichen Richter zurück.[603]

597 Büttinghausen, S. 426.
598 Büttinghausen, S. 419.
599 Büttinghausen, S. 425f., 429.
600 Büttinghausen, S. 429.
601 Büttinghausen, S. 430f.
602 Büttinghausen, S. 421f., 424, 426f.
603 Büttinghausen, S. 423, 431.

Daraufhin gehen die Akten am 21. August 1590 an die Juristische Fakultät der Universität zu Marburg; angedacht worden war eine solche Lösung schon am 6. Mai. Beigelegt wurden 10 fl., um die Kosten zu decken, verbunden mit dem Hinweis, man werde nötigenfalls weitere Gelder nachsenden.[604]

Die Marburger Kollegen antworten innerhalb weniger Tage.[605] Sie entscheiden, dass die beiden Studenten zu relegieren seien. Dies geschieht am 23. September durch Streichung der Namen aus den Matrikeln.[606] Dadurch ist der Fall, der die Heidelberger Universität über ein Jahr beschäftigt hatte, durch die Marburger Kollegen in einem Bruchteil der Zeit gelöst.

Jedenfalls kann das Schmähgedicht und der damit verbundene Prozess dem Ansehen des Prof. Pacius nicht ernsthaft geschadet haben, da er kurz nach dieser Angelegenheit neben dem nominellen Rektor Philipp Ludwig Graf von Hanau Prorektor der Universität wird.[607] Während dieses Prorektorats schreiben sich auch zwei seiner zahlreichen Söhne in die Heidelberger Matrikel ein.[608]

Der Prozess hat im Jahre 1593 noch ein Nachspiel, als der mittlerweile zum ordentlichen Altdorfer Rechtsprofessor[609] aufgestiegene Scipio Gentilis beim Heidelberger Akademischen Gericht eine Nichtigkeitsklage gegen das Urteil aus dem Jahr 1590 erhebt. Wiederum werden die Akten an das Hofgericht gesandt, nicht an eine auswärtige Universität.[610] Der Versuch, dass Verfahren wieder aufzunehmen, bleibt jedoch erfolglos. Vorher hatte Gentilis die Akten über seinen ursprünglichen Prozess beim Kurfürsten angefordert.[611]

Der Versuch der Wiederaufnahme des Prozesses veranlasst jedoch den Kläger, weiterhin in den Rechtsstreit auch mit Buchdrucker Commelius verwickelt, seine Professur in Heidelberg aufzugeben. Er begründet diesen Schritt damit, dass er in Heidelberg nicht mehr ruhig leben könne.[612] Schon

---

604 UAH RA 666, fol. 283.

605 Am 9. September: UAH RA 666, fol. 285.

606 UAH RA 666, fol. 286; Winkelmann II, Nr. 1363; Toepke II, S. 132f.

607 Toepke II, S. 156.

608 Toepke II, S. 164.

609 Dort war er unter anderem Lehrer des Frhrn. Albrecht von Wallenstein und sorgte als nächtlicher Anführer der Studenten selbst für erhebliche Störung der öffentlichen Ordnung, obwohl er als Rektor dem Gericht vorsaß: Golo Mann, S. 29, 33; Alenfelder, S. 179.

610 Büttinghausen, S. 434.

611 UAH RA 668, fol. 175, 176; Winkelmann II, Nr. 1396.

612 Winkelmann II, Nr. 1396. Zur Resignation siehe auch UAH RA 669, fol. 3; zum Prozess UAH RA 669, fol. 23ff.

wenig später bedauert man den Weggang des Pacius' an der Rupertina und versucht erfolglos, ihn zurückzurufen.[613]

Damit wird deutlich, dass die oft beklagte Ineffizienz der akademischen Gerichtsbarkeit mitunter der Hohen Schule selbst schadete. Besonders ungünstig für Heidelberg war, dass Pacius neben den Streitigkeiten mit Gentilis auch für den Weggang von Hyppolitus à Collibus verantwortlich war. Beide werden heute im Vergleich zu Pacius als größere Gelehrte angesehen – nach dem Prozess waren alle drei nicht mehr an der *alma mater heidelbergensis* tätig.[614]

Wie groß die Differenzen zwischen den Beteiligten nach diesen Rechtsstreitigkeiten geblieben sein müssen, wurde deutlich, als die Hohe Schule sich im September 1594 gegen einen mehrtägigen Aufenthalt von Gentilis in Heidelberg zur Wehr setzt.[615]

g) Buchbinder Holl

Ein Schreiben vom 23. Februar 1592 zeigt, dass die gerichtliche Zuständigkeit der Universität für die ihr nahestehenden nichtakademischen Berufe zu dieser Zeit nicht nur theoretisch, sondern auch tatsächlich besteht.

In seiner ersten Äußerung an die Hohe Schule seit seinem Amtsantritt als Kurfürst wendet sich Friedrich IV. mit der Bitte an sie, den Buchbinder Holl zu befragen, was er mit einer genau zitierten Aussage gegenüber dem Pfarrer des Dorfes Handschuhsheim gemeint habe.[616] Es bestand, der Zeit entsprechend, der Verdacht, es habe sich um eine Gotteslästerung gehandelt.[617] David Holl stammt aus Schwäbisch-Hall, er ist schon seit 1583 eingeschrieben.[618]

Die Universität befragt daraufhin am 28. Februar den Buchbinder genau und übermittelt seine Antworten zusammen mit einem Begleitschreiben an den Kurfürsten.[619] Aus den überlieferten Akten wird nicht deutlich, wie die Untersuchung weiter vonstatten ging und ob ein Verfahren vor dem Universitäts- oder dem Hofgericht eröffnet wurde. Holl zählte jedenfalls zu den verdächtigen Universitätsverwandten, die am 29. Februar 1592 ihren Treueeid erneuern mussten.[620]

---

613 Winkelmann II, Nr. 1413; Schroeder, Juristische Fakultät der kurpfälzischen Universität Heidelberg, S. 187.

614 Wolgast, S. 49.

615 Toepke II, S. 133, Fn. 2.

616 UAH RA 667, fol. 80.

617 Winkelmann II, Nr. 1384.

618 Toepke II, S. 109, Fn. 3; S. 157, Fn. 2; auch: Daniel Hall, David Hol und David Chol.

619 UAH RA 667, fol. 81–83.

620 Siehe oben S. 98.

h) Übermäßig harte und lange Karzerhaft – Der Fall Caspar Flaminius

Noch lange nach seinem Auftreten vor dem Universitätsgericht war der Name des Studenten Caspar Flaminius aus Amsterdam in Heidelberg bekannt. Denn in Erinnerung an dessen überlange Haft wurden in studentischen Kreisen strenge Karzerstrafen als *„custodia Flaminiana“* bezeichnet.[621]

Im April 1594 entscheidet die Universität auf Antrag von dessen Gläubiger, den Studenten unter Hausarrest zu stellen. Dazu hatten sich die *„Creditoren“* vor dem Rektor und einigen zusammengerufenen Senatoren versammelt und von den Schwierigkeiten mit dem säumigen Schuldner berichtet. So habe Flaminius immer wieder versichert, er werde bald zahlen. Deshalb gewährten ihm die Gläubiger mehrfach Zahlungsaufschub, den der Student zur Aufnahme neuer Schulden nutzte. Die Liste der *„Creditoren“* in den Rektoratsakten ist entsprechend lang. Neben einem Magister Geißelbach[622] finden sich Händler, zwei Schuster und der Wirt des Gasthauses zum Schwert.[623] Um die Zahlungen durchzusetzen, baten die Gläubiger den Rektor, dass er ihrer Forderung Nachdruck verleihe oder den Flaminius zur Stellung eines Bürgen dränge. Sollte sich kein Bürge finden, wünschten die Gläubiger, das Universitätsgericht nähme den Studenten fest.[624]

Kurz darauf wird er wegen der vermuteten Fluchtgefahr in den Karzer gesperrt. Sein dortiger Aufenthalt dauert bis Dezember 1596.[625] Zur Erschwerung einer befürchteten Flucht sind ihm zeitweise die Füße angekettet. Das feuchte Klima des Gefängnisses lässt seine Kleider während des Tragens verfaulen. Entlassen wird Flaminius erst, als sein Vater, Hans Flemming aus Amsterdam, die Zahlung der Schulden veranlasst. Da die Akten bereits an das Hofgericht übersandt worden waren, wendet sich das Universitätsgericht mit der Bitte an die übergeordnete Instanz, den Studenten entlassen zu dürfen.[626]

Von der später oft beschriebenen „Karzerromantik“, als im neunzehnten Jahrhundert eine Strafe im Universitätsgefängnis für die Heidelberger Bur-

---

621 Toepke II, S. 152, Fn. 1. Flaminius, der Sohn eines Johann Flemmings aus Amsterdam, wurde am 5. April 1591 immatrikuliert. Thorbecke, S. 60, Fn. 91 und ohne Quellenangabe auch Oberdörfer, Karzer, S. 36 nennen mit 1534 das falsche Jahr (zumal die Universität erst ab 1545 über einen Karzer verfügte).

622 Johann Geisselbach war von 1540–1564 Magister an der Artistenfakultät Heidelberg, sein Sohn Philipp G. war 1560–1561 am Pädagogium tätig, siehe Drüll III, S. 169. Es könnte sich um Philipp G. gehandelt haben.

623 Das Gasthaus zum Schwert war eines der ältesten Hotels in Heidelberg.

624 Am 4. April 1594: UAH RA 668, fol. 352. Einen solchen Arrest hatte die Universität 1593 in einem ähnlich gelagerten Fall gegen einen Studenten verhängt: Toepke II, S. 151, Fn. 1.

625 Vgl. die Notiz *in causa flaminii* UAH RA 671, fol. 37v.

626 Schreiben der Universität in: UAH RA 671, fol. 35v, 36r.

schen[627] fast schon zum guten Ton gehörte, lässt das Schicksal von Caspar Flaminius nichts erkennen.

i) Auf Einbruch steht die Todesstrafe – Der Fall Laurentius Lanius

Wegen eines Einbruchsdiebstahls wird Laurentius Lanius auf unbestimmte Zeit relegiert.[628] Der verheiratete Student ist *famulus* von Otho Valentin, einem Astrologen und Mathematiker der Universität.[629] Er hatte seinem Dienstherrn die erhebliche Summe von 100 Gulden und einen silbernen Becher entwendet.[630]

Aus den Akten[631] ergibt sich folgendes Bild: Am 10. Februar untersucht Professor Simon Stenius im Auftrag des Rektors die Wohnung von Otho Valentin in der *„Pflegk"*.[632] Er berichtet, er habe *„die Stubethur ufgebrochen gefunden"*. Viele Sachen seien entwendet und dann in der Stube des *famulus* entdeckt worden. Weil Valentin *„ein argtwohn hatte"*, bat er den Rektor, den Juristen Peter Heymann,[633] die Beweise selbst zu prüfen. Daraufhin begibt sich die Magnifizenz, begleitet von vier Senatoren und dem Syndikus, *„In M. Ottonis whonbehaußung"*. Dort besichtigen sie den Tatort und finden eine aufgebrochene Kiste und *„etliche kleider noch hin und her zerstreut"*. Unter Mithilfe des Schultheißen wird der verdächtige Lanius in die Wohnung gebracht, um ihn mit den Spuren der Tat zu konfrontieren. Rektor Heymann führt das Verhör durch. Der Student streitet ab, etwas von dem *„einbruch und diebstal"* zu wissen. Es gelingt ihm jedoch nicht, den Rektor zu überzeugen. Deshalb führen ihn zwei Stadtknechte in das Contubernium, wo er unter der Obhut des Pedells weiter befragt wird. Obwohl Lanius nicht gesteht, sieht die Universität seine Schuld durch seine Aussagen als erwiesen an.

Die Stube des Pedells ist in diesem Fall der Ort von Befragung und auch Haft, nicht der Karzer. Dessen schlechter baulicher Zustand könnte der Grund sein.

Verurteilt wird Lanius am 6. März 1596.[634] Vor dem Senat verliest man zunächst ein Bittschreiben des Angeklagten. Der nimmt zu Beginn auf eine

627 Zur Herkunft der Bezeichnung „Bursch", von lat. bursa für einen Studenten siehe Ricker in: Einst und Jetzt 1960, S. 72ff. sowie Grimm, DWB II, Sp. 546ff.

628 Toepek II, S. 170, Fn. 3.

629 Drüll III, S. 426f.

630 UAH RA 670, fol. 199r.

631 UAH RA 670, fol. 169v, 170r.

632 Bei der *Pflegk*, auch *Pfleck* geschrieben, handelt es sich um die heutige Plöck, eine Straße in der Heidelberger Altstadt unweit des zentralen Universitätsgebiets, siehe die Karte im Anhang II.

633 Drüll III, S. 208f.

634 UAH RA 670, fol. 197v.

Bibelstelle[635] Bezug: *„Suchet so werdet ihr finden, klopfet ahn so werde euch aufgethan“*. An das Zitat anschließend führt er seine missliche Lage aus und betont, dass er seine Tat öffentlich zugebe und selbige bereue: *„Ich armer elender mensch bitt umb gnad und barmherzigkeitt“*.[636] Deshalb will er aus dem Karzer entlassen werden, da er in der Haft, wenn sie fortgesetzt würde: *„in grosse und schwere kranckheit fallen“* werde. Schon jetzt sei er durch die *„bößen dünste“* an Fieber erkrankt. Weiterhin verweist Lanius auf seine *„jugendt und unverstande“* und seine Armut.[637] Die Universität entscheidet, den Studenten aus der Korporation auszuschließen. Ob sie sich dabei von der Bittschrift beeinflussen ließ, ist unklar. Jedenfalls handelte es sich um ein sehr mildes Urteil.

Veröffentlicht werden konnte das Urteil aber erst am 13. April des Jahres; zunächst verweigerte Kurfürst Friedrich IV. seine Bestätigung. Nach den Statuten war die Zustimmung bei Urteilen über peinliche Verbrechen[638] erforderlich. Der Herrscher forderte eine härtere, dem gemeinen Recht und der kurpfälzischen Malefizordnung[639] entsprechende Strafe. Nach Ansicht des Kurfürsten hatte der Studiosus sein Leben verwirkt.[640] Denn nach der Malefizordnung der Pfalz wird ein Einbruch als schwerer Fall des Diebstahls behandelt. Als Strafe ist der Tod durch Schwert oder Wasser vorgesehen.[641] Das Schreiben des Kurfürsten geht auf die einzelnen Milderungsgründe ein, die Lanius der Universität gegenüber vorgebracht hatte. Insbesondere Armut und Jugendlichkeit wurden als Milderungsgründe abgelehnt. Die Universität antwortete mit einem ausführlichen Schreiben.[642] Mit diesem konnte sich die Universität im Ergebnis durchsetzen. Es blieb bei der vergleichsweise milden Strafe der Relegation. In seiner Antwort forderte der Kurfürst die Hohe Schule auf, zukünftig in entsprechenden Fällen anhand der Malefizordnung zu urteilen, wie es durch die Statuten vorgesehen sei.[643]

---

635 Mathäus, 7. Kapitel.

636 UAH RA 670, fol. 191v.

637 UAH RA 670, fol. 192r.

638 Peinliche Verbrechen sind diejenigen, auf die eine peinliche Strafe, also eine Leibes- oder die Todesstrafe, steht. Vgl. Kaufmann in: HRG III, Sp. 1574.

639 Bei der Malefizordnung handelte es sich um die formellen und materiellen strafrechtlichen Bestimmungen des kurpfälzischen Landrechts von 1582. Vorbild war die Carolina. Zur Systematik Kern in: ZRG GA 100 (1983), S. 281.

640 Schreiben des Kurfürsten an die Universität vom 10. März 1596: UAH RA 670, fol. 199r.

641 Landrecht, MO, XLV, fol. 26r.

642 UAH RA 670, fol. 201v–207v.

643 Schreiben des Kurfürsten an die Universität vom 13. April 1596: UAH RA 670, fol. 208r.

Lanius musste vor seiner Entlassung aus der Karzerhaft noch die Urfehde schwören. Anschließend wurde ihm sein Urteil verlesen und betont, dass es sehr milde ausgefallen sei.[644]

Gefällt wurde das Urteil von Rektor und Senat gemeinsam. Schließlich teilte man es dem Vetter des Verurteilten in Straßburg mit.[645]

12. Einfluss der kurfürstlichen Verwaltung auf die Universitätsgerichtsbarkeit

Die Gerichtsbarkeit war eines der wichtigsten Privilegien der Hohen Schule zu Heidelberg. Gleichwohl zeigt sich, dass die Universität immer wieder vom jeweils regierenden Kurfürsten Anweisung erhält, gegen einzelne ihrer Mitglieder vorzugehen. Solche Fälle finden sich vor allem in Epochen, in denen Fürsten herrschen, die sich besonders für die Universität engagieren und ein gutes Zusammenleben aller Untertanen in der Residenzstadt anstreben.[646] Während sich Eingriffe in die Gerichtsbarkeit auch in konkreten Einzelfällen finden, war das „Hineinregieren" der Kurfürsten in die Verwaltung ihrer Universität im Allgemeinen selten.[647] Für Prozesse vor dem akademischen Gericht interessierten sie sich wohl wegen deren Bedeutung für die öffentliche Ruhe und Ordnung.

Denn meist handelt es sich um Streitfälle, die das Verhältnis von akademischen und städtischen Bürgern betreffen. Wegen der Vorrechte der Universitätsangehörigen war das Zusammenleben oftmals problembehaftet.[648] Weiterhin finden sich Anordnungen und Erlasse des Kurfürsten in Situationen, in denen die kirchliche Lehrmeinung oder die Gebote der Reformation verletzt zu sein scheinen.[649]

---

644 UAH RA 670, fol. 209.

645 UAH RA 670, fol. 210v.

646 Zum konfliktreichen Miteinander von Stadt und Universität in der Neuzeit siehe Füssel, Gelehrtenkultur, S. 278ff.

647 Burchill in: Semper Apertus I, S. 233.

648 Zum Verhältnis von Bürgern, Hof und Universitätsmitgliedern siehe Moraw, Gesammelte Beiträge, S. 295ff.; Nuding, S. 197ff. und Kolb, S. 63ff. Allein 1591/92 finden sich zwei Studenten, die in Streitigkeiten mit Handwerksburschen zu Tode kamen: Toepke II, S. 152, Fn. 3 und 4.

649 Kurfürst Ottheinrich forderte zum Beispiel die Universität auf, Justus Velsius die *„copia legendi"* zu entziehen, weil seine Thesen von der Lehrmeinung abwichen. Auch gegen seine *privatissime* gehaltenen Vorlesungen schritt die Universität im Auftrag des Kurfürsten ein. Siehe Burchill in: Semper Apertus I, S. 234; Winkelmann II, Nr. 1040, Nr. 1063

Besonders aktiv ist Johann Casimir, der Administrator der Pfalz. Er fordert 1589 die Universität auf, durch ihre Strafgewalt das Unwesen der Studenten zu verhindern, da diese *„dag und nacht in wurtsheusern* [...] *uberschwencklich fressen, saufen, schreien* [...] *und endlich, wan in die kopf erwarmbt* [...] *schleghendel anfangen etc.*"[650] Neben der individuellen Strafe soll ein öffentlicher Anschlag die Studenten ermahnen, sich zukünftig angemessener zu verhalten. Nur acht Tage später, am 12. Juni des Jahres, schreibt Johann Casimir wieder an die Hohe Schule, da ihm Beschwerden zugekommen waren, Studenten hätten beim Ballspiel ein Feld in Neuenheim[651] verwüstet. Solchermaßen rücksichtsloses Verhalten soll ebenfalls durch ein öffentliches Mandat untersagt werden. Die Maßnahmen sind im Zusammenhang mit den schweren Ausschreitungen des Zweiten Studententkrieges von 1586 zu sehen.[652]

Um die Strafverfolgung von nächtlichen Schlägereien zu erleichtern, erbat die *universitas* am 10. Februar 1590 beim Kuradministrator ein Gesetz, welches den Barbieren und Wundärzten untersagen sollte, bei derlei Auseinandersetzungen verletzte Teilnehmer zu behandeln, es sei denn, sie machten deutlich, unter wessen Gerichtsbarkeit sie gehören.[653]

Anstelle eines entsprechenden Gesetzes erlässt die kurfürstliche Kanzlei am folgenden Tag ein Verbot für Studenten, nach 21 Uhr die Straßen zu betreten.[654]

Das Interesse von Johann Casimir an den studentischen Sitten zeigt sich beispielhaft im Fall Joachim Pein.[655] Den Studenten wollte der Kuradministrator besonders hart bestraft wissen, falls es zur Unzucht gekommen sei. Durch eine abschreckende Strafe sollten die Kommilitonen zu einem besseren Betragen angehalten werden. Obwohl die eigenständige akademische Gerichtsbarkeit ein Privileg der Universität war, scheute sich der Fürst nicht, in deren innere Angelegenheiten sogar in einem Einzelfall hinein zu regieren.

Auch der Neffe des Kuradministrators, Friedrich IV., welcher 1592 die Herrschaft in der Pfalz angetreten hatte, war über das Verhalten der Heidelberger Bewohner verärgert. Da ihm berichtet wurde, dass die Sonntage von großen Teilen der Bevölkerung mit Freizeitvergnügungen anstelle von Messbesuchen verbracht würden, bat er die Universität um ein Gutachten,

---

650 Zitiert nach: Winkelmann II, Nr. 1350.
651 Neuenheim war ein eigenständiges Dorf gegenüber Heidelberg auf der nördlichen Neckarseite gelegen.
652 Schroeder, Tod den Scholaren, S. 52.
653 UAH RA 666, fol. 255f.
654 UAH RA 666, fol. 256f.; Winkelmann II, Nr. 1359.
655 Siehe oben S. 111f.

wie angesichts der unterschiedlichen Jurisdiktionen innerhalb der Stadt diesem unangemessenen Verhalten entgegengewirkt werden könne.[656] Die Hohe Schule erstellte kein solches Gutachten, sondern verwies in ihrer Antwort vom 28. April 1593 auf den fleißigen Kirchbesuch von Professoren und Studenten. Um dem Willen des Fürsten gleichwohl Nachdruck zu verleihen, erklärte die Universität, sie werde ein Edikt mit entsprechendem Inhalt veröffentlichen.[657]

Im Fall Lanius setzt die Universität ihr mildes Urteil durch, obwohl es der kurpfälzischen Malefizordnung widerspricht. Die nach den Statuten geforderte Urteilsbestätigung in schweren Strafdelikten erreicht sie gegen den Willen des Kurfürsten durch Beharren auf ihrem Standpunkt. Deutlich wird in dem Fall aber, dass die Universität ihr Gerichtsprivileg nicht selbstständig durchsetzen konnte. Selbst für die Überführung des Verdächtigen vom Tatort ins *Contubernium* benötigte sie die Hilfe des Schultheißen und seiner Knechte.[658]

Die geschilderten Eingriffe zeigen die Fürsten in Sorge um das Verhalten der Studenten. Vor allem machen sie deutlich, dass die Nachfahren der Stifter der Universität auf Rechtsetzung und Rechtsprechung ihrer Stiftung weiter Einfluss nehmen. Johann Casimir und Friedrich IV. sind Anhänger Calvins. Dessen Lehre ist von strenger Askese und strikter Kirchenzucht geprägt.[659] Inwiefern die Eingriffe der Fürsten, die in den beschriebenen Fällen die Verbesserung des sittlichen Verhaltens und den Kirchbesuch der Studenten zum Ziel haben, religiösen Vorstellungen geschuldet sind, bleibt unklar. Gut vorstellbar ist dieser Einfluss wohl.

13. Exkurs: Die Tätigkeit des Spruchkollegiums im 16. Jahrhundert am Beispiel des Urteils gegen Hans Wunderlin

Neben dem eigentlichen Universitätsgericht tritt auch die Juristische Fakultät[660] der Universität Heidelberg in gerichtlicher Funktion in Erscheinung. Dabei handelt es sich um das sogenannte Spruchkollegium.[661] Es diente zur

656 UAH RA 668, fol. 138.
657 UAH RA 668, fol. 140f.; Winkelmann II, Nr. 1395.
658 Siehe oben S. 118ff.
659 Zum Calvinismus in der Kurpfalz siehe Schaab in: Territorialstaat und Calvinismus, S. 34ff.
660 Zur Juristischen Fakultät im 16. Jahrhundert siehe Wadle in: Semper Apertus I, S. 290ff.
661 Spruchkollegien bestanden vom 16. bis Ende des 19. Jahrhunderts und sollten den häufig mit Laienrichtern besetzten Gerichten die Anwendung des gelehrten Rechts ermögli-

Entlastung des Kurpfälzischen Hofgerichts[662] bei schwierigen Fällen, auch soweit sich die Richter nicht einigen konnten. Entsprechende Akten wurden an das Kollegium mit der Bitte um ein Urteil übersandt.[663]

So urteilt die Fakultät im Auftrag von Kurfürst Friedrich IV. im August und September 1594[664] gegen Hans Wunderlin, genannt Bursch von Tirschenreuth.[665] Ihm wird vorgeworfen, im Jahr 1592 einen Aufruhr in Tirschenreuth in der Oberpfalz hervorgerufen zu haben. Diesem war der dortige kurpfälzische Hauptmann zum Opfer gefallen. Nach seiner Festnahme im böhmischen Karlsbad wird Wunderlin in Heidelberg verhört. Nach Androhung der Folter gesteht er. Im Protokoll gibt er lediglich zu, die Tirschenreuther hätten gerne Herzog Reichard (von Pfalz-Simmern, den jüngeren Bruder von Kurfürst Friedrich III., also den Großonkel des regierenden Kurfürsten Friedrich IV.)[666] zum Herrn, *„damit sie nit sorgen dorfen, calvinkelisch zu werden"*.[667]

Der Stadtrat, der das Urteil zu fällen hatte, forderte ein Gutachten der Juristischen Fakultät. Zunächst lehnten die Professoren mit der Begründung ab, sie seien wegen des Weggangs von Pacius personell zu schwach. Nach einer scharfen Rüge des Kurfürsten, verbunden mit dem Hinweis, er

chen. Oberhöfe und Schöffenstühle wurden von den Juristischen Fakultäten verdrängt. Zu Entstehung und Umfang der Tätigkeit der Spruchkollegien siehe Thümmel in: HRG IV, Sp. 1781–1786. Zum Heidelberger Spruchkollegium im neunzehnten Jahrhundert siehe Jammers. Die Entwicklung an der Universität Ingolstadt stellt Kempter dar.

662 Durch die Untergerichtsordnung wurde es den unteren Gerichten ausdrücklich und ohne Ausnahme untersagt, die Juristische Fakultät anzurufen: Kern, Gerichtsordnungen, S. 136f. Kuradministrator Johann Casimir empfahl den kurpfälzischen Gerichten gleichwohl, sich bei Zweifeln ausschließlich an die Heidelberger Universität zu wenden. Ebd., S. 169. Wahrscheinlich galt das Verbot der Aktenversendung für das Zivilrecht, während die Malefizordnung eine solche wohl vorsah: ebd., S. 373.

663 Die Aktenversendung war besonders in Strafsachen wegen des Appellationsverbotes von 1530 bedeutsam, um das Niveau der Rechtspflege zu heben: Oestmann in: HRG I, Sp. 128–132. Schon um 1480 legte das Hofgericht Fälle der Fakultät vor, wenn sich die Mitglieder des Hofgerichts nicht einigen konnten. Sie waren an die Empfehlung der Fakultät aber nicht gebunden: Kern, Gerichtsordnungen, S. 322.

664 Nach Jammers, S. 17 wurde das Spruchkollegium erstmals in den Statuten von 1672 offiziell bestätigt. Der Fall Hans Wunderlin zeigt, dass die Entstehung fließend war und bereits erheblich vor der Bestätigung tatsächlich erfolgte.

665 Winkelmann I, S. 326; II, S. 169.

666 Herzog Reichard war 1560–1571 Administrator des Stiftes Waldsassen, zu dem auch Tirschenreuth gehörte, Sturm, S. 34ff. Zur Ablehnung des Calvinismus durch Reichard ebd., S. 45. Die Calvinisierung der Oberpfalz verhinderte Reichard im Konflikt mit seinem Bruder Friedrich III. ebd., S. 52f.

667 Zum Verhältnis zwischen der calvinistischen Rheinpfalz und der lutherischen Oberpfalz siehe Schaab in: Territorialstaat und Calvinismus, S. 38ff.

werde sich anderweitig juristischen Rat zukommen lassen, kam die Fakultät schließlich doch zu einem Urteil. Es fiel allerdings wenig eindeutig aus. Sie entschied, dass Wunderlin enthauptet werden müsse, so er unter Folter gestehen würde, angestiftet worden zu sein. Andernfalls solle er durch Rutenschläge und einen Landesverweis gestraft werden. Der Kurfürst lehnte das Urteil ab und forderte ein schärferes. Daraufhin wurde der Fall erneut begutachtet und auf einfachen Totschlag entschieden. Dies entsprach nicht den Interessen der Regierung, die von verabredetem Aufruhr und Hochverrat ausging. In einem Schreiben vom 10. September 1594 rechtfertigte die Fakultät ihr Urteil, da sie *„nit anders ohne verletzung unseres gewissens sprechen"* könne. Zwar bitten die Professoren ihren kurfürstlichen Herrn um Verzeihung, lehnen aber mit Verweis auf die göttlichen Strafen im ewigen Leben ein ungerechtes Urteil ab.[668]

14. Zuständigkeit für Ehesachen

Wie diese Fälle und die untersuchten Statuten zeigen, war das akademische Gericht der *Rupertina* für weite Teile der Rechtsprechung zuständig. Eine Ausnahme bildete jedoch die Jurisdiktion in Ehesachen.[669] Auch wenn das Universitätsgericht in Vaterschaftsklagen und über den Unterhalt unehelicher Kinder urteilen konnte, war für alle Ehesachen eine eigenständige kurpfälzische Gerichtsbarkeit zuständig. Das Ehegericht setzte sich aus dem Hofgericht zusammen und tagte gemäß der Untergerichtsordnung in Heidelberg. Alle Ehesachen des kurfürstlichen Herrschaftsbereichs waren ihm zugeordnet.[670] Da Studenten weder Verlöbnisse eingehen noch heiraten durften, war es naheliegend, die Ehesachen von der akademischen Gerichtsbarkeit auszunehmen.[671]

Wie in der Neckarstadt, so lag auch an zahlreichen anderen Universitäten die Zuständigkeit für Vaterschaftsklagen beim akademischen Gericht.[672] In Tübingen befasste sich die Universität 1597 darüber hinaus mit der Durchsetzung eines Eheversprechens.[673] Dabei handelte es sich aber um eine Aus-

668 Winkelmann I, S. 326f.; II, S. 169.
669 UAH RA 662, fol. 93v.; Toepke II, S. 139, Fn. 3.
670 Ehe und Ehegerichtsordnung, Tit. 1ff. in: Landrecht, UGO sowie Kern in: ZRG GA 100 (1983), S. 279.
671 Schulze/Ssymank, S. 193; Brüdermann, S. 412.
672 Göttingen: Brüdermann, S. 400ff.; Marburg: Woeste, S. 125f.
673 Alenfelder, S. 155.

prägung der Disziplinargewalt. Für Ehesachen war auch in Tübingen das Universitätsgericht nicht zuständig.[674]

15. Strafen im bisher untersuchten Zeitraum

Welche Strafen verhängte das Universitätsgericht in Heidelberg in den ersten Jahrhunderten nach der Gründung der Hohen Schule? Da die Überlieferung für statistische Angaben zu unregelmäßig ist, werden lediglich nachweisbare Fälle untersucht und nach Art der verhängten Strafen untergliedert.

a) Keine Exkommunikation durch das Universitätsgericht

Die Universität Heidelberg war in den ersten Jahren ihres Bestehens auf vielfältige Weise kirchlich geprägt. So waren die Rektoren Kleriker bis zur Reformation.[675] Gleichwohl fehltem dem akademischen Gericht ein kirchliche Charakter. Die Universität selbst war kein Teil der Kirche. Deshalb konnte das Universitätsgericht nicht im Namen der Kirche urteilen. Zwar verurteilte das akademische Gericht häufig Angeklagte zur Buße in Form von Wallfahrten oder Bußgottesdiensten. Die Sanktionsmöglichkeit jedoch, welche ein kirchliches Strafgericht gerade von einem weltlichen unterscheidet, nämlich die Exkommunikation, konnte der Heidelberger Rektor jedoch nie verhängen.[676]

b) Geldstrafen

Geldstrafen waren im gesamten Untersuchungszeitraum die Sanktionen, die am häufigsten vom akademischen Gericht ausgesprochen wurden. Sowohl nach den Statuten, als auch, soweit erkennbar, im tatsächlichen Rechtsleben waren zahlreiche Delikte mit Geldstrafen belegt. Dabei war das System abgestuft: Bei der ersten Tat sollte regelmäßig eine pekuniäre Strafe verhängt werden, bei weiteren Taten dann eine höhere Geldstrafe und schließlich die Haft.[677]

---

674 Thümmel, S. 332f.

675 Noch im Zuge der Statutenreform von 1522 sprach sich die Universität erfolgreich gegen die Zulassung von Nichtklerikern zum Rektorat aus: Hautz I, S. 367.

676 Ritter, S. 106. Nach Stein, S. 76, Fn. 50 war es dem Rektor in Wien und Prag möglich, die Exkommunikation auszusprechen.

677 Siehe oben S. 87.

c) Haftstrafen

Nach der Errichtung des Karzers 1545 konnte die Universität zu Haftstrafen verurteilen, ohne auf das städtische Gefängnis angewiesen zu sein. Zunächst nutzte das akademische Gericht die neue Möglichkeit anscheinend selten.[678] Erst ab etwa 1570 finden sich Studenten in den Akten, die zu Haftstrafen verurteilt wurden; so zum Beispiel Hermann Renneker, der später als Magister wieder verurteilt wurde.[679] In den Jahren ab 1585 kam es vermehrt zu Verurteilungen zur Karzerhaft.[680] Ob sich die Strafpraxis tatsächlich änderte oder ob es sich lediglich um eine bessere Überlieferung handelt, bleibt unklar.

Durch die Statutenreform von 1580 wurde der Universität das Recht zugestanden, ihre Mitglieder auf unbegrenzte Zeit in den Karzer zu sperren. Zu den besonders gravierenden Verbrechen, die zu einer lebenslangen Freiheitsstrafe führten, gehörte auch der Ehebruch.[681]

d) Ausschluss und Relegation

Während in späteren Epochen der Heidelberger Universität zwischen dem einfachen Ausschluss und der Relegation zu unterscheiden ist, gilt das für die ersten beiden Jahrhunderte nicht.[682] Beide Begriffe werden weitgehend als Synonyme genutzt. Verschiedenste Gründe konnten zum Ausschluss aus der Universität führen. So findet sich etwa ein Fall, in dem ein immatrikulierter Buchbinder ausgeschlossen wird, weil er trotz einer Verwarnung einen nicht eingeschriebenen Magister beherbergt hat.[683] Mit Relegation, befristet auf zwei Jahre, wurde ein Student bestraft, der dem Rektor die Fensterscheiben eingeworfen hatte.[684] Der Ausschluss konnte auch Folge einer Reihe weniger drastischer Einzelvergehen sein.[685]

---

678 In den Akten und den Matrikeln finden sich keine Fälle aus den ersten Jahren nach der Errichtung des Karzers. Allerdings weist Toepke II, S. 32, Fn. 5 auf die Lücken in den Universitätsakten und Matrikeln der zweiten Hälfte des 16. Jahrhunderts hin. Ursache für die fehlende Überlieferung könnte die häufig auftretende Pest und die damit verbundene Verlagerung der Universität sein.

679 Siehe unten S. 140. Renneker wurde zwar zur Karzerhaft verurteilt, dann aber relegiert, weil er trotz seines Ehrenwortes nicht zum Haftantritt erschienen war.

680 Etwa: Toepke II, S. 116, Fn. 1; S. 119, Fn. 2; S. 121 Fn. 1, Fn. 4; S. 125, Fn. 5.

681 Toepke II, S. 94, Fn. 3 und oben S. 124. Für den Ehebruch als Verbrechen war die Universität zuständig, während sie für Ehesachen als solche nicht zuständig war.

682 Zur Relegation im siebzehnten Jahrhundert siehe unten S. 164ff. Zum Begriff: DRW XI, Sp. 847 und DWB XIV, Sp. 801.

683 Toepke II, S. 12. Kein Mitglied der Universität durfte Nichtimmatrikulierte bei sich aufnehmen: Toepke I, S. XX.

684 Toepke II, S. 41.

685 So wurde ein Student 1593 *„ob multa et varia delicta etc."* für zwei Jahre ausgeschlossen: Toepke II, S. 162, Fn. 7.

Festzustellen ist, dass die Relegation im Verhältnis zur Karzerhaft wohl als härtere Strafe empfunden wurde. Erkennbar ist dies daran, dass sie gerade bei der Flucht aus dem Universitätsgefängnis oder dem verweigerten Haftantritt verhängt wird.[686] Der Grund hierfür liegt im Selbstverständnis als Korporation der Lehrenden und Lernenden. Der Ausschluss aus der Gemeinschaft – und damit die Chance den Lebensunterhalt als Magister zu verdienen oder durch die Studien einen Abschluss zu erlangen – wird als höchste Strafe angesehen.

16. Umfang der Strafgerichtsbarkeit

Wie weit ging das Gerichtsprivileg der Heidelberger Universität in Strafsachen tatsächlich? Nach Hautz[687] war die Strafgerichtsbarkeit unbeschränkt. Er stützt seine Ansicht auf einen Bericht aus dem siebzehnten Jahrhundert.[688] In den Matrikeln und Rektoratsakten finden sich jedoch Hinweise darauf, dass die Strafgerichtsbarkeit der Universität beschränkt war. Auch Toepke und Weisert sind dieser Ansicht.[689] In den Rektoratsakten findet sich im Rahmen eines Berichts über einen Strafrechtsfall die Anmerkung: *„universitas habeat ius cognoscenti“*.[690] Der Universität stand also das Recht zu, Untersuchungen durchzuführen. Gedeutet werden kann die Aussage dahin, dass dem akademischen Gericht in Strafsachen nur das Untersuchungsrecht zustand oder dahin, dass die Hohe Schule nach der ihr zustehenden Untersuchung weiter tätig werden durfte. Im Anschluss an die Notiz beruft die Universität sich ausdrücklich auf ihre historischen Privilegien seit der Gründung und auf ihre Rechte aus der Statutenreform Ottheinrichs.

Die Fällen ergeben dabei folgendes Bild:

Als Pigafetta den Erast wegen dessen angeblicher arianischer Religionsausübung anzeigt, übernimmt der Hof das Verfahren.[691] Da es sich um den Verdacht der Ketzerei und keinen ‚normalen‘ Strafrechtsfall handelte, ist die Aussagekraft als eher gering anzusehen.

---

686 Der elsässische Student Hector Jung zum Beispiel wurde nach seiner Flucht aus dem Karzer und der erfolglosen öffentlichen Ladung 1592 für 5 Jahre relegiert: Toepke II, S. 155, Fn. 3. Trotz seines Versprechens erschien Hermann Renneker nicht zum Haftantritt, siehe unten S. 140.

687 Hautz I, S. 153.

688 Lucae, S. 365.

689 Toepke II, S. 67, Fn. 3; Weisert, S. 67.

690 Vom 2. Mai 1573, Rektor war der Mediziner Erast: UAH RA 662, fol. 20.

691 Siehe oben S. 107ff.

Eindeutiger dem eigentlich inneruniversitären Strafrecht zuzuordnen ist der Fall des Laurentius Lanius.[692] Hier forderte der Kurfürst vor seiner Zustimmung eine härtere Sanktion, nämlich die Todesstrafe. Das Generalstudium konnte sich jedoch durchsetzen und relegierte den Studenten. Dies verdeutlicht, dass 1596 der Kurfürst in Fällen der peinlichen Gerichtsbarkeit dem Urteil zustimmen musste, bevor es veröffentlicht werden durfte.

Auch nach den Statuten von 1580 stand dem Herrscher das Recht der Urteilsprüfung zu, wenn es sich um einen mit der Todesstrafe bewehrten Tatbestand handelte. Im Fall Lanius entsprechen sich also Statuten und Rechtspraxis. Von einer vollkommen unbeschränkten Strafgerichtsbarkeit kann Ende des sechzehnten Jahrhundert an der Heidelberger Universität indessen nicht ausgegangen werden. Die Ansicht von Hautz und Luce ist deshalb abzulehnen.

Die Beschränkung der akademischen Gerichtsbarkeit war eine reichsweite Tendenz nach der Reformation, von der neben den evangelischen auch die katholischen Universitäten[693] ergriffen wurden. Vor dem Hintergrund der sich verdichtenden Staatlichkeit der Territorien duldeten die Herrscher die unbeschränkte, freie Universitätsgerichtsbarkeit nicht mehr.[694]

17. Zwischenergebnis

In der Zeit vor dem Dreißigjährigen Krieg behauptet die Universität Heidelberg ihre Privilegien durchaus selbstbewusst und übte ebenso ihre Gerichtsbarkeit aus. Deutlich wird das am Umfang der Gerichtsbarkeit, welche zu jener Zeit neben der Zuständigkeit für Zivilrecht zumindest gewohnheitsrechtlich auch die Strafgerichtsbarkeit in schweren Fällen (wie dem Totschlag im Fall des Gerlach von Andernach) umfasste. Erst Ende des sechzehnten Jahrhunderts zeigen sich erfolgreiche Bestrebungen der Kurfürsten, die Strafgerichtsbarkeit auf leichtere Fälle einzuschränken. In Prozessen der peinlichen Gerichtsbarkeit mussten die Urteile durch den Fürsten bestätigt werden. Doch finden die Prozesse als solche weiterhin vor dem akademischen Gericht statt. Der Universität steht ausdrücklich das Recht zu, die Todesstrafe oder lebenslange Freiheitsstrafe zu verhängen. Im Fall Lanius for-

692 Siehe oben S. 118.

693 Die Universität Würzburg bat deshalb 1680 den Heidelberger Senat um die Auskunft, wie weitreichend ihr Strafgerichtsprivileg gehe. Denn in Würzburg stützte der Landesherr die geplante Abschaffung auf entsprechende Tendenzen im Reich, vgl. das Schreiben der Universität Würzburg in: UAH RA 6914.

694 Stein, S. 95.

derte der Kurfürst sogar die Höchststrafe, während es das Generalstudium vorzog, den Einbrecher aus seinen Reihen auszuschließen.

Erkennen lässt sich das Bewusstsein der bevorzugten Stellung jedoch auch an unbedeutenderen Begebenheiten. Im Jahr 1609 übermittelt die Universität eine Bitte an Johann Friedrich, den Herzog von Württemberg, seinen ehemaligen Kanzler und vormaligen Heidelberger Professor Matthaeus Enzlin[695] nicht vor das peinliche Gericht zu stellen.[696] Dieser hatte schon im Juni 1585[697] seine Tätigkeit in der Neckarstadt beendet und war dann Kanzler unter Herzog Friedrich von Württemberg geworden.[698] Der Einspruch der Hohen Schule hatte gleichwohl keinen Erfolg, Enzlin wurde enthauptet.[699] Doch fühlte die Universität sich auch 24 Jahre nach der Niederlegung seiner Professur für Enzlin mit zuständig.

Auch gegen den Einfluss der Kurfürsten auf ihre Gerichtsbarkeit wehrte sich die Universität, wie gezeigt wurde, von Zeit zu Zeit. Im Fall des Hans Wunderlin aus Tirschenreuth betonten die Professoren ausdrücklich, dass sie nicht gegen ihr Gewissen urteilen könnten.

Wie aus der Antwort auf eine Anfrage der Universität Rostock deutlich wird, umfasste im Jahr 1602 die akademische Gerichtsbarkeit in Heidelberg auch die Witwen und Waisen von Professoren und Universitätsverwandten. Dies änderte sich erst bei einer erneuten Heirat oder sonstigem Standeswechsel.[700] Entsprechend wurden die Nachkommen der Professoren auch in den kommenden Jahrhunderten behandelt.

VII. KAPITEL: Eine Epoche des Umbruches – Das siebzehnte Jahrhundert

Das siebzehnte Jahrhundert stellt für die Universität und damit auch für ihre Gerichtsbarkeit eine Epoche der Zerstörung und des Wiederaufbaus dar.[701] Zunächst trifft der Dreißigjährige Krieg die Hohe Schule schwer, als er an seinen kurpfälzischen Ausgangsort zurückkehrt. Die protestantische Uni-

695 Immatrikuliert am 3. Dezember 1580 als Doktor beider Rechte: Toepke II, 92; Rektor ab dem 20. Dezember 1583: Toepke II, S. 109; s.a. Drüll III, S. 139f.; Schroeder, Juristische Fakultät der kurpfälzischen Universität Heidelberg, S. 177ff. (179).

696 Winkelmann II, Nr. 1486.

697 Toepke II, S. 115, Fn. 3.

698 Winkelmann II, Nr. 1251,

699 Am 22. November 1608: Hautz II, S. 122; Büttinghausen, S. 410f., Fn. 33.

700 Winkelmann II, Nr. 1451.

701 Weisert, S. 63.

versität wird zwar nach der Eroberung Heidelbergs durch die bayerischen Truppen unter Tilly am 6. September 1622 zunächst nicht offiziell geschlossen.[702] Ihr Betrieb ist jedoch faktisch eingestellt. Am 16. Juni 1629 eröffnet sie als katholische Universität unter der Aufsicht der Jesuiten.[703] Schon 1632 erobern die Schweden die Pfalz und der Betrieb der katholischen Lehranstalt wird erneut eingestellt.[704] Als Heidelberg im Mai 1635 endgültig von kaiserlichen Truppen erobert ist endet auch die schwedisch-protestantische Phase. Schon 1641 wird die Universität als Institution wieder eröffnet, doch scheint sie nur bedingt tätig gewesen zu sein.[705] Die akademische Gerichtsbarkeit, kriegsbedingt schon 1622 förmlich abgeschafft, wird erst nach etwa dreißig Jahren wieder wahrgenommen.[706]

Die Überlieferung aus jener Zeit beschränkt sich auf die wesentlichen Informationen. Ob es während des Dreißigjährigen Krieges zu einer Tätigkeit des akademischen Gerichtes gekommen ist, muss mangels überlieferter Akten in den Archiven und fehlenden Zeugnissen in der Literatur unklar bleiben, erscheint aber wegen des kaum vorhandenen akademischen Lebens und der formellen Abschaffung wenig vorstellbar.

Nach der Katastrophe des Dreißigjährigen Krieges, der gerade für Heidelberg, die Kurpfalz und damit auch der Rupertina, sehr verlustreich war, wurde die Universität von Kurfürst Karl Ludwig am 16. Juni 1651 neu gegründet. Ein dazu gegründetes Universitäts-Curatorium sollte die ökonomische Lage der Hohen Schule verbessern und geeignete Lehrer vorschlagen.[707] Da die Jesuiten nach Wiederherstellung der eigenständigen Kurpfalz abziehen mussten, war die Universität nun wieder protestantisch. Offiziell eröffnet wurde sie am 1. November 1652.[708] Allerdings wuchs die zarte akademische Pflanze erst vierzig Jahren, als es in Folge des 1689 ausbrechenden Pfälzer Erbfolgekriegs erneut zur Vertreibung aus Heidelberg kam.[709] Insgesamt blieb die Universität zwischen 1600 und 1700 etwa vierzig Jahre geschlossen.

702 So aber Hautz II, S. 162. Anderer Ansicht Wolgast, S. 53. Einzelheiten bei Schroeder, Juristische Fakultät der kurpfälzischen Universität Heidelberg, S. 224f.

703 Winkelmann II, Nr. 1580. Zum Wirken der Jesuiten in Stadt und Universität in den Jahren nach 1622 siehe Press in: Semper Apertus I, S. 329ff. Die Lage der „katholisch-bayrischen Universität“ stellt Schroeder, Juristische Fakultät der kurpfälzischen Universität Heidelberg, S. 221ff. dar.

704 Press in: Semper Apertus I, S. 347.

705 Press in: Semper Apertus I, S. 336; Wolgast, S. 54; Toepke II, S. 313, Fn. 1.

706 Hautz II, S. 163.

707 Weisert, S. 69.

708 Winkelmann II, Nr. 1618.

709 Zur Universität nach der Wiedereröffnung bis zur erneuten Schließung im Pfälzer Erbfolgekrieg: Döring in: Späthumanismus und reformierte Konfession, S. 293ff.

Wie sich die Gerichtsbarkeit nach der Wiederbegründung 1652 entwickelt hat, ist nun zu untersuchen. Festzuhalten ist, dass die Immatrikulationsfrequenz nach der Wiedereröffnung nicht mehr an das Niveau von vor dem Dreißigjährigen Krieg anschließen konnte.[710] Aus dem strahlenden *„deutschen Genf"* ist eine der kleineren protestantischen Hochschulen des Reichs geworden. Allein schon deshalb bleibt die Anzahl der überlieferten Fälle hinter der des sechzehnten Jahrhunderts zurück.

1. Die Gerichtsorganisation

a) Änderung der Gerichtszuständigkeit im Dreißigjährigen Krieg

Zu Beginn des Dreißigjährigen Krieges, in größerem Umfang werden 1620 Soldaten in Heidelberg einquartiert, befürchtet die Kurfürstliche Kanzlei, dass es zu Streitigkeiten zwischen Soldaten und Studenten kommen könnte. Dagegen geht sie mit einer Änderung der Jurisdiktion vor: Studenten sollen bei Konflikten mit Soldaten von deren Oberst von Waldmanshausen abgeurteilt werden, während die beteiligten Soldaten unter die Rechtssprechung des Rektors gestellt werden. Diese Regelung vom 28. November, eine Woche nach der Einquartierung, sollte wohl beide Seiten zu angemessenen Urteilen anhalten, da die jeweils andere beteiligte Seite ansonsten entsprechend reagieren könnte.[711] Die neue Bestimmung erinnert an die Aufteilung der Gerichtssphären in der Frühzeit der Universität: Scholaren verklagten Bürger vor dem Bürgermeister, während Bürger sich an den Rektor wenden mussten, um Scholaren vor Gericht zu bringen.

Mit derselben Verfügung wurde der Rektor auch ersucht, den Studenten bei Strafe zu untersagen, nach dem Achtuhrläuten auszugehen. Hierin ist wiederum ein Ausdruck der Unabhängigkeit der Universität als Korporation zu sehen, da die Kanzlei die Regelung nicht selbst erließ, sondern den Rektor darum bat. Allerdings wurde die Änderung der Gerichtszuständigkeit, die neben der Universität auch das Militär betraf, erlassen. Schon am 11. April 1622 trat die Regelung wieder außer Kraft, da mit der Schließung der Universität durch Maximilian von Bayern auch ausdrücklich die *„Jurisdictio Academica"* aufgehoben wurde.[712]

710 Wolgast, S. 60.
711 Winkelmann II, Nr. 1534.
712 Hautz II, S. 163.

b) Zuständigkeit für Ortsfremde

Weitere Regelungen, die Gerichtsbarkeit betreffend, finden sich erst nach der Wiedereröffnung der Rupertina nach dem Dreißigjährigen Krieg.

Vom 12. April 1656 ist eine Anordnung überliefert, welche auch die Zuständigkeit des akademischen Gerichts festsetzte. Der Kurfürst bestimmte, dass jeder Ortsfremde, der länger als vier Wochen in Heidelberg bleiben wollte, sich über die Gerichtszuständigkeit, unter die er fallen wollte, erklären musste. Möglich war die des Hofes, der Kanzlei, des Schultheißen und der Universität.[713]

c) Jurisdiktion über die nächtliche Ausgangssperre

Am 1. September 1654 untersagt der Kurfürst den Studenten das Betreten der Strassen ohne Licht und bewaffnet nach 21 Uhr im Winter und nach 22 Uhr im Sommer. Die Regelung sollte unabhängig von der Gerichtszuständigkeit von der Patrouille durchgesetzt werden, indem verbotswidrig Angetroffene über Nacht in Gewahrsam zu nehmen seien. Auslöser für diese Regelung sind offenbar nächtliche Tumulte in den Gassen.[714] Für die Universität und insbesondere für die Studenten bedeutete der herrschaftliche Erlass eine Einschränkung der Privilegien, da zuvor nur die Festnahme von auf frischer Tat ertappter Studenten gestattet war.

d) Die Statutenreform von 1672

Im Jahr 1672 reformiert Kurfürst Carl Ludwig die Statuten der Universität. Es sollte keine grundlegende Änderung, „*sondern vielmehr eine gewiße gleichförmigkeit sowohl im lehren, alß administration der iustiz und der universität mitteln*" erreicht werden.[715] Eingefügt werden dazu Dekrete und eingeübte Gewohnheiten aus der Zeit seit den Reformen von Kurfürst Ludwig und Kuradministrator Johann Casimir in die Statuten. Folgende Regelungen betrafen die akademische Gerichtsbarkeit:

aa) Universitätsverwandte

Zu der Gruppe der Universitätsverwandten gehörten nun auch die neugeschaffenen Posten der Bereiter, Fecht-, Sprach- und Tanzmeister.[716] Die Erweiterung der Gruppe der Universitätsverwandten um die sogenannten

713 Winkelmann II, Nr. 1665.
714 Winkelmann II, Nr. 1645.
715 Einleitung der Reform Carl Ludwigs, Thorbecke, Statuten, S. 250.
716 § 9, Thorbecke, Statuten, S. 252.

Exercitienmeister wird als eine im ganzen Reich auftretende Tendenz der Epoche angesehen.[717]

bb) Die Waffen der Studenten

§ 10 erweiterte die Pflichten aller Immatrikulierten.[718] Im letzten Absatz wurde den Studenten untersagt, genauer bestimmte Waffen zu nutzen. Neben besonders langen nennt der Paragraph auch verdeckt getragene Waffen wie Dolche, Stilette und Pistolen. Das Mitführen solcher Waffen sollte auf den Straßen sowohl nachts als auch während des Tags unterbleiben. Besonders geschützt wurde der Bereich der akademischen Gerichtsbarkeit. Wer durch den Pedell vor den Rektor, den Senat oder das Universitätsgericht geladen war, musste dort unbewaffnet erscheinen; die Studenten sollten also *„auch ihre gewöhnliche degen ablegen"*. Das Tragen von Degen in der Öffentlichkeit war zu diesem Zeitpunkt also durchaus üblich und wurde, im Gegensatz zu früheren Verboten, vom Kurfürst und der Universität grundsätzlich gestattet.

cc) Die Beisitzer

Wie schon die vorangegangenen Reformen legte auch die des Jahres 1672 die Anzahl der Beisitzer neu fest: es sollten nun vier Mitglieder der Universität zu Assessoren gewählt werden. War der Rektor selbst Jurist, sollte aus jeder der vier Fakultäten ein Beisitzer kommen. War der Rektor Mitglied einer der anderen Fakultäten, so vertrat er selbst sein Fach und die übrige Stelle wurde durch einen weiteren Juristen besetzt.[719]

Vergleicht man die Regelung Carl Ludwigs mit denen seiner Vorgänger, so wird eine Tendenz zur Verkleinerung des Universitätsgerichts erkennbar. Ottheinrich hatte die Anzahl der Beisitzer im Jahr 1558 auf acht erhöht. Ludwig VI. senkte sie 1580 wieder auf sechs; 1672 wurden vier Beisitzer als ausreichend angesehen.[720] Da weiterhin zwei Juristen dem Gericht angehörten, stieg deren Anteil an der Besetzung erheblich.[721]

---

717 Stein, S. 120, Fn. 32. Ziel war es insbesondere adlige Studenten, die hohe Ausgaben tätigten, an die Universitäten zu ziehen.

718 § 10 Abs. 6, Thorbecke, Statuten, S. 254.

719 Ähnlich war die Gerichtsdeputation in Göttingen aufgebaut: Sie bestand aus dem Prorektor und den Dekanen, wobei der Prorektor seine eigene Fakultät vertrat und an Stelle des vierten Dekans ein weiterer Jurist teilnahm: Brüdermann, S. 49f.

720 Siehe oben S. 91.

721 Die stärkere Beteiligung von Juristen war typisch für die Zeit nach dem Dreißigjährigen Krieg: Alenfelder, S. 113; Brüdermann, S. 50.

Im Vergleich zu Marburg war das Universitätsgericht in Heidelberg personell umfangreicher; Denn dort entschied der Rektor allein und nur auf seinen Wunsch hin berieten ihn die Dekane.[722]

Statt zwei Albi erhielten die nichtjuristischen Beisitzer nun einen halben Gulden je Sitzung; wie früher schon wurde derselbe Betrag als Strafe bei Abwesenheit fällig. Die Besoldung der Juristen blieb unverändert bei sechs Gulden.[723]

dd) Von den Ungehorsamen

Verändert wurde das Verfahren für diejenigen, die unter Berufung auf den Immatrikulationseid vorgeladen waren, aber nicht zur Verhandlung erschienen. Seit 1558 wurde in solchen Fällen eine öffentliche Vorladung an den Kirchentüren angeschlagen. Hatte der betroffene Student der zweiten öffentlichen Vorladung keine Folge geleistet, so drohten ihm Ausschluss und Verbannung.[724] Nach den erneuerten Statuten sollte der Rektor den Ungehorsamen, sofern er *„in der statt Heydelberg zugegen, durch starckhe hand herbeybringen laßen"*. Nur falls der Vorgeladene die Stadt verlassen hatte, sollte die das Verfahren von 1558 angewandt werden.[725] Die Möglichkeit, eine Vorladung mit körperlichem Zwang durchzusetzen, stellt ein Novum in der Geschichte der akademischen Gerichtsbarkeit Heidelbergs dar. Entsprechende Fälle sind jedoch nicht bekannt.

ee) Die Appellation

Nach § 16 wurde der Mindeststreitwert für Appellationen an das Hofgericht von zwanzig auf fünfzig Gulden erhöht. Außerdem musste die appellierende Partei durch Eid und Kaution versichern, dass sie die Gegenseite rechtzeitig über die bevorstehende Appellation informiert hatte. Wurde der Eid verweigert, konnte die Gegenseite unmittelbar aus dem ursprünglichen Urteil heraus vollstrecken.[726]

722 Woeste, S. 28.
723 § 12, Thorbecke, Statuten, S. 254f.
724 Siehe oben S. 88.
725 § 13, Thorbecke, Statuten, S. 255.
726 § 16, Thorbecke, Statuten, S. 255.

2. Exkurs: Das Spruchkollegium im Instanzenzug der Kurpfalz

Ende des sechzehnten Jahrhunderts findet sich ein Verweis auf das Spruchkollegium der Juristischen Fakultät in den Akten.[727] Erst achtzig Jahre später wird diesem ein genauer Platz im kurpfälzischen Instanzenzug zugewiesen.

Mit der Bitte, einen Generalbefehl an alle Ämter und Gerichte der Pfalz zu erlassen wandte sich die Juristische Fakultät am 6. Dezember 1670 an den Kurfürsten. In ihm sollten die Ämter und Gerichte angewiesen werden, die Fakultät nicht zu übergehen, sondern als Instanz im Gerichtsaufbau zu betrachten. Am 20. Dezember wurde der Befehl vom Hof erlassen. Trotzdem wiederholte die Fakultät den Wunsch am 2. Oktober 1671,[728] wohl weil der Erfolg ausgeblieben war.

Erst mit der Wiederbegründung nach dem Dreißigjährigen Krieg wurde die Fakultät offizielles Spruchkollegium für die Untergerichte der Kurpfalz. Schon vorher hatte sie diese Funktion allerdings faktisch ausgeübt.[729]

3. Personen, die unter die akademische Jurisdiktion fielen

Weiterhin fallen neben Studenten, Professoren, Pedellen und Universitätsverwandten auch die Witwen und Waisen der vorgenannten bis zu einem Standeswechsel unter die Universitätsgerichtsbarkeit.[730]

Mit der Erweiterung der Medizinischen Fakultät um einen *„hortus medicus“* wurde die Gruppe der Universitätsverwandten durch den neuangestellten Gärtner erweitert. Dem Schultheißen, der seine Zuständigkeit verlor, wurde die Veränderung am 2. Juli 1678 durch die Kurfürstliche Kanzlei bekanntgegeben.[731] Hier wird wiederum das Nebeneinander der Rechtssphären in der Residenzstadt deutlich; außerdem fällt auf, dass die Kanzlei des Fürsten und nicht die Universität selbst die Anzeige an den Schultheißen abgab. Um den Gärtner aus der Gerichtsbarkeit der Stadt zu entlassen, scheint das übergeordnete Amt nötig gewesen zu sein.

---

727 Die Gutachtentätigkeit wurde bereits im Reichsabschied von 1495 grundsätzlich geregelt (für Strafsachen), vgl. Kempter, S. 1. Erst ab dem ausgehenden 16. Jahrhundert etablierten sich die juristischen Fakultäten als Gutachter, ebd. S. 3, 7, dann auch für Zivilsachen.

728 Winkelmann II, Nr. 1704.

729 Wolgast, S. 58; Jammers, S. 16. Siehe das oben S. 125ff. dargestellte Urteil im Fall des Hans Wunderlin.

730 Winkelmann II, Nr. 1451. Entsprechend galt auch die universitäre Steuerfreiheit, vgl. das Privileg von Kurfürst Carl vom 12. Juli 1680 in: UAH RA 6960.

731 Winkelmann II, Nr. 1717.

Allerdings beschwerte sich der 1708 angenommene Universitätsgärtner im Dezember 1710 darüber, dass er von der Stadt nicht als Universitätsverwandter akzeptiert werde. Entgegen den Privilegien der Angehörigen der Hohen Schule werde er mit Wachen und Einquartierungen belastet. Daraufhin drohte die Universität dem Stadtrat mit einer Beschwerde bei der kurfürstlichen Regierung.[732] Die Zuständigkeit der Universität für ihre Handwerker war der Stadt oftmals ein Dorn im Auge; Denn durch den Wechsel der Gerichtssphäre verlor sie auch die Steuerhoheit über den Handwerker. Die stetige Erweiterung des Kreises der Universitätsverwandten stellte deshalb immer wieder einen Quell der Konflikte zwischen Stadt und Rupertina dar.

4. Sachgebiete in der Zuständigkeit des Universitätsgerichts

Der erhebliche Umfang der sachlichen Zuständigkeit des akademischen Gerichts hatte sich in Heidelberg auch im siebzehnten Jahrhundert nicht verändert, während an anderen Universitäten die Zuständigkeit auf eine bloße Disziplinar- oder höchstens eine Strafgerichtsbarkeit für leichte Fälle beschränkt wurde.[733] In einem zeitgenössischen Bericht wird für die Neckarstadt vermerkt: „*Diese Universität hat nicht allein Jurisdictionem Civilem, sondern auch Criminalem* über alle ihre Stabs-Angehörige."[734]

Wie die oben untersuchten Fälle zeigen, war die Strafgerichtsbarkeit der Universität schon im sechzehnten Jahrhundert nicht unbeschränkt. So war das akademische Gericht in Fällen der peinlichen Gerichtsbarkeit, also etwa für Urteile über Mörder, Totschläger, Räuber, Diebe, Einbrecher und Ehebrecher, gezwungen, seine Urteile dem Kurfürst zur Genehmigung vorzulegen. Weder die Meinung von Hautz, noch der zeitgenössische Bericht entsprechen somit der tatsächlichen Lage. Allerdings wird der Begriff des Disziplinarrechts damals wesentlich umfassender verstanden als heute. Außerdem konnte die *alma mater heidelbergensis* auch in Fällen der peinlichen Gerichtsbarkeit selbst den Prozess führen und urteilen. Erst in einem anschließenden Schritt war das gefällte Urteil der Regierung vorzulegen.

Ein scheinbarer Einschnitt in der Geschichte der akademischen Gerichtsbarkeit Heidelbergs findet sich in einem Dekret des Kurfürsten vom 20. Juli 1657: Aus Verärgerung über die mangelhafte Durchführung der Strafverfolgung wurde dem Generalstudium die Zuständigkeit für „*die Cognition und*

732 Toepke IV, S. 19f., Fn. 1.
733 Hautz I, S. 153.
734 Lucae, S. 365.

Jurisdiction in dergleichen criminal-Sachen" entzogen. Stattdessen erklärte der Kurfürst sich für zuständig.[735] Auslöser waren Zwischenfälle, in die ein Freiherr von Schwarzenberg involviert war. Unklar bleibt deshalb, ob mit „*dergleichen*" Strafsachen lediglich Fälle gemeint waren, in denen Adlige betroffen waren. Jedenfalls blieb die Anordnung, obwohl sich keine ausdrückliche Rücknahme in den Akten findet, nicht lange in Anwendung; denn aus dem folgenden Zeitraum finden sich zahlreiche Strafrechtsfälle, die durch die Universität untersucht und abgeurteilt wurden, in der Überlieferung. Immer wieder sind auch Adlige als Beschuldigte zu finden.

Unter den überlieferten Entscheidungen der Universität, die der Gerichtsbarkeit zugeordnet werden können, finden sich auch solche, die keinem heutigen Rechtsgebiet unmittelbar entsprechen. Diese Fälle zeigen, wie erheblich die Rechte der Universität waren. Die Professoren legten ihre Fürsorgepflicht den Studenten gegenüber weit aus. Zum Beispiel enthob der Senat im April 1618 den *praeceptor*, also den Hofmeister oder Privatlehrer, eines polnischen Barons von seinem Amt, weil er seinen Schützling zu streng behandelt hatte. Der Mutter des adligen Studenten wurde über die Maßnahme berichtet.[736] Die Universität hielt sich also für befugt, in das Verhältnis eines Privatlehrers zu seinem Schüler einzugreifen, obwohl es schon vor der Immatrikulation bestanden hatte.[737]

5. Der Immatrikulationseid nach der Wiedereröffnung

Im November 1652, kurz nach der Wiedereröffnung der Rupertina, schrieb der Senat an Kurfürst Carl Ludwig mit der Bitte, den Immatrukaltionseid durch eine Handreichung, also ein einfaches Versprechen, zu ersetzen. Die Professoren begründeten ihre Bitte mit den vielen Punkten, die der Eid nach den Statuten umfasste; es sei den Studenten beinahe unmöglich, alle einzuhalten. Um zu verhindern, dass die Anzahl derjenigen steige, die ohne Immatrikulation studierten, oder die Immatrikulierten meineidig würden, gewährte der Kurfürst die Änderung.[738]

---

735 Dekret vom 20. Juli 1657 in: UAH RA 7870.

736 Toepke II, S. 282, Fn. 3.

737 Als die Göttinger Universität im achtzehnten Jahrhundert gegründet wurde, fielen unter ihre Gerichtsbarkeit ausdrücklich auch die Hofmeister ihrer Studenten, vgl. Gundelach, S. 36.

738 Winkelmann II, Nr. 1621.

Die Handtreue[739] ersetzte von diesem Zeitpunkt an den Immatrikulationseid. Als die Universität im neunzehnten Jahrhundert von jedem Studenten forderte, bei der Immatrikulation einen Revers zu unterschreiben, in dem er versicherte, nicht Mitglied einer Studentenverbindung zu sein, trat das Problem der massenhaft meineidigen Akademiker wieder auf.

6. Häufiges Unterlassen der Immatrikulation

Mitte des siebzehnten Jahrhunderts, nach dem Dreißigjährigen Krieg, schrieben sich viele Studenten erst kurz vor ihrem Examen in die Matrikel ein. Dadurch wollten sie Kosten sparen. Die Universität dagegen versuchte, die Studenten zur Immatrikulation schon unmittelbar nach der Ankunft in Heidelberg bewegen. Deshalb wandte sich der Senat im Juli 1653 an den Kurfürsten. Ziel war es, den Herrscher zu einem Mandat zu veranlassen, durch das die Studenten zur Immatrikulation angehalten und den Heidelberger Bürgern verboten werden sollte, nicht eingeschriebene Studenten zu beherbergen. Der Kurfürst antwortete der Universität jedoch lediglich mit der Empfehlung, die Studenten darauf hinzuweisen, dass die akademischen Privilegien nur den Immatrikulierten zugute kämen.[740]

Durch die Bereitschaft der Philosophischen Fakultät, Studenten auch erst unmittelbar vor dem Examen einzuschreiben, obwohl sie teilweise schon sechs Jahre in Heidelberg studierten, war eine Sanktion gegen diese Praxis kaum möglich.[741]

Studieren, ohne immatrikuliert zu sein, war ein weitverbreitetes Phänomen. Noch zu Beginn des neunzehnten Jahrhunderts nennt der studentische Jargon solche Kommilitonen „*Maulesel*".[742]

---

739 Handtreue bezeichnet eine mit einem Handschlag geleistete Versicherung, auch eine eidliche oder eidesstattliche Wahrheitsversicherung: DRW, V, Sp. 143.

740 Winkelmann II, Nr. 1629.

741 Toepke I, S. XXVf. Ders., II, S. 245, Fn. 2 berichtet jedoch auch von einem Fall aus dem Jahr 1609, als einem Akademiker die nachträgliche Immatrikulation verweigert wurde, weil er sie zunächst unterlassen hatte.

742 Wörterbuch der Studentensprache, S. 115. Der Medizinprofessor Adolf Kussmaul berichtet in seinen Jugenderinnerungen, S. 56 jedoch die Studenten in Heidelberg nennten „*die Jünglinge, die nicht mehr Schüler und noch nicht akademische Bürger sind, Maulesel.*" So auch *mulus* in: Studentenhistorisches Lexikon, S. 190. Jedenfalls handelte es sich nicht um eingeschriebene Studenten.

7. Zusammensetzung des Gerichts

Wie das Gericht in der Zeit unmittelbar nach der Statutenreform durch Ottheinrich zusammengesetzt war, ist bereits dargelegt. Hier soll nun die Zusammensetzung nach der Wiedereröffnung der Universität beschrieben werden. Da eine Gerichtsakte[743] aus dem Sommer des Jahres 1680, in der die Beisitzer namentlich genannt sind, überliefert worden ist, ist diese einer eingehenden Betrachtung wert.

a) Vorsitzender war der Rektor. Im Jahr 1680 hatte der Theologieprofessor Hans Ludwig Fabritius das Amt inne.[744] In der Sitzung vom 12. Juni war er abwesend. Sein Platz wurde nicht anderweitig besetzt.
b) Als erster Beisitzer wird Heinrich Coccejus aufgeführt. Er war Pandektenprofessor und Dekan der Juristenfakultät.[745] Am 5. Juni fehlte er, ohne ersetzt zu werden, während am 3. Juli seine Stelle durch Johannes Wolfgang Textor besetzt wurde. Bei diesem handelte es sich um einen erfahrenen Codexprofessor, der schon das Amt des Rektors und des Dekans innehatte.[746]
c) An zweiter Stelle wird Johannes von Leuneschlos genannt. Er war Dekan der Philosophischen Fakultät.[747]
d) Der dritte Beisitzer, Johannes Georg Franck, war Dekan der Mediziner.[748]

Das Gericht setzte sich also zumindest im Jahr 1680 aus jeweils einem Vertreter der vier Fakultäten zusammen. Der Rektor vertrat dabei seine eigene Fakultät, während die drei anderen durch ihre Dekane repräsentiert wurden. Deutlich ist der Unterschied zur Zusammensetzung nach der Statutenreform Ludwigs VI. von 1580. Damals war die Zahl der Beisitzer von acht auf sechs reduziert worden. Entgegen den Statuten von 1672 war der Einfluss der Juristen geringer: nicht zwei, sondern nur ein Rechtsprofessor gehörte dem Gericht an; einmal fehlte auch dieser ohne Vertretung. Auffällig ist, dass abgesehen von Beisitzern auch der Rektor, der als Universitätsrichter den Vorsitz der Sitzung führte, ohne Vertretung abwesend war. Das Gericht

743 Es handelt sich um die Akte UAH RA 851, die nicht paginiert ist. Angaben deshalb hier nur mit dem Datum.

744 Drüll II, S. 31f.

745 Drüll II, S. 20. Näheres zu Coccejus bei Schroeder, Juristische Fakultät der kurpfälzischen Universität Heidelberg, S. 278ff.

746 Drüll II, S. 85. Näheres zu Textor, einem direkten Vorfahren Johann Wolfgang Goethes, bei Schroeder, Juristische Fakultät der kurpfälzischen Universität Heidelberg, S. 275ff.

747 Drüll II, S. 93.

748 Drüll II, S. 38.

tagte gleichwohl. Allerdings fehlte der Rektor während eines einfachen Verhandlungstages. Ein Urteil wurde an dem Tag nicht gefällt.

8. Fälle aus dem siebzehnten Jahrhundert

a) Der Fall Hermann Rennecherus

Am 24. Januar 1600 teilte die Universität dem Kurfürsten mit, dass sie den außerordentlichen Professor des Hebräischen, Magister Hermann Rennecherus (al. Renneker)[749], für die Dauer von 10 Jahren relegiert habe.[750] Den Ausschluss, einer der seltenen Fälle, indem statt eines Lernenden ein Lehrender bestraft wird, begründete die Hohe Schule mit dem Verhalten des Professors. Selbst für die Zeit, unter der Herrschaft des zwar calvinistischen, dem Alkoholgenuss aber gleichwohl zugetanen Kurfürsten Friedrich IV.[751] erscheint das Verhalten des Lehrers sehr ungewöhnlich.

So wird dem Professor vorgeworfen, er habe nicht nur mit den Studiosi im *Contubernium* gezecht, sondern im Verlauf des Gelages mit einer Axt die Tür desselben eingeschlagen. Seine daraufhin erfolgte Ladung vor den Senat verlachte er und diffamierte die gesamte Hohe Schule.[752]

Anzumerken ist noch, dass Rennecherus schon am 19. April 1570 für 5 Jahre relegiert worden war. Dies hatte seinen Grund in einer Karzerstrafe, zu der er wegen eines Konfliktes mit dem damaligen Dekan der Artistenfakultät und früheren Rektor, dem Professor für griechische Literatur Wilhelm Xylander,[753] verurteilt worden war. Trotz seines gegebenen Wortes, die Strafe anzutreten, war er geflohen.[754] Noch während der Dauer der Relegation, im Jahr 1574 erbat sich Renneker beim Kurfürsten ein Theologiestipendium, für welches er im Gegenzug den jüngeren Studenten die hebräische Sprache näher bringen wollte. Von diesem wurden ihm freie Wohnung in der Burse und 50 Gulden gewährt. Allerdings widersprach die Hohe

749 Immatrikuliert schon am 11. Juli 1567: Toepke II, 43; Drüll III, S. 472f.; zu seinem eher auf Ausgleich mit den Lutheranern bedachten calvinistisch theologischen Werk siehe Selderhuis in Späthumanismus und reformierte Konfession, S. 231ff., 242.

750 Winkelmann II, Nr. 1442.

751 Zu seinem berühmten Tagebuch etwa Hautz II, S. 152, Fn. 34; zu seinem Leben auch Häusser II, S. 176–247, zu den Trinksitten am Heidelberger Hof zu dieser Zeit insbesondere S. 235ff.

752 Winkelmann II, Nr. 1442.

753 Toepke II, S. 16, 32, 464; Zu Xylander, der 1570 selbst Beisitzer des Gerichts war, siehe Drüll III, S. 562f.

754 Toepke II, S. 43, Fn. 3.

Schule diesem Stipendium unter Verweis auf die Relegation.[755] Das Vorgehen scheint erfolgreich gewesen zu sein, da sich Renneker erst am 25. August 1593 als Magister wieder in die Universität einschrieb.[756]

Hier wird deutlich, dass die Universität versuchte, ihr Gerichtsprivileg auch gegenüber dem Kurfürsten durchzusetzen, indem sie Widerspruch einlegte gegen eine Verfügung des Herrschers, welche in eine erlassene Strafe des akademischen Gerichtes eingriff.

b) Auseinandersetzung zwischen Studenten und Dienern des französischen Agenten

Am 9. April 1618 beauftragt Kurfürst Friedrich V. den Rektor, die Studenten zu bestrafen, welche die Diener des französischen Agenten misshandelt hatten. Dies sollte geschehen, um eine Beschwerde des Agenten und auch künftige Nachteile für die Pfalz zu vermeiden. Einen Tag später antwortete die Hohe Schule, sie könne die Studenten nicht bestrafen, weil deren Schuld nicht feststehe. Daraufhin verlangt der Hof die Zusendung der Akten. Schließlich konnte der Agent beruhigt werden, als eine Abordnung der Universität den Sachverhalt aufklärte und die Studenten sich persönlich entschuldigten.[757]

Auch hier zeigt sich die Bedeutung der verschiedenen Gerichtssphären in der Residenzstadt Heidelberg, befürchtet doch der Kurfürst diplomatische Verwerfungen, falls die Universitätsgerichtsbarkeit, die sich einer direkten Weisung widersetzte, nicht gegen die Studenten tätig wird. Die Angelegenheit konnte im Ergebnis auch nur auf diplomatischem Wege beseitigt werden. Im achtzehnten Jahrhundert kam es in Heidelberg zu einem ähnlich gelagerten Fall, der aber erheblichere Konsequenzen für die beteiligten Akademiker hatte.[758]

c) Der französische Sprachmeister

Mehrfach beschäftigte sich 1680 das *Consistorium ordinarium* mit dem französischen Sprachmeister Chilbert Choubert. Er war kein Professor und damit auch kein Mitglied einer Fakultät, sondern gehörte als Fremdsprachenlehrer der Gruppe der Universitätsverwandten an.[759]

---

755 Drüll III, S. 472.

756 Toepke II, S. 169. Die Universität scheint die frühere Relegation nicht nachgetragen zu haben, da sie Renneker im August 1594 dem Kurfürst für ein Stipendium vorschlägt: UAH RA 669, fol. 31f.

757 Winkelmann II, Nr. 1511.

758 Siehe unten S. 172ff. den Fall der Misshandlung eines Dieners des holländischen Gesandten.

759 Winkelmann II, Nr. 1677.

Zunächst tritt er vor dem Gericht am 8. Mai 1680 in Erscheinung.[760] Gegenstand ist eine Injurienklage des Majors der Artillerie Dörren gegen den Sprachmeister. Zunächst wurde die Klage wegen eines fehlenden Stempels zwar entgegengenommen, der Major jedoch aufgefordert, diesen nachzureichen.

Eine Woche später kommt das Gericht wieder zusammen, aber in einer etwas anderen Zusammensetzung. In dieser Sitzung übergiebt Choubert eine Replik auf die Klage. Auch die Antwort wird wegen formaler Fehler und fehlender Stempel bemängelt, weiter wird kritisiert, dass *„darinn auch die Teütsche version mit dem Frantzösischen nicht über einstimmt“*.[761] Deshalb geht die Schrift wieder an den anscheinend nicht allzu sprachmächtigen Sprachmeister zurück.

Am 22. Mai, als das Gericht erneut tagt, kann Choubert diesem eine *„so genannte wahrhaffte wiedersprechung mit nothgedrungener klag und bitt“* überreichen. Ein Ergebnis der Injurienklage ist nicht überliefert. Auffallend ist aber, dass die Formalia im Prozess vor dem Universitätsgericht einen hohen, gleichwohl nicht absoluten, Stellenwert hatten. Über die formellen Fehler sah man im Interesse eines ungestörten Prozessablaufs hinweg: Trotz der fehlenden Stempel nahm das Gericht die Schriftsätze der Parteien an; das Nachreichen genügt.

Schon in der übernächsten Sitzung, am 12. Juni 1680, beschäftigt sich das Consistorium wieder mit dem Französischlehrer. Nun ist er vom Stadtschultheiß verklagt, weil er dessen Garten als Weide für seine Ziegen genutzt hatte. Zur Sache äußert der Beklagte, von der Sache nichts gewusst zu haben und zukünftig lieber keine Ziegen mehr halten zu wollen, da diese nur zu Ärger mit der Nachbarschaft führen würden. Das Consistorium entschied, das Urteil am nächsten Termin nach den Ferien zu veröffentlichen.[762] Die Entscheidung findet sich jedoch nicht in der Akte.

Hieran zeigt sich, wie eng das Leben in der kleinen Universitätsstadt zwischen den Mitgliedern der verschiedenen Gerichtsbarkeiten verwebt war: Der Universitätsverwandte wurde zunächst von einem Offizier, also einem Angehörigen einer weiteren Sondergerichtsbarkeit, und anschließend von einem Bürger verklagt, der unter städtischer Gerichtsbarkeit stand. Wei-

---

760 Beide Prozesse in: UAH RA 851. Die Akte ist nicht paginiert, deshalb wird hier nur auf die Datumsangaben verwiesen.

761 UAH RA 851.

762 UAH RA 851: *„Decretum communicet eum termino ad proximum post ferias“*; Nach der Statutenreform Ottheinrichs waren im Sommer vier Wochen frei, vom 13. Juli bis zum 12. August: § 43, Thorbecke, Statuten, S. 46. Zu den Gerichtsferien des städtischen Gerichts Heidelbergs siehe Braun, S. 9.

terhin kann man erkennen, dass die Stadt und die Universitätsangehörigen noch bäuerlich geprägt waren.

9. Herausforderungen für das Universitätsgericht: Deposition, Pennalismus und Duellwesen

Zwei Phänomene, die das studentische Leben im siebzehnten Jahrhundert prägen, Pennalismus und Duelle, hängen nach Ansicht des akademischen Senats der Rupertina zusammen: Das Duelledikt des Senats zielte neben dem Verbot von Duellen vor allem auf die Bekämpfung des Pennalismus. Denn der unter Studenten verbreitete Ehrbegriff, welcher zu Duellen, Raufereien[763] und Pöbeleien führte, wurde von der Universität als wesentlicher Grund des Pennalismus betrachtet.[764]

In diesen Kontext ist auch die Deposition zu sehen, die symbolische Unterwerfung unter die studentischen Riten: eine wesentliche Voraussetzung für den Pennalismus als Folgewirkung.

a) Deposition

Zunächst hatten angehende Studenten, unmittelbar nach Ankunft in der Universitätsstadt, das Ritual der Deposition[765] zu absolvieren. Unter der Aufsicht der Bursenvorsteher oder des Artistendekans wurden die Neuankömmlinge symbolisch gereinigt und durch die Anwendung von körperlicher Gewalt in das bestehende System eingefügt. Dabei werden übergroße Werkzeuge wie Zangen, Kämme und Feilen genutzt.[766] Deren Anwendung konnte durchaus schmerzhaft ausfallen.[767] Eine schriftliche Bescheinigung der durchgeführten Deposition war Voraussetzung für die Immatrikula-

763 Nach Grimm, DWB XIV, Sp. 261 mit „Schlägerei“ gleichzusetzen, was im studentischen Sprachgebrauch auch mit Blankwaffen durchgeführte Auseinandersetzungen umfasste.

764 Winkelmann II, Nr. 1738. Auch Franke in: Land und Kultur, S. 209 sieht eine enge Verbindung zwischen dem Pennalismus und dem Aufkommen des Duells.

765 Den Neuankömmlingen wurden zu Beginn des Rituals Hörner aufgesetzt, die nach überstandenen Prüfungen als Zeichen der Aufnahme in die Gemeinschaft der Studierenden abgenommen wurden, daher Deposition von lat. *depositio cornuum*, Füssel, S. 615; Fabricius, S. 8. Siehe auch Schulze/Ssymank, S. 110f.

766 Abbildung der Leipziger Depositionsinstrumente bei Rudersdorf in: Geschichte der Universität Leipzig I, S. 481.

767 Im 1605 erschienenen Stück „Cornelius Relegatus“ wird eine Depositionsszene zeitgenössisch beschrieben. Vgl. Sommer, Cornelius Relegatus, Zeile 868: *„Awe / Awe / das thut sehr schmertzn“*.

tion.[768] Es handelte sich also um eine von der Universität vorgeschriebene Sitte. Der Ursprung des Rituals ist unklar, wohl aber in den Aufnahmebräuchen der Klosterschulen zu sehen.

In Heidelberg regelten die Statuten von 1559 die Deposition ausdrücklich, belegt ist die Praxis aber schon durch das *manuale scholarium* von 1481.[769] Kurfürst Ottheinrich spricht sich jedoch gegen die exzessive Gewaltanwendung aus, da ansonsten *„dieienigen, so deponirt werden, mehr zu beurischer unzuchtiger barbarei angereitzt und bewegt, dann das sie davon abgewendet und entzogen werden"*.[770] Die gemäßigte Deposition ließen die Statuten zu, da in dem Aufnahmeakt eine symbolische Reinigung und Unterwerfung unter die Herrschaft der akademischen Korporation gesehen wurde. Das Ritual findet in Heidelberg in den Bursen statt, während an anderen deutschen Universitäten der Epoche schon die Artistische Fakultät zuständig ist.[771]

Unter Kuradministrator Johann Casimir wird die Deposition durch einen Erlass im Jahr 1585 offiziell abgeschafft.[772] Die erneuerten Statuten von 1588 bestätigen den Erlass. Anstelle des Rituals sollte ein Eingangsexamen treten.[773] In der Praxis wurde die Anordnung des Fürsten jedoch nicht durchgesetzt. Noch nach der Wiedereröffnung 1652 wurden angehende Studenten entsprechend behandelt.[774] Kurfürst Karl Ludwig hielt zwar an der Abschaffung fest, bestimmte 1672 aber gleichwohl, dass Studenten, die es wünschten, vom Dekan der Philosophischen Fakultät geprüft werden könnten.[775]

---

768 Vgl. die Frage des Rektors an den um Immatrikulation bittenden Studenten bei Sommer, Cornelius Relegatus, Zeile 1073f.: *„Seid ihr denn auch / Deponieret nach altem Brauch"*.

769 Fabricius, S. 36; Füssel, S. 619. Zur Situation in Heidelberg ferner Hautz I, S. 85ff. mit vielen Details, aber einigen zeitlichen Ungenauigkeiten. Fabricius, S. 11ff. beschreibt die Entwicklung der Aufnahmeriten in die Schulen und Universitäten seit dem Altertum und leitet aus ihnen direkt die Entstehung der Deposition ab.

770 § 116, Thorbecke, Statuten, S. 112. Anstelle des Ziels der Deposition, das Ablegen der bäurischen Sitten, wurde aus Sicht des Kurfürsten durch die übertrieben harte Ausprägung des Rituals also das Gegenteil erreicht. Siehe auch Fabricius, S. 7.

771 Vor der Reformation war die Deposition an allen deutschen Universitäten eine private Sitte in den Bursen. Erst im 16. Jahrhundert wurde sie zur Voraussetzung der Immatrikulation. Ziel war es die Depositionsgebühren von den Bursenvorstehern an die Universität zu überführen. In Heidelberg blieben auch im 16. Jahrhundert die Bursen zuständig: Fabricius, S. 41ff. (S. 49).

772 Schroeder, Juristische Fakultät der kurpfälzischen Universität Heidelberg, S. 182.

773 Winkelmann I, S. 322; Thorbecke, Statuten, S. 241.

774 Am 1. November wurde die Universität wiedereröffnet, zwei Tage später wurden 12 Philosophiestudenten der Deposition unterzogen: Toepke II, S. 314, Fn. 1.

775 Thorbecke, Statuten, S. 296. Siehe auch Fabricius, S. 70. Deutlich wird der veränderte Charakter der Deposition. Die freiwillige Prüfung durch den Dekan ersetzte den mit Gewalt durchgesetzten Zwang.

Besonders ausgeprägt ist die Deposition an den mitteldeutschen Universitäten, was auch an der positiven Beurteilung des Brauchs durch Martin Luther gelegen haben kann.[776] Dort hält sie sich auch am längsten. So findet sich noch 1805 ein Hinweis in den Leipziger Matrikeln auf einen in Wittenberg der Deposition unterzogenen Musensohn.[777] In Tübingen wird das Ritual im achtzehnten Jahrhundert durch eine Geldzahlung zu Gunsten der Universitätsbibliothek ersetzt.[778]

b) Pennalismus

Im ausgehenden sechzehnten Jahrhundert entsteht an den Universitäten der Pennalismus.[779] Der Begriff bezeichnet die zwangsweise Unterwerfung der neu Eingeschriebenen unter ihre älteren Landsleute. Im Unterschied zur Deposition ist der Pennalismus ein rein studentisch geprägtes Phänomen. Deshalb wird er von den Universitäten mehr oder weniger streng verfolgt, während man die offizielle Deposition als angemessen ansieht.[780]

Nach der Deposition mussten die sogenannten Pennäler oder Füchse[781] einen bestimmten Zeitraum als Diener und Financiers der älteren Studenten, den Schoristen[782] verbringen. Das Pennaljahr, auch Status genannt,[783] dauert meist ein Jahr, sechs Monate und sechs Tage.[784] Mindestens zu Beginn

776 Rudersdorf in: Geschichte der Universität Leipzig I, S. 480. Ebd. S. 479–484 näheres zu Deposition und Pennalismus in Leipzig. Zu Luthers Tischrede auch Füssel, S. 642f.

777 Helfer in: Student und Hochschule im 19. Jhd., S. 162.

778 Schmidgall in: Beiträge zur Tübinger Studentengeschichte 1940, S. 10f.

779 Der Begriff kommt wohl von lat. *„pennal"*, der studentischen Federbüchse. So Brüdermann, S. 172, Fn. 16 und Hautz I, S. 85, Fn. 183. Franke in: Land und Kultur, S. 207f. vermutet den Entstehungsort in Wittenberg oder Jena.

780 Füssel, S. 647.

781 Nach Helfer in: Student und Hochschule im 19. Jhd., S. 163 von lat. *faex, faecis*, dt. Abschaum. Anderer Ansicht ist Hautz I, S. 85, Fn. 186 und ihm folgend Füssel, Gelehrtenkultur, S. 368. Nach Hautz soll der mit Fuchsfellen gefütterte Mantel eines Schulrektors und späteren Professors in Jena zu dem Spottnamen „Schulfuchs" geführt haben. Laukhard, S. 123 verwendet den Begriff mit Bezug auf Heidelberg allgemein für an der Universität ankommenden Neustudenten. Der heute unter Verbindungsstudenten noch gebräuchliche Ausdruck „Fuchs" / „Fux" für einen Studenten in seinem ersten Verbindungsjahr findet sich im Zusammenhang mit dem Pennalismus zum ersten Mal: Schulze/Ssymank, S. 109. Helfer in: Student und Hochschule im 19. Jhd., S. 163 sieht in der couleurstudentischen Fuchsenzeit eine direkte Folgeerscheinung des Pennaljahres.

782 Hautz I, S. 88 begründet den Namen mit Verweis auf ältere Quellen so: *„weil sie den angehenden Studenten „die Haare abgeschoren" und sie auch „wacker herumgenommen oder geschoren haben"."*

783 Helfer in: Student und Hochschule im 19. Jhd., S. 163.

784 Alenfelder, S. 140 nennt ein Jahr, sechs Monate, sechs Tage, sechs Stunden und sechs Minuten.

und zum Ende des Pennaljahres werden teure Gastmähler ausgerichtet, die zu einer erheblichen Belastung des meist für mehrere Monate kalkulierten Budgets führten.[785] Weiterhin hatten sich die Pennäler an bestimmte Kleidungsvorschriften zu halten. Ihre Kleider mussten ärmlich und abgetragen sein, weil die Schoristen ihnen zu Beginn des Pennaljahres die neueren Kleidungstücke abnahmen.[786] Weiterhin durften die Füchse keinen Degen tragen.[787] In Heidelberg wurde zumindest dieser Teil des Pennalismus nicht immer durchgesetzt, wie der Fall des Studenten Pfarr zeigt. Ihm wird vorgeworfen, in seinem ersten Jahr als Student auf einer Hochzeit den Bräutigam mit einem Degen bedroht zu haben.[788]

Besonders von den Gastmählern, die in Studentenzimmern oder Gasthäusern stattfanden, profitierten die Bürger und auch die Professoren finanziell.[789] Wer sich der Sitte und damit auch dem Duellwesen versagte, der wurde durch seine Kommilitonen von jeglicher Gemeinschaft ausgeschlossen und als ehrlos angesehen. Scharf verfolgt die Universität solche *Verrufe*: Es droht, zumindest auf dem Papier, die Relegation *cum infamia*, also die härteste Strafe, die auszusprechen war.[790]

Eng verbunden mit dem Pennalismus ist das Entstehen der älteren Landsmannschaften und studentischen Nationen ab dem sechzehnten Jahrhundert.[791] Die Zusammenschlüsse von Studenten gemeinsamer Herkunft wurden von der Universität nicht gefördert, sondern verfolgt. Die Androhung des Ausschlusses aus der Gemeinschaft, der Verruf, führte dazu, dass nur selten Betroffene Angaben über das Pennalsystem und die Korporatio-

785 Die Beschreibung eines solchen Gastmahles samt erforderlicher Speisen findet sich bei Sommer, Cornelius Relegatus, Zeile 1131ff.

786 Das Ritual des Kleidertausches wurde „Hojen" oder „Hutschen" genannt, vgl. Mitgau in: Akademisches Deutschland II, S. 144.

787 Nach Abschluss des Pennaljahres verlieh man ihnen das jus gladii: Schmidgall in: Beiträge zur Tübinger Studentengeschichte 1940, S. 6. Dort näheres zu Deposition und Pennalismus in Tübingen.

788 Siehe unten S. 158ff. Vielleicht schrieb sich Pfarr auch erst nach Ableistung des Pennaljahres in die Matrikel ein.

789 Franke in: Land und Kultur, S. 210f.; S. 225f. Hautz I, S. 87.

790 Winkelmann II, Nr. 1738.

791 Füssel, S. 626; Franke in: Land und Kultur, S. 206; S. 226. Die neuaufkommenden studentischen Nationen sind nicht mit den *nationes* des Mittelalters gleichzusetzen. Als „ältere" Landsmannschaften werden sie lediglich in Abgrenzung zu den Ende des achtzehnten Jahrhunderts entstehenden Studentenbünden bezeichnet. Aus letzteren entwickelten sich die Corps. Der noch heute bestehende Verbindungstypus der Landsmannschaft entstand unabhängig davon im neunzehnten Jahrhundert.

nen bei den akademischen Behörden machten. Auch deshalb ist es schwierig, sich ein genaues Bild der Sitte zu verschaffen.[792]

Aus Heidelberg wird um 1600 berichtet, dass die Studenten sich mehr mit Raufen, Unsittlichkeiten und Schuldenmachen befassten, als mit der Pflege der Wissenschaft.[793] Doch ist der Pennalismus an der *alma mater heidelbergenis* weit weniger ausgeprägt als an vergleichbaren Universitäten im Reich. Deshalb sieht der Senat 1654 auch keine Veranlassung, an dem koordinierten Vorgehen der evangelischen Universitäten gegen den Missstand teilzunehmen.[794] Im Kampf gegen den Pennalismus erreichten die evangelischen Reichsstände damals einen Reichstagsbeschluss, durch den die Unterdrückung der jungen Studenten scharf verurteilt wird.[795]

Vielleicht konnte er sich an der Rupertina weniger ausbreiten, weil sie während des Dreißigjährigen Krieges geschlossen war, während die kriegerischen Wirren an anderen Hohen Schule zu einer den Pennalismus fördernden Verwilderung der Sitten führten.[796] Ende des siebzehnten Jahrhunderts endet die Epoche des Pennalismus. Einzelne Riten, wie die grundsätzliche Unterordnung der neuen Studenten unter die erfahrenen Burschen leben aber in der Studentenschaft fort und traten in ihren Organisationen, wie den Landsmannschaften, Orden und später den Verbindungen, wieder auf.[797]

c) Duelle

Immer wieder kommt es in den Universitätsstädten des Reiches zu einem *„Krieg en miniature zwischen zwei einzelnen Menschen"*,[798] einem studentischen Duell. Dies führt regelmäßig zu Verletzten, immer wieder auch zu Toten. Mit Verboten versuchen akademische Behörden und Landesherren die Bereitschaft der Studenten zu senken, ihre Ehre mit Waffengewalt zu verteidigen.

---

792 Franke in: Land und Kultur, S. 217; S. 220. Zur Entstehung der älteren Landsmannschaften siehe Müller in: „Der Burschen Herrlichkeit", S. 19ff.

793 Wolgast, S. 47.

794 Winkelmann II, Nr. 1647f. Falsch ist die Ansicht von Hautz I, S. 136, der von einem Heidelberger Dekret gegen den Pennalismus ausgeht.

795 Alenfelder, S. 142 gibt den Text des Beschlusses wieder.

796 Franke in: Land und Kultur, S. 209. Alenfelder, S. 142ff. beschreibt den Kampf der einzelnen Universitäten gegen den Pennalismus, ohne auf die Situation in Heidelberg einzugehen.

797 Stein, S. 132f.; Siehe den ältesten Burschenkomment von 1778, abgedruckt bei Bauer in: Einst und Jetzt 1968, S. 18, § 19, in dem die Ausnutzung der Füchse glorifiziert wird.

798 Demeter, S. 112. Ähnlich auch schon ein Glossar des achten Jahrhunderts, zitiert nach Gierens, S. 169: *„duellum bellum duorum hominum"*

Voraussetzung des Duells war die Satisfaktionsfähigkeit der Kontrahenten. Als satisfaktionsfähig galten männliche Mitglieder der waffentragenden Schichten, also Adlige, Offiziere, Studenten und Beamte.[799] Der Verzicht auf eine Duellforderung nach einer Beleidigung führte zum Ehrverlust, welcher für Offiziere auch den Abschied aus dem Dienst bedeutete. Dabei konnte die Beleidigung unmittelbar gegen den Betroffenen oder gegenüber einer unter seinem Schutz stehenden, meist weiblichen, Person erfolgt sein.

aa) Akademische Freiheit und studentische Ehre

Studentische Duelle werden von der zeitgenössichen Jurisprudenz als eine Ausprägung der vielfältigen Beleidigungsfälle angesehen.[800] Seine erhebliche Bedeutung an den Universitäten konnte das Duellwesen nur erreichen, weil sich unter den Studenten ein eigenständiger Ehrbegriff entwickelte. Unter der Ehre einer Gruppe versteht man ihren inneren Wert und ihr äußeres Ansehen. Die Gruppenehre wird sowohl im Binnenverhältnis der Mitglieder untereinander als auch im Außenverhältnis zu dritten Personen definiert. Eine Verletzung der Ehre eines Mitglieds strahlt auf die Gruppenehre der gesamten Gemeinschaft negativ aus, genau wie eine Verletzung der Gruppenehre der Ehrhaftigkeit des einzelnen Mitglieds abträglich ist.[801]

Deutlich werden diese Mechanismen im Zusammenhang mit den studentischen Auszügen aus den Universitätsstädten. Nach Verletzung der Ehre eines Akademikers, etwa durch Handwerkergesellen oder Soldaten, fordert die gesamte Studentenschaft Revanche. Wenn die Behörden den Forderungen nicht nachkommen, fühlen sich alle Studenten in ihrer Ehre beschädigt und verlassen unter Protest die Stadt. Erst wenn die Gruppe, und damit auch jeder Einzelne, Satisfaktion erhalten hat, kehrt man in die Universitätsstadt zurück. Andernfalls wird eine förmliche Ehrlosigkeitserklärung über die *alma mater* ausgesprochen.[802]

---

799 Zunkel in: Geschichtliche Grundbegriffe II, S. 40; Mader, S. 44; Demeter, S. 115 begründet die Satisfaktionsfähigkeit der genannten so: *„Wer den Degen führt – sei es den Offiziers-, sei es den Beamtendegen und in weiterer Folgerung daraus den Studentendegen – der ist in Dingen der niederen Gerichtsbarkeit frei, sein eigener Richter, sein eigener Rächer.“* Nach den studentischen Komments folgt die Satisfaktionsfähigkeit der Beamten aus der Tatsache, dass es sich um ehemalige Studenten handelte, vgl. Objartel in: Alltag und Literatur, S. 98. Zu beachten ist aber, dass zumindest in der frühen Neuzeit, auch Handwerker und andere Bürger Degen und Rapier trugen, vgl. Krug-Richter, S. 40.

800 Zum Dreiklang Ehre – Beleidigung – Duell siehe Objartel in: Alltag und Literatur, S. 94ff.

801 Demeter, S. 120; Brandt in: Deutschlands Weg in die Moderne, S. 125.

802 Zu den Auszügen des neunzehnten Jahrhunderts siehe unten S. 343ff.

Das gesellschaftliche Leitbild des siebzehnten und achtzehntens Jahrhunderts, besonders an den Universitäten, ist der *„honnête homme"*.[803] Ehre wird mit der Abwesenheit von ehrmindernden Umständen gleichgesetzt.[804] Durch diese Überhöhung wird der Verlust der Achtung in der Öffentlichkeit als unerträglich empfunden: *„Ehre verlohrn, ist alles verlohrn"*.[805] Kern der Studenten-Ehre ist die Überzeugung, dass nur Mitglieder der eigenen Gruppe über den Lebensstil entscheiden. Der Anspruch gründet auf der Idee der *„Akademischen Freiheit"*.[806] Die Entstehung der auch als *„Burschenfreiheit"* bezeichneten Idee hat ihre Wurzeln im Sonderstatus der traditionellen Universität als Korporation und der akademischen Gerichtsbarkeit, die den Akademikern ihre Privilegien verdeutlichte.[807] Als ein Teil ihrer Freiheit betrachtet der Student, neben dem Nichtbezahlen von Schulden und jugendlich-lockerem Verhalten, das Recht sich zu duellieren.[808]

Die Studentenschaft erklärte Mitglieder für ehrlos, die nicht bereit waren, auf eine Ehrverletzung mit einer Forderung zu antworten.[809] Sehr ähnlich verhielt sich das Offizierkorps. Trotz bestehender Duellverbote erwarteten Offiziere von ihren Standesgenossen, dass diese die Selbstjustiz durchsetzten.[810] Wie die Studenten, so standen auch die Soldaten unter einer Sondergerichtsbarkeit und beanspruchten für sich das Recht, nur von Gleichen gerichtet zu werden.

---

803 Müller in: Geschichte der Universität II, S. 264; Brandt, S. 55.

804 Deutsch in: HRG I, Sp. 1227. Der Heidelberger Professor Jung schrieb 1787 (Jung, S. 21): *„Aber was ist Ehre?* [...] *Die Ehre ist der Werth eines Menschen, den ihm die buergerliche Gesellschaft beilegt."*

805 So Christoph Lehmann in seinem Politischen Blumengarten (1662), zitiert nach Zunkel in: Geschichtliche Grundbegriffe II, S. 21. Zur Kritik an dieser Auffassung: Gierens, S. 1f.

806 Die *libertas scholastica* wurde erstmals 1233 den Studenten in Tours gewährt, vgl. *Akademische Freiheit* in: Studentenhistorisches Lexikon, S. 12; Zaunstöck, S. 29ff. Auch als Studentenfreiheit bezeichnet, so in einem Lexikon aus dem Jahr 1841: Krönitz, Encyklopädie, Band 149, S. 8. Der Autor bezieht sich ausdrücklich auf die studentischen Privilegien, die zum Begriff der Studentenfreiheit geführt hätten.

807 Brandt in: Deutschlands Weg in die Moderne, S. 124. Steinhilber, S. 179 bestreitet die subjektive Bedeutsamkeit der Ehre für die Studenten des achtzehnten Jahrhunderts, da sie in den studentischen Stammbüchern nur selten erwähnt werde.

808 Hardtwig in: Vierteljahrschrift für Sozial- und Wirtschaftsgeschichte 73, S. 315. Aus Sicht eines zeitgenössischen Studenten ist die akademische Freiheit im ältesten Burschenkomment von 1778, abgedruckt bei Bauer in: Einst und Jetzt 1968, S. 5ff. beschrieben.

809 Zum studentischen *Komment* und der formellen Ehrloserklärung, dem *Verschiß*, siehe unten S. 321ff.

810 Demeter, S. 118. War ein Offizier dazu nicht bereit, drohte ihm neben der Missachtung durch seine Standesgenossen zeitweise auch die Entlassung aus dem Dienst, siehe Binding, S. 63

Manche Studenten jedoch fühlten sich an den Ehrkodex nicht gebunden und lehnten die Satisfaktionspflicht ab. Von den Duellbefürwortern wurden solche Kommilitonen geschmäht und gemieden. Weigerte sich ein Beleidigter, seinen Beleidiger zu fordern, so kam es zu Nötigungsversuchen von Seiten der Duellbefürworter.[811]

Marginalien konnten einen Student beleidigen.[812] Vor Gericht standen die Chancen häufig schlecht, eine Beleidigung nachzuweisen. Vom Beklagten wurde entweder abgestritten, dass er bestimmte Worte so gesagt habe, oder es sollte sich lediglich um eine Revanche für eine erlittene Beleidigung gehandelt haben.[813] Die erheblichen Schwierigkeiten im Rahmen des Rechtsweges gegen eine Beleidigung vorzugehen sind ein Grund für eine weite Verbreitung der Selbstjustiz. Mit einem Duell sollte die vermeintlich befleckte Ehre verteidigt werden.[814]

bb) Von der spontanen „Schlägerei“ *zum förmlichen Duell*

Unter einem Duell versteht man den Zweikampf mit gleichartigen, potentiell tödlichen Waffen. Die Form, wie sie ab dem sechzehnten Jahrhundert auftritt, entsteht unter Adligen im italienisch-spanischen Militär.[815] Sie leitet sich von ritterlichen Turnieren und mittelbar vom germanischen Zweikampf

---

811 Durch das Duelledikt von 1676 wurde dies ausdrücklich untersagt. Siehe auch Zaunstöck, S. 67; Brüdermann, S. 209; Frevert, S. 29. Bekanntestes Beispiel für eine Organisation von Duellgegnern waren die Jenaer *Chokoladisten*, denen nachgesagt wurde, jede Differenz bei einer Tasse Schokolade zu erörtern, vgl. Hardtwig in: Vierteljahrschrift für Sozial- und Wirtschaftsgeschichte 73, S. 319, Zaunstöck, S. 67, Fn. 30; Hümmer in: Einst und Jetzt 1996, S. 84 mwN. In Heidelberg gründete sich 1850 eine Burschenschaft *Germania*, die das Duell ablehnte. Die akademischen Behörden verboten sie, um Konflikte mit den Duellbefürwortern zu vermeiden, siehe UAH RA 7275.

812 Aus einer Quelle von 1747 in Leipzig, abgedruckt bei Döring in: Geschichte der Universität Leipzig I, S. 624 werden Beleidigungsgründe deutlich: *„Es darf allso nur einer von ungefehr den andern auf der Gaße ins Gesichte sehen, aus Unvorsichtigkeit an ihn stoßen, sich auf einen Platz im Collegio setzen, welchen der andere mit seinem Buche belegt hat“.* Mohrmann in: HRG IV, Sp. 1453 weist nach, dass sich bis in das achtzehnte Jahrhundert die gesamte Bevölkerung schnell in ihrer Ehre verletzt sah.

813 Vgl. etwa den Injurienprozess Hirchenzath gegen stud. Cramer im Jahr 1679: UAH RA 851; oder den oben aufgezeigten Jahre andauernden Prozess des Pacius gegen Gentilis.

814 Ebert in: HRG I, Sp. 1167; Zunkel in: Geschichtliche Grundbegriffe II, S. 40; Körner in: Einst und Jetzt 1961, S. 142. In Heidelberg beschwerte sich z. B. 1680 ein stud. Freyer, dass er wegen der vom oben genannten Cramer erfolgten Beleidigung noch keine Satisfaktion erhalten habe, obwohl das Gericht ihm dies versprochen habe. Es wird deutlich, dass er sich diese ansonsten selbst verschaffen werden: UAH RA 851.

815 Nach Binding, S. 46 trat das Duell schon 1480 in Kastilien, aber erst 1570 in Deutschland auf.

ab.[816] Unter den Studenten des Mittelalters werden keine Zweikämpfe durchgeführt, da die unter Aufsicht der Kirche stehenden, in Bursen lebenden Scholaren nicht über ausreichend Freiraum zur Entwicklung eines eigenständigen studentischen Ehr- und Duellbegriff verfügen. Erst mit der Reformation und dem Ende der Herrschaft der Kirche über die Hohe Schule setzt sich das Duellwesen unter den Akademikern durch.[817]

Innerhalb der Studentenschaft wurde zwischen mehreren Ausführungen des Duells mit verschieden hohem Verletzungs- oder Tötungsrisiko unterschieden.[818] Je nach Schwere der Beleidigung konnte auf Leben und Tod, bis zur ersten, meist kleineren, Verletzung, oder mit stumpfen Waffen als *„Ehrengang"* gefochten werden.[819] Je genauer der Ablauf eines Duells mit der Zeit geregelt, desto geringer ist das Todesrisiko für die Kontrahenten. Die *„Verrechtlichung"* des Zweikampfes wird an den Universitäten von den Studentenorden getragen.[820]

Erst im achtzehnten Jahrhundert entwickelt sich das förmliche Duell, bei dem eine Forderung durch die Sekundanten überbracht wird und unter Beachtung einer Reihe von Formalitäten ein Zweikampf an einem entlegenen Ort stattfindet. Vorher handelte es sich, besonders im studentischen Bereich, um spontane *„Schlägereien"*,[821] sogenannte *„Rencontres"*.[822] Dabei wird eine Ehrverletzung unmittelbar durch eine Aufforderung zum sofortigen Kampf beantwortet.[823]

---

816 Kiernan, S. 46ff.; Der maßgebliche Unterschied zum spielerischen Turnier ist allerdings die Ernsthaftigkeit und das erhöhte Todesrisiko beim Duell, vgl. Frevert, S. 23. Zu den Ursprüngen siehe auch Gierens, S. 168ff.

817 Gierens, S. 212, S. 216.

818 Schon im sechzehnten Jahrhundert waren tödliche Auseinandersetzungen unter Studenten sehr selten und von den Kämpfern nicht gewünscht, vgl. Krug-Richter, S. 34.

819 So die Unterscheidung im ältesten Burschenkomment von 1778, abgedruckt bei Bauer in: Einst und Jetzt 1968, S. 16f., § 16.

820 Körner in: Einst und Jetzt 1961, S. 147; Brandt in: Deutschlands Weg in die Moderne, S. 125 sieht die älteren Landsmannschaften als maßgeblich an. Zu bedenken ist, dass die Orden oftmals die Kontrolle über die Landsmannschaften ausübten und insofern eine Identität zwischen den beiden bestand. Nach Biastoch, S. 20 ist die feste Regelung von Ehrenstreitigkeiten ein wichtiger Fortschritt im Zusammenleben der Studenten im neunzehnten Jahrhundert.

821 Vgl. etwa Laukhard, S. 31. Der noch um 1775 von den Studenten in Gießen berichtet, dass spontane Zweikämpfe sehr häufig waren.

822 Von franz. *rencontre*, dt. Begegnung, Gefecht. Der Übergang zwischen den beiden Ausformungen wird im ältesten Burschenkomment von 1778, abgedruckt bei Bauer in: Einst und Jetzt 1968, S. 16, § 15 deutlich. Hier wird unterschieden in *„vorausbedachte und überlegte Duell"* und *„unvorhergesehene oder Stegreifduell"*.

823 Brüdermann, S. 195.

Ziel eines Duells war es nicht, durch einen Sieg die persönliche Ehre zu steigern. Grundsätzlich strebten die Duellanten auch die Tötung ihres Gegenübers nicht an, nahmen sie aber in Kauf. Die bloße Durchführung des Zweikampfes diente der Wahrung oder der Wiederherstellung der Ehre. Wer bereit war, sein Leben für seine Ehre einzusetzen, war ein Ehrenmann, unabhängig von Sieg oder Niederlage im konkreten Kampf.[824]

cc) Duellverbote

Seit der zweiten Hälfte des siebzehnten Jahrhundert werden im ganzen Reich Duelledikte erlassen.[825] In Heidelberg widmen zwei Autoritäten der Problematik ihre Aufmerksamkeit: neben die Universität, die am 14. September 1681 ein Duellverbot erließ, trat der Kurfürst bald darauf mit einem ähnlichen Gesetz.[826] Während der Herrscher das staatliche Gewaltmonopol durchsetzen und den vermeintlich an seiner Ehre Verletzten auf den Klageweg zwingen wollte, war es das vorrangige Ziel der Universität, die Disziplin zu verbessern. Das Duell, eine Ausprägung der Fehde, war ein Akt der Selbstjustiz. Der absolutistische Fürstenstaat des siebzehnten Jahrhunderts wollte eine Durchsetzung privater Rache nicht dulden.[827]

Der kurfürstliche Erlass kündigt den Duellanten neben der Entlassung aus pfälzischen Diensten auch den sofortige Landesverweis an. Außerdem erwartet den Sekundanten eine Strafe. Die Universität plante, das Dekret öffentlich auszuhängen und auch an die Studenten verteilen zu lassen.[828] Um die neu angekommenen Studiosi zu informieren, wurde 1682 entschieden, das Kurfürstliche Gesetz erneut anzuschlagen und die Gesetze der Universität

---

824 Frevert, S. 29. Hardtwig in: Vierteljahrschrift für Sozial- und Wirtschaftsgeschichte 73, S. 319 weist demgegenüber darauf hin, dass Führungspositionen in den alten Landsmannschaften von *„den physisch stärksten und den geübtesten Schlägern“* eingenommen wurden.

825 Zunkel in: Geschichtliche Grundbegriffe II, S. 41. Den Anfang machte Kurbrandenburg im Jahr 1652, vgl. Hardtwig in: Vierteljahrschrift für Sozial- und Wirtschaftsgeschichte 73, S. 318. Das kurpfälzische Verbot geht auf eine Initiative der Herzöge von Sachsen-Weimar-Gotha vom 29. Juni 1676 zurück, die ein koordiniertes Vorgehen gegen das Duell vorschlugen. In der Folgezeit stimmte die kurfürstliche Kanzlei die Vorbereitungen auch mit Hessen-Darmstadt, Württemberg, Baden-Durlach und Baden-Baden ab, vgl. die entsprechenden Schreiben in: GLA 205/1133.

826 Winkelmann II, Nr. 1738, Nr. 1743: Duellverbot der Universität vom 14. September 1681, das des Kurfürsten vom 2. Januar 1682. Die Verbote wurden später erneuert, z. B. 1799: Winkelmann II, Nr. 2506. Ein Druck des Duellverbots der Universität aus GLA 205/1133 ist im Anhang VII zu finden.

827 Zaunstöck, S. 66; Frevert, S. 23, S. 31f.; Demeter, S. 113. Zum Absolutismus siehe Seif in: HRG I, Sp. 30ff.

828 Winkelmann II, Nr. 1743.

zusammenzufassen, so dass sie auf einen halben Druckbogen passen. Dieser Druck sollte dann jedem bei der Immatrikulation ausgehändigt werden.[829] Das Duelledikt der Universität drohte den Teilnehmern eines Zweikampfs mit der *relagatio cum infamia* in Verbindung mit der Ächtung.[830] Das ist die schärfste Strafe, die das Generalstudium aussprechen konnte. Das Vorgehen gegen den studentischen Zweikampf wird zu dieser Zeit überterritorial koordiniert. So schreiben die Herzöge von Sachsen-Weimar-Gotha Ende Juni 1676 an Kurpfalz, um ein einheitliches Edikt zu erreichen.[831] In dem Schreiben differenzieren die Herzöge bereits zwischen den beiden Fechtarten: *„daß nemlich das duelliren sowohl uf den stoß, als uf den hieb, sub poena publicae relegationis, auch nach befindung in perpetuum, und cum infamia gäntzlich verboten würde, als daß sowohl der Provocans, als Provocat"*. Beide Teilnehmer sind also gleich behandelt, während in anderen Strafvorschriften der Geforderte privilegiert ist. Sollte es zu einem Todesfall kommen, dann wollten die sächsischen Herzöge eine Bestrafung des Überlebenden als Totschläger erreichen. Neben den Duellanten sollten auch die Sekundanten gestraft werden: für sie war Karzerhaft vorgesehen. Die gesonderte Behandlung von Sekundanten zeigt, dass sich zum Ende des siebzehnten Jahrhunderts auch unter Studenten ein förmlicheres Duell etabliert hatte. Das Schreiben aus Sachsen führte allerdings zu keiner besonders schnellen Bearbeitung in Heidelberg; das Kurpfälzische Edikt erschien erst fünf Jahre später.

Trotz zahlreicher Verbote blieben die meisten Duelle unentdeckt. Kam doch ein Fall vor Gericht, wurden regelmäßig keine harten Strafen verhängt.[832] Die Beurteilung änderte sich nur beim Tod eines Beteiligten, was jedoch selten vorkam.[833] Grund für die mangelhafte Durchsetzung war die unter den Hochschülern der Epoche übliche Missachtung der Autorität, verbunden mit dem Entstehen immer festerer landsmannschaftlicher Verbindungen, die für die Geheimhaltung studentischer Sitten Sorge trugen.[834]

Der Senat des Heidelberger Studiums bekämpfte zwar das Fechten im Rahmen von Duellen, gleichzeitig förderte er aber das akademische Fechten

---

829 Winkelmann II, Nr. 1762.

830 Letzter Satz des Duelledikts von 1681, siehe GLA 205/1133 und im Anhang VII.

831 Das Schreiben vom 29. Juni 1676 in: GLA 205/1133

832 Schulze/Ssymank, S. 196; Für Österreich: Mader, S. 116. Obwohl zum Teil sehr strenge Strafen angedroht wurden. So sollte schon bei einem unblutigen Duell nach dem Edikt des Kurfürsten Friedrich III. von Preußen den Teilnehmern die Todesstrafe drohen, vgl. Demeter, S. 116. Auch in den ausgewerteten Akten des akademischen Gerichts in Heidelberg finden sich nur wenige Untersuchungen, die Duelle betreffen.

833 Dann wurden zwar Strafen ausgesprochen, es kam jedoch meist zu Begnadigungen: Frevert, S. 33.

834 Gierens, S. 216f., S. 219.

als Leibesertüchtigung der Studenten mit der Anstellung eines Fechtmeisters.[835] Durch einen solchen Lehrer sollte die Attraktivität der Neckarstadt insbesondere für adlige Studenten gesteigert werden, was zeitweise auch gelang. Eine gewisse Inkonsequenz in Bezug auf das Duellwesen wurde offensichtlich in Kauf genommen.

Vergleichbar war die obrigkeitliche Behandlung des Duells unter Offizieren: Durch Edikte war es strafbewehrt, aber um Kampfkraft und Moral des Offizierkorps hochzuhalten, duldeten oder förderten die Herrscher es.[836]

Im kursächsischen Duellmandat von 1712, das auch an der Leipziger *alma mater* galt, wurde die Strafandrohung halbiert, handelte es sich um einen Zweikampf unter Studenten.[837]

Zur Einschränkung des akademischen Duellwesens kommt es erst im neunzehnten Jahrhundert, jedoch weder durch obrigkeitliche Verbote, noch durch Maßnahmen der Universitätsgerichte, sondern durch die studentischen Komments, innerstudentischen Regelwerke, die zunächst den Ablauf eines Duells regeln und später auch die Häufigkeit von Duellen begrenzen. Bei der Beilegung von Ehrenstreitigkeiten trat regelmäßig die Mensur an die Stelle des Duells. Nur in besonders schweren Ausnahmefällen duellierten sich Studenten weiterhin.[838]

dd) Duelle vor dem Heidelberger Universitätsgericht

Dass auch schon vor den Regelungen studentische Duelle durchaus häufiger stattfanden, zeigen der Fall Meuerer und auch die Matrikel der Heidelberger Universität. Zeitgleich finden sich auch an anderen Universitäten im Reich erste Nachweise von Duellen.[839]

---

835 Fechtmeister finden sich im siebzehnten und achtzehnten Jahrhundert unter den Universitätsverwandten: Wolgast, S. 59f.; Winkelmann II, Nr. 1966, Nr. 2114, Nr. 2423. Helfer in: Student und Hochschule im 19. Jhd., S. 164 und Krug-Richter, S. 48 sehen einen Zusammenhang zwischen der Ausbreitung des Duells an den deutschen Universitäten und der Anstellung von Fechtmeistern. Ähnlich auch zeitgenössische Quellen aus Leipzig: Döring in: Geschichte der Universität Leipzig I, S. 623f. Auch das „Künstliche Fechtbuch" von Jakob Sutor aus dem Jahr 1612 wandte sich in der Vorrede ausdrücklich an die *„Jugendt, so er auff Vniuersiteten und anders wo obgedachte Löbliche Fechtkinst gelehret"*. Brüdermann, S. 184 merkt an, dass geeignete Fechtmeister auch zur Verbesserung der studentischen Disziplin führen konnten. Der Heidelberger Fechtmeister König, der Mitte des achtzehnten Jahrhunderts angenommen wurde, war in mehrere Auseinandersetzungen involviert, vgl. Toepke IV, S. 145, Fn. 2.

836 Demeter, S. 118; Frevert, S. 34; Hardtwig in: Vierteljahrschrift für Sozial- und Wirtschaftsgeschichte 73, S. 318.

837 Rudolph in: Universitätsgeschichte als Landesgeschichte, S. 196.

838 Hardtwig, S. 117.

839 Etwa in Freiburg 1579: Schulze/Ssymank, S. 128.

Im siebzehnten Jahrhundert etablierte sich das Duellwesen in Heidelberg. So kam es etwa am 9. August 1609 zu einem Duell zwischen den Studenten Christoph Frisius, einem adligen Dänen,[840] und Sigmundus Bowisch, einem Holsteiner Adligen.[841] Grund für die Forderung des Frisius durch den Bowisch war die Behauptung, Bowisch sei Däne.[842] Deutlich wird, wie schnell sich ein Student als beleidigt ansehen konnte, zumal beide Duellanten als Adlige einem weiteren Ehrenregime unterstanden.

Wie einfach in dieser Zeit die Gerichtssphären gewechselt werden konnten, zeigt der Fall eines adligen Pommern, Philipp Julius von Plate. Er hatte sich, nach einem längeren Aufenthalt in Heidelberg, erst am 9. November 1619 immatrikuliert, als ihm bei einer Untersuchung wegen Forderung zum Duell von der Universität gedroht wurde, der Schultheiß werde die Angelegenheit übernehmen.[843]

Auch nach der Wiedereröffnung der Universität gab es bald wieder Duelle. So kam der Frankfurter Johannes Mauritius Weber am 16. Juli 1653 bei einem Waffengang mit Antonius Paulo aus dem Dithmarschen ums Leben.[844] Paulo floh im folgenden Januar, noch vor dem Urteil, aus Heidelberg. Trotzdem wurde er, vertreten von seinem Vetter, dem Studenten Conrad Wasmer, zu einer sehr hohen Geldstrafe von 1.500 Reichstalern verurteilt.[845] Ein Jahr später wird diese Strafe vom Kurfürsten nach einer Intervention des dänischen Königs auf 300 Reichstaler gesenkt.[846] Ein typischer Fall diplomatischer Verwicklung, wurde auch hier zu einem diplomatischen Problem, welches den Kurfürsten zu einem Eingriff in die Autonomie der Universität veranlasst.

Aus diesen Fällen ergibt sich auch, dass schon vor dem Erlass der beiden Edikte gegen das Duellwesen entsprechende Zweikämpfe in Heidelberg stattfanden. Im Kapitel über das achtzehnte Jahrhundert wird sich erweisen, dass die Regelungen nicht den gewünschten Erfolg hatten.[847]

---

840 Immatrikuliert im April 1609: Toepke II, S. 244.

841 Immatrikuliert im November 1608 als Sigfridus Poguuich: Toepke II, S. 242.

842 Toepke II, S. 242, Fn. 1.

843 Toepke II, S. 298, Fn. 2.

844 Topeke II, S. 316.

845 1670–80 hatte die Universität pro Jahr etwa 4.800 fl. Bareinnahmen, vgl. Merkel, S. 27. 1.500 Reichstaler entsprachen etwa 2.250 fl. Wie in früheren Fällen, so drängt sich hier der Gedanke auf, die Universität habe die Geldstrafe zumindest auch aus fiskalischen Gründen verhängt.

846 Topeke II, S. 316, Fn. 2.

847 Nach Zunkel in: Geschichtliche Grundbegriffe II, S. 42f.; Schulze/Ssymank, S. 128 waren Verbote zwar zahlreich, aber meist erfolglos.

Vergleichbar war die Situation etwa hundert Jahre später in Göttingen. Auch dort wurden zwar strenge Duellverbote erlassen, was diese studentische Form der Konfliktbeilegung aber nicht verhindern kann.[848] Gleiches gilt für Marburg.[849]

10. Studentische Zusammenschlüsse

Ende des siebzehnten Jahrhunderts beschäftigt sich der Senat in Heidelberg zum ersten Mal mit einem Zusammenschluss von Studenten. So wird am 12. Dezember 1683 berichtet, es habe sich ein *„Orden"* unter einem *„gewissen zeichen von bandt"* gegründet. Die Studenten träfen sich wöchentlich und bildeten einen engen Verbund. Jedoch wurde keine offizielle Untersuchung beschlossen, vielmehr wollten sich die Professoren privat erkundigen: *„was es mit diser wöchentlichen zusammenkunft vor eine eigentliche beschaffenheit habe und zu was ende solche angestelt werden, wan, wo, wie oft, auch was für leges unter ihnen aufgericht etc."* Nach dieser Erkundigung sollte entschieden werden, inwieweit der Zusammenschluss zu tolerieren sei.[850]

Ob diese privaten Erkundigungen erfolgten und wie dann weiter mit dem *„Orden"* verfahren wurde, wird aus der Überlieferung nicht deutlich. Auch in der Literatur finden sich keine weiteren Angaben. Jedoch wird, wie in späteren Jahrhunderten auch, eine gewisse Skepsis der Professorenschaft gegenüber der universitätsunabhängigen Organisation von Studenten erkennbar.

Da sich freimaurerische Ideen unter den Studenten erst im folgenden Jahrhundert verbreiteten, handelte es sich wohl nicht um einen Freimaurer-Orden wie den ab 1783 in Heidelberg nachweisbaren Amicisten-Orden.[851] Wahrscheinlicher ist eine Einordnung unter den sogenannten Studentennationen oder älteren Landsmannschaften.[852] Von den Landsmannschaften des siebzehnten Jahrhunderts ist bekannt, dass sie farbige Bänder, besonders am Hut, als Erkennungszeichen nutzen.[853] Da die akademischen Behörden

848 Brüdermann, S. 171.

849 Woeste, S. 74.

850 Winkelmann II, Nr. 1771; Schulze/Ssymank, S. 130.

851 Kessler in: Einst und Jetzt 1957/2, S. 59; zum Amicisten-Orden siehe Schulze/Ssymank, S. 132ff. Die Aubreitung des Illuminatenordens unter den Akademikern der Kurpfalz unter der Leitung des Heidelberger Kirchenrats Johann Friedrich Mieg beschreibt Schüttler in: Sozietäten, Netzwerke, Kommunikation, S. 143ff.

852 Siehe oben S. 146.

853 Franke in: Land und Kultur, S. 231f.; Mitgau in: Akademische Deutschland II, S. 145; Graebke in: Weiland Bursch zu Heidelberg, S. 19.

bis ins neunzehnte Jahrhundert hinein Begriffe immer wieder uneinheitlich verwenden, darf die Bezeichnung *„orden"* nicht als Nachweis für eine Ordensstruktur angesehen werden. Möglicherweise ist die Vereinigung als *„Studentengesellschaft"* oder *„Compagnie"* einzuordnen. Diese Vorläufer der Orden und Verbindungen sind Trinkgesellschaften, die gegen Ende des siebzehnten Jahrhunderts auch in Heidelberg entstehen, ohne den auf dauerhaftes Bestehen ausgerichteten Organisationsgrad ihrer Nachfolger zu erreichen.[854]

11. Konflikte zwischen Studenten und Bürgern

Wie in der gesamten Epoche der akademischen Gerichtsbarkeit in Heidelberg, so kommt es auch im siebzehnten Jahrhundert immer wieder zu Auseinandersetzungen zwischen der akademischen und der städtischen Jugend. Das Verhältnis zwischen den Bürgern und den Mitgliedern der Hohen Schule wird in den ersten Jahrhunderten nach ihrer Gründung meist als gespannt beschrieben.[855] Solche Konflikte kommen neben Heidelberg auch an den anderen Universitäten im deutschsprachigen Raum vor.[856] Verschiedene typische Fälle sollen dies zeigen.

a) Todesfälle

Auseinandersetzungen mit Todesfolge für zumindest einen Beteiligten finden sich mehrmals in den überlieferten Unterlagen.

So wurde am 11. September 1605 der schlesische Adlige Sigmundt von Schopp durch einen Steinwurf, der ihn in der Heugasse am Kopf traf,[857] so schwer verletzt, dass er verstarb. Dies geschah nur wenige Wochen nach seiner Immatrikulation. Täter war ein Tuchmachergeselle.[858] Es handelte sich also um einen der häufigen Konflikte zwischen Akademikern und jungen Handwerkern. Näheres zu einer gerichtlichen Untersuchung ist nicht überliefert.

854 Müller in: „Der Burschen Herrlichkeit", S. 13, Fn. 2; S. 21.

855 Toepke II, S. 243, Fn. 3.

856 Zum Beispiel in Leipzig: Franke in: Land und Kultur, S. 220, S. 222. Für Göttingen im 18. Jahrhundert siehe Brüdermann, S. 266ff. Schulze/Ssymank, S. 95f. beschreibt die Auseinandersetzungen als alten Kampf der Stadtbewohner gegen die universitären Privilegien.

857 Vor der Zerstörung der Stadt 1693 befand sich die Heugasse dort, wo später die Jesuitenkirche gebaut wurde: Derwein, S. 155, Nr. 316.

858 Toepke II, S. 226.

b) Verletzungen

Über einen Tumult im Mai 1609, angezettelt von Handwerksgesellen, beschwert sich die Universität beim Kurfürsten weil die *„burger alhie, wie die tägliche erfahrung gibt, den studiis unndt literatis hominibus nicht zum besten gewogen"* waren. Bei diesem wird der Student Jacobus Hardy aus der Normandie schwer verletzt.[859]

c) Das Hochzeitslaufen der Pennäler

Der ordentliche Senat beschäftigt sich am 29. Januar 1679 mit der Klage eines namentlich nicht genannten Apothekergesellen gegen den Studenten Pfarr,[860] da dieser bei seiner Hochzeit große *Insolentien*[861] verübt habe.[862] Insbesondere wird ihm vorgeworfen, er habe *„das licht außgeblaßen"* und für weitere Unordnung gesorgt. Dem Bräutigam gegenüber hatte sich der ungebetene Gast recht unfreundlich benommen, in dem er ihm mit gezogenem Degen entgegen trat.

Zumindest auch anwesend seien die Studenten Reitz,[863] Römer und Lang[864] gewesen. Pfarr wurde vom Gericht befragt, mit folgendem Ergebnis: er *„kann das sache nicht sonderlich leügnen."* Auch Lang bestätigt seine Anwesenheit, gibt aber zu Protokoll, dass *„nimmer von Ihnen den Jungfrauen unter die Röck gegriffen"* habe. Weiterhin ist er der Ansicht, dass die Studiosi ihre Degen nur nach einer erfolgten Provokation von Seiten der anderen Hochzeitsgäste gezogen hätten. Von diesen seien sie auch vom Tanzplatz vertrieben und verfolgt worden. Der Senat entschied, dass weitere Zeugen zu hören seien und urteilte schließlich, dass Pfarr *„ad carcerem auff zwey tage zu setzen"* sei.[865]

Dieser Fall beschreibt das sogenannte *„Hochzeitslaufen"*, bei dem Studenten, meist in ihrem ersten akademischen Jahr, die Pennäler, uneingeladen an Bürgerhochzeiten teilnahmen. Durch ihre einseitigen Späße und Streiche sorgten sie immer wieder für Auseinandersetzungen.[866] Auch aus anderen Universitätsstädten ist der Brauch bekannt, etwa aus Leipzig, Freiburg

859 Toepke II, S. 243, Fn. 3.

860 Wohl der spätere Theologiestudent Theobald Pfarr, der sich als solcher 1680–83 in den lückenhaft überlieferten Matrikeln findet: Toepke II, S. 582f.

861 lat. für: Übermut, Unverschämtheit

862 UAH RA 851.

863 Entweder Johann Heinrich Reitz oder Johann Philipp Reitz, beide aus demselben Ort stammende Theologiestudenten: Toepke II, S. 580, 582.

864 Die beiden letzteren finden sich nicht in den Matrikeln.

865 Protokoll der Senatssitzung vom 5. März 1679 in: UAH RA 690.

866 Füssel, S. 627. Nach Stein, S. 75 bestand der Brauch schon im scholastischen Zeitalter.

und Göttingen.[867] In Wittenberg war den Studenten übermäßiges Tanzen mit Bürgerstöchtern untersagt, in Freiburg und Greifswald wurde das Stören von Hochzeiten ausdrücklich verboten.[868] Für Tübinger Studenten war der Besuch von Winzerhochzeiten offensichtlich besonders interessant. Deshalb wurde es bei schwerer Strafe untersagt, solche Feste ohne Einladung zu besuchen.[869] In Heidelberg ist kein generelles Verbot bekannt, an den anderen Universitäten war es zumeist nicht durchsetzbar.[870] Auslöser für das Verhalten der Studenten war deren soziale Abgrenzung von den Bürgern. Da die Musensöhne zu den bürgerlichen Festen nicht eingeladen wurden, verschafften sie sich gewaltsam Zutritt.[871]

Unklar bleibt, warum sich der ordentliche Senat mit der Angelegenheit befasst. Zwar tritt der Senat im achtzehnten Jahrhundert als erste Instanz an die Stelle des Universitätsgerichts,[872] in den Jahren nach 1679 finden sich aber noch eindeutige Verweise auf die Tätigkeit eines institutionell vom Senat abgegrenzten Gericht. So tagt zum Beispiel am 8. Mai 1680 ganz ausdrücklich das *„Consistor. ordinar.“*, also das *consistorium*, mithin das ordentliche Gericht.[873] Möglicherweise übernahm der Senat die Untersuchung, um den betroffenen Heidelberger Bürgen zu zeigen, dass die Rupertina das Hochzeitslaufen nicht duldete. Ziel könnte es gewesen sein, das häufig konfliktreiche Verhältnis zur Bürgerschaft zu verbessern.

12. Der Fall Maria Fuß – ein Todesurteil durch das Universitätsgericht

Ein Fall der zeigt, wie weit die Befugnisse der Gerichtsbarkeit der Heidelberger Universität im Vergleich zu derjenigen anderer Hohen Schulen des Heiligen Römischen Reiches deutscher Nation gingen, ereignet sich gegen Ende des siebzehnten Jahrhunderts. Es ergeht ein Todesurteil, welches das akademische Gericht im Jahr 1679[874] verhängt.

---

867 Für Leipzig siehe Franke in: Land und Kultur, S. 220f., für Freiburg: Krug-Richter, S. 26ff.; für Göttingen: Brüdermann, S. 259f.

868 Alenfelder, S. 159f.

869 Thümmel, S. 391.

870 Krug-Richter, S. 38.

871 Brüdermann, S. 260.

872 Siehe unten S. 283ff. und Weisert, S. 66f.

873 In den Prozessen gegen Choubert: UAH RA 851.

874 Lucae, S. 365 nennt 1679; Alenfelder, S. 175 nennt 1697, was jedoch schon wegen der Wirren des Pfälzer Erbfolgekrieges und der Flucht der Professoren unwahrscheinlich ist,

a) Die Blutgerichtsbarkeit als Privileg

Nur wenigen Universitäten des Heiligen Römischen Reichs stand eine solche Sanktionsmöglichkeit zur Verfügung.[875] Auch wenn eine Universität das Recht dazu hatte, wurde die Todesstrafe nur selten verhängt. Meist bevorzugten es die akademischen Richter, in Fällen von schwerer Kriminalität den Angeklagten aus ihrer Korporation auszuschließen, um ein Urteil der herrschaftlichen Gerichtsbarkeit zu ermöglichen.[876] So konnte die im Mittelalter kirchlich geprägte und von Klerikern geführte Universität an dem kirchenrechtlichen Grundsatz: *„ecclesia non sitit sanguinem"*[877] festhalten, der es Klerikern verbot, Leibesstrafen und Todesurteile auszusprechen. Nach der Reformation und dem Übergang zur Landesuniversität strafte man mit dem Ausschluss, da er der Universität die Möglichkeit eröffnete, ihre innere Disziplin aufrechtzuerhalten und Studieninteressenten nicht durch harte Urteile abzuschrecken.[878]

b) Die Tat

In Heidelberg wurde eine Frau verurteilt, weil sie ihr Kind nach der Geburt getötet hatte. Es handelte sich um die Magd Maria Fuß. Ihr Dienstherr war der Pandektenprofessor Georg Gisbert Glöckner, wodurch die Magd zur Universitätsverwandten wurde.[879] Der Aussage der Magd zufolge handelte es sich bei dem Rechtsgelehrten auch um den Vater des Kindes. Kurz vor ihrer

siehe Wolgast S. 64f. Aus den Akten des Senats (UAH RA 690) ergibt sich eindeutig das Jahr 1679, vgl. auch Drüll II, S. 47.

875 Zu den Statuten von 1580, durch die das Privileg eingeführt worden war, siehe oben S. 91.

876 Stein, S. 122; Alenfelder S. 175; nach Woeste, S. 23 benötigte das Marburger Universitätsgericht eine Bestätigung des Landgrafen für Todesurteile und schwere Leibesstrafen. In Freiburg wurde im 16. Jahrhundert kein Todesurteil ausgesprochen: Bubach, S. 211. Auch dort zog man ggfs. einen Ausschluss vor: Ebd. S. 131. Die Tübinger Universität fällte 1592 und 1736 je ein Todesurteil, wobei es nur bei ersterem auch zu einer Vollstreckung kam: Thümmel, S. 383. In Würzburg versuchte die Landesherrschaft, jegliche Zuständigkeit der Universität für Strafsachen abzuschaffen, weshalb sich die Universität an ihre Heidelberger Kollegen wandte, um Auskunft über deren Privilegien zu erhalten, vgl das Schreiben vom 28. August 1680 in: UAH RA 6914. Im Jahr 1754 erfragte auch die Mainzer Universität nach entsprechenden Fällen, vgl. die Antwort des Heidelberger Senats vom 21. Juli 1754 in: UAH RA 6914. Die neugegründete Göttinger *alma mater* vollstreckte ein Todesurteil durch den Strang, Gundelach, S. 35 mwN.

877 Lat.: „Die Kirche dürstet nicht nach Blut", vgl. HRG I, Sp. 1174–1176.

878 Stein, S. 66; Rudolph in: Universitätsgeschichte als Landesgeschichte, S. 196.

879 Drüll II, S. 47; Hautz I, S. 153, Fn. 146. Näheres zu Glöckler bei Schroeder, Juristische Fakultät der kurpfälzischen Universität Heidelberg, S. 271ff.

Hinrichtung bat die Verurteilte um Gnade und belastete ihren Dienstherrn, der sie durch seine harten Worte zu der Tat veranlasst habe.[880]

c) Die Urteile

Über den Prozess gegen Maria Fuß lassen sich wenig gesicherte Feststellungen machen, da er in einer gesonderten Akte protokolliert wurde, die nicht überliefert ist.[881] Aus den eigentlichen Senatsprotokollen ergibt sich aber, dass die Magd unter Aufsicht der Universität inhaftiert war. So befassten sich die Professoren mit Fragen ihrer genauen Unterbringung und Verpflegung. Unmut im Senat verursachten die *„absonderlichen Kosten"*, weshalb *„die Sach bald zu ende"* gebracht werden sollte.[882] Die Soldaten, die für die Bewachung der Gefangenen angeworben worden waren, erhielten nach sieben Wochen zunächst 6 fl. Sold.[883] Im Zuge der Inhaftierung der Magd wird deutlich, dass die akademische Gerichtsbarkeit sich nur sehr selten mit Kapitalverbrechen befassen musste. So verfügte man über kein geeignetes Gefängnis, da der Karzer offenbar nicht mit Fenstergittern ausgestattet war. Um eine Flucht auf dem Weg zum Richtplatz zu verhindern, entschied der Senat den Stadtkommandanten zu bitten, dass er *„einige Ketten hergebe, daß die Inhafftiert dergestalten gantz eng an denen füßen zusamen geschloßen werde."*[884]

Glöckner wurde für sein Fehlverhalten, das in der außerehelichen Beziehung – nicht etwa in einer Teilnahmehandlung an der Kindstötung – gesehen wurde, von der Professur entbunden und nicht weiter bezahlt. Zunächst war der Senat bemüht, eine andere Tätigkeit außerhalb von Forschung und Lehre für ihn zu finden. Der Hochschullehrer, der erst zwei Jahre zuvor die Pandektenprofessur übernommen hatte, bat seine Kollegen mit Verweis auf seine sechszehnjährige Verbundenheit mit der Rupertina, ihn in seiner Funktion zu belassen.[885] Eine mögliche Anstellung in der Finanzverwaltung übernahm er jedoch nicht, stattdessen wurde er Geheimrat der Simmerschen Wittelsbacher.[886] Spätestens als die Magd ihn kurz vor der Hinrich-

880 Protokoll der außerordentlichen Senatssitzung vom 15. März 1679 in: UAH RA 690, S. 26.
881 Vgl. den Verweis auf die *„Acta Specialia"* im Protokoll der außerordentlichen Senatssitzung vom 1. Februar 1679 in: UAH RA 690, S. 1.
882 Protokoll der außerordentlichen Senatssitzung vom 16. Februar 1679 in: UAH RA 690, S. 11.
883 Protokoll der außerordentlichen Senatssitzung vom 20. Februar 1679 in: UAH RA 690, S. 12. Nach der Hinrichtung beklagten sie sich über die geringe Bezahlung und erhielten weitere 16 fl.
884 Protokoll der außerordentlichen Senatssitzung vom 1. März 1679 in: UAH RA 690, S. 18.
885 Protokoll der außerordentlichen Senatssitzung vom 27. Januar 1679 in: UAH RA 690.
886 Drüll II, S. 47.

tung bezichtigte, sie durch seine Unnachgiebigkeit und harten Worte zu der Tat veranlasst zu haben, war ein Verbleiben in der Korporation unmöglich geworden.

d) Die Vollstreckung

Das Urteil des akademischen Gerichts wurde in der Folge vollstreckt, was in der zeitgenössischen Gerichtspraxis nicht selbstverständlich war.[887] Für den Vollzug bestand keine Zuständigkeit der Universität. Gemäß den Statuten musste das Generalstudium nach dem Todesurteil die Akten an den Kurfürsten übersenden, der dann zunächst eine inhaltliche Prüfung vornehmen sollte. Entsprach das Urteil formell und materiell dem kurpfälzischen Recht, bestand noch Raum für einen fürstlichen Gnadenakt. Beim Ausbleiben eines solchen waren die kurfürstlichen Behörden für die Hinrichtung zuständig.[888] Im Fall der Maria Fuß bestätigte der Herrscher das Urteil des Heidelberger Universitätsgerichts.[889] Daraufhin setzte der Senat den Termin für die Hinrichtung auf die darauffolgende Woche fest und informierte die Verurteilte, die daraufhin ein Gnadengesuch an den Kurfürst verfasste. Gewisse Schwierigkeiten verursachte im damals protestantisch geprägten Heidelberg die Tatsache, dass *„das Mensch papistisch"* war und ein katholischer Geistlicher erst herbeigebracht werden musste.[890] Die Hinrichtung wurde am 18. März 1679 durch den Profos, einen Unteroffizier,[891] durchgeführt. Der Senat bezahlte dem Profos und seinem Knecht dafür einschließlich *„trinckgeld"* einen Gulden, der Zimmermann berechnete 9 fl. 30 Kr. für den Bau des Schaffotts, was den Professoren überhöht erschien. Sie kürzten die Rechnung daher auf 6 fl. Weiterhin übernahm die Universität die Kosten der Verteidigung, wegen der Höhe wollte man aber beim Stadtrat das übliche Salär erfragen. Insgesamt betrugen die Kosten:[892]

---

887 Drüll II, S. 47; Alenfelder, S. 175. Die Verhängung der Todesstrafe bedeutete vor allem im Mittelalter, aber auch später, nicht, dass es zwangsläufig zur Vollstreckung kommen musste, da sowohl das Opfer und dessen Angehörige als auch kirchlichen und weltlichen Würdenträgern ein Gnadenrecht zustand: Meurer in HRG V, Sp. 268.

888 So war es seit der Statutenreform von Ludwig VI. im Jahr 1580: siehe oben S. 91. Zur grundsätzlich auch möglichen Vollstreckung durch die Stadt siehe Derwein, S. 59; Braun, S. 11f.

889 Die Bestätigung des Urteils ging dem Senat am 14. März 1679 zu, UAH RA 1679, S. 23.

890 Protokoll der außerordentlichen Senatssitzung vom 14. März 1679 in: UAH RA 690, S. 23.

891 Der Profos hatte die Aufsicht über eingesperrte Soldaten, klagte sie an und leitete Hinrichtungen, ohne sie selbst auszuführen, siehe Erler in: HRG III, Sp. 2031f.

892 In der Senatssitzung vom 19. März 1679 befasste sich der Senat fast ausschließlich mit den Kosten, vgl. UAH RA 690, S. 28f.

Person	Tätigkeit	Kosten
Soldaten	Bewachung	22 fl.
Profos	Leitung der Hinrichtung	1 fl.
Zimmermann	Bau des Richtgestells	6 fl.
Advokat	Verteidigung	5 fl.
Totengräber	Bestattung	1 fl.
Schreiner	Sarg	1 fl. 30 Kr.
Wirt	Verpflegung letzte Tage	2 fl.
Gesamtkosten		**38 fl. 30 Kr.**

13. Strafen

Nun folgt ein Überblick über die Strafen, wie sie die akademische Gerichtsbarkeit der Heidelberger Universität im siebzehnten Jahrhundert verhängte.

a) Geldstrafen

Geldstrafen stellten auch im siebzehnten Jahrhundert die gebräuchliste Sanktionsform dar. Die Einnahmen durch Geldstrafen wurden unterschiedlich behandelt. So erhielt der Rektor von Strafen, zu denen er Studenten verurteilte, eine Hälfte, die andere ging an den Fiskus der Universität. Dieser erhielt bei Strafen, die der Senat erließ, zwei Drittel. Die Einnahmen der Universität aus jener Quelle variierten, lagen aber im siebzehnten Jahrhundert wohl meist nicht sehr hoch. Die Summe von 15 fl. pro Jahr, die Brunn nennt, ist wohl wesentlich zu niedrig angesetzt.[893] Aus den wenigen überlieferten Archivalien lassen sich erheblich höhere Summe erkennen. Schon die Geldstrafen als Sanktion für Duelle reichen von 2–40 fl. je Teilnehmer. So werden etwa im Jahr 1665 zwei Studenten wegen eines Duells zu je 40 fl. Strafe verurteilt.[894] Da es zu dieser Zeit häufig zu Duellen kommt, ist trotz der knappen Überlieferung davon auszugehen, dass die Einnahmen wesentlich höher anzusetzen sind.

893 Brunn, S. 123.
894 Siehe den Auszug aus dem Senatsprotokoll in: UAH RA 7921.

Möglicherweise hatte sich im Laufe der Zeit aber in der Praxis auch ein höherer Anteil der mit dem Urteil befassten Richter an den Strafgeldern eingespielt.

In Göttingen erhielt der Prorektor im achtzehnten Jahrhundert ein Drittel jeder Geldstrafe. Dort vermutete man damals, dass einzelne Professoren an der Universität vorbei pekuniäre Sanktionen aussprächen und die Gelder veruntreuten.[895] Eine entsprechende Praxis in Heidelberg könnte dann zu sehr viel niedrigeren Einnahmen im Fiskus der Universität geführt haben.

b) Haftstrafen

Eingerichtet wird der Heidelberger Karzer erst 1545. So ist das siebzehnte Jahrhundert der erste längere Zeitraum, in dem die Universität über ein eigenes Gefängnis verfügen konnte.

Statistische Aussagen über die Häufigkeit von Haftstrafen können wegen der uneinheitlichen Überlieferungslage jedoch nicht gemacht werden. Aus den vorliegenden Fällen ergibt sich aber, dass die Universität immer wieder von ihrem Kerker Gebrauch machte; zum Teil verurteilte sie Studenten auch zu langen, teils mehrjährigen Haftstrafen.[896]

c) Ausschluss

Im siebzehnten Jahrhundert kann das Gericht beim Ausschluss von Studenten abstufen. Dabei entspricht das System der Strafen dem der folgenden Jahrhunderte. So gibt es die Relegation *„tacita vel privata"* oder die schärfere Strafe der *„relegatio cum publica proscriptione"*. Während der Ausschluss in der ersten Variante nicht öffentlich gemacht wird, handelt es sich bei der zweiten Variante, dem Verweis mit einer Veröffentlichung in Form eines Anschlages am Schwarzen Brett regelmäßig um eine infame, also ehrenrührige, Strafe.[897] Eine solche Strafe drohte beispielweise demjenigen, der den *Verruf*[898] über einen Studenten, der sich dem Pennalismus und den Duellen verweigerte, verhängte.[899] Unterschieden wurden auch die Folgen von dauerhafter (*„relegatio in perpetuum"*) oder zeitweiser Relegation. So folgte auf erstere üblicherweise die Löschung des Namens aus den Matrikeln mit dem

895 Brüdermann, S. 125f.
896 Wie im Fall des Caspar Flaminius, siehe oben S. 101ff.
897 Toepke II, S. 235, Fn. 4.
898 Zur innerstudentischen Strafe des Verrufs siehe unten S. 325ff.
899 Siehe das Duelledikt von 1681: GLA 205/1133 und im Anhang VII.

Hinweis auf dauerhaften Ausschluss.[900] Ein befristeter Ausschluss wurde im siebzehnten Jahrhundert etwa bei Diebstahl von Geld verhängt, jedenfalls wenn die Tat innerhalb der Studentenschaft geschah.[901]

Die bei der Immatrikulation verschwiegene *relegatio in perpetuum* an einer Universität des Reichs konnte bei Bekanntwerden zur Exclusion aus der Rupertina führen.[902]

Zumindest in einigen Fällen spricht die Universität einzelnen Studenten auch die Empfehlung aus, die Stadt zu verlassen, um einer gegebenenfalls ehrenrührigen Relegation zuvor zu kommen.[903] Diese Empfehlung wird als *consilium abeundi* im achtzehnten und neunzehnten Jahrhundert zu einer regulären Sanktionsmöglichkeit des akademischen Gerichts.

Eine zeitgenössische Quelle, die Studentenkomödie *Cornelius relegatus*, mag als Beleg dafür dienen, dass der dauerhafte Ausschluss von den Hochschülern ernst genommen und gefürchtet wurde.[904] Denn während eine Haftstrafe im Karzer durch eine Geldzahlung abgegeltbar war, bedeutete die Relegation den Verlust der akademischen Privilegien und der Aussicht auf eine berufliche Karriere.

d) Leibesstrafen

In einem Fall verhängte die akademische Gerichtsbarkeit zu Heidelberg die Todesstrafe über eine Universitätsangehörige.[905] Das *ius vitae necisque*, insbesondere ohne das Recht des Landesherrn, ein entsprechendes Todesurteil aufzuheben, ist in einer zeitgenössischen Quelle als das vornehmste Privileg der Universität bezeichnet.[906] Aus der Zeit vor der Reformation, als die Heidelberger Hohe Schule eine von der Kirche privilegierte Genossenschaft war, sind keine vom Universitätsgericht ausgesprochenen Todesurteile überliefert.

Allerdings steht der zeitgenössische Bericht im Widerspruch zur Lage, wie sie sich aus den Statuten der Universität ergibt. Nach diesen mussten die

---

900 Toepke II, S. 240, Fn. 10.

901 So etwa am 22. Dezember 1620, als ein Student für drei Jahre relegiert wurde: Toepke II, S. 302, Fn. 5. Bei Diebstählen zulasten von Professoren urteilte das Universitätsgericht meist erheblich härter.

902 In Heidelberg wurde zum Beispiel ein Student ausgeschlossen, als bekannt wurde, dass er in Altdorf auf unbegrenzte Zeit relegiert worden war: Toepke II, S. 225, Fn. 7.

903 Toepke II, S. 208, Fn. 7.

904 Sommer, Cornelius relegatus, Zeile 2077ff.: „*Denn der Rector drewet mir hart / Wenn ich widr kem / zu relegirn / Von aller freyheit excludirn.*“

905 Siehe oben S. 159ff.

906 Iselin, S. 700.

Akten nach einem Todesurteil vom Universitätsgericht an den Kurfürst und dessen Räte übersandt werden, die eine Prüfung der Sach- und Rechtslage vornahmen. Schließlich stand dem Herrscher noch ein Begnadigungsrecht zu.[907]

14. Einflussnahme des Kurfürsten auf die akademische Gerichtsbarkeit

Auch im siebzehnten Jahrhundert nehmen die Kurfürsten Einfluss auf Entscheidungen des Universitätsgerichts. So finden sich Fälle, in denen der Herrscher in Verfahren hineinregiert. So wird schon 1605 ein Student „*ex decreto dominorum*“ in den Karzer gesperrt.[908] Im Jahr 1671 fordert der Landesherr den Senat auf, zwei Studenten, die in einem Konflikt mit dem Stadtkommandant stehen, wieder in Haft zu nehmen, nachdem der Senat sie aus dem Karzer in den Hausarrest entlassen hatte.[909]

Insgesamt finden sich allerdings weniger Eingriffe als im vorhergehenden Jahrhundert, was aber nicht zwingend für weniger oktroyierte Maßnahmen sprechen muss. Möglicherweise ist Grund dafür die lückenhafte Überlieferung.

15. Zwischenergebnis

Die akademische Gerichtsbarkeit in der Zeitspanne von 1386 bis etwa 1700, ist Beleg dafür, dass sie als Ausdruck der Autonomie der Hohen Schule zu Heidelberg zu verstehen ist. Dabei handelte es sich um keine völlige Losgelöstheit vom Kurpfälzischen Staat, sondern um eine Befugnis, sich selbst Statuten in eigenen Angelegenheiten zu geben, ohne dass es deshalb an der Oberhoheit des Kurfürsten gefehlt hätte. Wie in allgemeine Angelegenheiten der Universität, so regierten die jeweiligen Kurfürsten mitunter auch in die akademische Gerichtsbarkeit hinein.

Anzumerken ist, dass die unmittelbar von der Universitätsgerichtsbarkeit betroffenen Studenten die Urteile ihrer Lehrer denen des Schultheißen immer wieder vorzogen. Drohte die Universität nichteingeschriebenen Stu-

907 Siehe oben S. 93.

908 Toepke II, S. 209, Fn. 6.

909 Kurfürstliches Dekret vom 21. Juni 1671 in: GLA 205/1130.

denten mit der Überweisung an das städtische Gericht, dann folgte meist kurzfristig die Immatrikulation – und damit die Unterwerfung unter die akademische Gerichtsbarkeit.[910]

910 Z.B. 1619 der adlige Student Philipp Julius von Plate: Toepke II, S. 298, Fn. 2.

C. Zweiter Schwerpunkt: Das achtzehnte Jahrhundert

I. KAPITEL: Grundlagen

Für die Pfalz, Heidelberg und seine Universität war das achtzehnte Jahrhundert ein äußerlich ruhiges Zeitalter, ohne Kriege und Zerstörung. Eine große Veränderung erlebte Heidelberg im Jahr 1720, als die Stadt durch die Verlegung des kurfürstlichen Hofs nach Mannheim ihren Status als Residenz verlor.[911] Dies hatte erhebliche wirtschaftliche und geistige Auswirkungen zur Folge.[912] Grund für die Verlagerung waren die religiösen Differenzen zwischen dem katholischen Kurfürsten Carl Philipp (1716–1742) und dem reformierten Teil der Heidelberger Bevölkerung. Ausgelöst wurde der Wegzug durch den Streit über die Nutzung der Heiliggeistkirche.[913] Das Kirchenschiff war seit 1705 durch eine Mauer vom Chor getrennt. Letzterer diente dem katholischen Gottesdienst.[914] Nun wollte der Kurfürst die Kirche, in der die Hauptgrablege seiner Vorfahren war, ganz nach römischem Ritus nutzen. Das lehnten die protestantischen Bürger ab, da diese seit der Reformation ihre Hauptkirche war.[915] Auch einen gleichgroßen Neubau wollten sie nicht akzeptieren, denn der Kirchenrat wollte oder konnte sich nicht über die Religionsdeklaration zwischen Kurpfalz und Preußen von 1705 hinwegsetzen.[916] Als der Kurfürst in der Kirche die Mauer einriss, welche Quer- und Langhaus trennte, rief der Kirchenrat die protestantischen Schutzmächte und den kaiserlichen Hof zur Hilfe.[917]

Vor diesem Hintergrund kam es vor allem in den ersten Jahrzehnten des achtzehnten Jahrhunderts zu Konflikten, die auch die akademische Gerichtsbarkeit beschäftigten. Stadtbevölkerung und Studentenschaft waren konfessionell gemischt. So kam es immer wieder zu Streitigkeiten.[918]

---

911 Wolgast, S. 66.

912 Zum Bevölkerungsrückgang siehe Derwein, S. 24.

913 Die Augangslage des Kirchenstreits stellt Schaab, ZGO 114 (1966), S. 148ff. dar.

914 Schaab II, S. 173f.; Häusser II, S. 861.

915 Hautz II, S. 252; Hess, ZGO 136 (1988), S. 217.

916 Schaab II, S. 157; Haaß, S. 93 betont die Bestrebungen der Fürsten, jeweils die Angehörigen ihres Bekenntnisses zu fördern und die Religionsverträge zu umgehen.

917 Struve, S. 1442, 1449.

918 Im 18. Jhd. waren etwa 65% der Studenten Katholiken, 33% Reformierte und nur 2% Lutheraner: Wolf, S. 180.

Auch wurden Überlegungen in den Jahren nach dem Wegzug des Hofes angestellt, die Universität nach Mannheim zu verlegen, um die alte Einheit von politischem und wissenschaftlichem Haupt wiederherzustellen. Letztmalig kam der Vorschlag auf, als Kurfürst Carl Theodor Bayern erbte und der Kurpfälzer Hof nach München umsiedelte.[919]

Neben diesen Auswirkungen stellt vor allem das sich im späten achtzehnten Jahrhundert anbahnende Ende der Kurpfalz als selbstständige Territorialherrschaft und die Wiederbegründung der Hohen Schule durch die neuen badischen Regenten einen Einschnitt in die Geschichte der Universität Heidelberg dar.

Bei der Aufarbeitung der Geschichte des Heidelberger Universitätsgerichts im achtzehnten Jahrhundert ist zu beachten, dass in den Jahren von 1704–1725 und 1739–1748,[920] sowie 1760–1769[921] die Senatsprotokolle unvollständig oder ganz verschollen sind. Deshalb kann nur auf die archivarisch überlieferten Entwürfe und Beilagen zurückgegriffen werden. Dieser Verlust erweist sich als besonders einschneidend, weil der Senat im achtzehnten Jahrhundert auch in der ersten Instanz an die Stelle des ursprünglich institutionell getrennten Gerichts getreten war.[922] Die zuvor zumindest nominell bestehende Trennung zwischen Verwaltung und Rechtsprechung war dadurch aufgehoben. Vergleichbar war die Lage in dieser Epoche in der städtischen Gerichtsbarkeit. Der Stadtrat wurde als Gericht erster Instanz tätig, und zwar wie der Senat der Universität ebenfalls ohne eine Trennung zwischen den Funktionen des Rates als Exekutive und als Judikative.[923]

So finden sich Urteile und Sachverhaltsfragmente verstreut zwischen der Bearbeitung allgemeiner Verwaltungsfragen in den Senatsprotokollen und deren Entwürfen.

Das achtzehnte Jahrhundert ist für die deutschen Universitäten eine Epoche der Krise. Deutlich wird das vor allem am Rückgang der Studentenzahlen, die sich im Verhältnis zur wachsenden Bevölkerung etwa halbierten.[924] Eine weitere Besonderheit ist die Gründung der wissenschaftlichen

---

919 Die Verlagerung der Universität von Heidelberg sollte die Stadt Mannheim vom Verlust des Hofes entschädigen: Benz, S. 315. Bevor der Hof nach München zog, wollte man mit einer Zusammenlegung von Residenz und Universität den alten Status wieder herstellen.

920 Vgl. Toepke IV, S. 107, Fn. 2.

921 Vgl. UAH RA 880: *„Konzepte von Senatsprotokollen 1760–1769 (Bruchstücke)"*.

922 Weisert, S. 67.

923 Zur Gerichtsverfassung der Stadt Heidelberg im 18. Jahrhundert siehe Braun, S. 1ff.

924 Besonders die Nachkommen von Adel und Oberschicht wandten sich von den Universitäten ab, vgl. Brandt, S. 55.

Gesellschaften und Akademien, die auch in der Kurpfalz entstehen. Eine Verlagerung von Forschung und Wissenschaft weg von den Universitäten war zwangsläufig die Folge.

II. KAPITEL: Fälle aus dem achtzehnten Jahrhundert

Mehrfach finden sich zu Beginn des achtzehnten Jahrhunderts Fälle, namentlich solche der Straf- und Disziplinargerichtsbarkeit, die durch Konflikte zwischen Angehörigen der verschiedenen Religionen und Konfessionen ausgelöst wurden. Neben den meist mittelbar durch die Rekatholisierung der Kurpfalz – und damit in besonderem Maße auch der Rupertina[925] – ausgelösten Streitigkeiten zwischen den christlichen Konfessionen kam es auch zu Misshandlungen Angehöriger des mosaischen Glaubens.

Zusätzlich boten die studentischen Umtriebe häufigen Anlass für Prozesse vor dem Senat, da sich im achtzehnten Jahrhundert das Ordens- und Verbindungsleben an den Akademien des Reichs entwickelte. Die Rivalitäten zwischen den studentischen Zusammenschlüssen führten immer wieder zu Auseinandersetzungen, mit denen sich das akademische Gericht zu befassen hatte. Eine weitere Gruppe, die sich häufiger in den Akten findet, ist die der Universitätsverwandten. Durch die verschiedenen Jurisdiktionen, zu der noch die militärische kam, entstand ein erhebliches Konfliktpotential in der beengten Stadt im Neckartal. Das war auch dem Senat bewusst, wie aus einem Bericht an den Kurfürsten aus dem Jahr 1779 deutlich wird: *„in der hiesigen Stadt Heidelberg befinden sich viele Bürger und Bürgerssöhne, es befindet sich hier das militare und noch viele von Mannheim aus beurlaubte Soldaten welch letztere müsig herumgehen und schon allerley unfug getrieben haben.“*[926]

Insgesamt fällt die große Bandbreite der Sachgebiete auf, mit denen sich das akademische Gericht im achtzehnten Jahrhundert befasste: vom Weindiebstahl aus dem Keller eines Professors über Duelle, Konflikte mit dem Militär und der verbotenen Sektion einer Kinderleiche[927] bis zu einfachen Zahlungsklagen reichen die überlieferten Fälle.

---

925 Die Auswirkungen der Gegenreformation auf die Heidelberger Universität beschreibt Schroeder, Juristische Fakultät der kurpfälzischen Universität Heidelberg, S. 304ff.

926 Bericht des Senats an den Kurfürsten vom 20. März 1779 in: UAH RA 3413.

927 Die Untersuchungsakte findet sich in UAH RA 7823, ein Urteil oder anderes Ergebnis enthält sie nicht. Es handelte sich um eine Kinderleiche, die auf dem Friedhof ausgegraben und durch einen Chirurgieprofessor *„anatomisirt“* worden war. Die umfangreiche Untersuchung zeigt, dass die Universität den Fall sehr ernst nahm.

1. Misshandlung eines holländischen Bedienten durch einen Jesuitenstudenten

Im März 1720[928] begegnete ein Diener des Gesandten der niederländischen General-Staaten, Baron v. Spina,[929] einer Prozession von Jesuiten, die eine Monstranz durch Heidelberg führten. Es sollte wohl einem Sterbenden die letzte Kommunion gereicht werden.[930]

Um nicht vor dem Sakrament niederknien zu müssen, aber auch keinen Skandal zu verursachen, begab sich der Diener des protestantischen Gesandten seiner Aussage zufolge mit gezogenem Hut in einen Hauseingang,[931] vermutlich des Wirtshauses „Zu den Drei Königen" in der damaligen Judengasse.[932] Von einem Soldaten und zwei Studenten der *societas jesu*, denen das Verhalten des Dieners nicht gebührlich erschien, wurde der Diener dort *„mit Schlägen übel tractiret"*.[933]

Daraufhin erhob der Gesandte Klage bei Kurfürst Carl Philipp, dieser verwies ihn aber an den Kaiser. Es kam dennoch zu einer weiteren Behandlung der Angelegenheit in Heidelberg. Sowohl die kurfürstliche Jurisdiktion als auch das akademische Gericht befassten sich mit den Geschehnissen.

Zunächst wurde der Student der Rechtswissenschaft Sartorius[934] verdächtigt und von zwölf kurpfälzischen Soldaten in seiner Wohnung festgenommen, daraufhin durch eine 150 Mann starke Miliz mit Musik durch die Hauptstraße zur Hauptwache gebracht, wo er eingesperrt wurde. Über diese offensichtliche Verletzung der Universitätsprivilegien zeigte sich die Hohe Schule konfessionsübergreifend erzürnt.[935] Man forderte vom Kurfürs-

928 UAH RA 864, unter anderem im Urteil (siehe Anhang VIII) wird der 16. 3. 1720 genannt. Struve, S. 1453 nennt den 17.03., Toepke IV, S. 25ff., Fn. 4 den 19.03.

929 Peter de Spina, Freiherr seit 1711, Bevollmächtigter der General-Staaten in Frankfurt a. M., ADB 35 (1893), S. 197f.; älterer Bruder des nicht in den Freiherrnstand erhobenen Heidelberger Professors der Medizin David de Spina, zu diesem Drüll II, S. 147.

930 Struve, S. 1453 nennt eine Monstranz, die getragen worden sei. Aus UAH RA 864 und Toepke IV, S. 25ff., Fn. 4 wird deutlich, dass es sich um das Viaticum, mithin die Sterbekommunion, gehandelt hat.

931 Kurze Beschreibung bei Hautz II, S. 259, der im wesentlichen Struve, S. 1453 folgt; siehe auch Toepke IV, S. 25ff., Fn. 4.

932 Vgl. die dritte Frage (*Specialia*) an Sartorius, UAH RA 864, siehe Anhang IX. Die Judengasse in der Heidelberger Altstadt wurde im neunzehnten Jahrhundert in Dreikönigstraße umbenannt. Auf dem Stadtplan von 1821 im Anhang X ist sie noch als Judengasse bezeichnet.

933 Struve, S. 1453.

934 Aus UAH RA 864 wird deutlich, dass es sich um Johann Georg Sartorius aus Neckarsulm handelt, immatrikuliert am 20. Dezember 1718: Toepke IV, S. 41.

935 Vgl. das Senatsprotokoll vom 20. März 1720: UAH RA 864.

ten die Überstellung des Gefangenen an die akademische Gerichtsbarkeit und erinnerte an die Privilegien der Hohen Schule.[936] Die Universität bot auch an, eine Untersuchungskommission zu gründen, aus *„theils catholisch und theils reformirten"* Professoren und einem Offizier, um dem beleidigten Diener Satisfaktion zukommen zu lassen. Mitglieder der Kommission sollte neben dem Professor der Rechte und kurfürstlichem Rat Thyllius[937] auch der Rat von der Sachsen und der Obristenwachtmeister von Kessel[938] sein.[939] Der Protest blieb jedoch erfolglos, Sartorius war noch am 3. April in nichtuniversitärer Haft.[940]

Lediglich eine eigene Untersuchung durch den Senat wurde der Universität zugestanden, allerdings ohne Entscheidungskompetenz. Behandelt wurde die Angelegenheit in ordentlichen als auch in außerordentlichen Sitzungen[941] durch den Senat unter dem Vorsitz des Rektors Mathias Hoenicke, einem Theologieprofessor und Jesuiten.[942] Am 22. März erstattete sie einen Bericht an den Kurfürsten, woraufhin dieser am folgenden Tag eine Untersuchungskommission einrichtete.

Unter dem Datum des 28. März ist eine ausführliche Befragung des Studenten Sartorius durch die Untersuchungskommission überliefert. Hier wird die Kommission *expressis verbis* als kurfürstliche bezeichnet, obwohl sie sich aus den oben genannten Personen zusammensetzte. Im Rahmen der Untersuchung wurden noch mehrere Studenten ausgiebig befragt, unter anderen auch ein *stud. von Sickingen.*[943] Studiosus Sartorius beschrieb in seiner Befragung einen erheblich vom Vorwurf des holländischen Gesandten abweichenden Tatverlauf. So habe der Bediente erst den Hut gezogen, als der Soldat auf ihn zugekommen sei. Auch sei er nicht sofort in den Hauseingang getreten, sondern erst an der Prozession vorbeigelaufen. Weiterhin weist der Beschuldigte seine Teilnahme an der Tätlichkeit zurück und bestätigt lediglich als Teilnehmer der Prozession Zeuge derselben geworden zu sein. In der

936 UAH RA 864; Toepke IV, S. 25ff. (S. 26), Fn. 4.

937 Schroeder, Juristische Fakultät der kurpfälzischen Universität, S. 364ff.; Drüll II, S. 154f.

938 Dieser findet sich schon 1710 in den Senatsprotokollen als Oberleutnant Kessel: UAH RA 861, fol. 6; wohl identisch mit einem Obristen v. Kessell bei Toepke IV, S. 35, Fn. 4.

939 UAH RA 864.

940 aA Struve, S. 1453, der ohne Quellenangabe von einer sofortigen Freilassung ausgeht.

941 Senatus Extraordinarius, etwa am 23. April 1720: UAH RA 865.

942 Drüll II, S. 69f.

943 UAH RA 864; entweder Frhr. Philipp Wilhelm Franz v.S. oder Frhr. Carl Anton Johannes Damian v.S., beide immatrikuliert am 28. Dezember 1718: Toepke IV, S. 37; zu letzterem, der 1743 kurpfälzischer Oberamtmann in Simmern wurde: ADB 34 (1892), S. 158f.

letzten Frage wird der Verdacht geäußert, der Bediente habe die Körperverletzung provoziert, was der Beschuldigte Sartorius bestätigt.[944]

Einen Monat später erließ der Kurfürst eine Verordnung, wie sich Nichtkatholiken beim Begegnen der Monstranz zu verhalten hätten. Abgesehen vom Niederknien wird das Ausweichen in ein Haus oder eine andere Straße, und damit das vermutliche Verhalten des Dieners, ausdrücklich gestattet.[945]

Bei einem zwischenzeitlich in Verdacht geratenen Studenten, wohl dem Hauptschuldigen, handelte es sich um den katholischen[946] cand. iur. Johann Jacob Hüber (al. Huber) aus dem kurpfälzischen Beindersheim.[947] Dieser war zuvor schon wegen mehrerer Exzesse, unter anderem der Misshandlung seines Arbeitgebers, des Amtsschreibers Lingelsheim und dessen Ehefrau, für ein Jahr relegiert worden. Nach wiederholten Eingaben und dem Versprechen, sich zukünftig besser zu benehmen, hatte man die Strafe erheblich verkürzt.[948]

Da Hüber flüchtig war und somit der Vorladung der Universität vom 3. April[949] keine Folge leistete, wurde er wegen der Misshandlung des Bedienten und wegen des Ungehorsams gegenüber der Korporation am 11. April vom Senat einstimmig (also auch durch die fünf Jesuitenprofessoren) relegiert. Die Universität urteilte also in der Sache, obwohl sie zuvor nur untersuchen sollte. Zur Schärfung der Strafe und zur Warnung anderer verhängte man den Ausschluss *„in perpetuum cum infamia“*.[950]

Der Senat verkündete das Urteil jedoch nicht wie geplant am kommenden Morgen, da abends dem Rektor mitgeteilt wurde, dass der Kurfürst nach einer Eingabe des Barons v. Spina den Fall wieder an den Hof ziehen wollte. Dazu sollte jedes Senatsmitglied dem Hof schriftlich mitteilen, wie und warum gestimmt worden war. Daraufhin votierten die Jesuitenprofessoren nicht mehr für den dauerhaften unehrenhaften Ausschluss.[951]

944 UAH RA 864, siehe insbesondere die 23. Frage und Antwort im Anhang IX.

945 Hautz II, S. 259.

946 UAH RA 865.

947 Immatrikuliert am 18. Mai 1713, wegen Armut von den Gebühren befreit: Toepke IV, S. 25.

948 Toepke IV, S. 25, Fn. 4.

949 UAH RA 864: Citatio Studiosi Hüber.

950 Toepke IV, S. 25ff. (S. 27), Fn. 4.

951 Toepke IV, S. 25ff. (S. 27), Fn. 4; Diese Aufforderung des Fürsten an die Professoren deutet Hautz II, S. 259, Struve, S. 1453 zitierend wohl fälschlich als Aufforderung zu erklären, ob der Student tatsächlich so hart gestraft werden solle, mithin als inhaltliche Einmischung in das gefällte Urteil, während eigentlich das gesamte Urteil infrage gestellt wurde.

Nach einem Bericht des Senats vom 24. April entschied Carl Philipp am 1. Mai, dass stud. Hüber wegen seiner erwiesenen Schuld zu relegieren sei.[952] Damit folgte der katholische Kurfürst und Förderer der Jesuiten dem Minderheitsvotum der reformierten Senatsmitglieder, während die katholische Mehrheit für 14 Tage Karzer bei Wasser und Brot ohne Ausschluss gestimmt hatte.[953] Am 2. Mai erließ die Hohe Schule ihr Urteil,[954] welches sie am 22. oder 23. Mai veröffentlichte und alle ihr unterstehenden Bewohner Heidelbergs dazu aufforderte, Hüber nicht mehr als Student anzusehen und ihm insbesondere keine Unterkunft zu gewähren.[955]

Anzumerken bleibt, dass Carl Philipp die Strafe primär wegen des Verlassens der Prozession und erst sekundär wegen des Angriffs auf den Diener verhängte. Auch handelte es sich um eine zwar dauerhafte, aber nicht ehrenrührige Exclusion.[956]

In der Stadt, unter den Diplomaten und deren Dienerschaft in Heidelberg und am Hof scheinen die Vorgänge um stud. Hüber für erhebliche Aufregung gesorgt zu haben. So kommt es am 7. April zur Verhaftung von drei weiteren Studenten der Jesuiten, da diese eine Auseinandersetzung mit dem Koch und den Dienern des Gesandten von Großbritannien, Herrn von Haldane, hatten.[957] Tatort ist das Wirtshaus „Zum Goldenen Lamm".[958]

Auch diese Verhaftung im Auftrag des Kurfürsten führt zu Konflikten zwischen dem Herrscher und der Universität. Letztere beschwert sich über den Eingriff in ihre Gerichtsbarkeit. Hier ist die Hohe Schule erfolgreicher, die Studiosi Senger, Pirot und Streiter werden am folgenden Tag in den Karzer überstellt.

Das war jedoch nicht zum besten der Akademiker, denn sie blieben gefangen, allerdings unter sehr schlechten Bedingungen, weshalb die Universität am 18. April an den Kurfürsten schrieb, mit der Bitte, die Gefangenen in städtische Haft zu überführen, da diese *„in die 12 täg und recht naßkalten*

952 Es handelte sich also um einen Eingriff in die eigentlich souveräne Jurisdiktion der Rupertina. Vgl. Haaß, S. 96: *„auf kurfürstlichen Befehl"*.

953 Winkelmann II, Nr. 2000; aA Struve, S. 1453, der meint, dass der schuldige Student *„anderen zum Abscheu in der Schule mit Ruten gezüchtigt"* wurde; wohl Verwechslung mit einem 14-jährigen Jesuitenschüler, welcher einige Wochen später nach einem ähnlichen Vorfall entsprechend gestraft wurde. Für Studenten wurde diese Strafe in jener Zeit nicht mehr genutzt: Toepke IV, S. 25ff. (S. 27f.), Fn. 4.

954 UAH RA 864: Transkription im Anhang VIII.

955 UAH RA 864.

956 UAH RA 865: einfache Relegation, während vorher eine solche *cum infamia* zur Diskussion stand.

957 UAH RA 864.

958 Siehe die Befragung des Zeugen Johannes, Diener von Hanau: UAH RA 865.

nächten und sonst gar vielen ungemächs im carcer, so nicht eingehiezt werden kann, gesessen, dass 2 bereits darin erkräncket und zu nacht den medicum zu sich kommen lassen" mussten. Entlassen wurden die drei Beschuldigten erst am 18. Mai aufgrund einer kurfürstlichen Order wegen fehlender Schuld.[959] Angefangen hatten den Streit wohl die Bediensteten des Gesandten, während den Studenten kein strafbares Verhalten vorgeworfen wurde. Vorher scheinen sie zur Verbesserung der Haftbedingungen unter Bewachung bei Schneider Johann Sontag untergebracht worden zu sein. Da der Gesandte mit diesem Ausgang unzufrieden war, beauftragte er die Giessener Juristische Fakultät mit einem Gutachten, worauf Carl Philipp mit einem Gutachten der Heidelberger Fakultät antwortete. Die Gutachten finden sich jedoch nicht in den betreffenden Akten.[960]

An diesem und ähnlichen Fällen wird deutlich, dass es immer wieder zu einer Verschränkung der Gerichtssphären in Heidelberg kam. Hier waren neben der akademischen Welt auch der Bereich der Diplomatie, der Religion und des Hofes betroffen. Ob und wenn ja, wie die dritte beteiligte Sphäre, die des Militärs, sich der Sache annahm, wird aus der Überlieferung nicht erkennbar. Festzustellen ist, dass sich die Rupertina mit Verweis auf ihre Privilegien selbstbewusst gegenüber dem Kurfürsten behauptete und den Fall eigenständig untersuchte und letztlich auch über ihr Mitglied urteilte. Deutlich wird der hohe Stellenwert, den die akademische Gerichtsbarkeit genoss: Hatte der Kurfürst den holländischen Gesandten zunächst an den Kaiser verwiesen, so endete die Angelegenheit mit einem Votum der Heidelberger Professoren.

Einordnen lässt sich die Begebenheit auch in die lange Reihe der konfessionellen Konflikte in der Neckarstadt und an ihrer Universität, gerade auch vor dem Hintergrund des Heiliggeistkirchenstreites.[961]

---

959 Da es sich ursprünglich um kurfürstliche Gefangene gehandelt hatte, wurden sie auch durch eine kurfürstliche Order entlassen. Fraglich bleibt allerdings, warum sich die Universität nicht entschiedener gegen den Eingriff in ihr Gerichtsprivileg wehrte, denn in der Vergangenheit hatte sie dem Kurfürsten nie ein Festnahmerecht für Akademiker zugestanden.

960 UAH RA 865; Toepke IV, S. 40, Fn. 2.

961 Weitere Beispiel für die religiösen Streitigkeiten bei Haaß, S. 95ff.

2. Mehrmals vor dem akademischen Gericht: Johannes Peter Breitner

Der Artisten- und spätere Jurastudent Breitner (al. Breiter)[962] kommt während seiner Studienzeit mehrfach in Kontakt mit der akademischen Gerichtsbarkeit.

Eingeschrieben hatte er sich am 11. Dezember 1716. Aktenkundig wird er zum ersten Mal im März 1720. Wegen einer Auseinandersetzung mit einem kurfürstlichen Kammerportier, dem Breitner zusammen mit stud. Strasburg[963] unter Anwendung von Gewalt grundlos den Degen abgenommen hatte, wird er zeitweise relegiert. Sein Mittäter erhielt acht Tage Karzer bei Wasser und Brot. Das *ius gladii*, die Berechtigung, in der Öffentlichkeit einen Degen zu tragen, war den Studenten des achtzehnten Jahrhunderts sehr wichtig. Der Fall zeigt, dass sie es gegenüber anderen Personengruppen, die sie für unberechtigt hielten, Waffen zu tragen, durchsetzten.[964] Dabei galt das Recht seit 1709 nur noch für einen Teil der Studentenschaft: Während Juristen und Mediziner mit Mantel[965] und Degen auftreten durften, war es *„denen Theologis, Philosophis, Eloquentisten und absonderlich Stipendiarys von allerseits Religionen"* untersagt.[966] Begründet wurde das Verbot mit dem geringen Alter der Mitglieder der Artistenfakultät. Dem Degentragen der Theologen widersprach ihr späteres Amt. Da Johannes Breitner zunächst als Artist eingeschrieben war, könnte der Stolz über seinen Aufstieg in die Juristische Fakultät und die damit verbundene Berechtigung zum Waffentragen Auslöser des Konfliktes gewesen sein.

Ein Jahr später, nach Ablauf des Ausschlusses, trat Breitner wieder in Erscheinung. Er war an einem Vorfall beteiligt, bei dem der Schneidergeselle Friedrich von der Heide verletzt wurde. Neben ihm wurden die Studenten Sponhauer[967] und Demolin in der Sache angeklagt. Alle drei flüchteten, nur Demolin kam der Vorladung der Universität nach. Er erhielt deshalb die mil-

---

962 Toepke IV, S. 33.

963 Immatrikuliert am 20. Dezember 1718: Toepke IV, S. 40.

964 Siehe auch Schroeder, Tod den Scholaren, S. 69.

965 Der Mantel hatte in Bezug auf das Degentragen zwei Funktionen: Mit ihm konnte die Waffe während des Tragens verdeckt werden, was deren Gefährlichkeit erhöhte und außerdem bei einem Konflikt um den Arm gewunden als Abwehrmittel dienen; vgl. zu letzterem die zeitgenössische Abbildung bei Sutor, S. 76.

966 Antwortschreiben der Universität an die Regierung, in dem sie eine entsprechende Verordnung empfiehlt, in: UAH RA 4799. In Ingolstadt war es nur den Adligen und Juristen ab dem dritten Studienjahr gestattet, Degen zu tragen, Kaufmann, Katholische und protestantische Universitäten, S. 8.

967 Immatrikuliert am 09. Dezember 1720: Toepke IV, S. 44.

deste Strafe, drei Tage Karzer bei Wasser und Brot. Sponhauer wurde dauer-, aber ehrenhaft relegiert.

Breitner, anscheinend der Hauptangeklagte, ließ sich durch einen Advokaten vertreten. Verurteilt wurde er am 23. Mai 1722 zu 300 fl. Schadensersatz und einen Monat später ausgeschlossen.[968] Es handelte sich dabei um eine sehr hohe Summe, die etwa der gesamten jährlichen Besoldung eines Professors der Philosophischen Fakultät jener Zeit entsprach.[969]

3. Grenzen der örtlichen Zuständigkeit – Der Fall Johann Philipp Gerlach

Der gebürtige Heidelberger stud. phil. Gerlach, ein Sohn des Kollektors zu Nussloch, hatte sich am 21. März 1720 in die Matrikel eingeschrieben. Er beschäftigt genau ein Jahr später die akademische Gerichtsbarkeit seiner *alma mater.*[970]

Während eines Streites in *„dem über den Neckar im wirthshauß ahn der sogenannten Hierschgassen“*[971] sticht er auf den Spielmann Stössell ein, woran dieser kurz danach stirbt. Daraufhin wird der Student vom Oberamt, also der kurfürstlichen Verwaltung,[972] festgenommen. Erst nach langwierigen Verhandlungen übergiebt ihn das Amt der Hohen Schule. Diese ist empört, dass *„durch das oberambt gegen die bißherige observantz und zu völliger underdrückung der ohne dies leyder ietzo sehr geschwächten Ustät* [Universität] *ein so höchst nachtheiliger eingrieff undernohmen werdte“.*[973]

Das Oberamt ging von seiner Zuständigkeit aus, weil der Tatort in der Hirschgasse lag. Diese befindet sich auf der nördlichen Uferseite des Neckars und damit außerhalb des damaligen Stadtgebietes.[974] Im Gegensatz dazu war die Universität der Ansicht, dass sich ihre Jurisdiktion über die ihr Unterstehenden im gesamten Gebiet der Kurpfalz erstreckte. Zur Stützung ihrer Auffassung verweist sie in ihrem Schreiben an das Oberamt auf *„praejudicia*

968 Toepke IV, S. 33, Fn. 3.
969 Übersicht über die Professorenbesoldung bei Merkel, S. 263f.
970 Toepke IV, S. 43, Fn. 2.
971 Zitiert nach Toepke IV, S. 43, Fn. 2. Zur Gaststätte „Hirschgasse“, dem späteren Heidelberger Pauklokal, siehe Lorentzen, Chronik der Hirschgasse.
972 Zum Oberamt Heidelberg, dem flächenmäßig größten und bevölkerungsreichtsen Oberamt der Kurpfalz siehe Schlick, S. 30ff.
973 Der Vorfall ist überliefert in den Akten UAH RA 6968 und GLA 205/729.
974 Zum Neckar als nördlichen Grenze der städtischen Gerichtsbarkeit Heidelbergs siehe Braun, S. 3f.

von A.d. 1586. Item 1679, 1680 und noch kürtzlich von 1712, 1704, 1710."[975] Ausführlich nimmt sie Bezug auf einen in der nicht mehr vorliegenden Anlage übersandten Fall, in dem sogar die Gerichtsbarkeit über einen ehemaligen Studenten, der sich vor den Stadttoren strafbar gemacht habe, durch vier Professoren erfolgt sei. Nach dem geschilderten Sachverhalt und dem genannten Jahr 1586 handelte es sich um den „Zweiten Studentenkrieg", der durch den ehemaligen Heidelberger Studenten Johannes Theodericus ausgelöst wurde.[976]

Abschließend weist die Universität darauf hin, dass sie für die *„genugsame verwahrung des Delinquenten alß zu sachen genauer Examination, beobachtung der vorgeschriebenen malefitz ordnung*"[977] und gegebenenfalls nötige Verurteilung gemäß ihrer Rechte und Statuten sorgen werde.[978]

Nach der Übergabe des Studenten an die akademische Gerichtsbarkeit befasste diese sich dann auch mit dem Fall. Allerdings ging sie, wohl im Gegensatz zum Oberamt, nicht davon aus, dass es sich um einen Mord gehandelt habe.[979] Im Juli 1721 erhielt die Heidelberger Universität die Antwort der unparteiischen Tübinger Kollegen, denen sie die Akten des Falls zur Aburteilung übersandt hatte.[980] Diesem Urteil aus Tübingen folgte der Senat am 23. Juli und entschied, dass es sich um einen *Excess*[981] Gerlachs gehandelt habe. Durch das lange und harte Gefängnis (er saß ungefähr 17 Monate in Untersuchungshaft) sei er streng genug bestraft. Er habe die Gerichts- und Gefängniskosten zu bezahlen und sich anschließend innerhalb von 24 Stunden aus Heidelberg zu entfernen. Ohne gesonderte Erlaubnis dürfe er die Stadt nicht mehr betreten. Die genannten Kosten beglich der Vater des Verurteilten.

Nach dem Urteil wollte der Vater des Opfers Entschädigungsansprüche vor dem Universitätsgericht durchsetzen. Man verwies ihn jedoch darauf, dass für Johann Philipp Gerlach wegen der dauerhaften Relegation keine Zuständigkeit mehr bestand. Auch Ansprüche gegen den Kollektor Gerlach müssten vor dem Oberamt durchgesetzt werden.

Hier wird wiederum deutlich, wie leicht es sich die Universitätsgerichtsbarkeit immer wieder mit ihr eigentlich unterstellten Übeltätern machte.

---

975 UAH RA 6968; mit dem Präjudiz von 1710 könnte der unten S. 193 beschriebene Fall aus UAH RA 861, fol. 6. gemeint sein.

976 Siehe oben S. 109ff.

977 Zur Malefitzordnung siehe oben S. 119.

978 UAH RA 6968.

979 Toepke IV, S. 43, Fn. 2.

980 UAH RA 7818.

981 Wie die Heidelberger Professoren, so waren also auch ihre Tübinger Kollegen der Ansicht, dass es sich nicht um einen Mord handelte.

Nach einem Ausschluss erklärte sie sich für nicht zuständig und verwies an das zuständige Oberamt, obwohl sie nach der Tat die Zuständigkeit desselben vehement bestritten hatte. Als der befürchtete Eingriff in ihre Privilegien abgewehrt war, verlor sie augenscheinlich das Interesse an dem Fall.

Der Heidelberger Senat konnte die seiner Ansicht nach bestehende örtliche Zuständigkeit für die gesamte Kurpfalz also durchsetzen. Wie die von der Universität angeführten Präzedenzfälle zeigen, handelte es sich um keinen Einzelfall. Damit war die Rupertina besonders privilegiert, denn an den anderen Hochschulen des Reiches bestand regelmäßig nur eine örtliche Zuständigkeit für die Universitätsstadt selbst. Dadurch sollte die umfassende personelle Zuständigkeit beschränkt werden.[982]

4. Franz Joseph Habisreuter

Besonderes Augenmerk scheint die Disziplinargerichtsbarkeit auf die Studenten der Theologischen Fakultät gelegt zu haben. So tauchen diese zwar nicht häufiger[983] in den Akten[984] auf als Mitglieder der anderen Fakultäten, doch wird in der Vorgehensweise und den Äußerungen des Gerichts deutlich, dass für Theologen strengere Disziplinarregelungen galten.

Schon in der Zeit der Wiederbegründung der Universität war 1656 festgelegt worden, dass sich die Studentenschaft im Allgemeinen, ganz besonders aber die Theologen, von Ausgaben für modische Kleidung fernhalten und das Geld lieber in den Kauf von guten Büchern investieren sollten.[985] Außerdem waren Theologen seit 1709 vom akademischen Privileg des Degentragens ausgenommen.[986]

Im Fall des stud. Franz Joseph Habisreuter im Jahr 1717 wurde festgestellt, dass er wegen seiner *„einem studioso theol. im geringsten nicht anständigen aufführung“* und einer Verletzung, die er dem Diener des Oberpräsidenten v. Hildesheim zugefügt hatte, über Nacht in den Karzer gesperrt werden

982 Allgemein, aber ohne nähere Nachweise: Stein, S. 67. Für Leipzig: Rudolph/Kern in: Einst und Jetzt 54, S. 54.

983 Eine statistische Auswertung ist wegen der erheblichen Lücken in der Überlieferung unmöglich.

984 Eine Ausnahme scheinen die Akten über Vaterschaftsklagen zu bilden: Unter den Fällen des siebzehnten Jahrhunderts finden sich häufig Klagen, die sich gegen Studenten der reformierten Theologie richteten. Vgl. auch das Schreiben des Senats an den Stadtrat vom 2. Dezember 1758 in: UAH RA 7217, in dem ausdrücklich die Ruhestörungen von Studenten der reformierten Theologie erörtert werden.

985 Wolgast, S. 57.

986 Siehe oben S. 177.

sollte. Am nächsten Tag erklärte man ihm, dass sein Name an der Universität beschmutzt sei und deshalb aus den Matrikeln gestrichen werde.[987]

5. Die Studenten Chester und Walls

Gleich mehrere Vergehen wirft die Universität den Studenten Chester und Walls im Juli 1717 vor. Sie sollen nicht nur „*verschiedene Händel angefangen*", sondern auch „*Fenster eingeschmissen*" haben. Das wollte der Senat nicht dulden und entschied, dass die Angeklagten „*ex matricula zu eliminiren und völlig zu relegiren, und so gleich von hier mit Soldaten forth zu verweißen*" seien. Weiterhin wird festgelegt, dass „*des Chesters manndel soll* [...] *hier verbleiben*."[988] Dies sollte wohl zur Deckung von Schulden erfolgen.

In dem Fall nimmt die akademische Gerichtsbarkeit ihre Disziplinaraufgabe ernst und urteilte streng. Aufgrund der Löschung der Verurteilten aus den Matrikeln lassen sich keine genaueren Angaben zu Namen, Herkunft und Fakultät finden. Insofern ist der Fall durchaus typisch für die lückenhafte Überlieferung. Das Verhältnis zwischen der Universität und dem kurpfälzischen Militär ist häufig schwierig. Immer wieder kommt es zu Konflikten, meist zwischen Studenten und einfachen Soldaten oder jungen Offizieren.[989] Im hier beschriebenen Fall zeigt sich aber, dass die Universität im achtzehnten Jahrhundert auf das Militär zurückgreift, um Urteile durchzusetzen; deutlich ist der Unterschied zum früheren Selbstverständnis der Universität als freier Genossenschaft, die ihre eigenen Pedelle mit der Durchsetzung ihrer Urteile beauftragt.[990]

6. Weindiebstahl bei Geheimrat Busch

Große Aufregung im Senat entstand am 30. Januar 1727, als der Fall des Studenten Anton Zahn[991] aus Aschaffenburg zur Verhandlung kam.[992] Dem Angeklagten wird vorgeworfen, dem pfälzischen Staatssekretär Geheimrat

987 Toepke IV, S. 34, Fn. 2.
988 UAH RA 862 fol. 15.
989 Siehe etwa Toepke IV, S. 164, Fn. 1 und S. 169, Fn. 1 und den unten S. 200ff. dargestellten Studentenaufstand von 1738.
990 So auch schon Toepke IV, S. 89f., Fn. 7.
991 Immatrikuliert am 6. Dezember 1726: Toepke IV, S. 58.
992 UAH RA 871, fol. 26.

Busch[993] Wein aus dem Keller gestohlen zu haben. Busch war bis 1721 Pandektenprofessor in Heidelberg.[994]

Bei den Verhandlungen im Senat ist weniger die Schuld des Angeklagten als vielmehr das Strafmaß streitig. Zunächst steht zur Diskussion, ob Zahn *cum* oder *sine infamia* zu relegieren sei. Rektor Lüneschlos will diese Entscheidung dem Geheimrat Busch überlassen. Der Vorschlag, die Entscheidung über das Strafmaß dem Geschädigten, der zwar ehemaliger Professor des Rechts, aber seit mehreren Jahren kein Mitglied der Universität war, zu überlassen, verwundert selbst angesichts der Tatsache, dass es zu jener Zeit kein genau geregeltes Verfahren vor dem Universitätsgericht gab.

Insbesondere die anwesenden Juristen schließen sich dem Antrag der Magnifizenz deshalb auch nicht an. Zunächst schlägt der Pandektist Friedrich Hertling[995] vor, den Angeklagten *in perpetuum* zu relegieren, allerdings nicht unehrenhaft. Anderer Ansicht ist sein Kollege, der Institutionenprofessor Franz Christian Hennemann.[996] Er trägt vor, die Tat sei als Kriminaldelikt im Sinne der Carolina zu behandeln. Es handele es sich seiner Ansicht nach um einen gefährlichen Diebstahl im Sinne des Art. 160, da der Student Zahn in den Weinkeller eingebrochen sei. Da aber gegebenenfalls mildernde Umstände vorliegen könnten, schlug er als geringste Strafe vor *„relegatione perpetua et quidem cum infamia nicht allein von der Universität sondern auch von den Churf. landten zu bleiben zu condemnieren seye"*.

Sein Vorschlag findet jedoch keine Mehrheit. Die anwesenden Professoren schließen sich dem Antrag von Hertling an. Der Senat entscheidet, Zahn aus der Korporation auszuschließen und ihm die Rechte eines akademischen Bürgers abzuerkennen, worüber dem Stadtrat Mitteilung gemacht wird. Trotz Streichung aus den Matrikeln, bleibt der Name dort lesbar.[997]

Die Forderungen nach einem hohen Strafmaß und die Schärfe der Verurteilung des Angeklagten überraschen, wenn man den Fall mit anderen Vorkommnissen aus dem achtzehnten Jahrhundert vergleicht.[998] Ob den Professoren der Kurpfälzischen Landesuniversität der Einbruch bei einem ehema-

993 Drüll II, S. 16; Zur Rolle Buschs bei der Beilegung des Studenten-Aufstandes 1738: Hautz II, S. 263.

994 Schroeder, Juristische Fakultät der kurpfälzischen Universität Heidelberg, S. 371f.

995 Drüll II, S. 65f.

996 Drüll II, S. 63.

997 Toepke IV, S. 58, Fn. 2.

998 Im sechzehnten Jahrhundert hatte die Universität im Fall Lanius, einem Einbruchdiebstahl bei einem Professor, bei dem erhebliche Vermögenswerte entwendet wurden, auf einfache Relegation erkannt und ihr Urteil gegen den Wunsch des Kurfürsten, das Delikt nach der kurpfälzischen Malefizordnung zu strafen, erfolgreich verteidigt. Siehe oben, S. 118ff.

ligen Kollegen besonders nahe ging oder ob sie den Diebstahl ausgerechnet von Wein aus dem Keller als höchst verwerflich ansahen, kann nicht eindeutig nachvollzogen werden.

7. Ein Schuss in der Senatsstube

Am 31. März 1731 befasst sich der akademische Senat mit einem Schuss, der kurze Zeit vorher in der Senatsstube gefallen war. Es handelt sich, soweit aus der lückenhaften Überlieferung deutlich wird, um einen ungewöhnlichen Fall: Pedell Fleischmann erstattete Bericht über die Geschehnisse. In die Angelegenheit war wohl ein Baron Carl Johann Alexander von Rotenhan aus Bamberg verwickelt. Er war zu dieser Zeit aber noch nicht immatrikuliert. Da dem Senat unklar war, ob er das akademische Bürgerrecht erwerben wollte, wurde er befragt und anschließend eingeschrieben.[999] Die unterlassene Immatrikulation stellt im achtzehnten Jahrhundert ein immer wieder auftretendes Problem dar.[1000] Grundsätzlich bestand keine Zuständigkeit des Universitätsgerichts für nicht eingeschriebene faktische Studenten. Der Fall zeigt jedoch die Flexibilität, mit der die Aufnahme in die Korporation nachgeholt wurde. Eine Strafe findet sich nicht in den Matrikeln oder Gerichtsakten.

8. Rauferei mit Todesfolge

Erhebliche Folgen hatte eine *Rauferei*, was nach dem studentischen Jargon der Zeit eher einen unreglementierte Fechtkampf[1001] als eine Prügelei[1002] bezeichnet, welche in der Nacht vom 9. zum 10. September 1731 in Heidelberg stattfand. Beteiligt sind die Studenten Ludwig Kühnell[1003] und Wilhelm Duckenberg[1004] auf der deinen Seite und die Brüder Linck, Söhne des Administrationsrats Linck, auf der anderen Seite. Der Streit reiht sich ein in die lange Liste der Konflikte zwischen städtischer und akademischer Jugend. Während des Kampfes erlitt einer der Linck-Söhne einen tödlichen Stich vom Studenten beider Rechte Kühnell, der selbst schwere Verletzungen davontrug.

999 Toepke IV, S. 73, Fn. 2.
1000 Siehe unten S. 277.
1001 *Raufdegen* in: Studentenhistorisches Lexikon, S. 219.
1002 *Rauferei* in: DRW XI, Sp. 176; Grimm XIV, Sp. 261.
1003 Immatrikuliert am 15. Mai 1730: Toepke IV, S. 69.
1004 Immatrikuliert am 25. April 1729: Toepke IV, S. 66.

Hart fallen die Strafen aus, auf die der akademische Senat als zuständiges Gericht erkannte: Kühnell wurde auf Kosten seines Vaters für zwei Jahre in das Zuchthaus der Stadt Frankfurt gesperrt. Sein Kommilitone Duckenberg erhielt drei Monate Festungshaft auf dem Dilsberg bei Wasser und Brot und anschließender Exmatrikulation.

Doch auch der überlebende Linck wurde bestraft. Um sein Fehlverhalten gegenüber seinem Landesherrn wieder gutzumachen, hatte er 200 Reichstaler zu zahlen. Weiterhin sollte er die Hälfte der Gerichtskosten in Höhe von 130 fl. tragen.

Dieses Urteil wurde durch den Kurfürsten Carl Philipp bestätigt und veröffentlicht. Ende März 1732 wurde Duckenberg auf den Dilsberg gebracht und Kühnell einen Monat später nach Frankfurt.

Allerdings bleibt es nicht bei dieser Entscheidung. So wurde dem *Chur Hospital Schaffner* Linck auf sein Gesuch vom 9. April 1736 hin die Hälfte der Strafe durch den Kurfürsten erlassen.[1005] Auch der Student Duckenberg bat um Milderung, woraufhin ihm vom Senat der Verbleib an der Universität gewährt wurde. Bei dieser Gelegenheit entscheidet der Senat auch, dass Duckenberg nicht die gesamten drei Monate zu verbüßen habe. Später wurde er wohl in Heidelberg zum Doktor der Medizin promoviert. Lediglich über das weitere Schicksal des Hauptbeschuldigten Kühnell ist nichts weiter bekannt.[1006] Ungewöhnlich ist, dass der Student Kühnell, der aus Bacharach stammte, in das Zuchthaus der Reichsstadt Frankfurt gebracht wurde, die nicht zur Kurpfalz gehörte. Die Stadt hatte sich auf eine Anfrage hin bereit erklärt, den Verurteilten für zwei Jahre einzusperren. Außerdem urteilte der Senat auch über den Bürger Linck, der eigentlich nicht unter ihre Gerichtsbarkeit fiel. Wahrscheinlich sollte der zusammenhängende Sachverhalt durch ein einziges Gericht entschieden werden. Weitere entsprechende Fälle finden sich, soweit ersichtlich, in der Geschichte der akademischen Gerichtsbarkeit nicht.

III. KAPITEL: Vaterschaftsklagen vor dem Universitätsgericht

Zu Beginn des achtzehnten Jahrhunderts finden sich keine Vaterschaftsklagen in den Akten des akademischen Gerichts. Ob dies dem zufälligen Verlust geschuldet ist, oder ob tatsächlich erst später vermehrt Fälle aufgetreten

1005 Das Gnadengesuch ist überliefert in: UAH RA 7819.
1006 Toepke IV, S. 69, Fn. 5.

sind, muss unklar bleiben, da gerade für die ersten beiden Jahrzehnte nur eine eingeschränkte Überlieferung vorliegt.[1007]

Im Gegensatz zu den Vaterschaftsklagen war die Universität für Ehesachen nicht zuständig.[1008] Kam es in einem Prozess vor dem Kurpfälzischen Ehegericht zu dem Verdacht, ein Heidelberger Musensohn könnte der Vater eines Kindes sein, dann wurde der Student keineswegs sofort vorgeladen, sondern ein Fragenkatalog an die Universität übermittelt. Im Auftrag des Ehegerichts befragte die Hochschule ihr Mitglied.[1009] So konnte, wie in anderen Fällen auch,[1010] die privilegierte Stellung von Universität und Student gewahrt werden. Sollten Akademiker als Zeugen vor dem Ehegericht aussagen, dann erging eine Bitte des Gerichts an die Universität, die Vorladung auszuführen.[1011] Sollte ein Witwe oder Magd einen Studenten auf ein Eheversprechen verklagen wollen, so war durch die akademischen Gesetze geregelt, dass sie vor dem Richter kein Gehör finden konnte.[1012]

Generell setzte eine Klage auf Alimente für das Kind und insbesondere auf Schadensersatz der Mutter in vielen Universitätsstädten voraus, dass diese über einen guten Ruf verfügte. Dadurch sollten Prostituierte von den

1007 Vgl. aber auch Woeste, S. 120, der für Marburg erst ab der Mitte des 18. Jhd. mehrere Fälle nachweist. Aus Heidelberg liegen eigenständige Akten ab 1738 vor.

1008 Den Studenten war es untersagt zu heiraten, weshalb vor dem akademischen Gericht ohnehin lediglich Ehesachen von Professoren und Universitätsverwandten verhandelt werden könnten. Allerdings existiert für Heidelberg eine Untersuchungsakte aus dem Jahr 1771, in der ein cand. iur. Orschall und seine Ehefrau vernommen werden, vgl. UAH RA 8015. Außerdem befasste der Senat sich in den Jahren 1798 und 1802 mit der Frage, ob der Universitätsfechtmeister Wenz mit einer Eleonora Voglin auf dem Schlossberg in wilder Ehe lebte, vgl. UAH RA 6694. Am 30. Juli 1783 lehnte der Senat die Bitte des Medizinstudenten Hudiz (al. Hutisch, Toepke IV, S. 305) ab, ein Heidelberger Mädchen heiraten zu dürfen, UAH RA 5460. Im Jahr 1774 bat die Universität den Kurfürsten, den Pfarrern aller drei Konfessionen zu untersagen, Studenten zu trauen: Winkelmann II, Nr. 2246.

1009 So etwa in einem Prozess aus dem Jahr 1757, in dem der Theologiestudent Carl Ludwig Karbach (Toepke IV, S, 155) verdächtig wurde, eine Frau aus seinem Heimatort Pfiffligheim geschwängert zu haben: UAH RA 7852 und in einem Prozess aus dem Jahr 1795, in dem ein Student durch den Senat als Zeuge für das Ehegericht befragt wurde: UAH RA 7268. Ein weiteres Beispiel stellt die Anfrage des Stadtrats dar, den cand. iur Orschall zu befragen. Dem Schreiben des Rats vom 22. August 1771 lag ein Fragkatalog bei: UAH RA 8015.

1010 Stein, S. 121.

1011 Vgl. das Schreiben des Ehegerichts an die Universität vom 30. April 1762 in: UAH RA 7852.

1012 Bericht über die Universitätsprivilegien an Maria Theresia von Österreich in: UAH RA 238, § 26.

entsprechenden Ansprüchen ausgeschlossen werden.[1013] Auch in den Heidelberger Akten versuchen die Klägerinnen, ihren guten Ruf zu beweisen, während die Beklagten sich mit der Behauptung verteidigten, die Klägerin sei als Prostituierte bekannt. Die Heidelberger Praxis stimmt also mit dem üblichen Vorgehen an anderen Universitäten des Reichs überein.

Gestritten wurde meist um den Unterhalt des Kindes. Einen Unterhaltsanspruch hatten Kinder üblicherweise bis zum vollendeten vierzehnten oder fünfzehnten Lebensjahr, denn ab diesem Zeitpunkt konnten sie ihre Versorgung regelmäßig selbst gewährleisten.[1014]

Anzumerken ist, dass es sich bei den Klagen wegen Kindschaftssachen um Fälle an der Grenze zwischen Straf- und Zivilrecht handelte. So wollte die Mutter meist Schadensersatz für die Verführung (das *stuprum*)[1015] und Alimente für ihr Kind,[1016] während das Universitätsgericht den studentischen Vater für sein Fehlverhalten strafen wollte. Dabei musste es, wie auch bei allen anderen Straf- und Disziplinarrechtsfällen, abwägen zwischen der Aufrechterhaltung der Moral einerseits und andererseits dem Risiko, durch eine zu harte Urteilspraxis die Attraktivität der Hochschule zu senken.[1017] Da im Rahmen der akademischen Gerichtsbarkeit nicht zwischen den Rechtswegen unterschieden wurde, ist es nicht maßgeblich, ob es sich um Straf- oder Zivilrecht handelte.[1018] Sicher dem Strafrecht zugeordnet waren die Fälle der Kindestötung durch die Mutter. Für Heidelberg ist ein solcher Fall nur aus dem siebzehnten Jahrhundert bekannt.[1019]

1013 Alenfelder, S. 154. Prostituierte waren meist in den Dörfern der näheren Umgebung einer Universitätsstadt anzutreffen, siehe für Leipzig Döring in: Geschichte der Universität Leipzig I, S. 613.

1014 Wagener, S. 210; Brüdermann, S. 404; Alenfelder, S. 154. Im unten beschriebenen Fall Weckler contra Böhler befasste sich die Universität noch nach achtzehn Jahren mit der Zahlungsverpflichtung. Allerdings hatte der Beklagte die Gesamtsumme von 253 fl. nie ausbezahlt, sondern lediglich verzinst.

1015 Lat. für Schändung, Entehrung. Vgl. auch Toepke IV, S. 300, Fn. 2: Öffentliche Vorladung des Studenten Bürgener *puncto attentati stupri violenti et resp. vulnerationis* einer Magd.

1016 Brüdermann, S. 401 weist auf die Verschiedenartigkeit der Ansprüche hin, zeigt auf S. 410 jedoch auch, dass eine scharfe Trennung unmöglich ist. Bei den untersuchten Fällen aus Heidelberg wird jedoch nicht deutlich, ob das Universitätsgericht die Ansprüche trennt und gesondert berücksichtig.

1017 In Göttingen versuchte die Universität, die Ansprüche der Frauen auf Schadensersatz für die Verführung stark einzuschränken; In Würzburg hat das akademische Gericht alle entsprechenden Klagen gegen Studenten abgewiesen, in Jena war die Strafe auf 12 Reichstaler festgelegt, vgl. Brüdermann, S. 402f.

1018 So auch Maack, S. 36 und Thümmel, S. 389 für Tübingen. Stein, S. 128f. über die Disziplinargerichtsbarkeit, die eine Mischform darstellte.

1019 Siehe oben S. 159ff.

1. Unterhaltsklage von 1738

Die erste überlieferte Vaterschaftsklage findet sich in den Akten des Jahres 1738.[1020] Der Prozess zog sich fast über das gesamte Jahr hin. Geklagt hatte Maria Salome Weiss gegen den cand. med. Faber.[1021] Die Klägerin übergab dem Senat neben ihrer Klagschrift das Urteil des Ehegerichts. Das kurpfälzische Ehegericht hatte sie an die Universität als zuständiges Gericht verwiesen.[1022]

Der Beklagte wurde schließlich verurteilt, zugunsten seines Sohnes 20 Kronen für jede seit der Geburt vergangene Woche und 30 Kronen für jede Woche nach dem Urteil zu bezahlen.[1023] Weiterhin wurde entschieden, dass die Universität die Vormundschaft über das Kind übernahm, welche sie bis zum Jahr 1749 auch ausübte. Zu diesem Zeitpunkt überstellte man den Jungen in die Zuständigkeit des Stadtrates. Dazu wurde das zur Versorgung bestimmte Kapital von 100 fl. zuzüglich der Zinsen in Höhe von 18 fl. an die Stadt übergeben. Offenbar hatte der Student Faber seine Alimenteverpflichtung durch eine einmalige Zahlung beglichen.

Das war zum Beispiel auch in Göttingen im Interesse einer langfristigen Versorgung des Kindes üblich, soweit der Kindesvater dazu finanziell in der Lage war.[1024] Für den Unterhalt wurden im achtzehnten Jahrhundert etwa 18 Reichstaler jährlich benötigt.[1025]

1020 Es handelt sich um das Sitzungsprotokoll des Senats (in: UAH RA 709), der sich mit der Angelegenheit befasste. Spezifische Prozessakten, wie etwa Anträge der Parteien oder ein Urteil, sind nicht überliefert; lediglich einige stark angegriffene Fragmente finden sich in UAH RA 6934.

1021 Nach Toepke IV, S. 73, Fn. 4 wohl identisch mit dem Heidelberger Johann Philipp Faber, der sich schon 16. April 1731 immatrikuliert hatte.

1022 Protokoll der Senatssitzung vom 9. Januar 1738 in: UAH RA 709, pag. 184.

1023 Protokoll der Senatssitzung vom 10. Dezember 1738 in: UAH RA 709, pag. 331; Zuletzt erwähnt wird der Fall am 19. Dezember, als der Senat den Beklagten auf Bitten der Klägerin zur Zahlung innerhalb von drei Tagen auffordert: UAH RA 709, pag. 334.

1024 Brüdermann, S. 410.

1025 Die Summe wird 1787 in Göttingen genannt, vgl. Wagener, S. 212. Zu beachten sind die tendenziell auftretende Inflation und die von Stadt zu Stadt unterschiedlich hohen Lebenshaltungskosten.

2. Die Rechtssache Maria Sophia Weckler contra Georg Böhler, cand. theol.

Prozesse, die über die Vaterschaft geführt wurden, konnten sich über längere Zeiträume hinziehen. So zum Beispiel die Klage einer Maria Sophia Regina Weckler, verheiratet Ziegler, gegen einen cand. theol. Boehler.[1026] Es handelte sich um Johann Georg Böhler aus Horn. Er hatte sich 1739 bereits als Kandidat der reformierten Theologie eingeschrieben. Zwei Jahre später verklagte ihn die fünfzehnjährige Hausmagd Maria Weckler vor dem Universitätsgericht auf Zahlung der Alimente.[1027] Das Urteil erging nach etwa einem Dreivierteljahr. Dennoch befasste sich die akademische Gerichtsbarkeit noch 1744, 1749, 1760 und 1761 mit dem Fall, obwohl Böhler da schon *„ehemaliger Studiosum Theologia."* war.

Um ihren guten Ruf zu betonen und den Verdacht der Prostitution oder doch zumindest des leichtfertigen Umgangs, den sich eine Klägerin in Vaterschaftssachen damals ausgesetzt sah,[1028] zu entkräften, beschreibt sie die Vorkommnisse: Sie sei gerade zu Bett gegangen, als der Beklagte *„unter dem beth hervorgekrochen, soforth hat sich zu mir in das beth geleget, obwohlen ich nun denselben von anfang mit harten worthen angefahren, wie nicht wieder gedrohet, daß sofern Er mein beth undt Schlaf-Zimmer nicht sogleich verlassen würde, ich ein geschrey anfangen würde* [...] *da hat jedoch endtlichen derselbe durch vieles schmeicheln und zureden mich alß ein armes schwaches weibsbild zum fall gebracht und geschwängeret"*.[1029] Der Senat entschied, dass die nähere Untersuchung durch eine Kommission erfolgen sollte. Ausgewählt wurden die Professoren Hottinger und Brünings, beide reformierte Theologen, sowie der Jurist Hennemann.[1030] Zu seiner Verteidigung legte der Beklagte ein Schriftstück vor, indem Maria Weckler bestätigte, dass er nicht der Vater des Kindes sei. Es gelang der Klägerin jedoch, die Kommission davon zu überzeugen, dass Böhler das Schreiben erpresst hatte. Da ihm, falls er als Vater entdeckt würde, das zwangsweise Ende seiner Studien drohte, habe er der schwangeren Maria Weckler angeboten, seinen halben jährlichen Wechsel an sie herauszugeben, wenn sie seinen Namen verschwiege.

1026 Toepke IV, S. 108, Fn. 1.

1027 Die umfangreiche Prozessakte ist überliefert unter UAH RA 7104.

1028 Alenfelder, S. 151.

1029 Schreiben der Klägerin an die Universität aus dem Mai 1741 in: UAH RA 7104. Ähnliche Beschreibungen von entsprechenden Vorfällen aus Göttingen bei Brüdermann, S. 405ff.

1030 Vgl. Drüll II, S. 72f.; 13; 63f. Kommissionen, denen der Senat die Kompetenz zur Untersuchung übertrug finden sich im achtzehnten Jahrhundert immer wieder in den entsprechenden Akten.

Falls sie bei der Geburt jedoch seinen Namen nennen würde, werde er nach Holland fliehen und sie und das Kind könnten keinen Unterhalt erhalten.[1031] Dem entgegnete der Student, dass *„der liderlichen und verführerischen Dirne"* kein Geld zustünde.[1032]

Die Kommission stellte auch tatsächlich fest, dass mehrere weitere Personen, darunter der Theologiestudent Casimir Reutel[1033] und ein *praeceptor*, mit Maria Weckler in entsprechendem Kontakt gestanden hatten. Gegen Reutel ermittelte die Kommission daraufhin, da er noch in Heidelberg studierte und damit in ihre Zuständigkeit fiel. Es wurde festgestellt, dass weder Böhler noch Reutel über ausreichendes Vermögen zur Zahlung von Alimenten verfügten. Die beiden Theologiestudenten, die miteinander befreundet waren, hatten der Klägerin vor Prozessbeginn schriftlich zugesagt, innerhalb von acht bis vierzehn Tage 35 fl. zu zahlen. Da sie der Verpflichtung nicht nachgekommen waren, konnte Maria Weckler den Schuldschein dem Gericht vorlegen.[1034]

Da Böhler, der weiterhin Hauptverdächtige, den über ihn verhängten Stadtarrest gebrochen hatte, beschloss die Kommission, ihn durch einen öffentlichen Anschlag vorzuladen.[1035] Es handelte sich also um einen Fall eines *„Ungehorsamen"*, wie er durch § 13 der Statuten von 1672 geregelt war.[1036] Die öffentliche Vorladung, ursprünglich *ad valvis ecclesiae*, später am schwarzen Brett der Universität,[1037] stand dabei der zugegangenen normalen Vorladung gleich. Der Student Böhler scheint der öffentlichen Vorladung Folge geleistet zu haben, denn in den späteren Akten wird er wie ein Anwesender behandelt.

Die Klägerin gewann den Prozess[1038] und erreichte, dass der Kindesvater insgesamt 253 fl. für den Unterhalt leisten musste. Er zahlte bis 1759/60 an-

---

1031 Schreiben der Klägerin an die Kommission aus dem Juni 1741 in: UAH RA 7104.

1032 Schreiben des Beklagten an die Kommission aus dem Juni 1741 in: UAH RA 7104.

1033 Immatrikuliert am 7. April 1739: Toepke IV, S. 107. Er war Student der reformierten Theologie, vgl. Toepke IV, S. 616.

1034 Vgl. den Schuldschein vom 5. Februar 1741 in: UAH RA 7104. Aus Göttingen berichtet Brüdermann, S. 401 (32 Taler, wenn der Name des Studenten verschwiegen wird) und S. 408 (20 Taler).

1035 Vgl. die Aktennotiz vom 23. September 1741 in: UAH RA 7104.

1036 § 13, Thorbecke, Statuten, S. 255 und oben S. 115.

1037 So zum Beispiel nach dem Auszug der Studenten nach Frankenthal, als viele Studenten nicht in die Neckarstadt zurückkehrten. Der Senat lud sie durch Aushänge am schwarzen Brett vor. Siehe unten S. 351.

1038 Das Urteil ist nicht überliefert, aus einem Schreiben des Anwalts der Klägerin vom 29. August 1742 in: UAH RA 7104 ergibt sich jedoch, dass ein Urteil zu Gunsten der Klägerin ergangen ist. Gleichwohl blieb sie die Anwaltskosten in Höhe von 25 fl. schuldig,

stelle der Gesamtsumme aber nur die Zinsen aus.[1039] Als er das nicht mehr tat, schrieb das akademische Gericht auf Antrag der Kindesmutter an das Oberamt Simmern, um Auskunft über den Verbleib des Theologen zu erhalten.[1040] Das Amt antwortete, er sei verstorben und die Verwandten in der Umgebung hätten nichts geerbt, da alles *„einem in Holland wohnhaften von dem Verstorbenen zum universal Erben eingesetzten Anverwandten überlassen worden seyen solle“*.[1041]

Die Vollstreckbarkeit eines Urteils des Heidelberger Universitätsgerichts bestand nur eingeschränkt, wie an dem Fall deutlich wird. Schon die Einbehaltung der Gesamtsumme stellt einen Verstoß gegen das Urteil dar. Durch die Erbeinsetzung eines Ausländers wurde eine Vollstreckung in den Nachlass umgangen. Mutter und Kind, die einen Anspruch auf den Unterhalt hatten, mussten auf weitere Geldeingänge verzichten.[1042]

3. Fazit

Am Beispiel der untersuchten Fälle zeigt sich, dass die Urteile des akademischen Gerichts in Vaterschaftssachen teilweise nur schwer durchgesetzt werden konnten; denn durch die begrenzten finanziellen Mittel der studentischen Väter war es nicht möglich, die langfristige Versorgung der Kinder und Mütter zuverlässig zu sichern. Die im achtzehnten Jahrhundert gestiegene Mobilität der Akademiker, die im Gegensatz zu den vorhergehenden Epochen nicht mehr nahezu ausschließlich aus dem Gebiet der Kurpfalz stammten, sorgte für weitere Schwierigkeiten.[1043] Aus den Fällen wird deutlich, dass es sich bei den Klägerinnen vor dem akademischen Gericht meist um Mägde handelte, die durch ihre Dienstpflichten in näheren Kontakt mit Studenten gekommen waren.

---

weshalb ihr Anwalt 1744 an die Universität schrieb, um diese zu bitten, den Stadtrat aufzufordern, das Geld von Maria Weckler einzutreiben.

1039 Schreiben von Maria Ziegler an die Universität vom 14. März 1760 in: UAH RA 7104.

1040 Kopie des Schreibens vom 23. April 1760 in: UAH RA 7104.

1041 Antwort des Oberamtes Simmern an die Universität vom 9. Juni 1760 in: UAH RA 7104.

1042 Anzumerken ist jedoch, dass das Kind zum Zeitpunkt des Versterbens seines Vaters etwa 14 Jahre alt war, ein Alter in dem damals die Unterhaltspflicht ohnehin eingeschränkt war. In Göttingen vielen uneheliche Kinder wegen den unzuverlässigen Zahlungen oftmals der Armenkasse zur Last, siehe Brüdermann, S. 410.

1043 Zur Herkunft der Heidelberger Studenten siehe Wolf, S. 137 und unten S. 243.

4. Situation in anderen Universitätsstädten

In Tübingen drohte dem Studenten ein Monat Karzerhaft für den verbotenen Beischlaf und bei einer Wiederholung die Relegation. Wurde ein Student Vater, so bestimmte der Rektor die den Vermögensverhältnissen angemessene Summe für Unterhalt und Geburtskosten.[1044] Auch in Göttingen richtete sich die Alimenteberechnung nach den finanziellen Möglichkeiten des Studenten.[1045] Während entsprechende Klagen in Würzburg stets abgewiesen wurden, bestand in Ingolstadt die Möglichkeit, Entbindungskosten und Alimente zu fordern.[1046]

IV. KAPITEL: Die Bekämpfung der Prostitution und der außerehelichen Beziehungen

Wie die oben untersuchten Fälle der Vaterschaftsklagen deutlich machen, bestand ein enger Zusammenhang zwischen diesen und der Prostitution. Die Klägerinnen sahen sich dem Vorwurf ausgesetzt, sie hätten sich ihre Dienste entgelten lassen und damit sei das Risiko der Schwangerschaft auf sie übergegangen. Außerdem sei unsicher, wer der Vater sei. Durch die starke Einschränkung des sozialen Kontakts zwischen Studenten und jungen Frauen der höhergestellten gesellschaftlichen Kreise entstand eine Nachfrage nach sexuellen Dienstleistungen gerade aus dem Kreis der Akademiker. Neben Prostituierten wurden, wie oben gezeigt, insbesondere Mägde, aber auch Bürgersfrauen,[1047] zum Ziel von entsprechenden Avancen.

Bei der Bekämpfung der Prostitution handelt es sich um ein weiteres Feld, das die enge Verwebung zwischen städtischer und akademischer Gerichtssphäre veranschaulicht. Denn bei den Freiern handelte es sich oftmals um Studenten, während die Prostituierten einfache Einwohnerinnen Heidelbergs oder des Umlands[1048] waren. Deshalb konnte ein wirkungsvolles Vorgehen gegen die Prostitution nur in Abstimmung zwischen Stadt und Hochschule erfolgen. Ein Beispiel einer ausdrücklich auf diesen Bereich bezogenen Vereinbarung ist aus den siebziger Jahren des achtzehnten Jahr-

---

1044 Thümmel, S. 391f.
1045 Brüdermann, S. 410.
1046 Alenfelder, S. 155.
1047 So erhielt ein cand. iur. Geissler 1766 das consilium abeundi, „wegen gefährlichen umgangs mit einer Bürgersfrau“, zitiert nach Toepke IV, S. 215, Fn. 3.
1048 Mehrfach genannt wird der damals nicht zu Heidelberg gehörende Schlossberg.

hunderts überliefert: Um die *„liederlichen weibs personen"*[1049] aus der Stadt zu entfernen, vereinbarten der Stadtdirektor und die Universität, dass genaue Untersuchungen erfolgen sollten. Auslöser war ein Erlass der Regierung.[1050] Über das weitere Vorgehen finden sich keine Nachweise in den vorliegenden Akten. Im Jahr 1789 sah sich die Stadt ebenfalls veranlasst, wegen des Problems an den Senat zu schreiben. Die Stadt wollte ein verstärktes Vorgehen des Universitätsgerichts gegen die studentischen Freier erreichen, da sie eine Kontrolle der Prostituierten als wenig effektiv ansah.[1051] Die Hochschule reagierte mit einem öffentlichen Anschlag, der die Studenten an die bestehenden Verbote erinnerte.[1052] Eine dauerhafte Lösung des Problems gelang – trotz der Illegalität und den existenzgefährdenden Strafandrohungen – weder durch das Vorgehen gegen die Angebots- noch gegen die Nachfrageseite.

V. KAPITEL: Studenten und Soldaten

Auch im achtzehnten Jahrhundert kommt es immer wieder zu Konflikten zwischen Soldaten, meist solchen der Wache, und Studenten.[1053] Die Streitigkeiten sind besonders interessant, weil sie neben der universitären auch die militärische Sondergerichtsbarkeit betreffen.[1054] So bat die Universität bei

1049 Zum Begriff der *„liederlichen Weibsperson"* vgl. auch Brüdermann, S. 381.

1050 Schreiben des Stadtdirektors an die Universität vom 7. Dezember 1775 in: UAH RA 7097.

1051 Schreiben von Schultheiß, Rat und Bürgermeistern an die Universität vom 23. April 1789 in: UAH RA 5457.

1052 Anschlag vom 11. Juni 1790 in: UAH RA 5457.

1053 Siehe etwa: Toepke IV, S. 39, S. 44, S. 52, S. 54, S. 60 und den schriftlichen Aufruf von 1729 eines Studenten, dass Soldaten, die Akademiker beleidigten, zu strafen seien in: UAH RA 4781, Winkelmann II, Nr. 2036. Entsprechende Fälle gab es an allen Universitäten des Reichs, z. B. im Leipzig des 17. Jahrhunderts: Franke in: Land und Kultur, S. 209, Döring in: Geschichte der Universität Leipzig I, S. 622; für Göttingen siehe Brüdermann, S. 280; für Mainz siehe Schweigard, S. 144. Ein Überblick bei Alenfelder, S. 148ff. Die Studenten in Greifswald wurden ausdrücklich ermahnt, Streitigkeiten mit Soldaten zu vermeiden, ebd., S. 160. In Preußen garantierte der König den Studenten ausdrücklich Schutz vor den Soldaten, vgl. Regelement 1750, Nr. 10 in: Arnoldt, S. 231. Schulze/Ssymank, S. 204 beschreibt typische Konflikte. Schon Jakob Sutor gab 1612 in seinem Fechtbuch, S. 76, genaue Anweisungen, wie sich ein mit dem Degen bewaffneter Akademiker gegen die Wache, die üblicherweise Stangenwaffen wie Flegel, Spieße oder Hellebarden führte, durchsetzen konnte.

1054 Im Jahr 1776 schlossen Militär und Universität einen Vertrag, in dem sich das Militär zur Achtung der akademischen Privilegien verpflichtete und das Verfahren regelte: Winkelmann II, Nr. 2261.

einem vermuteten Vergehen von Soldaten an Studenten das Militär oder die kurpfälzische Regierung um Untersuchung und gegebenenfalls um Satisfaktion.[1055] Dieses Vorgehen macht die relative Machtlosigkeit der Sondergerichtsbarkeiten deutlich; die Universität konnte das Gerichtsverfahren nicht selbstständig ausführen. Dazu ein Beispiel: Als 1765 ein Student durch einen Soldaten so schwer verletzt wurde, dass er mehrere Wochen *„in den größten schmerzen das zimmer hüten"* musste, gingen die Anträge auf Ersatz der Heilungskosten und Satisfaktion an die Regierung, wo sie jedoch nicht bearbeitet wurden.[1056]

Mit der Untersuchung der die beiden Sphären betreffenden Fälle wird 1722 ein Oberst von Kessel beauftragt. Er taucht mehrfach im Zusammenhang mit der Universität auf, so ist er zum Beispiel im Jahr 1720 Mitglied der Untersuchungskommission im Fall Hüber. Aber auch als Beklagter vor dem akademischen Gericht tritt er in Erscheinung, als er am 24. April 1710 von einem Studenten wegen einer Beleidigung verklagt wird. In dem Prozess gegen den damaligen Oberleutnant wird dokumentiert, dass die Möglichkeiten der Universität, gegen einen Offizier vorzugehen, eingeschränkt waren. Die Verhandlung im Senat ähnelt nach heutigem Verständnis eher einem Vergleichsverfahren als einem Strafprozess.[1057]

Neben der tatsächlichen besteht seit der Statutenreform von 1672 auch eine rechtliche Verschränkung der beiden Sphären: Der Rektor ist nach § 11 berechtigt, den Kommandanten des in Heidelberg stationierten kurpfälzischen Militärs um Hilfe bei der Verfolgung von renitenten Studenten zu bitten.[1058] Die dadurch geschaffene Möglichkeit zum Rückgriff auf staatliche Machtmittel nutzen die Professoren im achtzehnten Jahrhundert mehr-

---

1055 So etwa am 28. März 1722: Toepke IV, S. 35, Fn. 4. Vgl. auch den Fall ebd. S. 143, Fn. 2: Nach einer abschlägigen Entscheidung des Oberkommandierenden, einem Prinz aus dem Haus Kurpfalz, appellierte die Universität zugunsten eines Studenten unmittelbar beim Kurfürsten. Als ein Student in einem *„Caffeè Hauß"* von einem Soldaten überfallen wurde, wandte sich der Senat direkt an den Herrscher: Schreiben in Sachen Bernhardi contra Buttwitz in: UAH RA 7867. In derselben Akte findet sich das Beschwerdeschreiben des Senats vom 10. März 1756 an den Oberstleutnant wegen der verbalen und tätlichen Beleidigung eines Studenten. Das Militär sandte die Akten mit dem Vermerk zurück, der Senat solle den beleidigten Soldaten Satisfaktion verschaffen.

1056 Die Universität befasste sich mehrfach mit der Angelegenheit, vgl. UAH RA 6968.

1057 UAH RA 861, fol. 6: v. Kessel bietet an, sich zu entschuldigen, der Senat akzeptiert, will aber noch ein Gespräch zwischen dem Studenten und dem Offizier vermitteln. Ders. war auch in die unten, S. 195ff., beschriebene Entführung des Studenten Comes verwickelt, ohne dass die Universität Sanktionsmöglichkeiten gegen ihn in der Hand gehabt hätte.

1058 § 11, Thorbecke, Statuten, S. 254.

fach.[1059] Das Vorgehen beweist den grundsätzlichen Wandel im Selbstverständnis der Universität als autonome Korporation: Während im Mittelalter die Durchsetzung des innerakademischen Machtanspruchs ausschließlich durch Bediente der Korporation erfolgt, ist der Senat nun bereit, außerhalb der Gemeinschaft stehende Organe um Hilfe zu bitten.[1060] Ein Bericht aus dem Jahr 1779 zeigt, wie weit sich der Senat von seinem ursprünglichen Verständnis entfernt hatte. Als der Kurfürst um Vorschläge bittet, wie nächtliche Ausschweifungen verhindert werden können, antwortete man: *„uns ist es nicht zuzumuten daß wir als Häscher in der Stadt herumziehen, und die ausschweifenden auffangen, sondern diesfalls sollte das DragonerRegiment durch ohnunterbrochenes patrouillieren, und durch Einfangung deren* [...] *seine Schuldigkeit thun.“*[1061]

Die folgenden Fälle sind ein Querschnitt der typischen Vorkommnisse im Verhältnis von Hochschule und Militär und zeigen die typischen Konfliktherde.

1. Vorläufige Entscheidung über die Heilungskosten

Eine vorläufige Entscheidung trifft das Universitätsgericht am 4. September 1704, als es den Studenten Ferdinand Baron von Violet dazu verurteilt, 42 fl. für bisher angefallene Kurkosten an einen preußischen Corporal zu bezahlen. Daneben werden 12 fl. an die Universität für Gerichtskosten fällig. Grund war eine gefährliche Verletzung, die der Student dem Unteroffizier zugefügt hatte.[1062] Anscheinend bestand Regelungsbedarf, um die kurzfristigen Lebens- und Genesungskosten des Unteroffiziers zu decken, obwohl noch nicht feststand, wie hoch der Gesamtschaden werden würde. Von einer strafrechtlichen Verfolgung des Barons von Violet ist nichts überliefert, möglicherweise handelte es sich um die Folge eines Duells, denn diese wurden oftmals nicht streng verfolgt, und beide Beteiligten gehörten satisfak-

---

1059 Kurfürst Carl Theodor bestätigte das Recht im Jahr 1746 ausdrücklich, vgl. Winkelmann I, S. 421.

1060 Noch Mitte des siebzehnten Jahrhunderts hatte sich der Kommandant des Heidelberger Militärs ausdrücklich geweigert, einen nicht immatrikulierten Baron im Auftrag der Universität festzunehmen, weil er nur auf kurfürstlichen Befehl hin tätig werden wollte, vgl. GLA 205/728.

1061 Bericht des Senats an den Kurfürsten vom 20. März 1779 in: UAH RA 3413. In der Unwilligkeit der akademischen Gerichtsbarkeit, gegen die Studenten disziplinarisch vorzugehen sieht Schweigard, S. 146 den Grund für die Konflikte zwischen Akademikern und Soldaten in Mainz.

1062 Toepke IV, S. 5, Fn. 12.

tionsgebenden Schichten an. Veranschaulicht wird aber, dass das Universitätsgericht bei besonders eilbedürftigen Fällen vorläufige Entscheidungen traf, während den akademischen Gerichten im Allgemeinen sehr lange Verfahrensdauern vorgehalten werden.[1063]

2. Die Entführung des Studenten Johannes Peter Comes

Einen erheblichen Eingriff in das *privilegium fori* stellt die Entführung des Theologiestudenten Johannes Peter Comes[1064] durch eine Gruppe Mannheimer Offiziere am 11. März 1710 dar. Der Student, den einer der beiden Grafen von Efferen,[1065] deren Repetitor er war,[1066] vor das Speyrer Tor gelockt hatte, traf auf der Landstraße auf Oberstleutnant von Kessel und mehrere Offiziere. Durch die Soldaten wird er *„sogleich angeruffen und in arrest genommen, auch da er seinen Degen nicht sobald hergebn wollte, von dem Obristlt. selbsten mit harten schlagen also tractiret worden, daß ihm 2. löcher in den kopf geschlagen worden, hernach ist er auf ein pferd gebunden und nach Manheim von den Officirern geführt worden"*.[1067] Gleich zu Beginn der Auseinandersetzung kehrt der Student von Efferen in die Stadt zurück. Sein Kommilitone wird in einer Mannheimer Baracke an Händen und Füßen gefesselt bei Wasser und Brot festgehalten.

Um Comes nach Heidelberg zurückzuholen, sendet der Rektor den Syndikus und den Pedell am 15. März nach Mannheim. Sie sollen auf eine Auslieferung des Studenten bestehen, da er ein *„allein unter der Universität stehender studiosum"* sei. Dem Militär soll zugesichert werden, dass die Hochschule den Studenten selbst bestrafen werde, sofern sie seine Schuld feststellen würde.[1068] Die Offiziere warfen dem Akademiker eine Beleidigung vor und

1063 Meist beklagten sich außeruniversitäre Kläger über die lange Bearbeitungsdauer oder über überhaupt unterlassene Antworten des akademischen Gerichts, wie z.B. 1788 der Mannheimer Güthe, siehe sein Schreiben an den Senat vom 14. Juni 1788 in: UAH RA 6044.

1064 Immatrikuliert am 26. November 1705 als Logikstudent, vgl. Toepke IV, S. 6. 1706 Bakkalaureus, 1707 Magister, vgl. Toepke IV, S. 414f.

1065 Die beiden Grafen hatten sich am 28. November 1709 eingeschrieben: Toepke IV, S. 15.

1066 Schreiben von Comes an den Senat vom 12. Mai 1710 in: UAH RA 7869. Aus dem Schreiben ergibt sich auch, dass die Grafen zumindest einen Teil des vereinbarten Lohns nicht gezahlt hatten, anstelle dessen war er von drei Musketieren im Haus der Grafen verprügelt worden, sodass er einen *„blauen buckel statt meines verdienten undt versprochenen lohnß"* erhielt.

1067 Verschiedene ähnlich lautende Berichte des Vorfalls in: UAH RA 7869.

1068 Anweisung des Rektors vom 15. März 1710 in: UAH RA 7869.

waren deshalb zur Selbstjustiz geschritten.[1069] Unklar erscheint zunächst die genaue Verbindung zwischen den jungen Grafen Efferen und den Offizieren. Da in den weiteren Berichten ein General von Efferen, der Vater der Studenten, erwähnt wird, handelte es sich wahrscheinlich um eine private Bekanntschaft. Verdächtig erschien der Universität jedenfalls, dass der jüngere der Grafen auf die Frage des Pedellen hin, was mit seinem Kommilitonen geschehen sei, *„mit entfärbtem angesicht geantwortet, er wüßte von dieser sache nichts"*.[1070] Comes kam, wohl durch das Engagement der Universität, frei und verklagte den Oberstleutnant von Kessel auf Satisfaktion, die in Form einer Geldzahlung erfolgen sollte. Unklar bleibt, vor welchem Forum die Klage erfolgte.[1071] Da ein hoher Offizier verklagt wurde und mehrfach der kommandierende Generalfeldmarschall und der Kurfürst erwähnt werden, fand der Prozess wahrscheinlich vor einem Militärgericht oder unmittelbar vor dem Hofgericht statt. Zum Verfahrensablauf ergibt sich aus der Akte, dass Comes seine Klage vor dem Senat erhob, der sie dann, nach einer eigenen Ermittlung, an die zuständige Stelle weiterleitete. In einem Schreiben an die *„hochgeehrten Hr. doctores und professores"* beschwert sich von Kessel darüber, dass die Universität die Klage weitergegeben hatte, ohne ihn vorher anzuhören. Der Offizier versichert, er habe nie vorgehabt, ihre *„jura und privilegia in einigen wege zu kräncken und zu betrüben"*. Er erklärt, er habe Comes *„alß einen grafl. Efferischen bedienten auß gewissen erheblichen Ursachen*[1072] *mit auff Manheim"* genommen. Als er erfahren habe, dass es sich um keinen Diener, sondern um einen Studenten handele, sei dieser sofort freigelassen worden. Der Vorfall sei also *„ex errore"* geschehen, weshalb von Kessel die Universität ersucht, an den Kurfürst und den Generalfeldmarschall zu schreiben, dass die Angelegenheit nun aufgeklärt sei.[1073] Dem Studenten bot der Oberstleut-

1069 Schreiben des kurpfälzischen Generalfeldmarschalls vom 27. März 1710 in: UAH RA 7869.

1070 Undatierter und nicht unterschriebener Bericht über die Entführung in: UAH RA 7869.

1071 Eine förmliche Klageschrift findet sich nicht in der Akte. Aus der Korrespondenz und einer Gerichtskostenrechnung ergibt sich jedoch, dass eine Klage erhoben wurde. Die Rechnung über 14 fl, 14 Kr. enthält auch einen Hinweis auf eine zweite Fahrt des Syndikus nach Mannheim. Entweder war es ihm zunächst nicht gelungen, Comes nach Heidelberg zu überführen oder es handelte sich um eine Fahrt im Rahmen des Prozesses.

1072 Aus den weiteren Berichten ergibt sich, dass Comes vorgeworfen wurde, er habe *„Pasquillen"*, also eine anonyme beleidigende Schrift, so Grimm, DWB XIII, Sp. 1482, verbreitet, vgl. *„facti specie"* in: UAH RA 7869. Nach Laukhard, S. 123, war das Verbreiten von Pasquillen in der Heidelberger Studentenschaft des achtzehnten Jahrhunderts weit verbreitet.

1073 Schreiben des Oberstleutnants von Kessel an den Senat vom 18. April 1710 in: UAH RA 7869.

nant an, 50 fl. zur Wiedergutmachung zu bezahlen.[1074] Später stieg das Angebot auf die beachtliche Summe von 200 fl.[1075]; dabei handelte es sich aber, wie Comes der Universität später berichtet, um kein tatsächliches Angebot, da der Offizier nur Zeit überbrücken wollte, *„biß zu seinem abmarch inß feld* [...] *mithin mich nuhr bey der naasen herumzuführen und alßdann biß ich müth were*". In seinem Schreiben bittet der Student die Universität um eine weitere Durchsetzung seiner Rechte beim Kurfürst. Dabei lässt er anklingen, dass die Studentenschaft einen solchen Angriff nicht dulden könne und, sofern der Senat die Sache nicht weiter verfolge, selbst Maßnahmen ergreifen werde.[1076] Die Universität sperrt daraufhin den jungen Grafen Efferen wegen des nicht bezahlten Repetitorlohns in den Karzer, ohne ihn vorher zu hören. Darüber beschwertesich der Vater des Grafen beim Kurfürsten. Man habe seinen Sohn wegen einer *„solcher bagatelle halber"* zu Unrecht arretiert.[1077] Die Universität begründete ihr Vorgehen mit der Uneinsichtigkeit des Studenten. Comes habe im Senat *„an aydt statt"* versichert, dass seine Forderung bestehe. Außerdem habe man die beiden Studenten Efferen, die als Immatrikulierte unter der akademischen Gerichtsbarkeit standen, vorgeladen. Als sie nicht erschienen seien, habe man handeln müssen.[1078]

Ob weitere Untersuchungen durchgeführt wurden und ob ein Urteil der Regierung ergangen ist, bleibt wegen der lückenhaften Überlieferung unklar.

Im meist angespannten Verhältnis zwischen Soldaten und Studenten stellt die Entführung von Johann Peter Comes sicherlich einen negativen Höhepunkt dar. Es handelte sich um einen erheblichen Eingriff in die akademische Gerichtsbarkeit, da die Grafen und Offiziere nicht vor dem Universitätsgericht gegen die *„Pasquille"* klagten, sondern ihre vermeintlichen Rechte auf eigene Faust durchsetzten. Der Senat befasste sich intensiv mit der Verletzung der Privilegien. Dabei waren die beiden Klagen, die des Studenten und die des Studiums, eng miteinander verwoben. Auf eine Trennung der Ansprüche wurde damals verzichtet, da die Verletzungen durch

1074 Schreiben des Oberstleutnants von Kessel an den Generalfeldmarschall Graf von Nassau vom 22. April 1710 in: UAH RA 7869.

1075 Zum Vergleich: Für seine Tätigkeit als Repetitor forderte Comes fünf Monatsgehälter in einer Gesamthöhe von 20 fl.

1076 Schreiben von Comes an den Senat vom 26. Mai 1710 in: UAH RA 7869. Vgl. auch Toepke IV, S. 143, Fn. 2: In einem Fall aus dem Jahr 1750 drohte die Universität dem Kurfürsten mit Maßnahmen der Studentenschaft, falls er einen Unteroffizier nicht zwingen würde, einem unschuldigen Studenten Satisfaktion zu geben.

1077 Schreiben des Grafen Efferen an den Kurfürsten vom 26. Juni 1710 in: UAH RA 7869.

1078 Schreiben des Senats an den Kurfürsten vom 1. Juli 1710 in: UAH RA 7869.

dieselbe Handlung entstanden. Die Universität sah sich durch den Angriff auf ihr Mitglied selbst in ihren Rechten verletzt.

3. Konflikte mit der Wache

Gerade mit den Soldaten der Schild- und Torwache[1079] entstanden häufig Konflikte. Zum einen beschimpfen und verspotten Studenten immer wieder die Wache, zum anderen interpretiert das Militär das studentische *ius gladii* oftmals anders als die Heidelberger Musensöhne.[1080] Ein Grund für die Konfliktträchtigkeit des Verhältnisses könnte darin zu sehen sein, dass Personen ähnlichen Alters in gänzlich unterschiedlichen Lebenssituationen aufeinander stießen: soldatischer Drill und akademische Freiheit. Außerdem sind die *„cives academici"*[1081] durch ein kurfürstliches Privileg aus dem Jahr 1754 vom Kriegsdienst befreit, was einen weiteren Unterschied zu den sonstigen Ständen darstellt.[1082]

Besonders mit der zeitweise in Heidelberg stationierten Miliz kommt es häufig zu Auseinandersetzungen. Nach Ansicht des Senats hatten die Studenten wenig Respekt vor den örtlichen Wachen, da es sich um irreguläre Soldaten handelte. Deshalb fordert die Universitätsleitung 1736 eine Garnison kurpfälzischer Soldaten für Heidelberg. Die *„regulirten soldaten"*, eine Abteilung von fünfzig Dragonern, wurden aber bereits ein Jahr später wieder abgezogen.[1083]

a) Misshandlung von Studenten durch die Wache

Größere Aufregung verursachte im Frühjahr 1721 der Vorwurf mehrerer Studenten unter Führung des stud. phil. Franz Ehrenreich Baron von Landsee (al. v. Landtse),[1084] Soldaten der Wache hätten sie auf Befehl eines Leutnants Schröder misshandelt. Die Studentenschaft stellte daraufhin den Besuch der

1079 Eine Schildwache bezeichnete ursprünglich einen Posten, der die vor einem militärischen Kontrollpunkt gelagerten Waffen und Schilde bewachte. Später dann allgemein für jeden Wachsoldaten, der an einem festgelegten Punkt stand, vgl. Grimm, DWB XV, Sp. 139 und DRW XII, Sp. 637.

1080 Ähnlich war die Situation im Göttingen des achtzehnten Jahrhunderts: Brüdermann, S. 282ff. Im Gegensatz zu vielen anderen Universitäten bestand in Heidelberg das Recht, den Degen zu tragen, auch im achtzehnten Jahrhundert fort. Neben den unten beschriebenen Fällen siehe etwa auch: Toepke IV, S. 94, Fn. 3.

1081 *Universitätsbürger* in: Studentenhistorisches Lexikon, S. 281.

1082 Toepke IV, S. 141, Fn. 1.

1083 Winkelmann II, Nr. 2071; Toepke IV, S. 101f., Fn. 4.

1084 Immatrikuliert am 29. Oktober 1718: Toepke IV, S. 39.

Vorlesungen ein. Erst nach erheblichen Disziplinarmaßnahmen des Senates kehrte wieder Ruhe und Ordnung in der Neckarstadt ein.[1085]

Die Universität bemühte sich in entsprechenden Fällen, für ihre studentischen Mitglieder Satisfaktion zu erlangen. Denn in den Schlägen, die ein Soldat einem Akademiker beibrachte, sah man neben der körperlichen Misshandlung auch eine Beleidigung. Wenn ein Soldat sich für berechtigt hielt, einen Studenten zu züchtigen, dann verletzte er dadurch das *privilegium fori* der Hochschule: Nur sie selbst durfte Studenten strafen. Deshalb fühlte sich die Universität durch die Beleidigung gegen den Akademiker auch selbst betroffen.[1086]

b) Die Torwache

Um zu dem ihnen zugewiesenen Jagdbezirk auf der nördlichen Neckarseite zu kommen, mussten die Studenten die Wache an der Brücke passieren. Dort werden Anfang Juli 1731 mehreren von der Jagd kommenden Studiosi die Flinten abgenommen. Durch diesen Vorfall, insbesondere wegen der dabei erfolgten schlechten Behandlung durch die Wachsoldaten, sahen die Betroffenen nicht nur ihre Rechte bedroht, sondern auch ihre Ehre verletzt. Sie erheben Klage beim Senat und fordern neben der Rückgabe ihrer Jagdwaffen auch Satisfaktion. Der Senat entscheidet, dass der Syndikus mit dem General von Freidenberg wegen Erlangung von Genugtuung zu verhandeln habe.[1087]

Kurz nach dem Studentenaufstand im Juli 1738 hatten mehrere Studenten eine Auseinandersetzung mit der Wache auf der Brücke. Der genaue Sachverhalt lässt sich aus den Aussagen der Studiosi vor dem Senat nicht schließen. Deshalb wird eine Untersuchungskommission gebildet.[1088] Ein Bericht der Kommission findet sich nicht in den Senatsakten; wahrscheinlich konnte der Sachverhalt nicht aufgeklärt werden.

Aufgabe der Torwache war es, von Personen, die abends nach der Schließung der Tore noch in die Stadt wollten, eine Sonderabgabe, das *Sperrgeld*, einzufordern.[1089] Die Rechtmäßigkeit der Abgabe stellt einen weiteren Streitpunkt im Verhältnis von Universitätsangehörigen und Soldaten dar. So wei-

1085 Toepke IV, S. 39, Fn. 6. Obwohl es sich um einen erheblichen Vorfall handelte, sind keine Akten archivarisch überliefert.

1086 Ein entsprechendes Beispiel aus dem Jahr 1753 findet sich in: UAH RA 7922. Siehe auch Toepke IV, S. 89f., Fn. 7.

1087 Toepke IV, S. 54, Fn. 1. Ein Ergebnis der Verhandlungen findet sich, wie meist, nicht in den Akten.

1088 Protokoll der Senatssitzung vom 16. Juli 1738: UAH RA 709, pag. 288f.

1089 Vgl. Grimm, DWB XVI, Sp. 2185: „SPERRGELD, *n. geld, das man für die öffnung eines geschlossenen thors, so des stadtthors zur nachtzeit, einer hausthür, bezahlt.*“

gerte sich zum Beispiel der Universitätsfechtmeister, der in Begleitung eines Juristen gegen neun Uhr abends in einer Kutsche das Tor passieren wollte, das *Sperrgeld* zu bezahlen. In der folgenden Diskussion mit dem wachhabenden Offizier kam es zu einem typischen weiteren Konflikt, als der Jurist sich weigerte, in der Wachstube seinen Hut abzusetzen. Schließlich bezahlten die Universitätsmitglieder die Gebühr zwar, beim Verlassen der Wache äußerte der Fechtmeister jedoch, er habe bereits *„mit mehreren zu thun gehabt, wolle auch diesen schon finden"*. Der Offizier, dem die Aussage berichtet wurde, sah sich und die Wache beleidigt, und als der Fechtmeister einige Tage später die Wache passierte, wurde er wiederum zur Rede gestellt. Das Militär beschwerte sich über den Vorfall bei der Universität, da es gegen den Fechtmeister, der zu den Universitätsverwandten zählte, keine Handhabe hatte.[1090] Erst im Jahr 1787 regelte Kurfürst Carl Theodor verbindlich, dass die Universitätsangehörigen das *Sperrgeld*, nicht aber den Brückengeld bezahlen mussten.[1091]

c) Der Studentenaufstand von 1738

Für große Unruhe in der Neckarstadt sorgt im Frühjahr und Sommer 1738 der sogenannte *„große Studentenaufstand"*.[1092] Dabei handelt es sich um eine Reihe von Auseinandersetzungen zwischen Studenten und Soldaten, die in einem mehrtägigen Vorlesungsstreik gipfelten.

Bereits im Winter und Frühjahr war es stärker als sonst üblich zu studentischen Ausschreitungen gekommen. So überfielen mehrere Studenten Ende Januar nachts die Stadtwache, wodurch *„verschiedene vagabundische und liederliche Weibspersohnen"*, die im Gefängnis eingesperrt waren, fliehen konnten.[1093]

Der Senat sah sich nicht mehr in der Lage, die akademische Disziplin durchzusetzen. Deshalb ersuchen die Professoren den Kurfürsten gemäß § 11 der Statuten um die Entsendung von Militär.[1094] Daraufhin verlegt der Herrscher eine Abteilung kurpfälzischer Husaren unter dem Befehl eines Leutnants Jörgs nach Heidelberg.[1095]

1090 Bericht über den Vorfall in: UAH RA 7212.

1091 Nr. 40 und 41 des Vergleichs über die Beschwerde der Universität Heidelberg vom 22. Oktober 1787 in: UAH RA 4608.

1092 Begriff bei Hautz II, S. 263; Toepke IV, S. 101ff., Fn. 4. Der Senat bezeichnete die Angelegenheit als *„studenten händel"*. UAH RA 709, pag. 273.

1093 Beschwerde des Stadtrates an den Kurfürst vom 31. Januar 1738 in: UAH RA 6427.

1094 Senatsprotokoll vom 5. Mai 1738: UAH RA 709, pag. 246.

1095 Toepke IV, S. 101ff., Fn. 4.

Allerdings beruhigt sich die Situation in der Stadt durch die Präsenz des regulären[1096] Militärs nicht.[1097] Vielmehr fühlen sich nun die Hochschüler provoziert. Um ihre Vormachtstellung auf der Straße zu zeigen, bemühen sie sich, die Soldaten zu unverhältnismäßig hartem Verhalten zu provozieren. Dazu veranstalten Studenten nächtliche Aufzüge mit *„ungewöhnlicher Music"*. Leutnant Jörg fragte deshalb am 11. Juni beim Senat an, wie er sich gegenüber den musizierenden Studenten verhalten solle. Die Professoren antworten, *„daß wed*[er] *das verkleidter oder sonst mit ohngewöhnlichen instrumenten und Music auch rottenweiß herumb schwärmen erlaubt und zu dulten seye"*. Sollten die Studiosi tätlich werden, müssten sie festgenommen und der Universität übergegeben werden.[1098] Gleichzeitig erlässt der Senat ein entsprechendes Verbotsdekret und gibt es den Studenten bekannt.[1099]

Einen Höhepunkt erreichen die studentischen Umzüge am 13. Juni; abends gegen halb elf Uhr[1100] zogen etwa dreißig Studenten vor die Hauptwache. Dort verspotten sie die Soldaten und den Offizier, indem sie den typischen Ruf der Wache *„Wer da?"* nachahmen. Beteiligt sind hauptsächlich Jura-Studenten.

Durch die Rufe fühlt sich der Leutnant provoziert; er tritt vor die Burschen und stellt sie zur Rede. Die Studenten sollten *„seine lange getragene gedult und güthe nicht missbrauchen, widrigenfallß seine ihme von ihro Churf. Durchlaucht gegebene ordre mit aller schärpff exequiren werden, daß mancher sich hinter den ohren kratzen werde; er seye auch jurist gewesen, habe aber dergleichen sachen niemahlen gehöret; dieses seyen keine juristen, sondern veritable bubenstreich, auch wenn ihrer zweihundert wären, so werde er seine wacht niemahlen affrontieren lassen"*.[1101]

Der Offizier verteidigt das soldatische Ehrgefühl[1102] entschieden gegen die Angriffe der Akademiker. Das Ehrgefühl der Studenten stand dem der Soldaten jedoch nicht nach. Besonders in dem Begriff *„bubenstreich"*[1103]

1096 Großen Wert legte der Senat wiederholt auf die Entsendung von *„regulirten"* Soldaten, da im Vergleich zur Miliz und den städtischen Wachen die Abteilungen des kurpfälzischen Heeres von den Studenten eher respektiert werden würden, vgl. etwa den Entwurf eines Schreiben des Senats an den Kurfürst vom 16. Mai 1738 in: UAH RA 6427.

1097 Schon am 16. Mai 1738 klagte der Senat über die ausgebliebene Beruhigung der Lage.

1098 Senatsprotokoll vom 11. Juni 1738: UAH RA 709, pag. 261f.

1099 Dekret vom 11. Juni 1738 in: UAH RA 6427.

1100 So Leutnant Jörg: UAH RA 709, pag. 270; Nach der Aussage von stud.iur. Michels fand der Vorfall um halb zehn Uhr statt: UAH RA 709, pag. 265.

1101 Aussage des Leutnants: UAH RA 709, pag. 271; Toepke IV, S. 101ff., Fn. 4.

1102 Zum Ehrbegriff des Offizierkorps vgl. Demeter, S. 108ff.

1103 Grimm, DWB II, Sp. 464: *„BUBENSTREICH, m. scelus, flagitium: das war ein bubenstreich. auch in milderm sinn für knabenstreich."*

sahen die Burschen eine unerhörte Herabwürdigung. Die Gleichsetzung mit *„Buben"*, also kleinen Jungen,[1104] war in den Ohren der Studenten besonders negativ besetzt, weil ihre schärfste gruppenspezifische Beleidigung *„Dummer Junge"* lautete. Auf dieses Schimpfwort musste ein Bursche sofort zum Duell fordern, ansonsten drohte er in *Verschiß* zu geraten, also seine persönliche Ehre zu verlieren.[1105]

Um die Erheblichkeit der Beleidigung zu betonen und ihrer Satisfaktionsforderung Nachdruck zu verleihen, stellen Teile der Studentenschaft am folgenden Tag den Besuch der Vorlesungen ein. Sie weigern sich *„zu frequentieren"*. Besonders lerneifrige Studenten, die sich dem Ausstand nicht anschließen wollen, werden durch ihre streikenden Kommilitonen am Besuch der Vorlesungen gehindert. Dabei nutzen die Anführer des Streiks zum Teil gewaltsame Mittel.[1106]

Am 16. Juni befasst sich der akademische Senat mit den Geschehnissen, weil die Studenten gegen die von dem *„Lieutenant außgestossenen Verbal injurien geklagt und umb satisfaction gebeten"* hatten.[1107] Daraufhin werden mehrere Studenten durch den Senat befragt. Ihre Fassung der Geschehnisse wich deutlich von der des Militärs ab. Nicht die Studenten, sondern die Soldaten hätten immer wieder *„Wer da"* gerufen. Geantwortet habe man wahrheitsgetreu mit: *„Juristen"*. Der Senat teilt den klagenden Studenten unmittelbar sei-

---

1104 Vgl. Grimm, DWB II, Sp. 458ff. zur begrifflichen Nähe zu Schimpfworten wie *„Gassenbube"* etc. Zum spezifisch pfälzischen Dialekt im achtzehnten Jahrhundert siehe Laukhard, S. 14: *„Nach der Pfälzer Sprache heißen alle Jungen Buben"*.

1105 Siehe den ältesten Burschenkomment von 1778, abgedruckt bei Bauer in: Einst und Jetzt 1968, S. 15: §12, Nr. 7: *„Dummer Junge ist die größte und härteste Beleidigung, denn hier handelt es sich um den gesunden Menschenverstand und die Fassungskraft der Studenten."* Vgl. auch das *„Idiotikon der Burschensprache"* von 1808, abgedruckt in: Wörterbuch der Studentensprache III, S. 41, Stichwort Dummer Junge. Das *„Idiotikon"* entstand zwar in Göttingen, der Verfasser hatte aber zuvor in Heidelberg studiert. Siehe auch Objartel in: Alltag und Literatur, S. 108: *„impliziert der Ausdruck dummer Junge die Aberkennung zweier wertbesetzter Eigenschaften, die der Studentenstand für sich reklamierte: Erwachsen sein und ein (junger) ‚Gelehrter' sein."* Er weist den Begriff bereits für 1762 nach; die Wertvorstellungen 1738 waren sicher vergleichbar. Siehe auch Brüdermann, S. 189 und Brüdermann II, S. 11.

1106 Toepke IV, S. 101ff., Fn. 4. Ebenso verhielten sich die Studenten beim hallischen Studentenaufstand von 1723. Kommilitonen, die zur Vorlesung wollten, wurden *„als ein Hunds-Fott erklärt"*, zitiert nach Zaunstöck, S. 75, Fn. 58. Ähnlich beim Auszug der Göttinger Studenten von 1790: Studenten, die nicht am Auszug teilnehmen wollten, wurden mit dem *Verschiß* bedroht, vgl. Brüdermann II, S. 22.

1107 Trotz seiner eigentlich fehlenden Zuständigkeit befasste sich der Senat mit der Angelegenheit. Denn über einen Offizier übte die Universität grundsätzlich keine Jurisdiktion aus. Die Kompetenz erwuchs hier wohl aus dem Sachzusammenhang mit der akademischen Disziplin. Später gab der Senat das Verfahren aber an die Regierung ab.

nen Entschluss mit. Die Musensöhne werden aufgefordert, die Vorlesungen wieder zu besuchen; insbesondere sollte *„keiner den anderen darinn stöhren, auch sich friedlich in allem betragen"*. Angegriffen wurde also das Verhindern des Vorlesungsbesuchs der studierwilligen Streikbrecher. Gleichzeitig, als Motivation für ruhigeres Verhalten, versichert die Universität ihren Studenten, dass sie bei der Erlangung von Satisfaktion behilflich sein werde.[1108] Es handelte sich somit um keine wirkliche Entscheidung über die Klage der Hochschüler, vielmehr wurde ihnen lediglich Hilfe bei der Durchsetzung ihrer Forderung zugesagt.

Zwei Tage später gibt Leutnant Jörg seine Aussage dem Universitätssyndikus zu Protokoll. Er verweist auf mehrere Bitten des Stadtrats, häufig Patrouillen auszusenden und einen von den Studenten geplanten erneuten Sturm der Bürgerwache zu verhindern.[1109] Außerdem habe der Jude Carlebach um Schutz für sein Haus gebeten.[1110] Dann schildert er den Vorfall aus seiner Sicht. Der studentischen Forderung nach Satisfaktion stellt er das verletzte Ehrempfinden der Wache entgegen. Die Studiosi müssten ihrerseits Satisfaktion gewähren, *„weilen die wacht so im nahmen Ihro Churfürstl. Durchlaucht da stehet"*. Die Beleidigung der Soldaten rückte er damit in die Nähe der Majestätsbeleidigung. Weiterhin empfiehlt der Offizier den Professoren, künftig das Verhalten ihrer Studenten selbst zu strafen, dann sei ein Eingriff des Militärs nicht nötig.[1111]

Da die Studenten am 19. Juni wieder nicht zu den Vorlesungen erscheinen, befasst sich der Senat erneut mit den *„studenten händel"*. Die Professoren entscheiden sich für eine doppelte Strategie. Einerseits soll der Syndikus einen schriftlichen Bericht *„ad manus serenissimi"*[1112] bringen und dort zusätzlich noch mündlich von den *„außgeübte*[n] *excessen"* der Studenten berichten. Andererseits will man die Studenten beruhigen und darauf verweisen, dass der Leutnant nicht unter der akademischen Gerichtsbarkeit stünde, die Universität sich aber über ihn beim Kurfürsten beschweren würde.[1113]

1108 Senatsprotokoll vom 16. Juni 1738: UAH RA 709, pag. 264ff.

1109 Wie oben S. 198 beschrieben, hatten die Akademiker wenig Respekt vor der Bürgerwache, da sie sich als Miliz nicht aus ausgebildeten Berufssoldaten zusammensetzte, sondern von der Bürgerschaft aus ihrer eigenen Mitte gebildet wurde.

1110 Zu der jüdischen Bevölkerung Heidelbergs hatten die Studenten oftmals ein gespaltenes Verhältnis, da sie einerseits auf die Kredite und den Verkauf und die Verpfändung von Gegenständen angewiesen waren, Dienstleistungen, die nur Juden anbieten durften, andererseits die entsprechenden Geschäfte auch zu Konflikten führten. Siehe dazu unten S. 214ff.

1111 UAH RA 709, pag. 269–272.

1112 Lat.: zu Händen des Herrschers.

1113 Senatsprotokoll vom 19. Juni 1738: UAH RA 709, pag. 273ff.

Am Morgen desselben Tages hatte Leutnant Jörg für eine weitere Verhärtung der Fronten gesorgt: Der Student Goutier warf ihm vor, der Offizier habe ihn *„angegangen, und etliche gedichte ohrfeigen gegeben"*. Als Goutier die Senatsstube verlassen hatte und der Syndikus gerade das Protokoll seiner Aussage verfasst, stürmen mehrere zornige Studenten herein und berichten, dass Leutnant Jörg den Goutier am *„halß bekommen, und ihn auff die wacht ziehen"* wolle. Den herbeigeeilten Professoren gelingt es, den Tumult zu beenden und den Studenten zu befreien.[1114]

Am Nachmittag begibt sich eine Deputation des Senats zum Kurfürsten nach Schwetzingen.[1115] Um die Vorfälle aufzuklären und die Studenten zu beruhigen, entsendet der Kurfürst seinen Vizekanzler v. Busch, einen ehemaligen Rechtsprofessor der Heidelberger Universität, als *„deputirter Commissarius"* in die Neckarstadt.[1116] Busch vernimmt die bekannten Anführer der Studenten vor dem Senat. Dabei beschweren sich die Studenten über drei Punkte: Neben der Beleidigung durch die Formulierung *„bubenstreiche"* handelte es sich um die *„ungewöhnlichen springstöck"* der Soldaten und um die Misshandlung des Studenten Goutier. Den Einsatz der Springstöcke[1117] warfen die Studenten den Husaren nicht vor. Es blieb also eine Verbalinjurie und eine Realinjurie.[1118]

Bis zur Entscheidung in der Sache wollten die Studiosi nicht mehr zu den Vorlesungen erscheinen. Das Urteil erwarteten sie innerhalb von zwei Tagen. Aus der Formulierung *„es werde Ihro churfürstl. Durchlaucht mehr an denen Studiosii alß ahn anderen gelegen seyn"* wird das starke Selbstbewusstsein der Studenten deutlich.

Von der Ansprache durch den Vizekanzler mit der entschiedenen Aufforderung, wieder zu *frequentieren*, zeigten sich die Deputierten der Studentenschaft dann aber doch beeindruckt. Sie erklären, am folgenden Tag alle wieder zu den Vorlesungen gehen zu wollen *„und heuth den nachmittag noch die Philosophi"*. Weiterhin hofften sie, innerhalb von acht Tagen Satisfaktion

---

1114 Eine Schilderung des Vorfalls aus Sicht des Studenten Goutier vom 2. Juli 1738 in: UAH RA 5566.

1115 Senatsprotokoll vom 19. Juni 1738: UAH RA 709, pag. 274ff.

1116 Zur Rolle des Vizekanzlers beim Studentenaufstand auch Schwab, Syllabus Rectorum, S. 142f.

1117 Es handelte sich wohl um eine besondere Waffe, mit der fliehende Personen zu Fall gebracht werden konnten: Grimm, DWB XVII, Sp. 119f. Nach Schulze/Ssymank, S. 204, waren die Springstöcke ein häufiger Auslöser von Konflikten der Jenenser Studenten mit der Wache.

1118 Also jeweils eine Ehrverletzung durch Worte und eine durch eine Handlung. Dreßler, S. 25ff. Ebd. S. 33, S. 42f. zu der Frage, welche Körperverletzung eine Beleidigung darstellt. Realinjurien waren insbesondere auch beleidigende Gesten.

zu erhalten und keine weiteren Tätlichkeiten des Husarenleutnants mehr erdulden zu müssen.[1119]

Die Forderung der Studenten nach einer schnellen Entscheidung wird jedoch enttäuscht. Am 1. Juli befasst sich der Senat mit einem kurfürstlichen Schreiben, in welchem Anweisungen zum weiteren Vorgehen gegeben wurden. Dieses *Rescript*[1120] wollte der Senat nicht veröffentlichen, weil es die studentischen Forderungen nicht erwähnte.[1121] Stattdessen wird entschieden, dass der Rektor den Studenten gegenüber die Bemühungen der Universität, die Angelegenheit der Studenten beim Kurfürsten zu vertreten, betonen sollte. Dazu wird ein Schreiben an die Regierung entworfen, in dem eine Untersuchungskommission aus dem Heidelberger Stadtkommandanten Oberst v. Pflug, dem Hofgerichtsrat Wreden und der Universität vorgeschlagen wird. Außerdem betont der Senat, dass nicht nur Studenten, sondern auch Handwerksburschen, besonders *„liederliche personen"*, an der Provokation der Soldaten beteiligt waren.[1122] Zur weiteren Untersuchung werden die beteiligten Studenten, wie etwa cand. iur. Goutier, aufgefordert, genaue Berichte über die Vorfälle zu verfassen.[1123]

In der folgenden Sitzung am 9. Juli erscheint der Jurastudent Baron v. Sickingen mit sechs anderen Juristen vor dem Senat, um sich im Namen der Studentenschaft zu erkundigen, ob eine Antwort von der Regierung eingetroffen sei. Mit Verweis auf die bald beginnenden Ferien *„wollten* [die Studenten] *die Treibung der Sache recommendirt haben"*. Der Senat antwortet ihnen, *„sie hätten sich noch einige Täg zu gedulten, indessen aber fleissig zu frequentieren, und sich wohl auffzuführen."*[1124]

Aus den wenigen Tagen werden jedoch zwei Monate, bis ein Schreiben des Kurfürsten eintrifft. Die Regierung gewährt den Wunsch der Universität und weist die Bildung einer Untersuchungskommission an. Mittlerweile ist das Interesse des Senats jedoch erloschen. Die Professoren entscheiden: *„ruhet auff sich weil von denen Studiosis weiter nicht mehr darauff getrieben worden."*[1125]

1119 Protokoll der außerordentlichen Senatssitzung vom 20. Juni 1738: UAH RA 709, pag. 276f.

1120 Ein Reskript bezeichnete in der Behördensprache der Zeit einen auf Anfrage ergehenden schriftlichen Bescheid, vgl. Dilcher in: HRG IV, Sp. 936.

1121 Toepke IV, S. 101ff., Fn. 4.

1122 Protokoll der Senatssitzung vom 1. Juli 1738: UAH RA 709, pag. 280f. Zu den häufigen Konflikten der Studenten mit den Handwerksburschen siehe unten S. 209ff.

1123 Bericht des Studenten Goutier vom 2. Juli 1738 in: UAH RA 5566.

1124 Protokoll der Senatssitzung vom 9. Juli 1738: UAH RA 709, pag. 285f.

1125 Protokoll der Senatssitzung vom 8. September 1738: UAH RA 709, pag. 305f.

Der Vorlesungsboykott und der Auszug der Studenten aus der Universitätsstadt sind die beiden schärfsten Waffen der Studenten des achtzehnten und frühen neunzehnten Jahrhunderts in Auseinandersetzungen mit den Professoren, dem Stadtrat oder dem Militär. Als Druckmittel dienen die ökonomischen Konsequenzen, unter denen die Bürger als Vermieter, Händler und Gastwirte zu leiden hatten.[1126] Auch die Professoren haben ein wirtschaftliches Interesse an einer hohen Frequenz, da sie von den Hörergeldern finanziell profitieren; außerdem vermieten auch sie oftmals Zimmer an Studenten.[1127] Im hier beschriebenen Fall werden die Grenzen des studentischen Druckmittels deutlich. Hatte sich die Aufregung wieder gelegt, so unterließ der Senat jede öffentliche Erwähnung der Vorfälle, um die Ruhe zu erhalten.[1128] Außerdem änderte sich die Behandlung der studentischen Deputierten durch den Senat. Bei der aktuell drohenden Eskalation der Lage werden sie noch freundlich aufgenommen und es wird die Hilfe des Senats zugesichert. Wenige Wochen später fertigt man sie schnell ab und mahnt ruhiges Verhalten an.[1129] Entsprechend behandelten auch andere Universitäten des Reichs die Hochschüler in vergleichbaren Situationen, so bei den Auszügen der Göttinger und der Jenenser Studenten in den Jahren 1790 und 1792: Nach der Rückkehr in die Universitätsstadt mussten die Musensöhne auch ihnen wenig gefallende Urteile und Maßnahmen akzeptieren.[1130]

d) Eingriffe des Militärs in Streitigkeiten unter Studenten

Es kam nicht nur zu Auseinandersetzungen zwischen Soldaten und Studenten, sondern auch zu Fällen, in denen das Militär drohend oder schlichtend in Streitigkeiten unter den Studenten eingriff.

So klagt zum Beispiel 1725 ein Student der Logik Klein[1131] gegen seinen Kommilitonen Bender.[1132] Dieser habe ihn auf offener Straße beschimpft und

---

1126 Schroeder, Tod den Scholaren, S. 92.

1127 Brüdermann II, S. 20f. In Heidelberg war es den Studenten seit 1652 gestattet, in der gesamten Stadt bei ehrlichen Leuten zu wohnen, während vor dem Dreißigjährigen Krieg das Bursenleben üblich war, vgl. Wolgast, S. 59.

1128 Nach Toepke IV, S. 160, Fn. 1 traten größere Konflikte zwischen Militär und Universität erst wieder im Jahr 1753 auf.

1129 Siehe etwa: das Senatsprotokoll vom 16. Juni 1738: UAH RA 709, pag. 264ff. einerseits und das Protokoll der Senatssitzung vom 9. Juli 1738: UAH RA 709, pag. 285f. andererseits.

1130 Dazu Brüdermann II, S. 52f.

1131 (Johann) Heinrich Klein, Jesuitenschüler aus Dudenhofen; wegen seiner Armut wurden ihm die Immatrikulationsgebühren erlassen; eingeschrieben am 11. Dezember 1724: Toepke IV, S. 52.

1132 Wohl der Pfälzer Justus Constantin Bender, audit. theol., immatrikuliert am 2. Mai 1724: Toepke IV, S. 50.

schließlich *„getrohet den mandell abzunehmen, und braff schläg zu geben"*. Diese Eskalation des Streites sei nur durch das Auftreten des Herrn Hauptmanns von Buchwitz mit seinen Soldaten verhindert worden. Die nur mündlich erstattete Klage nimmt das Gericht zur Kenntnis und ordnet an, dass der Hauptmann ein *„attestat"* über die Sache abgeben solle, während Klein sein Anliegen schriftlich abfassen müsse.[1133] Dies geschieht einen Monat später.[1134]

In seinem schriftlichen Bericht führt Student Klein, der vorab seine Armut betont, aus, dass er an dem betreffenden Abend die katholische Litanei auf dem Marktplatz gesungen habe. Der reformierte Theologiestudent Bender sei mit einem Jungen hinzugekommen und habe ihn nachgeäfft. Als Klein sich dies verbittet, verhöhnt Bender die Litanei und fragt, was das überhaupt sein solle. Daraufhin habe er, Klein, sich erkundigt, ob Bender Student sei, da er weder Mantel noch Degen trage.[1135] Darauf antwortet Bender, er trage einen Degen und im Übrigen ginge es den Klein nichts an.

Um die Situation zu entschärfen, habe sich Klein vom Markt entfernt, doch Bender sei ihm unter Beschimpfungen und Drohungen gefolgt. Insbesondere kündigte Bender an, er werde Klein den Mantel und Degen wegnehmen. Daraufhin sei Klein wieder auf den Marktplatz gegangen, um sich im Quartier des Hauptmanns von Buchwitz versichern zu lassen, dass man ihm bei einer weiteren Eskalation zu Hilfe käme. Kurz darauf sei Bender dann tätlich geworden und habe Klein den Mantel weggerissen und ihn an Haaren und Ohr gepackt und zu Boden geworfen. Auf die Hilferufe des Angegriffenen hin seien ein Soldat und ein Diener erschienen, woraufhin Bender nach seinem Degen gerufen habe. Dieser wurde ihm von einem anderen Studenten gebracht. Eine weitere Eskalation sei nur durch das Erscheinen des Herrn Hauptmanns verhindert worden.

Der klagende Student zeigte sich sehr bestürzt ob *„dieses freventlichen angriffs auff der offentlichen straße"* und forderte *„billige Satisfaction undt nachtrückliche andung"* der erlittenen Injurien.[1136] In diesem Fall verlief die Konfliktlinie nicht zwischen Akademikern und Soldaten, sondern zwischen den Konfessionen: Das Militär vertrat die offizielle Politik der Kurpfalz, die rekatholisiert war. Gegen seinen protestantischen Kommilitonen Bender kam es dem katholischen Klein zu Hilfe, obwohl das Militär meist wenig Interesse hatte, in innerstudentische Konflikte gezogen zu werden.[1137]

1133 Senatsprotokoll vom 21. Juli 1725: UAH RA 868.

1134 Senatsprotokoll vom 23. August 1725: UAH RA 868.

1135 Zur Bedeutung von Degen, dem Ausdruck des studentischen Privilegs, Waffen zu tragen, und dem Mantel, der unter anderem als Defensivwaffe diente, siehe oben S. 177.

1136 Schreiben des Studenten Klein an den Senat in: UAH RA 869.

1137 Brüdermann II, S. 15.

e) Die *„Entleibung"* des Feldwebels Mindörfer

Die Spannungen zwischen Studenten und Soldaten erreichen im Jahr 1756 einen ihrer tragischen Höhepunkte, als der Feldwebel Mindörfer während einiger *„Mißhelligkeiten"* von mehreren reformierten Studenten getötet wurde.[1138] Der genaue Ablauf ergibt sich aus den überlieferten Akten nicht mehr. Festzuhalten ist jedoch, dass eine Gruppe von drei Studenten zunächst in Verdacht stand, an der Sache beteiligt zu sein. Sie wurden durch das Militär festgenommen und mehrere Wochen im Karzer eingesperrt, schließlich aber als unschuldig entlassen.[1139] Für eine andere Gruppe von Akademikern endet die Angelegenheit einschneidender: Nachdem sie zwei bis drei Monate im Karzer verbracht haben, werden sie zunächst entlassen. Im folgenden Jahr, als das Urteil durch die beauftragte Juristische Fakultät der Universität Giessen gefällt war, mussten sie je 20 Reichstaler als Geldstrafe an den Fiskus der *alma mater heidelbergensis* bezahlen.[1140] Weiterhin wurden ihnen die Verfahrenskosten aufgebürdet, die sich für jeden auf 68 fl., 12 Kr. beliefen.[1141]

Einer der Verurteilten, Johann Georg Wittner, ersucht die Universität im Juni 1757, ihm seine Strafe und seinen Anteil an den Verfahrenskosten zu mindern. Er begründet seine Bitte mit der Armut seiner Mutter, die verwitwet sei.[1142] Eine Entscheidung der Universität findet sich nicht in den Akten, Toepke berichtet jedoch, dass das Eintreiben des Geldes durch das Oberamt Alzey an der *„Unvermögenheit"* der Mutter scheiterte.[1143] Erfolgreicher war ein Gnadengesuch, mit dem sich der Vater des geflohenen Mittäters Johann

1138 Die überlieferten Akten in: UAH RA 7210; näheres bei Toepke IV, S. 173, Fn. 1. Zu den länger andauernden Spannungen, die ihren Auslöser wohl in der Nutzung des studentischen Jagdbezirks durch Offiziere hatten, siehe auch Toepke IV, S. 169, Fn. 1.

1139 Es handelt sich um die Theologiestudenten Werner (immatrikuliert schon 1747, vgl. Toepke IV, S. 134), Pitthan (al. Bitthan, Pithan; vgl. Toepke IV, S. 170) und Cossaeus (al. Cosaeus, vgl. Toepke IV, S. 161). Pitthan und Cossaeus bitten am 12. August 1756, nachdem sie nach vier Wochen Arrest entlassen wurden, um ein *„testimonio innocentia"* des Senats, um ihre Studien unbeschwert fortsetzen zu können, vgl. das Schreiben in UAH RA 7210.

1140 Warum die Zahlung an die Universität und nicht an die Kriegskasse oder die Erben des Feldwebels erfolgen sollte, bleibt unklar. Möglicherweise sahen die Giessener Professoren nur eine Verletzung der akademischen Disziplin, also ein Unrecht zu Lasten der Heidelberger Universität.

1141 Es handelte sich um die stud. theol. Hermanni (Toepke IV, S. 178), stud. phil., theol. Papst (Toepke IV, S. 174), stud. phil. Zwilling (Toepke IV, S. 178), stud. phil. Schmidt (ebd.) und cand. theol. Wittner (al. Widner, Toepke IV, S. 174). Der reformierte Theologe Johann Heinrich Vögelin (Toepke IV, S. 173) war geflohen, gegen die Gewährung sicheren Geleits kehrte er jedoch nach Heidelberg zurück.

1142 Schreiben vom 8. Juni 1757 in: UAH RA 4798.

1143 Toepke IV, S. 173, Fn. 1.

Heinrich Vögelin an den Kurfürsten wandte. Anstelle der sechsmonatigen Festungshaft und den 25 Reichstalern, die er an die Kriegskasse zu zahlen hatte, sollte er nun *„100 fl. ad cassam piam* [...] *zum dahiesigen Hospital ad s. Carolum“* bezahlen.[1144] Mit diesem Dekret war die Universität unzufrieden, da sie davon ausging, dass die Gelder an ihren Fiskus zu leisten seien. Auf ihre Beschwerde hin bedeutet der Kurfürst, dass es sich um eine in Ausübung seines Begnadigungsrechts umgewandelte Haftstrafe und nicht um eine Geldstrafe handele. Da die Begnadigung durch den Herrscher erfolgt, konnte er auch über die Ablösung entscheiden.[1145]

f) Situation in anderen Universitätsstädten

Ähnlich wie in der Neckarstadt war das Verhältnis zwischen Militär und Universität auch in vergleichbaren Städten belastet. Brüdermann beschreibt die Situation im Göttingen des achtzehnten Jahrhunderts als konfliktträchtig. Neben den Auseinandersetzungen mit der Tor- und Schildwache wurde dort besonders das gewaltsame Anwerben von Rekruten zum Problem. Vergleichbar mit dem Ablauf in Heidelberg war das Verfahren in Göttingen. Soldaten klagten vor dem militärischen, Studenten vor dem akademischen Gericht. Die jeweilige Gegenseite wurde nicht vor das „fremde“ Gericht geladen, sondern von den Standesgenossen vernommen.[1146]

VI. KAPITEL: Auseinandersetzungen mit den „Knoten“

In allen Epochen der Universitätsgeschichte kommt es zu Konflikten zwischen Studenten und Handwerksburschen, den sogenannten *„Knoten“*.[1147] Konfliktpotenzial entsteht zwischen den beiden Gruppen aus dem Umstand,

1144 Gnadengesuch vom 21. Februar 1758, Begnadigung vom 6. März 1758 in: UAH RA 7210.

1145 Toepke IV, S. 173, Fn. 1.

1146 Brüdermann, S. 277ff.

1147 Zu Herkunft und Bedeutung siehe Grimm, DWB XI, Sp. 1507; außerdem „Idiotikon der Burschensprache“ von 1808, abgedruckt in: Wörterbuch der Studentensprache III, S. 17, S. 40. Beispiele für Auseinandersetzungen mit Handwerksburschen von anderen Universitäten: Leipzig (1772): Döring in: Geschichte der Universität Leipzig I, S. 622; Freiburg: Krug-Richter; Halle (1774): Alenfelder, S. 149; Ausführlich zum Göttinger Studentenauszug (1790), der durch einen Konflikt mit Tischlergesellen ausgelöst wurde: Brüdermann II; siehe auch Schulze/Ssymank, S. 203. Für Heidelberg sei etwa auf das Hochzeitslaufen der Studenten im siebzehnten Jahrhundert verwiesen, siehe oben S. 158. Im Jahr 1679 stritten die Studenten mit Handwerksburschen und Soldaten über die für sie reservierten Plätze in der Heiliggeistkirche, vgl. Protokoll vom 5. März 1679 in: UAH RA 690. Weitere Beispiele bei Schroeder, Tod den Scholaren, S. 68.

dass sie über eine jeweilige Gruppenehre verfügen und sowohl die Gesellen als auch die Burschen ledige junge Männer sind, die sich freiwillig zusammengeschlossen hatten.[1148]

Auslöser sind meist die akademischen Privilegien, von denen die Studenten profitierten.[1149] Rechte wie das *ius gladii* oder die Befreiung vom Kriegsdienst und der eigene Gerichtsstand unterschieden die Mitglieder des Generalstudiums von ihren Altersgenossen, die ein Handwerk erlernt hatten.[1150] Neben den Vorrechten konnten auch die strengeren Gesetze, denen die Studenten etwa im Kreditwesen unterworfen waren, zu Spott und Streitigkeiten von Seiten der „*Knoten*" führen. So etwa 1777, als den Wirten der „*kofeehäuser*" untersagt wird, den Studenten Kredit zu gewähren, weil sich diese auf ihre Studien konzentrieren sollen, anstatt Zeit und Geld im Kaffeehaus zu verschwenden. Über das kurfürstliche Verbot beschwerten sich die Studenten mit Verweis auf das „*hohngelächter der schuh- und metzgersknechte*".[1151]

In Heidelberg muss sich der Senat als Universitätsgericht besonders mit dem studentischen Vorrecht des Degentragens auseinandersetzen.[1152] 1738 kommt es zu einem Vorfall, der zeigt, dass die Akademiker bereit waren, ihr Privileg selbstständig durchsetzten. Es klagt ein „*goldarbeiter gesell*" gegen einen Studenten, weil ihm der Musensohn auf der Straße den Degen abgenommen hatte. Der Senat entscheidet, dem Gesellen den Degen „*vor diesmahl*" zurückzugeben; ihm wurde aber bedeutet, die Waffe nicht mehr zu tragen. Weiter hielt der Senat fest: „*und wäre nochmahlen mit dem stadtrath zu communicieren, daß den handwerksburschen das degentragen* [...] *verbotten werde mögen.*"[1153] Der Senat straft den Hochschüler nicht, sondern stellt sich

---

1148 Brüdermann II, S. 12; Krug-Richter, S. 36; für Landshut vgl. Jakob, S. 64. Zur spezifischen Studentenehre siehe oben S. 148ff.

1149 Da das akademische Gericht meist spät und wenig entschieden auf studentische Provokationen reagierte, verschafften sich die Handwerksgesellen gelegentlich Selbsthilfe, so z. B. auch 1790 in Mainz, siehe Schweigard, S. 141ff. Ebd. für das Jahr Hinweise auf entsprechende Konflikte in den Universitätsstädten Halle, Frankfurt/Oder, Jena und Göttingen.

1150 Stein, S. 113: Durch die milden Strafen des Universitätsgerichts stieg die Bereitschaft der Studenten, Verstöße zu begehen.

1151 Winkelmann II, Nr. 2274.

1152 Vgl. auch den öffentlichen Aufruf eines Studenten von 1729, in dem unter anderem gefordert wurde, den „*Plebeiis hominibus*" die Degen abzunehmen, da sie kein Recht dazu hätten und nachts als vermeintliche Studenten Dritte angreifen würden: UAH RA 4781 und Winkelmann II, Nr. 2036. In Preußen wurde 1750 durch ein Gesetz allen Studenten das Degentragen untersagt, vgl. Regelement 1750, Nr. 1 in: Arnoldt, S. 229. Auch die Studenten der Kameralwissenschaften in Lautern hatten das Recht, Degen zu tragen, vgl. Webler, S. 99.

1153 Protokoll der Senatssitzung vom 30. Juli 1738 in: UAH RA 709, pag. 293.

auf seine Seite. Der Geselle verliert nicht nur seine Klage, sondern sieht sich weiteren Sanktionen ausgesetzt.[1154] Auch Bürger Heidelbergs sahen sich Angriffen von Studenten ausgesetzt, wenn sie in den Verdacht des unberechtigten Degentragens kamen. Nur den gerade wachhabenden Einwohnern gestattete man die Bewaffnung.[1155]

Immer wieder kam es auch zu *„Verwundungs und schlägerey Sachen“*,[1156] worunter neben einem Faustkampf im akademischen Sprachgebrauch auch mit Fechtwaffen ausgetragene Konflikte verstanden wurden.[1157] In den Urteilen des akademischen Gerichts werden durchaus härtere Strafen gegen Studiosi ausgesprochen, die Handwerker verletzten. So müssen mehrere Studenten für acht Tage in den Karzer, als sie wegen der Verletzung eines *„dahiesigen Kamm-Machers nahmens Kuntzen“* verurteilt werden. Weiterhin hatten sie die Kur- und Heilungskosten sowie die Gerichtsgebühren zu tragen.[1158] Neben den meist nächtlichen Schlägereien zwischen einzelnen Studenten und Gesellen finden sich sogenannte *„Tumulte“* in den überlieferten Akten. Dabei handelt es sich um Konflikte, bei denen eine größere Anzahl von Beteiligten aufeinandertraf. Aus dem Jahr 1736 ist ein entsprechender Fall überliefert, in dem mehrere Apotheker- und Perückenmachergesellen mit einer Gruppe von Studenten aneinandergerieten. Anscheinend hatten die Akademiker den Tumult provoziert und entwendeten während diesem den Gesellen mehrere *„sambt hüte und peruquen“*. Außerdem verletzten sie einen der Handwerker in gefährlicher Weise am linken Arm. Die Universität fällt ein strenges Urteil: Die beiden Haupttäter waren von der *„schola zu eliminiren“* und hatten den Klägern alle Schäden zu ersetzen; die Mittäter müssen für acht Tage in den Karzer.[1159] Problematisch für die Studenten konnte

1154 Entsprechende Vorwürfe machte der Senat auch dem Sohn des Kaminfegers May, der im Dezember 1739 mit zwei Studenten in Streit geraten war, vgl. die Befragung vom 9. Dezember 1739 in: UAH RA 6427.

1155 Ein Schneidermeister, der von einer Versammlung der *„Bürger Compagnie“* kam wurde im Jahr 1716 von zwei Studenten verfolgt und tätlich angegriffen, weil er aus ihrer Sicht unberechtigterweise Degen trug, obwohl er als Unteroffizier der Miliz dazu verpflichtet gewesen war, vgl. das Schreiben an den Senat vom 19. Mai 1716 in: UAH RA 7867.

1156 So die Bezeichnung in einer Urteilsbestätigung in: UAH RA 7083. Der selbe Begriff wurde auch in Göttingen genutzt, vgl. Brüdermann II, S. 39.

1157 Im Unterschied dazu bezeichnete der studentische Sprachgebrauch einfache Prügeleien mit den *„Knoten“* als *„Holzerei“*, vgl. DRW V, Sp. 1459.

1158 UAH RA 7083. Interessanterweise betrugen die Kur- und Heilungskosten 7 fl., während für das Gericht und die Pedellen 13 fl. in Rechnung gestellt wurden.

1159 Dabei reduzierte die Universität die Schäden der Kläger: Statt 82 fl., 30 Kr. Heilungskosten gestand sie 67 fl. 30 Kr. zu, für Hüte und Perücken sollten 3 statt 5 fl. genügen. Weiterhin hatten die Verurteilten die Anwaltskosten in Höhe von 10 fl. und die Pedellengebühren von 2 fl., 30 Kr. zu tragen. Nach dem jeweiligen Schuldanteil bestimmte das

die körperliche und zahlenmäßige Überlegenheit der *Knoten* sein. Deshalb erbat die Studentenschaft 1797 die Einrichtung einer starken akademischen Polizei oder die Verlegung von kurpfälzischem Militär in die Neckarstadt. Auslöser der ungewöhnlichen Bitte war die Bedrohung der Studenten durch eine Gruppe von dreißig bis vierzig *„Schiffpurschen, Schiffer und Schmidts-Gesellen"*. Diese hatten in einem Streit zwischen zwei Studenten Partei ergriffen und standen *„mit Prügeln"* vor der Tür eines der Beteiligten. Durch die städtische Polizei, die nur *„aus alten kraftlosen Männern bestehe"*, erwarteten die Hochschüler keinen effektiven Schutz.[1160]

Die Abneigung gegen die *Knoten* bestand in der akademischen Jugend auch im neunzehnten Jahrhundert fort.[1161] So schrieb etwa der vormalige stud. iur. Joseph von Eichendorff[1162] über seine, teilweise in Heidelberg verlebte Studienzeit: *„Stets schlagfertige Tapferkeit war die Kardinaltugend des Studenten, [...] und gleichwie überall gerade unter Verwandten oft die grimmigste Feindschaft ausbricht, so wurde auch hier aller Philisterhaß ganz besonders auf die Handwerksburschen gerichtet."*[1163]

Die konfliktträchtige Situation wurde durch das komplizierte gerichtliche Verfahren verschärft. Denn durch die Aufteilung der Zuständigkeit für Studenten und Handwerksgesellen zwischen dem Senat und dem Stadtrat konnte jede Seite nur die ihr unterstehenden Beteiligten vorladen. Wollte der Senat als Universitätsgericht einen nicht studierenden Einwohner befragen, so musste er die Fragen schriftlich an den Rat stellen, der dann die Einvernahme des Zeugen oder Beteiligten durchführte.[1164] Eine effiziente Bearbeitung war so nicht möglich, da offene Fragen erst nach dem Eingang des Protokolls erkannt werden konnten. Deshalb kam es nach dem Übergang der Kurpfalz an Baden wiederholt zu Versuchen, die Zuständigkeit für Disziplinarsachen in einer Person zu bündeln.

Gericht, dass einer der Verurteilten ein Drittel, der andere zwei Drittel tragen sollte: UAH RA 6405; Toepke IV, S. 89f., Fn. 7.

1160 Bittschrift der Studentenschaft vom 19. Dezember 1797 in: UAH RA 6699.

1161 Es gab aber immer wieder auch Phasen, in denen beide Gruppen gemeinsame Interessen, meist politischer Natur hatten. Dann kam es zu Kooperation, so etwa beim Mainzer Aufstand von 1790 (Braubach, Hist. Jahrbuch 52 (1932), S. 228, Fn. 5) oder während des Hambacher Fests (siehe unten S. 336ff.)

1162 Zu Eichendorffs Heidelberger Zeit siehe Schroeder, NJW 2008, S. 729ff. und Debon.

1163 Eichendorff, S. 8f. Siehe auch *Studentenunfug* in: Krönitz, Encyklopädie, Band 149, S. 16. Der Autor zählt 1841 die Schlägereien mit den Handwerksburschen zu den typischen Studentenstreichen.

1164 Vgl. etwa die Befragung des Sohnes des Kaminfegers May durch den Stadtrat im Auftrag des Senats vom 9. Dezember 1739 in: UAH RA 6427.

VII. KAPITEL: Das Jagdrecht der Studenten – ein weiterer Konfliktherd

Seit der Wiederbegründung der Universität nach dem Dreißigjährigen Krieg zählt zu den Privilegien der Akademiker auch die Jagd auf Niederwild, das sogenannte „*kleine Weydwerck*". Ausgeübt wird es in einem Bezirk nördlich des Neckars, zwischen Handschuhsheim und Schriesheim.[1165] Nur Studenten des Rechts und der Philosophie waren dazu vom Kurfürst berechtigt worden, für Mediziner und Theologen hielt man die Jagd in Anbetracht ihres späteren Berufs für unpassend.[1166]

Durch das Jagdrecht entstand ein weiterer potentieller Konfliktherd: In den Akten des akademischen Gerichts finden sich mehrere Fälle, in denen Auseinandersetzungen zwischen Studenten und den Jagdaufsehern untersucht werden.[1167] Da sich ein Teil der Studenten von den *Forstknechten* und *Jagdburschen* ungerecht behandelt fühlten, griffen einige Theologiestudenten 1730 zu einem drastischen Rachemittel. Zu siebt überfielen sie einen Jagdburschen, der gerade auf dem Heimweg war. Da er seine Flinte nicht herausgeben wollte, wurde er mit Messern bedroht und durch Stockschläge „*auff offener straßen gewalthättigen weiß angegriffen*" und „*sehr übel tractirt*".[1168] Auffällig ist, dass es sich bei den Angreifern um Theologiestudenten handelte, die zur Jagd nicht berechtigt waren. Möglicherweise hatten die Jagdaufseher den Studenten die Jagd deshalb untersagt. Bereits ein Jahr zuvor hatte ein Akademiker in einem öffentlichen Aufruf gefordert, Nichtberechtigte aus dem Jagdbezirk zu entfernen oder den Studenten die Selbsthilfe zu gestatten.[1169]

Im Jahr 1761 beschwert sich die Universität beim Kurfürsten über den Heidelberger Stadtkommandanten, der den Hochschülern eigenmächtig die Jagd untersagt und ihnen bei Zuwiderhandlungen mit der Beschlagnahme der Jagdwaffen gedroht hatte. Der Herrscher erlässt daraufhin eine Weisung an den Offizier, sich künftig entsprechender Befehle zu enthalten.[1170]

1165 Winkelmann II, Nr. 1994; § 94 der Statuten von 1786 in: Thorbecke, Statuten, S. 334.

1166 Zum Jagdrecht der Studenten siehe GLA 205/751, 205/753 und Wolgast, S. 59.

1167 Vgl. auch Toepke IV, S. 54, Fn. 1 und S. 185, Fn. 2. Auch in GLA 205/753 werden mehrere entsprechende Konflikte beschrieben.

1168 Sie das Schreiben des Vorgesetzten Forstknechtes von Handschuhsheim an die Universität in: UAH RA 7086.

1169 Der Aufruf, am 24. August 1729 unter der Abkürzung A.L.A. in lateinischer Sprache veröffentlicht ist überliefert unter UAH RA 4781 und übersetzt gedruckt bei Winkelmann II, Nr. 2036.

1170 Weisung des Kurfürsten vom 11. August 1761 in: GLA 205/753.

VIII. KAPITEL: Konflikte zwischen Studenten und jüdischen Einwohnern der Pfalz

Im achtzehnten Jahrhundert kommt es mehrfach zu verbalen oder tätlichen Angriffen von Studenten auf jüdische Einwohner der Kurpfalz und Heidelbergs.[1171] In den Akten wurde ausdrücklich vermerkt, dass es sich bei den Opfern um Juden handelte. Das war wegen des Gerichtsstandes wichtig. Denn spätestens ab 1720 ist für Klagen gegen Juden in Heidelberg nicht mehr der Stadtrat, sondern das Hofgericht in Mannheim zuständig.[1172] Als Kläger konnten Juden aber vor dem jeweils für den Beklagten zuständigen Gericht auftreten, wie die folgenden Fälle zeigen.[1173]

Im Januar 1736 beschließt der Senat künftig Studenten, die Juden schmähen oder verletzen, zu relegieren. Der Beschluss wird durch einen Anschlag veröffentlicht und zusätzlich in den Kollegien verlesen.[1174] Inwiefern auch tatsächlich entsprechend geurteilt wurde ist unklar, zumal der Senat damals zu Drohungen mit scharfen Strafen neigte, ohne dass zwangsläufig entsprechende Delikte zu harten Konsequenzen führten.[1175]

Ende Oktober desselben Jahres erlässt der Kurfürst ein Edikt gegen das Beschimpfen von Juden durch Studenten. Der Senat verbreitet das Edikt. Allerdings weißt er den Fürsten darauf hin, dass die Hetzereien gegen Juden nicht immer von Studenten ausgingen.[1176] Schon zwei Jahre später bitten die Vertreter der jüdischen Gemeinde den Kurfürsten ausdrücklich um Schutz vor den Heidelberger Studenten. Es war mehrmals zu nächtlichen Ausschreitungen gekommen, da sich das Gerücht verbreitet hatte, Frankfurter Juden hätten einen Heidelberger Kaufmann ermordet. Der Herrscher erlässt daraufhin ein weiteres Gesetz, durch welches die Juden geschützt

1171 Neben den im Folgenden genannten etwa auch: UAH RA 870; Ferner Toepke IV, S. 89, Fn. 6; Schroeder, Tod den Scholaren, S. 67f. Während des Studentenaufstands von 1738 erbat der Jude Carlebach ausdrücklich um Schutz für sein Haus.

1172 Braun, S. 7. Zum Hofgericht am Ende des achtzehnten Jahrhunderts siehe Schlick, S. 64.

1173 Eine Ausprägung des Grundsatzes: „*actor sequitur forum rei*", siehe oben S. 43.

1174 Winkelmann II, Nr. 2064.

1175 Vgl. aber auch die Bitte eines cand. iur. Gerhäusers vom 21. Juni 1745, der „*einen Juden ein wenig mit einem Stockschlag hergenommen*" hatte, und sich über das harte Urteil von drei Tagen Karzer bei Wasser und Brot wunderte, da auch das Opfer bestätigt hätte, dass der Schlag „*gering*" gewesen sei, UAH RA 7867.

1176 Winkelmann II, Nr. 2071. Zu der Situation, dass Studenten für Taten ihrer unakademischen Altersgenossen haften mussten, kam es mehrmals. So etwa im oben beschriebenen Studentenaufstand.

werden.[1177] Durch die kurze Aufeinanderfolge der Erlasse und Aufrufe wird deutlich, wie wenig sie die Studenten beeindruckten.

In bezeichnendem Gegensatz zum Verhalten der Studenten des achtzehnten Jahrhunderts stehen deren Nachfolger 1819, die sich während der „Hepp!-Hepp!-Krawalle" unter dem „Buschen heraus!" Ruf schützend vor die von den Bürgern angegriffenen Juden stellten.[1178]

In Kontakt kommen die jungen Akademiker mit Einwohnern mosaischen Glaubens meist, wenn sie in Geldnot waren. Neben dem Verkauf gebrauchter Kleidung war die Aufnahme eines Kredites dann das Mittel der Wahl. Zur Sicherung des Kredites wurden Gegenstände verpfändet.[1179] Beide Dienstleistungen erbrachten im achtzehnten Jahrhundert zumeist Angehörige mosaischen Glaubens.

1. Vorfall in Schriesheim

Am 16. Juni 1711 werden die Studenten Johann Franz Wolff,[1180] Andreas Hartlieb und Jacob Christophori[1181] zu Karzerstrafen verurteilt, weil sie Juden misshandelt hatten. Alle drei Beschuldigten sind Jesuitenschüler.

Die Strafen fallen unterschiedlich aus, von Geld- oder Haftstrafe bis zu verschärfter Strafe bei Wasser und Brot. Tatort des Vorfalls war Schriesheim. Da sich Hartlieb weigerte im Karzer zu erscheinen, wird im November entschieden, dass er durch die Wache abzuholen sei. Auffallend ist hier wieder die lange Zeit, die nach dem Urteil verstrichen ist, bis der verweigerte Karzeraufenthalt durchgesetzt wurde.

Interessant an dem Fall ist weiterhin, dass sich das akademische Gericht mit ihm befasste, obwohl der Tatort außerhalb der Mauern Heidelbergs lag. Diese Zuständigkeit wurde vom Oberamt immer wieder bestritten, während der Senat oftmals entschieden für sie kämpfte. Hier scheint die örtliche Zuständigkeit jedoch nicht in Zweifel gezogen worden zu sein.

1177 Erlass vom 30. April 1738 in: UAH 7081.

1178 Dargestellt bei Schroeder, Tod den Scholaren, S. 109ff.

1179 Vgl. den Rechtstreit des Studenten Theodor Unkraut gegen *„den hießigen Juden Süskind"* aus dem Jahr 1756 in: UAH RA 7886. In den Statuten von 1786 wurde die Pfandleihe ausdrücklich für Christen und Juden verboten, die Pfände waren zur Strafe unentgeltlich herauszugeben, vgl. § 87 c) der Statuten von 1786 in: Thorbecke, Statuten, S. 331.

1180 Immatrikuliert am 22. November 1708: Toepke IV, S. 13, Fn. 4.

1181 Beide immatrikuliert am 28. November 1709: Toepke IV, S. 16, Fn. 2.

2. Zwei Vorfälle aus dem Jahr 1725

Anfang August 1725 beschäftigt sich der Senat in einer Sitzung ausschließlich mit verschiedenen Studenten, welche Straftaten zu Lasten von Einwohnern mosaischen Glaubens begangen hatten.

Im ersten Teil des Protokolls findet sich die Untersuchung gegen einen Studenten, der einen Juden namens Wolff[1182] geschlagen hatte. Zunächst ist der Täter unklar. Vorgeladen wird ein Studiosus Dalpozo, wohl der aus Heidelberg stammende Johannes Adam Dalbosco.[1183] Dieser sagt aus, er habe den Juden nicht traktiert, er sei wohl mit einem seiner Kostgänger verwechselt worden.

Daraufhin wird gegen den Jurastudenten Haubt[1184] ermittelt. Zu seiner Verteidigung gibt der Student an, er habe Wolff nur geschlagen, weil dieser ihn nicht durch das Abziehen seines Hutes gegrüßt habe. Der Kläger bestritt das Nichtgrüßen, verwies auf die Härte des Schlages und bat das Gericht, dafür zu sorgen, dass er zukünftig nicht mehr solche Schläge bekäme. Verurteilt wurde Haubt zu einem Tag Karzer. Allerdings wird ihm die Wahl gelassen, den Karzer zu vermeiden, indem er sich bei Wolff entschuldige und zukünftig *„die Juden gehen lasse und kein leidts mehr Ihnen thun"* werde.[1185]

In derselben Sitzung beschäftigen auch die Brüder Cronacker, beide Logikstudenten,[1186] das akademische Gericht. Ihnen wird vorgeworfen, in ihrer Stube gezecht und dabei Juden beschimpft zu haben. Sie gestanden zwar, zur betreffenden Zeit in ihrer Stube getrunken zu haben, die Schimpfworte hätten aber ihnen untereinander und nicht den Juden gegolten. Da sich der Sachverhalt nicht abschließend klären lässt, entscheidet das Gericht, dass den Brüder unter Androhung von Karzerhaft zukünftig verboten sei, sich so unangemessen zu verhalten.[1187]

1182 Es handelte sich wohl um den auf der Heidelberger Judenliste von 1722 verzeichneten Wolff Löw, siehe Cser in: Geschichte der Juden in Heidelberg, S. 101.

1183 Immatrikuliert am 11. Dezember 1722, zunächst Logik, später Jura; 1725 noch Student in Heidelberg: Toepke IV, S. 48, Fn. 1; 529.

1184 Wohl der 1720 immatrikulierte Jesuitenschüler Anselm Haubt aus Heppenheim: Toepke IV, S. 46.

1185 Senatsprotokoll vom 9. August 1725 in: UAH RA 868.

1186 Joseph Anton und Carl Philipp Cronacher aus Stocksberg bei Heilbronn, immatrikuliert am 11. Dezember 1724: Toepke IV, S. 52.

1187 Senatsprotokoll vom 9. August 1725 in: UAH RA 868.

3. Vorfall in der Unteren Straße

Weitergehende Folgen hat das Verhalten, wegen dem im Juli 1731 mehrere Studenten angeklagt wurden.[1188] Vorgeworfen wird ihnen, bei Moses Carlebach, einem Schutzjuden, also einem durch einen kurfürstlichen Schutzbrief besonders protegierten Einwohner mosaischen Glaubens,[1189] die Fenster eingeworfen und mit den Degen durch die Fensterläden gestochen zu haben. Unmittelbar davor seien sie mit gezogenem Degen auf den Knecht des Hauses losgegangen, als dieser gerade am Brunnen Wasser holen wollte.[1190]

Vor das Gericht zitiert werden die Studenten Nikolaus Hammel,[1191] Schöppel, Schlosser und Johannes Bronn.[1192] Sie verteidigen sich mit der Angabe, sie seien aus dem Haus mit einer Flüssigkeit[1193] begossen worden, als sie *„am reichß appell stehen blieben, umb sich zu berath schlag, wo sie gehen wollten“*.[1194] Die Akademiker erklären sich bereit, ihre Aussage *„mit einem cörperlichen eyd zu beckräfftigen“*. Wegen der widersprüchlichen Angaben zum genauen Ort der behaupteten Ausschüttung verzichtet das Gericht auf eine Vereidigung.[1195]

Gleichwohl werden sie zu Schadensersatz,[1196] Kostentragung[1197] und Karzerhaft[1198] verurteilt. Zum Strafantritt erscheinen Hammel und Schöppel jedoch nicht. Sie waren aus Heidelberg geflohen. Gerade Hammel war zuvor schon mehrfach in näheren Kontakt zum Universitätsgefängnis gekommen

---

1188 Die Gerichtsakte UAH RA 6423 ist ungewöhnlich umfassend überliefert, neben der Anzeige enthält sie mehrere Vernehmungsprotokolle, eine Relation und das Urteil.

1189 Zum ursprünglich königlichen Recht (Regal) Juden gegen Bezahlung zu schützen, welches durch die Goldene Bulle an die Kurfürsten gelangt war siehe Schröder/v.Künßberg, S. 508, 894.

1190 Schreiben von Moses Carlebach an den Senat vom 12. Juli 1731 in: UAH RA 6423.

1191 Immatrikuliert am 11. Dezember 1727 als Jesuitenschüler: Toepke IV, S. 61.

1192 Immatrikuliert am 11. Dezember 1727 als Jesuitenschüler: Toepke IV, S. 61.

1193 Aus dem *„nachts geschirr“*, so Jacob Bronn in der Befragung vom 12. Juli 1731, specialia ad 5, in: UAH RA 6423.

1194 So Jacob Bronn in der Befragung vom 12. Juli 1731, *specialia ad 4*, in: UAH RA 6423. Die Gaststätte *„Zum Reichsapfel“* in der Unteren Straße in der Heidelberger Altstadt besteht heute noch. Zur Lokalisierung siehe Derwein, S. 264, Nr. 917.

1195 Relation in: UAH RA 6423.

1196 Dabei sollten Bronn und Schlosser drei Viertel, Hammel ein Viertel des Schadens tragen, da ihre Verursachungsbeiträge unterschiedlich gewertet wurden, vgl. Sententia in: UAH RA 6423.

1197 Die Kosten des Verfahrens, insbesondere der Befragungen, mussten die Verurteilten nach Köpfen anteilig tragen, da auch mit einem geringeren Verursachungsbeitrag doch Anlass zur Klage gegeben worden sei, vgl. Sententia in: UAH RA 6423.

1198 Bronn und Schlosser: acht Tage; Hammel: vier Tage; Schöppel: drei Tage, vgl. Sententia in: UAH RA 6423.

und wollte anscheinend einen weiteren Aufenthalt vermeiden.[1199] Da beide auch auf eine erneute Vorladung hin nicht erschienen, werden sie relegiert. Dies geschieht zwar ehrenhaft, allerdings unter Mitteilung an die Universitäten Strassburg und Tübingen.[1200] Während Schöppel nur einfach ausgeschlossen wird, beschließt der Senat ausdrücklich, den Namen von Hammel aus der Matrikel zu streichen.

Einige Jahre später kam Nikolaus Hammel wieder nach Heidelberg und besuchte Vorlesungen, ohne dass ihm dies gestattet worden war. Nach seiner Entdeckung bat er um Wiederaufnahme, welche ihm unter dem Vorbehalt, keine neuen Straftaten zu begehen, auch gewährt wurde.[1201]

Schon 1738 befasst sich das akademische Gericht mit einer weiteren Sachbeschädigung bei Moses Carlebach.[1202] Im Laufe der Untersuchung fällt der Verdacht jedoch anstelle der studierenden Brüder de Robles auf einige Handwerksburschen. Deshalb fordert der Senat den Stadtrat auf, die Untersuchung zu übernehmen.[1203] Es handelt sich also um einen der Fälle, in denen Akademiker fälschlich in Verdacht gerieten, obwohl ihre nicht studierenden Altersgenossen verantwortlich waren.[1204]

4. Studenten mosaischen Glaubens

In den Jahren von 1724 bis 1804 werden insgesamt neunzehn Personen mosaischen Glaubens zum Studium der Medizin zugelassen und in die Matrikel aufgenommen.[1205]

Eines der von den Studenten meistgeschätzten Privilegien bestand im Recht Waffen, insbesondere Degen, zu tragen, dem *jus gladii.* Durch dieses Recht sollte ursprünglich die Selbstverteidigung, gerade während der Reise an den Studienort, erleichtert werden. Wie aus den gezeigten Fällen deutlich wird, wurde der Degen aber auch als Angriffswaffe genutzt. Besonders die oft körperlich gefährdeten Juden hatten ein Interesse an der Selbstverteidigung und der Behauptung des Status. Nach der Zulassung zum Studium war ihnen grundsätzlich das Degentragen erlaubt, da sie der Medizinischen

1199 Toepke IV, S. 61, Fn. 2, Fn. 3.
1200 Entwurf eines Schreibens an die Universitäten Tübingen und Marburg in: UAH RA 6423.
1201 Toepke IV, S. 61, Fn. 3.
1202 Toepke IV, S. 95, Fn. 4.
1203 Senatsprotokoll vom 16. Juni 1738 in: UAH RA 709, pag. 268.
1204 Siehe oben S. 209ff.
1205 Toepke IV, S. 1, Fn. 2.

Fakultät angehörten. Allerdings wird 1739 zwei Medizinstudenten, Moyses Emmanuel von Geldern[1206] und Jeremias Neustätter[1207] das Degentragen verboten. Daraufhin richten sie eine Bittschrift an die Universität, um die Erlaubnis zu erhalten. In ihrem Schreiben erklären sie, dass sie sich nichts zu Schulden haben kommen lassen und deshalb kein Grund bestehe, ihnen das Recht zu verwehren.[1208] Einige Tage später erneuern sie ihre Bitte und verweisen auf ihre Immatrikulation, bei der ihnen, *excepta doctorali promotione*, alle akademischen Rechte gewährt worden seien. Außerdem sei es das Recht aller Akademiker, den Degen zu tragen. Schließlich erwähnen sie, dass sie sowohl auf der Straße als auch in der Synagoge von anderen Juden verhöhnt würden, weil sie keinen Degen mehr trügen.[1209] Nachdem auch ein drittes Schreiben an den Senat keinen Erfolg hat, wenden sich die beiden Studenten mit einer Bittschrift an den Kurfürsten. Die Regierung leitet das Schreiben an die Universität mit der Aufforderung weiter, ein Gutachten zu erstellen. In ihrer Antwort führt die Hochschule aus, dass *„von den allerdurchlauchtigsten Kaysern und durchlauchtigsten Chur- und Fürsten, also Stifter derer Universitetn, nur allein denen Christlichen Studiosis als ein signum honoris und libetatis verliehen worden"*.[1210]

Durch eine kurfürstliche Anordnung wird den Studenten schließlich am 2. November 1739 das Recht gewährt, Degen zu tragen. Ausdrücklich betont die Regierung, dass die Entscheidung keinen Präzedenzfall schaffen solle.[1211]

IX. KAPITEL: Professoren als Kläger und Beklagte

Besondere Schwierigkeiten entstanden für das Universitätsgericht bei Klagen gegen Professoren. Ab 1746 kam es nicht mehr zu Prozessen gegen Kollegen der Richter, da der Gerichtsstand der Professoren vom Universitätsgericht zum Hofgericht wechselte. Auch aus dem Zeitraum vor dieser Änderung sind nur wenige Fälle nachzuweisen.[1212] Das überrascht nicht, da eine Klage gegen einen Professor vor dem Senat für die Kläger wenig erfolgver-

1206 Immatrikuliert am 29. Oktober 1738: Toepke IV, S. 103.
1207 Immatrikuliert am 17. Dezember 1736: Toepke IV, S. 96.
1208 Schreiben vom 22. Juli 1739 in: UAH RA 4799.
1209 Schreiben vom 31. Juli 1739 in: UAH RA 4799.
1210 Entwurf des Antwortschreibens der Universität in UAH RA 4799.
1211 Kurfürstliche Entscheidung vom 2. November 1739 in: UAH RA 4799.
1212 Gerade für die ersten Jahrzehnte des achtzehnten Jahrhunderts weist die Überlieferung erhebliche Lücken auf, so sind z. B. mehrer Jahrgänge der Senatsprotokolle verschollen.

sprechend gewirkt haben dürfte. Eine außergerichtliche Einigung mag auch einem Hochschullehrer, dem eine Auseinandersetzung vor seinen Kollegen drohte, attraktiv erschienen sein.

1. Klage auf Mietzinszahlung

In den Jahren 1737 und 1738 klagt die Witwe eines Dr. med. Faber gegen den Medizinprofessor Franz Georg Jospeph Molitor[1213] auf Zahlung des Mietzinses für ein von ihm bewohntes Haus.[1214] Der Senat entscheidet zu Gunsten der Klägerin und verurteilt Molitor zur Nachzahlung der Miete und zur Räumung des Hauses innerhalb von drei Wochen. Andernfalls habe der Professor *„Zwangs-Mittel"* zu erwarten.[1215] Obwohl der Verurteilte innerhalb der Frist weder eine Zahlung leistet, noch das Haus räumt, hatte die Drohung keine Konsequenzen. In seiner Antwort verteidigt sich der Professor: wegen der zahlreichen Beleidigungen von Seiten der Klägerin habe er nicht geleistet. Daraufhin verlängert der Senat die Frist um vier Wochen, wogegen die Klägerin eine Beschwerde einlegt, der nicht abgeholfen wird. Da der Professor nachweisen kann, dass er sich erfolglos um eine neue Wohnung bemüht hat, gewährt der Senat am 26. September 1737 eine letztmalige Fristverlängerung. Innerhalb von zwei Wochen sollen nun Räumung und Zahlung erfolgen. Als die Frist wiederum erfolglos verstreicht, beantragt die Witwe Faber, das Haus mit Zwangsmitteln zu räumen und *„so viel sachen, als zu Zahlung deß Hauß Zinßes u. [...] Unkosten hinreichig, in meiner Verwahrung"* zu bringen.[1216] Sie beantragt also, zu ihren Gunsten eine Pfändung der Mobilien des Beklagten vorzunehmen.

Im Dezember hatte sich die Situation allerdings noch nicht geändert. Auf ihre Nachfrage hin teilt die Universität der Klägerin mit, dass der Schwager des Beklagten versichert habe, es werde eine Zahlung erfolgen. Dies geschieht jedoch bis zum 1. Februar 1738 nicht.[1217] Als Molitor kurz darauf eine Zahlung leistet, verlängerte der Senat die Frist wiederum um vier Wochen, da es während des Winters zu schwierig sei, umzuziehen. In der Folgezeit kommt es zu Tätlichkeiten von Seiten des Professors, als die Vermieterin Gegenstände aus seiner Wohnung sicherstellen will.[1218] Unter dem Datum

1213 Drüll III, S. 109.
1214 Vgl die umfangreiche Akte: UAH RA 7715.
1215 Urteil der Universität vom 19. Juli 1737 in: UAH RA 7715.
1216 Antrag der Klägerin vom 19. Oktober 1737 in: UAH RA 7715.
1217 Schreiben der Klägerin vom 1. Februar 1738 in: UAH RA 7715.
1218 Aktennotiz des Rektors Prof. Nebel vom 22. März 1738 in: UAH RA 7715.

des 9. Aprils 1738 findet sich eine Entscheidung des Senats in der Akte. Nachdem die Parteien angehört und ihre Schriftsätze berücksichtigt worden waren, verurteilt die Universität ihr Mitglied zur Räumung am selben Tag, andernfalls sollte *„demselben morgen durch Zwangs-Mittel deßen mobilia heraus getragen werden"*. Das Urteil wurde ausgefertigt und Molitor sofort übergeben.[1219] Über die Räumung beschwert sich der Professor am selben Tag bei seinen Kollegen, da er *„dem spoth aller leuthe, hoch- und niedrigen standes"* ausgesetzt gewesen sei. Deshalb fordert er auf dem Klageweg Satisfaktion.[1220] Molitor verlässt die Universität Ende April 1738 und geht als Leibarzt des Fürsten Esterhazy nach Wien.[1221] Ein Zusammenhang zwischen der Klage und dem Fortgang erscheint sehr wahrscheinlich, da aus der Akte erkennbar wird, wie verbittert der Mediziner war, weil seine Kollegen ihm aus seiner Sicht sein Recht verweigerten.[1222]

Die Klage gegen Professor Molitor zeigt, dass der Senat sich nicht scheut, einen Kollegen zu verurteilen. Allerdings ist die Durchsetzung des Urteils für die Klägerin problematisch, da der Senat mehrfach Einwendungen des Beklagten berücksichtigt, um die Vollstreckung zu verhindern. Deshalb wendet sich die Klägerin an das Hofgericht in Mannheim, mit der Bitte, den Stadtrat Heidelbergs aufzufordern, die Mobilien des Professors sicherzustellen. Das Hofgericht informiert daraufhin den Senat von der Bitte und ordnet die Räumung des Hauses an.[1223] Nicht eindeutig erkennbar wird, wieso sich das Hofgericht für zuständig hielt,[1224] wahrscheinlich handelte es sich um eine Appellation, auch wenn nicht das Urteil, sondern die Weigerung der effektiven Vollstreckung angegriffen wurde.[1225] Schließlich legt die Witwe Faber den Fall, samt der gegen sie erhobenen Injurienklage, dem Kurfürst zur Entschei-

1219 Urteil vom 9. April 1738 in: UAH RA 7715.

1220 Vgl. die beiden Schreiben von Molitor an den Senat vom 9. und 17. April 1738 und das Protokoll der außerordentlichen Senatssitzung vom 21. April 1738 in: UAH RA 7715.

1221 Drüll III, S. 109.

1222 1735–1736 war Molitor bereits einmal vor dem akademischen Gericht verklagt worden. Es handelte sich um die Klage der Magd Kirschmayer auf Lohnzahlung, die aus Sicht des Professors eine Beleidigung darstellte, vgl. UAH RA 7730.

1223 Schreiben des Hofgerichts an den Senat vom 15. April 1738 in: UAH RA 7715.

1224 Eine entsprechende Zuständigkeit hätte bestanden, wenn Molitor Hofrat gewesen wäre, eine Position, in der zahlreiche Professoren amteten. Überliefert ist jedoch lediglich, dass er vor seiner Berufung nach Heidelberg in Mannheim Leibarzt Kurfürst Carl Philipps war, vgl. Drüll III, S. 109. Diese Funktion könnte vom Hofgericht als ausreichend für die Begründung seiner Zuständigkeit angesehen worden sein.

1225 Wenn der Streitwert über 50 fl. lag, war eine Appellation an das Hofgericht möglich.

dung vor.[1226] Als der Herrscher antwortet, hat Molitor die Kurpfalz schon verlassen, weshalb die Entscheidung zu Gunsten der Klägerin folgenlos bleibt.

Das Verfahren war grundsätzlich schriftlich. Es wurden mehrere Schriftsätze gewechselt, bevor es zu einer mündlichen Verhandlung kam. Ein Protokoll der Verhandlung selbst existiert nicht. Aus dem Urteil ergibt sich lediglich, dass den Parteien die Möglichkeit gegeben wurde, mündlich Stellung zu nehmen. Im achtzehnten Jahrhundert bestand noch keine Verfahrensvorschrift für die akademische Gerichtsbarkeit. Unklar bleibt deshalb, ob das Vorgehen im Prozess Faber gegen Molitor vom Üblichen abweicht. Möglich wäre dies, weil es sich um eine Klage gegen einen Professor handelte.

2. Vergleich zwischen Professor von Oberkamp und einer Magd

Überliefert ist ein Vergleich über eine Zahlung eines Professors an eine Dienstmagd.[1227] Geklagt hatte die Magd Johanna Margarethe Erhard gegen den Professor der Medizin Franz Philipp von Oberkamp.[1228] Die Magd wirft dem Professor vor, der Vater ihres ungeborenen Kindes zu sein, was er jedoch bestreitet. Noch vor Beginn der eigentlichen Verhandlung vor dem Senat als Gericht erster Instanz einigen sich die Parteien. Der Ordinarius verpflichtet sich 20 Louis d'Or an die Magd zu zahlen. Die Vergleichsverhandlungen werden vor dem Rektor und dem Syndikus geführt und sollen dem Lehrer die Peinlichkeit ersparen, die Klage vor dem großen Plenum seiner Kollegen zu verhandeln. Die Zahlung erfolgt ausdrücklich ohne das Anerkenntnis einer Rechtspflicht und ohne Aufgabe des eigenen Standpunktes, nicht mit der Magd in näheren Kontakt getreten zu sein.[1229] Möglicherweise soll durch den Vergleich auch verhindert werden, dass der Fall bekannt wird, was der akademischen Disziplin und der Glaubwürdigkeit des Gerichts abträglich gewesen wäre.

1226 Kopie des Schreiben von Witwe Faber an den Kurfürsten vom 22. April 1738 in: UAH RA 7715.

1227 UAH RA 7856.

1228 Zu diesem siehe Drüll III, S. 117f.

1229 Die Zahlung sollte „*bloß allein pro redimenda vesta*" erfolgen.

X. KAPITEL: Studentische Ehre vor dem Heidelberger Universitätsgericht

Schon vor dem Dreißigjährigen Krieg kommt es in Heidelberg unter Studenten zu Duellen und anderen Konflikten, die durch Ehrverletzungen ausgelöst worden sind. Im achtzehnten Jahrhundert finden sich vermehrt entsprechende Vorfälle in den Akten des Universitätsgerichts.

1. Ehre

Auslöser für einen großen Teil aller studentischen Konflikte waren vorsätzliche oder fahrlässige Verletzungen, die der Ehre eines Studenten zugefügt wurden. Der spezifisch studentische Ehrbegriff entwickelt sich im achtzehnten Jahrhundert zu einem komplexen Anforderungskatalog der Gruppe an ihre Mitglieder. Dieser wird, nach längerer mündlicher Überlieferung, etwa ab 1800 in schriftlichen Verhaltenmaßstäben, den *Komments*, fixiert.[1230]

2. Injurien

Auch im achtzehnten Jahrhundert finden immer wieder Prozesse vor dem Universitätsgericht statt, denen ausgeführte oder drohende Duellen unter Studenten oder zwischen Studenten und satisfaktionsfähigen Dritten zu Grunde liegen. Auslöser sind meist Beleidigungen körperlicher oder verbaler Art. Diese Injurien stellen im damaligen studentischen Leben, welches stark durch das jeweilige Ehrgefühl des Einzelnen und der Gruppe bestimmt wurde, einen immer wieder auftretender Streitgrund dar.[1231]

Beleidigungen konnten sowohl durch Schimpf- und Schmähreden, eine sogenannte Verbalinjurie, als auch durch Tätlichkeiten gegen die Person oder ihre Sachen, sogenannte Realinjurien, begangen werden.[1232] Im Sprachgebrauch des achtzehnten Jahrhunderts ist auch der Angreifer, der eine Körperverletzung mit schweren Folgen begeht, ein *„Beleidiger"*, da er die Ehre des Angegriffenen durch seine Tat beschädigt.[1233] Vor dem Heidelberger Uni-

1230 Zum *Komment* in Heidelberg im neunzehnten Jahrhundert siehe unten S. 321ff.
1231 Zu den Injurienprozessen der Universität Marburg siehe Woeste, S. 93ff.
1232 Alenfelder, S. 136; Woeste, S. 93.
1233 So bezeichnet 1779 etwa der Rotgerber Heinlein, der in Folge eines Angriffs mehrerer Personen so schwer im Gesicht verletzt wurde, dass er nicht sprechen konnte, den Anführer der Angreifer als seinen *„Hauptbeleidiger"*, vgl. UAH RA 3413.

versitätsgericht ist auf eine erhobene Injurienklage hin eine Widerklage des Beklagten möglich, da das tatsächliche Geschehen meist durch wechselseitige Beleidigungen geprägt wird. Die Bezeichnungen lauten dann *„Vorkläger und Nachbeklagter“* beziehungsweise *„Vorbeklagter und Nachkläger“*.[1234]

Es ist davon auszugehen, dass durch den Ehrenkodex der Studenten, der eine Denunziation als ehrenrührig ansieht, nur ein kleiner Teil der tatsächlich vorgefallenen Delikte zur Anzeige gebracht wurden.[1235]

a) Reine Injurienklagen

Wie im Rahmen der beschriebenen körperlichen Auseinandersetzungen, so finden sich auch bei den Beleidigungsfällen immer wieder Konflikte zwischen Studenten und Bürgern Heidelbergs.

Typisch ist ein Fall aus 1720, als am 28. August der Student der Rechte Wilhelm Maximilian Brack gegen den Hofmusiker Zuckarini klagt. Dieser habe sowohl den Kläger als auch die Professoren der Heidelberger Hohen Schule öffentlich beleidigt. Tatort ist der Gasthof zum Reichsapfel. Der Senat befürchtet, dass die Beleidigung, wenn sie ungestraft bliebe, der Ehre der gesamten Universität abträglich sein würde. Deshalb wendet sich der Rektor im Namen der Professoren an den Kurfürst mit der Bitte, den außerhalb der akademischen Gerichtsbarkeit stehenden Musiker zu strafen, und zwar *„anderen zum abscheu und Exempel seinem Verdienst nach“*.[1236]

Mit einer tätlichen Beleidigung, die sich im Jahr 1733 in Heidelberg ereignet, befasst sich das akademische Gericht. Der Senat stellt fest, dass der Student Ludwig Carl Mieg[1237] dem stud. iur. Ferdinand von Garb[1238] einen *„höchst schimpfflichen pfeitschenschlag[s]“* versetzt habe.[1239] Ungewöhnlich an dem Vorfall ist, dass er einen Prozess anstelle eines Duells zur Folge hatte. Denn auf einen Peitschenschlag hin folgte normalerweise eine sofortige Forderung des Geschlagenen, da die Nutzung eines eigentlich für die Arbeit mit Tieren gedachten Gegenstandes den Angegriffenen gerade in seiner Ehre

1234 Vgl. das Dekret des Senats vom 22. März 1712 in: UAH RA 7867.

1235 Durch Art. XXX, Nr. 3 des Komments von 1806 in: Einst und Jetzt, Sonderheft 1967, S. 25 wurde jedem Studenten mit einer Strafe gedroht, der beim *„Prorector, Senat oder sonsten etwas pezzet“*. Da der Komment schon vor seiner schriftlichen Fixierung gewohnheitsrechtlich galt, ist von einer hohen Dunkelziffer auszugehen.

1236 Schreiben des Senats an den Kurfürst vom 28. August 1720 in: UAH RA 7082 und Toepke IV, S. 44.

1237 Immatrikuliert im Jahr 1728: Toepke IV, S. 63.

1238 Immatrikuliert im Jahr 1728: Toepke IV, S. 62.

1239 Zitiert nach Toepke IV, S. 62, Fn. 3. Zu einem ähnlichen Fall in Göttingen siehe Brüdermann, S. 190.

verletzen sollte.[1240] Aus den Umständen ergibt sich, dass der Peitschenschlag die vorausgegangenen Verbal-Injurien durch eine Real-Injurie übertreffen sollte. Dadurch wollte sich ein Student in die *„Avantage"* versetzen. Durch die schwerere, weil tätliche Beleidigung ging die Notwendigkeit, durch eine Forderung die eigene Ehre zu retten, auf den ursprünglichen Beleidiger, hier also Ferdinand v. Garb, über. Die Rolle des Geforderten hatte verschiedene, im Laufe der Zeit unterschiedliche Vorteile. Zu nennen ist etwa das Recht, den Ort und genauen Ablauf des Duells zu bestimmen.[1241]

Das Gericht stellt dementsprechend auch fest, dass Mieg seinen Kommilitonen v. Garb erheblich beleidigt, außerdem aber die Gesetze der Universität und das kurpfälzische Duelledikt verletzt hatte.[1242] Deshalb soll Mieg eigentlich selbst einen solchen Peitschenschlag erhalten.[1243] Allerdings werden mildernde Umstände durch das Gericht angeführt: es sei zu beachten, dass der Kläger v. Garb den Beklagten provoziert habe, insbesondere durch sein übles Verhalten. Deshalb mildert der Senat das Urteil dahingehend, dass Mieg gegenüber der Untersuchungskommission eine öffentliche Ehrerklärung zu Gunsten des Klägers abzugeben habe. Dadurch sollte das Unrecht, welches der Beklagte diesem gegenüber begangen habe, wieder gutgemacht sein. Weiterhin wird Mieg neben der Übernahme der Gerichtskosten auch mit vier Tagen und Nächten im Karzer bestraft, um die Verletzung der Universitätsgesetze zu vergelten.[1244]

Die Universität sieht sich unabhängig vom Kläger auch als betroffen an, obwohl die tätliche Beleidigung nicht ihr gegolten hatte. Zum einen war jedoch das Duelledikt, und damit akademisches Recht verletzt worden, zum anderen unterlag der Beleidigungsbegriff im achtzehnten und neunzehnten Jahrhundert einem Wandel: während die deutschrechtliche Tradition in einer Beleidigung einen privatrechtlichen zu verfolgenden Angriff auf das Individuum sah, entsprach es dem gemeinen Recht, ein Offizialdelikt und damit eine Verletzung des Rechtsfriedens zu bejahen.[1245]

1240 Vgl. auch Brüdermann, S. 190: in einem Fall aus dem Jahr 1767 betont ein Student gegenüber seinem Kontrahenten, dass es sich um eine *„Hunds Peitsche"* gehandelt habe.

1241 *Avantage* in: Studentenhistorisches Lexikon, S. 33f. Siehe auch Fabricius, S. 74. Erst durch den Komment von 1803 wurden Real-Injurien innerhalb der Studentenschaft untersagt, vgl. Art. XIII des Komments von 1803 in: Einst und Jetzt, Sonderheft 1967, S. 25.

1242 Gemeint war wohl das Gebot des Duelledikts von 1681 (siehe Anhang VII), keine Duelle zu provozieren.

1243 Zur gerichtlichen Strafe des Auspeitschens, die etwa für leichten Diebstahl verhängt wurde, siehe DRW X, Sp. 592ff.

1244 Toepke IV, S. 62, Fn. 3.

1245 Lieberwirth in: HRG I, Sp. 515.

Abgesehen von den Injurien, die im direkten Umgang vorfielen, finden sich auch schriftliche Beleidigungen durch meist anonyme Briefe in den Akten. So klagt der Vater eines Studenten 1738 vor dem Senat wegen eines beleidigenden Briefes, den er erhalten hatte. Zwar war der Brief nicht namentlich unterschrieben, der Empfänger vermutete aber, dass der Student de la Gera[1246] der Absender war. Die Universität lehnte es ab, die Klage zu verhandeln, weil *„der beklagte schon lang nit mehr unter derselben gestanden, dieser auch ihr forum auff vorheriges befragen weder erkennet, noch annehmen will"*.[1247]

b) Injurien zwischen Studenten und einem Professor

Zum Jahreswechsel 1786 / 1787 kam es zu mehreren Konflikten zwischen einer Gruppe von Studenten[1248] und dem Professor für Baukunst und praktische Geometrie Johann Andreas von Traitteur.[1249] Im Auftrag der Universität hatte ein Heidelberger Bürger einen Saal errichtet, in dem das vierhundertjährige Jubiläum gefeiert wurde. Die Ausführung des Baus übernahm Traitteur.[1250] Nach dem Zentenarium wurde der Saal für die Veranstaltung von Bällen genutzt. Bei einem dieser Feste kam es zu einer Auseinandersetzung zwischen den Studenten und dem Professor. Die Absicht der Studenten war wahrscheinlich, den Professor zu beleidigen, um ihn zu einer Forderung zu reizen.

Auslöser war ein Studentenstreich: Ein von Traitteur veranstalteter Ball war nur schlecht besucht; insbesondere waren mehr Damen als Herren anwesend, was zu einigen Schwierigkeiten bei den Tänzen führte. Mehrere Musensöhne, darunter Boja und Zobel, verlachten die Damen von der Empore aus: *„Allein mit diesem Spaß nicht begnügt, ließ sich der academicus Boja endlich beigehen, seinen bei sich gehabten jagdhund an den vorderen Füßen zu nehmen und denselben auf das Brustgeländer der Loge so hinzustellen, daß der Hund neben seinem Herrn einen Zuschauer machte."*[1251] Die anwesenden Damen, die durch das Bellen des Hundes aufmerksam wurden, fühlten sich be-

1246 Am 4. Dezember 1725 hatten sich zwei Brüder de la Gera immatrikuliert: Toepke IV, S. 55.

1247 Senatsprotokoll vom 17. Februar 1738: UAH RA 709, pag. 202f.; Toepke IV, S. 99f., Fn. 3.

1248 Es handelte sich um die nichteingeschriebenen Studenten Boja und von Koppet (Toepke IV, S. 351, Fn. 2) sowie die Immatrikulierten Frhr. Philipp Zobel von Giebelstadt zu Darstadt (Toepke IV, S. 340) und Eugen Esper (Toepke IV, S. 345); vgl. Huffschmid in: Kurpfälzer Jahrbuch 1925, S. 65.

1249 Drüll II, S. 156ff.; Winkelmann II, Nr. 2325; Toepke IV, S. 337, Fn. 5.

1250 Huffschmid in: Kurpfälzer Jahrbuch 1925, S. 64.

1251 Auszug aus dem Beschwerdebrief Traitteurs an den Senat vom 4. Januar 1787 in: UAH RA 5463.

leidigt und baten den Professor als Veranstalter, einzuschreiten. Die Studenten zeigten sich jedoch wenig einsichtig, Boja verteidigte sich damit, dass er den Eintritt bezahlt habe und ihm deshalb niemand etwas zu befehlen hätte. Außerdem sei das Mitbringen von Hunden in der Anzeige für den Ball nicht ausdrücklich untersagt worden. Daraufhin drohte Traitteur ihm mit der Disziplinargewalt des Prorektors.[1252] Da der Prorektor Zentner abwesend war, lud dessen Vertreter Haedaeus am folgenden Tag nach einer Anzeige von Traitteur den Boja vor, der allerdings nicht erschien.[1253]

Einige Zeit später kam es auf einem weiteren Ball dann zu einem provokanten Auftritt des Studenten Eugen Esper, einem Freund Bojas. Der Akademiker, der in Reitstiefeln erschien,[1254] machte sich über den Professor lustig und verhöhnte dessen Anweisungen an das Personal. Zusammen mit Kommilitonen bedrängte Esper Traitteur und versuchte ihn zu einer Duellforderung zu reizen, indem ihm beleidigende Äußerungen unterstellt wurden. Am nächsten Tag forderte der Professor wiederum den Prorektor auf, gegen die Studenten vorzugehen. Eine weitere Untersuchung ist jedoch nicht überliefert, der Vorfall zeigt aber, dass der studentische Übermut auch gegen Professoren gerichtet sein konnte.[1255] Wie in Heidelberg, so kam es anderen Universitäten zu ähnlichen Vorfällen.[1256]

c) Duelle

Neben den Beleidigungen, die nur zu Klagen vor dem akademischen Gericht geführt haben, gab es immer wieder Injurien, zu deren Ahndung zu den Waffen gegriffen wurde. Bezeichnet wurden entsprechende Vorfälle meist als *„schlägerey händel“* oder *„schlägerey sachen“*.[1257] Einen Vorstoß zur Vermeidung der Zweikämpfe durch innerstudentische Maßnahmen macht die

---

1252 Da der Rektor, Hubert von Harrer, im Jubiläumsjahr häufig nicht in Heidelberg anwesend war, vertrat ihn der Prorektor Georg Friedrich Zentner, vgl. Drüll II, S. 53.

1253 Da Boja nicht immatrikuliert war, hätte sich die Universität überhaupt nicht mit ihm befassen müssen. Dass sie es gleichwohl tat, ist Ausdruck ihres Selbstverständnisses, für alle Studierwilligen zuständig zu sein, jedenfalls wenn sich diese im Laufe des Verfahrens einschrieben.

1254 In der Großherzoglichen Ballordnung von 1807 war das Erscheinen in Stiefeln lediglich den Nichttänzern gestattet, die aber auch angemessene Kleidung tragen mussten, vgl. den entsprechenden Druck in: UAH RA 5463. Die ältere, von Studenten mitausgefertigte Ballordnung erwähnte keine Kleidungsvorschrift, vgl. ebd.

1255 Im Vergleich zum 17. Jahrhundert verhielt sich der Heidelberger Student des 18. Jahrhunderts allerdings weniger auffällig, Schroeder, Juristische Fakultät der kurpfälzischen Universität Heidelberg, S. 446ff.

1256 Für Göttingen: Brüdermann, S. 163. Schulze/Ssymank, S. 185 mit weiteren Fällen.

1257 Vgl. nur das Schreiben des Oberamts an die Universität vom 14. März 1707 in: UAH RA 5578.

Universität im Januar 1792, als sie den Hochschülern empfiehlt, nach dem Vorbild von Jena, eigene Schiedsgerichte zu bilden.[1258] Da sich in der folgenden Zeit keine weiteren Hinweise auf ein solches Ehrengericht finden, folgte die Studentenschaft dem Vorschlag wohl nicht. Erst im neunzehnten Jahrhundert entstanden, getragen vom Seniorenconvent der studentischen Corps, Ehrengerichte. Streng untersagt waren Duelle – neben den kurfürstlichen Duelledikten – auch durch die Statuten von 1786.[1259] Typische Fälle zeigen, wie die Verbote in der gerichtlichen Praxis umgesetzt wurden.

aa) Angedrohtes Duell

Um die Universitätsgerichtsbarkeit zu einem harten Durchgreifen zu bewegen vermerkt stud. Joseph Franz Xaver v. Mezger[1260] bei einer Strafanzeige von stud. Bäumen, dass er bei fehlender Befassung mit der Angelegenheit sich selbst Satisfaktion verschaffen wolle. Grund waren wohl Aussagen Bäumens über verschieden Frauen. Mezger fühlte sich durch diese Äußerungen in seiner Ehre verletzt. Allerdings hat die Drohung beim Gericht keinen Erfolg, ihm wird beschieden, er solle sich zunächst einen angemessenen Stil aneignen.[1261]

bb) Durchgeführte Duelle

Akademische Zweikämpfe kamen wahrscheinlich wesentlich häufiger vor, als sie sich in den Akten des Universitätsgerichts widerspiegeln. Von vielen Fällen, insbesondere wenn es nicht zu schweren Verletzungen kam, erlangte das Gericht keine Kenntnis.

aaa) Körperverletzungen und Tötung

Bei den studentischen Duellen im achtzehnten Jahrhundert kommt es oftmals zu Verletzungen, Todesfälle sind jedoch selten.[1262] Im Jahr 1749 *„entleibte“* ein Student seinen Gegner im Duell. Der Vater des Überlebenden ver-

1258 Winkelmann II, Nr. 2394.

1259 Zum studentischen Leben und Duellwesen im 18. Jahrhundert siehe Schroeder, Juristische Fakultät der kurpfälzischen Universität Heidelberg, S. 450ff.

1260 Immatrikuliert am 25. November 1704 als Jesuitenschüler: Toepke IV, S. 3.

1261 Toepke IV, S. 3, Fn. 10.

1262 Beispiele: 1707 wurde ein Beteiligter *„etwas am leib lädiert“*, UAH RA 5578, was dem Oberamt erwähnenswert erschien. In Göttingen kam es im achtzehnten Jahrhundert nur zu zwei Todesfällen, vgl. Brüdermann, S. 203f.

teidigt ihn schriftlich mit dem Hinweis auf das gewalttätige und unruhige Leben des Opfers, was die Universität irritiert.[1263]

Im Sommer 1758 relegierte der Senat den Studenten Mathaeus Martin[1264] *cum infamia*, weil er einer öffentlichen Vorladung keine Folge geleistet hatte. Hintergrund war nach Darstellung der Eltern des Logikstudenten, dass Martin durch die Juristen Alt und Roeing mehrfach provoziert[1265] und schließlich auch auf dem Paradeplatz[1266] verprügelt worden war. Als die Demütigung bekannt wurde, forderte Martin seine Kontrahenten und verletzte Roeing. Um einer Strafverfolgung durch das akademische Gericht zu vermeiden, begann Martin ein *„Soldaten leben"*, was das Generalstudium aber nicht davon abhielt, in unehrenhaft zu relegieren. Der Eintritt des Studenten Martin in das kurpfälzische Militär beendete die Kompetenz der akademischen Gerichtsbarkeit. Die *relegatio cum infamia*, also die schärfste Strafe, verhängte das Gericht nur noch der Form nach, um ein späteres Studium an der Rupertina oder einer anderen Universität unmöglich zu machen. Das Beispiel des Magister Laukhard zeigt, dass ein Wechsel vom akademischen zum militärischen Stand im achtzehnten Jahrhundert nicht ungewöhnlich war.

bbb) Waffen

Im siebzehnten und beinahe im gesamten achtzehnten Jahrhundert gilt der Degen als akademische Waffe. 1792 findet ein Säbelduell zwischen einem Juristen und einem Dragoneroffizier statt. Bei dem Zweikampf wurde der Student erheblich am Kinn verletzt, was zu einer ausführlichen Untersuchung führte. Dabei wurde die Universität jedoch nicht auf eigene Initiative hin tätig, sondern durch die Oberkuratel,[1267] die durch Gerüchte von den Vorfällen erfahren hatte, angewiesen.[1268] Aus der Akte ergibt sich, dass der Fall Ausnahmecharakter hatte.

1263 Siehe das Schreiben des Max Carl Arzen an den Senat vom 27. August 1749 in: UAH RA 7867 und den Vermerk bei Toepke IV, S. 132: *„Man finde sich außer standt, dem petito zu deferiren"*. Getötet wurde Philipp Anton Hell aus Speyer, der Überlebende war Eckhard Arzen aus Mainz.

1264 Immatrikuliert am 06. Dezember 1754: Toepke IV, S. 168. Dort auch Fn. 2. Der Bericht der Eltern an den Senat in: UAH RA 7934.

1265 Die Eltern berichteten dem Senat, der Student Alt habe anderen erzählt, dass er den Martin *„mit seinem Deegen so zerbrüglet, daß seine Kling noch würcklich krum davon wäre"*. Bei einer Unterredung bezeichnete Roeing Martin als *„Hundsfutt"*, was damals eine der schärfsten Beleidigungen war, vgl. Studentenhistorisches Lexikon, S. 141.

1266 Zur Lokalisierung im Stadtplan siehe: Derwein, S. 219, Nr. 679.

1267 Näheres zur Kuratelbehörde, einer Aufsichtsinstanz der Regierung für die Universität siehe unten S. 288.

1268 Ausführliche Untersuchung in: UAH RA 5447.

cc) Strafen

Als gegen Ende des Jahrhunderts vermehrt Duelle auftraten, reagierte die Universität mit der öffentlichen Verkündung eines Edikts, durch das alle an einem Duell beteiligten Studenten die sofortige Relegation angekündigt wurde. Die Strafe drohte auch demjenigen, der *„zum duel herausfordern oder auch auf die herausforderung sich stellen"* sollte.[1269] Die erhebliche Strafandrohung galt also für Sekundanten, Boten und Ärzte eines vollzogenen Zweikampfs ebenso wie für die Hauptbeteiligten eines nur vereinbarten Duells. Es handelt sich um eine erhebliche Strafschärfung. Ob das Präventionsziel erreicht wurde, kann aus den vorliegenden Unterlagen nicht nachvollzogen werden.

XI. KAPITEL: Jesuiten, Aufklärung und erste Studentenverbindungen an der Rupertina

1. Aufklärung und Sozialdisziplinierung – Gegensätze im Zeitalter des Absolutismus?

In der absolutistischen Epoche des kurpfälzischen Staatswesens traten, wie in anderen Territorien des Reichs auch, zwei scheinbar gegensätzliche Tendenzen in der Geschichte der Universität und ihres Gerichts auf: einerseits setzte sich die Aufklärung[1270] – mithin das freiheitsorientierte Denken – durch, andererseits kam es zu einer Disziplinierung der Gesellschaft. Die Universitäten als Ausbildungsstätte der Eliten spielen dabei eine wichtige Rolle als Multiplikatoren. Innerhalb der Hochschule ist das akademische Gericht als Organ der Disziplinierung zuständig.

a) Die Sozialdisziplinierung

Der von Gerhard Oestreich geprägte Begriff der Sozialdisziplinierung[1271] bezeichnet eine soziale Veränderung, die in der Gesellschaft des absolutistischen Zeitalters zu beobachten ist. Nach dem Dreißigjährigen Krieg waren

1269 Erlass der Universität vom 3. Februar 1798 in: UAH RA 6369.

1270 Zur Aufklärung statt vieler nur Simon in: HRG I, Sp. 332ff.

1271 Oestreich in: Strukturprobleme der frühen Neuzeit, S. 358ff.; ders. in: Geist und Gestalt, S. 187. Vgl. zur Begriffsbildung, Entstehungsgeschichte und Einordnung auch Tilgner, S. 27ff.; Krüger in: Policey und frühneuzeitliche Gesellschaft, S. 107ff.; Reinhard in: Frühe Neuzeit, S. 39ff.; Schulze in: ZHF 14/1987, S. 265ff. und Behrens in: HM 12/1999, S. 41.

Staat und Volk völlig verändert.[1272] Die konfessionellen Bürgerkriege hatten zu einer tiefgreifenden Verrohung der europäischen Gesellschaften geführt.

Als 150 Jahre später in der Folge der Französischen Revolution das Zeitalter des Heiligen Römischen Reichs deutscher Nation endet, war die Struktur der Gesellschaft, der Herrscher und Staaten völlig verändert. Ein Disziplinierungsprozess hatte stattgefunden.

Während die ältere Forschung die Person und die Regierung des absoluten Fürsten als formende Kraft ansah, wies Oestreich darauf hin, dass es zusätzlich zu einem Disziplinierungsprozess von unten gekommen war.[1273] Mit Verweis auf den zeitgenössischen Theroretiker der absolutistischen Disziplinierungsphase, den Humanisten Melchior von Osse, betonte er die verschiedenen Notwendigkeiten zur erfolgreichen Staatenbildung: *„ein regent und oberher; guter weiser rat; unparteiische gute gerichtsbarkeit und ein from gehorsam volk.“* Während der ideale Fürst gute Regierung schuldete, war Disziplin die Pflicht der Untertanen.[1274] Schon durch diesen Gedanken wird die Doppelbödigkeit des Begriffs deutlich: neben der Disziplinierung „von oben“ tritt die Sozialdisziplinierung innerhalb der Gesellschaft.

Eine der Ausprägungen der vielschichtigen Selbstdisziplinierung[1275] ist im achtzehnten Jahrhundert unter den Studenten zu beobachten: Durch innerakademische Ordnungssysteme wie den Comment,[1276] eine umfassende Verhaltensregel welche durch die Orden und Landsmannschaften getragen wurde, veränderte sich der Umgang der Studenten untereinander. Deutlich wird das am Beispiel des Duells. Während bis etwa in die Mitte des achtzehnten Jahrhunderts das spontane Rencontre als prompte Reaktion auf eine Beleidigung vorherrscht, entsteht im Laufe der Zeit das formelle Studentenduell. Das sofortige Ausführen eines Zweikampfs steht hier für ein ungezügelt-aggressives Zusammenleben der Hochschüler. Das dann auftretende, detailliert geregelte akademische Fechten ist demgegenüber Ausdruck der disziplinierteren, einem strengen Codex unterstehenden Studentenschaft. An die Stelle der ungehobelten studentischen Manieren[1277] nach dem Dreißigjährigen Krieg tritt das Ideal des adlig-wohlhabenden Akademikers.

1272 Blickle in: FS Hans Maier, S. 99.

1273 Für das ständische Zeitalter der frühen Neuzeit bezeichnet Oestreich ähnliche Tendenzen als Sozialregulierung, die durch Policey-Ordnungen der Städte und Territorien geprägt wurde, vgl. Oestreich in: Strukturprobleme der frühen Neuzeit, S. 367ff. (S. 369).

1274 Melchior von Osse, S. 457; Oestreich in: Strukturprobleme der frühen Neuzeit, S. 367.

1275 Brüdermann, S. 528.

1276 Zum Begriff siehe unten S. 321ff.

1277 Als Beispiel können die Auswüchse von Deposition und Pennalismus gelten.

Der Duellzwang wirkte jedoch auch auf einer weiteren Ebene sozialdisziplinierend. Als Ahndung einer Beleidigung – die bereits in einem Rempeln, einer unhöflichen Ansprache oder einem unterlassenem Gruß gesehen wurde – dient die Forderung. Dadurch ist jedem, der einen Zweikampf vermeiden will, an einem respektvollem Umgang gelegen.[1278]

Neben der Selbstdisziplinierung versucht auch die Regierung das Verhalten aller Bürger, besonders aber der ‚wilden' Studenten, zu verbessern.[1279] Dazu erlassen die Herrscher vermehrt Verhaltensregeln, wie etwa das kurpfälzische Gesetz gegen das Hazardspielen.[1280] Auch die häufigen Versuche des Senats, gegen die *„Nachtschwärmereyen"* und *„Excesse"* der Studenten vorzugehen, verdeutlichen die Tendenz zur Disziplinierung.[1281] Im Konflikt dazu stand das studentische Renommierverhalten, wie etwa das *„Wetzen"* der Degen am Randstein, um andere Studenten, die Wache oder Handwerksgesellen zu Duellen oder sonstigen Auseinandersetzungen zu provozieren.[1282]

Allerdings stellte der Senat selbst wiederholt fest, dass die Studenten weder den eigenen noch den kurfürstlichen Befehlen und Verboten folgten. Besonders das *„Nachtschwemereyin, Tumultiren, wetzen, fenstereinwerfen, Laternen entzweye schlagen, Leute insultiren,* [...] *Wegnehmung der Warn aus den Kramläden, auch beygefügten Bedrohung"* konnte nicht vollständig eingedämmt werden.[1283]

b) Die deutsche Aufklärung und die Universitäten

Als ein epochaler Wendepunkt in der Geschichte der Universitäten gilt die Gründung der Universität Halle im Jahr 1694.[1284] Als *„Mutter aller aufgeklärten Universitäten"*[1285] erwirkt sie eine Erneuerung des Fächerkanons und des gesamten Bildungswesens. Maßgeblich war neben der Idee, dass die *„wahre Kirche"* vom Staat getrennt sein muss, die Garantie der Lehrfreiheit.[1286] Die Aufklärung, deren Kern sich auf das Infragestellen aller festgefügten Wis-

---

1278 Brüdermann, S. 528.

1279 Brandt, S. 81.

1280 „Edict wider die Hazard- und andere hohe Spiele, dann das darüber angstellte Wetten, wie auch wegen Ungültigkeit der Spielschulden" vom 31. Dezember 1772.

1281 Siehe unten S. 267ff.

1282 Vgl. etwa die Befragung eines Handwerkers durch den Stadtrat vom 9. Dezember 1739 wegen seiner Reaktion auf das Wetzen der Degen durch zwei Studenten in: UAH RA 6427.

1283 Aushang des Senats zur Androhung verschärfter Strafen vom 14. Dezember 1739 in: UAH RA 6427.

1284 Westphalen, S. 62 mwN.

1285 Hammerstein in: Universität und Gelehrtenstand, S. 166.

1286 Hammerstein in: Universität und Gelehrtenstand, S. 165, 167.

senschaftstraditionen reduzieren lässt, erschüttert die Universitäten, an denen vielfach das bloße Vorlesen von Standardwerken das eigenständige Denken ersetzte.[1287]

Im Widerspruch zu der Forderung der Aufklärer nach der Abschaffung der Standesunterschiede und der Schaffung eines einheitlichen Staats bestand an den neugegründeten Universitäten Halle und Göttingen eine besonders weitgehende akademische Gerichtsbarkeit. Der Grund für diesen scheinbaren Anachronismus ist in der Notwendigkeit zu sehen, die jungen Stiftungen attraktiv für Studenten zu machen. Dazu war die bekanntermaßen wenig einschneidende akademische Gerichtsbarkeit notwendig.[1288]

c) Die Rupertina als „Oase mitten in einer aufklärungssüchtigen Welt"

Seit ihrem Entstehen im sechzehnten Jahrhundert versuchten die Niederlassungen der *societas jesu* in den deutschsprachigen Gebieten Einfluss auf Universitäten zu nehmen. Dadurch soll die Gegenreformation gefördert werden. Denn in der Leitung der Artisten- und Theologenfakultät sahen die Patres die Chance, schon in der Ausbildung die zukünftigen Eliten in ihrem Sinn zu prägen.[1289]

Die Rupertina, die im sechzehnten und siebzehnten Jahrhundert zwischen Luthertum und Calvinismus wechselt, kommt erst relativ spät in das Blickfeld der Jesuiten.[1290] Während die bayrischen Wittelsbacher der societas schon 1550 die Universität Ingolstadt übergeben, berufen ihre kurpfälzischen Verwandten erst 1703–1706 Professoren aus dem Orden.[1291] Nach der Aufhebung der Gesellschaft Jesu übergibt Kurfürst Carl Theodor seine Landeshochschule an den französichen Lazaristenorden.[1292]

1287 Simon in: HRG I, Sp. 333.

1288 Stein, S. 188, Hammerstein in: Universität und Gelehrtenstand, S. 152.

1289 Schubert in: Universität und Gelehrtenstand, S. 91. Für Ingolstadt: Kaufmann, Katholische und protestantische Universitäten, S. 9ff. Auch in Heidelberg waren die beiden Fakultäten durch Jesuiten besetzt, mit Rücksicht auf die Religionsverträge bestand jedoch daneben ein protestantischer Teil, Mugdan, ZGO 112 (1964), S. 188.

1290 Im Zuge der Rekatholisierungspolitik während des Dreißigjährigen Kriegs war die Heidelberger Universität 1629 durch die Jesuiten wiederbegründet, Press in: Semper Apertus I, S. 336; Schaab, ZGO 11114 (1966), S. 170f. Nachdem die Kurpfalz 1632 von den Schweden erobert wurde, endete das Intermezzo.

1291 Kaufmann, Katholische und protestantische Universitäten, S. 9ff. In Freiburg i. Br. kamen erst 1620 Jesuiten an die Universität. Sie hatte sich 1577 mit Verweis auf die mit der Zugehörigkeit zu einer freien Korporation nicht zu vereinbarenden Ordensdisziplin erfolgreich gegen die Einrichtung einer Jesuitenkollegs gewehrt, ebd. S. 57. Für Heidelberg: Haaß, S. 95; Winkelmann II, Nr. 1928.

1292 Braubach, Hist. Jahrbuch 49 (1929), S. 269; Haaß, S. 98f. und Haas, S. 13ff. zu den Folgen der Aufhebung. Neben den Jesuiten waren die Karmeliter, Franziskaner und Domini-

Wurde ein Geistlicher aus seinem Orden ausgeschlossen, so verlor er auch seine Professur.[1293] Dadurch wird deutlich, dass nicht die natürliche Person Inhaber des Lehrstuhls war, sondern der Orden als Korporation.

Umstritten sind die wissenschaftlichen und pädagogischen Qualitäten der Professoren aus dem Jesuiten-Orden. Während die ältere, weitgehend protestantisch geprägte Literatur[1294] ein vernichtendes Urteil aussprach, finden sich heute differenziertere Stimmen.[1295] Gerade wegen ihrer ordensgeistlichen Lehrer wurde die Rupertina als *„Oase mitten in einer aufklärungssüchtigen Welt"* bezeichnet.[1296] Im Gegensatz zu den vorangegangenen und den folgenden Jahrhunderten wirkt im achtzehnten kein Professor von europäischem Rang in Heidelberg.[1297] In das Bild der geistigen Rückwartsgewandheit der Universität passt die Verfolgung von Bewohnerinnen der Universitätsdörfer wegen *„Hexerey"*, mit der sich der Senat noch im Jahr 1758 befasste.[1298] Auch die Aufforderung an relegierte Studenten, eine Urfehde zu schwören, in der sie eidlich versicherten, das Urteil anzuerkennen und keine Rache zu üben, erscheint wenig fortschrittlich.[1299]

Eine weitere Besonderheit betraf die akademische Gerichtsbarkeit: die Mitglieder des Ordens unterstanden ihrer eigenen Rechtsprechung.[1300] Obwohl sie als Professoren Teil der Universitätskorporation waren und im Senat die Jurisdiktion über Studenten und weltliche Professoren ausübten, unterwarfen sie sich selbst nur ihrer eigenen Disziplin.[1301]

---

kaner in der Lehre tätig, Palatinus, S. 76. Zur Geschichte des Lazaristenordens siehe Haas, S. 24ff.

1293 So im Jahr 1789, als der Philosophieprofessor Koller nach dem Ausschluss aus dem Lazaristenorden seine Tätigkeit in Heidelberg beenden musste, was ihn zu einer Schmähschrift über die Universität veranlasste, vgl. Winkelmann II, Nr. 2386; Schweigard, S. 252.

1294 Insbesondere Häusser im zweiten Band seiner Geschichte der rheinischen Pfalz. Vgl. aber auch Palatinus, S. 92f., der im Jahr 1886 das Wirken der *societas jesu* an den Universitäten weithing positiv wertet.

1295 Mugdan, ZGO 112 (1964), S. 188; Haaß, S. 108; Haas, S. 13.

1296 So das vielzitierte Wort von Palatinus, S. 89.

1297 In diesem Zusammenhang sind auch die Erbprofessuren zu nennen, durch die eine Verbesserung der akademischen Qualität erschwert wurde, vgl. Keller, S. 17f.

1298 Die Untersuchungsakte ist unter UAH RA 2759 fragmentarisch überliefert.

1299 Sententia vom 7. September 1744 in: UAH RA 6427.

1300 Für Ingolstadt: Schubert in: Universität und Gelehrtenstand, S. 92f. Für Freiburg i. Br. Kaufmann, Katholische und protestantische Universitäten, S. 57.

1301 Siehe oben S. 174: Im Fall des stud. iur. Hüber stimmten die Jesuiten gegen eine *relegatio cum infamia.*

d) Die Kurpfalz als absolutistischer Staat

Absolutismus und Disziplinierung sind nicht umfassend im Sinne eines modernen totalitären Staates zu verstehen. Ein „*rex dixit et factum est*“ im Sinne eines Ludwigs XIV.[1302] hat es im Gebiet des Heiligen Römischen Reichs nicht gegeben. Ausgehend von der ständisch geprägten frühen Neuzeit war es viel mehr das Ziel des absoluten Fürsten, ein zentrales Machtmonopol zu erreichen. Gelungen ist das nur selten.[1303]

Das absolutistische Zeitalter in der Kurpfalz wird allgemein mit der Regierungszeit Carl Theodors gleichgesetzt.[1304] Dieser betrieb eine absolutistische Innenpolitik, bei der die Disziplinierung der Untertanen vor allem mit dem Ziel der Erhöhung der Staatseinnahmen verbunden war.[1305]

aa) Carl Theodor – ein Jesuitenzögling und die Aufklärung

Carl Theodor wurde in Ermangelung männlicher Erben in der Kurlinie schon in früher Jugend zum Erben der Kurwürde bestimmt. Seine Erziehung, wie die seiner Vorgänger durch Jesuiten,[1306] erfolgte deshalb ab seinem neunten Lebensjahr am Mannheimer Hof seines entfernten Verwandten Carl Philipp.[1307]

Die Verbindung zwischen den Patres und dem strenggläubigen Katholik Carl Theodor bestand bis zur Aufhebung des Ordens im Jahr 1773.[1308] Allerdings gewann im Laufe seiner Herrschaft die Gedankenwelt der Aufklärung einen stärker werdenden Einfluss auf den Kurfürsten.[1309] Besonders der enge Kontakt mit Voltaire, der von 1753 bis 1758 am Hof lebte, förderte die Hinwendung Carl Theodors zur aufgeklärten Denkweise.[1310] Deutlich wird die Neigung des Herrschers für die Aufklärung etwa in der Stiftung der Akademie der Wissenschaften im Jahr 1763. Aufgeteilt in eine historische und eine

1302 Kuno Fischer, S. 10.

1303 Seif in: HRG I, Sp. 36f.; Reinhard in: Frühe Neuzeit, S. 40. Brandt, S. 50 sieht erst nach dem Reichsdeputationshauptschluss die Möglichkeit geschaffen, einen absolutistischen Staat herauszubilden.

1304 Hess, ZGO 136 (1988), S. 215; Stolleis in: HRG I, Sp. 817.

1305 Press, ZGO 130 (1982), S. 251.

1306 Keller, S. 11.

1307 Mörz, S. 13ff.; Ebersold, S. 12. Fuchs in: NDB XI, S. 252ff. Carl Theodor verlebte seine Kindheit an seinem Geburtsort auf Schloss Drogenbusch bei Brüssel.

1308 Auch nach der Aufhebung unterstütze Carl Theodor ehemalige Jesuiten durch die Vergabe von Stellen an der Universität, Mugdan, ZGO 112 (1964), S. 198f.

1309 Press, ZGO 130 (1982), S. 258.

1310 Mörz, S. 76ff. Braubach, Hist. Jahrbuch 49 (1929), S. 269 bezeichnet Carl Theodor aber als „aufklärungsfeindlich“ und begründet dies mit der Übereignung der Universität an Jesuiten und Lazaristen.

naturwissenschaftliche Klasse forschten zehn Gelehrte hauptamtlich und eine Vielzahl ehrenamtlicher Mitglieder.[1311]

Die insgesamt heterogene europäische Aufklärungsbewegung einte die Ablehnung der *societas jesu.* In den Gelehrten des Ordens sahen die Aufklärer alles verkörpert, was sie ablehnten: Tradition, Konservatismus, Rückständigkeit, Aberglauben, Ultramontanismus, Kurialismus, Despotie.[1312] Carl Theodor stand auch als Kurfürst, zumindest in den ersten Jahrzehnten seiner Regentschaft, unter dem Einfluss von Jesuiten wie etwa seinem ehemaligen Erzieher Pater Seedorf, der bis zu seinem Tod 1758 Beichtvater des Kurfürsten war.[1313] Der Herrscher der Kurpfalz und später von Pfalz-Bayern wird deshalb nicht als gänzlich aufgeklärter Fürst bezeichnet. Neben seinem Verhältnis zu den Jesuiten zeigt das etwa die Verfolgung der bayrischen Opposition. Durch Verbote wie das des Iluminatenordens 1785 wollte Carl Theodor seine Machtposition sichern.[1314] Gerade die letzten Jahre seiner Regierung werden eher der Restauration zugeordnet.[1315]

e) Der Kampf gegen studentische Zusammenschlüsse

Schon im späten siebzehnten Jahrhundert finden sich in Heidelberg erste Erwähnungen von studentischen Zusammenschlüssen in Form von sogenannten Studentenorden.[1316] Die Orden beunruhigen den akademischen Senat. Abgesehen von der Heimlichkeit, die an sich bereits verdächtig erscheint, provoziert vor allem die Tatsache, dass sich die Orden eigene Statuten geben und sich dadurch zum Gesetzgeber in eigener Sache aufschwingen.[1317] Neben den Orden wurde das Zusammenleben der Studenten im achtzehnten Jahrhundert von den Landsmannschaften geprägt. Da jegliche Art der korporativen Einigung durch die Obrigkeit verfolgt wurde, ist die genaue Entstehungsgeschichte beider Typen unbekannt, da die Bünde selbst aus konspirativen Gründen ihre Unterlagen vernichteten.[1318] Studentische Verbindungen entstanden allgemein, neben dem Wunsch nach Geselligkeit, aus

1311 Hess, ZGO 136 (1988), S. 231.

1312 So die Aufzählung bei van Dülmen, Hist. Jahrbuch 89 (1969), S. 54.

1313 Mörz, S. 29.

1314 Kreutz in: Demokratisierung in der Französischen Revolution, S. 226; Fuchs in: NDB XI, S. 255. Auch Palatinus, S. 90 betont die letztlich überwiegende katholische Erziehung im Verhältnis zum Einfluss der Aufklärung.

1315 Schweigard, S. 203.

1316 Siehe S. 210ff.

1317 Hardtwig in: Vierteljahrschrift für Sozial- und Wirtschaftsgeschichte 73, S. 310f.

1318 Schroeder, Universität für Juristen, S. 54; Schulze/Ssymank, S. 161. Bahnson, S. 53 sieht den Grund für das Entstehen der studentischen Zusammenschlüsse in der Tatsache, dass die Akademiker nach dem Ende des Bursenwesens zu Außenseitern in den Städ-

dem Bedürfnis, um Verletzungen der Studentenehre zu ahnden. Da die akademische Gerichtsbarkeit nach Ansicht der Studenten keine angemessenen Maßnahmen traf, um Injurien zu strafen, organisierten die Betroffenen ihre eigenen Regeln; die Verbindungen setzten diese durch. Dadurch wollten besonders die Orden das aristokratische Duell zugunsten eines bürgerlicheren Ehrbegriffs zurückdrängen,[1319] zumal Adlige vor dem Universitätsgericht häufig privilegiert wurden und ihre Stellung deshalb zu einem besonders provokanten Auftreteten nutzten.[1320] Eng verbunden sind deshalb das Duellwesen und die Entstehung und Entwicklung der akademischen Verbindungen, wie sie aus den Akten des Heidelberger Universitätsgerichts nachvollziehbar ist.

aa) Orden

aaa) Die Studentenorden an den deutschen Universitäten

In der zweiten Hälfte des achtzehnten Jahrhunderts gründen sich an den Universitäten im Heiligen Römischen Reich konspirative Vereinigungen von Studenten, sogenannte Logen. Sie stehen meist der Freimaurerei nahe, ohne jedoch deren Teil zu sein.[1321] Ihr Ziel ist die *„Veredelung der Menschheit"* im Sinne der Verbreitung der Aufklärung.[1322] Die erste spezifisch akademische[1323] Loge – die Amicisten – wurde in Jena von Mitgliedern der Mosellaner Landsmannschaft gegründet.[1324] Unter einem studentischen Orden wird ein überörtlicher Zusammenschluss von mindestens zwei Logen verstanden. Die lokalen Vereinigungen bestanden zum Teil längere Zeit, bevor durch eine Ausgründung oder einen persönlichen Kontakt die Verbindung zu einer zweiten Loge entstand und schließlich in Form eines Vertrages perpetuiert wurde. Neben dem 1771 gegründeten Amicistenorden entstand 1777

---

ten wurden. Fabricius, S. 56f. geht von der Nachahmung entsprechender höfischer Orden durch die Studenten aus.

1319 So Heinrich Stephani (1805), zitiert nach Körner in: Einst und Jetzt 1961, S. 142; Vgl. Hardtwig, S. 87. Für Heidelberg kann diese zeitgenössische These nur eingeschränkt gelten, wie im Abschnitt zu den Orden gezeigt wird.

1320 Bahnson, S. 52.

1321 Der Streit über die Nähe der studentischen Orden zu den Freimaurerlogen stellt Götze, S. 26f. dar.

1322 Keller, S. 268. Tatsächlich überwog meist kurz nach der Gründung die Pflege des studentischen Frohsinns andere Ziele erheblich.

1323 Bereits zuvor bestanden Freimaurerorden, in denen Studenten verstärkt eintraten, vgl. Heinz, S. 27ff.

1324 Bei der Mosellander Landsmannschaft handelte es sich um die wohl erste Landsmannschaft überhaupt. Sie entstand 1721 und wurde von Rheinländern, Schwaben, Pfälzern und Elsässern gebildet. Heinz, S. 24; Schulze/Ssymank, S. 161; Fabricius, S. 82.

in Halle ein weiterer Zusammenschluss als Constantisten.[1325] Im Gegensatz zu den Landsmannschaften, die damals den Zusammenschluss aller Studenten eines Herkunftsgebiets anstreben und durch sozialen Druck durchzusetzen suchen, wollen die Orden exklusive Freundschaftsbünde sein, die nur ausgewählte Akademiker aufnehmen.[1326] Nach der Gründungswelle der Orden in den siebziger Jahren hatten sie etwa von 1780 bis 1790 eine beherrschende Stellung in der Studentenschaft, bevor die bereits früher bestehenden Landsmannschaften reformiert in den Vordergrund treten.[1327]

Schon im achtzehnten Jahrhundert äußerten sich Studenten ablehnend über die Orden als solche. So schreibt Friedrich Christian Laukhard[1328] in der Erinnerung an seine Studententage in Gießen: *„Hätte ich vor meiner Aufnahme das eigentliche Wesen einer solchen Verbindung gekannt, ich würde wahrscheinlich niemals hineingetreten sein. Das Ding ist ein Gewebe von Kindereien, Absurditäten und Präsumptionen, über welche ein kluger Mann bald unwillig werden muß.“*[1329]

Die Orden werden zwar bald nach ihrer Gründung verboten, bestehen aber weiter. Eine strenge Verfolgung findet allenfalls in kurzlebigen Wellen statt. Den Universitäten wurde deshalb von den staatlichen Behörden mangelndes Engagement vorgeworfen. Ein Grund für die Unwilligkeit der Hochschulen, das Verbot durchzusetzen, wird in dem Umstand gesehen, dass viele Professoren der protestantischen Universitäten selbst Mitglied einer Freimaurerloge waren.[1330] Wegen der Verwandschaft beider Organisationsformen – und ihrem wirtschaftlichen Interesse an hohen Studentenzahlen[1331] – hatten die Professoren wenig Elan in der Durchsetzung; außerdem waren die Maßnahmen wenig glaubwürdig.[1332] Trotz der ähnlichen Organisation bekämpfen sich studentische Orden und Freimaurerlogen bis etwa

1325 Richter in: Einst und Jetzt 1978, S. 48.

1326 Müller in: „Der Burschen Herrlichkeit“, S. 27.

1327 Götze, S. 25f.; Fabricius, S. 57.

1328 Die Veröffentlichungen des Magisters Laukhard dienen als wichtige Quelle zur Studentengeschichte der zweiten Hälfte des achtzehnten Jahrhunderts, sind aber wegen der subjektiven Sicht und vor dem Hintergrund der Zensur durchaus kritisch zu bewerten, vgl. Heinz, S. 14.

1329 Laukhard, S. 39.

1330 Fabricius, S. 57; Hardtwig, S. 82f.; Für Tübingen: Thümmel, S. 395.

1331 Durch die Kolleggelder hing das Professorengehalt direkt mit der Zahl seiner Hörer zusammen, siehe Schroeder, Universität für Juristen, S. 53. Ebd. S. 24 wird am Beispiel Thibauts der indirekte Zusammenhang deutlich: ein beliebter Professor erhielt eine erheblich höhere Grundvergütung, da er verstärkt Studenten zu einem Aufenthalt in der Neckarstadt bewegen konnte.

1332 Körner in: Einst und Jetzt 1961, S. 146.

1790. Danach näherten sich die Orden den Logen an, um bald darauf ganz zu verschwinden.[1333] Die Tendenz zur Abkehr der Studenten von den Orden wurde durch deren reichsweites Verbot im Jahr 1793 beschleunigt.[1334] Das durch den Reichstag erlassene Gesetz setzte als Strafe für die Mitgliedschaft in einem Orden die Relegation fest. Durch eine Mitteilung der Relegation an alle Universitäten wollte man ein Fortsetzen des Studiums unmöglich machen und eine spätere Anstellung bei einem der deutschen Staaten ausschließen.[1335] Ob die Regelung in Heidelberg durchgesetzt wurde, erscheint fraglich. Jedenfalls findet sich kein Anstieg entsprechender Relegationen in den überlieferten Akten.[1336]

Der Anteil der Ordensmitglieder an der Studentenschaft betrug etwa 10 bis 35 %.[1337] Sie strebten keine möglichst hohe Mitgliederzahl an, sondern wählten – zumindest in der Anfangszeit – gezielt die Elite der Studenten aus.[1338] Dadurch sollten die Ziele der Orden, wie etwa die gegenseitige Hilfe in Studium und Berufsleben sowie die Disziplinierung der Studentenschaft erreicht werden.[1339] Im Unterschied zu den Landsmannschaften, die Zusammenschlüsse aktiver Studenten waren, strebten die Orden eine lebenslängliche Mitgliedschaft an.[1340]

bbb) Die Situation in Heidelberg

Für Heidelberg sicher überliefert ist das Bestehen des Harmonisten- und des Constantistenordens.[1341] Weiterhin bestand zumindest zeitweilig eine Loge namens *„Niceria“*.[1342] An der kurpfälzischen Landesuniversität gründeten sich erst sehr spät und insgesamt nur wenige Logen. In der Verbreitungs-

---

1333 Schulze/Ssymank, S. 166; Hardtwig, S. 84. Für Heidelberg sah Dittenberger, S. 41 in seiner 1844 verfassten Geschichte der Universität eine Nähe von Constantia und einer Mannheimer Fraumaurerloge.

1334 Stein, S. 133, Fn. 44.

1335 Hardtwig, S. 96. Schroeder in: Georg Friedrich Rebmann, S. 34 merkt jedoch an, dass das Verlangen der akademischen Jugend, sich in Freundesbünden zusammenzuschließen durch die Verbote nicht

1336 Noch im Jahr 1798 erkundigte sich die Universität bei der Oberkuratel, ob das Gesetz den akademischen Bürgern verkündet und gegebenenfalls angewendet werden solle, vgl. das Schreiben des Senats vom 24. Januar 1798 in: UAH RA 6369.

1337 Auf der Mitgliederliste des Constantistenordens von 1794 sind 27 Mitglieder verzeichnet, siehe UAH RA 5503.

1338 Müller in: „Der Burschen Herrlichkeit“, S. 27; 31.

1339 Fabricius, S. 57, S. 59; Hardtwig, S. 83ff., S. 87. Trotz ihres eigentlichen Ziels, die Disziplin zu verbessern, wurden die Orden von der Obrigkeit verfolgt.

1340 Schulze/Ssymank, S. 171; Götze, S. 31; Müller in: „Der Burschen Herrlichkeit“, S. 31.

1341 So schon Dittenberger, S. 41 im Jahr 1844.

1342 Pietzsch in: Einst und Jetzt 1961, S. 59; Müller in: „Der Burschen Herrlichkeit“, S. 30.

politik der Orden hat die katholische Rupertina keine hohe Priorität. Ziel war es vielmehr, an den modernen, prestigeträchtigen protestantischen Universitäten wie Halle, Jena und Göttingen Logen zu errichten, um sich dann von dort auszubreiten.[1343] Allerdings ist für die Geschichte der Orden zu beachten, dass sie selbst durch die Geheimhaltung und die Vernichtung von Unterlagen ihre archivalische Überlieferung stark einschränkten. Deshalb ist, wie auch die reichsweite Geschichte der Orden, die der frühen Heidelberger Bünde ungewiss.[1344] Es finden sich jedoch vereinzelt Hinweise auf Orden in den Akten.

(1) Der Constantistenorden

Die örtliche Loge der Constantia entsteht im März 1791 aus einem Vorläufer, der *„Fridericiana"*.[1345] Heute dienen besonders die vorhandenen Berichte über eine Untersuchung im Frühjahr 1794 gegen die Constantistenloge zu deren Nachweis.[1346] Die entdeckten Mitglieder hatten einen Revers zu unterschreiben, durch den sie bestätigten, nicht mehr an ihrer Ordenszugehörigkeit festzuhalten.[1347] Der Wert solcher Zusicherungen ist allerdings als gering zu betrachten, da die Orden den Meineid vor dem akademischen Gericht ausdrücklich gestatteten, sogar dazu aufforderten.[1348] Die Relegation mit Mitteilung an alle Universitäten, wie im reichsweiten Verbotsgesetztes aus dem Vorjahr als Strafe statuiert, verhängt das Heidelberger akademische Gericht in diesem Fall nicht.

Aus einer Anzeige des cand. med. Valentin Griesselich[1349] aus dem Jahr 1797 ergibt sich, dass dieser der Duellforderung des reformierten cand. theol. Gros[1350] nicht nachgekommen war und deshalb *„von einer Gesellschaft, welche sich constantisten nennten auf Veranlaß des gedachten Gros allenthalben*

1343 Müller in: „Der Burschen Herrlichkeit", S. 30; Keller, S. 255.

1344 Schroeder in: Georg Friedrich Rebmann, S. 33f.

1345 Heinz, S. 58; Richter in: Einst und Jetzt 1978, S. 48. Fabricius, S. 210 hatte noch 1799 genannt, Keller, S. 257 weißt den ersten Orden für 1794 nach.

1346 Der Untersuchungsbericht über den Constantistenorden in Heidelberg vom 21. März 1794 findet sich in: UAH RA 5503. Er enthält eine Mitgliederliste, auf der auch die Ämter innerhalb des Ordens bezeichnet sind. Erfahren hatte der Senat dies durch den Einsatz eines Spions.

1347 Richter in: Einst und Jetzt 1978, S. 69ff. und Keller, S. 258f. nennen sämtliche bekannten Mitglieder des Ordens.

1348 Keller, S. 266, der aus Dokumenten der Orden zitierend die Begründung liefert: *„die Hauptstützen unseres Ordens sind Einigkeit und Verschwiegenheit"*.

1349 Immatrikuliert am 29. Mai 1797: Toepke IV, S. 367.

1350 Wohl Johannes Mathias Gross aus Heidelberg, der sich am 21. Oktober 1794 als stud. theol. eingeschrieben hatte, Toepke IV, S. 364.

verlacht und verfolgt würde". Von dem Vorfall berichtete der Senat an die Regierung, wobei eine Antwort nicht vorliegt.[1351] Die Anzeige macht deutlich, dass der Constantistenorden in Heidelberg zumindest am Ende des achtzehnten Jahrhunderts den innerstudentischen Duellzwang mitgetragen hat.[1352] Im selben Jahr kommt es zu einer Senatsuntersuchung gegen die *„Blau- und Weißkrägler"*, zwei Gruppen von Studenten, die sich durch auffällig gefärbte Kragen abgrenzten. Blau ist dabei als typische Farbe des Constistenordens einzuordnen.[1353] An der *alma mater heidelbergensis* bestand der Orden bis in das Jahr 1811, während er andernorts deutlich früher suspendierte.[1354] Auffällig ist die gleichsam verschobene Bestehenszeit: nachdem die örtliche Loge vergleichsweise spät gegründet wurde, endete die Geschichte der Constantia hier auch verzögert.

(2) Der Harmonistenorden

Erst in der Spätphase der Orden kann eine Loge der Harmonisten in der Neckarstadt nachgewiesen werden.[1355] Gegründet wird sie im Sommer 1803 unter dem Namen *„Aurora zu den sieben Rosen"* von dem aus Marburg kommenden Studenten Gerhard Friederich.[1356] Es handelte sich um keinen rein studentischen Orden, vielmehr waren auch ehemalige Studenten Mitglieder.[1357] Bereits 1804 löst sich der Orden reichsweit selbst auf. Die Heidelberger Loge ging wahrscheinlich in einer landsmannschaftlichen Vereinigung der *„Badenser"* auf. Durch ihr kurzes Wirken vor Ort haben die auch *Schwarze Brüder* genannten Harmonisten keine Spuren in der Geschichte der *alma mater heidelbergensis* hinterlassen.

1351 Schreiben des Senats vom 9. Juli 1797 in: UAH RA 6369.

1352 Auch in Jena standen die Orden am Ende des achtzehnten Jahrhunderts hinter dem Duellzwang, wie ihr Kampf gegen die Ehrengerichtsbewegung, von ihnen als *„Chokoladisten"* bezeichnet, zeigt. Heinz, S. 55, weist darauf hin, dass der Name durch die Orden geprägt wurde, um die Bewegung abzuwerten.

1353 Keller, S. 266: Das Ordenskreuz wurde an einem blauen Band getragen.

1354 Schweigard, S. 310.

1355 Ausführlich Keller, S. 266ff.

1356 Immatrikuliert am 11. Mai 1803: Toepke IV, S. 379. Unter dem Pseudonym *„Tyrtäus"* veröffentlichte er später einen Bericht über die Gründung.

1357 Keller, S. 270.

(3) Fazit

Im Vergleich zu anderen Universitäten standen die Orden an der Rupertina unter geringerem Verfolgungsdruck.[1358] Deutlich wird das etwa bei der Untersuchung gegen die *„Blau- und Weißkrägler"*: Den organisierten Akademikern war es offensichtlich möglich, ihre Gruppenzugehörigkeit durch das Tragen von eigens angefertigten, gut erkennbaren Jacken hervorzuheben. Die akademischen Behörden lassen die Studenten gewähren.[1359] Warum dies so war lässt sich heute nicht mehr feststellen. Besonders erstaunt die laxe Verfolgung der studentischen Orden in Heidelberg vor dem Hintergrund des scharfen Vorgehens gegen die Iluminaten, deren Hauptwirkungsstätte – neben der bayrischen Universität Ingolstadt – in der Kurpfalz lag. Nach der Entdeckung dieses Ordens 1785 droht ein Kurfürstliches Edikt den Mitgliedern mit der Todesstrafe.[1360]

Obwohl die akademischen Orden in den letzten Jahren des Jahrhunderts die Studentenschaft nicht mehr prägten, leben Teile ihre Tradition in den im Anschluss entstehenden Corps und der Burschenschaft weiter.[1361] Dazu gehört insbesondere die Idee, dass die Mitgliedschaft in einer studentischen Gemeinschaft nicht mit dem Studienende aufhören muss.[1362] Als Lebensbundsprinzip prägt sie die Verbindungen bis heute.

bb) Landsmannschaften

Die lange Zeit typische Grundform einer studentischen Korporation war der Zusammenschluss von Studenten aus den gleichen Herkunftsgebieten, heute bezeichnet als Landsmannschaft alten Typs.[1363] Während die *nationes* in der Zeit der Gründung der Rupertina nicht entstanden waren, weil die Studenten mehrheitlich aus dem näheren Umfeld der Kurpfalz oder benachbarter Territorien kamen, so haben sich die Bedingungen im achtzehn-

---

1358 Richter in: Einst und Jetzt 1978, S. 74; Keller, S. 262. Deneke, Westphälische Landsmannschaft, S. 6 berichtet aus Göttingen, dass die Behörden die Orden um 1795 scharf verfolgten, die Landsmannschaften aber unbehelligt ließen.

1359 So auch Jena. Heinz, S. 69 nennt die engen Beziehungen der Ordensmitglieder zu einem Teil der Professorenschaft als Grund.

1360 Schweigard, S. 213.

1361 Körner in: Einst und Jetzt 1961, S. 141; Hardtwig, S. 85. Zur Ablehnung der Orden durch die entstehenden Corps siehe das 4. Kapitel des Komments von 1806 in: Einst und Jetzt Sonderheft 1967, S. 29.

1362 Schweigard, S. 307 weist für Heidelberg die Zugehörigkeit zur Constantia nach dem Ende des Studiums nach.

1363 Zu diesen Schulze/Ssymank, S. 138ff. sowie Franke in: Land und Kultur, S. 229f. Die Landsmannschaften des 18. Jahrhunderts sind nicht mit dem heute bestehenden Landsmannschaften, einer Art der Studentenverbindung, gleichzusetzen.

ten Jahrhundert geändert.[1364] Nur noch 40 % der Studenten stammen aus der Kurpfalz, die übrigen kommen aus den verschiedenen Teilen des Reiches und dem Ausland.[1365] Damit ist genug Raum für die Selbstorganisation der Studenten nach ihren Herkunftsgebieten.[1366] Verstärkt wird die Tendenz durch den Wegfall der Bursen als alleinige Wohnstatt der Studenten. Als immer mehr von ihnen, vor allem die wohlhabenderen, in Bürgerhäusern Quartier nehmen, entsteht neuer Raum für studentische Zusammenschlüsse. An die Stelle der erzwungenen Gemeinschaft in der Burse treten nun freiwillige Organisationen, die sich zum Beispiel aus Tischgesellschaften entwickeln. Wann genau aus einem losen Freundeskreis eine verbotene Landsmannschaft entstand, war schon für Zeitgenossen schwierig einzuordnen. Aus einem Göttinger Erlass wird deutlich, welche Kriterien neben den farbigen Bändern und Konkarden für die Einordnung als Landsmannschaft erforderlich waren: Eine feste Führung im Sinne eines Vorstandes, üblicherweise als Senior und Subsenior bezeichnete, eine gemeinschaftliche Kasse mit festen Beiträgen und gemeinsame Veranstaltungen.[1367]

Schon 1725[1368] findet sich ein Beispiel für den landsmannschaftlichen Zusammenschluss in Heidelberg in einem Senatsprotokoll: Es handelt sich um Anschuldigungen gegen einen Studenten, der einen anderen auf dem Markt geschlagen haben sollte. Zu seiner Entschuldigung führt er an, er habe nur zugeschlagen, *„auß der ursach weil gen. König und seine Landtsleüth* [durchgestrichen: *Landtsmannen*] *gröblich wären.“*[1369] Eine weitere landsmannschaftliche Vereinigung, die in einer Gerichtsakte erwähnt wird, war die *„Koblenzer gesellschaft“*. Sie wird im Rahmen eines Injurienprozesses im Jahr 1788 genannt, ohne dass sich genaueres ergibt.[1370] Die Universität Jena übersandte

---

1364 Siehe oben S. 37 und Müller in: „Der Burschen Herrlichkeit“, S. 25.

1365 Übersicht über die Herkunft der Heidelberger Studenten im achtzehnten Jahrhundert bei Wolf, S. 137.

1366 Die Zuweisung eines festen Rekrutierungsbezirks an eine Landsmannschaft stellt einen der maßgeblichen Unterschiede zwischen der älteren Form der Verbindung und der neueren, dem Corps, dar. Siehe Schweigard, S. 311.

1367 Deneke, Westphälische Landsmannschaft, S. 1. So auch Brandt, S. 73.

1368 Es handelt sich damit um einen sehr frühen Hinweis auf eine Landsmannschaft. Die älteste nachweisbare Landsmannschaft, die der Mosellaner in Jena, datiert auf 1721, Schulze/Ssymank, S. 161; Fabricius, S. 82. Deneke, Westphälische Landsmannschaft, S. 3 weist darauf hin, dass die Gesetze der Landsmannschaften bereits längere Zeit in Übung waren, bevor sie dann schriftlich perpetuiert wurden.

1369 Senatsprotokoll vom 3. Juli 1725: UAH RA 868.

1370 Es handelt sich um eine Anfrage der Jurastudenten Linck (aus Mannheim, Toepke IV, S. 348), Schauberg (al. Schawberg aus Düsseldorf, Toepke IV, S. 349) und Dingent (aus Koblenz, Toepke IV, S. 348), die anscheinend vermuteten, in einer Befragung als Mitglieder einer solchen Gesellschaft genannt worden zu sein, siehe UAH RA 6436.

am 19. Januar 1799 Briefe und Stammbuchblätter, die sie bei einem Studenten, der in einem Duell gestorben war, gefunden hatte, nach Heidelberg. Die Jenenser Kollegen warnten vor *„auf der Universität Heidelberg im Stillen sich einschleichenden verpönten Verbindungen“*, die *„Selbstrache und Verheimlichung der Excesse zum Ziel haben“*. Eindringlich verwiesen die sächsischen Professoren auf die Pflicht der Universitäten, sich über entsprechende Untersuchungen auf dem Laufenden zu halten.[1371] Deutlich war den Zeitgenossen auch der Zusammenhang von Verbindungen und Duellwesen, der in der Warnung vor der *„Selbstrache“* zu erkennen ist.

Zwischen den Orden und Landsmannschaften bestehen oftmals personelle Verbindungen. Insbesondere die Orden streben danach, ihre Mitglieder in Leitungsfunktionen der Landsmannschaften einzusetzen.[1372] In Heidelberg versucht das etwa der Harmonistenorden in der fränkischen Landsmannschaft[1373] und der Constantistenorden in der Rhenania.[1374] Möglicherweise entstand aus diesen ‚Übernahmeversuchen‘ die erbitterte Bekämpfung der Orden durch die in der Folge der Landsmannschaften enstehenden Corps.[1375] Eine direkte Kontinuität zum heute bestehenden Korporationstyp der Landsmannschaft besteht nicht.[1376] Der Übergang von den Landsmannschaften alten Typs, die strikt nach Herkunft gegliedert Verbände mit einer faktischen Zwangmitgliedschaft waren, zu den neueren Corps war fließend. Katalysator der Entwicklung war die Übernahme fester Statuten und damit eine Verrechtlichung der Zusammenschlüsse, die ihren Ausgang in den Orden hatte.

cc) Die Verfolgung der Bünde – Eine Maßnahme der Sozialdisziplinierung

Alle studentischen Zusammenschlüsse, besonders Orden und Landsmannschaften, sehen sich bis weit in das neunzehnten Jahrhundert hinein einem unterschiedlich intensivem, aber grundsätzlich bestehenden, staatlichen

1371 Schreiben der Universität Jena vom 19. Januar 1799 in: UAH RA 5460.

1372 Götze, S. 28. Für Göttingen: Deneke, Westphälische Landsmannschaft, S. 6.

1373 Pietzsch in: Einst und Jetzt 1961, S. 59. Die gleiche Konstellation fand sich 1789 in Gießen, vgl. Fabricius, S. 90.

1374 Fabricius, S. 206.

1375 Vgl. die Regelungen im 4. Kapitel des Komments von 1806 in: Einst und Jetzt Sonderheft 1967, S. 29. Aus denn Landsmannschaften des achtzehnten Jahrhunderts entstanden zu Beginn des folgenden Jahrhunderts die Corps. Beide Begriffe wurden zwischen 1810 und 1828 in Heidelberg zum Teil parallel genutzt, Assmann in: Einst und Jetzt 1996, S. 176.

1376 Die aus dem militärischen Sprachgebrauch abgeleitete Bezeichnung Corps wurde zum ersten Mal 1810 in Heidelberg genutzt, vgl. Graebke in: Weiland Bursch zu Heidelberg, S. 18.

Verfolgungsdruck ausgesetzt.[1377] Ein offensichtlicher Grund für das Vorgehen, wie etwa aufrührerischer Tendenzen oder kriminelle Vereinigungen innerhalb der Bünde, lässt sich – weder in Heidelberg noch im übrigen Reich – nachweisen.[1378] Einzuordnen sind die Maßnahmen viel eher unter dem Topos der Sozialdisziplinierung.[1379] Ziel der Obrigkeit ist es, einen *„Staat im Staate“* zu verhindern.[1380] Vor dem Hintergrund der sich verfestigenden absolutistischen Herrschaftssysteme ist aus Sicht der Regierung der bloße Zusammenschluss von Studenten gefährlich. Denn ein solcher Bund steht Verdacht, das statutenwidrige Verhalten seiner Mitglieder zu fördern. Die akademische Gerichtsbarkeit der *Rupertina* sieht insbesondere im Duellzwang, der von den innerstudentischen Organisationen durchgesetzt wird, ein Disziplinarproblem, das es durch die Verfolgung der Bünde zu bekämpfen gilt.[1381] Ein weiterer Vorwurf des Senats an die *„constantisten brüderschaft“*[1382] ist, dass durch sie die *„Universitaet zu einer Mördergrube“* werde, weil gerade die *„fleißigsten academiker“* nach ihrem Eintritt in den Orden zu Verschwendern und schlechten Studenten würden. Für ihr hart entbehrtes Geld erhielten die Eltern *„anstatt einem gelehrten Sohn* [...] *einen Strohkopf, einen Faulenzer, und einen Taugenichts“*.[1383] Da die Hochschule als eigentlich Betroffene die Eltern der *„constantisten brüder“* ansieht, will sie auch deren Autorität nutzen. Dazu solltn die Eltern von den Vorwürfen gegen ihre Kinder informiert und ihnen deren *consilium abeundi* angedroht werden. So soll ein Beweisproblem der Universität umgangen werden: Denn obwohl die Constantisten namentlich bekannt geworden sind, bestreiten diese ihre Mitgliedschaft und haben sich zu einem Meineid verschworen.[1384] Ein tatsächliches gerichtliches Vorgehen wäre deshalb allenfalls auf Basis der Zeugenaussage des eingeschleusten Spions möglich gewesen.

1377 Götze, S. 33; Müller in: „Der Burschen Herrlichkeit“, S. 21f.

1378 Schulze/Ssymank, S. 160. Brüdermann, S. 222ff. weist verschiedene konkrete Gründe nach, etwa die Förderung des Glücksspiels, des Schuldenmachens und der Duelle durch die Orden.

1379 Schroeder, Universität für Juristen, S. 53.

1380 Schulze/Ssymank, S. 173, Schroeder, Tod den Scholaren, S. 89.

1381 Vgl. die Schreiben von 1797/98 in: UAH RA 6369.

1382 Oestreich in: Strukturprobleme der frühen Neuzeit, S. 365 betont die zeitgenössische Wichtigkeit des Begriffs der *„Constantia“*, der Standhaftigkeit oder Beständigkeit. Vor dem Hintergrund der meist vergeblichen Verfolgung des Constantistenordens erscheint der Begriff symptomatisch.

1383 Bericht des Senats über den Constantistenorden vom 21. März 1794 in: UAH RA 5503.

1384 Die Verabredung zum Meineid stellt einen weiteren Vorwurf gegen die Orden dar. Vgl. den Bericht des Senats über den Constantistenorden vom 21. März 1794 in: UAH RA 5503.

Gerade die Studentenschaft ist als Zielgruppe für Maßnahmen zur Verbesserung der Disziplin geeignet. Die kleine Neckarstadt und die in dieser wiederum abgegrenzte Gruppe der Hochschüler ermöglicht der Regierung einen direkteren Zugriff als auf andere Bevölkerungsteile. Die seit dem Ende des Dreißigjährigen Kriegs und der Abschaffung des Bursenwesens ‚verwilderten' Sitten der Akademiker bieten weiten Raum für disziplinierende Eingriffe der Regierung.[1385] In diesem Zusammenhang kann auch die Einrichtung der Oberkuratel gesehen werden. Ein hoher kurfürstlicher Beamter wurde zur Aufsicht über die *Rupertina* bestimmt und damit die selbstverwaltete Korporation enger überwacht.[1386]

Eng verwoben mit der Sozialdisziplinierung ist die Vorbildfunktion der Lehrenden innerhalb der Korporation: Wenn die Disziplin der Professoren schlecht ist, strahlt dies auf das Verhalten der Studenten ab. Im Jahr 1777 maßregelt Kurfürst Carl Theodor deshalb die Heidelberger Professorenschaft. Neben einem zurückhaltenden Lebenswandel forderte der Herrscher von den Lehrern auch, ihre Kollegien besser vorzubereiten, das Beratungsgeheimnis im Senat zu wahren und nicht an den privaten Zusammenkünften der Studenten teilzunehmen.[1387] Gerade die letzten beiden Punkte werfen ein Licht auf das tatsächliche Leben in der kleinen Universitätsstadt.

XII. KAPITEL: Strafpraxis im achtzehnten Jahrhundert

Die durch die akademische Gerichtsbarkeit in Heidelberg im achtzehnten Jahrhundert verhängten Strafen werden hier dargestellt. Zu beachten ist, dass sich die Strafpraxis über einen längeren Zeitraum entwickelt. Die einzige Statutenreform im achtzehnten Jahrhundert, die von Carl Theodor 1786 erlassen wurde, fasst das angewandte Gewohnheitsrecht in die Schriftform. In § 76 des Regelwerks werden als Strafen genannt: *„Verweiß, Einkerkern, Consilio abeundi oder Relegation"*.[1388] Wie die Fälle zeigen, verhängt das Universitätsgericht zusätzlich weitere Sanktionen. Außerdem kommt es zur

1385 Ein Beispiel stellt neben der Ordensbekämpfung auch die Maßnahmen gegen die *„Excesse"* dar und das Mandat an die Professoren, durch die Verbesserung ihres Verhaltens die Disziplin der Studentenschaft zu verbessern, vgl. Winkelmann II, Nr. 2273.

1386 Zur Oberkuratel siehe S. 257.

1387 Winkelmann II, Nr. 2273.

1388 § 76 der Statuten von 1786 in: Thorbecke, Statuten, S. 329.

Kombination von einzelnen Strafen,[1389] oder etwa zur Verurteilung zu Schadensersatzzahlung und Relegation in einem Prozess.[1390]

Beim Verweis handelt es sich um die am wenigsten einschneidende Strafe des akademischen Gerichts in Heidelberg, einer Verwarnung entsprechend. Der Rektor nutzt den Verweis, um dem Studenten sein unangemessenes Verhalten aufzuzeigen. Weitere Konsequenzen hat die Strafe, die auch verschärft als *„Ernstlicher Verweis“* ausgesprochen wurde, nicht.

Kritisch anzumerken ist, dass die Strafpraxis nicht einheitlich ausgeübt wurde und einzelne Sanktionen ungeeignet erscheinen. So war insbesondere die Relegation, die *ultima ratio* der akademischen Gerichtsbarkeit, im kleinteilig organisierten Staatswesen des Heiligen Römischen Reiches deutscher Nation kein besonders scharfes Schwert. Denn nur derjenige Student, der seine Studien an der Rupertina oder einer mit ihr verbundenen Hochschule fortsetzen wollte, konnte durch einen Ausschluss empfindlich gestraft werden. Der geflohene Straftäter, ließ sich vom Verbot des Studiums in Heidelberg wenig beeindrucken.[1391]

1. Geldstrafen

a) Allgemeines

Geldstrafen werden häufig verhängt.[1392] Inwieweit damit das Ziel verfolgt wurde, dem Generalstudium zu neuen Einnahmen zu verhelfen, bleibt unklar. Angesichts der Höhe, welche die Strafen gelegentlich erreichten, erscheint es durchaus als wahrscheinlich.[1393] Die Verwendung der eingenommenen Gelder ist in Heidelberg weitgehend unklar, während aus Marburg bekannt ist, dass sie im achtzehnten Jahrhundert jedenfalls zum Teil direkt an den Prorektor gingen.[1394] Zumindest in einem Fall im Jahr 1729 verfügt der Kurfürst Karl Philipp über die Strafgelder. Aus dieser Kasse sollen den Jesuiten 400 fl. übergeben werden, um deren Seminargebäude vor dem Ver-

1389 Vgl. nur 1765: Karzer und Consilium: Toepke IV, S. 208, Fn. 2.

1390 So zum Beispiel im oben S. 177f. beschriebenen Fall Breitner.

1391 Ausführlich zur zeitgenössischen Kritik: Meiners I, S. 295f.

1392 In ihrem Bericht über die Universitätsprivilegien an Maria Theresia von Österreich in: UAH RA 238, § 25 nennt die Universität die Geldstrafe mehrmals.

1393 So etwa im 17. Jahrhundert im oben S. 155 dargestellten Fall des stud. Antonius Paulo, welcher wegen der Tötung seines Duellgegners zu einer Geldstrafe von 1.500 fl., später ermäßigt auf 300 fl., verurteilt wurde.

1394 Woeste, S. 52 vermutet einen direkten Zusammenhang zwischen der Häufigkeit der Geldstrafe und der Auszahlung an den Prorektor.

fall zu retten. Im folgenden Jahr schlägt die Hofkammer vor, neben den Schutzgeldern der Juden auch die Strafgelder der Theologen für die endgültige Renovierung des Seminars zu verwenden.[1395]

Der Rektor erhält die Immatrikulationsgebühren der Studenten, die sich in seinem Amtsjahr einschrieben.[1396] Eine zumindest teilweise Überlassung der Strafgelder ist wahrscheinlich. Aus einem zeitgenössischen Bericht ergibt sich, dass ein wichtiger Aspekt der Geldstrafen deren Verwendung als Denunziationsprämie war. Jedenfalls in Göttingen wurde ein großer Anteil der eingenommenen Mittel an den Informanten ausgekehrt, was die einzige Chance darstellte, über bestimmte Delikte informiert zu werden.[1397]

b) Umwandlung von Haftstrafen

Bei weniger schweren Vergehen war es möglich, eine Karzerstrafe gleichsam abzubezahlen, indem sie durch eine Geldstrafe abgelöst wurde.[1398] So wird 1707 als Tarif für eine solche Umwandlung pro Tag und Nacht Haftstrafe 2 fl. angegeben,[1399] 1711 fordert man 1 fl. 30 Kreuzer als Ersatzleistung für einen Tag Karzerstrafe.[1400] Für die Beleidigung eines Paters Zinck erhält ein Student Meierhoffer vier Tage Karzer. Ihm wird gestattet, diese Strafe durch 4 fl. abzugelten. Wegen anderer Delikte hatte er schon zwei Tage Haft erhalten. Er entscheidet sich für den Karzer und sitzt die sechs Tage ab.[1401] Die Statutenreform Carl Theodors von 1786 nennt an einer Stelle eine *„Geldbuß von 50 bis 100 Rthlr. oder respective 3monatlicher Gefängniß-Straf“*.[1402] Daraus ergibt sich, dass die Umrechnung von Haft- in Geldstrafen auch von der Regierung akzeptiert war.

Üblicherweise benötigt ein Student in Heidelberg im achtzehnten Jahrhundert etwa 200 fl. im Jahr. Darin eingeschlossen waren Lebenshaltungs- und Studienkosten. Diese Summe aufzubringen fiel den Eltern der Studenten häufig schwer. Für einen Verurteilten konnte das Absitzen der Strafe im

1395 Winkelmann II, Nr. 2040.

1396 Siehe etwa Toepke IV, S. 48, Fn. 4.

1397 Vgl. Meiners I, S. 292. Durch die soziale Abgeschiedenheit und die personelle Schwäche der akademischen Behörden wären ansonsten verbotene Glücksspiele u. ä. nicht entdeckt worden.

1398 Auch an anderen Universitäten war eine Umwandlung möglich. So verhandeln in der 1605 entstandenen Komödie Cornelius Relegatus zwei Studenten mit dem Rektor über die Abänderung der Strafe von acht Tagen Karzerhaft auf einen Goldgulden Geldstrafe, vgl. Sommer, Cornelius Relegatus, Zeile 1861ff.

1399 Toepke IV, S. 5, Fn. 5.

1400 Toepke IV, S. 16, Fn. 2.

1401 Toepke IV, S. 6, Fn. 6.

1402 § 88 der Statuten von 1786 in: Thobecke, Statuten, S. 332.

Karzer deshalb vorteilhafter erscheinen, als Geld auszugeben.[1403] Es finden sich auch Fälle, in denen die Strafe zur Verhandlungssache zwischen dem verurteilten Studenten und der Universität gerät. So wird im Juli 1725 ein Student Most[1404] durch eine Kommission, die aus der Magnifizenz und dem Syndikus bestand, zu drei Tagen Karzer verurteilt, mit der Option, diese durch 3 fl. abzugelten. Die Strafe erscheint dem Studiosus zu hart, er ließ beim Senat anfragen, ob nicht zwei Tage oder 2 fl. auch genügen würden.[1405] Der Nachlass wurde gewährt. In derselben Sitzung wurde ein Studenten Nehm[1406] wegen wiederholten Auffälligkeiten ebenfalls mit drei Tagen Karzer bestraft, ihm wurden die Umwandlung aber zu 10 fl. angeboten.[1407] Ob die deutliche Erhöhung der Gebühr durch die fortgesetzte Straffälligkeit oder durch sein höheres Budget begründet wurde, bleibt unklar. Jedenfalls entscheidet sich der Studiosus nach erfolgter Befragung für die Zahlung. Etwa drei Wochen später bittet der Student jedoch, die geforderte Summe zu reduzieren, was durch den Senat gewährt wird. So muss er im Ergebnis ebenfalls 3 fl. zahlen.[1408]

Wie in Heidelberg, so bestand auch in Göttingen die Möglichkeit, Karzerstrafen abzulösen. Der dortige Tarif entsprach dem Heidelberger.[1409] Die Umwandlungsmöglichkeit war im achtzehnten Jahrhundert im ganzen Reich verbreitet und wurde in Preußen durch das Allgemeine Landrecht von 1794 ausdrücklich untersagt.[1410] Im Übrigen wird durch dieses Gesetz der Strafkatalog der akademischen Gerichtsbarkeit und deren Zweck genau bestimmt.[1411]

1403 Zu den Studien- und Promotionskosten: Wolf, S. 126 ff. In Preußen wurde 1750 ausdrücklich angeordnet, dass einfache Studenten anstelle von Geld- zu Haftstrafen verurteilt werden sollten, da ansonsten nur das väterliche Vermögen geschmälert werde, vgl. Regelement 1750, Nr. 8 in: Arnoldt, S. 230 f.

1404 Johann Friedrich Most, immatrikuliert am 9. Dezember 1723: Toepke IV, S. 49.

1405 Anders aber Toepke IV, S. 49, Fn. 1: weil er die Strafe von 3 Tagen nicht akzeptierte erhielt er 2 Tage zusätzlich wegen Ungehorsams.

1406 Michael Joseph Nehm, immatrikuliert am 27. Mai 1724: Toepke IV, S. 51.

1407 Senatsprotokoll vom 3. Juli 1725: UAH RA 868.

1408 Senatsprotokoll vom 21. Juli 1725: UAH RA 868. Ein weiteres Beispiel aus dem Jahr 1730 in: UAH RA 7083.

1409 Brüdermann, S. 130.

1410 Stein, S. 112; Woeste, S. 51; Alenfelder, S. 170, Thümmel, S. 389. Zuvor hatte bereits das Reglement von 1750 die Ablöse von akademischen Strafen durch Geldzahlungen auf Adlige beschränkt, vgl. Regelement 1750, Nr. 8 in: Arnoldt, S. 230 f.

1411 Hattenhauer, S. 594: § 95 im 12. Titel, II. Teil des Preußischen ALR.

c) Entzug von Stipendienleistungen

Von anderen Universitäten, zum Beispiel Marburg und Göttingen, ist als weitere Strafe die Möglichkeit bekannt, Stipendiaten vom Genuss der Leistungen auszuschließen, wenn sie gegen die akademischen Gesetzen verstossen. Mittelbar handelt es sich auch um eine Geldstrafe.[1412] In Heidelberg wird den Mitgliedern des *collegium sapientiae*[1413] vorgeschrieben, sich im Winter spätestens um sechs, im Sommer um acht Uhr im Stiftungsgebäude einzufinden. Andernfalls sollen ihnen ihre *„beneficii"* entzogen werden. Ziel der Maßnahme aus dem Jahr 1758 ist es, die Ruhestörungen in der Stadt durch das *„nächtliche Schwärmen"* der Studenten zu bekämpfen.[1414]

Außerdem müssen die Stipendiaten der einzelnen Stiftungen, die Leistungen an mittellose Studenten des Heidelberger Studiums vergeben, zweimal pro Jahr neben Zeugnissen auch Nachweise über ihr Verhalten vorlegen, was bei Vergehen zum Entzug der Leistungen führen kann.[1415]

2. Freiheitsstrafen

Neben Geldstrafen verurteilt das Universitätsgericht auch zu Freiheitsstrafen. Unterschieden werden muss zwischen der Haft im universitätseigenen Karzer und der verschärften Haft auf der Festung Dilsberg oder in städtischen Gefängnissen. Die Freiheitsstrafe unter verschärften Bedingungen findet sich nur sehr selten unter der Vielzahl von Fällen, in denen Studenten zu Haftstrafen verurteilt wurden. Es ist jedoch festzustellen, dass sich ab den 1730er Jahren verstärkt Drohungen und Verurteilungen zu Festungshaft in den Akten finden.[1416]

1412 Brüdermann, S. 138f.; Alenfelder, S. 172.

1413 Die auch *„Sapienz"* genannte Stiftung war 1555 durch die Überweisung von Kirchengut an die Universität gegründet worden und sollte ursprünglich der Unterstützung von Philosophie-, später Theologiestudenten dienen: Hautz I, S. 438ff.; Merkel, S. 5; Wolgast, S. 33. Das *collegium* nutzte das Gebäude des früheren Augustinerklosters, Nr. III der Karte des Universitätsbesitzes im Anhang II.

1414 Schreiben des Kirchenrats an die Universität vom 28. September 1758 in: UAH RA 7217.

1415 Wolf, S. 124.

1416 Ein Hintergrund dieser Tendenz bleibt unklar. Orden und Landsmannschaften traten erst später auf, eine Steigerung der Duellzahlen ist ebenfalls eher am Ende des Jahrhunderts bekannt. Möglicherweise ist einzig die zufällige archivalische Überlieferung ausschlaggebend.

a) Hausarrest

Als mildeste Form der Freiheitsbeschränkung verhängt das akademische Gericht den Hausarrest. Er findet sich erst zum Ende des Jahrhunderts in den überlieferten Akten. Mit Hausarrest bestraft das Gericht zum Beispiel zwei Teilnehmer einer Schlägerei, bei der niemand schwere Schäden erlitten hatte. Als Dauer bestimmte man drei Tage für den Studenten, der zuerst zugeschlagen hatte, der andere erhielt einen Tag für das Zurückschlagen.[1417] Weiterhin strafte der Senat Verbal- und Realinjurien entsprechend.[1418]

b) Karzerstrafen

Bei der Haftstrafe, die im universitätseigenen Gefängnis, dem Karzer, verbüßt werden musste, handelt es sich um die heute bekannteste Strafe der akademischen Gerichtsbarkeit, geradezu um deren Symbol.[1419]

Im achtzehnten Jahrhundert kann jedoch von der später oft beschriebenen Karzerromantik oder Karzerpoesie[1420] noch nicht ausgegangen werden, da das Gefängnis zu dieser Zeit noch unbeheizt war, was bei Gefangenen, vor allem bei längerer Haftdauer zu Krankheiten führte.[1421] So bittet ein Student im Jahr 1711 um Erlass seiner Haftstrafe, da es ihm aus gesundheitlichen Gründen unzumutbar sei, drei Tage in einem so feuchten Ort zu verbringen. Dieses Begehren wird mit Verweis auf eine nach Haftantritt mögliche Begnadigung abgewiesen.[1422] 1778 erhofft ein im Karzer einsitzender Student am neunten Tag Gnade und führt zur Begründung aus: „*in diesem duncklen Ecke eingeschloßen zwischen vier feucht- und sehr ungesunden Mauern kummervoll mit aufopferung eines großen theils meiner gesundheit zubringen muß, niemals glaubte ich, daß es ein so schweres Joch sein* [könnte].“ Anzumerken ist, dass es sich zu dieser Zeit noch nicht um das heutige Karzergebäude in der Augustinergasse handelt. Dieses wurde erst 1786 von der Universität er-

---

1417 Sententia in Sachen Brügelmann gegen Montanus vom 17. August 1796 in: UAH RA 6371.

1418 1778 erhielt der Student Goswin Hauck auf Bitten seines Vaters Hausarrest anstatt des *consilium abeundis*, vgl. UAH RA 5990 und Toepke IV, S. 278, Fn. 2.

1419 So auch Brüdermann, S. 126.

1420 Zu dieser etwa: Twain, S. 228 und Laukhard, S. 30, der von den Giessener Studenten um 1775 berichtet, dass ein Karzeraufenthalt dem Ansehen förderlich war; vgl. auch Woeste, S. 54f.; Bienengräber in: Akademisches Deutschland II, S. 163ff. Einige zeitgenössischen Episoden über die Freuden eines Karzeraufenthalts im neunzehnten Jahrhundert bei Hoenninger in: Kurpfälzer Jahrbuch 1928, S. 17.

1421 So erging es den wegen der Auseinandersetzung mit den Bedienten des englischen Gesandten eingesperrten Studenten: UAH RA 865; ebenso in Göttingen: Brüdermann, S. 129 und allgemein Meiners I, S. 304.

1422 Toepke IV, S. 14, Fn. 3.

worben und zum Gefängnis umgebaut. Vor der Zerstörung im Pfälzischen Erbfolgekrieg befanden sich im *Casimirianum*[1423] mehrere Karzerräume, danach wird der Raum unter einem Treppenpodest in der Alten Universität genutzt.[1424] Hierbei handele es sich wohl um den beschriebenen feuchten, ungesunden Ort.

Die Haftstrafe selbst wird im achtzehnten Jahrhundert in sehr unterschiedlicher Dauer verhängt, so finden sich, vor allem bei den zahlreichen Beleidigungsdelikten, häufig Strafen von wenigen Tagen, zum Teil werden Studenten aber auch allein zu Untersuchungszwecken mehrere Wochen, teils Monate, festgehalten.[1425] Zur Schärfung der Karzerhaft kann der Vollzug bei Wasser und Brot angeordnet werden.[1426] Ausdrücklich handelt es sich dabei um eine Strafe für leichtere Verbrechen.[1427] Ein typisches Delikt, das zur einfachen Karzerstrafe führen kann, ist eine Beledigung, jedenfalls wenn es sich nicht um eine Realinjurie mit schweren Folgen handelt.[1428] Solche Fälle kann der Rektor selbstständig ohne Verhandlung vor dem Senat als akademisches Gericht aburteilen. Unklar ist jedoch, wie weit die Strafkompetenz des Rektors geht, da sich aus den Statuten von 1786 nur ergibt, dass es ihm zustand *„den Studiosis geringere, auch mehrtägige Carcerstrafen anzusezen“*.[1429] Ein sicheres Bild lässt sich auch nicht aus den überlieferten Archivalien zeichnen.

Die Haft im Karzer war ein studentisches Privileg, gleichwohl galt sie zumindest zu Beginn des achtzehnten Jahrhunderts als ehrenrührig und unakademisch. Erst in der zweiten Hälfte des Jahrhunderts änderte sich die Auffassung und es galt eher als Auszeichnung eines echten Burschen, einmal im Karzer gesessen zu haben.[1430]

1423 Das *Casimirianum* ist auf der Karte zum Gebäudebestand der Universität im Anhang II als E gekennzeichnet.

1424 Juschka in: Semper Apertus V, S. 74f.

1425 So der unschuldige stud. Sartorius im Falle des verletzten Dieners des holländischen Gesandten, siehe S. 149. In Göttingen waren am Ende des Jahrhunderts höchstens zweiwöchige Haftstrafen die Regel. Studenten, die härtere Strafen verdient hätten, wurden ausgeschlossen, vgl. Meiners I, S. 302.

1426 UAH RA 7867: Drei Tage Karzer bei Wasser und Brot für einen Stockschlag gegen einen Juden im Jahr 1745.

1427 Bericht über die Universitätsprivilegien an Maria Theresia von Österreich in: UAH RA 238, § 25.

1428 Vgl. etwa das Urteil in: UAH RA 7533 aus dem Jahr 1766 gegen mehrere Studenten, die ihren Kommilitonen Geisweiler beleidigt hatten. Auch auf eine Realinjurie durch Schläge und Ellenbogenstöße hin erhielt ein Student 1788 Karzer, drei Tage bei Wasser und Brot, vgl. Sententia vom 10. September 1788 in: UAH RA 6044.

1429 Thorbecke, Statuten, S. 303, § 6 der Statuen Carl Theodors.

1430 Für Göttingen: Brüdermann, S. 130; Für Erlangen: König, S. 22.

c) Verschärfte Haft

Nach schwereren Straftaten, wie etwa bei Totschlag oder auch Körperverletzung mit Todesfolge, werden Studenten durch die Heidelberger akademische Gerichtsbarkeit im achtzehnten Jahrhundert auch zu verschärfter Haft verurteilt. Die Strafe wird dann auf der kurpfälzischen Festung Dilsberg oder in Zuchthäusern, etwa in Mannheim oder Frankfurt, verbracht. Selten nur greift das Universitätsgericht auf das Heidelberger städtische Gefängnis zurück.[1431] Die Strafe außerhalb der Neckarstadt und vor allem ohne die Privilegien der akademischen Haft im Karzer kann noch durch die Verurteilung zu Wasser und Brot erschwert werden.[1432] Zum Teil wird nach einer studentischen Beschwerde wegen überharter Haftbedingungen durch den Senat an den Festungskommandanten mit der Bitte um bessere Unterbringung und Behandlung des eingesperrten Studenten geschrieben.[1433]

Zwischen den beiden Varianten der Haftverschärfung, der Verbringung in ein Zuchthaus oder auf die Festung besteht der erhebliche Unterschied, dass Festungshaft nicht als ehrenrührig angesehen wird. Deshalb verurteilt man zu dieser *custodia honesta*, Ehrenmänner, die nicht aus verwerflichen Motiven gehandelt haben.[1434] Grundsätzlich erwartet die kurpfälzische Regierung von der Universität, dass diese vor der Überstellung von Studenten auf den Dilsberg bei der Regierung anfragt, ob die Maßnahme gestattet sei.[1435] Bis 1772 ist eine Genehmigung der Regierung in jedem Einzelfall notwendig, bevor ein Hochschüler auf die Festung gebracht werden kann. Um das Verfahren zu vereinfachen, erteilt die Regierung dann eine Generalgenehmigung. Studenten sollen *„mit beyfügung des Urtheils"*, in die Festung überstellt werden, wo man sie in Empfang nehmen würde.[1436]

Zur Haft auf der Festung werden Studenten aus unterschiedlichen Gründen verurteilt: so finden sich Delikte wie wiederholte Sachbeschädigung durch Einwerfen von Fenstern,[1437] *„nachtschwermereyen undt wachtattaqui-*

1431 Grund dafür war möglicherweise das oftmals gespannte Verhältnis zum Stadtrat. In einem Fall von 1785 wurde, mit Erlaubnis des Rats, der Sohn des Rektors für zwei Monate auf Kosten seines Vaters in das städtische Gefängnis im Mannheimer Tor gesperrt, vgl. Toepke IV, S. 338, Fn. 4.

1432 Etwa im Fall der Studenten Kühnell und Duckenberg im Jahr 1732: siehe oben S. 184.

1433 Toepke IV, S. 70. Fn. 4.

1434 Biastoch, S. 16; Woeste, S. 58.

1435 Toepke IV, S. 70. Fn. 4.

1436 UAH RA 7759 und Bericht über die Universitätsprivilegien an Maria Theresia von Österreich in: UAH RA 238, § 25.

1437 Toepke IV, S. 70. Fn. 4.

rung“,[1438] Körperverletzung[1439] und Körperverletzung durch Teilnahme an einer Rauferei mit Todesfolge.[1440] Ein Student, der zu einem Jahr auf dem Dilsberg verurteilt worden war, wird nach seiner Flucht für ein Jahr öffentlich relegiert, was die Abstufungen in der Strafpraxis verdeutlicht.[1441]

Ähnliche Delikte konnten, wenn sie häufiger vorkamen oder sonstige Schärfungsgründe angenommen wurden, aber auch zur ehrenrührigen Zuchthausstrafe, etwa in Mannheim führen.[1442]

Um eine Besserung im Verhalten von mehrfach auffälligen Studenten zu erreichen, wird ihnen zum Teil ausdrücklich mit der Haft auf dem Dilsberg gedroht.[1443] Während das Heidelberger akademische Gericht Studenten tatsächlich zu Festungshaft verurteilte, liegen aus Marburg keine entsprechenden Fälle vor, obwohl die Strafe auch dort in den akademischen Gesetzen vorgesehen war.[1444] Die Göttinger Universitätsgerichtsbarkeit nutzte für Haftstrafen von bis zu neun Monaten den Karzer, lediglich länger dauernde Sanktionen wurden außerhalb der Stadt in Zuchthäusern vollstreckt.[1445]

d) Zwangsarbeit

Als Steigerung der Drohung mit Festungshaft findet sich die Ankündigung des Senats in den Akten, ein relegierter Student werde zwangsweise in Mannheim zu Schanzarbeiten eingesetzt, wenn er entgegen dem Verbot wieder nach Heidelberg zurück käme. Es handelte sich nur um eine leere Drohung, denn als der besagte Student wirklich wieder in der Neckarstadt aufgegriffen wurde, setzte man ihn fest, um bei der Regierung die erforderliche Erlaubnis zur Verbringung auf den Dilsberg zu erlangen. Als die Antwort nach einer Woche in Heidelberg eintraf, hatte man den Studiosus schon wieder freigelassen.[1446]

1438 Der Stud. Cyprian wurde deshalb zu einem Monat Festungshaft verurteil: Toepke IV, S. 168, Fn 1; im Jahr 1738 überfielen mehrere Studenten nachts die Wache, wodurch einigen eingesperrten Prostituierten die Flucht gelang, vgl. Schreiben des Stadtrats vom 31. Januar 1738 in: UAH RA 6427.

1439 Drei Wochen Haft, davon je drei Tage die Woche bei Wasser und Brot: Toepke IV, S. 156, Fn. 1; 14 Tage bei Wasser und Brot: Toepke IV, S. 206, Fn. 1.

1440 Kühnell und Duckenberg im Jahr 1732: siehe S. 183.

1441 Toepke IV, S. 213, Fn. 1. In Preußen wurde durch das ALR den Studenten bereits für die Verabredung zu einem Duell mit Festungshaft gedroht. Meiners I, S. 312 bezweifelt allerdings die Durchsetzung.

1442 Toepke IV, S. 277f., Fn. 6: drei bis sechs Monate Zuchthaus in Mannheim bei nächtlicher Ruhestörung, Aufbrechen von Türen und kleinerer Entwendungen.

1443 Toepke IV, S. 71. Fn. 1.

1444 Woeste, S. 58.

1445 Brüdermann, S. 141.

1446 Toepke IV, S. 89f., Fn. 7.

Ein entsprechend lautendes Urteil findet sich in den Akten des akademischen Gerichts nicht.

3. consilium abeundi

Zwischen den Geld- und Karzerstrafen und der *ultima ratio* der akademischen Gerichtsbarkeit, der Relegation, die jegliches weiteres Studium untersagt, steht das *consilum abeundi.* Es kann verhängt werden, wenn ein Akademiker zum wiederholten Mal vor Gericht steht oder bei der Erstbegehung einer schwereren Tat.[1447]

a) Eigentliches consilium abeundi

Das eigentliche *consilum abeundi*[1448] führt zur Verweisung des Akademikers aus der Universitätsstadt und ihrem Umland. Im Gegensatz zur Relegation handelt es sich aber um eine ehrenhafte Strafe, die bei weniger erheblichen Vorfällen gewählt wird. Soll der Student nur aus dem Generalstudium ausgeschlossen werden, ohne dass eine weitere Verhandlung vor einem allgemeinen Gericht notwendig erscheint, so wird noch entschieden, dass er sich, gegebenenfalls unter Bewachung, sofort aus Heidelberg und Umgebung zu entfernen habe.[1449] Dadurch sollen auffällige Studenten aus ihrem sozialen Umfeld ausgeschlossen werde. Da der Bestrafte nicht grundsätzlich für ein Studium ungeeignet erscheint, wird die Strafe nicht veröffentlicht, was eine Fortsetzung der akademischen Ausbildung und insbesondere ein Examen an

1447 Vgl. etwa Toepke IV, S. 185, Fn. 1: Zunächst erhielt ein Student Karzerhaft wegen eines nächtlichen Tumults, einige Monate darauf das *consilium.* Angedroht wurde es auch den Anführern des Constantistenorden, als 1794 dessen Mitglieder bekannt wurden, vgl. den Bericht des Senats über den Constantistenorden vom 21. März 1794 in: UAH RA 5503.

1448 Von lat. *consilium,* der Rat und *abire,* weggehen. Es handelte sich aber weniger um einen Rat, als vielmehr um eine förmliche Strafe, vgl. *consilium abeundi* in: Studentenhistorisches Wörterbuch, S. 70.

1449 Nach Wörterbuch der Studentensprache III, S. 68, Stichwort: Consilium handelte es sich um einen Verweis aus der Stadt und dem Umkreis von 2 Meilen innerhalb von 24 Stunden. 1768 drohte das akademische Gericht, dass wenn die Entfernung nicht innerhalb von 24 Stunden erfolgen würde, *eo ipso* die öffentliche Relegation folge, vgl. Toepke IV, S. 236, Fn. 2. Auch in Tübingen war mit dem Verweis von der Universität immer das Verbot des Aufenthalts in der Stadt und der Umgebung verbunden: Thümmel, S. 388. In Göttingen konnte die Strafe mit oder ohne Entfernung aus der Stadt verhängt werden, vgl. Meiners I, S. 317f.

einem anderen Ort ermöglicht.[1450] Das Universitätsgericht nimmt die Strafe gelegentlich auch zurück, etwa wenn der Hochschüler ein besseres Verhalten gelobt,[1451] oder sie wird in eine Haftstrafe abgemildert.[1452]

In Tübingen wird der befristete Ausschluss generell als *consilium abeundi* bezeichnet.[1453] Während an anderen Universitäten im Reich der Begriff *consilium abeundi* häufig gewählt wird,[1454] findet er sich in den Heidelberger Akten erst in der zweiten Hälfte des achtzehnten Jahrhunderts.[1455]

b) Vorstufe: Die Unterschrift unter das consilium abeundi

Als Vorstufe zum eigentlichen *consilium abeundi* dient die sogenannte *„Unterschrift unter das consilium abeundi"*. Dabei handelt es sich um die Verpflichtungserklärung eines straffälligen Studenten, beim nächsten Vergehen das *consilium* zu akzeptieren,[1456]gleichsam eine Bewährungsstrafe. Durch die förmliche Unterschrift soll dem Student die drohende Folge seines Verhaltens vor Augen geführt werden. Im Unterschied zur formalisierteren Strafpraxis des neunzehnten Jahrhunderts[1457] und dem Vorgehen anderer Universitätsgerichte,[1458] verurteilt die *alma mater heidelbergensis* im achtzehnten Jahrhundert nicht ausdrücklich zur *„Unterschrift unter das consilium abeundi"*.

4. Relegation

Bei der Relegation handelt es sich um die schärfste Strafe, die das Universitätsgericht verhängt. Sie dient unter anderem dazu, im Fall von Kapitalverbrechen den privilegierten Gerichtsstand aufzuheben. Anschließend greift

---

1450 *consilium abeundi* in: Studentenhistorisches Wörterbuch, S. 71; Brüdermann, S. 131. Um eine erneute Immatrikulation in Heidelberg zu erschweren konnte das verhängte *consilium* hinter dem Namen in den Matrikeln vermerkt werden, vgl. die Eintragung des Petrus Rhein vom 31. August 1766 in: Toepke IV, S. 228.

1451 So im Jahr 1761: Toepke IV, S. 200, Fn. 3.

1452 1765: Toepke IV, S. 208, Fn. 2; 1769: Toepke IV, S. 231, Fn. 3.

1453 Thümmel, S. 388.

1454 Marburg: Woeste, S. 56; Göttingen: Brüdermann, S. 131.

1455 So zum Beispiel im Bericht über die Universitätsprivilegien an Maria Theresia von Österreich in: UAH RA 238, § 25. Gustav Toepke, der die heute zum Teil verlorenen Archivalien der Universität ausgewertet hat, nennt für das Jahr 1756 den ersten Studenten, der entsprechend gestraft wurde: Toepke IV, S. 154, Fn. 1.

1456 Für Göttingen: Brüdermann S. 134; Alenfelder, S. 171.

1457 Siehe unten S. 386ff.

1458 Meines I, S, 314 bezeichnete die Sanktion im Jahr 1801 als das wichtigste Mittel zur Aufrechterhaltung der Disziplin.

dann die ordentliche Gerichtsbarkeit ein. Grundsätzlich umfasst die Sanktion auch den Verweis aus der Universitätsstadt und deren Umgebung.[1459] Ein Urteil enthält dann eine Frist, innerhalb derer die Stadt zu verlassen war. Diese kann mit drei Stunden ab Verkündung sehr kurz ausfallen.[1460]

Verschärft wird die Relegation durch die Mitteilung an andere Universitäten. Zumindest in der ersten Hälfte des achtzehnten Jahrhunderts informiert das Gericht nicht sehr häufig und wenn auch nur ausgewählte Hohe Schulen.[1461] Diejenigen, mit denen ein förmlicher Vertrag über die Information geschlossen worde war, bezeichnet man als Kartell-Universitäten.[1462] Durch die Mitteilung wird der betroffene Student nicht immer vom Studium an der Kartell-Universität gehindert, da sie sich über das Votum der relegierenden Universität hinwegsetzen kann.[1463] Grundsätzlich soll die Relegation jegliche weiteren Studien unterbinden und so den Zugang zu akademischen Berufen ausschließen.[1464]

Dass es sich, zumindest beim dauerhaften Ausschluss, um eine im Vergleich zur Haft im Karzer schärfere Strafe handelt, wird etwa im Fall Hüber deutlich, in dem die katholischen Professoren, die dem Angeklagten Jesuitenschüler eher gewogen sind, für 14 Tage Haft stimmen, während die protestantische Minderheit sich mit ihrer Forderung nach unbegrenzter Relegation durchsetzt.[1465] Da die Relegation, zumal diejenige *cum infamia*, die Aufnahme in den Landesdienst erschwert und dadurch seit der Einführung des Universitätsbanns eine Beamtenkarriere im Geburtsland unmöglich macht, wird deutlich, warum die Haft im Karzer von Zeitgenossen als weniger erheblich angesehen wird.[1466] Wegen der erheblichen Folgen der Strafe kann

1459 In den Statuten von 1786 verfügte der Kurfürst ausdrücklich, „*daß jene, so relegirt worden sind, weder in der Stadt, noch Oberamt Heidelberg zu dulden*" seien, § 89 der Statuten von 1786 in: Thorbecke, Statuten, S. 332. Eine prägnante Definition im „Idiotikon der Burschensprache", von 1808 abgedruckt in: Wörterbuch der Studentensprache III, S. 21, Stichwort: Das Relegat: „*Wenn der Bursch fort muß u. es seinen Eltern angezeigt wird*".

1460 Sententia vom 7. September 1744 in: UAH RA 6427.

1461 So wurden 1731 die Universitäten Strassburg und Tübingen über einen Ausschluss informiert, vgl. UAH RA 6423. Im Jahr 1749 wollte der Senat „*die relegation allen universitaeten, besonders der Maynzer, bekant*" machen, vgl. Toepke IV, S. 141, Fn. 2.

1462 Woeste, S. 56; Brüdermann, S. 136ff.

1463 Brüdermann, S. 136, 138.

1464 Meiners I, S. 321 sieht in der Verbreitung der Relegationspatente die eigentliche Strafe, da sie das weitere Leben sehr erschwere.

1465 Siehe oben S. 174.

1466 Durch den in Heidelberg spätestens ab 1713 (vgl. Den entsprechenden Vermerk vom 25. August 1724 auf S. 3 von GLA 205/1043, die Verordnung vom 9. November 1746 in: GLA 205/1044 und § 75 der Privilegien von Carl Theodor in: Thorbecke, Statuten, S. 329) etablierten Zwang, an der Universität des eigenen Geburtslandes zu studieren,

das Gericht zusätzlich die *„Abschwörung“* einer Urfehde verlangen, mithin die eidliche Zusicherung, dass der Gestrafte das Urteil akzeptiert und keine Rache üben werde.[1467]

Mit der Relegation wird Studenten, die häufiger in Schlägereien, Beleidigungen und ähnliche Delikte verwickelt waren, gedroht. Oftmals kommen sie aber mit einigen Tagen im Karzer davon.[1468] Ausdrücklich gilt die Strafe für Duellanten, selbst wenn das Duell vor dem Vollzug entdeckt wird.[1469] Im Jahr 1799 verschärft die Universität die Strafandrohung auf *relegatio cum infamia* und erweiterte den Kreis der zu Bestrafenden auf Sekundanten und sonstige Helfer. Bereits drei Jahre später setzt der Senat die Sanktion wieder auf einfache Relegation herab.[1470] Ebenso lautet die Strafe für das Nichtbefolgen einer Vorladung vor den Rektor oder das Gericht nach den Statuten auf Relegation.[1471]

Wie die anderen Strafmaßnahmen kann auch die Relegation im Nachhinein zurückgenommen werden, wenn das Gericht, etwa nach dem Verbüßen einer Haftstrafe, von einer Besserung des Verhaltens ausgeht.[1472] Entsprechende Anträge werden auch noch nach bis zu fünf Jahren gestellt.[1473]

a) Zeitlich begrenzte Relegation

In weniger erheblichen Fällen kann die Relegation auf Zeit erfolgen.[1474] Es bleibt jedoch unklar, für welche Deliktsgruppe ein solcher Ausschluss erfolgt, da das Universitätsgericht regelmäßig nur entschied, dass ein Student zu relegieren sei, ohne genauere Regelungen zu treffen. Es handelt sich also weniger um einen zeitlich begrenzten Ausschluss, als vielmehr um eine grundsätzlich unbefristete Strafe, bei der ein späterer Wiederaufnahmeantrag angenommen werden kann.

---

um in den Landesdienst übernommen werden zu können, wurde die Situation noch verschärft. Gerade für die Studenten der reformierten oder evangelischen Theologie bedeutete der Landesdienst die einzige Aussicht auf eine gesicherte Versorgung. Vgl. auch *Universitätsbann* in: Studentenhistorisches Lexikon, S. 280.

1467 Entwurf des Eides und ein entsprechendes Urteil in: UAH RA 6427.

1468 So wurde zum Beispiel 1725 dem Studenten Nehm bedeutet, *„dass er sub poena relegationis nicht mehr anfangen“* dürfe: UAH RA 868.

1469 Erlass der Universität vom 3. Februar 1798 in: UAH RA 6369.

1470 Winkelmann II, Nr. 2506.

1471 § 13, Thorbecke, Statuten, S. 255. Ein Beispiel von 1749 bei: Toepke IV, S. 141, Fn. 2.

1472 So etwa im Fall Kühnell, siehe oben S. 183.

1473 Der ehemalige stud. iur. Volck stellte 1776 einen solchen Antrag mit Verweis auf sein gutes Benehmen: Toepke IV, S. 242, Fn. 2. Ziel war es wahrscheinlich, eine Aufnahme in den Staatsdienst zu ermöglichen.

1474 So jedenfalls in Göttingen: Brüdermann, S. 135.

b) Dauerhafte Relegation

Bezüglich des dauerhaften Ausschlusses muss zwischen dem ehrenhaften und dem unehrenhaften unterschieden werden, wobei letztere die deutlich schärfere Strafe darstellt.

aa) Ehrenhafte oder einfache Relegation

Der Ausschluss aus der Gemeinschaft der Studenten und Professoren kann ehrenhaft erfolgen, auch wenn er auf unbestimmte Zeit lautet. So etwa im Fall Hüber.[1475] Dann wurde der Name des Relegierten nicht am schwarzen Brett oder in den Zeitungen veröffentlicht. Das Universitätsgericht urteilt in den meisten vorliegenden Fällen schlicht auf *„Relegation"*, ohne Dauer oder sonstige Schärfung.[1476]

bb) Ehrenrührige oder verschärfte Relegation

Bei der *relegatio cum infamia*, also dem Ausschluss unter Schande, handelt es sich um die strengste Strafe, die das Heidelberger Universitätsgerichts im achtzehnten Jahrhundert verhägt. Sie wird öffentlich bekannt gemacht und hat immer auch den Verweis aus Stadt und Umland zur Folge.[1477] Dieser erfolgt gegebenenfalls unter obrigkeitlichem Zwang.[1478] Es war dem Verurteilten unter keinem Vorwand gestattet, Heidelberg wieder zu betreten. Selbst wenn er einem in der Stadt liegendem Regiment beitritt, um Militärdienst zu leisten, führt die ehrenrührige Relegation zum zwangsweisen Abschied.[1479]

Die Strafe kann vom Universitätsgericht angedroht werden, wenn ein Hochschüler einer öffentlichen Ladung wegen eines schweren Verbrechens, die am Schwarzen Brett angeschlagen war, nicht Folge leistet. Aus dem Jahr 1758 ist ein Fall überliefert, in dem ein Student, der durch ein *„peremptorie et sub poena infamis Relegationis auf den 8. hujus durch ein ad valvas Academicas angeheftes manifest"* vorgeladen, aber nicht erschienen war, entsprechend

---

1475 UAH RA 864, siehe Anhang VIII.

1476 Vgl. etwa die Sententia vom 7. September 1744 in: UAH RA 6427.

1477 Wörterbuch der Studentensprache III, S. 85, Stichwort Relegation. Ebd. S. 21, Stichwort Relegat cum infamia: *„Wenn diese Verweisung in den Zeitungen publiciert wird."*

1478 Alenfelder, S. 171.

1479 Bericht über die Universitätsprivilegien an Maria Theresia von Österreich in: UAH RA 238, § 25. Vgl. aber auch den oben S. 229 beschriebenen Fall Mathaeus Martin, der *cum infamia* relegiert wurde, weil er anstatt einer Vorladung des Senats Folge zu leisten, in den Militärdienst getreten war. Ein Student Breidenstein, der 1763 öffentlich relegiert wurde, trat dem Heidelberger Regiment bei und wollte so den Verweis aus der Stadt umgehen. Dagegen protestierte die Universität erfolgreich bei der Regierung, vgl. Toepke IV, S. 176, Fn. 1.

bestraft wird.[1480] Das Gericht verhängt die Strafe aber auch gegen Hochschüler, die immer wieder mit den akademischen Gesetzen in Konflikt geraten waren.[1481]

Im achtzehnten Jahrhundert ist es für Studenten nicht unüblich, auf bloß vermutete Ehrverletzungen mit einer Duellforderung zu antworten. Die Bereitschaft, die persönliche Ehre unter Einsatz der eigenen körperlichen Unversehrtheit zu verteidigen, zeigt deren hohe Bedeutung. Durch die ehrenrührige Relegation, also einem Urteil, das sie offiziell für ehrlos erklärt, werden die Studenten gerade in diesem für sie sensiblen Bereich getroffen.

Im Unterschied zu Heidelberg wird in Göttingen im achtzehnten Jahrhundert kein Student *cum infamia* relegiert.[1482] Preußen droht die Strafe 1750 durch ein königliches Edikt allen Studenten an, die „*Complots* [...] *oder sonst öffentliche Tumulte*" auslösen. Ausdrücklich gilt die Strafe dort auch für diejenigen, die sich einer Festnahme oder Ladung wiedersetzten.[1483]

XIII. KAPITEL: Zivilrechtsfälle

Sowohl in der Literatur als auch in den vorliegenden Akten finden sich im achtzehnten Jahrhundert deutlich mehr Strafprozesse als Zivilrechtsfälle. Im Folgenden werden einige typische zivilrechtliche Streitigkeiten dargestellt.

1. Lucas Juncker gegen Buchbinder Johann Georg Loos

Aus dem Juni 1725 ist ein Fall überliefert, der die Schwierigkeiten in der Vollstreckung von Urteilen zeigt.[1484] Eine Zahlungsklage des Lucas Juncker gegen den Universitätsbuchbinder Johann Georg Loos (al. Looß)[1485] wird durch den Advokaten Luhr zunächst erfolgreich vor dem Hofgericht betrieben. Das

1480 Es handelt sich um den Studenten Mathias Martin aus Heidelberg (immatrikuliert am 6. Dezember 1754, Toepke IV, S. 168), der nach einem Duell geflohen war und der Vorladung nicht folgte: UAH RA 7934.

1481 So z. B. der stud. Korbach, der eine lange Reihe von Delikten verwirklichte: Toepke IV, S. 213, Fn. 2.

1482 Brüdermann, S. 135.

1483 Regelement 1750, Nr. 6 und 7 in: Arnoldt, S. 230.

1484 UAH RA 869.

1485 Inhaber eines Universitätsprivilegs von 1717 bis 1738: Wolf, S. 58; Personalakte: UAH PA 1945.

Gericht erlässt ein Dekret gegen den Buchbinder, welches ihn zur Zahlung von 194 fl. verpflichtet. Loos leistet jedoch nicht und droht, im Falle einer Vollstreckung Heidelberg zu verlassen. Deshalb kommt es zu einem Vergleich, in dem sich der Buchbinder zur Zahlung von 125 fl. bereit erklärt. Die Zahlung soll innerhalb von *„jahr und tag"* erfolgt sein, Ratenzahlung wird zugelassen. Sofern nach Ablauf der Frist die Summe von 125 fl. jedoch noch nicht geleistet sein sollte, so würde die alte Forderung von 194 fl. wieder aufleben und sofort, ohne weiteren Prozess, fällig werden. Soweit erforderlich wird die unmittelbare Vollstreckung gestattet.

Der Universität wurde der Vergleich von beiden Parteien durch ein Schreiben vom 27. Juni 1725 mitgeteilt,[1486] wobei verschiedene Gründe für die Verweigerung der Zahlung der ursprünglichen Summe angegeben werden. So betont Rechtsanwalt Luhr, dass Loos trotz des eindeutigen Urteils des Hofgerichts die Leistung verweigert habe, was seinen Prinzipal in erhebliche Kreditschwierigkeiten gebracht hätte. Der Buchbinder teilt der Universität dagegen mit, dass die Gegenseite von ihrer *„allzu excessiv angesetzten forderung"* endlich abgekommen sei.

Außerdem bittet der Rechtsanwalt die Universität, den Buchdrucker nicht wegen der verweigerten Zahlung zu bestrafen, sondern in lediglich dazu anzuhalten, seiner Verpflichtung aus dem Vergleich nachzukommen. Auch in diesem Aspekt verhält der Kläger sich sehr pragmatisch, da eine Geldstrafe durch den Senat beim Beklagten zu weiteren Zahlungsschwierigkeiten hätte führen können.

Nach dem die Universität die Schreiben zur Kenntnis genommen hat, bildet sie eine Kommission, die sich abschließend mit der Angelegenheit beschäftigen soll. Sie entscheidet unter Federführung von Prof. Hennemann, dass der Vergleich akzeptabel sei und Loos sogleich 20 Gulden bezahlen solle. Dieser Betrag wird außerdem für monatlich fällig erklärt, allerdings nur soweit die Verkäufe des Buchbinders es zuließen. Abschließend wird noch entschieden, dass bei kurzfristigem Verzug nicht sofort die ganze Summe zu bezahlen sei, sondern erst der Grund für die Verzögerung erfragt werden müsse.

Die Kommission stellt für ihr Tätigwerden folgende Gebühren in Rechnung: 6 fl. für die Kommission, 1 fl. für den Pedellen.[1487] Tätig wird die Universität wahrscheinlich, weil es sich in der Hauptsache um ein Urteil des

---

1486 Im Senat verlesen am 29. Juni, UAH RA 868.

1487 Protokoll vom 6. Juli 1725: UAH RA 869. Erst in der *„Instruction für das academische Gericht zu Heidelberg"* von 1807 (siehe Anhang XI) liegt eine genauer Bestimmung vor, wie die Gebühren und Strafgelder verteilt werden sollten.

eigentlich unzuständigen Hofgerichts handelt, das durch die Entscheidung der Kommission akzeptiert und leicht modifiziert wird.

Die Zahlungsmoral des Buchbinders Loos beschäftigt das Universitätsgericht im Jahr 1738 wieder: es kam zu mehreren Klagen auf Zahlung gegen ihn.[1488]

2. Mietstreitigkeiten

Typische Streitpunkte im Zusammenleben der Universitätsangehörigen und der Bürger stellen, wie schon 1386 bedacht wurde,[1489] die Höhe und die Zahlungsmodalitäten des Mietzinses für die Wohnungen der Akademiker und der Universitätsverwandten dar. Der Senat als akademisches Gericht muss sich deshalb auch mit Mietrechtsfällen auseinandersetzen.

Zum Beispiel klagt im Juli 1726 seine Magnifizenz, der Mediziner Daniel Nebel,[1490] im Senat gegen den Französisch-Sprachmeister Georg Joseph Liborius Sybre.[1491] Er wirft ihm vor, *„dass Er weder haußzins von ihme bekomme, noch selbig auß dem hauß bringen könne"*. Der Sprachlehrer gibt in seiner Befragung an, dem Professor keine so hohe Summe schuldig zu sein. Der Einwand kann das Gericht jedoch nicht überzeugen, Sybre wird verurteilt, den Rektor *„innerhalb 4 wochen klagloß [zu]stellen, und das hauß [zu]räumen"*.[1492]

Außer dem Rektor nehmen nur fünf weitere Professoren an der Sitzung des Senats teil. Das Gericht hält sich nicht für befangen, obwohl der Rektor als Kläger und Vorsitzender des Senats auftritt. Aus dem Protokoll wird jedenfalls nicht deutlich, dass seine Magnifizenz sich bei der Abstimmung über den Fall enthalten hätte.

1488 Zum Beispiel: Protokoll der Senatssitzung vom 29. Januar 1738: UAH RA 709, pag. 192; Protokoll der Senatssitzung vom 30. Juli 1738: UAH RA 709, pag. 293; Protokoll der Senatssitzung vom 19. Dezember 1738: UAH RA 709, pag. 333.

1489 Bei der Gründung führte man, dem Pariser Vorbild entsprechend, eine Mietpreiskommission ein, die aus Bürgern und Magistern bestand und den angemessenen Mietzins bestimmen sollte.

1490 Drüll II, S. 113.

1491 Universitätssprachmeister ab 1720: Toepke IV, S. 44, Wolf, S. 82.

1492 Senatsprotokoll vom 11. Juli 1726: UAH RA 871, fol. 3f.

3. Schulden

a) Allgemeines

Gerade nach dem Wegzug des Kurpfälzer Hofes nach Mannheim stellt die Kaufkraft der Studenten einen erheblichen Wirtschaftsfaktor in Heidelberg dar. Wie aus anderen Universitätsstädten bekannt, fördern die Gewerbetreibenden den studentischen Konsum durch die bereitwillige Gewährung von Krediten.[1493] Neben dem Anschreiben bei Wirten und Kaufleute sorgt auch das Fehlen eines funktionierenden Banksystems für regelmäßige Kreditaufnahmen, denn die Wechsel der Eltern kommen oft verzögert an den Studienorten an.[1494] Wechselt ein Student an eine andere Universität, kommt es immer wieder zu Kreditausfällen. Der Heidelberger Senat ist sich des Problems zwar bewusst, Ziel der akademischen Gesetze ist es jedoch eher, die Akademiker vor Verschwendung zu schützen, als die Rechte der kreditierenden Partei zu wahren.[1495] Schon 1589 hatte die kurpfälzische Regierung auf Anregung der Universität den Wirten geraten, Studenten nichts zu *„borgen"*. Die ursprüngliche Forderung des Senats lautete damals noch, jegliche Kreditgewährung zu untersagen und jedenfalls nicht beim Eintreiben der Schulden zu helfen.[1496]

Vor dem akademischen Gericht sind Spielschulden nicht gerichtlich durchsetzbar. Hatte der Verlierer seine Schuld bereits beglichen, dann war ihm das Geld zurückzugegeben.[1497] Die Barauszahlung von Krediten wurde durch die Statuten von 1786 untersagt, sofern nicht eine schriftliche Genehmigung der Eltern oder Vormünder vorlag.

Zum klassischen Geldverleih, bei dem Zinsen von etwa 20 % pro Jahr als üblich angesehen wurden, kommt noch die Möglichkeit, wertvolle Gegenstände in Pfandhäusern zu versetzen.[1498] Kredite wurden üblicherweise für einen Monat auf Ehrenwort gewährt.[1499] Die Absicherung durch das Ehren-

---

1493 Meiners I, S. 189 sieht gerade in der möglichen Reduzierung von Forderungen, die durch übermäßiges Anschreibenlassen erst eine erhebliche Höhe erreicht haben, den Grund für die Zuweisung der Schuldklagen gegen Studenten an das akademische Gericht.

1494 Brüdermann, S. 299.

1495 Stein, S. 108ff.

1496 Winkelmann II, Nr. 1352.

1497 Bericht über die Universitätsprivilegien an Maria Theresia von Österreich in: UAH RA 238, § 26; § 88 der Statuten von 1786 in: Thorbecke, Statuten, S. 332.

1498 Das Verpfänden war den Studenten ausdrücklich untersagt, vgl. § 87 c) der Statuten von 1786 in: Thorbecke, Statuten, S. 331.

1499 Nach Hanssen, S. 22, Fn. 1 betrugen die Zinsen um 1828 etwa 1 Kreuzer vom Gulden pro Monat beim Geldverleih, in Pfandhäusern etwa 15 %. Vgl. auch einen Schuldschein vom 27. Mai 1747 in: UAH RA 4798, in dem der studentische Schuldner gelobt, die Summe

wort ist für die Kreditgeber und Pfandleiher notwendig, weil die Klagbarkeit, abgesehen von bestimmten privilegierten Schulden, stark eingeschränkt ist.[1500] Die hohe Stellung des Ehrenworts im studentischen Wertekanon macht gleichwohl eine Zahlung wahrscheinlich. Auch in Bezug auf die privilegierten Schulden ist die Absicherung durch das Ehrenwort vorteilhaft, da sie schon sechs Monate nach der Kreditgewährung verjähren.[1501]

In den überlieferten Akten finden sich Schuldscheine und Zahlungsklagen gegen Studenten, denen Forderungen zwischen 9 und 180 fl. zu Grunde liegen.[1502] Die Höhe passt zu dem typischen Jahresbudget eines Studenten im achtzehnten Jahrhundert, das bei mindestens 200 fl. liegt.[1503] Die niedrigste Summe, die vor dem Senat eingeklagt wurde, lag bei 2 fl., die allerdings über sechs Monate hinweg nicht bezahlt worden waren.[1504]

1774 untersagt Kurfürst Carl Theodor die Kreditvergabe an Studenten auf Wunsch der Universität.[1505] Offenbar zeigt das Verbot aber nicht die erhoffte Wirkung, denn erst nach dem Erlass der Statuten von 1786 geht die Zahl der entsprechenden Klagen erheblich zurück.[1506]

Die Auflistung der nichtprivilegierten Schulden in den Statuten von 1786 zeigt, welche Ausgaben von der Regierung als Luxus angesehen werden, die Studenten gleichwohl auf Kredit erwerben: *„Sachen, die lediglich zu Wollust*

---

von *„30 fl. mit 6 fl. pro cento auf künfftiges bartholomai fest an baaren guten geld widerum mit danck zu bezahlen“*. Das Ehrenwort als einzige Kreditsicherung mag den hohen Zinssatz gerechtfertigt haben.

1500 Die einzelnen privilegierten Schuldenarten, zu denen auch die Kolleggelder der Professoren gehörten, sind in § 87 f.) und g) der Statuten von 1786 in: Thorbecke, Statuten, S. 331 f. aufgelistet.

1501 § 87 i) der Statuten von 1786 in: Thorbecke, Statuten, S. 332.

1502 Etwa 1732: Kostgeld und Mietzins in Höhe von 46 fl.: UAH RA 6983; 1738: Zahlungsklage in Höhe von 71 fl.: UAH RA 709, pag. 327; 1745: Schuldscheine von Studenten über 9 fl, 26 Kr. und über 30 fl.: UAH 4798; 1749: Zahlungsklage iHv 146 fl.: Toepke IV, S. 110, Fn. 1; 1750: Zahlungsklage iHv 170 fl.: Toepke IV, S. 125, Fn. 1.

1503 Einen Überblick über die jährlichen Kosten für einen Göttinger Student gibt eine Werbeschrift der Universität von 1739, abgedruckt in: Einst und Jetzt 1965, S. 51–57. Dort rechnet man mit einer jährliche Miete von etwa 16–50 Reichstaler, Mittagstisch für wöchentlich 1–2 Reichstaler. Für Heidelberg und Tübingen genügten etwa 200 fl. jährlich für ein Studentenleben ohne besonderen Luxus, vgl. Wolf, S. 129. Hinzu kommen noch die Kosten für akademische Gradierungen, vgl. etwa Winkelmann I, S. 428. Die ebd. überlieferte Abrechnung für eine juristische Doppelpromotion zweier Herren v. Castell. Da manche Gebühren nur einmal zu entrichten sind, ergibt sich eine Gesamtsumme von 443 fl., 30 kr. für beide zusammen. Vgl. auch Baur, S. 103 f. Allgemein zu den Kosten akademischer Grade siehe Frijhoff in: Geschichte der Universität II, S. 293 ff.

1504 Klage vom 25. August 1773 in: UAH RA 7762.

1505 Winkelmann II, Nr. 2251.

1506 Wolf, S. 130.

und Üppigkeit gehören, als Caffée, Thée, Chocolade u. d. g., gebrannte Wässer, Essen und Trinken auf Spaziergängen, Billiard-, Pferd-, Chaissen-, Capriolet- und Schlitten-Miethgeld, auch alle Gattungen von Galanterie-Waaren".[1507] Deutlich wird das Bestreben der Regierung, den Lebenswandel der Akademiker zu kontrollieren und diese zu disziplinieren. Hierzu ist der Rektor durch die Statuten auch verpflichtet, den Pedell Erkundigungen über die Akademiker einholen zu lassen.[1508]

b) Kostgelder und Mietzins

Klagen auf Zahlung von offenem Kostgeld und Mietzins finden sich häufiger.[1509] So zum Beispiel im Jahr 1727, als der Student der reformierten Theologie und Sohn des Pfarrers Henricus Serini[1510] die Neckarstadt verlässt ohne vorher sein Kostgeld beglichen zu haben. Da er für seinen Gläubiger Johann Carl Hamman, den Glöckner der Peterskirche,[1511] nicht auffindbar ist, beantragt dieser beim akademischen Gericht die Erlaubnis, den zurückgelassenen Koffer des Studenten zu öffnen und den Inhalt zu verkaufen.

Dem Antrag wird zwar stattgegeben, allerdings in mofizierter Form. So soll nicht der Gläubiger, sondern Pedell Fleischmann den Koffer öffnen und auch die Versteigerung der darin gefundenen Sachen will der Senat selbst durchführen lassen. Der Erlös soll dann bis zur Höhe der Forderung an den Gläubiger Hamman ausgezahlt werden. Weiterhin wird angeordnet, dass nach der Öffnung des Koffers, aber noch vor der Versteigerung, ein weiterer Brief mit einer Zahlungsaufforderung an den Vater des Schuldners zu schicken sei.[1512] Die Versteigerung des im Koffer gefundenen Eigentums des Serini, wohl hauptsächlich Bücher, wird schließlich durchgeführt.[1513]

Aus dem Urteil des akademischen Gerichts wird Misstrauen gegenüber dem Kläger erkennbar. Dem Senat befürchtet, dass Hamman den Inhalt des Koffers versteigern und den gesamten Erlös einbehalten könnte, unabhängig von der Höhe seiner Forderung.

1507 § 87 e) der Statuten von 1786 in: Thorbecke, Statuten, S. 331. Entsprechende Regelungen bestanden durch kurfürstliche Mandate bereits zuvor, vgl. Winkelmann II, Nr. 2272ff.

1508 § 85 der Statuten von 1786 in: Thorbecke, Statuten, S. 331

1509 Z. B. liegt aus dem Jahr 1705 ein Streit über die Höhe des Kostgeldes und die Leistungsmodalitäten von Seiten der Wirtin vor, vgl. UAH RA 4798. Eine Forderung über 37 fl., 39 Kr. für *„Essen und Trinken"* findet sich in: UAH RA 5460.

1510 Immatrikuliert schon am 3. Januar 1718: Toepke IV, S. 37.

1511 Toepke IV, S. 38, Fn. 6.

1512 Siehe das Senatsprotokoll vom 13. Januar 1727: UAH RA 871, fol. 24.

1513 Toepke IV, S. 38, Fn. 6.

Der Glöckner Hamman scheint mit seinen Kostgängern wenig Glück gehabt zu haben. Er wendet sich schon im Juni 1727 wieder an das Universitätsgericht, weil sein Kostgänger Johann Horn[1514] aus Pfalz-Zweibrücken Heidelberg verlassen habe ohne sein Kostgeld in Höhe von 25 fl. zu bezahlen. Bevor Hamman sich an die Universität richtet, schreibt er zunächst an die Mutter des Studenten. Sie lebt in Annweiler bei Landau als reformierte Pfarrerin.[1515] Unklar ist zu diesem Zeitpunkt noch, ob Horn nach Heidelberg zurückkommen wollte oder ob er die Stadt endgültig verlassen habe.[1516] Bei der Verhandlung der Klage im Senat stellt sich heraus, dass Horn auch noch Gelder, die er für Privatkollegien bei Prof. Hennemann zu zahlen hatte, schuldig geblieben ist. Sollten sie nicht durch den Studenten gezahlt werden, so will man die Gesamtsumme bei seiner Mutter einfordern.[1517]

Versteigerungen von studentischem Eigentum finden sich immer wieder in den vorliegenden Akten. Gerade wenn ein Akademiker die Stadt verlässt und seine neue Heimstatt unbekannt ist, greift man zu diesem Mittel. Meist handelt es sich bei den Schulden um Miet- und Kostgeldschulden.[1518]

Einzelne Studenten werden wegen ihrer schlechten Zahlungsmoral sogar mehrfach verklagt. In einem solchem Fall erteilt das Universitätsgericht dem Kläger eine Rüge. Er sei mitschuldig, da er *„einem bekanndten verschwender so viel geborget“* habe.[1519] Ob das Mitverschulden zu einer Minderung seines Anspruches geführt hat, wird aber nicht deutlich.

XIV. KAPITEL: Von nächtlichen Schwärmereyen, Excessen und masquirten Schlittenfahrten

Wiederholt beklagen Regierung, Stadt und Universität bestimmte studentische Verhaltensweisen: die *„nächtlichen Schwärmereyen“* und *„Excesse“*.[1520] Einen Unterfall stellt das an vielen Universitäten verbreitete *„masquirte*

1514 Dieser hatte sich erst am 6. Januar 1727 immatrikuliert: Toepke IV, S. 59.

1515 So Toepke IV, S. 59, Fn. 2. Richtig wohl als Witwe eines reformierten Pfarrers.

1516 In Göttingen sollten nach den Statuten alle Studenten, die ohne Bezahlung ihrer Schulden abreisten, relegiert werden, eine offensichtlich wenig effiziente Strafe, vgl. Brüdermann, S. 308.

1517 UAH RA 871, fol. 47.4

1518 Zum Beispiel auch: Toepke IV, S. 80, Fn. 2.

1519 Zitiert nach Toepke IV, S. 86, Fn. 2. Meiners I, S. 426 sieht ein Ziel der akademischen Gerichtsbarkeit darin, junge Menschen vor zu hohen Schulden zu schützen.

1520 Vgl. etwa das Schreiben des Stadtrats vom 28. September 1758 und den Auszug aus dem Regierungsratsprotokoll vom 4. Februar 1783 in: UAH RA 5457. Ein Untersuchungspro-

Schlittenfahren“ dar.[1521] Es handelte sich – neben dem Prellen der Gastwirte und der Kreditgeber – um die auffälligsten Ausprägungen des jugendlichen Übermuts, der von den Studenten als Teil der akademischen Freiheit angesehen wurde.[1522]

1. Schwärmereyen und Excesse

Aus den „*Schwärmereyen*“,[1523] worunter die Universität den nächtlichen Aufenthalt von bis zu zwanzig befreundeten Hochschüler auf der Straße versteht, die sich singend und lärmend die Zeit vertreiben, Bürgern provozieren[1524] und deren Nachtruhe beeinträchtigen, entstehen, die „*Excesse*“ und „*Tumulte*“.[1525] Auch das Abbrennen von Feuerwerkskörpern erfreut zwar die Studenten, stört aber die übrigen Einwohner. Durch ein kurpfälzisches Mandat vom 12. Januar 1752 wird es deshalb untersagt.[1526]

Um ein ruhiges Verhalten zu erzwingen, wird den Akademikern in Aushängen mit der sofortigen Verhaftung durch die Dragonerpatrouillen gedroht, wenn sie in Zusammenrottungen von mehreren Personen angetroffen würden.[1527]

---

tokoll vom 16. August 1748 über „*Juristen Excesse*“ ist unter UAH RA 5460 überliefert. Siehe auch UAH RA 7217 und RA 6158.

1521 So im Jahr 1767: UAH RA 5463.

1522 Schroeder, Universität für Juristen, S. 53. Krug-Richter II, S. 89 spricht von einer studentischen Provokationskultur. Ein Resumée für Göttingen bei Brüdermann, S. 525.

1523 Bereits in den Disziplinargesetzen von 1387 wurde das Nachtschwärmen untersagt, vgl. Winkelmann II, Nr. 29.

1524 Etwa durch das „*in mehrerer Anzahl mit in einander geschlungenen Armben den offenen Gang muthwillig versperrende*“ Gehen auf der Straße, vgl. das Mandat aus der folgenden Fn.

1525 Anschaulich beschrieben ist das als strafwürdig verstandene Verhalten der Studenten in einem Mandat vom 19. Juni 1782 in: UAH RA 5457. Vgl. auch Toepke IV, S. 185, Fn. 1 und Winkelmann II, Nr. 2271, der ein entsprechendes kurfürstliches Mandat aus dem Jahr 1777 beschreibt. Für die Studenten stellten die Tumulte einen Ausdruck ihrer akademischen Freiheit dar, vgl. Hardtwig in: Vierteljahrschrift für Sozial- und Wirtschaftsgeschichte 73, S. 315. Siehe auch Schroeder, Tod den Scholaren, S. 72.

1526 Churpfäzische Regierung, Mandat vom 12. Januar 1752, UAH RA 875.

1527 1748 hatte ein Leutnant nachts vier Jurastudenten festgenommen, denen Ruhestörungen etc. vorgeworfen wurden, vgl. das Senatsprotokoll vom 17. August 1748 in: UAH RA 874. Die Hochschüler werden morgens der Universität übergeben, die sie umgehend frei lässt. Schon in der Festnahme ist aber ein Eingriff in die Privilegien der Universität zu sehen. 1777 wies der Kurfürst das Militär ausdrücklich an, nächtliche Ruhestörer festzunehmen, vgl. Winkelmann II, Nr. 2271.

Für Preußen erlässt Friedrich Wilhelm III. im Jahr 1798 ein Gesetz, das die studentischen *Excesse* ausdrücklich untersagt. Er begründet die Notwendigkeit einer neuen Regelung mit der Vielzahl vorgefallener Übergriffe und der zu großen Nachsicht der Hochschulen. Deshalb entzieht der König ihnen die Gerichtsbarkeit über aufgegriffene Studenten und überträgt sie eigens zu schaffenden Gremien.[1528] Ob die *Schwärmereyen* zumindest in der Zeit nach dem Ausbruch der Französischen Revolution einen politischen Hintergrund hatten, bleibt mangels eindeutiger Überlieferungen unklar.[1529]

2. Das verkleidete Schlittenfahren

Auch das Schlittenfahren mit Masken wird als Ausdruck der Freude der Studenten, durch bestimmte Verhaltensweisen die Obrigkeit zu reizen verstanden. Es handelt es sich um Lustfahrten mit gemieteten Pferdeschlitten. Solche Fahrten sind besonders in den katholischen Ländern weit verbreitet.[1530]

Im Jahr 1777 fordert der Kurfürst über die Oberkuratel die Professoren auf, die Disziplin schärfer durchzusetzen, nachdem es zu einer Schlittenfahrt von Jurastudenten gekommen ist.[1531] Das bei diesem Anlass erlassene förmliche Verbot, dass *„zu Beibehaltung guter, auch policeymäßiger Ordnung bei vorhabenden anständigen Belustigungen durch Schlittenfahrten, sowohl zu Heidelberg als sonsten keine Masquen geduldet werden sollen"*, wird am 9. Januar 1799 erneut veröffentlicht,[1532] nachdem es 1786 schon in § 80 der Statuten perpetuiert wurde.[1533] Wie gegen die nächtlichen Ruhestörer, so fordert die Universität auch zur Durchsetzung des Verbotes die Heidelberger Gar-

1528 Verordnung wegen Verhütung und Bestrafung der die öffentliche Ruhe störenden Excesse vom 23. Juli 1798 in: Repertorium der Polizeigesetze II, S. 80ff.

1529 So die Vermutung von Hardtwig in: Vierteljahrschrift für Sozial- und Wirtschaftsgeschichte 73, S. 313 und besonders Schweigard, S. 148 für Mainz. Ders. S. 316 verweist auf das nächtliche Absingen der Marseillaise durch Heidelberger Studenten am 17. August 1797. Aus dem einmaligen Vorfall, der zu keinen größeren Untersuchungen führte, kann jedoch nicht auf eine politische Kundgebung geschlossen werden. Eine bloße Provokation der Behörde erscheint wahrscheinlicher.

1530 *Schlittenfahrt* in: Krünitz, Enzyklopädie, Band 146, S. 81. Von einer großen *Schlittade* des bayrischen Kurfürsten im Januar 1755, an der auch verkleidete Studenten teilnahmen, berichtet die Nr. XVIII der Münchner Zeitungen vom 30. Januar 1755. Ein zeitgenössischer Bericht über eine große Vorführung von verkleideten Studenten auf Schlitten in München im Jahr 1781 bei Blaimhofer.

1531 Schreiben vom 22. April 1777 in: UAH RA 5463 und Winkelmann II, Nr. 2265.

1532 Das Verbot sollte in allen Vorlesungen bekannt gemacht werden, da es nicht allen bekannt war: Anordnung des Senats vom 9. Januar 1799 in: UAH RA 5463.

1533 § 80 der Statuten von 1786 in: Thorbecke, Statuten, S. 330.

nison zu Hilfe. Etwaige maskierte Schlittenfahrer sollen durch das Militär festgenommen werden.[1534] Ebenso wie in anderen Situationen benötigt die Hochschule also die staatlichen Zwangsmittel, um die Gesetze durchzusetzen, während sie dies in früheren Epochen als Eingriff in ihre privilegierte Sphäre abgelehnt hatte. Deutlich wird wiederum die Eingliederung der vormals unabhängigen Korporation in den staatlichen Behördenaufbau.

Abgelehnt wurde das maskierte Schlittenfahren wegen der damit verbundenen hohen Kosten, denn die Miete der Pferdeschlitten war erheblich höher als etwa die für Reitpferde, und die Masken förderten die aus Sicht der Behörden ohnehin stets problematische Neigung der Hochschüler zu Unfug und Ausschreitungen.[1535] Mit der Regelung des § 80 korrespondierende Verbote bestanden auch in Tübingen, Greifswald und Göttingen.[1536]

XV. KAPITEL: Die personelle Zuständigkeit

Die personelle Zuständigkeit zählt zu den häufigen Streitfragen im Zusammenhang mit der akademischen Gerichtsbarkeit. Sie ist entscheidend für die Frage, ob sich das Universitätsgericht überhaupt mit einer Klage von oder gegen eine bestimmte Person befassen durfte oder musste. Als unproblematisch stellt sich lediglich die Zuständigkeit für bereits immatrikulierte Studenten und Professoren dar. Umstritten ist sie bereits bei Professoren, die zugleich in Regierungsämtern wie dem Hofrat tätig waren. Deutlich unklarer ist dagegen, wer sich zu den Universitätsverwandten zählen durfte und ab wann ein Studierwilliger als Student anzusehen war.

1. Die Universitätsverwandten

Die Gerichtsbarkeit über die Universitätsverwandten, auch *cives illiterati* genannt,[1537] führt immer wieder zu Konflikten, da sie als Handwerker nicht unmittelbar zum akademischen Kernbereich der Universität gehören. So

1534 Schreiben des Senats an die Garnison vom 20. Juni 1780 in: UAH RA 5463.

1535 So Brüdermann, S. 436, S. 438 für Göttingen.

1536 Alenfelder, S. 162; Brüdermann, S. 436.

1537 Meiners I, S. 287; von den in Heidelberg lebenden Universitätsbediensteten sind die Bewohner der Universitätsdörfer, aus deren Steuern sich die Universität zum Teil finanzierte, zu unterscheiden.

kommt es vor, dass sie vom Stadtrat[1538] oder dem Schultheiß[1539] nicht als Mitglieder der Hochschule anerkannt werden. Immer wieder beklagen sich deshalb Universitätsverwandte, dass sie mit der Einquartierung von Soldaten beschwert werden, was gegen die Privilegien des Generalstudiums verstößt.[1540] Als Mitglieder der Universität genießen die Handwerker auch die akademische Steuerfreiheit, auch wenn sie Dienstleistungen für außerhalb der Universität stehende Bürger erbringen.[1541] Während die Stadt das Vorrecht im Normalfall akzeptiert, kommt es bei Sonderabgaben mehrmals zu finanziellen Forderungen an die Universitätsverwandten. Ein Beispiel stellt eine Kontribution an die Franzosen im Jahr 1708 dar. Da die Universitätshandwerker die Zahlung nicht leisten, will der Rat gerichtlich gegen sie vorgehen. Nun sieht der Senat sein Jurisdiktionsrecht bedroht und wendet sich mit aller Deutlichkeit an die Stadt: er verweist auf die über 300 Jahre alten Privilegien der Universität.[1542] Der Konflikt zieht sich jedoch bis in das folgende Jahr hin, da die Stadt weiterhin auf eine Zahlung besteht.

Um die Probleme zu beheben, wird dem Stadtrat im Jahr 1724 durch den Universitätssyndikus im Auftrag des Senates eine Liste der universitätsverwandten Personen übergeben.[1543] Daraufhin findet sich erst 1796 wieder ein vergleichbarer Fall in den Akten. Der *„Univ. Chimicus"*[1544] Wilhelm Mai[1545] wird durch den Stadtrat zur Zahlung von Schanzgeldern und zur Ableistung von Wachdiensten aufgefordert, da er *„bürgerl. Nahrung"* treibe und damit als Bürger angesehen wird.[1546] Zu seinen Gunsten interveniert der Senat beim Rat und verweist auf die *„Immuninaet"* des Apothekers, der von

1538 Der Heidelberg Rat vereinte, anders als in Mannheim, die eigentliche Stadtverwaltung mit der Gerichtsbarkeit, siehe Schlick, S. 41.

1539 Ab 1717: Stadtdirektor; kurfürstlicher Beamte, näheres bei Braun, S. 13.

1540 So etwa 1710 der Universitätsgärtner: Toepke IV, S. 19f., Fn. 1. Aus anderen Universitätsstädten sind ähnliche Konflikte überliefert, vgl. etwa für Göttingen Gundelach, S. 44f. Meiners I, S. 101 zählt die Befreiung von entsprechenden Lasten zu den grundlegenden Privilegien einer Universität.

1541 Vgl. das Privileg von Kurfürst Carl vom 12. Juli 1680 in: UAH RA 6960 und die *„Churfürstliche Pfälzische Schatzungs Renovation"* vom 1. Mai 1719, nach der die Schatzungsfreiheit garantiert wurde, wobei Sondersteuern ausdrücklich ausgenommen waren.

1542 Schreiben des Senats vom 25. August 1708 in: UAH RA 860.

1543 Siehe Senatsprotokoll vom 20. Dezember 1724 in: UAH RA 868.

1544 Es handelte sich um einen Universitätsapotheker.

1545 Drüll IV, S. 170: 1798 wurde er außerordentlicher Professor der Chemie/Phamakologie an der Rupertina.

1546 Schreiben an den Senat vom 23. November 1796 in: UAH RA 6958. Zu der Wehrpflicht, die neben der Steuerpflicht eine der Hauptleistungen des Bürgers war siehe Schroeder, Wimpfen, S. 83.

den Statuten geschützt werde.[1547] Die Stadt antwortet, dass die Schanzgelder aufgrund eines kurfürstlichen Befehls alle Personen betreffen sollen, die einer *„bürgerlichen Nahrung"* nachgehen, unabhängig von der Frage, ob sie formell Bürger seien oder nicht. Da es sich bei der Apotheke um ein Gewerbe handele, dass als eine *„bürgerliche Nahrung"* qualifiziert sei, hält man die Schanzgeldforderung für gerechtfertigt. Bei der Heranziehung des Apothekers zu Wachdiensten, die nur von Bürgern zu leisten seien, handele es sich um einen *„Irrthum"* der Stadt.[1548] Bereits zwei Jahre später geht der Stadtrat jedoch wiederum davon aus, dass Wilhelm Mai als Bürger anzusehen sei. Dagegen verwehrte sich das Generalstudium nun jedoch entschieden, denn kurz zuvor war Mai zum außerordentlichen Professor ernannt worden. Der Rektor berichtet seinen Kollegen nun, *„welche die Universitaets Privilegia äußerst kränkende Gesinnungen der Heidelberger Stadtrath"* vertrete: trotz *„der ihm bekant gemachten Standes-Erhöhung"* fordere man von Mai, Wachdienste abzuleisten. Der Rektor bittet den Senat um ein Votum, ob die Sache der Regierung vorzulegen sei,[1549] was auch erfolgt. Die Regierung erlässt daraufhin eine Verordnung an den Stadtrat.[1550] Sie fordert den Rat auf, die Privilegien der Universität zu achten und den Professor Mai von bürgerlichen Lasten zu befreien. Durch die Heranziehung des Universitätsmitglieds zu Wachdiensten sieht die Hochschule nicht allein ihre *„Privilegia"* im allgemeinen, sondern besonders ihr Gerichtsprivileg verletzt, obwohl der Stadtrat nicht spezifisch rechtsprechend tätig geworden war. Zu beachten ist jedoch die Tatsache, dass der Stadtrat, wie auch der Senat, sowohl Exekutiv- als auch Judikativorgan war. Außerdem zeigt das Verhalten des Rats dem Senat, dass die Stadt den Stand von Wilhelm Mai nicht anerkennt.

Der Fall zeigt auch, dass ein Aufstieg eines Universitätsverwandten in die Professorenschaft möglich war. Durch die Standeserhöhung ändert sich zwar die gerichtliche Zuständigkeit nicht, aber der Nachdruck, mit dem der Senat gegen den Eingriff vorgeht.

1547 Schreiben des Senats an den Stadtrat vom 23. November 1796 in: UAH RA 6958.

1548 Antwort des Stadtrats vom 28. November 1796 in: UAH RA 6958.

1549 Rundschreiben vom 16. Mai 1798 in: UAH RA 6958.

1550 Vorlage vom 16. Mai, Erlass der Regierung vom 18. Mai 1798 in: UAH RA 6958. Auffallend ist das hohe Bearbeitungstempo. Es zeigt, dass die Sache von beiden Seiten als erheblich angesehen wurde.

a) Anzahl der Universitätsverwandten

Durch die Statutenreform Carl Theodors 1786 wird der Kreis der Universitäts-Handwerker um zwölf Heidelberger Bürger erweitert. Es handelt sich unter anderem um einen Apotheker, Buchführer,[1551] Buchdrucker, Buchbinder und um einen Bauhandwerker. Ihnen wird ausdrücklich das Vorrecht der Universitätsgerichtsbarkeit zuteil.[1552] Allerdings gibt es vor und nach der Reform neben den zwölf Genannten erheblich mehr Universitätsverwandte. Zu den Gärtnern, dem Syndikus, den Pedellen und den Kollektoren[1553] kommen noch die Lehrer der nichtakademischen Fächer, also Zeichenlehrer, Tanz-, Fecht-, Reit- und Sprachmeister.[1554]

b) Klagen von und gegen Universitätsverwandten

Auch als Kläger und Beklagte erscheinen die Universitätsverwandten vor dem akademischen Gericht. Ein Beispiel stellt der Streit zwischen dem Tanzmeister Joseph Müller[1555] und dem zweite Pedell Franz Müller[1556] im März 1725 dar. Müller wirft der Frau des Pedells vor, ihn beleidigt und geohrfeigt zu haben und fordert deshalb, dass sie eingesperrt werde, bis sie sich beruhigt habe. Der Senat entscheidet daraufhin, dem zweiten Pedell mitzuteilen, dass er im Wiederholungsfall seiner Stelle entledigt und seine Frau bei Wasser und Brot eingesperrt werde.

In der selben Sitzung befasst sich das Gericht auch mit der Beleidigungsklage eines Buchbindergesellens gegen den Universitätsbuchführer

1551 Bei einem Buchführer handelt es sich um einen nichtproduzierenden Buchhändler.

1552 Thorbecke, Statuten, S. 325, § 65. Nach Stein, S. 119 bestand seit dem Dreißigjährigen Krieg eine allgemeine Tendenz zur Erweiterung des Kreises der Universitätsverwandten.

1553 Bis zur grundlegenden Reform der Finanzierung zu Beginn der badischen Zeit beschäftigte das Generalstudium sog. Kollektoren, von denen die Einkünfte aus den Universitätsdörfern eingezogen wurden. Zur Finanzierung der Universität die grundlegende Arbeit von Merkel.

1554 Zu den Universitätsverwandten im achtzehnten Jahrhundert siehe insbesondere Wolf, S. 52–95. Auch in Göttingen wurde das System der Universitätsverwandten übernommen, da durch das Privileg der akademischen Gerichtsbarkeit qualifizierte Handwerksmeister angezogen werden sollten. Dort war der Bezug zur Universität oft nicht vorhanden, Perücken-, Handschuh- und Knopfmacher sollten die Bedürfnisse der Akademiker befriedigen, vgl. Gundelach, S. 44. Siehe auch Meiners I, S. 288.

1555 Nach Wolf, S. 88 ist Joseph Müller erst ab 1732 Universitätstanzmeister, vorher nennt er nur Hoffmann. Beide waren aber gleichzeitig Tanzmeister der Universität, wie das Protokoll vom 22. März 1725 in: UAH RA 868 beweist; Selbiger Tanzmeister Müller wurde auch im Februar 1726 durch den Senat zur Zahlung seiner Schulden an eine Heidelberger Witwe verurteilt: UAH RA 870.

1556 Im Protokoll nur als zweiter Pedell bezeichnet, nach Wolf, S. 68 handelt es sich um Müller.

Simon.[1557] Einige Zeit später, am 2. Juni, entscheidet der Senat, dass zur weiteren Untersuchung und zum Erzielen einer gütlichen Einigung der Angelegenheit eine Kommission aus dem Professor Hennemann[1558] und seiner Magnifizenz, dem Jesuiten Bernard,[1559] gebildet wird. Da im Anschluss an die Entscheidung im Senat eine weitere Klage verhandelt wird, entscheidet man, auch diese durch die Kommission untersuchen zu lassen.[1560]

Zwischen den Mitgliedern der Universität kommt es auch zu wirtschaftlichen Verflechtungen. So gewährt zum Beispiel Professor Hennemann dem Universitätsbuchbinder Klein ein Darlehen, das mit einer Hypothek über 500 fl. abgesichert wird. Im Jahr 1761 hat Klein die Zinsen für drei Jahre nicht bezahlt, woraufhin Hennemann ihn vor dem Senat auf Zahlung verklagt; bei weiterhin ausbleibender Zahlung soll das Haus versteigert werden.[1561]

Die Fälle zeigen, dass die Zuständigkeit für die *cives illiterati* durch das Gericht tatsächlich wahrgenommen wurde.

2. Die Bewohner der Universitätsdörfer

Als Universitätsdörfer wurden die linksrheinischen Orte bezeichnet, die im Laufe der Jahrhunderte zur Finanzierung an die Hochschule übertragen wurden.[1562] Auch die Bewohner dieser Dörfer unterstehen der Gerichtsbarkeit des Senats. Das Tagesgeschäft übertrug der Senat an Schultheißen und Amtmänner, die vor Ort sowohl die Exekutive als auch die Judikative übernahmen und nur in bedeutenderen Fällen an die Universität berichteten.

Ein Beispiel für eine solche *„Criminalia"* stellt die Verfolgung einer Catharina Martinin, Bewohnerin von St. Lambrecht, dar. Gegen sie wird im Jahr 1758 wegen *„Hexerey"* ermittelt. Nachdem sie in Haft genommen worden war gelingt ihr die Flucht, was zu einem Konflikt zwischen Senat, Amtmann und dem benachbarten Oberamt Neustadt über die – letztlich gescheiterte –

1557 Siehe Senatsprotokoll vom 2. März 1725 in: UAH RA 868; nach Wolf, S. 57 ist der Buchhändler Simon erst ab 1755 nachweisbar, das Senatsprotokoll ist hier aber eindeutig.

1558 Drüll II, S. 63. Franz Christian Hennemann gehörte der Juristischen Fakultät von 1720 bis zu seinem Tod im Jahr 1770 an.

1559 Toepke IV, S. 53; Drüll II, S. 9.

1560 Senatsprotokoll vom 2. Juni 1725 in: UAH RA 868. Es finden sich immer wieder Fälle, die der Senat an eine jeweils ad hoc gebildete Kommission verwies, um das Gremium von Untersuchungen zu entlasten.

1561 Senatsprotokoll vom 29. April 1761 in: UAH RA 880. Da die Entwürfe der Protokolle der Jahre 1760–1769 nur bruchstückhaft überliefert sind, ist der Ausgang des Prozesses nicht nachvollziehbar.

1562 Vgl. die Übersichtskarte bei Merkel, S. 43.

Verfolgung führt.[1563] Bereits zehn Jahre zuvor war es in Schauernheim, einem anderen Universitätsdorf, zu einer Untersuchung wegen desselben Verdachts gekommen.[1564] Die Beispiele zeigen, dass sich der Senat in seiner Funktion als Gericht im achtzehnten Jahrhundert mit der Strafrechtspflege in den Universitätsdörfen befasste. Typisch ist der dabei ausbrechende Konflikt mit dem Oberamt über den räumlichen Geltungsbereich der akademischen Gerichtsbarkeit.[1565]

3. Konflikt mit dem Oberamt

Entschieden verteidigt die Professoren ihre statutengemäße Zuständigkeit für Prozesse gegen ihre Schüler. So zum Beispiel am 12. März 1710 als der Senat das Oberamt auf die Zuständigkeit der Universität für Prozesse gegen Studenten verweist. Auslöser war eine Verletzung, die ein *„gewißer studiosus zu Rohrbach einem man von Schwetzingen mit dem deg“* zugefügt hatte.

Die Universität begründet ihre Beschwerde mit einem Hinweis auf die Privilegien, unter deren Schutz der Student ebenso steht wie die Hochschule selbst. Deshalb wird dem Oberamt untersagt, den Student vorzuladen und sich weiter mit der Sache zu beschäftigen. Vielmehr sei der Prozess vor dem Universitätsgericht zu führen.[1566] Der Rechtsstreit wird in den weiteren Akten nicht weiter erwähnt, es bleibt also unklar, ob es der Universität gelang, den Prozess an sich zu ziehen.

Auch im oben beschriebenen Fall des Studenten Gerlach kam es zu einem Konflikt mit dem Oberamt, da dieses den festgenommenen Studenten nicht an die zuständige akademische Gerichtsbarkeit übergeben wollte. Schließlich gibt das Oberamt nach einem Hinweis der Universität auf ihre althergebrachten Privilegien und die Protektion des Kurfürsten auf und überstellt den Beschuldigten.[1567] In beiden Fällen liegt der Tatort vor den Toren der Stadt, was für das Oberamt ein Grund war, zumindest versuchsweise die Jurisdiktion an sich zu ziehen.

1563 Schreiben aus dem April 1758 in: UAH RA 2759.

1564 Verhörprotokolle vom 21. Mai 1748 in: UAH RA 2759.

1565 Siehe auch den oben S. 178f. dargestellten Fall Gerlach, in dem es bei der Festnahme eines Studenten *extra muros* Heidelbergs zu einem Konflikt mit dem Oberamt kam.

1566 UAH RA 861, fol. 4.

1567 UAH RA 7818.

4. Änderung der Zuständigkeit für Professoren

Durch eine kürfürstliche Verordnung vom 9. August 1736 wird die Möglichkeit, gegen Professoren vor dem Hofgericht zu klagen, abgeschafft. Dies war vorher möglich, wenn ein akademischer Lehrer, wie häufig der Fall, auch Mitglied des Rates oder des Hofgerichts war. Nunmehr soll die akademische Gerichtsbarkeit als *„forum privilegiatum"* direkt zuständig sein.[1568] Vorangegangen war ein Konflikt zwischen der Universität und dem Hofgericht über die Zuständigkeit, der durch die Klage Oppenheimer gegen Professor Hennemann ausgelöst wurde. Anstatt vor dem Senat zu klagen, wandte sich Oppenheimer an das Hofgericht, das sich daraufhin für zuständig erklärte. Durch eine Eingabe der Universität an das Hofgericht versuchte man nachzuweisen, dass *„bey allen Universitäten die Professores mit deren gantzen familien, haab und Vermög*[en], *wie auch die Studiosi ein forum separatum et privilegiatum coram Rectore et Senatu, seu consistorio academico haben"*.[1569] Neben den Statuten nimmt die Hochschule ausdrücklich auf die tatsächliche Übung Bezug und erwähnte mehrere entsprechende Fälle aus der jüngeren Vergangenheit. Auch die Tatsache, dass Professor Hennemann das *„praedicat eines churpfältz. Regierungs-Raths"* verliehen worden war, hält man für unbeachtlich, da sich um einen *„würcklichen Professori"* handele, der *„mit seiner familie undt gantzem Vermögen* [in Heidelberg] *domiciliert ist, daselbsten docirt"* und besoldet werde.[1570]

Schon zehn Jahre später tritt eine neue Regelung in Kraft. Kurfürst Carl Theodor statuiert, dass Klagen gegen Professoren unmittelbar bei ihm vorgetragen werden müssen. Anschließend soll die Klage an die Regierung oder das Hofgericht verwiesen werden.[1571] Hier wird der Unterschied zum Rechtslage bei der Gründung der *Rupertina* deutlich: Das ursprüngliche Universitätsgericht war Teil des korporativen Charakters der Universität und damit für alle Mitglieder, vom altgedienten *magister regens* bis zum minderjährigen Artistenscholaren, zuständig. In der Landesuniversität des neuzeitlichen Staates wird es nun zum privilegierten Gerichtsstand der Studenten.[1572]

1568 Schreiben der Regierung an die Universität vom 9. August 1736 in: UAH RA 6914; Winkelmann II, Nr. 2068.

1569 Die Ansicht des Senats war, soweit ersichtlich, korrekt, vgl. etwa: Brüdermann, S. 166ff.; Meiners I, S. 170; Stein, S. 120.

1570 Undatierte Eingabe der Universität an das Hofgericht in: UAH RA 6960.

1571 Winkelmann I, S. 421, Z. 29ff.

1572 Stein, S. 115, S. 120.

Von der Regelung soll das Privileg der Universität, in geeigneten Fällen *„forum primae instatiae"* zu sein, nicht verletzt werden.[1573] Tatsächlich schafft das Statut die Zuständigkeit des akademischen Gerichts für die Professoren formal ab. Aus den Akten wird jedoch deutlich, dass der Senat sich rechtstatsächlich weiterhin mit den Rechtstreitigkeiten der Professoren befasste. Ein Beispiel aus dem Jahr 1771 ist die Klage des Professors der Rechte Johannes Kirschbaum[1574] gegen seinen Kollegen Thaddäus Müller.[1575] Es handelte sich um einen Beleidigungsprozess, der durch eine Pasquille ausgelöst worden war.[1576] Einzelheiten sind nicht überliefert, sicher ist aber, dass vor dem Senat in mindesten drei Terminen verhandelt wurde, obwohl zumindest der Beklagte Hofgerichtsrat war.[1577]

In den Statuten von 1786 findet sich ein bereits seit 1746 geltendes Privileg der Professoren, die eigenen Klagen gegen jeglichen kurpfälzischen Untertan vor dem Hofgericht als erste Instanz führen dürften.[1578] Die Einschränkung der Zuständigkeit betraf damit lediglich Klagen, die gegen Professoren geführt wurden, nicht aber die von den Professoren selbst geführten.

5. Studenten geben sich als Bürgersöhne aus

Zwar galt die akademische Gerichtsbarkeit, auch wegen ihrer oftmals milden Strafen, als Privileg der studentischen Jugend. Zum Teil versuchten Studenten jedoch auch, das Forum zu vermeiden, möglicherweise um jegliche Strafverfolgung zu verhindern.

So geben sich zwei aus Heidelberg stammenden Studenten, die Brüder Detgen (Deetken)[1579] im Jahr 1726 gegenüber der Stadtwache zwar richtiger-

1573 Winkelmann I, S. 421, Z. 33f.; So auch in den Statuten von 1786: Thorbecke, Statuten, S. 307, § 22 der Statuen Carl Theodors.

1574 Johannes Kirschbaum, von 1757 bis 1804 Mitglied der Juristischen Fakultät: Drüll III, S. 135.

1575 Joh. Thaddäus Müller, von 1761 bis 1799 Mitglied der Juristischen Fakultät: Drüll II, S. 111f.

1576 Zu dem Jahrzehnte andauernden Konflikt zwischen Kirschbaum und Müller siehe Schroeder, Juristische Fakultät der kurpfälzischen Universität, S. 390ff.

1577 Schreiben von Kirschbaum an den Senat vom 27. März 1771 in: UAH RA 6006. In der Akte wird auch der Kläger als Hofgerichtsrat bezeichnet (Entwurf eines Schreibens des Senats an den Beklagten vom 13. März 1771 in: UAH RA 6006). Anders Drüll II, S. 135.

1578 Thorbecke, Statuten, S. 306, § 14 der Statuen Carl Theodors.

1579 Johann Christoph Deetken, Theologiestudent, immatrikuliert am 25. März 1723 und Johann Friedrich Deetken, Jurastudent, immatrikuliert am 26. September 1724: Toepke IV, S. 49, 51.

weise als Heidelberger Bürgersöhne aus, ihre Immatrikulation als Studenten verschweigen sie. Deshalb befasst sich zunächst der Stadtrat mit ihnen. Die Bürgerschaft stellt dann aber fest, dass sie unzuständig ist und überstellt die Sache an die Universität. Daraufhin kommt das Verfahren vor den Senat, welcher die Beschwerde der Stadt zur Kenntnis nimmt. Die Universität beauftragt ihren Syndikus, mit dem Stadtrat über das weitere Vorgehen zu verhandeln.[1580] Einige Wochen später wird die Angelegenheit ohne weitere Ergebnisse wieder im Senat erwähnt.[1581] Was genau der Stadtrat gegenüber den Studenten Detgen unternommen hat, bleibt unklar, jedoch waren diese über das Vorgehen des Stadtrats verärgert und fordern Satisfaktion.[1582]

6. Immatrikulation als Zuständigkeitsvoraussetzung

Die Immatrikulation[1583] bleibt auch im achtzehnten Jahrhundert Voraussetzung für einen Prozess vor dem Universitätsgericht. Nach den Statuten von 1672 ist jeder angehende Akademiker verpflichtet, sich innerhalb von vier Wochen zu immatrikulieren.[1584] Im Jahr 1746 wird die Frist auf zehn Tage beschränkt;[1585] 1776 gelten zwei Wochen als ausreichend.[1586]

Am 2. März 1719 beschäftigt sich der *„hochlöbliche Senat"* der Universität mit dem Fall des Studiosus Wirth. Er wird zwar als Student bezeichnet und scheint auch Vorlesungen besucht zu haben, hatte sich aber nicht immatrikuliert. Nun wird er beschuldigt, eine andere – nichtgenannte – Person, zu einem Duell provoziert zu haben. Das akademische Gericht erklärt auf die Beschuldigung hin, wegen der fehlenden Einschreibung nicht zuständig zu sein. Weiterhin wird entschieden, dass Wirth sich zu immatrikulieren habe, bis dahin *„wäre ihm zu bedeuten, daß Er sich der collegia enthalten"* solle.[1587]

1580 Senatsprotokoll vom 28. Mai 1726: UAH RA 871 fol. 2f.

1581 Senatsprotokoll vom 18. Juli 1726: UAH RA 871 fol. 4f.

1582 Senatsprotokoll vom 27. August 1726: UAH RA 871 fol. 8.

1583 Zur Immatrikulation bis zum Ende des achtzehnten Jahrhunderts siehe di Simone in: Geschichte der Universität II, S. 235ff.

1584 Wobei die Frist durch die Statuten Karl Ludwigs von 1672 von zwei auf vier Wochen verlängert wurde, vgl. § 10, Thorbecke, Statuten, S. 253.

1585 Winkelmann I, S. 422.

1586 Die zweiwöchige Frist wird in dem Bericht über die Universitätsprivilegien an Maria Theresia von Österreich in: UAH RA 238, § 19 genannt. Unklar ist, wann die Frist geändert wurde.

1587 UAH RA 863.

Anscheinend hat er seine Studien nicht in Heidelberg fortgesetzt, denn sein Name findet sich auch später nicht in der Matrikel.[1588]

Einige Jahre zuvor, 1711, stellt das akademische Gericht im Fall des Ferdinand Verhaer, der den Diener eines Studenten von Hennel[1589] verletzt hatte, fest, dass es wegen fehlender Immatrikulation nicht zuständig sei, denn Verhaer sei kein *„cive universitatis"*. Der Kläger wird angewiesen, sich anderweitig mit dem Beklagten zu einigen. Daraufhin schrieb sich Verhaer, der wohl schon länger in Heidelberg war, in die Matrikel ein.[1590]

Auch der Student Baron von Wiser[1591] hatte ein vergleichbares Problem: Wegen der Befreiung einer im Rathaus festgehaltenen Person wird er vom Stadtdirektor verklagt. Wiser war noch nicht eingeschrieben, als es zu den Vorfällen kam. Gleichwohl will er den Prozess vor das Universitätsgericht ziehen. Dadurch sollen sich wahrscheinlich seine Chancen auf ein erfolgreiches Prozessende verbessern, da das Stadtgericht der Klage eines städtischen Amtsträgers wohlwollender gegenüber gestanden hätte als der Senat. Der Senat lehnte das Gesuch des Barons jedoch ab: *„Es wäre ermeltem baron v. Wiser das forum universitatis quoad hunc passum aufzukündigen, indem ihme die immatriculation nicht pro praeterito, sondern nur pro futuro zu statten komme könne"*.[1592]

Neben der unterlassenen Immatrikulation kommt es dazu, dass sich Personen einschreiben, die keinerlei Studienabsicht haben und lediglich die Gerichtsbarkeit und die Steuerpflicht der Stadt vermeiden wollen.[1593] Wird ein solcher *„falsi"* entdeckt, ist die Exmatrikulation und förmliche Überstellung unter den Stadtrat die Folge.[1594]

Diese Fälle zeigen, dass die Immatrikulation als Voraussetzung für die personelle Zuständigkeit nicht immer bei einem drohenden Prozess vor der akademischen Gerichtsbarkeit vollzogen wurde. Vielleicht erschien es manchem Beklagten attraktiv, durch die unterlassene oder später erfolgte Einschreibung seinen Gerichtstand beeinflussen zu können. Um das Prob-

1588 Toepke IV, S. 42, Fn. 2.

1589 Nicht in den Matrikeln verzeichnet.

1590 Toepke IV, S. 22, Fn. 2.

1591 Immatrikuliert am 27. Januar 1738: Toepke IV, S. 100.

1592 Senatsprotokoll vom 29. Januar 1738: UAH RA 709, pag. 197; Toepke IV, S. 100, Fn. 4.

1593 An diese verweist der Senat am 14. Juni 1758 eine Klage gegen einen nichtfrequentierenden Studenten ausdrücklich, vgl. den Aktenvermerk in: UAH RA 7877.

1594 So wurde z. B. im Fall des Studenten der Staatswirtschaftlichen Hohen Schule Schmoll 1787 verfahren. Ihm wurde die fälschliche Immatrikulation sogar als Verbrechen vorgehalten: Toepke IV, S. 344, Fn. 2. Schon im Nachgang zum Zweiten Studentenkrieg von 1587 ging Kuradministrator Johann Casimir gegen die nur pro forma Immatrikulierten vor: Schroeder, Tod den Scholaren, S. 52.

lem einzudämmen war es den Heidelberger Bürgern durch die Statuten der Hochschule untersagt, Zimmer an nichtimmatrikulierte Studenten zu vermieten. Andernfalls drohte eine Geldstrafe von 20 Talern.[1595]

Die fälschlich erfolgte, die späte und die ganz unterlassene Immatrikulation sind häufig auftretende Probleme. Die Kernfrage ist dabei, wer als Student anzusehen ist.[1596] Der Senat der Rupertina nennt zwei notwendige Voraussetzungen: neben dem formalen Akt der Immatrikulation muss der echte Student tatsächlich die Vorlesungen besuchen, was man als *frequentieren* bezeichnet.[1597] Um zu kontrollieren, welche Hochschüler keine Vorlesungen besuchen, will der Senat 1794 alle Professoren veranlassen, Listen ihrer aktiven Studenten zu verfassen. Diejenigen, die nur der Form nach Studenten sind, sollen dann das *consilium abeundi* erhalten.[1598]

Wenn das akademische Gericht aber einen Prozess an sich ziehen will, ist es auch bereit, von der Anforderung abzuweichen. Ein Beispiel aus dem Jahr 1731 ist das Vorgehen gegen den formell eingeschriebenen Jacob Bronn, der nach eigener Angabe seit zwei Jahren keine Vorlesungen mehr besucht hatte.[1599]

Das Universitätsgericht fördert mittelbar die Taktik der Studenten, durch eine späte oder unterlassene Immatrikulation Vorteile zu erzielen, indem es sich gleichwohl mit Klagen von oder gegen Nichteingeschriebene befasst, wenn sie zwar nicht *de iure*, aber *de facto* Studenten waren. Allein für das Jahr 1787 weist Gustav Toepke acht Studenten nach, die in den Senatsakten erwähnt werden, ohne immatrikuliert zu sein. Sechs der acht Studenten werden als *Jur. cand.* bezeichnet, was auf eine längere Studiendauer hinweist.[1600]

Wie in Heidelberg, so kommt es auch an anderen Universitäten zu entsprechenden Fällen.[1601] Dabei gehen die akademischen Privilegien unter-

---

1595 § 10, Thorbecke, Statuten, S. 253. Im Bericht über die Universitätsprivilegien an Maria Theresia von Österreich in: UAH RA 238, § 19 wird eine Immatrikulationsurkunde als Voraussetzung für eine Zimmervermietung genannt.

1596 Die Frage wirft Pohl in: Universitätsgeschichte als Landesgeschichte, S. 208ff. auf. In der Forschung wurde sie bisher wenig behandelt.

1597 Siehe etwa: Toepke IV, S. 344, Fn. 2.

1598 Bericht über den Constantistenorden vom 21. März 1794 in: UAH RA 5503.

1599 Bronn selbst *„wolte das forum gleich wie allezeith“*. Er zog das akademische Gericht also dem städtischen vor, siehe seine Vernehmung vom 12. Juli 1731 in: UAH RA 6423. Zu dem gesamten Vorfall siehe oben S. 217.

1600 Toepke IV, S. 351, Fn. 2. Für 1786 nennt Toepke IV, S. 347 fünf nichteingeschriebene Studenten in den Gerichtsakten. Vgl. auch die auf S. 200 beschriebene Vorladung des academicus Boja nach der Injurienklage des Professors Traitteurs.

1601 Leipzig: Döring in: Geschichte der Universität Leipzig I, S. 593; Tübingen: Thümmel, S. 315.

schiedlich weit: während in Kiel und Tübingen, wie auch in Heidelberg, nur eingeschriebene Studenten das *privilegium fori* zusteht, war das Universitätsgericht in Göttingen für alle jungen Männer zuständig, die sich mit Studienabsicht in der Stadt aufhalten.[1602]

Im Übrigen endet im achtzehnten Jahrhundert die Zuständigkeit der akademischen Gerichtsbarkeit mit dem Ende des Studiums, jedenfalls dann, wenn kein akademischer Beruf ergriffen wird.[1603] Allerdings kommt es auch zu sehr langen Studiendauern, etwa im Fall von zwei Studenten Lehmann aus Heidelberg, die im Jahr 1806 ihre Immatrikulation aus dem Jahr 1788 erneuern. Durch diesen Akt machen sie deutlich, dass sie der Korporation weiterhin angehören und damit auch die Zuständigkeit des Universitätsgerichts bestätigen.[1604]

XVI. KAPITEL: Sachliche Zuständigkeit

Während des achtzehnten Jahrhunderts hat die Universität die ausschließliche Zuständigkeit sowohl für das Zivil- als auch für das Strafrecht. Dieses umfassende Recht war nicht unumstritten und muss immer wieder verteidigt werden. So zum Beispiel in Fällen, in denen zunächst nur die örtliche Zuständigkeit des akademischen Gerichts durch andere Judikativorgane bestritten wird. Gleichsam zur Absicherung der Argumentation erfolgen dann auch Angriffe auf die sachliche Zuständigkeit.[1605] Eingeschränkt wird die ausschließliche Zuständigkeit des Senats durch ein kurfürstliches Dekret im Jahr 1791: wenn ein akademischer Bürger eine Handlung beging, die weder zivil- noch strafrechtlich relevant war, aber unter die städtische Polizeizuständigkeit fällt, dann muss der Stadtrat die Hochschule lediglich über sein Vorgehen informieren. Eine eigene Entscheidung darf das akademische Gericht nicht treffen. In dem Fall, der dem Dekret zu Grunde lag, ging es um einen Verstoß des italienischen Sprachmeisters Montanari gegen die Rechte der Händlerinnung. Obwohl er als Sprachmeister akademischer Bürger war, hatte man ihm vorgeworfen mit Schokolade und Kakao zu handeln

1602 Brüdermann, S. 143.

1603 Im Jahr 1758 etwa verweist der Senat ausdrücklich einen Kläger an den Stadtrat, da der Beklagte kein Student mehr sei, vgl. Toepke IV, S. 151, Fn. 4.

1604 Toepke IV, S. 354 (urspr. Immatrikulation am 3. Dezember 1788), 401 (Erneuerung am 2. Juni 1806). Einer der Brüder bat am 7. September 1809 seine Immatrikulation zu wiederholen, ausdrücklich, weil er ansonsten unter der städtischen Zuständigkeit stände, vgl. Toepke V, S. 35.

1605 Etwa im Fall Gerlach (s. o.), UAH RA 6968.

und bei einer Hausdurchsuchung etwa 100 Pfund entsprechender Waren gefunden. Durch die Beschlagnahme der Süßwaren sieht die Universität ihr Gerichtsprivileg verletzt und protestiert bei der Regierung, die daraufhin das entsprechende Dekret erlässt.[1606] Gegen den Erlass der Landesregierung in Mannheim erhebt der Senat Beschwerde unmittelbar beim Kurfürsten in München. Begründet wurde sie mit einem Verweis auf die allgemeine gerichtliche Praxis in Deutschland, mit den Statuten der Universität und der bisherigen tatsächlichen Übung.[1607] Aus den Akten ergibt sich nicht, ob die Universität mit ihrer Beschwerde Erfolg hatte.

XVII. KAPITEL: Örtliche Zuständigkeit

Das Recht der Universitätmitglieder, für Taten innerhalb der Stadtmauern von Heidelberg nur durch das akademische Gericht verurteilt zu werden, wird von der kurfürstlichen Exekutive und der städtischen Jurisdiktion kaum bestritten. Umso eher ist das der Fall, wenn der Tatort oder der Streitgegenstand extra muros liegt. Dann hält sich regelmäßig das Oberamt für zuständig. Die Hohe Schule muss immer wieder an ihre alten Privilegien erinnern.[1608] Im Ergebnis gelingt es der *alma mater heidelbergensis*, die örtliche Zuständigkeit für die gesamte Kurpfalz durchzusetzen. Im Vergleich zu anderen Universitäten im Heiligen Römischen Reich war der Gerichtsbezirk des Heidelberger akademischen Gerichts somit erheblich größer, da die örtliche Zuständigkeit ansonsten meist nur für das Gebiet der Universitätsstadt bestand.[1609]

Wenn eine vor dem akademischen Gericht verklagte Person ihren Wohnsitz und Aufenthalt außerhalb der Kurpfalz hat, dann kann der Senat das örtlich zuständige Gericht um Hilfe bitten. So wendet er sich im Jahr 1753 an den Kölner Magistrat, nachdem der Sohn eines dortigen Notars Heidelberg ohne Bezahlung seiner Schulden verlassen hatte. Durch die Vermittlung der Kölner Richter können die Heidelberger Gläubiger vom Vater des Studenten die Begleichung der Schulden erreichen. Als es im 1755 erneut zu einer ver-

1606 Das Dekret vom 19. November 1791 in: UAH RA 6964. Dort und in GLA 205/732 auch näheres zum gesamten Vorfall.

1607 Beschwerde vom 23. November 1791 in: UAH RA 6964.

1608 Siehe etwa: UAH RA 861, fol. 4; UAH RA 6968; im oben S. 214 beschriebenen Fall bestrafte der Senat Studenten, die Juden in Schriesheim misshandelt hatten.

1609 Stein, S. 67. Für Leipzig: Rudolph/Kern in: Einst und Jetzt 54, S. 54;

gleichbaren Situation kam, verweigert der Kölner Rat jedoch die Rechtshilfe. Deshalb beschwert sich die Universität bei der kurfürstlichen Regierung.[1610]

XVIII. KAPITEL: Das Verfahren vor dem akademischen Gericht

Für das achtzehnte Jahrhundert ist ebenso wenig eine schriftliche Verfahrensvorschrift oder Geschäftsordnung überliefert wie für den gesamten Zeitraum seit der Gründung der Universität.

Aus den untersuchten Fällen ergeben sich jedoch einige Hinweise auf das tatsächliche Verfahren, das jedoch unterschiedlich konsequent durchgeführt wurde:

So müssen Klagen grundsätzlich schriftlich erhoben werden, mündliche Klaganträge werden zwar angehört, danach muss der Kläger seinen Antrag jedoch in einem Schriftsatz ausführen.[1611]

In weniger erheblichen Strafsachen, wie etwa Injurienfällen, kann eine strafrechtliche Privatklage durch den Geschädigten eingereicht werden, da die Universität selbst nur tätig wird, wenn es die öffentliche Sicherheit und Ordnung erfordert. Nach Erhebung einer solchen Klage ermittelt das akademische Gericht selbstständig durch die Vernehmung der Parteien und von Zeugen den Sachverhalt.[1612]

Es besteht kein Zwang zur Vertretung durch einen Rechtsanwalt. Studenten lassen sich nur selten anwaltlich vertreten. Gelegentlich beauftragen sie jedoch Kommilitonen, besonders wenn sie eine Strafverfolgung oder Inhaftierung befürchten. Nur in Vaterschaftssachen treten Rechtsanwälte häufiger auf. Meist erfolgt dies auf Seiten der Klägerinnen, die regelmäßig aus dem Kreis der Hausangestellten der Studenten und Professoren und damit aus einer mutmaßlich rechtsunkundigeren Schicht stammen.[1613] Lediglich bei schwerwiegenden Vorwürfen, wie etwa beim Vorwurf eines Tötungsdelikts, finden sich auch Fälle in denen Studenten auf anwaltliche Hilfe zurückgreifen.[1614]

1610 Toepke IV, S. 146, Fn. 2.

1611 Vgl. etwa das Senatsprotokoll vom 21. Juli 1725 in: UAH RA 868 zur oben S. 206ff. beschriebenen Klage des Studenten Klein.

1612 So z. B. im Fall Brügelmann gegen Montanus, UAH RA 6371.

1613 Siehe oben S. 184ff.

1614 Zum Beispiel der stud. iur. Kühnell, dessen *„Defensor"* einen umfangreichen Schriftsatz verfasste: UAH RA 5578 und oben S. 183f.

Nach einem schriftlichen Verfahren, indem sich der Beklagte vorab verteidigen konnte, kommt es zu einer mündlichen Verhandlung vor dem Senat oder einer ad hoc gebildeten Kommission. Daraufhin ergeht ein Urteil im Namen des Rektors und der Professoren,[1615] welches aber nicht zwangsläufig das Ende des Verfahrens vor dem Universitätsgericht bedeutet. Auch nach der Entscheidung vorgebrachte Schriftsätze können noch berücksichtigt werden.[1616] Ein Urteil des akademischen Gerichts muss aber nicht stets nach einer mündlichen Verhandlung gefällt werden. Besonders in eilbedürftigen Situationen erstellt der Rektor eine Zusammenfassung des Sachverhalts und einen Entscheidungsvorschlag, den er dann durch den Pedell den übrigen Senatsmitgliedern vorlegen lässt. Unter das Votum des Rektors setzten die Professoren ihre Gegenvorschläge oder erklären schriftlich ihre Zustimmung. Ein solches Umlaufverfahren kann eine vorläufige Entscheidung im Rahmen eines umfangreicheren Vorfalls betreffen, oder auch ein Endurteil.[1617]

Die Kosten des Verfahrens hat grundsätzlich die unterlegene Partei zu tragen. Bei beidseitigem Unterliegen wird eine Quotelung durchgeführt.[1618] Im Fall einer Widerklage in Injurienprozessen unterscheidet das Gericht zwischen Klage und Widerklage auch in Hinblick auf die Kosten, die nach Obsiegen und Unterliegen geteilt werden.[1619]

XIX. KAPITEL: Der Senat als Gericht erster Instanz

Im Zeitraum von der Gründung der Universität bis in das siebzehnte Jahrhundert besteht ein institutionell eigenständiges Universitätsgericht. Es dient als Gericht erster Instanz, die Appellation richtet sich an den Senat. Im achtzehnten Jahrhundert ändert sich die Gerichtsorganisation. Der Senat übernimmt die Funktion des Universitätsgerichts, das nicht mehr gewählt wurde. Da der Senat das erstinstanzliche Gericht ersetzt, besteht die Appel-

1615 Siehe das Urteil in Sachen Brügelmann gegen Montanus im Anhang XII.

1616 Vgl. die oben S. 220ff. beschriebene Klage Faber gegen Molitor.

1617 Siehe etwa die Vorlage des Rektors vom 30. Juli 1731 wegen einer Injurienklage in: UAH RA 6423. Weitere Beispiele in: UAH RA 7877 (vom 29. Dezember 1761) und UAH RA 5463 (Zum Erlass einer neuen Ballordnung für die Fastnachtsbälle, am 26. Januar 1796).

1618 Zum Beispiel: ⅔ der Kosten hatte im Fall Brügelmann gegen Montanus der Beklagte zu tragen, der die Schlägerei begonnen hatte und deshalb zu drei Tagen Hausarrest verurteilt wurde. Der Kläger, der zurück geschlagen hatte und deshalb zu einem Tag Hausarrest verurteilt worden war, hatte ⅓ zu tragen, siehe das Urteil im Anhang XII.

1619 Dekret des Senats vom 22. März 1712 in: UAH RA 7867.

lationsmöglichkeit an ihn nicht mehr. Rechtsmittelgericht wird das Hofgericht.[1620] Unklar bleibt jedoch, wann die Änderung eintrat und auf Grund welcher Regelung. Festzustellen ist, dass noch im März 1712 Appellationsurteile durch den Senat ergehen.[1621]

Ein typisches Prozedere im Senat ist zumindest Teile des Gerichtsverfahrens an eine jeweils neu gebildete Kommission abzugeben, die dann Verhöre oder andere Untersuchungsmaßnahmen selbstständig vornimmt. Auch Urteile können so delegiert werden. Die Maßnahmen sollen den Senat entlasten und dadurch die Effizienz steigern. Weiterhin bleibt der Rektor für die nicht näher bezeichneten leichteren Fälle zuständig, wodurch ein schnelleres und einfacheres Verfahren im Bereich der Bagatellvergehen erreicht wird.[1622]

XX. KAPITEL: Der Pedell als Organ der akademischen Gerichtsbarkeit

Erstmals erwähnt bereits eine der Gründungsurkunden Kurfürst Ruprechts aus dem Jahr 1386 den Pedell als Bediensteten der Universität.[1623] Der Begriff bezeichnet ursprünglich auch einen Gerichtsdiener der allgemeinen Gerichtsbarkeit und verengte sich erst später auf den Bereich der Hochschule.[1624] Als eine Art Faktotum der Universität wird er im Rahmen der akademischen Gerichtsbarkeit vielfältig tätig. So hat er den Mitgliedern des Gerichts die Sitzungstermine rechtzeitig mitzuteilen, Vorladungen und Urteile zu überbringen sowie die inkarzerierten Studenten zu bewachen.[1625] In der Statutenreform Carl Theodors von 1786 sind die Pflichten des Pedells ausführlich geregelt. Zu den bereits bestehenden Regelungen kommt eine Geheimhaltungspflicht, das Verbot, die Stadt ohne Erlaubnis des Rektors zu verlassen, die Aufforderung, alle *„Schwärmereien und sonstigen Tumult"* anzuzeigen und selbst Erkundigungen über studentische Vergehen einzuholen.[1626]

1620 Vgl. nur etwa das Schreiben des Hofgerichts an die Universität vom 7. Januar 1779 in: UAH RA 7081, in dem eine Entscheidung der Universität bestätigt wurde.

1621 Entscheidung des Senats vom 5. März 1712 in: UAH RA 7081.

1622 Bericht über die Universitätsprivilegien an Maria Theresia von Österreich in: UAH RA 238 und GLA 205/1051; Drüll/Zimmermann/Hesse in: Heidelberger Universitätsämter, S. 37.

1623 Winkelmann I, S. 5 (6).

1624 DRW X, Sp. 574. *Pedell* in: Grimm XIII, Sp. 1523.

1625 Die Pflichten des Pedells wurden in § 40 der Statuten von 1672 geregelt: Thorbecke, Statuten, S. 272f.

1626 § 63f. der Statuten von 1786 in: Thorbecke, Statuten, S. 323f.

Im achtzehnten Jahrhundert üben – mit Ausnahme von fünf Jahren – das Amt des ersten Pedells in Heidelberg stets Angehörigen der Familie Fleischmann aus. Diese Familientradition begann 1700 mit Johann Tobias Fleischmann und ging 1731 über an seinen Sohn Georg Gottfried. Sie endet 1795 mit seinem Enkel Johann Philipp. Zumindest die beiden letzteren hatten auch in Heidelberg studiert.[1627] Neben den Professorenstellen war also auch die des Pedells vererbbar. In Göttingen entstand in gleichen Epoche keine Familientradition, die Pedelle sind aber wie in Heidelberg jeweils für einen langen Zeitraum tätig. Studierte Pedelle bleiben dort unüblich.[1628]

Das Pedellengehalt setzt sich jeweils aus einem Fixum und einem variablen Anteil zusammen. Dieser besteht aus den Gebühren, welche für die Amtstätigkeiten an den Pedell bezahlt werden müssen.[1629]

Für den Heidelberger Studenten war der Kontakt mit einem Pedell meist unangenehm. Als Übermittler von Urteilen und Vorladungen des akademischen Gerichts überbringt er dem Akademiker wenig erfreuliche Botschaften. Außerdem besteht die Gefahr, dass der Pedell verbotene Handlungen, etwa Duelle oder Treffen von Orden und Landsmannschaften, entdeckt und zur Anzeige brachte. Die Studenten bezeichneten den Pedell abwertend als *„Pudel"* oder *„Pudell"*. Georg Kloß beschreibt ihn 1808 als *„die infamste Kanaille in der Univ. Stadt"*.[1630] Um das Wohlwollen des Pedells zu gewinnen, nutzen die Studenten zumindest im neunzehnten Jahrhundert auch Schmiergeldzahlungen. Dazu muss jeder Student seinem Corps einen bestimmten Betrag zahlen, der dann gesammelt an den Pedell weitergeleitet wird.[1631]

Neben der häufigen Erwähnung in amtlicher Tätigkeit findet sich im Jahr 1733 auch ein scharfer Verweis an den Pedell Fleischmann in den Akten des Universitätsgerichts. Ihm wird vorgeworfen, durch seine Unachtsamkeit die Flucht eines Studenten ermöglicht zu haben. Außerdem entspricht sein Verhalten im Allgemeinen damals nicht den Erwartungen der Professoren.[1632] Bei dem entflohenen Studenten handelt es sich um Georg Ferdinand Thesmar, dem vorgeworfen worden war, einem Maurermeister Hoffer Geld gestohlen zu haben. Da Thesmar sich auch nach einer Aufforderung des

1627 Wolf, S. 66f.

1628 Brüdermann, S. 60f.

1629 § 40 der Statuten von 1672, Thorbecke, Statuten, S. 272f. In der ersten Epoche der Rupertina stand den Pedellen überhaupt keine Besoldung zu, Hautz I, S. 64. Dort auch näheres zu den Aufgaben.

1630 In seinem „Idiotikon der Burschensprache", abgedruckt in: Wörterbuch der Studentensprache III, S. 18.

1631 Bauer/Pietzsch in: Einst und Jetzt 1970, S. 54.

1632 Winkelmann II, Nr. 2051.

Senats an seinen Vater nicht wieder in Heidelberg einfindet, fordert Hoffer Ersatz für das gestohlene Geld vom Pedell Fleischmann. Ob dieser zur Zahlung verurteilt wurde bleibt unklar.[1633]

Auch an anderen Universitäten sind Pedelle in erheblichem Umfang für das Universitätsgericht tätig. Neben den typischen Botengängen mussten die Göttinger Pedelle – gleichsam als akademische Polizei – nach Vorfällen unter den Studenten ermitteln.[1634]

XXI. KAPITEL: Die Statuten im achtzehnten Jahrhundert

Die Statuten der Rupertina werden im achtzehnten Jahrhundert nur durch Kurfürst Carl Theodor im Jahr 1786, zum 400. Jahrestag der Universitätsgründung, reformiert. Für die Gerichtsbarkeit bringt die Erneuerung wenig Umbruch, vielmehr handelt es sich um eine Perpetuierung der geübten Praxis.

Den Studenten wird die Wichtigkeit der akademischen Gesetze und Statuten zumindest gegen Ende des Jahrhunderts durch die Aushändigung und Unterzeichnung bei der Immatrikulation aufgezeigt.[1635] Die ausdrückliche Verpflichtung auf die *leges academiae* führt allerdings zu keiner feststellbaren Verbesserung im Verhalten der Hochschüler.

1. Bericht über die Universitätsprivilegien an Maria Theresia von Österreich

Auf Wunsch der Kaiserin Maria Theresia von Österreich erstellt die Universität im Jahr 1774 einer Zusammenfassung ihrer Privilegien.[1636] Da es die Professoren selbst waren, die den Zustand der akademischen Verfassung beschrieben, erhellt der Bericht den *status quo ante* in realistischer Weise. Über die Gerichtsbarkeit, wie sie sich aus den Statuten ergibt und tatsächlich ausgeübt wird, enthält der Bericht folgende Angaben:

1633 Toepke IV, S. 79, Fn. 1.

1634 Brüdermann, S. 61.

1635 Vgl. die unterzeichneten Drucke in: UAH RA 4608, wobei der älteste von 1781 stammt.

1636 Bericht über die Universitätsprivilegien an Maria Theresia von Österreich in: UAH RA 238 und GLA 205/1051. Dazu auch Weisert, S. 76ff.

a) §19 über die Rechte des Rektors:
„Er bestrafft kleinere Verbrechen vor sich selbst; die größeren hingegen richtet der Senat [...] *die von der garnison oder von dem Stadtrath gefangenen Academici oder sonstigen StaabsVerwandten lasset er durch einen deren Pedellen abholen"*

b) §24 über die Gerichtsfunktion des Senats:
Das Gericht habe vormals aus dem Rektor und vier gewählten Assessoren bestanden. Nun sei der gesamte Senat als Gericht tätig. *„Es gehören unter diesen gerichtsstaab alle professores ordinarii et extraordinarii, der syndicus, der oeconmus, die collectores und* [unleserl.], *die Pedellen, der* [unleserl.], *der botanische gärtner, die exercitienmeister, zwey buchführer 1 buchdrucker, 3 buchbinder alle immatriculirten academici die Mütter und Kinder der verstorbenen universitatischen staabs verwandten"* Über die Genannten urteilt der Senat nicht nur in bürgerlichen Rechtssachen, sondern auch *„über halß und hand"*. Eingeschränkt ist das besondere Privileg der Blutgerichtsbarkeit aber durch die Pflicht, die Urteile dem Kurfürst zur Bestätigung vorzulegen.

Im Bericht betont die Universität, *„daß sie niemand als Ihro Churfl. Durchl. dieshalbs Rechenschaft gebe"*. Wenn die Universität, wie sie selbst in einem Bericht, der durch die Kurfürstliche Regierung kontrolliert wurde, angab, dass sie nur dem Fürsten selbst Rechenschaft gebe, so widerlegt dies die Ansicht von *Stein*, der von einer engmaschigen Eingliederung der Hochschulen in die Behördenstruktur des absolutistischen Polizeistaates ausgeht.[1637] Eine eigene Aufsicht über die Heidelberger Universität, die Oberkuratel, wurde bereits auf Zeit im siebzehnten Jahrhundert eingeführt, aber erst unter Carl Theodor 1746 dauerhaft eingerichtet und 1786 in die Statuten aufgenommen.[1638]

2. Statutenreformen durch Carl Theodor

Die letzte Reform der Universitätsstatuten vor dem Übergang der Hochschule an Baden erlässt Kurfürst Carl Theodor anlässlich des Jubiläums von 1786. Schon vierzig Jahre zuvor, kurz nach seiner Übernahme der kurpfälzischen Regierung, hatte er die Statuten leicht geändert.[1639] Nach Hermann Weisert ist es das Hauptverdienst der Statutenreform von 1786, die bis dahin

1637 Stein, S. 116. Die Ansicht von Stein widerlegt auch Maack, S. 43.
1638 Drüll/Zimmermann/Hesse in: Heidelberger Universitätsämter, S. 34; Weisert, S. 74, 81.
1639 Am 22. August 1746: Winkelmann I, S. 419.

gewohnheitsrechtlich geübten Abläufe in rechtlich verbindliche Formen zu bringen.[1640]

a) Die Oberkuratel

Die Oberkuratel,[1641] die durch zwei *Ober-Curatores* gebildet wurde, soll die Aufsicht der Regierung über die Universität sicherstellen. Die erstmals 1709 erwähnte Einrichtung[1542] ist jedoch keine personell eigenständige Behörde zwischen der Regierung und der *Rupertina*. Sie besteht aus Mitgliedern der kurpfälzischen Regierung, meist dem Regierungspräsidenten und dem Vizekanzler.[1643] Zu ihren Aufgaben gehört nicht nur die Überwachung und Disziplinierung der Universität, sondern auch die Wahrung ihrer Privilegien.[1644]

In der Praxis greift die Oberkuratel in ihrer Funktion als Überwachungsorgan in die akademische Gerichtsbarkeit ein. So weist sie zum Beispiel 1792 die Universität an, ein Duell zwischen einem Studenten und einem Offizier zu untersuchen, von dem die Curatoren durch Gerüchte erfahren hatten. Nachdem der Senat einen Bericht geschrieben hatte, entscheidet die Oberkuratel, dass die Eltern des Studenten über den Vorfall, der ihr Kind in *„leib- und lebensgefahr"* gebracht hatte, zu informieren seien.[1645] Ebenfalls als Eingriff in die Jurisdiktion der Universität ist die langwierige Untersuchung gegen den Professor des Natur- und Völkerrechts Franz Ignaz Wedekind[1646] zu qualifizieren. Im ängstlichen Klima nach dem Ausbruch der Französischen Revolution[1647] verdächtigt man den Rechtsgelehrten der Verbreitung aufrührerischer Gedanken. Regierung und Kuratel rügen mehrere seiner Schriften, ohne dass es zu einschneidenden Maßnahmen gekommen wäre. Sanktio-

1640 Weisert, S. 80. Schroeder, Juristische Fakultät der kurpfälzischen Universität Heidelberg, S. 329.

1641 Von lat. curator, Pfleger, Vormund, Betreuer; ab dem Mittelalter gebräuchlicher Begriff für die Vormundschaft über eine Person oder ein Vermögen, ab dem späten siebzehnten Jahrhundert auch für Aufsichtsbeamten für Universitäten, DRW VIII, Sp. 141–144.

1642 Der erste Kurator, der Regierungs- und geistliche Ratspräsident Agostino Steffani, hatte zunächst den Wiederaufbau der Universität nach dem Pfälzischen Erbfolgekrieg zur Aufgabe. Ab der Mitte des achtzehnten Jahrhunderts war die Überwachung des Generalstudiums Sinn und Zweck der Kuratel, vgl. Merkel, S. 337ff.

1643 Weisert, S. 75.

1644 Thorbecke, Statuten, S. 302, § 1 der Statuen Carl Theodors.

1645 Schreiben der Oberkuratel an den Senat vom 9. April 1792 in: UAH RA 5447.

1646 1793 hatte er die Professur seines Vaters Georg Joseph Wedekind „geerbt", Schroeder, Juristische Fakultät der kurpfälzischen Universität Heidelberg, S. 422.

1647 Zum Einfluss der Französischen Revolution auf die Kurpfalz siehe Knab in: Übergang an Baden, S. 43ff.

nen können im Ergebnis nicht verhängt werden, da Wedekind lediglich den aktuellen Stand der Naturrechtslehre vertreten hatte.[1648]

Auch die Einrichtung der Kuratel verdeutlicht die immer weitergehendere Eingliederung der Universität in den kurpfälzischen Staatsaufbau bei einem gleichzeitigen Verlust an Autonomie. Noch 1683 hatte sich die Hochschule erbittert und erfolgreich gegen eine Erweiterung der staatlichen Aufsicht verteidigt, einige Jahrzehnte später nimmt sie die Einrichtung ohne Gegenwehr hin.[1649]

b) Regelungen zur Gerichtsbarkeit – das Ende der Gerichtsbarkeit des Rektors

Die Statuten von 1786 schränken den Rechtsweg ein: in Disziplinar- und Kriminalsachen schafft man die Appellation ab, lediglich Todesurteile waren einer Überprüfung durch den Kurfürsten zugänglich.[1650] Durch § 30, der die Aufgaben des Senats bestimmt, wird die schon im Bericht an Maria Theresia im Jahr 1774 beschriebene Praxis, dass der Senat als Gericht erster Instanz auftritt, auch in Statutenform gebracht.[1651] Die Regelung beendet das seit der Gründung ausgeübte Gewohnheitsrecht, nach dem der Rektor in leichteren Fällen als Richter agiert. Nun obliegt diesem lediglich die Vollstreckung der Senatsentscheidungen.[1652]

Weiterhin wird die seit der Reform von 1672 bestehende Verpflichtung des Militärs, der Universität Soldaten zur Durchsetzung der Disziplin zur Verfügung zu stellen, auf die Stadt und ihre Wachen erweitert, sofern keine Garnison in Heidelberg stehen sollte.[1653]

Die Pflichten des Syndikus, der ein Lizentiat der Rechte oder zumindest entsprechend qualifiziert sein muss, werden in den Paragraphen 45 bis 47 geregelt: er soll, neben seiner Notarfunktion, besonders als Protokollant und allgemeine Hilfe des Gerichts tätig werden.[1654]

1648 Die Untersuchung stellt Schweigard, S. 226ff. anhand der einzelnen Schriften dar. Zum Begriff des Naturrechts siehe Zippelius in: HRG III, Sp. 933ff.

1649 Winkelmann II, Nr. 1756, Nr. 1757, Nr. 1761. In der Bereitschaft, die Kuratel als übergeordnete Behörde mit Eingriffsrechten zu akzeptieren, könnte sich die fortgeschrittene Sozialdisziplinierung des Generalstudiums und des Senats zeigen.

1650 Weisert, S. 82. § 32, Thorbecke, Statuten, S. 310.

1651 § 30, Thorbecke, Statuten, S. 309. Die Regelung bestätigt die Ansicht von Weisert, S. 80, dass Gewohnheitsrecht in feste Form gebracht wurde.

1652 Drüll/Zimmermann/Hesse in: Heidelberger Universitätsämter, S. 39.

1653 § 31, Thorbecke, Statuten, S. 309f. Insbesondere mussten die Soldaten *„unweigerlich und unentgeltlich“* zur Verfügung gestellt werden.

1654 §§ 45ff., Thorbecke, Statuten, S. 313.

XXII. KAPITEL: Eingriffe der kurfürstlichen Regierung

Das achtzehnte Jahrhundert ist geprägt von der Durchsetzung des absolutistischen Staates in den Territorien des Heiligen Römischen Reichs.[1655] In der Kurpfalz finden sich seit dem Ende des Dreißigjährigen Krieges entsprechende Tendenzen. Davon betroffen ist auch die Rupertina, die schon die Reform Ottheinrichs im sechzehnten Jahrhundert zu einer Landesuniversität[1656] umgewandelt hatte. Ziel der Regierungen ist es, durch die Hochschulen qualifizierte Beamte auszubilden, wodurch die Position der Juristenfakultät innerhalb der Universität gestärkt wird.[1657]

Im Zuge der Integration der relativ unabhängigen Glieder und Korporation in einen neuzeitlichen Staat wird auch in den Bereich der akademischen Gerichtsbarkeit in Heidelberg durch die Regierung eingegriffen. Besonders folgenreich ist die Einrichtung der Oberkuratel. Unter verschiedenen Bezeichnungen und Zusammensetzungen prägt das Amt des Kurators die Geschicke der Universität weit in die badische Zeit hinein.

Doch neben dem institutionellen Eingriff finden sich auch Einzelmaßnahmen, die zeigen, dass die Regierung der Kurpfalz ein Weisungsrecht an das Universitätsgericht beansprucht. So zum Beispiel in einem Fall aus dem Jahr 1746: Die Regierung weist die Hochschule an, den Studenten Baptiste Damm[1658] für vier Wochen bei Wasser und Brot in den Karzer zu sperren. Die Aufforderung wird nicht näher begründet.[1659]

Ein Erlass des Senats vom 15. Juli 1748 zeigt, dass die Universität zur Verbesserung der Disziplin auch außeruniversitäre Maßnahmen zu Lasten der Studenten duldet und fördert: Zunächst ordnet der Senat an, dass *„jeder auff allhießiger Ustat* [Universität] *sich befindliche cives academici“* den Weisungen der Polizeidiener Folge zu leisten habe. Es handelt sich um besondere Bevollmächtigte der Regierung, die zur Bekämpfung der Prostitution nach Heidelberg geschickt worden waren. Die Universität gesteht ihnen sodann ausdrücklich zu *„Verdächtliche Häußer“* zu durchsuchen und *„liederliches gesindel“* aufzusuchen, um Heidelberg *„von dergleichen leuthen zu reinigen“*. Die Akademiker sollen die Maßnahmen nicht stören und sich auch aller

1655 Müller in: Geschichte der Universität II, S. 263.

1656 Hardtwig in: Vierteljahrschrift für Sozial- und Wirtschaftsgeschichte 73, S. 307 zur Verringerung der Privilegien im Zuge des Wandels.

1657 Müller in: Geschichte der Universität II, S. 264.

1658 Der sich bereits am 9.12.1739 eingeschrieben hatte: Toepke IV, S. 459f.; 557f. Ein Jahr später war er Baccalaureus der Artisten, 1740 Magister der Theologie. Schließlich widmete er sich dem Kirchenrecht.

1659 Aus der Akte UAH RA 7972 ergibt sich nicht, ob der Senat der Aufforderung folgte.

„nächtlicher schwermerey [...] und sonstiger Excessen" enthalten.[1660] Gerade das Durchsuchen von Häusern, in denen Personen wohnen, die unter der akademischen Gerichtsbarkeit stehen, ist ein in früherer Zeit von der Universität nicht geduldeter Eingriff in ihre Privilegien. Entsprechend sind auch die immer wieder auftretenden Festnahmen von Hochschülern durch das Militär zu beurteilen.[1661] Somit wird die im Laufe des achtzehnten Jahrhunderts fortgeschrittene Sozialdisziplinierung auch am Beispiel der *alma mater heidelbergensis* deutlich.

XXIII. KAPITEL: Eingriffe durch die städtische Gerichtsbarkeit

Das Verhältnis zwischen der städtischen Gerichtsbarkeit, die durch Schultheiß und Stadtrat ausgeübt wird, und der akademischen Jurisdiktion ist seit der Gründung der privilegierten Korporation häufig angespannt.[1662] Denn durch die vielfältigen wirtschaftlichen und persönlichen Bande zwischen Stadt und Generalstudium kommt es immer wieder zu Rechtstreitigkeiten, die beide Sphären betreffen. Im achtzehnten Jahrhundert häufen sich die überlieferten Fälle.

Bereits 1706 findet sich der erste Vorfall in den Akten:[1663] Aus Verärgerung über einen Befehl, den der Schultheiß erlassen hat, veröffentlichen einige Studenten einen Aufruf an ihre Kommilitonen, sich nichts durch die Stadt befehlen zu lassen. Die Akademiker verweisen darauf, dass sie *„unter dessen jurisdiction nit stehen, infolglich er Hr Stattschultheis den studiosis keinen befehl geben kann"*.[1664] Anscheinend haben ältere Studenten die Sorge, dass den neuangekommenen Hochschülern die Privilegien der Universität unbekannt sein könnten. Auf den Aushang reagiert der Senat mit einer Bekanntmachung an die Mitglieder der Universität. Darin wird der Befehl des Schultheißen an die Studenten, die Juden in Ruhe zu lassen und nach 9 Uhr abends nicht mehr die Straßen zu betreten, formal als Befehl des Senats

---

1660 Erlass der Universität vom 15. Juli 1748 in: UAH RA 7109.

1661 Auch wenn das Militär die Studenten nachts festnahm und morgens der Universität übergab, wie etwa im August 1748 (UAH RA 5460), so handelte es sich gleichwohl um einen Eingriff.

1662 Meiners I, S. 322 beschrieb im Jahr 1801 das Verhältnis im achtzehnten Jahrhundert als typischerweise wenig freundlich, allerdings ohne die offene Feindseligkeit der früheren Zeit.

1663 UAH RA 6958.

1664 Der Anschlag findet sich in: UAH RA 6958.

erlassen.[1665] So können die *„uhralten Privilegien"* des Generalstudiums gewahrt, die Gemüter der Akademiker beruhigt und der Befehl des Schultheißen gleichwohl durchgesetzt werden. Der Versuch der Maßregelung der Hochschüler durch die städtische Gerichtsbarkeit erfolgt vor dem Hintergrund der erst 1704 begonnenen Wiederaufnahme des Vorlesungsbetriebs nach der Vertreibung der Universität im Zuge des Pfälzer Erbfolgekriegs.[1666]

Nicht immer gelingt es jedoch, Konflikte zwischen Stadt und Studium so einfach zu lösen. Kommt es im direkten Kontakt mit dem Rat nicht zu einer Einigung, dann legt die Universität Beschwerde bei der kurfürstliche Regierung ein zur Verteidigung ihrer Rechte. In einem typischen Fall aus dem Jahr 1759 beschwert sich der Senat über den Stadtrat, der die Angestellte eines Universitätschirurgen vorgeladen hatte. Die Magd soll in einem Prozess, den ihr vorhergehender Dienstherr gegen sie führt, aussagen. Durch ihre Anstellung bei einem Universitätsverwandten steht die Magd unter *„alleiniger unversitäts Jurisdiction"*. Nach Ansicht des Senats umfasst das *privilegium fori* auch Klagen, die ihren Ursprung in der Zeit vor dem Übertritt in die akademische Sphäre hatten.[1667] An der Beschwerde wird deutlich, dass die Universität ihre Gerichtsbarkeit im achtzehnten Jahrhundert personell weit auslegt und selbstbewusst verteidigt. Allerdings entscheidet die Regierung, dass der Stadtrat für die Klage zuständig sei, da der Chirurg zu Unrecht als Universitätsverwandter angesehen werde.[1668] Gegen die Entscheidung remonstriert die Universität beim Vizekanzler der Kurpfalz. Nach einem Jahr antwortet dieser und fordert genauere Ausführungen der Universität. Der Senat reagiert mit einem weiteren Schreiben, in dem er die Privilegien des Generalstudiums näher erläutert. Eine abschließende Entscheidung der kurfürstlichen Regierung findet sich nicht in den Akten.

Weitere Fälle, in denen der Stadtrat in die Rechte der Universität eingreift, betreffen meist die Frage, ob ein Handwerker als Universitätsverwandter anzusehen ist.[1669] Außerdem beschwert sich der Stadtrat mehrfach, etwa im Jahr 1758, über das Verhalten der Studenten, wobei besonders deren *„nächtliche*[s] *schwärmen"* ein Ärgernis darstellt.[1670]

1665 Bekanntmachung des Senats vom 2. März 1706 in: UAH RA 6958.

1666 Wolgast, S. 65.

1667 Schreiben des Senats an die Regierung vom 18. Juni 1759 in: UAH RA 6958.

1668 Gegen eine erste Entscheidung der Regierung legte die Universität eine ausführliche Beschwerde mit Verweis auf ihre Statuten ein. Doch auch die erneute Antwort der Regierung vom 4. September 1759 in: UAH RA 6958 fiel für das Generalstudium negativ aus.

1669 Siehe dazu oben S. 262.

1670 Schreiben des Stadtrats an die Universität in: UAH RA 5457.

Wie gegenüber dem Oberamt, so vertrit der Senat die Interessen der Universität auch im Verhältnis zur Stadt mit Nachdruck. Im Vergleich zu früheren Epochen hat er damit häufig Erfolg.

XXIV. KAPITEL: Die Kameral-Hohe-Schule zu Lautern

Etwa zehn Jahre besteht neben der altehrwürdigen Rupertina mit der Kameralhochschule im heutigen Kaiserslautern eine weitere höhere Bildungsinstitution in der Kurpfalz. Die im Zuge der Aufklärung[1671] neuaufkommende Kameralwissenschaft, die Lehre von der Staatsverwaltung, der Wirtschaftsentwicklung und der Landwirtschaftsförderung,[1672] wird in einer eigens gegründeten Hochschule gelehrt.

1. Gründung, Statuten, Ziele und Gerichtsbarkeit

Die *„Kameral Hohe Schule"* wird 1774 auf Initiative der Physikalisch-ökonomischen Gesellschaft im linksrheinischen Lautern gegründet und drei Jahre später staatlich anerkannt. Sie soll Verwaltungsfachleute ausbilden, ohne der Heidelberger Universität Konkurrenz zu machen.[1673] Ziel ist es, die Bildung der Beamten zu heben, um dadurch die Verwaltung des Staats effizienter zu gestalten.[1674] Mit einem Erlass vom 19. Dezember 1778 verpflichtet die Hofkammer alle zukünftigen Landesverwaltungsbeamten zum Studium an der Kameralschule.[1675]

Die Gerichtsbarkeit der neugegründeten Hochschule ist zunächst umstritten. In der Gründungsurkunde vom 25. August 1777 wird das *privilegium fori* nicht eigens bezeichnet. Der Kurfürst gewährt aber *„die sonst gewöhnlichen Rechte, Freiheiten und Privilegien, welche ander dergleichen Institute insgemein zustehen"*.[1676] Daraus leitet die Akademie ihre Berechtigung ab, über ihre Mitglieder zu richten. Während der Stadtrat von Lautern die

1671 Simon in: HRG I, Sp. 333.

1672 DRW VI, Sp. 778–780. Vgl. auch Plettenberg, S. 33ff.

1673 Zur Geschichte der Schule insbesondere Plettenberg und die ältere Arbeit von Webler; ferner auch Jung, S. 14f.; Hess, ZGO 136 (1988), S. 234ff. Die Biographien der Professoren und Studenten stellt Poller detailliert dar.

1674 Webler, S. 14f.

1675 Der Erlass ist gedruckt bei Plettenberg, S. 245.

1676 Die Gründungsurkunde ist gedruckt bei Webler, S. 21f.

Zivil- und Strafgerichtsbarkeit[1677] des Senats über die Studenten anerkennt, bestreitet er dessen Kompetenz, sich mit Klagen von Bürgern gegen Hochschüler zu befassen. Nach mehreren Gutachten entscheidet die Regierung in Mannheim im Jahr 1779, dass die Hochschule für Zivil- und einfache Strafsachen der Studenten zuständig ist. Erst auf eine Eingabe des einflussreichen Professors Medicus hin erhält die Hochschule 1781 die Gerichtsbarkeit über die Professoren und deren Haushaltsmitglieder, den Pedell und den Gärtner. Maßgeblich für die Verleihung ist ein Gutachten der Heidelberger Universität. Mit der kurfürstlichen Order hat die Hochschule ein schon bei ihrer Gründung erkanntes Ziel erreicht. Denn nur durch die vollumfängliche akademische Gerichtsbarkeit sah man sich in der Lage, den Wettstreit mit konkurrierenden Einrichtungen um die Studenten gewinnen zu können.[1678]

2. Die Verlegung nach Heidelberg – Keimzelle der Volkswirtschaft

Am 9. August 1784 verlegt Kurfürst Carl Theodor die Kameralwissenschaften nach Heidelberg, um sie mit der Universität zu vereinigen.[1679] Bei diesem Anlass wird sie in *„Staatswirthschafts Hohe Schule"* umbenannt. Verschiedene Gründe führen zur Verlegung: während die Professoren in Heidelberg eine größere Hörerschaft – und damit neben einer erhöhten Strahlkraft auch höhere Einnahmen – erwarten, will das Oberamt Lautern die rechtlichen Konflikte mit den Student beenden.[1680] Die akademische Gerichtsbarkeit ist somit einer der Auslöser des Umzugs.

Schon zeitgenössische Autoren sehen in der Inkorporation der modernen Hochschule in die beinahe vierhundertjährige, altersschwache Rupertina eine der bedeutungsvollsten Wohltaten Carl Theodors.[1681] Ziel ist nichts weniger als die *„Wiedererweckung der Universität"*.[1682] Ein Jahrhundert nach der Eingliederung lobt Kuno Fischer in seiner Festrede zur Fünfhundertjahr-

1677 Da die Hochschule über keinen eigenen Karzer verfügte, stellte der Stadtrat den Stadtturm zur Verfügung, Webler, S. 29. Ähnlich war es in Heidelberg bevor der Karzer eingerichtet wurde.

1678 Webler, S. 30f.

1679 Zu den Gründen der Verlegung siehe Webler, S. 157ff.

1680 Plettenberg, S. 226.

1681 So Friedrich Peter Wund, S. 151 und Johann Heinrich Jung, S. 33ff., beide anlässlich des Universitätsjubiläums von 1786. Drei Jahre später schloss sich auch Friedrich Gedike, der im Auftrag Friedrich Wilhelm II. von Preußen deutsche Universitäten besuchte, dem Votum an, vgl. Schweigard, S. 219f.

1682 So treffend Webler, S. 161.

feier der Ruperto-Carola die *„Staatswirthschafts Hohe Schule"* als die *„Verkörperung eines neuen und zukunftvollen Gedankens"*.[1683]

Ihre früheren und zukünftigen Studenten stellt man den Studenten der Universität gleich, da zwischen ihnen kein Unterschied bestehe.[1684] Die Heidelberger akademische Gerichtsbarkeit wird dadurch auf sie ausgedehnt. Die Professoren der Staatswirtschaftsschule werden als Mitglieder der Philosophischen Fakultät auch Teil des Senates.

Allerdings schloss man sie von der Verwaltung der Gelder der Universität, soweit nicht ihr eigener Fachbereich betroffen war, und von der Gerichtsbarkeit über die universitätseigenen Dörfer aus.[1685] An den Hauptaufgaben des Senates, der insbesondere: *„A. die allgemeine aufsicht über das studium in seinem ganzen umfang besorget und wachet, damit keine mängel und mißbräuche dabei einschleigen, B. die iustiz und polizei sowohl im bezug auf die einzle lehrer als auch auf die studirenden beobachtet"*, sind sie gleichberechtigt beteiligt.[1686]

XXV. KAPITEL: Zwischenergebnis

Im Vergleich zu vorherigen Epochen zeigt sich die Universität in Bezug auf ihr Gerichtsprivileg im achtzehnten Jahrhundert selbstbewusst. Ein Grund dafür könnte in der Abschaffung des institutionell abgegrenzten Universitätsgerichts und der Übernahme der Aufgabe durch den Senat zu sehen sein. Denn dadurch steigt das Interesse der Professoren an der Gerichtsbarkeit, durch Eingriffe war gleichsam das Prestige der Gesamtkorporation betroffen, während vormals nur die eigentlichen Universitätsrichter näheren Einblick in die Rechtsprechung und die mit ihr verbundenen Konflikte hatten.

So wird die örtliche Zuständigkeit zulasten der Oberämter auf die gesamte Kurpfalz ausgedehnt, ohne dass sich ein ausdrückliches Privileg finden lässt. Vielmehr nutzt der Senat Präzedenzfälle aus der Vergangenheit für seine Argumentation, die schließlich erfolgreich ist. Auch die personelle Zuständigkeit legt man weit aus. So fühlt sich der Senat zum Beispiel für

1683 Kuno Fischer, S. 85.

1684 Weisert, S. 79.

1685 Die linksrheinischen Dörfer, die dem Stiftungsvermögen der Universität angehörten, dienten der Finanzierung bis sie im Zuge der Revolutionskriege an Frankreich fielen. Die Verwaltung der Einkünfte und die Rechtsprechung über die Angelegenheiten der Dorfbewohner beschäftigten den Senat im achtzehnten Jahrhundert in einem erheblichen Umfang. Zur Finanzierung im achtzehnten Jahrhundert siehe Merkel.

1686 Winkelmann I, S. 431, Z. 35ff.

eine Klage gegen die Magd eines Universitätsverwandten zuständig, die ihren Auslöser im vorhergehenden außeruniversitären Dienstverhältnis hatte. Insofern kann im achtzehnten Jahrhundert die Blütezeit der Heidelberger akademischen Gerichtsbarkeit gesehen werden, bevor im darauffolgenden Zeitabschnitt die badische Verwaltung die Privilegien der altehrwürdigen *alma mater heidelbergensis* einschränkt. Gleichwohl sind im achtzehnten Jahrhundert auch eine Vielzahl von erfolgreichen Eingriffen in die Jurisdiktion der Hochschule festzustellen. Die Konstellation ist jedoch nur scheinbar widersprüchlich. Denn während die Universität konsequent – und meist auch erfolgreich – gegen Maßnahmen von gleich- oder untergeordneten Behörden[1687] in die von ihr beanspruchte Gerichtsbarkeit vorgeht, so akzeptiert sie Edikte von Seiten der kurpfälzischen Regierung.[1688]

Niederschmetternd war die Feststellung des Senats zur akademischen Disziplin im Jahr 1797: *„daß 1., die meisten jungen leute ohne Elan studieren. 2., ihre academischen Jahre zubringen, ohne Proben ihrer Fähigkeiten, ihres Fleisses und ihrer erworbenen Kenntnisse gegeben zu haben.“*[1689]

Die Verbesserung der Disziplin stellt den Senat im achtzehnten Jahrhundert vor erhebliche Probleme. Immer wieder fallen Studenten durch Beleidigungen, Körperverletzungen, Duelle sowie *Excesse und Tumulte* in der engen Neckarstadt auf. Konfliktträchtig ist dabei besonders das Verhältnis zu anderen abgegrenzten Gruppen im Sozialgefüge der Stadt, wie Handwerksburschen, Soldaten und Juden. Eine Ausprägung der innerhalb der Studentenschaft entstandenen spezifischen Studentenehre ist in der relativen Deliktshäufigkeit innerhalb der überlieferten Akten erkennbar: während sozial anerkannte oder geforderte Verhaltensweisen, wie etwa das Duellieren oder das Prellen der Gläubiger häufig zu finden sind, wird nur selten oder nie gegen Hochschüler wegen Diebstahls, schwerer Körperverletzung, Raub, Mord und ähnlicher Taten ermittelt.

1687 Wie etwa dem Oberamt und der Stadt Heidelberg.

1688 Vgl. oben S. 286 den Bericht über die Universitätsprivilegien an Maria Theresia von Österreich, in dem die Universität hervorhebt, *„daß sie niemand als Ihro Churfl. Durchl. dieshalbs Rechenschaft gebe“*. Die Unterordnung des Generalstudiums unter den Kurfürst bestand schon seit der Gründung, im achtzehnten Jahrhundert kam es vor dem Hintergrund der Sozialdisziplinierung im absolutistischen Staat allerdings zu vermehrten Eingriffen.

1689 GLA 205/1140.

D. Dritter Schwerpunkt: Das neunzehnte Jahrhundert

I. KAPITEL: Einleitung

Nach dem Übergang der rechtsrheinischen Kurpfalz an Baden[1690] und der Refundierung als Ruperto-Carola durch Großherzog Karl Friedrich von Baden begann mit dem neunzehnten Jahrhundert eine glanzvolle Epoche in der Geschichte der Heidelberger Universität.[1691] Zugleich ist es der letzte Zeitraum, in dem von einer eigenständigen akademischen Gerichtsbarkeit gesprochen werden kann. Denn im Zuge der Rechtsvereinheitlichung nach der Entstehung des Deutschen Kaiserreichs werden durch das Gerichtsverfassungsgesetz vom 27. Januar 1877 Sondergerichte wie das Universitätsgericht abgeschafft. Schon zuvor hat der badische Staat der kontinuierlichen Forderung der Liberalen nachgegeben und im Jahr 1864 ein entsprechendes Gerichtsverfassungsgesetz erlassen, mit dem die beinahe fünfhundertjährige Tradition der Heidelberger akademischen Gerichtsbarkeit auf eine reine Disziplinaraufsicht reduziert wird.

Der Prozess der Eingliederung der ehemals unabhängigen korporativen Universität und ihrer Mitglieder in den badischen Staatsaufbau beginnt in Heidelberg im Bereich der akademischen Gerichtsbarkeit bereits 1807, als die Regierung den ersten Versuch unternimmt, die Disziplinargerichtsbarkeit über die Studenten den ordentlichen Behörden zu übertragen, um die jungen Akademiker *„gleich allen anderen Staatsgenossen"* zu behandeln.[1692] Nach erheblichem Widerstand des Senats und der bekannten Professoren Mai und Thibaut wird der *status quo ante* beibehalten. Die Universität hat sich zwar zunächst im Sinne ihres alten korporativen Charakters gegen die Regierung durchgesetzt, die Aufhebung kann sie jedoch nur verzögern, nicht verhindern. Die traditionelle Eigenständigkeit der Hochschule macht es für die Regierung jedoch notwendig, zunächst den Weg über einzelne Zwischenschritte – wie die Einrichtung des Amtes eines Universitätsrichters – zu gehen, bevor sie das Ziel 1864 erreicht.

1690 Siehe nur v. Aretin in: HRG 4, Sp. 1263ff. und Becker in: HRG 4, Sp. 554ff.

1691 Neben den Naturwissenschaften, insbesondere der Chemie, brillierte die Juristische Fakultät im Neunzehnten Jahrhundert, vgl. Schroeder, Universität für Juristen, S. 43ff. Zum Verhältnis zwischen Studenten und Bürgern während dieser Phase siehe Schroeder, Tod den Scholaren, S. 89ff.

1692 UAH RA 4609, fol. 66r.

II. KAPITEL: Die ersten badischen Dekaden

1. Die akademische Gerichtsbarkeit beim Übergang an Baden

In den letzten Dekaden unter kurpfälzischer Regierung hatte sich die finanzielle und akademische Situation der Rupertina massiv verschlechtert. Aus dieser Zeit sind nur wenige Gerichtsakten archivarisch überliefert. Mit Beginn des neunzehnten Jahrhunderts ändert sich dies. Schon vor der offiziellen Herrschaftsübernahme durch Baden[1693] hat der neue Herrscher der Universität am 4. November 1802 versichern lassen, er habe vor sie wieder *„in flor zu bringen"*.[1694] Neben der Refundierung erfolgt eine umfassende Reorganisation.

Mit der Reorganisation, die erstmals einen Zusammenhang zwischen der Hochschule und dem allgemeinen Schulwesen herstellt,[1695] wird die sich zuvor aus ihrem Stiftungsvermögen, dem *Universitäts-Fonds*, selbst finanzierende Universität in die reguläre Finanzverwaltung des Landes Baden eingegliedert.[1696] Während die alte korporative Rupertina gleichsam eigenständig neben dem kurpfälzischen Behördenaufbau stand, wird die Ruperto Carola zu einem integrierten Bestandteil des badischen Staates.[1697] Auf die Gerichtsbarkeit muss dies sowohl organisatorisch als auch im Selbstverständnis erhebliche Auswirkungen haben. Während seit der Gründung 1386 Gleiche über Gleiche richteten – ein Hauptkennzeichen einer Korporation – sind in der badischen Zeit das akademische Gericht und später der Universitätsrichter als Staatsorgane tätig.

Mit der Einführung einer einheitlichen Gerichtsorganisation in der Phase der Konsolidierung nach der Vergrößerung Badens durch den Reichsdeputationshauptschluss wird sowohl die Standes- als auch die Grundge-

---

1693 Lohnle in: Übergang an Baden, S. 22f: Die provisorische Inbesitznahme geschah ab dem 23. September, die offizielle am 23. November 1802.

1694 Winkelmann II, Nr. 2583. Ausführlich dargestellt bei Mußgnug in: Übergang an Baden, S. 131ff.

1695 Das dreizehnte Organisationsedikt regelte das Schul- und Hochschulwesen. Die das akademische Gericht betreffenden Abschnitte sind in: GLA 205/1060, fol. 18r ff. archiviert und bei Jellinek, S. 7ff. gedruckt.

1696 Siehe das Kuratelamtsprotokoll vom 13. März 1807 sowie das Protokoll der Sitzung des Geheimen Rats vom 1. September 1807 in: UAH RA 6146, RA 6145, in denen jegliche finanzielle Kontinuität zur kurpfälzischen Rupertina bestritten wird.

1697 Kaller in: Baden und Württemberg im Zeitalter Napoleons II, S. 344; Nach einem Urteil des Landgerichts Mannheim von 1894 war die Universität zivilrechtlich als eigenes Rechtssubjekt anzuerkennen und damit erbfähig, siehe Jellinek, S. 49. Siehe auch Schroeder, Tod den Scholaren, S. 95.

richtsbarkeit des Adels abgeschafft.[1698] Von dieser Vereinheitlichung bleibt die Universität zunächst ausgeschlossen. So kann sich – getragen vom Standesbewusstsein der Studenten und Professoren – die akademische Gerichtsbarkeit weiter entwickeln.

Erst aus badischer Zeit sind für die Heidelberger alma mater Kodifikationen der Gesamtheit der geltenden Akademischen Gesetze bekannt, zuvor hatte es lediglich ad hoc publizierte Spezial- und Einzelfallgesetze gegeben. Durch die Kodifikation soll neben der Information der Studenten ab 1810 auch eine Vereinheitlichung der Regelungen an den beiden Landesuniversitäten Heidelberg und Freiburg erreicht werden. Die Gesetze werden den Hochschülern in gedruckter Form bei der Immatrikulation überreicht.[1699] Dadurch werden sie bei den Studenten zwar bekannter, aber möglicherweise nicht akzeptierter, wie ein Bericht Heinrich von Kleists aus dem Jahr 1800 über seine Immatrikulation in Dresden zeigt:[1700]

> *Wir gingen nach Hause, bestellten Post, wickelten unsre Schuhe und Stiefel in die akademischen Gesetze und hoben sorgsam die Matrikel auf.*

Die Aussage zeigt, dass Kleist auf den genauen Inhalt der akademischen Gesetze keinen besonderen Wert legt, der Eintritt in die Universität – und damit die Unterwerfung unter die akademische Gerichtsbarkeit – ihm aber wichtig ist.

Aus der ersten badischen Dekade besonders hervorzuheben sind das von Großherzog Karl Friedrich am 13. Mai 1803 erlassene *„Dreizehnte Organisationsedikt“*[1701] sowie die *„Instruction für das Academische Gericht zu Heidelberg“*[1702] aus dem Jahr 1807. Zwischen den beiden Organisationsgesetzen treten die ersten Akademischen Gesetze für die Ruperto-Carola am 21. März 1805 in Kraft. Vorangegangen waren eingehende Beratungen unter Hinzuziehung des Senats. Ein gedrucktes Exemplar wurde jedem Studenten über-

---

1698 Deuchert, S. 35.

1699 In Göttingen war dies schon in der zweiten Hälfte des achtzehnten Jahrhunderts üblich: Brüdermann, S. 116.

1700 Heinrich von Kleist im Brief an Wilhelmine von Zenge vom 1. September 1800 aus Dresden (anders Brüdermann, S. 116: Würzburg), Kleist V, S. 78. Möglicherweise hing die Geringschätzung der akademischen Gesetze auch damit zusammen, dass Kleist sich lediglich pro forma eingeschrieben hatte, eigentlich aber im Auftrag des preußischen Wirtschaftministeriums in cognito reiste.

1701 Jellinek, S. 1–14, Winkelmann I, S. 440–450 und GLA 205/1060; eine Photographie findet sich bei Drüll/Zimmermann/Hesse in: Heidelberger Universitätsämter, S. 42.

1702 UAH RA 4609 fol. 62ff., Transkription im Anhang XI.

geben.[1703] Durch das neue Gesetz wird das 13. Organisationsedikt abgeändert; gleichwohl stellt es das grundlegende Reorganisationsstatut dar, das der Universität zu neuem Glanz verhalf.[1704]

Die erste umfängliche Neuordnung der Statuten nach dem Übergang an Baden erfolgt unter dem Datum des 9. Dezembers 1805.[1705] Diese bestätigen die Regelung der akademischen Gerichtsbarkeit durch das 13. Organisationsedikt.

2. Die „Instruction für das Academische Gericht zu Heidelberg" – Ein Reformversuch

Im Sommer 1807 verabschiedet die badische Regierung eine umfassende Reform der Heidelberger akademischen Gerichtsbarkeit. Sie setzt sich aus der eigentlichen *„Instruction für das Academische Gericht zu Heidelberg"*, der *„Instruction für den oberherrlichen Polizeydirector in Heidelberg"* und einem begleitenden Erlass des Großherzogs vom 4. September 1807 zusammen.[1706] Ziel der Reform ist es, die Polizeigerichtsbarkeit grundlegend neu zu ordnen. Dazu soll die zersplitterte polizeirechtliche Zuständigkeit für alle Einwohner Heidelbergs auf einen Richter zusammengeführt werden.[1707]

Der begleitende Erlass dient der Veranschaulichung der Motive, die zu der Neuregelung in den *„Instructionen"* geführt hatten. Die Bemühungen der Professoren, dem *„alten Universitäts-Unwesen mit aller Kraft entgegen zu arbeiten"* erkennt die Regierung an und dankt dafür.[1708] Allerdings seien die Professoren und der Prorektor überlastet und die Aufgaben in der Lehre dringender. Ausdrücklich Bezug genommen wird auf die Lage an anderen deutschen Universitäten. Zwar sieht die Regierung die Gefahr, dass sich einzelne Studenten durch eine Verschärfung der Disziplinarvorschriften und eine Einschränkung der Zuständigkeit der akademischen Gerichtsbarkeit zu einem Wechsel des Studienortes veranlasst fühlen könnten. Bei diesen handele es sich aber nur um *„missratene"*, während die Attraktivität für den

1703 Die Beratungsprotokolle und Entwürfe des Senats sind in UAH RA 4608 zu finden. Dort auch ein gedrucktes Exemplar der Gesetze. Den bereits immatrikulierten Studenten wurde das Gesetz eigens in einer Versammlung in der Aula bekannt gemacht, vgl. die entsprechende Ladung vom 17. Mai 1805 in: UAH RA 5432.

1704 Moraw/Karst, S. 44.

1705 Jellinek, S. 17–28.

1706 Alle in: UAH RA 4609.

1707 Erlass vom 4. September 1807 in: UAH RA 4609, fol. 59r.

1708 Erlass vom 4. September 1807 in: UAH RA 4609, fol. 58r.

„fleißigen, gesitteten ordnungsliebenden Jüngling" steigen und die Verluste mehr als ausgleichen werde.[1709]

Als eigentliche Neuregelung wird die Trennung der *„Universitätspolizei"* von der Gerichtsbarkeit und deren Übertragung auf den städtischen Polizeidirektor beschlossen. Dieser soll für Polizei- und Diszipinarsachen sowie Verbal- und Realinjurien der Studenten zuständig sein. Um den Informationsfluss mit der Universität sicherzustellen, ernennt der Großherzog den Polizeidirektor zum Vizekanzler und damit zum *„Mitvorsteher dieser academischen Körperschaft"* mit dem zweiten Rang nach dem Prorektor. Unterstützt werden soll er von zwei Beisitzern, je einem aus dem Universitäts- und dem Stadtgericht.[1710]

Durch die Neuregelung erwartet der Großherzog, *„eine Pflanzschule für die Sittlichkeit, Humanität, für die wahre Aufklärung und mögliche Brauchbarkeit"* zu schaffen.[1711]

Zu beachten ist jedoch, dass es sich bei der *„Instruction"* zwar um ein zunächst gültiges Reskript des Großherzogs handelt, das aber, entgegen anderer Meinung,[1712] wegen des erheblichen Widerstandes der Universität nie in Kraft getreten ist.[1713] Unmittelbar nach dem Erlass haben die einflussreichen Professoren Mai und Thibaut ihre Bedenken angekündigt, weshalb zunächst ein Moratorium beschlossen wird.[1714] Anschließend bestätigen sämtliche betroffenen Ämter, unter anderem das Stadtvogteiamt, das Oberamt sowie die Pfarrämter, dass sich seit dem Prorektorat Thibauts die Disziplin der Studenten erheblich gebessert habe und somit keine Änderung notwendig sei.[1715] Daraufhin beschließt der Großherzog, sein Reskript aufzuheben. Um die Form zu wahren, wird der Universität erwidert, dass es sich bei dem ursprünglichen Reskript lediglich um eine Auslegungshilfe gehandelt habe, die nur die praktische Ausführung der Gerichtsbarkeit, nicht aber deren Grundlagen, betroffen habe.[1716] Im Folgenden wird deutlich, dass es sich entgegen der offiziellen Darstellung durchaus um eine Regelung handelt, die grundlegende Veränderungen gebracht hätte.

1709 Erlass vom 4. September 1807 in: UAH RA 4609, fol. 59r, 59v.

1710 Erlass vom 4. September 1807 in: UAH RA 4609, fol. 60r.

1711 Erlass vom 4. September 1807 in: UAH RA 4609, fol. 61.r.

1712 Maack, S. 50.

1713 Alenfelder, S. 192.

1714 Auszug aus dem Großherzoglichen Badischen Geheimenraths-Protokolls vom 18. Dezember 1807 in: UAH RA 4609, fol. 91.

1715 Abschrift der Zeugnisse in UAH RA 4609, fol. 92r. Siehe auch Schroeder, Tod den Scholaren, S. 101f.

1716 Auszug aus dem Großherzoglichen Badischen Geheimenraths-Protokolls vom 1. März 1808 in: UAH RA 4609, fol. 121ff.

Eine Tendenz der Einschränkung von polizeirechtlichen Befugnissen der Universitäten tritt zu Beginn des Neunzehnten Jahrhunderts auch andernorts auf. So war etwa in Landshut der städtische Polizeikommisar für Bürger und Studenten zuständig und hatte Sitz und Stimme im Senat.[1717]

3. Die akademischen Gesetze

Dauerhaft geregelt wird die Gerichtsbarkeit durch die *„Academischen Gesetze für die Großherzoglich Badischen hohen Schulen"* vom 25. Oktober 1810.[1718] Das Regelwerk vereinheitlicht die Gesetze für die Universitäten Freiburg[1719] und Heidelberg weitestgehend. Es war nötig geworden, weil neue Gesetze für Freiburg gegeben werden sollten und die badische Verwaltung nach der erheblichen Vergrößerung des Staates und dem Neuerwerb der ehemals vorderösterreichischen Hochschule Freiburg eine Vereinheitlichung anstrebte.[1720] Bereits am 9. Juni des selben Jahres erlässt der Großherzog eine Verordnung über die Bestrafung von Realinjurien für *„unsere beyde*[n] *Landes-Universitäten Heidelberg und Freyburg"*.[1721] Gleichzeitig wird der eng mit den Beleidigungen zusammenhängende Bereich der Studentenverbindungen geregelt.

Aus § 14 der Akademischen Gesetzen 1810 ergibt sich, dass für die Studenten zwar ein privilegierter Gerichtsstand, nicht aber grundsätzlich ein eigenes materielles Recht gelten sollte. Die in dem Gesetz statutierten Ausnahmeregeln ändern das allgemeine Zivil- und Strafrecht jedoch weitgehend ab.[1722] Als Hintergrund ist wiederum die den Studenten zugebilligte Sonderstellung zwischen elterlicher Aufsicht und voller Selbstständigkeit anzusehen.

1717 Jakob, S. 63.

1718 Ein gebundenes Exemplar findet sich in UAH RA 4603. Die ersten Gesetze stammen aus dem Jahr 1805. Sie wurden 1809 unter Mitwirkung der Universität Heidelberg durch einen förmlichen Nachtrag aktualisiert und ergänzt, vgl. UAH RA 4610, fol. 162ff. Nähere Ausführungen zu den Gesetzen finden sich S. 276ff.

1719 Für Freiburg siehe Meroth, S. 29ff.

1720 Maack, S. 52; Alenfelder, S. 192.

1721 Verordnung vom 9. Juni 1810 in: GLA 205/1060.

1722 Meroth, S. 30.

III. KAPITEL: Das Akademische Gericht

In den ersten Dekaden des neunzehnten Jahrhunderts wandelt sich die organisatorische Gestalt des Gerichts mehrfach. Aus den überlieferten Akten lässt sich der in praxi angewandte Gerichtsaufbau, die Zusammensetzung und das gewählte Verfahren zeitweise nur schwer rekonstruktieren. Widersprüchlich sind auch die Statuten. Im Folgenden wird auf die unterschiedlichen vorliegenden Satzungen, Regelungen und Gesetze eingegangen.

1. Aufbau

a) Dreizehntes Organisationsedikt

Das Universitätsgericht wird durch das Organisationsedikt vom 13. Mai 1803 neu gegliedert. Die Stellung des Rektors als Haupt des Gerichtes nimmt nun der Prorektor ein, da das Rektorat als Ehrenamt beim Großherzog liegt. Außerdem wird der Prorektor noch als *„PoliceiRichter der Universität"* bezeichnet.[1723] Hintergrund der Bezeichnung ist ein geänderte Verständnins des *„Policey"* Begriffs. Während in der frühen Neuzeit darunter allumfänglich das Wohl des Staates und seiner Bürger verstanden worden war, verengt sich der Begriff zum Ende des achtzehnten Jahrhunderts auf die Durchsetzung der öffentlichen Ordnung, Ruhe und Sicherheit.[1724] Gleichzeitig entsteht eine eigene Polizeigerichtsbarkeit, die von der allgemeinen Justiz getrennt ist.[1725] Im Unterschied zu dieser wird der Polizeirichter ohne Anklage tätig.[1726] Das Fehlen des Akkusationsprinzips kennzeichnet seitdem die Unterscheidung zwischen Straf- und Polizeirecht. Die Übertragung des Amtes auf den Prorektor zeigt wiederum das Zusammenspiel von Erziehung und Disziplin an der Universität, bezeichnete die zeitgenössische Literatur doch den Vater als *„policey-richter in seinem hause"*.[1727]

Neben dem Prorektor besteht das Universitätsgericht aus den zwei jüngsten Lehrern der Juristischen Fakultät, welche keine ordentlichen Professo-

1723 Abschnitt III, Nr. 30 des Organisationsedikts in: Jellinek, S. 7, GLA 205/1060, fol. 18r; sowie Weisert, S. 84.

1724 *Polizei III* in: DRW X, Sp. 1113ff.; zur Ausprägung des Policeybegriffs an der Universität siehe Brüdermann, S. 427ff.

1725 Becker in: HRG III, Sp. 1801.

1726 *Polizeirichter* in: DRW X, Sp. 1129.

1727 Zitiert nach *Polizeirichter* in: DRW X, Sp. 1129. Zur väterlichen Hausgewalt siehe Wacke in: HRG III, Sp. 1540ff. Die Rolle der akademischen Lehrer wird allgemein als väterlich beschrieben.

ren sein mussten. Der Syndikus dient als Gerichtsschreiber.[1728] Deutlich erkennbar wird die Tendenz zur Professionalisierung der akademischen Gerichtsbarkeit. Im Unterschied zu den vorangegangenen Epochen legt die aufgekärte badische Regierung Wert auf die Einsetzung von studierten Juristen. Dementsprechend wird die Stellung des Prorektors auch in den Statuten vom 9. Dezember 1805 geregelt: zwar hat er als Vorsteher des Gerichts und eigenständiger Disziplinarrichter, mit der Befugnis auf bis zu acht Tagen Karzerhaft oder zehn Gulden Strafe zu erkennen, weitreichende Kompetenzen. Sofern er kein Jurist war, hatte er sich aber weiterhin dem Votum der Beisitzer zu unterwerfen.[1729] Die Zuständigkeit des Senats als Gericht erster Instanz entfällt durch die Wiedereinführung eines organisatorisch eigenständigen Universitätsgerichts.

b) Instruction für das academische Gericht

Gemäß der *Instruction* war der Prorektor, der als Vorsitzender fungierte, bei Verhinderung von seinem jeweiligen Vorgänger zu vertreten. Soweit der Prorektor keine *„zur Justizpflege völlig qualifizierte und verpflichtete Person"*[1730] war, so musste er von einem Senatsmitglied, welches in der Juristischen Fakultät weder Sitz noch Stimme haben durfte, vertreten werden.

Weitere Mitglieder waren der erste Beisitzer aus der Juristischen Fakultät, der für zwei Jahre gewählt wurde, sowie der Syndikus als ständiger Beisitzer und der Universitätsaktuar als Schriftführer.[1731] In der *Instruction* ist damit eine Rangerhöhung des Syndikus vom Schriftführer zum Beisitzer vorgesehen gewesen. Neben der Professionalisierung ist hierin das Bestreben zur Perpetuierung zu sehen, da der Syndikus als hauptamtlicher Universitätsangestellter über einen längeren Zeitraum Mitglied des Gerichts sein konnte, als ein gewähltes Senatsmitglied, ein junger Lehrer des Rechts oder der Prorektor. Im Streben nach Perpeteuierung kann eine Lehre aus der vorherigen Praxis gesehen werden, in der Prozesse verzögert wurden oder ganz zum Erliegen kamen, wenn durch den Wechsel im Rektorat ein neuer Vorsitzender amtete.

1728 Abschnitt III, Nr. 31 des Organisationsedikts in: GLA 205/1060, fol. 18r.
1729 Jellinek, S. 21.
1730 Nr. 1, Instruction in: UAH RA 4609, fol. 62r.
1731 Maack, S. 51.

2. Zuständigkeit

a) Dreizehntes Organisationsedikt

Die Zuständigkeit des Gerichtes wurde durch Art. 33 des Dreizehnten Organisationsedikts[1732] geändert. Es blieb für die Privatdozenten, die Lehrer der bildenden Sektion, die Studenten und die Diener der Universität als umfassendes Gericht für Zivil- und Strafsachen zuständig. Weniger erhebliche Fälle, nämlich *„Blosse gemeine PoliceiVorfälle“*, also nach heutigem Verständnis Ordnungswidrigkeiten oder Disziplinarsachen, sollte der Prorektor zusammen mit dem Syndikus entscheiden.[1733] Durch diese Bestimmung wurde auch für die Polizeigerichtsbarkeit die Mitwirkung eines ausgebildeten Juristen sichergestellt.

Die Lehrer der fünf oberen Sektionen erhielten den Gerichtsstand beim Hofgericht der Pfalzgrafschaft in Mannheim als Privileg, nur für Polizeisachen blieb das eigentliche Akademische Gericht – nicht wie für die Studenten der Prorektor mit dem Syndikus – zuständig.

Angehörige von universitätsverwandten Berufen wie Buchdrucker und Buchbinder wurden dem Stadtgericht zugeordnet, wodurch die jahrhundertealte Tradition des akademischen Gerichtsstandes für die Universitätsverwandten endete. Auslöser für den Ausschluss der *„künstler und gewerbsleute“* von den akademischen Privilegien war nicht die Gerichtsbarkeit als solche, sondern die an den Gerichtsstand anknüpfende Steuerfreiheit, durch die es zu Wettbewerbsverzerrungen kam.[1734]

Beide Maßnahmen beschränkten die personelle Zuständigkeit, wobei allerdings unterschiedliche Gründe als maßgeblich anzusehen sind. Während die Aufhebung der Zuständigkeit für die Universitätsverwandten dem Gleichheitsideal des frühen Neunzehnten Jahrhunderts entsprach und zum sozialen Frieden innerhalb der Stadt beitrug, ist der Grund für die Verschiebung der Zuständigkeit für die Professoren ein anderer. Nach dem Ende der mittelalterlich geprägten Korporation mit ihrem Anspruch, nur eine Judikatur Gleicher über Gleiche zu akzeptieren, gliederte die badische Regierung die Hochschullehrer in den Staatsaufbau ein. Als Nebeneffekt nahmen dadurch auch die gelegentlich auftretenden Schwierigkeiten ein Ende, die enstanden, wenn etwa eine Räumungsklage gegen einen Professor vor dessen Kollegen verhandelt wurde.[1735]

1732 Abschnitt III, Nr. 33 des Organisationsedikts in: Jellinek, S. 8.
1733 Abschnitt III, Nr. 31 des Organisationsedikts in: Jellinek, S. 7.
1734 Abschnitt III, Nr. 35 des Organisationsedikts in: Jellinek, S. 9.
1735 Siehe oben S. 220ff.

Das Universitätsgericht verlor auch die allgemeine Urteilskompetenz für schwere Strafsachen. Bei solchen führte es nur noch die Untersuchungen, während das Mannheimer Hofgericht den Prozess führte und urteilte. Auch hierin ist die wiederholt erkennbare Tendenz zur Profesionalisierung zu sehen, da das akademische Gericht mit der selten auftretenden schweren Kriminalität regelmäßig überfordert war, während bei den hauptamtlichen Richtern des Hofgerichtes mit mehr Routine gerechnet werden konnte.

Dem eigentlichen Prozess vor dem akademischen Gericht war ein Güteverfahren vor dem Prorektor vorgeschaltet, der *„die Befugnis, ja vielmehr die Obliegenheit* [hat] *bei vorkommenden Klagen immererst den Weg eines gütlichen Vergleichs zu versuchen, ehe er die Sache an das academische Gericht bringt.“*[1736]

b) Instruction für das academische Gericht

Nach den durch die *„Instruction“* geplanten Änderungen soll die Universität – neben der freiwilligen Gerichtsbarkeit – für alle Zivil- und Strafsachen zuständig sein, und zwar sowohl für akademische Lehrer als auch für Studenten und auch wieder für die universitätsverwandten Berufe.[1737] Da die *Instruction* keine Rechtskraft erlangt, bleibt es bei der Einschränkung der Kompetenz des akademischen Gerichts durch das Organisationsedikt. In der Schwebezeit nach der Veröffentlichung der *Instruction* erkundigt sich das akademische Gericht ausdrücklich beim Kuratelamt, wie mit Klagen gegen Professoren umzugehen sei. Der Kurator entscheidet daraufhin, dass *„bis zur definitiven Bestimmung des Ganzen“* etwaige Klagen gegen Professoren weiterhin an das Hofgericht übergeben werden sollen.[1738]

3. Sitzungsturnus des Gerichts

Aus den Statuten vom 9. Dezember 1805 ergibt sich der ordentliche Sitzungsturnus des Gerichts. Verhandelt wird jeden Samstag ab 17 Uhr in einem eigenen Gerichtszimmer. Bei dringenden Fällen hat der Prorektor außerordentliche Sitzungen einzuberufen.[1739]

1736 Jellinek, S. 21.

1737 Maack, S. 50.

1738 Protokoll des Kuratelamts vom 4. Mai 1807 in: UAH RA 6914.

1739 Jellinek, S. 22.

4. Die *„Handhabung der Polizey"* in der Praxis

Die Akten des Jahres 1808 zeigen, dass der Prorektor weiterhin die Polizeigerichtsbarkeit ausübte. Exemplarisch ist etwa der Fall *„Schnetter gegen Landfried"*.[1740] Während die Universität gegenüber der badischen Regierung für den Erhalt ihrer Zuständigkeit kämpft, amtet der Prorektor wie zuvor als Disziplinarrichter.

Mehrfach verklagt das Ehepaar Landfried seinen Mieter Schnetter[1741] wegen ungebührlichen Verhaltens. Der Student erhebt daraufhin eine Klage ähnlichen Inhalts gegen seine Zimmerwirte vor dem Stadtpolizeiamt. Da der Prorektor Martin bereits zuvor mehrere Urteile und Vergleiche in der Sache getroffen hatte, soll er sich auf Bitten des Stadtpolizeiamtes auch mit der Klage gegen die Zimmerwirte befassen. Ein Endurteil ist nicht überliefert, deutlich wird aber, dass die städtischen und akademischen Polizeibehörden in der Praxis unproblematischer zusammenarbeiteten, als es die badische Regierung vermutete.

Bei einer Polizeisache mit Beteiligung von Bürgern und Studenten kommt es jedoch im Juni 1809 zu einem Konflikt zwischen den beiden tätig gewordenen Obrigkeiten. Das Stadtpolizeiamt fühlt sich durch einen formlosen Hinweis der Universität über das anzuwendende Verfahren missachtet und protestierte scharf gegen *„solche Zettel"*.[1742] Die Universität stellt daraufhin klar, dass sie zur Einleitung eines Verfahrens berechtigt gewesen sei. Deutlich wird das traditionell selbstbewusste Auftreten der Hochschule im Verhältnis zu den städtischen Behörden.

5. Instanzenzug

a) Dreizehntes Organisationsedikt

Urteile des Universitätsgerichts in Zivilsachen können gemäß Art. 33 nur im Wege der Berufung zum Oberhofgericht angegriffen werden.[1743] Damit steht das akademische Gericht im badischen Gerichtsaufbau auf einer Ebene mit dem Hofgericht in Mannheim, obwohl es für die Studenten als Gericht erster Instanz fungiert. Vergleichbar privilegiert sind die Hofräte und Professoren,

1740 Überliefert in: UAH RA 7613.

1741 Möglicherweise Johann Friedrich Schnetler, immatrikuliert am 19. Dezember 1807, Toepke V, S. 13.

1742 Schreiben des Stadtpolizeiamtes an die Universität vom 13. Juni 1809 in: UAH RA 7613.

1743 Abschnitt III, Nr. 33 des Organisationsedikts in: Jellinek, S. 8; Winkelmann I, S. 444, Z. 18ff.

für die das Hofgericht die unterste Instanz darstellt, während für die übrige Bevölkerung lokale Gerichte zuständig sind und das Hofgericht bereits eine Berufungsinstanz darstellte.

b) *Instruction für das academische Gericht*

Das Universitätsgericht wird in der *Instruction* als Untergericht bezeichnet. Nächsthöheres Gericht soll das Hofgericht der badischen Pfalzgrafschaft in Mannheim sein. Von diesem kann an das großherzogliche Oberhofgericht in Karlsruhe appelliert werden. Dies war die dritte und letzte Instanz.[1744] Damit handelt es sich um den regulären Instanzenzug für das Großherzogtum Baden. Im Vergleich zum Dreizehnten Organisationsedikt wird die Stellung des akademischen Gerichts durch die Einordnung unterhalb des vormals gleichgeordneten Hofgerichts abgewertet.

IV. KAPITEL: Die akademischen Gesetze

Die akademischen Gesetze des Jahres 1805 stellen die älteste überlieferte gedruckte Fassung der für die Studenten der Ruperto-Carola geltenden Vorschriften dar. Sie nehmen vielfältigen Bezug auf die Gerichtsbarkeit der Universität, ohne diese abschließend zu regeln. Auffallend ist der Detailreichtum der Regelungen, besonders in Fragen der Disziplin. So wird in § 9 der Gesetze von 1805 eine Vielzahl von Varianten eines Duells mit genauen Strafandrohungen geregelt. Eine abweichende Entscheidung des Gerichts sehen die Vorschriften nicht vor.[1745] Gleiches gilt für die Gesetze von 1810 und 1821.[1746] Die kasuistische Kodifikation – in der naturrechtlichen Tradition des Allgemeinen Preußischen Landrechts[1747] – erschwert dem Universitätsgericht immer wieder die Arbeit, da es an der notwendigen Flexibilität fehlt und die drastischen Strafen bei einer wortgertreuen Umsetzung die Attraktivität der Ruperto Carola geschmälert hätten. In der Praxis werden die Vorgaben daher oftmals nicht eingehalten.[1748]

Bei der Immatrikulation erhalten die Studenten eine gedruckte Fassung der Gesetze ausgehändigt. Den bereits vor Erlass der Gesetze von 1805 Im-

1744 UAH RA 4609, S. 1.
1745 § 8, Titel VI der Akademischen Gesetze von 1805 in: UAH RA 4603.
1746 Vgl. etwa § 32, Titel V der Akademischen Gesetze von 1821 in: UAH RA 4603, der genaue Strafen für verschiedene Arten der Beteiligung an einer Verbindung statuiert.
1747 Eckert in: HRG I, Sp. 155ff.
1748 Vgl. etwa die Strafmaßnahmen nach dem Auszug nach Frankenthal, unten S. 356ff.

matrikulierten werden diese in einer Versammlung am 19. Mai 1805 durch Prorektor Wedekind bekannt gemacht.[1749]

1. „Von der Erwerbung und dem Verluste des akademischen Bürgerrechts“

a) Die Immatrikulation

In den Akademischen Gesetzen ab 1805 werden genaue Bestimmungen über die Immatrikulation getroffen.[1750] Sie erfolgt stets durch den Prorektor.[1751] Rechtsfolge der Einschreibung ist ausdrücklich die Unterwerfung unter die Akademischen Gesetze und das Universitätsgericht. Sie hat innerhalb von 14 Tagen ab der Ankunft in Heidelberg zu erfolgen und erstreckt sich auch auf *„Hofmeister, Gesellschafter oder Begleiter“* eines Studenten sowie *„Livree-Bediente oder Domestiken, sowohl solche, die derselbe nach Heidelberg mitbringt, als solche, die er daselbst in Dienste nimmt“.*[1752] Mit den Akademischen Gesetzen von 1810 wird der Gerichtsstand vor dem Universitätsgericht für Bedienstete der Studenten auf Fälle beschränkt, in denen sie neben ihrem Dienstherrn oder anderen Studenten beteiligt sind.[1753] Dabei handelt es sich um eine Einschränkung der personellen Zuständigkeit, die dem Zeitgeist entspricht und auch an anderer Stelle von der badischen Regierung eingeführt wird.[1754] Weiterhin statuieren die Gesetze eine Regelstudiendauer von dreieinhalb Jahren, Verlängerungen sind dem Prorektor anzuzeigen.[1755]

b) Der Verlust

Abgesehen von der strafweisen Entziehung des akademischen Bürgerrechts droht dessen Verlust auch beim Abbruch der Studien.[1756] Gemäß Tit. 1, § 9, Abs. 2 bleibt den Absolventen *„der akademische Gerichtsstand samt den damit verbundenen Vorzügen“* grundsätzlich erhalten, bis sie Heidelberg verlassen oder ein Amt erhalten, welches zu einem neuen Gerichtsstand führt.

1749 Einladung vom 17. Mai 1805 in: UAH RA 5432.

1750 Tit. 1 der Akademischen Gesetze von 1805; Tit. 1 der Akademischen Gesetze von 1810; Tit. 1 der Akademischen Gesetze von 1821 jeweils in UAH RA 4603;

1751 Drüll/Zimmermann/Hesse in: Heidelberger Universitätsämter, S. 50.

1752 § 7, Titel I der Akademischen Gesetze von 1805 in UAH RA 4603.

1753 § 4, Titel I der Akademischen Gesetze von 1810 in UAH RA 4603. In den Gesetzen des Jahres 1821 werden die Bediensteten nicht erwähnt.

1754 Durch das Dreizehnte Organisationsedikt war die Zuständigkeit des Gerichts für die meisten Professoren aufgehoben worden.

1755 §§ 8f., Titel I der Akademischen Gesetze von 1805 in: UAH RA 4603.

1756 Tit. 1, § 8, Akademische Gesetze (1805) in UAH RA 4603.

Eine Exmatrikulation aufgrund von mangelhaften Studienleistungen ist nicht vorgesehen. In einem solchen Fall muss das Ephorat informiert werden, welches nach einem klärenden Gespräch mit dem Studenten gegebenenfalls Kontakt mit den Eltern aufnehmen soll.[1757] Hier wird das Nebeneinander der Aufsicht der Universität und dem fortbestehenden elterlichen Rechten deutlich.

Für den Fall einer aus *„unbefugter Ursache“* erfolgten Aufkündigung des akademischen Bürgerrechts durch einen Hochschüler kann der Senat von diesem die Entfernung aus der Stadt innerhalb von acht Tagen fordern. Währenddessen besteht die Zuständigkeit der akademischen Gerichtsbarkeit fort.[1758] Gekoppelt ist also die Aufenthaltserlaubnis intra muros mit der Zugehörigkeit zur Universität.

2. Der Revers

Bei der Immatrikulation müssen die angehenden Studenten gemäß den Akademischen Gesetzen[1759] einen Revers unterzeichnen, in dem sie garantierten, nicht Mitglied einer Studentenverbindung zu sein.[1760] Neben der durch die Immatrikulation selbst erfolgten Unterwerfung unter die Akademischen Gesetze und Gerichtsbarkeit soll durch den Revers eine erweiterte Strafmöglichkeit geschaffen werden. Durch seine Unterschrift akzeptiert der Student, dass er beim Bestehen eines entsprechenden Verdachts auch ohne gerichtsfesten Beweis vom Senat aufgefordert werden kann, die Universität zum Semesterende zu verlassen. Diese Regelung – die ausdrücklich keine Strafe darstellen soll – ist der Verschwiegenheit der Verbindungsmitglieder geschuldet, die den klaren Beweis einer Mitgliedschaft für die Universitätsbehörden schwer führbar macht. Außer der Unterschrift vermerken die Studenten auch ihre Heidelberger Zimmeranschrift auf dem Revers.

Der Wortlaut bezieht sich noch 1821 – also nach dem Entstehen der Burschenschaft und mindestens 15 Jahre nach der Etablierung der Corps in Heidelberg – auf die *„geheimen Ordens- oder landsmannschaftliche Verbindungen“* und bleibt damit der Terminologie des ausgehenden achtzehnten Jahrhun-

1757 Tit. 1, § 11, Akademische Gesetze (1805) in UAH RA 4603.

1758 Tit. 1, § 13, Akademische Gesetze (1805) in UAH RA 4603.

1759 Tit 1, § 6, Akademische Gesetze (1805), Tit. 1, § 3 der Akademischen Gesetze (1810); Tit. 1, § 3 der Akademischen Gesetze (1821) jeweils in UAH RA 4603.

1760 Abdruck des Revers von 1810 aus dem Anhang der Akademischen Gesetze im Anhang XIII.

derts verbunden.[1761] Deutlich wird, dass die tatsächliche Entwicklung der studentischen Lebenswelt an den akademischen Behörden vorbeigeht. Der im Jahr 1837 angewandte Revers ist in seinem Wortlaut weiter gefasst. Nunmehr verpflichtet sich der Student *„keiner verbotenen oder unerlaubten Verbindung der Studirenden, welchen Namen dieselbe auch führen mag“* beizutreten. Geduldet werden zu diesem Zeitpunkt bereits die unpolitischen Corps, sofern sie ihre Statuten dem Senat bekannt geben. Speziell auf die Burschenschaft ist der zweite Absatz gemünzt, in dem versichert wird, in keiner politischen Vereinigung Mitglied zu werden.[1762]

Als die Pflicht zur Unterzeichnung des Revers mit der Publikation der Akademischen Gesetze 1805 auf bereits Immatrikulierte ausgedehnt wird, kommen diese der Verpflichtung nur zögerlich nach. Durch Abgleich mit dem Matrikelbuch erstellt der Prorektor daraufhin eine Liste der Verweigerer und lädt sie unter Androhung der Exmatrikulation an einem Termin zur Ableistung der Unterschrift.[1763] In der Folge achtet die Universität verstärkt darauf, dass die Immatrikulation nur gegen zeitnahe Unterzeichnung des Revers erfolgt.[1764]

Schon seit 1779 müssen die Studenten in Erlangen bei der Immatrikulation schwören, keinem Orden beigetreten zu sein.[1765] Allerdings untergraben die Orden die Wirksamkeit der Regelung, indem sie ihre Mitglieder zum Meineid auffordern.[1766] Ein entsprechender Schwur ist auch an anderen Universitäten üblich. In Göttingen wird vor dem Hintergrund der Meineidproblematik gegen Ende des achtzehnten Jahrhunderts auf den Eid auf die akademischen Gesetze – und damit die Versicherung, kein Ordensmitglied zu sein – verzichtet.[1767] In Gießen zählt der Revers auch 1834 noch zu den Voraussetzungen der Immatrikulation.[1768] An der Universität Landshut ist er 1804 eingeführt worden.[1769]

1761 Die unterzeichneten Reverse des Jahres 1821 sind in UAH RA 4645 überliefert.

1762 Die Reverse von November und Dezember 1837 in: UAH RA 4717 und im Anhang XIV.

1763 Vermerk des Prorektors vom 25. Mai 1805 in UAH RA 4603.

1764 Eine Stichprobe für Oktober 1821 ergibt, dass 95 unterzeichnete Reverse in den Akten vorliegen (UAH RA 4645). Toepke V, S. 207ff. verzeichnet für den Monat 108 Immatrikulationen. Vereinzelt finden sich auch Reverse von Ende Oktober immatrikulierten Studenten unter den Anfang November 1821 unterzeichneten Reversen (UAH RA 4646). Es kann davon ausgegangen werden, dass eine Aufnahme in die Universität nur bei Unterzeichnung des Reverses erfolgte.

1765 Schroeder in: Georg Friedrich Rebmann, S. 34.

1766 Siehe oben S. 240.

1767 Brüdermann, S. 116.

1768 Dette/Schneider, S. 4.

1769 Jakob, S. 28.

V. KAPITEL: Die Aufhebung des Universitätsgerichts

Das Universitätsgericht als Kollegialorgan wird durch eine großherzogliche Verordnung am 7. Mai 1810 aufgehoben. Bereits im achtzehnten Jahrhundert war es einmal zur Auflösung des institutionell eigenständigen Gerichts gekommen.[1770] Mit dem Dreizehnten Organisationsedikt ist zwischenzeitlich wieder ein eigentliches Gericht konstituiert worden. An dessen Stelle tritt nun der Amtmann, der als Einzelrichter in einfacheren Fällen urteilt.[1771] Die Stelle des Amtmanns, eines hauptamtlichen Richters,[1772] wird neu geschaffen und ist als weiterer Ausdruck der Tendenz zu sehen, die korporative Struktur der alten Rupertina zurückzudrängen und gleichzeitig die Rechtspflege zu perpetuieren und zu professionalisieren.

Vor dem Erlass der Verordnung verfasst der Senat ein Gutachten über die aus seiner Sicht wünschenswerte Neuordnung.[1773] Angesichts seiner Überlastung durch die vielfältigen Amtsgeschäfte empfiehlt der Senat, die Disziplinarsachen und einfachen vollstreckungsrechtliche Zivilklagen an den Prorektor zu übertragen. Für die seltenen komplizierteren Zivilrechtsfälle soll ein neues Universitätsgericht aus fünf Mitgliedern der Juristischen Fakultät gegründet werden, das als privilegierter Gerichtsstand die Stelle des Hofgerichts einnähme. Für Kriminalsachen soll das Oberamt Heidelberg zuständig werden. Untertänigst bittet der Senat darum, dass *„die Jurisdiction in Disciplinar- und Polizey-Sachen auf keinen Fall den gewöhnlichen städtischen Behörden übertragen werden möge."* Gegen eine solche Übertragung führt man die Überlastung der regulären Behörden an, die den erforderlichen *„Eifer und die Schnelligkeit"* unmöglich mache – eine vor dem Hintergrund der vielfältigen Klagen über die Ineffizienz der akademischen Gerichtsbarkeit erstaunende Begründung.[1774]

Eine Neuordnung als solche trifft im Senat auf keine Bedenken. Auch an der universitären Zuständigkeit für Kriminalsachen will man nicht festhalten. Deutlich wird, dass den Professoren die Disziplinargerichtsbarkeit

---

1770 An seine Stelle war der Senat als Gericht erster Instanz getreten.

1771 Winkelmann II, Nr. 2669, 2671.

1772 Ursprünglich wurden sämtliche Beamte als Amtmänner bezeichnet, vgl. Grimm I, Sp. 282. Der Begriff verengte sich auf einzelne Beamtenstellen, war aber regional auch für Amtsrichter gebräuchlich, vgl. Meyers I, Sp. 462.

1773 Gutachten vom 3. April 1810 in UAH RA 4610.

1774 Selbst die Abfassung des Gutachtens erfolgte erst auf Mahnung des Innenministeriums vom 22. März 1801 hin, UAH RA 4610.

am wichtigsten erscheint.[1775] Da sie im täglichen Leben der Universität die größte Bedeutung hatte und auch über den Ruf der Akademie unter potentiellen Studenten mitentscheidend war, ist der Versuch, diese jedenfalls zu erhalten, nachvollziehbar.[1776] Besonders gilt das vor dem Hintergrund des aus Sicht der Universität erfolgreichen Kampfes gegen die Übertragung der Disziplinargerichtsbarkeit auf das Stadtpolizeiamt durch die *Instruction* im Jahr 1807.

Allerdings amtet der Senat auch in späteren Jahren als Gericht. So ergibt sich etwa aus dem Senatsprotokoll des Jahres 1833, dass sich der Senat mit Strafen wie der *Unterschrift unter das consilium abeundi* befasst und Gnadengesuche abweist.[1777] Es handelt sich um Strafen, die oberhalb der Befugnis des Amtmannes lagen.

An den Universitäten in Deutschland kam es typischerweise in der ersten Hälfte des neunzehnten Jahrhunderts zu ähnlichen Einschränkung der akademischen Gerichtsbarkeit, die meist zur Schaffung eines eigenen Universitätsrichteramts führen.[1778] Nicht immer war der Universitätsrichter für Polizeisachen zuständig. So besteht etwa in Gießen eine entsprechende Kompetenz des Stadtgerichts.[1779]

VI. KAPITEL: Die Polizeikommission

In seinem 34. Artikel statuiert das Dreizehnte Organisationsedikt eine Polizeikommission.[1780] Begründet wird dies mit dem pragmatischen Ansatz, dass im Rahmen von Polizei- und Disziplinarsachen häufig verschiedene Gerichte für ein und denselben Fall zuständig seien (so etwa bei den seit dem Mittelalter bekannten Auseinandersetzungen zwischen Studenten und Handwerksburschen).[1781] Um hier schnelle und einheitliche Urteile zu errei-

1775 An der Universität Gießen wurde 1808 die umfassende akademische Gerichtsbarkeit auf ein Disziplinargericht beschränkt, Dette/Schneider, S. 1.

1776 In dem Gutachten befürchtete der Senat gar *„für die Hebung unserer Universität unausbleiblich den größten Nachtheil“*. An einer hohen Frequenz hatten die Professoren vor dem Hintergrund der Hörergelder nicht zuletzt auch ein wirtschaftliches Interesse.

1777 Vgl. etwa das Senatsprotokoll vom 15. April 1833 in: UAH RA 813.

1778 Zum Beispiel in Gießen 1831, Dette/Schneider, S. 2; Landshut 1804, Jakob, S. 28;

1779 Dette/Schneider, S. 6.

1780 Winkelmann I, S. 444, Z. 36ff.

1781 Am 13. Mai 1805 kam es zu einer größeren Auseinandersetzung zwischen Handwerksburschen und Studenten, die eine umfangreiche Untersuchung durch die Polizeikommission zur Folge hatte, vgl. die Protokolle in UAH RA 5434. Ein weiteres Beispiel für die Verschränkung der Zuständigkeitssphären stellt das Vorgehen gegen den Heidel-

chen, wird eine Polizeikommission aus dem Prorektor als Vorsitzenden, dem Stadtdirektor und einem Militäroffizier als Mitglieder, dem jüngsten Lehrstuhlinhaber der staatsrechtlichen Sektion als Beisitzer sowie einem Stadtgerichtsschreiber als Protokollant gebildet.

Die Kommission hat entsprechende Vorfälle gemeinsam zu untersuchen und über sie zu urteilen, während der Vollzug der Strafe jeweils von dem Mitglied der Kommission durchgeführt werden muss, aus dessen Gerichtssphäre der Verurteilte kam. Über den Vollzug ist der Kommission zu berichten.[1782] Mehrfach in den Akten findet sich auch die Bezeichnung *„Ober-Polizei-Kommission"*, wie die Behörde in einem Anhang zu den Akademischen Gesetzen von 1805 genannt wird.[1783] Mit der zwischenzeitlich aus zwei außeruniversitären Personen, einem höheren Offizier und dem Stadtdirektor, bestehenden Kommission traf sich der Prorektor jeweils am Ersten des Monats zu einer Sitzung.[1784] Unmittelbar untergeordnet war dieses Gremium dem Geheimen Rat, also der badischen Regierung.[1785] Es handelt sich somit um ein Organ der Exekutiven, während das akademische Gericht als Teil der Judikativen in den badischen Instanzenzug integriert war.

Ein Beispiel für die operativen Aufgaben der Kommission stellt die Organisation von Militärpatrouillen dar, die 1805 jeden Abend sämtliche Viertel der Stadt kontrollieren. Die Patrouillen sollen polizeiliche Vergehen von Angehörigen sämtlicher Stände verhindern. Sie sind dazu berechtigt, auch Akademiker festzunehmen, müssen diese jedoch unverzüglich an die Universität übergeben.[1786] Im selben Jahr votiert das Kuratelamt für die Schaffung einer gemeinsamen Polizeiwache von Universität und Stadt, um die Integration der Strafverfolgung weiter voranzutreiben. Die Kosten sollen zu ⅓ durch die Universität und zu ⅔ durch die Stadt getragen werden.[1787] In der Folge kommt es trotz der Genehmigung des Vorschlags durch die badi-

berger Biersieder Held dar: Im Jahr 1803 hatte sich herausgestellt, dass er die Polizeistunde übertrat und häufig Bürgern, aber *„insbesondere denen Hr. Akademiker"* weiter Bier ausschenkte. Die Studenten vertraten gegenüber der Obrigkeit die Ansicht, dass sie in dem von ihnen gemieteten Nebenraum nicht an die Polizeistunde gebunden seien. Deshalb bat der Stadtrat die Universität um Hilfe: Schreiben des Rats vom 12. September 1803 in: UAH RA 5432.

1782 Winkelmann I, S. 444, Z. 43ff.; Nr. 15 des Anhangs No. II zu den Gesetzen von 1805 in: UAH RA 4603. Heyck, S. 8.

1783 Anhang No. II zu den Gesetzen von 1805 in: UAH RA 4603.

1784 Vgl. die entsprechende Vereinbarung aus dem Jahr 1807 in: UAH RA 5432.

1785 Nr. 3 des Anhangs No. II zu den Gesetzen von 1805 in: UAH RA 4603.

1786 Auszug aus dem Protokoll der militärischen Commandantschaft vom 1. Juni 1805 in: UAH RA 5434.

1787 Beschluss des Curatel-Amts vom 6. Mai 1805 in: UAH RA 5434.

sche Regierung nicht zur Einrichtung einer gemeinsamen Polizeiwache, da sich die Polizeikommission entschieden gegen eine Reform ausspricht. Insbesondere sieht man einen Konflikt mit den Regelungen aus Anhang 2 der Akademischen Gesetze.[1788]

Aus ähnlichen Erwägungen wie in Heidelberg werden an anderen Universitäten entsprechende Kommissionen gegründet, etwa 1818 in Landshut.[1789]

VII. KAPITEL: Das Ephorat

Neben dem Akademischen Gericht hat eine weitere Institution die Disziplinierung der Studenten zum Ziel: das Ephorat.[1790]

Genannt wird das Ephorat schon im Dreizehnten Organisationsedikt vom 13. Mai 1803.[1791] Es soll ursprünglich aus sechs Professoren bestehen, je einem katholischen und einem reformierten aus der Theologischen Sektion und je einem aus den vier anderen Sektionen. Ein Mitglied des Ephorats wird als Ephorus bezeichnet. Eingeführt wird das Gremium durch die Statuten vom 9. Dezember 1805 und besteht lediglich aus vier Professoren.[1792] Der Prorektor kann nicht zum Ephorus ernannt werden. Er hat jedoch das Recht an den vierzehntäglichen Sitzungen teilzunehmen. Maßnahmen des Ephorats, die nicht lediglich *„Erinnerungen, Warnungen, und allenfallsigen innern Angelegenheiten“* betreffen, müssen dem Prorektor zur Zustimmung vorgelegt werden.[1793]

Das Ephorat soll den Lebenswandel der Studenten überwachen und bei unangemessenem Verhalten Ermahnungen erteilen. Gegebenenfalls sind die Eltern oder der Senat zu informieren.[1794] Die Ermahnung sollte mit Liebe geschehen und der akademischen Jugend Raum zur Entwicklung geben,[1795] das Ephorat vertrat gleichsam die Aufgaben der Eltern.[1796] Das Ephorat war im Bereich des Disziplinarwesens neben dem Universitätsgericht zuständig. Dadurch konnte es zu Kompetenzüberschneidungen mit dem Gericht kom-

1788 Auszug aus dem Protokoll der Polizeikommission vom 26. Mai 1805 in: UAH RA 5434.

1789 Jakob, S. 29.

1790 Als Ephoren, (griech. für Aufseher) bezeichnet man urspr. Beamte im antiken Sparta.

1791 Winkelmann I, S. 444, Z. 3ff.

1792 Jellinek, S 25; Weisert, S. 89, 92, 93. Anders Maack, S. 62: aus drei Professoren.

1793 Jellinek, S. 26.

1794 Die Überwachung des Benehmens der Studenten entsprach dem Zeitgeist. Sie gehörte etwa an der bayrischen Landesuniversität Landshut zu den Pflichten der Professoren, vgl. Jakob, S. 28.

1795 Winkelmann I, S. 444, Z. 14ff.

1796 Heyck, S. 8.

men. Entscheidend war die Schwere des Vergehens, ohne dass trennscharfe Kriterien zu deren Bewertung überliefert sind.

Um 1806 war das Ephorat für leichte Disziplinarverstöße zuständig, während es schwerere Vergehen an den Senat abgab. Dies war zum Beispiel bei einem Duell, das unmittelbar bevorstand, der Fall.[1797] Auch wenn einem Professor ein Student auffallen sollte, *„dem es so sehr an den nothwendigen Vorkenntnissen oder Geistesfähigkeiten gebräche, daß auch bei seinem besten Willen keine hinlängliche Ausbildung"* zu erwarten sei, sollte das Ephorat nach einem Gesprächsversuch mit dem Studenten dessen Eltern informieren.[1798]

Im Rahmen der neuen akademischen Gesetze von 1810 wurde das Ephorat nicht mehr erwähnt, es blieb jedoch erhalten, da in Heidelberg die Meinung vertreten wurde, neben der juristischen Überwachung der Studentenschaft durch den Amtmann sollte eine moralische Überwachung durch das Ephorat erfolgen.[1799]

Ab 1816 vertrat nur noch ein Professor, der als ständiger Ephorus bezeichnet wurde, die Überwachungsfunktion. Im Jahr 1833 wurde die Aufgabe an die Fakultäten übertragen. Schon zuvor hatte sich gezeigt, dass dem Ephorat der Erfolg versagt blieb.[1800]

VIII. KAPITEL: Der Kurator in badischer Zeit

Im achtzehnten Jahrhundert war die kurpfälzische Kuratel als Überwachungs- und Vermittlungsorgan zwischen der Universität und der Regierung geschaffen worden. Durch die Weisungsbefugnis gegenüber dem Senat übte der Kurator von Beginn an großen Einfluss auf die Gerichtsbarkeit aus.

Das Amt des Kurators bleibt auch in der badischen Zeit bestehen. Es ist zwar dem Wortlaut des dreizehnten Organisationsediktes nach im Jahr 1804 abgeschafft worden. Die Kontrolle der Ruperto Carola soll stattdessen unmittelbar durch die Regierung erfolgen.[1801] Aus den überlieferten Akten zeigt sich jedoch, dass der Kurator auch in der Folgezeit mindestens bis in

1797 Schreiben des Ephorats an den Ausschuss des akademischen Senats vom 14. Januar 1806 ein Duell in Mannheim betreffend in: UAH RA 5450.

1798 Tit. 1, § 11, Akademische Gesetze (1805) in: UAH RA 4603.

1799 Schneider, S. 316.

1800 Schroeder, Tod den Scholaren, S. 99.

1801 Winkelmann I, S. 449, Z. 32ff.

die Mitte des Neunzehnten Jahrhunderts amtet.[1802] Auch daran wird deutlich, dass die Form des Organisationsedikts nie vollumfänglich umgesetzt wurde.

Festzuhalten ist, dass die offizielle Kontroll- und Genehmigungsfunktion des Kurators mitunter durch den Senat für eigene Zwecke genutzt wird. Entscheidungen, bei denen man Ablehnung von Seiten der Studentenschaft erwartet, werden gleichsam auf die höhere Instanz abgewälzt. So leitet der Senat Gesuche, die er selbst abschlägig bescheiden wollte, an den Kurator weiter. Durch das beigefügte negative Votum können die Professoren davon ausgehen, dass der Kurator wunschgemäß entscheiden werde und sie aus der Verantwortung entlassen sind.[1803]

Auch Sigismund von Reitzenstein,[1804] einer der prägenden Charaktere der frühen badischen Epoche der Universität, amtet als Kurator. Zu seinen Kompetenzen zählt auch die Genehmigung sämtlicher *„öffentlicher lustbarkeiten“*. Um die Studenten von Zerstreuungen abzuhalten, dürfen weder der Senat, noch der Stadtrat ohne Zustimmung des Kurators entsprechende Veranstaltungen gestatten.[1805]

Während das Amt des Kurators in Heidelberg bereits im achtzehnten Jahrhundert eingeführt wurde, besteht es in Tübingen erst ab 1806, als durch eine Reform aus der korporativen Hochschule eine Landesuniversität wird.[1806]

IX. KAPITEL: Dekrete gegen das Theaterspiel

Der Senat sieht im Theater weniger die Chance, die Bildung der Studenten zu heben, als vielmehr das Risiko, dass durch den Umgang und das Vorbild der ortsungebundenen Schauspieler die Sitten weiter verschlechtert werden. Deshalb untersagt man zu Beginn des Jahrhunderts zunächst das Theaterspielen in Heidelberg.[1807] Daraufhin weichen die Schauspielergruppen auf

1802 Vgl. etwa den Hinweis bei Winkelmann II, Nr. 2621 auf einen Vorschlag des Kurators vom 8. Mai 1804, also ein Jahr nach der Veröffentlichung des Edikts.

1803 So 1826,als die Studentenschaft eine Änderung der hundepolizeilichen Regelungen wünschte, vgl. den Auszug aus dem Senatsprotokoll vom 16. August 1826 in: UAH RA 7314.

1804 Zur Biographie Reitzensteins siehe Schwarzmaier in: NDB XXI, S. 404f. und Leonhard in: Übergang an Baden, S. 73ff.

1805 Winkelmann II, Nr. 2647.

1806 Müth, S. 27.

1807 Winkelmann II, Nr. 2526.

die umliegenden Dörfer aus, wo dem Senat jegliche Kontrollmöglichkeit fehlt. Deshalb erwirkt Prorektor Thibaut 1806 ein Verbot der Regierung, im Umkreis von zwei Stunden um die Universitätsstadt ohne eine ausdrückliche Genehmigung der Universität Theater zu spielen.[1808] Noch um die Mitte des Jahrhunderts fahren die Studenten zum Besuch des Theaters nach Mannheim;[1809] erst 1853 eröffnet das Heidelberger Stadttheater.

X. KAPITEL: Die Scharwache

Bei einer Scharwache handelt es sich um eine Polizeitruppe, die zwar im Dienst der Stadt stehen kann, deren Vorgesetzter aber der Rektor ist.[1810] Durch diese *„akademische Polizei"* soll die Disziplin unter den Studenten gehoben werden. In Heidelberg besteht lange Zeit, im Unterschied etwa zu Göttingen,[1811] keine solche Wache. Dem Generalstudium war aber bereits durch die Statuten von 1786 das Recht zugestanden worden, *„eigne Männer zur Erhaltung der Policei als Wächter und Häscher anzuordnen und zu bestellen"*.[1812] In seinem ersten Prorektorat wollte der Jurist Anton Friedrich Justus Thibaut[1813] dies ändern. Als Anlass nutzt er einen Konflikt zwischen einzelnen Studenten und dem Stadtdirektor. Der Prorektor will durch eine schlagkräftige, überlegen bewaffnete Polizei die Disziplin der Akademiker verbessern.[1814]

In der Folge wird eine entsprechende Wache eingeführt: die Unterpedelle. Da es sich jedoch um *„im Dienste erschöpfte, altersschwache Leute"*[1815] handelt, flößen sie den Studenten keinen Respekt ein. Dies ergibt sich auch

1808 Winkelmann II, Nr. 2639.

1809 Vgl. den Brief zum Auszug nach Neustadt im Anhang XV.

1810 Allgemein zur Notwendigkeit einer eigenständigen akademischen Polizei schon Meiners I, S. 272. Vgl. auch *Schnurren* in: Studentenhistorisches Lexikon, S. 238.

1811 Zur dortigen Scharwache, den Göttinger Jägern, die organisatorisch der Stadt unterstand, aber Anweisungen der Universität Folge leisten musste und um 1820 einen erheblichen Personalstand erreicht hatte, siehe Meiners I, S. 272ff., Brüdermann, S. 79ff. und Wagener, S. 324ff.

1812 § 77, Thorbecke, Statuten, S. 330.

1813 Zu Thibaut vgl. Schroeder, Universität für Juristen, S. 23ff., 44ff.; zu dessen Bemühungen um die Hebung der Disziplin: Schroeder, NJW 2008, S. 731.

1814 Heyck, S. 35f. Schon 1797 hatten die Studenten um die Einrichtung einer effektiven akademischen Polizei zu ihrem Schutz vor Angriffen durch Handwerksburschen, vgl. die Bittschrift der Studentenschaft vom 19. Dezember 1797 in: UAH RA 6699.

1815 Heyck, S. 36. Auch die Scharwache in Göttingen setzte sich aus altgedienten Bediensteten der Stadt zusammen und hatte deshalb ähnliche Schwierigkeiten mit den Studenten, siehe Brüdermann, S. 80.

aus einem Bericht der Unterpedelle vom 10. Mai 1807: als zwei von ihnen *„Um halb ein Uhr"* vier Studenten, die singend und Flöte spielend durch die Hauptstraße ziehen, zur Rede stellen, erwidern sie, *„die Unterpedelle hätten ihnen nichts zu befehlen."* In der folgenden Befragung durch den Prorektor gibt einer der Akademiker an, die Unterpedelle hätten *„sich übrigens ganz artig benommen"*, während einer seiner Begleiter *„wohl etwas unfein gegen die Unterpedellen sich betragen habe"*.[1816] Gleichwohl setzt der Rektor die Truppe vielfältig ein. Thibaut war es, der sie wiederholt am Morgen *„als Bauern verkleidet auf Straßen, ja sogar auf Dächer"* schickte, um nach Duellanten Ausschau zu halten.[1817]

Als Motiv für die Schaffung einer eigenen akademischen Polizei ist die ständig bestehende Konfliktlinie zwischen der städtischen Polizei und den Studenten zu sehen.[1818] Denn durch die Sondergerichtsbarkeit der Hochschule fehlt der städtischen Polizei die Durchsetzungsmöglichkeit im Verhältnis zu den Studenten. Zwischen der eigenständigen Justiz und einer erfolgreichen Strafverfolgung und Prävention besteht notwendigerweise ein enger Zusammenhang. Dem Universitätsgericht fehlt dieser Unterbau lange Zeit. Als er schließlich eingeführt wird, kann die unzulängliche Truppe der Unterpedelle die hohen Erwartungen nicht erfüllen.

XI. KAPITEL: Eingriffe in die Zuständigkeit des akademischen Gerichts

Auch nach 1803 kommt es zu Eingriffen von Behörden in den Bereich der Universitätsgerichtsbarkeit. Dabei ist als Fortgang einer längeren, schon das achtzehnte Jahrhundert prägenden Entwicklung, festzustellen, dass die Universität sich zwar gegen Eingriffe weiterhin zur Wehr setzt, dies aber zurückhaltender vorgeht als in den vorangegangenen Epochen.

Ein Beispiel aus dem Jahr 1807 stellt das Vorgehen des städtischen Polizeiamts, Abteilung für Medizinal- und Sanitätssachen, gegen einen studentischen Hundebesitzer[1819] Baron von Ungern-Sternberg[1820] dar. Nachdem der Hund des Akademikers mehrere Einwohner gebissen hatte, fordert das Amt von seinem Besitzer Schadensersatz. Der Prorektor Thibaut schreibt

1816 Bericht vom 10. Mai 1807, Befragung vom 11. Mai 1807 in: UAH RA 7612.

1817 Zitiert nach Dorothee Mussgnug in: Übergang an Baden, S. 139.

1818 Für Tübingen vgl. Krug-Richter II, S.

1819 Zum studentischen Hundebesitz im Neunzehnten Jahrhundert und den vielfältigen damit verbundenen Problemen siehe Krug-Richter II, S. 82.

1820 Immatrikuliert am 21. November 1806: Toepke IV, S. 407.

dem Amt daraufhin: *„daß man sich zwar dießmal, um Streitläufigkeiten vorzukommen, alle mögliche Mühe gegeben habe, den Baron von Ungern Sternberg zu bewegen, weder gegen die dortseits geführte Untersuchung noch auch gegen die gemachten Ansätze irgendeinen Einwand zu machen, man jedoch diesseits durchaus darauf bestehen müsse, daß künftig jede einen Akademicker betreffende Untersuchung den academischen Behörden überlassen werde.*"[1821] Besonders widerstrebt dem Senat, dass der Student vor der Verurteilung selbst nicht durch das Polizeiamt gehört worden war, worin man eine Verletzung des rechtlichen Gehörs sah. Außerdem tritt die Hochschule der Ansicht des Amtes entgegen, dass alle Einwohner Heidelbergs unter seine Zuständigkeit fielen, was sich aus dem 13. Organisationsedikt ergebe.[1822] Um weitere Probleme zu vermeiden, übersendet der Senat im Jahr 1805 mehrere Exemplare der neugedruckten akademischen Gesetze an den Stadtrat und den militärischen Stadtkommandanten.[1823]

Erst 1838 erlässt der Senat nach Rücksprache mit dem Innenministerium eine Hundepolizeiverordnung, die für große Hunde eine Maulkorb- und für bestimmte andere eine Leinenpflicht statuiert. Gemäß deren § 5 waren bissige Hunde polizeilich zu entfernen. Neben einer Hundesteuer von 1 fl, 30 kr. pro anno findet sich in der Verordnung auch erstmals ein Verbot, Hunde in Universitätsgebäude zu mitzunehmen.[1824]

Die Motivation der städtischen Polizeidiener, Studenten von nächtlichen *Excessen* abzuhalten, wird durch ein *„Fanggeld"* gesteigert, das 1805 erwähnt wird. Damals beschweren sich die Polizeidiener beim Senat, dass ihnen die Prämie nur für diejenigen Hochschüler gezahlt wurde, die sie namentlich benennen konnten, während die *„unbekannten Complices, deren Eruirung durch Vernehmung des namentlich angezeigten ein leichtes gewesen wäre"* zu keiner Belohnung führen.[1825] Der Senat erwidert, dass die Studenten, soweit ihnen erhebliche Taten zu Last gelegt würden, die üblichen Anzeigengebühren tragen müssten, ein besonderes *„Fanggeld"* existiere aber nicht, *„da man bis izo noch keinen Akademiker eingefangen habe"*. Für einfache Vergehen, wie die Übertretung der Polizeistunde, will der Senat überhaupt keine Gebühren erheben.[1826] Es handelt sich bei dem *„Fanggeld"* also wahrscheinlich um eine interne Prämie des Polizeiamtes, von dem der Senat keine Kenntnis hatte. Auch diese Kontroverse zeigt das problematische Verhältnis zwischen

---

1821 Auszug aus dem Protokoll vom 29. Januar 1807 in: UAH RA 7973.
1822 Auszug aus dem Protokoll vom 5. Februar 1807 in: UAH RA 7973.
1823 Auszug aus dem Protokoll vom 29. April 1805 in: UAH RA 5432.
1824 Verordnung vom 1. Februar 1838 in: UAH RA
1825 Schreiben des Stadt-Polizeiamts vom 21. November 1805 in: UAH RA 7651.
1826 Auszug aus dem Protokoll vom 4. Dezember 1805 in: UAH RA 7651.

den verschiedenen Autoritäten. Während der Senat weder von der Existenz der Prämie weiß, noch eine solche für notwendig hält, dehnt das städtische Polizeiamt seine Kompetenz de facto auf die Studenten aus.[1827]

Das Verhältnis zwischen Bürgern und Studenten, zwischen Stadt und Universität, das seit der Gründung der Hohen Schule zu Heidelberg meistens, gerade vor dem Hintergrund der akademischen Gerichtsbarkeit, gespannt war, bessert sich im neunzehnten Jahrhundert erheblich.[1828] Die über mehrere Jahrhunderte andauernde Entwicklung vom Pennalismus der verwilderten Studenten nach dem Dreissigjährigen Krieg, hin zum studierenden Bürger des zwanzigsten Jahrhunderts – die als Ausdruck der Sozialdisziplinierung gesehen werden kann – wird hier deutlich.

XII. KAPITEL: Akademische Gerichtsbarkeit und studentischer Komment

Der akademischen Gerichtsbarkeit als Aufsichtsbehörde über das Verhalten der cives academici stellen Teile der Studentenschaft einen eigenen Verhaltenskodex entgegen. Es handelt sich um den sogenannten Komment, ein Regelwerk, interpretierbar als Aspekt der „Sozialdisziplinierung von unten".

1. Der Komment als Selbstbeschränkung

Neben dem Universitätsgericht, das in offizieller Funktion über das Verhalten der Studenten wacht, versucht auch der Heidelberger Seniorenconvent seine Vorstellungen vom angemessenen Verhalten eines Akademikers durchzusetzen. Seniorenconvente (S. C.) entstehen zu Beginn des neunzehnten Jahrhunderts an allen deutschen Universitäten, so 1802 auch in Heidelberg.[1829] Die Convente sind Zusammenschlüsse von Landsmannschaften,[1830]

1827 Erst 1831 führt der Senat mit Zustimmung des Kurators eine Prämie für die Anzeige eines Duells ein. Nutznießer waren allerdings die Pedelle und damit Universitätsangestellte, vgl. Schreiben des Kurators an die Universität vom 26. Juli 1831 in: UAH RA 7924.

1828 Vgl. etwa den förmlichen Dank, den die Stadt den Studenten 1804 für ihre Hilfe beim Löschen eines Brandes aussprach: Schreiben des Stadtrats an die Universität in: UAH RA 7651 und Veröffentlichung des Prorektors vom 19. Dezember 1804 in: UAH RA 5432.

1829 Schneider, S. 36f.

1830 Für Heidelberg sind 1806 folgende Landsmannschaften überliefert: die Livländer und die Schwaben (die damals einen Konflikt im Wege einer *„General-Schlägerey, Mann für Mann"*, also eine pro-patria-Suite, austragen wollten, vgl. die Anzeige vom 25. Januar

die durch ihre Vorsitzende, die Senioren, vertreten werden. Aus den Landsmannschaften entwickeln sich um diese Zeit die heute noch bestehenden Corps.[1831] Dies geschieht durch die Übernahme von spezifisch ordensstudentischem Brauchtum, wie der Rezeption,[1832] der besonderen Treue und Freundschaft untereinander, der Verschriftlichung der Konstitution und der Geheimhaltung.[1833] Die Seniorenconvente veröffentlichen bald nach ihrem Entstehen Verhaltensregeln, die sich an alle Studenten einer Universität richten. Nach dem französischen Ausdruck: *„savoir, comment vivre“* nennt man die studentischen Verhaltensregeln Comments oder Komments.[1834] Aus Heidelberg sind die ältesten S.C. Komments aus den Jahren 1803 und 1806 überliefert.[1835] Offiziell genehmigt werden die Seniorenconvente auch lange nach der Akzeptanz der einzelnen Corps durch den Senat nicht. Noch 1875 teilt der Senat den Senioren der fünf genehmigten Corps mit: *„Es sind den hiesigen akademischen Behörden die Statuten von fünf einzelnen Corps vorgelegt und Seitens der ersten genehmigt worden, dagegen niemals die Statuten eines unter dem Namen „Seniorenconvent“ eingerichteten Verbandes der einzelnen Corps“.*[1836]

Obwohl die Regelungen der Vorsitzenden der Landsmannschaften eigentlich nur deren Mitglieder, und damit reglmäßig nur eine Minderheit unter den Studenten,[1837] binden können, beanspruchen die Komments – gleichsam als *„eine Verfassungsakte und ein Gesetzbuch zugleich“*[1838] – Geltung über alle

1806 in: UAH RA 5450), die Ober- und Unterrheiner (1802 wurde eine Rhenania gegründet, vgl. Körner in: Einst und Jetzt 1964, S. 125) sowie die Franko-Badenser (1803, vgl. Fabricius, S. 207, S. 210). Siehe auch Dittenberger, S. 41.

1831 Die Bezeichnung *„Corps“* (franz. Körper), ein aus dem militärischen Sprachgebrauch stammender Begriff, wurde im achtzehnten Jahrhundert allgemein für geschlossene Gesellschaften benutzt, ab 1777 auch für Landsmannschaften, vgl. *Corps* in: Studentenhistorisches Wörterbuch, S. 73f.

1832 Ein spezifisches Aufnahmeritual, das auch heute noch praktiziert wird.

1833 Keller, S. 276.

1834 Hardtwig, S. 116; Helfer in: Student und Hochschule im 19. Jhd., S. 165; Zum Entstehen der Komments siehe Fabricius, S. 98ff. Vgl auch *„Idiotikon der Burschensprache“*, abgedruckt in: Wörterbuch der Studentensprache III, S. 22, Stichwort *„Comment“*: *„das Gewohnheitsrecht der Studenten“* und *Comment* in: Studentenhistorisches Wörterbuch, S. 68.

1835 Beide in: Einst und Jetzt, Sonderheft 1967, S. 24ff.

1836 Protokoll vom 24. Juli 1875 in: UAH RA 7624.

1837 Selbst der Burschenschaft, die in den ersten Jahrzehnten ihres Bestehens den Anspruch auf eine vollständige Repräsentanz der Studentenschaft vertrat, gehörten um 1815 von etwa 6–10.000 deutschen Studenten nur etwa 1–2.000 an, vgl. Helfer in: Student und Hochschule im 19. Jhd., S. 160.

1838 Kussmaul, S. 118.

Studenten, auch über die nichtkorporierten *Finken, Kamele* oder *Wilden.*[1839] Neben den Vollmitgliedern und den Nichtkorporierten besteht als dritte Gruppe die der *Renoncen.* Bei ihnen handelt es sich um Studenten, die bei einer bestimmten Verbindung als Gäste verkehren, ohne Mitglieder zu sein.

Definiert wird der ihm Komment, wer als Student gelten soll. Entscheidend ist, dass sich ein in Heidelberg befindlicher Studierwilliger „*mit einer Matricel versehen habe und also unter academischer Jurisdiction*" steht.[1840] Hier unterscheidet sich die Ansicht des S. C. von der vom Senat angewandten Definition: Um die nur der Form nach Eingeschriebenen von ihrer Gerichtsbarkeit auszuschließen, fordert die Universität neben der Immatrikulation auch den tatsächlichen Besuch von Vorlesungen.[1841]

In den ersten Jahrzehnten des neunzehnten Jahrhunderts ist das Ansehen des Heidelberger S. C. so groß, dass sich auch außerhalb der Universität Stehende, wie etwa Gastwirte, an die studentische Organisation wenden, um Konflikte im akademischen Umfeld beilegen zu lassen. Die gerichtliche Tätigkeit wird um 1828 als Haupttätigkeit des Seniorenconvents beschrieben.[1842]

In den Komments, z. B. dem von 1803, existieren Regelungen, die ausdrücklich Folgen an die vom Universitätsgericht verhängten Strafen knüpfen.[1843] Der Senat der Ruperto Carola erkennt den Komment als Maßnahme zur Duellvermeidung an und befürwortet ihn deshalb zeitweise, wodurch eine indirekte Anerkennung der zu dieser Zeit noch verbotenen Verbindungen erfolgt.[1844]

Die Tendenz innerhalb der Studentenschaft an den deutschsprachigen Universitäten, sich eigene Regeln zu geben und diese auch durchzusetzen, ist durch das Fehlen von offiziellen Erziehungsmaßnahmen von Seiten der Hochschule begründet. Nach dem Ende des Bursenwesens fehlt den oftmals

---

1839 Art. VIII des Komments von 1803, Einst und Jetzt, Sonderheft 1967, S. 25: „*Alle fremde, sich hier aufhaltende oder blos durchreisende Akademiker müssen sich nach dem hiesigen Comment richten, insofern sie hier Burschenrechte genießen wollen. Dieß von fremden Burschen gesagte ist gleichfalls auf die Neutralen anzuwenden.*" Siehe auch Abschnitt III des Komments von 1806, Einst und Jetzt, Sonderheft 1967, S. 36f. Zur Gültigkeit für Nichtmitglieder auch Objartel in: Alltag und Literatur, S. 98; Helfer in: Student und Hochschule im 19. Jhd., S. 165; Roeseling, S. 69 und Möller, S. 154.

1840 Art. XXXIV des Komments von 1803, Einst und Jetzt, Sonderheft 1967, S. 27.

1841 Siehe S. 249.

1842 Bauer/Pietzsch in: Einst und Jetzt 1970, S. 53.

1843 Vgl. Art. IX des Komments von 1803 in: Einst und Jetzt, Sonderheft 1967, S. 25.

1844 Senatsprotokoll vom 31. Dezember 1828 in: UAH RA 5501, fol. 40v: „*den herkömmlichen hiesigen Comment beizubehalten, welcher insofern alles Lob verdient, als er vielfach darauf gerichtet war, Duelle abzuwenden*".

noch sehr jungen Studenten eine Kontrolle von Oben, weshalb sich die Kontrolle von Gleichen durchsetzen kann. Die *„Selbsterziehung"* ist als Teil der Sozialdisziplinierung seit der frühen Neuzeit zu sehen.[1845] Im Unterschied zu den deutschen besteht an den angelsächsischen Universitäten mit dem System der Colleges eine weitergehende Aufsicht.[1846]

2. Kommentmäßige Strafen

Die Seniorenconvente verhängen verschiedene Strafen. Die beiden wichtigsten sind der *Verschiß*, der sich gegen eine Einzelperson richtet, und der *Verruf*, mit dem Institutionen belegt werden kann.

a) Der Verschiß

Als Strafe droht hauptsächlich Studenten, aber auch Professoren und Nichtakademikern,[1847] die wider den durch den Komment festgeschrieben Ehrbegriff gehandelt hatten, der sogenannte *Verschiß*, von den Behörden auch als *Infamie* bezeichnet.[1848] Dabei handelt es sich um die förmliche Erklärung, eine Person habe ihre Ehre, und damit ihre Burschenrechte, verloren.[1849] Eine Folge ist die Satisfaktionsunfähigkeit.[1850] Besonders die Weigerung eine Duellforderung anzunehmen oder nach einer erlittenen Beleidigung den Beleidiger zu fordern führt regelmäßig zum Verschiß.[1851]

Der Verschiß kann von einer einzelnen Landsmannschaft über eines ihrer Mitglieder verhängt werden. Wenn über eine Renonce geurteilt wird,

---

1845 Zur Sozialdisziplinierung siehe oben S. 230ff. Im Universitätsmodell Humboldts sollte die Erziehung in der Schule stattfinden. Professoren und Studenten bildeten eine *„Forschergemeinschaft"*, in der für Erziehung kein Platz vorgesehen war, vgl. Möller, S. 42.

1846 Brandt in: Deutschlands Weg in die Moderne, S. 124.

1847 Insbesondere diejenigen Bürger, die in wirtschaftlichen Beziehungen zu den Studenten standen, also etwa Gastwirte, Zimmervermieter und Pferdeverleiher, vgl. Helfer in: Student und Hochschule im 19. Jhd., S. 168. Ein Beispiel eines Gastwirtes in Landshut, der eine Preiserhöhung wegen einer Verschißerklärung zurücknahm, findet sich bei Jakob, S. 40.

1848 Art. XXX des Komments von 1803, Einst und Jetzt, Sonderheft 1967, S. 26; Abschnitt IV des Komments von 1806, Einst und Jetzt, Sonderheft 1967, S. 37f.

1849 *„Idiotikon der Burschensprache"*, abgedruckt in: Wörterbuch der Studentensprache III, S. 27, Stichwort Verschiß: *„Ehrlosigkeit"*; Ebd. Stichwort Verschiß eines Studenten: *„der traurigste Zustand für brave Bursche"*.

1850 Helfer in: Student und Hochschule im 19. Jhd., S. 167.

1851 So war es schon 1681, wie sich aus dem Duellverbot der Universität ergibt, vgl. GLA 205/1133 und im Anhang VII.

musste der S.C. im Namen aller Landsmannschaften handeln.[1852] Da die Strafmaßnahme zu einer sozialen Ächtung führt, sehen sich betroffene Studenten teilweise zum Wechsel des Studienorts veranlasst. Der Senat hält 1807 gerade deshalb die Landsmannschaften für besonders strafwürdig.[1853] Zwei Jahre später erlässt das Badische Innenministerium eine scharfe Verordnung[1854] gegen die *„sittelose Gewohnheit, nach welcher eine angebliche academische Infamie von Academikern gegen Academiker in Beziehung auf bestimmte Handlungen oder Unterlaßungen ausgesprochen wird“.* Das Ministerium sieht darin eine *„durch nichts zu rechtfertigende Anmaßung allen Grundsäzzen der bürgerlichen Ordnung“* zuwider. Deshalb weist man den Heidelberger Prorektor und Senat an, Studenten, die verdächtigt werden, die Infamie ausgesprochen zu haben, *„auch ohne strengen juristischen Beweis noch eigener Einsicht“* zu bestrafen. Dies sollte auch die Entfernung von der Universität einschließen können. Falls der Beweis aber gelingt, soll der Senat die gesetzmäßigen Strafen anwenden und unverzüglich vollstrecken.

Die Verordnung zeigt, dass sich das Badische Innenministerium mit der angemaßten gerichtlichen Tätigkeit der Studenten befasst. Sie wird als ein erheblicher Eingriff in die akademische Gerichtsbarkeit und damit mittelbar in die staatliche Ordnung behandelt. Mit Verweis auf die erfolglosen Maßnahmen der Vergangenheit werden dem Senat als Universitätsgericht genaue Anweisungen für das weitere Vorgehen gegeben. Die Aufforderung, auch *ohne strengen juristischen Beweis* zu bestrafen, findet sich wiederholt im Zusammenhang mit Verfahren gegen Studentenverbindungen. Da die verbotenen Organisationen strenge Verschwiegenheit von ihren Mitgliederen einfordern, ist es dem Universitätsgericht häufig unmöglich, einen Beweis, der im inquisitorischen Verfahren regelmäßig ein Geständnis erfordert, zu führen.[1855]

b) Der Verruf

Gegen Institutionen, die das Missfallen der Studenten erregt haben, kann der sogenannte *Verruf* verhängt werden.[1856] Dabei handelt es sich um die förmliche Erklärung, dass die betroffene Institution – in Betracht kamen neben Gaststätten und Gesellschaften auch ganze Universitäten – ehrlos ist. Studenten ist es daraufhin untersagt, die Institution zu nutzen. Verstoßen sie

---

1852 Abschnitt IV des Komments von 1806, Einst und Jetzt, Sonderheft 1967, S. 37.

1853 Winkelmann II, Nr. 2651.

1854 Erlass vom 18. Dezember 1809 in UAH RA 4610, fol. 179ff.

1855 §§ 22, 32 Akademische Gesetze 1829

1856 Nach Gierens, S. 24, bildeten schon die Glossatoren das Gegensatzpaar: Ruf *(fama)* und Verruf *(infamia).*

gegen die Anordnung, verloren sie selbst ihre Burschenehre, wurden also in den Verschiß gesetzt.

Der Verruf kann zeitlich begrenzt oder unbefristet erfolgen. Er wird als Druckmittel genutzt, um ein von der Studentenschaft erwünschtes Verhalten zu erreichen. So kommt es 1828 etwa zu einem unbefristeten Verruf der Heidelberger Museumsgesellschaft. Gegen die Universität verhängt der S. C. einen auf drei Jahre befristeter Verruf.[1857]

Zumindest die Obrigkeit nutzt die Begriffe Verruf und Verschiß teilweise gleichbedeutend, wie schon das Duelledikt von 1681 zeigt: Studenten, die Kommilitonen, die sich dem Pennalismus und Duellwesen verweigern, in Verruf setzen, werden bestraft. Die Passage des Edikts zeigt, dass der Kampf der Behörden gegen die studentische Selbstjustiz schon vor dem Aufkommen der Seniorenconvente begonnen hat. Die Seniorenconvente bauen zwar auf den hergebrachten Gewohnheiten der Studentenschaft auf, durch ihre organisierte Machtsausübung erheben sie das Konfliktpotential jedoch auf ein neues Niveau.

XIII. KAPITEL: Vorgehen gegen Verbindungen

1. Verbote von Orden und Landsmannschaften, Duldung von Corps

Zusammenschlüsse von Studenten bleiben in Deutschland auch zu Beginn des neunzehnten Jahrhundert verboten. Gerade nach dem Übergang der Kurpfalz an Baden steigt der offizielle Verfolgungsdruck auf die Heidelberger Studentenverbindungen stark an.[1858] Es gelingt den Behörden gleichwohl nicht, die Verbote streng durchzusetzen: *„Man hat sie auf Tod und Kerker verfolgt, immer sind sie, kaum vernichtet, wieder auferstanden.“*[1859] Ab den Zwanziger Jahren des Jahrhunderts entsteht deshalb ein brüchiges Duldungsverhältnis.[1860] Das Universitätsgericht verfolgt besonders die politisch engagierte Burschenschaft, während die apolitischen Corps zunächst inoffiziell,

---

1857 Siehe S. 319.

1858 Vgl. etwa die Weisung des Ministeriums des Innern vom 22. März 1809 in: UAH RA 627. Details bei Schroeder, Tod den Scholaren, S. 99.

1859 Kussmaul, S. 118.

1860 Bereits 1809 schrieb der Prorektor in einer Anfrage an das Ministerium des Innern: *„so bekannt es auch im Allgemeinen ist, daß sich Landsmannschaften hier finden, und so gut man unter Hand eine ziemliche Anzahl ihrer Mitglieder kennt“*, Auszug aus dem Senatsprotokoll vom 19. März 11809 in: UAH RA 627.

später auch förmlich, anerkannt werden.[1861] Das dadurch entstehende Entscheidungsdilemma – die Frage, ob eine Verbindung als politisch anzusehen ist – beschreibt der damalige Heidelberger Privatdozent Heinrich Zöpfl in seinem 1832 erschienenen Werk *„Über die akadamische Gerichtsbarkeit und Studenten-Vereine“*.[1862] Problematisch ist insbesondere, dass sich auch die tatsächlich politisch interessierten Verbindungen, namentlich die Burschenschaften, nach außen hin unpolitisch geben. Den Corps gelingt es durch die Duldung, zur tonangebenden Organisation der Studentenschaft zu werden.

a) Verbotsgesetze

Dass die Regierung den studentische Verbindungen zu Beginn des Jahrhunderts ablehnend gegenüber steht, zeigt ein Edikt vom 25. April 1804, in dem die vorläufige Organisation der Universität festgelegt wird.[1863] In dessen 12. Absatz[1864] erneuert Karl Friedrich das Verbot von Orden und sonstigen geheimen Gesellschaften und hält die Universität dazu an, Studenten zu ermahnen, keiner Vereinigung beizutreten. Ausländer, die Mitglieder eines solchen Bundes sind, sollen von der Universität verwiesen werden. Begründet wird das Verbot mit dem Charakter und den Begleiterscheinungen von Verbindungen. Diese seien *„bei der studierenden iugend eine reichhaltige quelle von misbräuchen, von geld- und zeitverlust, ia nicht selten von verkehrten grundsäzen und sittenverderbnisse, in iedem falle aber von uneinigkeit und zwietracht und schuldlichem parteigeiste“*.[1865]

In die Kritik geraten die Verbindungen also auch durch die Streitigkeiten, die sie unter den Studenten fördern. Beispiele sind etwa Spannungen zwischen Mitgliedern der Landsmannschaften und der Orden,[1866] später zwischen Corps und Burschenschaften und schließlich zwischen satisfaktionsgebenden und den neu entstehenden konfessionellen Verbindungen.[1867]

Nich spezifisch gegen Orden, sondern allgemein gegen *„illegale gesellschaften“* richtet sich ein Senatsbeschluss aus dem Jahr 1807, in dem das Ver-

1861 Zöpfl, S. 5: *„ob es Studenten=Verbindungen mit Vorständen gibt, welche mit ausdrücklicher oder stillschweigender Bewilligung des Senates bestehen, und ob Studenten=Händel mit der Klinge ausgefochten werden; Ja“*

1862 Zu Heinrich Zöpfl siehe: Schroeder in: Humaniora, S. 287ff.; Schroeder, Universität für Juristen, S. 156ff.

1863 Winkelmann I, S. 450ff.

1864 Winkelmann I, S. 452, Z. 30ff.

1865 Winkelmann I, S. 452, Z. 37ff.

1866 Schneider, S. 166.

1867 Wolgast in Semper Apertus II, S. 9.

bot ebenfalls mit der Absicht der Gesellschaften, Ungleichheit zwischen den Studenten zu schaffen, begründet wird.[1868]

Nicht immer werden die strengen Edikte auch in praxi durchgesetzt. Für Heidelberg lässt sich feststellen, dass seit dem Ende des achtzehnten Jahrhunderts ein durchgängiges Verbindungsleben besteht. Der tatsächliche Verfolgungsdruck ist als wenig erheblich einzuordnen, was sich auch daran zeigt, dass die ältesten heute noch bestehenden Heidelberger Verbindungen aus den ersten Dekaden des neunzehnten Jahrhunderts stammen und die damals entstandenen Komments überliefert sind. Die Verschriftlichung der studentischen Kultur bedarf eines vor Verfolgung relativ sicheren Umfelds. Immer wieder kommt es aber auch zu Phasen der intensiveren Verfolgung der Bünde durch die akademische Gerichtsbarkeit, meist in der Folge von Ereignissen, die eine offizielle Reaktion hervorrufen.

b) Ausschreitungen gegen den Constantistenorden im Wintersemester 1804/05

Die Orden etablieren sich in Heidelberg erst, als sie auf anderen Universitäten schon den Höhepunkt ihrer Mitgliederzahlen überschritten haben. Gegen sie geht im Wintersemester 1804 / 1805 eine Gruppe landsmannschaftlich organisierter Studenten vor. Der Konflikt eskaliert und neben Beschimpfungen, „*pereat Constantia*" Rufen und Prügeleien kommt es auch zu Duellen zwischen den verfeindeten Lagern.[1869]

In einem Erlass vom März 1805 befasst sich Kurfürst Friedrich mit den Ergebnissen einer Untersuchungskommission, die sich mit verbotenen Orden und Landsmannschaften an der Ruprecht-Karls-Universität auseindergesetzt hatte.[1870]

Den Mitgliedern der „*Ordensverbindung*" wird, neben dem Verstoß gegen das Verbot der Gründung einer Verbindung als solchen, vorgeworfen, an Schlägereien und Exzessen, „*die sogar mit muthwilliger Stöhrung der öffentlichen Ruhe verbunden gewesen sind*", beteiligt gewesen zu seien.[1871]

1868 Winkelmann II, Nr. 2651.

1869 Schweigard, S. 312f.; Keller, S. 296ff. „*Pereat Constantia*" Rufe und Angriffe auf Ordensmitglieder wurde den Studenten Frhr. v. Fürth (aus Aachen, Toepke IV, S. 377) und Hundeshagen (aus Hanau, Toepke IV, S. 379) vorgeworfen, vgl. die Senatsprotokolle vom 20. Februar 1805 in: UAH RA 5444. Stud. iur. v. Fürth war bereits am 15. September 1803 verhört und zu vier Tagen Karzer verurteilt worden, weil er sich öffentlich geprügelt hatte, was dem Ansehen der Universität schadete, vgl. die Befragung und *Sententia* in: UAH RA 5460.

1870 UAH RA 4801.

1871 UAH RA 4801.

Allerdings gewährt der Kurfürst – laut Ankündigung ein letztes Mal – Gnade. Er legt den beteiligten Akademikern nur die anteilige Zahlung der Untersuchungskosten auf und lässt sie durch den Prorektor und die Untersuchungskommission einzeln streng ermahnen. Deutlich wird, dass sich die badische Regierung bereits kurz nach der Übernahme der Heidelberger Universität mit konkreten Fällen aus dem Bereich der akademischen Gerichtsbarkeit befasst und verbindliche Entscheidungen trifft.

Erwähnung finden in dem Erlass eine Landsmannschaften der Rheinländer und eine der Badenser. Auch den Mitgliedern dieser Verbindungen gewährt man Amnestie. So soll deren Vergangenheit nicht untersucht werden. Der Senat wird jedoch aufgefordert, in der Zukunft genauestens festzustellen, ob die Verbindungen wieder tätig würden, um dann gegebenenfalls mit der vollen Strenge der Gesetze zu strafen. In der Folge bestehen die Landsmannschaften weiter, wie etwa eine Anzeige aus dem Jahr 1808 zeigt, in der ein Student Morenhofen[1872] beschuldigt wird, *„für eine so genannte rheinländische Landsmannschaft“* ein Duell gegen einen unbekanntes Mitglied einer anderen Landsmannschaft fechten zu wollen. Daraufhin vorgeladen, versichert der Student unter Eid, kein Mitglied der Verbindung zu sein.[1873] Vor dem Hintergrund der innerhalb der Verbindungen üblichen – ebenfalls beeideten – Schweigepflicht, die zu einer Verpflichtung zum Meineid vor den akademischen Behörden führte, ist es durchaus wahrscheinlich, dass die Landsmannschaften fortbestanden hat.

2. Die Burschenschaft

a) Entstehung

Ab 1811 entstehen, ausgehend von Jena, an allen Universitäten Burschenschaften.[1874] Sie geraten wegen ihres Freiheits- und Gleichheitsideals, welches von der Regierung in die Nähe von jakobinischem Denken gerückt wird,[1875] ihrem Streben nach deutscher Einheit und ihrer damit verbunde-

1872 Emilian Ignatz Morenhoffen aus Thal-Ehrenbreitstein, immatrikuliert am 7. November 1807, Toepke V, S. 12.

1873 Anzeige und Vermerk aus dem Januar 1808 in: UAH RA 7613.

1874 Ab 1791 bezeichnete der Begriff zunächst die Gesamtheit der Studenten einer Universität, nach 1815 eine Form der studentischen Korporation, welche sich besonders der nationalen Einigung Deutschlands und der Demokratie verschrieben hatte: Lingelbach in: HRG I, Sp. 784–786. Vgl. zur ideengeschichtlichen Einordnug der Burschenschaft in Jena auch Körner in: Einst und Jetzt 1972, S. 28.

1875 Maack, S. 50.

nen Nähe zur Turnerbewegung Jahns in den Fokus der staatlichen Autoritäten.[1876] Mit Jena hat die Burschenschaft eine – im Unterschied zu den „Adelsuniversitäten" Göttingen und Ingolstadt – dezidiert bürgerlich geprägte Ursprungsuniversität.[1877] In Heidelberg gründet sich die erste burschenschaftliche Vereinigung im Jahr 1814. Es handelt sich um einen Zusammenschluss von bereits korporierten Studenten und Renoncen, also nichtkorporierten Studenten, die aber einem bestimmten Corps nahestehen. Unter dem Namen Teutonia wurde eine *„Deutsche Gesellschaft"* gegründet. Ihr Ziel ist es, den Patriotismus alle Studenten zu fördern. Damit einher geht eine Selbstdisziplinierung der Burschen.[1878] Da die Teutonia, obgleich ursprünglich als für alle Bewohner Heidelbergs offener Verein konzipiert,[1879] schnell den Charakter einer Verbindung annimmt, kommt es zu Konflikten mit den bestehenden Corps.[1880]

Die Burschenschafter grenzen sich durch ihre altdeutsche Tracht von den übrigen Studenten ab. Deutlich ist der Unterschied zu den dem Ideal des *„honnête homme"* verpflichteten Corps.[1881] Das offenkundige Signal der Zugehörigkeit zur Burschenschaft und damit der Ablehnung der herrschenden Zustände wird auch von der badischen Regierung mit Argwohn betrachtet, da der Wunsch nach einer Einigung Deutschlands die Einzelstaaten in ihrer Existenz bedroht. Besonders gefährdet ist das noch junge Baden. Im Zusammenhang mit der Relegation eines der Köpfe der frühen Burschenschaft, August Adolph Follen,[1882] fordert die Regierung den Senat auf, die Tracht abzuschaffen. Der Senat kommt wird jedoch nicht aktiv, da man die Erscheinung für eine kurzlebige Mode hält.[1883]

Der Ausschluss von Follen hindert die Entstehung der Burschenschaft in Heidelberg allerdings nicht. Sie begünstigt nur die Durchsetzung des Jahn'schen Konzepts einer Burschenschaft, die nicht über, sondern neben den bestehenden Corps als weitere Verbindung auftritt.[1884] Die eigentliche

---

1876 Ausführlich beschrieben bei Treitschke, Band II, S. 385ff.

1877 Hardtwig, Krise der Universität, S. 160f.

1878 Schroeder, Tod den Scholaren, S. 95.

1879 Schroeder, Tod den Scholaren, S. 108.

1880 Roeseling, S. 63f. Dort auch nähere Ausführungen zu den prägenden Personen der entstehenden Burschenschaft in Heidelberg.

1881 Schroeder, Universität für Juristen, S. 111ff.; Noch 1831 erkannte die Universität Burschenschafter an *„den Eigentümlichkeiten der Kleidung"*, zitiert nach Dietz, S. 46.

1882 Es handelte sich um den Bruder des bekannten Karl Follen, der die *„Gießener Schwarzen"* gegründet hatte (Roeseling, S. 63) und in Jena im Zuge der Ermittlungen nach dem Tode Kotzebues verhört wurde.

1883 Roeseling, S. 65f.; Kern in: Heidelberg im säkularen Umbruch, S. 70; Heyck, S. 74f.

1884 Dietz, S. 13f.

Burschenschaft an der Ruperto-Carola wird am 23. Februar 1817 von etwa 170 Akademikern gegründet. Durch den grundsätzlichen Anspruch, alle Studenten zu repräsentieren, entstehen erhebliche Konflikte mit den etwas älteren Corps, aus deren Tradition die Burschenschaft hervorgegangen ist.[1885] Ähnlich zeigt sich die Konstellation in Tübingen, wo die ab 1816 entstandene Burschenschaft mit 140 Mitgliedern die Corps schon bald nach ihrer Gründung zahlenmäßig übertrifft und Konflikte nicht ausbleiben.[1886]

Die Burschenschaft versteht sich zunächst nicht als geheime und damit verbotene Verbindung; deshalb legt sie dem Senat ihre unterschriebenen Statuten vor, die jedoch nicht genehmigt werden. Der Senat hatte die Anfrage mit einem negativen Votum versehen und zur Entscheidung an die Regierung nach Karlsruhe übermittelt. Dort entscheidet der Geheime Rat entsprechend.[1887] Die Folge ist, dass die Burschenschaft als verbotene Verbindung angesehen wird.

b) Der Progress

Unter der Bezeichnung *„Progress"* wird eine in Berlin entstandene und in Göttingen erstmals so bezeichnete[1888] burschenschaftliche Bewegung aus den Jahren 1830 bis 1850 zusammengefasst, die das Studentenleben grundlegend reformieren will. Benannt wird die neue Tendenz – zunächst spöttisch – nach dem Fortschrittsglauben ihrer Vertreter. Ähnlich den Idealen der Urburschenschaft streben die Anhänger des Progresses die Einigung aller Studenten und damit die Abschaffung der einzelnen Verbindungen an.[1889] Ein weiteres Ziel ist die Gleichstellung der Akademiker mit den anderen Gesellschaftsschichten. Dies soll durch die Abschaffung von studentischen Privilegien wie der akademischen Gerichtsbarkeit und Riten wie dem Duell[1890] erfolgen.[1891] An Stelle dessen soll ein Ehrengericht der Studentenschaft treten.[1892]

1885 Hardtwig, S. 114; Heyck, S. 76.

1886 Müth, S. 31ff.

1887 Heyck, S. 81.

1888 Borowsky, S. 190; Jarausch, S. 47.

1889 Hippler in: Jahrbuch für Universitätsgeschichte 7 (2004), S. 184; Bauer in: Convent 1964, S. 81f.

1890 Nach Jarausch, S. 49 war der Progress in Heidelberg so verbreitet, dass in einem Semester kein Duell ausgetragen wurde, obwohl es zuvor zu einer großen Anzahl von Duellen gekommen war.

1891 Ein Beispiel bildet die Forderung Berliner Studenten auf einer Versammlung 25. November 1843, auf der die Abschaffung der akademischen Gerichtsbarkeit gefordert wurde, Hippler in: Jahrbuch für Universitätsgeschichte 7 (2004), S. 180.

1892 Jarausch, S. 48. In Leipzig ist bereits im Jahr 1829 den akademischen Behörden ein burschenschaftliches Ehrengericht bekannt geworden, vgl. den Bericht an die Heidelberger Universität vom 18. August 1829 in: UAH RA 7924.

Der Heidelberger Senat verbietet 1850[1893] die Burschenschaft Germania, die sich als *„Oppositions-Corps"*[1894] versteht und sich gegen das Duell ausspricht. Gestützt wird das Verbot auf § 48 der akademischen Gesetze. Die Vorschrift regelt allerding nur das Verbot von geheimen Verbindungen. Der Gründer der Germania, der Theologiestudent Boeckh,[1895] hatte die Statuten jedoch beim Universitätsamt angezeigt und eine vorläufige Duldung erreicht. Er sieht die Verbindung deshalb als genehmigt an. Der Senat entscheidet dementgegen, dass eine Genehmigung nach § 52 nur durch den Senat erfolgen könne, weshalb die Germania trotz der Vorlage der Statuten beim Universitätsamt als ungenehmigte und damit geheime Verbindung zu gelten habe.[1896]

Obwohl die Germania als *„Progressistische Studentenverbindung"*[1897] gegen das Duellwesen und die schlechten Sitten, und damit im Sinne der Obrigkeit wirken will, erfolgt das Verbot, um die Ruhe in der Studentenschaft zu wahren und Konflikte mit den Corps zu vermeiden. Allerdings zeigt das Abstimmungsergebnis im Senat – der Beschluss wurde bei einem Patt von drei zu drei Stimmen durch die Stimme des vorsitzenden Prorektors verabschiedet – dass die Professoren die Ziele der Germania nicht geschlossen ablehnen.[1898]

Heidelberg gilt zwar als eine der Universitäten, an denen die Progressbewegung am erfolgreichsten war, allerdings erfolgt die Gründung der Gemania erst nach der Revolution von 1848 und damit als Nachzügler. Auffallend ist die Verspätung im Vergleich zu Berlin, wo die Hochzeit der progressistischen Tendenzen in den Jahren 1842 und 1843 stattfand.[1899] An der Ruperto Carola entsteht zwar bereits zu Beginn der Vierziger Jahre eine progressistische Burschenschaft Walhalla.[1900] Kurz nach deren Gründung kommt es

1893 Die Hochzeit des Progresses war zwischen 1835 und 1848, vgl. Bauer in: Convent 1964, S. 82. Die Germania ist somit in der Spätphase der Bewegung zu verorten.

1894 Bericht des Universitätsamtes Heidelberg vom 30. Juli 1850 in: UAH RA 7275.

1895 Albert Ludwig Böckh aus Hausen in Baden, Student der protestantischen Theologie, immatrikuliert am 17. November 1849, Toepke VI, S. 100.

1896 Entwurf eines Berichtes an das Innenministerium vom 8. September 1850 in: UAH RA 7275.

1897 Böckh hatte zuvor die Universität Halle besucht, wo er möglicherweise mit progressistischen Ideen in Kontakt gekommen war. Auch die Mitgründer hatten vor Heidelberg andere Universitäten besucht: Der Jurist Karl Goepel kam aus Jena (Toepke VI, S. 98) und der Theologe Karl Oehler aus Tübingen (Toepke VI, S. 88).

1898 Entwurf eines Berichtes an das Innenministerium vom 8. September 1850 in: UAH RA 7275.

1899 Hippler in: Jahrbuch für Universitätsgeschichte 7 (2004), S. 183.

1900 Details zur Gründung bei Heer II, S. 43ff.

jedoch zu einer Spaltung. Die Verbindung Rupertia sowie die Burschenschaft Alemannia, die spätere Frankonia, entstehen. Der Grund der Spaltung ist die sich steigernde Radikalität der Walhalla, die neben der Ablehnung des Duells, der Gleichstellung aller Studenten, der Aufgabe des burschenschaftlichen Charakters auch die Abschaffung der akademischen Gerichtsbarkeit fordert.[1901] Unter der Leitung des späteren Heidelberger Medizinprofessors Adolf Kussmaul und der Teilnahme Joseph Victor von Scheffels richtet sich auch die Alemannia gegen das studentische Duell.[1902] In der Spaltung und der steigenden Radikalisierung kleinerer Gruppen ist der Grund für die verspätete Entfaltung des Progresses in Heidelberg zu sehen.

Eine der Kernforderungen – die Abschaffung der akademischen Gerichtsbarkeit – wird erst im Zuge der Reichseinigung erfüllt.[1903] In der Zwischenzeit entwickelte sich diese klassische liberale Forderung nach einer Gleichstellung aller Bürger[1904] zu einem in der Studentenschaft vorherrschenden Wunsch.[1905] Das Ziel, durch eine juristische Gleichstellung die Unterschiede zwischen dem Studentenleben und dem der übrigen Bevölkerung zu einzuebnen, konnte dadurch jedoch nicht erreicht werden. Gerade im Kaiserreich blüht die akademische Subkultur auf und die Verbindungen verbreiten sich auf ein unerreichtes Niveau. Auch die Partikulierung der Studentenschaft nimmt in der Zeit nach dem Progress durch die Gründung konfessioneller Verbindungen zu. In der Ablehnung des Duells und der Opposition zu den Corps bestehen jedoch Parallelen zwischen diesen und dem Progress.

c) Karlsbader Beschlüsse

Eine der wenigen Regelungen die akademische Gerichtsbarkeit betreffend, die im gesamten Gebiet des Deutschen Bundes grundsätzlich Geltung beanspruchen, sind die Karlsbader Beschlüsse.

aa) Das Attentat

Am 23. März 1819 ermordet der vormalige Jenaer Burschenschafter Karl Ludwig Sand[1906] den deutschen Dichter und russischen Legationssekretär August von Kotzebue in Mannheim. Dabei handelt Sand in der Überzeugung,

1901 Heer II, S. 45.

1902 Krieger, S. 83ff.

1903 1848 hatte der linke Flügel der Studentenschaft bei einer Versammlung auf der Wartburg die Abschaffung gefordert und einen entsprechenden Beschluss herbeigeführt, vgl. Borowsky, S. 196.

1904 Derwein, Vormärz und Revolution, S. 60.

1905 Maack, S. 64ff.

1906 Zur Biographie von Karl Ludwig Sand siehe etwa Sand in: Einst und Jetzt 1970, S. 116ff. Die

seinem Vaterland einen großen Dienst zu leisten. Trotz der räumlichen Nähe zu Heidelberg hatte Sand keine näheren Kontakte zur Burschenschaft der Neckarstadt.[1907]

bb) Die Folgen

Als Folge des Attentats ordnet die badische Regierung eine genaue Untersuchung gegen die Heidelberger Burschenschaft an.[1908] Da diese zu dem Ergebnis führte, *„daß die Universität Heidelberg ganz frey von aller Theilnahme an der v. Kotzbue'schen Mordgeschichte befunden ist"*,[1909] werden die vorläufig festgenommenen Studenten wieder entlassen.[1910]

Das Attentat gegen den innerhalb der Burschenschaft verhassten Kotzebue war, wenn auch nicht Grund,[1911] so doch Auslöser für die *„Karlsbader Beschlüsse"*, die nach dem böhmischen Kurort, in dem im August 1819 eine geheime Ministerkonferenz tagte, benannt werden.[1912]

Da bei der Konferenz nicht alle Staaten des Deutschen Bundes vertreten sind und um die formelle Wirksamkeit der Ministerbeschlüsse herbeizuführen, werden sie nach nur vier Tagen Beratung am 20. September 1819 durch die Bundesversammlung in Frankfurt als Bundesgesetze angenommen.[1913]

Die Karlsbader Beschlüsse hatten erhebliche Auswirkungen auf die Universitäten im Allgemeinen und auf die akademische Gerichtsbarkeit im Besonderen. So bestimmt das *„Universitätsgesetz"*,[1914] dass Universitätslehrer und Studenten von einem Sonderbeauftragten der Regierung, dem Kura-

---

Untersuchung der Universität Jena gegen Kommilitonen Sands und die „Unbedingten" schildert Treitschke, Band V, S. 745ff.

1907 Näheres zu den Zusammenhängen bei Dietz, S. 28ff. Auch die Untersuchung des Senats ergab, dass in Heidelberg zwar eine Burschenschaft von etwa 120 bis 130 Studenten bestehe, die auch in Kontakt zur allgemeinen Burschenschaft stünde, es sich aber nur um eine unpolitische innerstudentische Verbindung handele, vgl. den Bericht des Senats vom 21. Juli 1819 in: GLA 205/1207.

1908 Beschluss des badischen Innenministeriums vom 20. April 1819 in: UAH RA 5501, fol. 6r.

1909 Bericht des Prorektors an den Senat vom 26. April 1819 in: UAH RA 5501, fol. 7r.

1910 Dietz, Studentenleben, S. 66f.

1911 Bereits vor dem Attentat hatte Großherzog Karl August von Sachsen-Weimar-Eisenach beim den Antrag gestellt, *„der Bund möge Vorschriften über die Disciplin der Universitäten erlassen, aber ohne Beeinträchtigung der uralten akademischen Freiheit Deutschlands"*. Zitiert nach: Treitschke, Band V, S. 745.

1912 Toll, S. 13; Schroeder, Universität für Juristen, S. 111f.

1913 Geisthövel, Vormärz, S. 21.

1914 Vollständige Bezeichnung: *„Provisorischer Beschluß über die in Ansehung der Universitäten zu ergreifenden Maßregeln"*.

tor,[1915] überwacht werden sollen. Der Kurator hat gemäß § 1 des Gesetzes Professoren bei ihren dienstlichen und privaten Vorträgen zu kontrollieren. Sollte er feststellen, dass diese Reden auf die Studenten einen demokratischen – also staatsfeindlichen – Einfluss ausüben, dann ist der betroffene Professor von der Universität zu entfernen (§ 2). Außerdem darf ein solchermaßen Bestrafter in keinem anderen Bundesstaat an einer öffentlichen Lehranstalt eingestellt werden.[1916] In Heidelberg besteht das Amt des Kuratoriums bereits in kurpfälzischer Zeit und wird in der badischen Epoche, nach einer kurzen Unterbrechung 1803/1804,[1917] fortgeführt.[1918] Die Regelungen des Universitätsgesetzes stellen deshalb insofern keine Neuerung dar. Es handelt sich aber um eine Erweiterung der Kompetenzen des Kurators.

Durch § 3 des Gesetzes wird auch das Verbot von Studentenverbindungen, insbesondere der Burschenschaften, erneuert. Weiterhin untersagt § 4 die Immatrikulation von Studenten an einer deutschen Universität, sofern sie von einer anderen Hochschule auf Grund des Universitätsgesetzes relegiert worden waren. Dass dies nicht der Fall war, muss der neuangekommene Student durch ein Wohlverhaltenszeugnis seiner früheren Lehranstalt nachweisen. Zwei Jahre später legt das Großherzogliche Staatsministerium das Immatrikulationsverbot enger aus. Nunmehr sollen sämtliche andernorts relegierten Studenten nicht mehr aufgenommen werden, unabhängig vom Grund der Relegation. Wer an einer anderen Universität das consilium abeundi erhalten hatte, kann nur noch mit Zustimmung des akademischen Senats und des Kurators an der Ruperto-Carola immatrikuliert werden.[1919]

Die Regelungen des Universitätsgesetzes ordnen also eine weitgehende Kontrolle der Universitätsangehörigen an. Dies geschieht in Ergänzung zur akademischen Gerichtsbarkeit und zum Disziplinarwesen. Zwar werden die Gesetze, die auf Basis der Karlsbader Beschlüsse erlassen wurden, als provisorische bezeichnet, gleichwohl bleiben sie bis zum 2. April 1848 in Kraft.[1920] Erst unter dem Einfluss der Revolution nimmt der Bundestag die Maßnahmengesetze zurück.

Die Umsetzung der Karlsbader Beschlüsse erfolgt in den einzelnen deutschen Staaten unterschiedlich streng. So werden die Gesetze etwa im Her-

---

1915 Goetze in: Heidelberg-Jahrbuch 1998, S. 34. Auch als Universitätsbevollmächtigter bezeichnet, vgl. Dette/Schneider, S. 2.

1916 Toll, S. 17.

1917 Drüll/Zimmermann/Hesse in: Heidelberger Universitätsämter, S. 46.

1918 Siehe S. 284.

1919 Aktennotiz vom 8. März 1821 in: UAH RA 7968.

1920 Toll, S. 16.

zogtum Holstein nicht publiziert und erlangen damit keine unmittelbare Wirksamkeit. Nur über königliche Vollzugsverordnungen finden Teile der Regelungen auch in Holstein Anwendung.[1921] In Gießen, der Landesuniversität des Großherzogtums Hessen-Darmstadt, wird die Demagogenverfolgung streng durchgeführt und das Amt des Universitätsbevollmächtigten allgemein zur Schärfung der studentischen Disziplin genutzt.[1922]

Baden setzt die Beschlüsse liberal um. Es fehlt an einer entschiedenen Verfolgung, obwohl die Publikation im Staats- und Regierungsblatt vom 15. Oktober 1819 erfolgt.[1923] Die Heidelberger Burschenschaft – und auch die übrigen Verbindungen – bestehen in der Zeit nach dem Sand'schen Attentat fort.[1924] Da Studentenverbindungen schon vor den Karlsbader Beschlüssen in Baden verboten waren, der Heidelberger Senat sie aber als unabdingbar notwendig zur Durchsetzung der akademischen Disziplin ansieht, ändert sich in der Neckarstadt wenig.[1925]

Auch an der württembergischen Landesuniversität hat das Attentat des ehemaligen Tübinger Studenten Sand keine erheblichen Folgen für die Burschenschaft. Die Behörden akzeptieren deren Versicherung, keine überregionalen Kontakte zu suchen. Erst 1825 kommt es zu einer Verfolgungswelle, als ein Regierungskommissar mit außerordentlichen Strafbefugnissen und einer eigenen Polizeitruppe in die Stadt entsandt wird.[1926]

Um zu verhindern, dass überortliche Zusammenschlüsse von Burschenschaften entstehen, müssen Heidelberger Studenten in den zwanziger Jahren auf der Rückseite ihres Passes einen Revers unterschreiben, in dem sie versichern, dass die *„Reise keine burschenschaftliche- oder andere Verbindungszwecke habe, und nich weniger im Auftrage oder in Angelenheiten einer solchen Verbindung, oder um deren Zusammenkommen beizuwohnen"* erfolgen sollte.[1927]

d) Das Hambacher Fest

Als es im Jahr 1831 in München und Göttingen zu Ausschreitungen von Burschenschaftern kommt, fürchten der Heidelberger Senat und das Karlsruher Innenministerium eine Beeinflussung der vermeintlich eher unpolitischen Burschenschaft der Neckarstadt durch Studenten, die in Folge der Ausschrei-

1921 Toll, S. 23ff.
1922 Dette/Schneider, S. 3.
1923 Ein Exemplar findet sich in: UAH RA 5437.
1924 Dietz, S. 33.
1925 Ebenso bei der Aufdeckung des bereits aufgelösten *„Jünglingbundes"* im Jahr 1823, vgl. Roeseling, S. 71; Dietz, S. 37f.
1926 Müth, S. 31ff.; S. 58.
1927 Vgl. den Pass von Ludwig Clausing in: UAH RA 6835.

tungen relegiert worden waren. Deshalb beschließt man ein Verbot der Aufnahme von Hochschülern aus München und Göttingen, sofern sie nicht ein Zeugnis vorweisen, aus dem ersichtlich wird, dass sie keine Burschenschafter sind.[1928]

Entgegen der Ansicht von Senat und Regierung bestehen zu dieser Zeit politische Tendenzen in der Heidelberger Burschenschaft. So beantragt der Student Brüggemann, der nach dem Hambacher Fest als einer der Hauptredner verfolgt wird, gemeinsam mit anderen beim Senat die Zulassung einer Verbindung namens *„Franconia"*. Zwar erteilt der Senat zunächst die Genehmigung, die allerdings nach dem Bekanntwerden der burschenschaftlichen Orientierung der Verbindung widerrufen wird.[1929]

Das Hambacher Fest findet am 27. Mai 1832 auf dem linksrheinisch bei Neustadt an der Haardt gelegenen Hambacher Schloss statt. Unter den mindestens 20.000 Teilnehmern stellt die Heidelberger Burschenschaft mit etwa dreihundert Studenten die größte Einzelgruppe.[1930] Ein Drittel der Eingeschriebenen war in die Pfalz gewandert, was auch eine Einreisesperre der bayrischen Regierung für Studenten nicht verhinderte.[1931] Durch ihre Größe und geschlossene Organisation ist die Burschenschaft sehr einflussreich.[1932] Eine der führenden Personen des politischen Fests kommt mit dem Studenten der Kameralwissenschaften Carl Heinrich Brüggemann[1933] aus ihrem Kreis. Ihm gelingt es ansatzweise, die alte Kluft zwischen Studenten, Bauern und *„Knoten"* zu überwinden.[1934] Nach dem Fest wird die halbe Armee Bayerns in die Pfalz verlegt und die Anführer und Organisatoren verfolgt. Der Student Brüggemann ist es, den die Reaktion am härtesten trifft: Nach seiner Festnahme in Heidelberg erfolgt die Auslieferung an sein Heimatland Preu-

---

1928 Beschluss des Senats vom 4. März 1831 in: GLA 205/1085.

1929 In den Papieren Brüggemanns fanden sich nach dessen Festnahme entsprechende Unterlagen, vgl. UAH RA 6842, p. 76.

1930 Dem badischen Innenministerium war im Vorfeld des Fests bekannt, dass eine größere Gruppe von Heidelberger Studenten vorhatte teilzunehmen, vgl. das entsprechende Reskript vom 18. Mai 1822 in: UAH RA 5515, p. 2. Entgegen der Forderung der Regierung, die Studenten an einer Teilnahme zu hindern, erklärte sich die Mehrheit der Professoren, einschließlich Schlosser, Mittermaer, Thibaut und Zoepfl, für politisch neutral.

1931 Schreiben der bayrischen Regierung des Rheinkreises vom 25. Mai 1833 in: UAH RA 5515, p. 4.

1932 Moraw/Karst, S. 47f.

1933 Der katholische Westphale Carl Heinrich Brüggemann hatte sich, nachdem er zuvor in Bonn studierte, am 30. Oktober 1830 an der Ruperto Carola immatrikuliert, vgl. Toepke V, S. 434. Zu seinem weiteren Lebenslauf siehe Baxa in: NDB II, S. 659f.

1934 Moraw/Karst, S. 48f.; Hardtwig in: Historische Zeitschrift 1986, S. 593: In der Frühzeit der Burschenschaft strebte diese die Aufhebung der Standesgrenzen, gerade im Verhältnis zu den Handwerksburschen, an.

ßen. Dort verurteilt ihn das Kammergericht Berlin zum Tod durch das Rad. Später begnadigt Friedrich Wilhelm III. ihn zu fünfzehn Jahren Festungshaft, aus der er 1840 vorzeitig entlassen wird.[1935]

Nach dem Hambacher Fest ist sich Brüggemann seiner gefährlichen Lage nicht bewusst und kehrt nach Heidelberg zurück. Nach einer Mitteilung der Pfälzer Behörden erfolgt am 10. Juli 1832 seine Vernehmung. Ausgelöst wird die Verfolgung durch das Erscheinen einer Druckschrift der Reden des Hambacher Festes.[1936] In dieser findet sich auch die Rede Brüggemanns, der gegenüber dem Universitätsamtmann die wortgetreue Wiedergabe bestätigt.[1937] Nach einer ersten Befragung entläßt der Amtmann den Studenten, der sich durch sein Ehrenwort verpflichtet in der Stadt zu bleiben. Vier Tage später greift ihn jedoch das Stadtamt Mannheim auf. Das Hofgericht veranlasst daraufhin die Überstellung nach Heidelberg.[1938] In der Folge ordnet die Universität die Untersuchungshaft im Karzer an, wogegen Brüggemann beim Hofgericht erfolglos Einspruch einlegt.[1939] In mehreren Verhören stellt der Amtmann Dr. Lang insgesamt 147 Fragen, die der Student umfangreich und bemerkenswert offen beantwortet. So findet sich auf Frage 65: *„Sie wollten also doch eine Revolution?"* die Antwort: *„Ja, ich als einzelner"*.[1940] Weiterhin gibt der Verhörte zu, andere von der Notwendigkeit eine Revolution überzeugen zu wollen und dass er aus Sicht des Staates in einer Revolution ein Verbrechen sehe. Damit erklärt er, vorsätzlich gehandelt zu haben. Allerdings hält sich Brüggemann für straffrei: *„Die Aufforderung zu einem Verbrechen ist nicht ein Verbrechen"*.[1941]

Am 3. Janur 1833 wird der preußische Staatsbürger Brüggemann nach Köln ausgeliefert und anschließend nach Berlin überstellt. Von dort aus informiert man die Bundes-Centralbehörde über den Fortgang des Verfahrens, die ihrerseits die Akten an das Heidelberger Universitätsamt weiterleitet.[1942] Der übermittelte Abschlußbericht vom 22. März 1834 – also etwa zwei Jahre

1935 Moraw/Karst, S. 50f.; Die Einzelheiten der zweimaligen Begnadigung schildert Schmidt in: FS Peter Kaupp, S. 122–128.

1936 Ein Exemplar der zweibändigen Druckschrift *„Das Nationalfest der Deutschen zu Hambach"*, herausgegeben von Johann Georg August Wirth ist in der Untersuchungsakte UAH RA 6842 zu finden. Auf den Seiten 76–82 ist die Rede Brüggemanns wiedergegeben.

1937 Protokoll der ersten Vernehmung vom 10. Juli 1832 in: UAH RA 6842, p. 38.

1938 Beschluß des Hofgerichts Mannheim vom 14. Juli 1832 in: UAH RA 6842, p. 71ff.

1939 Protokoll vom 23. Juli 1832 in: UAH RA 6842, p. 107.

1940 Protokoll vom 18. Juli 1832 in: UAH RA 6842, p. 93.

1941 Antwort auf die Frage Nr. 60 im Protokoll vom 18. Juli 1832 in: UAH RA 6842, p. 91.

1942 Die Akten wurden mit Schreiben vom 14. Juni 1834 nach Heidelberg übersandt: UAH RA 6866.

nach dem Hambacher Fest – listet neben der dort gehaltenen Rede weitere Vorwürfe gegen Brüggemann auf: Die Mitgliedschaft in den Burschenschaften in Bonn und Heidelberg sowie im Preß- und Vaterlandsverein. Bis zum Urteil des Kammergerichts vergehen nocheinmal über zwei Jahre. Im Unterschied zum Angeklagten sah das Gericht das Delikt des Hochverrats als vollendet an, da bereits *„das Zusammentreten mehrerer zur Ausführung ihrer hochverräterischer Zwecke“* ausreiche, tatsächliche Handlungen seien nicht erforderlich.[1943] Wegen der Mitgliedschaft in der Burschenschaft und im Pressverein sowie der Rede in Hambach verurteilt das Kammergericht ihn jeweils zum Tode durch das Beil. Aus diesen drei einfachen Todesstrafen bildet das Gericht als Gesamtstrafe die geschärfte Todesstrafe durch das Rad.[1944]

Aus dem Fall Brüggemann wird deutlich, dass die Zuständigkeit der akademischen Gerichtsbarkeit in Heidelberg nach den Karlsbader Beschlüssen fragil geworden ist. So besteht neben der personellen Zuständigkeit des Universitätsgerichts grundsätzlich diejenige der pfälzer Gerichte auf Grund des Tatortes. Nach der Festnahme und den ersten Verhören in Heidelberg gehen weitere Maßnahmen jedoch von der Bundeszentralbehörde, dem neu geschaffenen Überwachungsorgan, sowie vom Berliner Kammergericht aus. Die Zuständigkeit der preußischen Richter leitet sich aus der Staatsangehörigkeit des Beschuldigten ab. Eine solche Zuständigkeit besteht aber grundsätzlich in allen Fällen, die vor dem Universitätsgericht verhandelt werden, da dessen Zuständigkeit durch den gewillkürten Akt der Immatrikulation erst entsteht. Gleichwohl finden sich in den Archivbeständen kaum Hinweise auf Konflikte zwischen einem Gericht der Staatsangehörigkeit und dem Heidelberger Universitätsgericht. Im Fall Brüggemann zieht das Kammergericht die Zuständigkeit an sich, weil die preußischen Behörden in dem Studenten ein erhebliches Risiko sehen.

e) Die Untersuchung gegen Adolf Barth

Am Frankfurter Wachensturm, dem am 3. April 1833 fehlgeschlagenen Versuch, durch die Eroberung der Frankfurter Hauptwache eine allgemeine Erhebung des deutschen Volks auszulösen, beteiligen sich mehrere Heidelberger Studenten. Sowohl die Planung, als auch die Durchführung geschieht neben anderen durch Mitglieder der Franconia.[1945] Nur einem der beteiligten Heidelberger gelingt nach dem Fehlschlag die Flucht, fünf werden zu

1943 Zitiert nach Schmidt in: FS Peter Kaupp, S. 116
1944 Schmidt in: FS Peter Kaupp, S. 118.
1945 Schroeder, Tod den Scholaren, S. 115.

langjährigen Haftstrafen verurteilt. Die Prozesse finden jedoch nicht vor dem Heidelberger Universitätsgericht statt. Stattdessen leitet der Senat der Ruperto Carola eine umfassende Untersuchung gegen die Burschenschaft ein.[1946] Im Sommer 1833 kommt es deshalb zu Relegationen und weiteren Strafmaßnahmen.[1947] Unterschieden wird zwischen inneren und äußeren Mitgliedern der Burschenschaft. Als Strafe für ein äußeres Mitglied verhängt der Senat die geschärfte Relegation.[1948] Als Reaktion auf die verbotene politische Betätigung plant die Universität außerdem, das Ephorat strenger auszuüben.[1949]

Einen echten Einschnitt stellt das Verbot des Studiums an den badischen Universitäten für preußische Staatsangehörige durch die Berliner Regierung dar. Durch die Einschränkung der Wahl des Studienorts sollen die preußischen Studenten von revolutionären demokratischen Tendenzen ferngehalten werden. In der Folge sinkt die Zahl der Heidelberger Studenten drastisch. Erst 1839 erfolgt die Aufhebung der Regelung.[1950]

Auch durch die Strafverfolgung in der Folge des Hambacher Festes und des Wachensturms gelingt es der akademischen Gerichtsbarkeit nicht, die Burschenschaft in Heidelberg zu beenden. Deutlich wird dies am 18. Mai 1833, als an mehreren Stellen in der Stadt, einschließlich dem Haus des Prorektors, schwarz-rot-goldene Plakate mit der Aufschrift *„Freiheit oder Tod, nieder mit den Aristokraten!“* sowie *„Hängt die Fürsten an den Galgen auf“* angeschlagen werden.[1951] Als einen der Köpfe der Burschenschaft machen die akademischen Behörden daraufhin den Studenten Adolf Barth[1952] aus. Er wird durch den Verrat eines Bundesbruders bekannt.[1953] Am 12. Juni 1833 nimmt die Universität Barth im Karzer in Untersuchungshaft. Den dortigen Aufenthalt beendet die Flucht des Beschuldigten am 19. Oktober des Jahres. Der Ausbruch gelingt durch *„Überlistung u. Überwältigung des Carcer-Dienst-Personals“*.[1954] Die scharfe Reaktion von Seiten der Universität zeigt, dass das

1946 Befragung des Studenten Alfred von Behr vom 2. September 1833 in: UAH RA 5497 mit detaillierten Angaben zur Burschenschaft in Heidelberg.

1947 Vgl. etwa die Senatsprotokolle vom 22. Juli und 9. August 1833 in: UAH RA 813.

1948 Urteil gegen den Studenten Martin Alt vom 8. September 1834 in: UAH RA 5497. Dort auch ein gedrucktes Relegationspatent wegen Teilnahme an der Burschenschaft (*Bursarum*).

1949 Goetze in: Heidelberg-Jahrbuch 1998, S. 49ff.

1950 Kussmaul, S. 122.

1951 Protokoll vom 19. Mai 1833 in: UAH RA 5575.

1952 Immatrikuliert am 10. 11. 1832 als Jurastudent, zuvor in Jena, der Hochburg der Burschenschaft, studierend, Toepke V, S. 501.

1953 Heer I, S. 312.

1954 Vgl. zum Folgenden die umfangreiche Untersuchungsakte UAH RA 5517.

Vorgehen gegen die Burschenschafter durchaus ernst genommen wurde: So leitet man noch in der Nacht die Fahndung durch berittene Gendarme ein, lässt die Stadttore von Soldaten besetzen und die Pedelle Hausdurchsuchungen bei Bekannten des Geflohenen durchführen. Die Gendarmerie besetzt unmittelbar nach der Flucht die *„Rheinüberfahrts-Stationen"*. Informiert werden neben den Grenzposten und dem badischen Militär- sowie Gendarmeriekommando auch die bayrischen Behörden in Speyer und die hessischen in Barths Heimatstadt Wiesbaden. Zur Erhöhung der Fahndungschancen erstellt man einen Steckbrief des Studenten. Das entschiedene Vorgehen gegen den Geflohenen ist von § 43 der Akademischen Gesetze gedeckt. Danach ist ein Student, der sich einer Strafe durch Flucht entzog, festzunehmen und den akademischen Behörden zu übergeben.

Die folgende Untersuchung gegen den Unterpedell, der für Barths Bewachung zuständig gewesen war, zeigt allerdings, dass die Haftbedingungen im Karzer in einem gewissen Kontrast zu den Verfolgungsmaßnahmen standen. So geschieht die Flucht abends, nachdem der Unterpedell mit dem Häftling *„eine Zeitlang bei einigen Schoppen Bier"* mit dessen Kommilitonen im Gasthaus gesessen hatte.[1955]

Zu Lasten der Universität erfolgen zwei Untersuchungen der Flucht. Der Senat hatte sich zunächst gegenüber dem Hofgericht in Mannheim zu rechtfertigen, wie das Entkommen des Studenten möglich gewesen war.[1956] Auf die Antwort der Universität hin weist das Hofgericht – also die dem Universitätsgericht übergeordnete Instanz – die strenge Untersuchung an.[1957] Nach der Vorlage der Akten an das Hofgericht tadelt dieses die Universität und stellt fest, *„daß die Entweichung hauptsächlich der Nachlässigkeit des Universitäts Amts beizumessen ist."*[1958]

Neben dem Hofgericht fordert auch die *Bundes-Central-Behörde* in Frankfurt die Akten aus Heidelberg an, um die Umstände der Flucht zu untersuchen. Begründet ist das Interesse der neu gegründeten Behörde in der Beteiligung Barths am Frankfurter Wachensturm.[1959] Der Aufforderung kommt die Universität jedoch nicht nach.[1960]

1955 Bericht über die Untersuchung in: UAH RA 5517, fol. 19ff.

1956 Beschluss des Hofgerichts vom 28. Oktober 1833 in: UAH RA 5517, fol. 125; Antwort der Universität vom 30. Oktober 1833 ebd. fol. 129ff.

1957 Beschluss des Hofgerichts vom 2. November 1833 in: UAH RA 5517, fol. 137.

1958 Beschluss des Hofgerichts vom 17. Dezember 1833 in: UAH RA 5517, fol. 157.

1959 Schreiben der Bundes-Central-Behörde vom 6. November 1833 in: UAH RA 5517, fol. 146f.

1960 Auf ein Erinnnerungsschreiben der Bundes-Central-Behörde vom 13. November 1833 hin erfolgte der Beschluss, die Schreiben ad acta zu legen, siehe UAH RA 5517, fol 149f.

Als der Student auch nach längerer Fahndung nicht gefasst werden kann und sich auf die öffentliche Ladung hin nicht in Mannheim einfindet, verurteilt das dortige Hofgericht ihn in Abwesenheit zu einer zehnjährigen gemeinen Zuchthausstrafe und zur Tragung der Untersuchungskosten. Das Urteil wird zum Jahreswechsel 1835 / 36 in verschiedenen Zeitungen publiziert.[1961]

In der Folge der großangelegten Untersuchung, die zur ursprünglichen Festnahme Barths geführt hatte, entscheidet der Senat im Juli 1834, dreizehn Burschenschafter zu relegieren.[1962] Im September kommt es zu einer weiteren Relegationswelle. Sechs Studenten werden mit der geschärften Relegation bestraft.[1963] Im Verlauf des folgenden Jahres begnadigt der Großherzog mehrere der relegierten Studenten, die so ihre Studien in Heidelberg fortsetzen können.[1964] In zumindest einem Fall erfolgt die Begnadigung dergestalt, dass der Student *„unter dem Consilium abeundi gestellt bleibe“*, also bei einer weiteren Straffälligkeit sofort die Fortweisung aus der Stadt in Kraft treten soll.[1965]

Intensive Untersuchungen über die Zusammensetzung und die Ziele der Burschenschaft wurden um 1833 an allen deutschen Universitäten durchgeführt. Aus Jena, dem Vorort der Burschenschaft, ist ein detaillierter Bericht der dortigen Behörden an die Heidelberger Kollegen übermittelt worden.[1966]

XIV. KAPITEL: Studentenauszüge

Neben der Verweigerung des Vorlesungsbesuchs dient der Auszug der Studenten aus der Universitätsstadt als Druckmittel, mit dem die Akademiker Forderungen gegenüber der Universität durchzusetzen versuchen. Auszüge kommen an den deutschen Hochschulen im achtzehnten und vor allem im neunzehnten Jahrhundert wiederholt vor.[1967] In Heidelberg wählt die Studentenschaft diese Maßnahme in den Jahren 1804, 1828 und 1848.

1961 z. B. im Passauer Donau-Kurier vom 11. Januar 1836 und der Augsburger Postzeitung vom 9. Januar 1836.

1962 Heer I, S. 313.

1963 Gedrucktes Relegationspatent mit ausdrücklicher Nennung der Burschenschaft in: UAH RA 5497.

1964 So die Studenten von Feder, Neuner und Wilkens, Schriftwechsel zwischen dem Innenministerium und dem Engeren Senat in: UAH RA 5497.

1965 Beschluss des Innenministeriums vom 24. November 1835 in: UAH RA 5497.

1966 Der Bericht aus dem September 1833 findet sich in: UAH RA 5540.

1967 So z. B. der Auszug der jenenser Studenten nach in das kurmainzer Dorf Nohra, dargestellt von Hümmer in: Einst und Jetzt 1996, S. 84ff. Vgl. auch die Studie von Stefan Brüdermann „Der Göttinger Studentenauszug von 1790“. Im Unterschied zu Göttingen

Gesteigert wird die Wirkung eines Auszugs durch eine formelle Verrufserklärung der Studentenschaft über die Universität. Ein solcher Aufruf soll verhindern, dass anstelle der ausgezogenen andere Studenten die Universität besuchen und dadurch den wirtschaftlichen Verlust der Bürger und Professoren kompensieren.[1968] Als beim Auszug nach Frankenthal im Jahr 1828 keine Einigung über die Rückkehr erzielt wird, verhängen die Studenten einen Verruf gegen die Universität. Auch deshalb wird dieser Auszug hier genauer untersucht.

1. Zusammenhang zwischen Studentenauszügen und der Gerichtsbarkeit

Mit der akademischen Gerichtsbarkeit steht ein Studentenauszug immer in engem Zusammenhang: Ein kontroverses Urteil oder der Vorwurf, der Senat setze den privilegierten Gerichtsstand der Studenten nicht durch, konnte Auslöser des Auszugs sein und in den Verhandlungen über die Rückkehr stellt sich stets die Frage nach der Bestrafung der Studenten. Während diese eine vollständige Amnestie anstreben, will die Universität jedenfalls die Anführer bestrafen. Nach einem Auszug kommt es deshalb regelmäßig zu einer Untersuchung durch das Universitätsgericht.

2. Der Auszug nach Neuenheim – Angriffe des Militärs als Eingriff in den privilegierten Gerichtstand

Als Ziel des Auszugs wählen die Studenten in den Jahren 1828 und 1848 die andere Seite des Rheins, die damals bayrische Pfalz. Im Juli 1804 begnügen sie sich jedoch mit der Überquerung des Neckars, um im benachbarten Fischerdorf Neuenheim Quartier zu nehmen.[1969] So können sie ohne größeren Aufwand die engen Grenzen des Heidelberger Gerichtsbezirks verlassen.

---

ist keiner der Heidelberger Auszüge monographisch dargestellt worden. Der Auszug nach Frankenthal wurde durch Tyrichter 2012 im Rahmen einer Magisterarbeit untersucht.

1968 Zur wirtschaftlichen Bedeutung der Studenten für Heidelberg siehe Schroeder, Tod den Scholaren, S. 92f.

1969 Schmith, S. 312; siehe auch die detaillierte Darstellung von Dorothee Mussgnug in: Übergang an Baden, S. 137ff.

Rottmann, Friedrich: Begebenheit auf dem Heidelberger Universitätsplatz, 1804, 21,7 × 28 cm (Blatt). Mit freundlicher Abbildungsgenehmigung des Kurpfälzisches Museum der Stadt Heidelberg[1970]

a) Der Auslöser

Ausgelöst wird der Auszug durch eine Reihe von Auseinandersetzungen zwischen Studenten und den in Heidelberg stationierten Dragonern.[1971] Beim Passieren der Hauptwache beim Mitteltor auf Höhe des heutigen Universitätsplatzes ist es Bürgern und Studenten untersagt zu rauchen.[1972] Da die Soldaten während des Dienstes selbst häufig rauchen, wird gegen das

1970 Um die Veröffentlichung des Kupferstichs durch Rottmann zu verhindern, wandte sich der Senat an die herrschaftliche Zensurbehörde, Winkelmann II, Nr. 2626.

1971 Heidelberg war zwischen 1804 und 1806 Garnisonsstadt für ein badisches Dragonerregiment, vgl. Keller, S. 287, Fn. 1.

1972 Winkelmann II, Nr. 2623. Im Mai 1802 war es zu einem Vorfall gekommen, bei dem eine Vielzahl von Studenten gemeinsam rauchend die Wache passierten, wodurch das Militär sich beleidigt fühlte und beim Senat beschwerte, vgl. die entsprechende Aktennotiz in: UAH RA 5463. Dazu auch Keller, S. 278. Hinweise auf andere Rauchverbote finden sich in DRW XI, Sp. 165f.

Verbot oft verstoßen.[1973] Auch in anderen Universitätsstädten mit Garnison besteht das Problem, was die Entstehung eines eigenen Begriffs im Studentenjargon bezeugt: man spricht vom *vorbeirauchen*.[1974]

Der Konflikt schwelt ab dem 24. Juni bis in den Juli hinein. Zu einer ersten Eskalation kommt es, als am 11. Juli der Akademiker Kaibel seine brennende Pfeife kurz vor der Wache noch im Mund hat und deshalb von der Wache festgenommen wird. Nach der Übergabe des Gefangenen an die Universität entlässt der Prorektor diesen noch am selben Nachmittag. Hier wahrt das Militär zwar den korrekten Verfahrensgang, indem es den Festgenommenen der akademischen Gerichtsbarkeit überstellt. Die sofortige Freilassung durch den Prorektor zeigt aber, dass die Bedeutung der Vorfälle auf den beteiligten Seiten unterschiedlich gesehen wird. Aus Sicht des Militärs handelt es sich um die Verweigerung einer Respektsbekundung.

Deshalb bleibt das Verhältnis zwischen den Studenten und den verstärkt patrouillierenden Dragonern gespannt.[1975] Am Tag darauf wird der Student der Rechts- und Staatswissenschaften Karl Joseph Weidenbusch[1976] festgenommen. Er hatte mit seiner nichtbrennenden Pfeife die Wache passiert und auf den Ruf *„Pfeife aus dem Maul!“* nicht reagiert.[1977] Daraufhin kommt es zu Zusammenstößen zwischen Studenten und Bürgern auf der einen und Dragonern auf der anderen Seite, bei denen die Kavalleristen mit der Breitseite ihrer Säbel auf die Akademiker einschlagen.

Als Reaktion ziehen 137 Studenten am Morgen des 13. Juli 1804 ohne Waffen und ohne Musik über den Neckar nach Neuenheim. Von dort zeigen sie dem Senat ihren Auszug und ihre Forderungen an.[1978]

b) Die Reaktion

Die badische Regierung reagiert unmittelbar von der bei Heidelberg gelegenen Sommerresidenz in Schwetzingen aus. Bereits am 13. Juli ergeht ein Befehl an den Oberstleutnant der Dragoner, *„in freundschaftlicher Gemein-*

1973 In der Ordre vom 13. Juli 1804 in: GLA 205/1142 werden die Offiziere und Mannschaften daran erinnert, dass das Rauchverbot für Bürger und Studenten in der Nähe der Wache auch nicht durch Soldaten gebrochen werden darf.

1974 Für Landshut vgl. Jakob, S. 65.

1975 Keller, S. 289.

1976 Immatrikuliert am 27. Oktober 1803: Toepke IV, S. 381.

1977 Nach Aussage der Soldaten brannte die Pfeife, und nach der Ansprache durch die Wache habe er noch Tabakrauch aus dem Mund fahren lassen. Wegen seiner hervorragenden Reputation wurde jedoch der Version des Studenten geglaubt, vgl. das Gutachten zur Bestrafung der beteiligten Soldaten vom 17. August 1804 in: GLA 205/1142; Dorothee Mussgnug in: Übergang an Baden, S. 138.

1978 GLA 205/1172; Dorothee Mussgnug in: Übergang an Baden, S. 139; Keller, S. 290f.

schaft mit dem Prorector und Universität-Senat" für ein Ende der Unruhen zu sorgen. Den Studenten wird dabei die straffreie Rückkehr in die Stadt zugesagt, allerdings ohne festlichen Einzug und ohne Musik. Für die Zukunft legt der Befehl fest, dass Studenten, die bei Unruhen durch das Militär festgenommen werden, unmittelbar an den Prorektor zur Untersuchung und gegebenenfalls zur strengen Bestrafung zu übergeben sind. Außerdem werden Wache und Patrouille angewiesen, den Studenten, die tags oder nachts die Ruhe störten, nur *„höflich zu sagen, dass sie nach hause gehen sollen"*. Erst wenn gegen die kurfürstlichen Befehle Widerstand geleistet wird, darf das Militär *„Strenge"* gebrauchen.[1979] Es handelt sich also neben einer Erneuerung des geltenden Rechts, nach dem Untersuchung und Bestrafung durch die akademische Gerichtsbarkeit zu erfolgen haben, um eine Aufforderung zur Mäßigung an das Militär.

Während der erste Befehl den Hochschülern nur eine stille, unauffällige Rückkehr gestattet und dadurch dem Militär die Möglichkeit zur Wahrung des Gesichts gibt, zielt eine weitere Order, am 14. Juli an den Senat gesandt, wesentlich eher auf die baldige Beendigung des Auszugs. In Ausführung dieses Befehls gestattet der Senat den Akademikern den Einzug in ihre Universitätsstadt geschlossen und mit Musik. Daraufhin kehren die Studenten am selben Tag gegen 17 Uhr zurück.[1980]

c) Die Folgen

Nach der Rückkehr der Studenten kommt es zu einer Untersuchung gegen die Beteiligten Soldaten, sowohl gegen die Offiziere, als auch gegen die Mannschaften. Im Abschlussbericht werden zum Teil empfindliche Strafen gefordert.[1981]

Die Vorfälle im Sommer 1804 zeigen ein Spannungsverhältnis zwischen dem badischen Militär und den Heidelberger Studenten. Vor dem Hintergrund der napoleonischen Kriege und der Eingliederung der rechtsrheinischen Kurpfalz in das Großherzogtum Baden ist die Lage nachvollziehbar.[1982] Deutlich werden aber auch die Kontinuitäten: Immer wieder war

1979 Ordre vom 13. Juli 1804 in: GLA 205/1142

1980 Keller, S. 293. Ein Bild eines vergleichbaren Einzugs der Erlanger Studenten nach ihrem Auszug nach Altdorf findet sich bei König, S. 13.

1981 Im Gutachten zur Bestrafung der beteiligten Soldaten vom 17. August 1804 in: GLA 205/1142 reicht der vorgeschlagene Strafrahmen vom Entzug von Stellenzulagen, über Arrest bis zur Prügelstrafe, je nach Dienstgrad und Beteiligung.

1982 Strukturell ähnliche Probleme zeigen sich in Landshut, wo eine etablierte Garnison und französische Besatzung auf die aus Ingolstadt verlagerte Universität traf, vgl. Jakob, S. 65f.

es seit der Gründung der Universität zu Konflikten zwischen Soldaten und Studenten gekommen. Sie stellen für die akademische Gerichtsbarkeit eine Herausforderungen dar, zumal in der tatsächlichen Durchsetzung der militärischen Gewalt ein Eingriff in das Gerichtsprivileg der Universität zu sehen ist. Grundsätzlich muss das Militär auffällig gewordene Studenten dem Senat an. In praxi wählen die Soldaten mehrfach den Weg der körperlichen Auseinandersetzung und Festnahme. Die Studentenschaft kann 1804 erreichen, dass die beteiligten Offiziere und Mannschaften bestraft werden. Auffallend ist dabei, dass der Senat trotz der über einen längeren Zeitraum andauernden Spannungen erst auf den Druck des Auszugs hin den Kurfürst um Hilfe bittet. Aus studentischer Sicht ist der Auszug nach Neuenheim als Erfolg zu werten, zumal keine Hinweise auf Strafen gegen Studenten vorliegen. Für die Universität in einer Phase der grundlegenden Reorganisation mit zaghaft wachsenden Studentenzahlen, stellt der Auszug ein erhebliches Risiko dar. Durch ihre vermittelnde Haltung und die Vermeidung von Strafen kann die Hochschule verhindern, dass durch eine Verrufserklärung die ohnehin schwache Frequenz weiter gefährdert wird.

Als 1812 die Akademischen Gesetze ergänzt werden, hat sich die Lage offenbar zu Ungunsten der Studentenschaft geändert.[1983] Um Beleidigungen gegenüber Soldaten besser bestrafen zu können, wird klargestellt, dass tätliche und verbale Beleidigungen von Studenten zwar weiterhin Disziplinarsachen sind. Sofern diese aber gegenüber durch die allgemeinen Gesetze besonders geschützten Personengruppen, wie etwa Soldaten, erfolgen, muss auf eine angemessen geschärfte Disziplinarstrafe erkannt werden. Die Beleidigung der Schildwache soll grundsätzlich mit Verweisung von der Universität oder Festungshaft, bei Vorsatz aber peinlich bestraft werden. Die Verschärfung kann als Ausdruck der arrondierten Macht des badischen Staates gesehen werden, acht Jahre nach dem Auszug schlägt das Pendel in die Richtung des Militärs aus.

Das traditionell gespannte Verhältnis zwischen Soldaten und Studenten bestand in Heidelberg auch später noch. Deutlich wird das etwa an einem Vermerk des Universitätsamtes vom 30. Juli 1850, der betont, *„daß in diesem ganzen Semester auch nicht ein einziger Zusammenstoß mit der Militaire-Gewalt stattgefunden“* hat.[1984]

1983 Nachtrag vom 2. März 1812 zu den Akademischen Gesetzen (1810) in UAH RA 4603.
1984 Bericht des Universitätsamtes vom 30. Juli 1850 in: UAH RA 7275.

3. Der Auszug nach Frankenthal

Der Auszug eines Großteils der Studentenschaft nach Frankenthal im Sommer 1828 stellt für die Universität einen ernsten Konflikt dar. Unmittelbaren Auslöser ist in eine Maßnahme der akademischen Gerichtsbarkeit gegen die Burschenschaft. Während des Auszugs Scheitern die Verhandlungen über eine einvernehmliche Rückkehr. Die Hochschüler verhängen den Verruf über ihre *alma mater.* Deshalb kommt es zu einer der umfangreichsten Untersuchungen und Strafmaßnahmen in der Geschichte der akademischen Gerichtsbarkeit Heidelbergs. Als weitere Folge entzieht die badische Regierung der Universität vorübergehend die Zuständigkeit für Untersuchungen gegen die verbotenen Verbindungen.

a) Der Auslöser

Im August 1828 zieht die Heidelberger Studentenschaft nach einem Konflikt, der seinen Ursprung in den Statuten der *„Museums-Gesellschaft für Lektüre, Konversation und Spiel“*[1985] hatte, nahezu geschlossen über den Rhein in das damals bayrische Frankenthal.[1986] Die Auseinandersetzung zwischen den organisierten Hochschülern und der Gesellschaft entsteht in einer Zeit erhöhter Spannungen innerhalb der Studentenschaft und zwischen dieser und Teilen der Heidelberger Bürgerschaft.[1987]

Die Museumsgesellschaft sollte ursprünglich den Kontakt zwischen Bürgern, Professoren und Studenten fördern. Durch den Neubau eines repräsentativen Veranstaltungshauses in zentraler Lage neben der Universität[1988]

1985 So die Selbstbezeichnung der Lesegesellschaft nach Jäger, Geschichte des deutschen Buchhandels, S. 315

1986 Zum Auszug von 1828 vgl. Roeseling, S. 81–110 und den Aufsatz von Hoffmann in: Frankenthal einst und jetzt 1/2000, S. 48ff. Die entsprechenden Protokolle der Heidelberger Corps sind untersucht durch Bauer/Pietzsch in: Einst und Jetzt 1970, S. 51ff. Einen ausführlichen zeitgenössischen Bericht aus Sicht eines Burschenschafters gibt Georg Hanssen in seinen Lebenserinnerungen.

1987 Aus den Berichten der Universität über die verhängten Disziplinarstrafen ergibt sich, dass im ersten Halbjahr 1828 besonders häufig Konflikte zwischen Studenten und Bürgern oder Wachen in Verbal- und Realinjurien eskalierten. Außerdem gab es sehr viele Strafen wegen vollzogenen oder geplanten Duellen. So wurden bis Ende Juni zehn Studenten zur Unterschrift unter das consilium abeundi und vier mit dem endgültigen consilium bestraft. Außerdem wurden zwei Akademiker relegiert. Insgesamt wurden in sechs Monaten annähernd so viele Strafen ausgesprochen, wie im Gesamtjahr davor. Vgl. die entsprechenden Tabellen in: GLA 205/1163.

1988 An der Stelle des damaligen Neubaus befindet sich heute das zentrale Vorlesungsgebäude, die Neue Universität. Das damalige Vorlesungsgebäude ist die nunmehrige Alten Universität.

steigt die Bedeutung der Museumsgesellschaft im gesellschaftlichen Leben Heidelbergs.[1989] Aus diesem Anlass werden ihre Statuten überarbeitet. Eine Änderung ist, dass Studenten nur noch außerordentliche Mitglieder werden können, da ihr Aufenthalt in der Stadt meist nur kurz andauert. Gegenüber den ordentlichen Mitgliedern, zumeist Bürgern und Professoren, sehen sich die Studenten durch die Regelung benachteiligt. So dürfen nur ordentliche Mitglieder Personen in die Gesellschaft einführen. Außerdem können außerordentliche Mitglieder nur mit einer Bürgschaft eines ordentlichen Mitglieds Bücher und Zeitungen ausleihen. Beim Vorwurf von Fehlverhalten droht der Ausschluss ohne Verteidigungsmöglichkeit. Neben der Gleichberechtigung fordern die Studenten, dass sie in den *Ausschuß*, den Vorstand des Museums, stimmberechtigte Vertreter entsenden dürfen. Dort wollen sie insbesondere in die Organisation der Bälle und Gesellschaftsabende stärker eingebunden werden. Durch die Einschränkung fühlen sich Teile der Studentenschaft in ihrer Ehre verletzt, da sie ihre Zuverlässigkeit und Ehrlichkeit in Frage gestellt sehen.[1990]

Burschenschaft und Seniorenconvent protestieren gemeinsam als Vertreter der Studentenschaft gegen die Statuten und fordern Änderungen. Da die Museumsgesellschaft nicht allen Forderungen der Studenten nachkommt,[1991] verhängen die Burschenschaft und der Seniorenconvent am 12. August den Verruf über die Gesellschaft.[1992] Schon in den Tagen vor dem

1989 Roeseling, S. 86ff. weist nach, dass es sich bei der Museumsgesellschaft nicht, wie meist beschrieben, um eine Neugründung des Jahres 1828 handelte. Vielmehr entstand sie schon zu Beginn des19. Jahrhunderts aus zwei Lesegesellschaften. Ausgelöst wurde der Konflikt mit der Studentenschaft durch die Überarbeitung der Statuten. Durch die räumliche Nähe des neuen Gesellschaftshauses zur Universität und die leitenden Funktion mehrere Professoren sahen die Studenten im Museum eine universitäre Gesellschaft, zu der sie uneingeschränkten Zutritt forderten.

1990 Zu den Forderungen der Akademiker siehe die Abschrift eines Schreibens der Studentenschaft an das Museum in: UAH RA 7051. Anzumerken ist, dass die Studenten nur Mitsprache in Angelegenheiten forderten, die sie auch selbst betrafen, nicht aber in finanziellen Fragen.

1991 Siehe das Antwortschreiben des Ausschusses an die Studenten vom 4. August 1828 in: UAH RA 7051.

1992 In zeitgenössischen Quellen wie dem offiziellen Bericht des Senats, abgedruckt in der Karlsruher Zeitung vom 17. August 1828 und der Freiburger Zeitung vom 19. August 1828 [im Anhang XVI], wird die Rolle der Burschenschaft betont, der S.C. dagegen nicht erwähnt. Tatsächlich ist der Konflikt von der Burschenschaft getragen worden. Diese verhängte den Verruf zunächst, was den S.C. zu einem entsprechenden Handeln zwang, da sich beide Organisationen vertraglich gebunden hatten, einen Verruf des jeweils anderen Teils ebenfalls zu erklären. Da der S.C. keine Einstimmigkeit erreichte, hätte er nach seinen Statuten eigentlich keinen Verruf verhängen dürfen, vgl. Bauer/Pietzsch in: Einst und Jetzt 1970, S. 55f. Der S.C. stellte Vertragstreue also über

Verruf hatte die Burschenschaft jedem Studenten, der trotz der Auseinandersetzung der Museumsgesellschaft beitreten oder ihr Mitglied bleiben wollte, mit dem Verschiß gedroht.[1993]

Zwei Tage später reagiert der Senat auf die verbotene Verrufserklärung und lässt in den frühen Morgenstunden die Vorsteher der Burschenschafter in Karzerhaft nehmen.[1994] Gegen die übrigen aktenkundigen Burschenschafter verhängt man „*strengen Stuben-Arrest mit Androhung der geschärften Relegation*".[1995] Daraufhin sammeln sich, wie es im Vorfeld zwischen Burschenschaft und S. C. vereinbart worden war, die Studenten unter „*Burschen heraus*" Rufen[1996] in der Gaststätte zur Hirschgasse auf der nördlichen Neckarseite, also außerhalb der Stadtmauern.[1997] Dort beschließen die Studenten, ihre Kommilitonen aus dem Karzer zu befreien und dann nach Frankenthal zu ziehen.[1998]

Statutentreue. Auch im ersten Bericht des Senats an das Ministerium wird betont, dass der Verruf von der Burschenschaft ausging, vgl. das Schreiben vom 12. August 1828 in: GLA 205/1221.

1993 Siehe die Aktennotiz des Amtmanns Dr. Lang vom 14. August 1828 in: UAH RA 6825. Lang hatte schon vor dem Verruf am 11. August gemeldet, dass die Studenten entsprechendes planten, vgl. Dietz, Studentenleben, S. 91.

1994 Bauer/Pietzsch in: Einst und Jetzt 1970, S. 56. Der Senat sah eine lang erwartete Möglichkeit, gegen die Burschenschaft vorzugehen. Daran lässt er in seinem veröffentlichten Bericht keinen Zweifel. Ausdrücklich auch in der Aktennotiz des Amtmanns Dr. Lang vom 14. August 1828 in: UAH RA 6825: „*Eine weitere Untersuchung gegen die Corps wegen dieses Verrufs, so wie gegen sämtliche Verbindungen wegen Eingehung verbotener Verbindungen soll noch zur Zeit unterbleiben.*"

1995 Siehe die Aktennotiz des Amtmanns Dr. Lang vom 14. August 1828 in: UAH RA 6825. Bei den Vorstehern handelte es sich um die Studenten Jungbluth, Strauß, Werner, Eigenbrodt, Schmitz und Lichtenstein. Strauß und Schmitz konnten nicht festgesetzt werden. Weiterhin waren 38 andere Akademiker dem Senat als Burschenschafter bekannt.

1996 Auf den Alarmruf „*Burschen heraus*" musste jeder ehrenwerte Student auf die Straße kommen, um seinen Standesgenossen Hilfe zu leisten, vgl. nur Schuchardt in: Wörterbuch der Studentensprache III, S. 137. Seit 1806 war dies auch im Komment geregelt; nach Abschnitt V., § 3 des Komments von 1806 in: Einst und Jetzt, Sonderheft 1967, S. 40 wurde nicht nur derjenige mit dem *Verschiß* bestraft, der auf den Ruf nicht reagierte, sondern auch derjenige, der ohne Grund gerufen hatte.

1997 Bauer/Pietzsch in: Einst und Jetzt 1970, S. 56.

1998 Hoffmann in: Frankenthal einst und jetzt 1/2000, S. 49 spricht vom Auszug von etwa 400 Studenten. Georg Hanssen schreibt in seinen Lebenserinnerungen, S. 21, von 700 Studenten. Die Darstellung des Senats in der Freiburger Zeitung vom 19. August 1828 berichtet dagegen von „*kaum ein Drittheil der hiesigen Akademiker, und unter diesen waren viele, welche gezwungen, oder um Verfolgung auszuweichen, mitgiengen, und daher auch schon an demselben Abend still zurückkehrten.*" Mit den zurückgekehrten Studenten ist wohl das Corps Suevia gemeint. Dass nur ein Drittel der Studenten ausgezogen ist, erscheint abwegig, da nur 53 Studenten auf einer Liste des Senats ehrenwörtlich ver-

b) Der Ablauf des Auszugs

Bereits gegen 5 Uhr morgens erfolgt die Befreiung. Dazu stürmen etwa zweihundert Studenten das Universitätsgefängnis. Anschließend ziehen die Akademiker nach Schwetzingen, um von dort, nach der Rheinüberquerung bei Ketsch, nach Frankenthal zu wandern. Der Umweg, sowie die Flussquerung auf Booten, war notwendig, da die Mannheimer Garnison den direkten Weg versperrte. Vor der Überfahrt in die bayrische Pfalz entscheidet das Corps Suevia, in dem hauptsächlich Badener Studenten organisiert sind, am Auszug nicht weiter teilzunehmen. Die Mitglieder befürchten Nachteile für ihre spätere Karriere.[1999] Deshalb wird es durch die anderen Corps gleichfalls mit einem Verruf belegt.[2000]

c) Die unmittelbare Reaktion der Behörden

Die Universität reagiert ohne Verzögerung auf den Auszug. Dadurch wird deutlich, dass sie den Fortgang der Studenten ernst nimmt. So verlegt das Kriegsministerium auf Ersuchen des Senats bereits am Tag des Auszugs eine Abteilung von etwa einhundertdreißig Dragonern aus Mannheim in die Universitätsstadt.[2001]

Außerdem erscheint in der Ausgabe vom 16. August 1828 der Neuen Speyerer Zeitung eine Anzeige, in welcher der Universitätsamtmann die Studenten auf einen Aushang am Schwarzen Brett in Heidelberg hinweist. Durch den Aushang war den Akademikern am Vortag eine Frist von acht Tagen zur Wiederaufnahme ihrer Studien gesetzt worden. Als Strafe bei einem Fernbleiben wird die geschärfte Relegation – also die härteste Sanktionsmöglichkeit – angekündigt.[2002] Denjenigen, die nur am Auszug, nicht aber an der Befreiung der Gefangenen, teilgenommen hatten, sichert man

sicherten, nichts mit der Angelegenheit zu tun zu haben. Eine entsprechenden Liste, durch die sich die Unterzeichneten der Strafe des Senats unterwarfen zählt im Vergleich dazu 201 Einträge, siehe UAH RA 7064.

1999 Landeskinder waren im Zeitalter der deutschen Kleinstaaten besonders von Strafandrohungen betroffen, vgl. etwa für den Göttinger Auszug von 1790 Brüdermann II, S. 32.

2000 An der Kommentmäßigkeit des Verrufs über die Suevia gab es erhebliche Zweifel, vgl. die undatierte Abschrift eines Schreibens an den Seniorenconvent in: GLA 205/1222.

2001 Schreiben des Kriegsministeriums vom 15. August 1828 in: GLA 205/1221 und die Rechnung über die Stationierung in: GLA 205/1222. Aus der Rechnung ergibt sich, dass bereits am 16. August ein Großteil der Dragoner abgezogen wurde, nur ein Leutnant und 24 Soldaten blieben bis zum 28. August, vgl auch den Abberufungsbefehl des Kurators vom 27. August in: UAH RA 5504.

2002 Neue Speyerer Zeitung vom 16. August 1828 in: UAH RA7051, pag. 25.

Milde zu.[2003] Neben dem Senat und dem Universitätskurator wird auch das *Directorium des Neckarkreises*, also die Exekutive, in die Verhandlungen einbezogen. Der Behörde obliegt es, die Korrespondenz mit der königlich bayrischen Regierung in Speyer abzuwickeln.[2004] An die Behörden in der Pfalz hatte man sich mit der Bitte gewandt, die Hochschüler auszuweisen. Dagegen verteidigen die Studenten sich erfolgreich mit Hilfe eines Rechtsanwalts; da die Frankenthaler Hauswirte für die Studenten bürgen, kann die Ausweisung verhindert werden.[2005]

d) Die Verhandlungen zur Beendigung des Auszugs

Am 17. August fordert der Kurator der Universität die aus Baden stammenden Studenten zur sofortigen Rückkehr in die Neckarstadt auf. Andernfalls droht auch er ihnen mit der Relegation. Die Drohung wird durch einen amtlichen Aushang in Frankenthal bekannt gemacht.[2006] Gleichzeitig versucht der Strafrechtsprofessor Mittermaier[2007] durch einen privaten Besuch bei den ausgezogenen Studenten den verhärteten Fronten zum Trotz Verhandlungen in Gang zu setzen. Mittermaier, selbst ehemaliger Corpsstudent und Mitgründer eines Corps in Landshut,[2008] handelt zwar ohne Vollmacht des Senats,[2009] zählt aber auf seine Popularität bei Kollegen und Studenten. Von seinem Besuch berichtet er dem Senat schriftlich. Die Akademiker fordern als Gegenleistung für ihre Rückkehr eine Amnestie, sind Mittermaier gegenüber aber bereit, eine Untersuchung – die jedoch höchstens zu Karzerstrafen führen soll – zu akzeptieren. Der Professor vermutet, dass etwa dreißig Anführer über die etwa vierhundert Ausgezogenen bestimmen. Die Bindungswirkung ihres Ehrenworts verhindert die Rückkehr der Mehrheit, obwohl diese nach Mittermaiers Ansicht den Auszug bereuten.[2010] Als die ausgezogenen Hochschüler durch Mittermaier erfahren, dass ihre ursprünglichen Forderungen durch die Museumsgesellschaft erfüllt worden waren, nehmen

---

2003 Aufforderung des Senats vom 15. August 1828 in: UAH RA 5504.

2004 Vgl. das Schreiben des Directoriums an den Senat vom 16. August 1828 in: UAH RA 5504.

2005 Hanssen, S. 22.

2006 Siehe das Schreiben des Kurators vom 17. August 1828 mit einem amtlichen Vermerk des Frankenthaler Bürgermeisters in: UAH RA 5504.

2007 Zu Carl Joseph Anton Mittermaier siehe Moritz/Schroeder und Schroeder, Universität für Juristen, S. 133ff. Mittermaier war in seiner Zeit als Bonner Professor als provisorischer Universitätsrichter an der Demagogenverfolgung beteiligt gewesen, ebd., S. 137. Die Verhältnisse in der Burschenschaft waren im somit vertraut.

2008 Viernstein, S. 3f.

2009 Bauer/Pietzsch in: Einst und Jetzt 1970, S. 57.

2010 Schreiben Mittermaiers an den Rektor vom 18. August 1828 in: UAH RA 5504.

sie den Verruf gegen die Gesellschaft zurück. Ab diesem Zeitpunkt besteht nur noch der Konflikt zwischen den Studenten und der Universität, der maßgeblich durch die Stürmung des Karzers entstanden war.[2011] Das Schreiben Mittermaiers veranlasst den Senat dazu, den Pandektenprofessor Thibaut[2012] in offiziellem Auftrag zu Verhandlungen nach Frankenthal zu senden. Auch diesem gelingt es nicht in einer Versammlung der Studenten zu sprechen. Beide verhandeln lediglich mit den Organisatoren des Auszugs, den sogenannten Vorstehern.[2013]

Als die Vermittlungsversuche der Juristen scheitern,[2014] kommt es zu einer förmlichen Verrufserklärung der Studenten gegen die Universität Heidelberg. Durch den dreijährigen Verruf, der mit einem Ehrenwort jedes der ausgezogenen Akademiker bekräftigt wird, soll eine Rückkehr in die Neckarstadt verhindert werden. In der Versammlung der Studenten wird nicht über den Verruf diskutiert[2015] und auch nicht einzeln abgestimmt. Eine Führungsgruppe hatte sich zuvor für die Maßnahme entschieden. In der Versammlung werden die übrigen Studenten lediglich aufgefordert sich zu melden, wenn sie nicht zustimmen. Über den Ablauf berichtet ein Student: *„Ich war in der Versammlung zugegen; es ging sehr stürmisch her. Plötzlich riefen mehrere „der Verruf ist also ausgesprochen". Einige Stimmen riefen auf wie lange, u. erhielten zur Antwort: das wird noch näher bekannt gemacht werden."*[2016]

An den Verruf über die Universität fühlen sich keineswegs alle teilnehmenden Studenten gebunden. In der Folgezeit, zum Teil erst nach dem Ende der Sommerferien, kehren viele zurück. Die Zahl der Immatrikulierten in Heidelberg verringert sich um etwa zweihundert auf sechshundert.[2017] Denjenigen, die sich gegen eine Rückkehr nach Heidelberg entscheiden, ist es

2011 Und damit im Kern ein Konflikt zwischen Studenten und akademischer Gerichtsbarkeit war.

2012 Zu Anton Friedrich Justus Thibaut siehe Schroeder, Universität für Juristen, S. 23ff.

2013 Protokoll der Vernehmung von stud. Wilhelm von Tümpling vom 20. August 1828 in: UAH RA 6825.

2014 Neben der Universität hatten sich auch mehrere Heidelberger Handwerker, die um ihre Kundschaft und ausstehende Kredite fürchteten, um die Rückkehr der Akademiker bemüht, siehe Hanssen, S. 22f.

2015 So verteidigten sich später die Mitläufer. Nach Hanssen, S. 23, war jedoch zunächst ein zehnjähriger Verruf gefordert worden. Es müsste dann also durchaus zu Verhandlungen gekommen sein.

2016 Protokoll der Vernehmung von stud. Alexander Baekem vom 19. August 1828 in: UAH RA 6825.

2017 201 Studenten erkannten die Strafgewalt des Senats in der Sache ausdrücklich an, vgl. die Unterschriftenliste vom 23. August 1828 in UAH RA 7064. Sie müssen also schon zu diesem Zeitpunkt nach Heidelberg zurückgekehrt sein. Im Zuge der Untersuchung

nicht möglich, eine beliebige andere Universität zu besuchen; Denn schon zu Beginn des Auszugs hatte der Senat entschieden, keinem Abwesenden ein Zeugnis auszustellen. Ohne ein entsprechendes Dokument verweigerte aber beispielsweise die Göttinger Universität den aus Heidelberg Kommenden den Aufenthalt.[2018]

Da es hauptsächlich Burschenschafter sind, die nicht an den Neckar zurückkehren, sinkt der Einfluss der Burschenschaft im Verhältnis zu den Corps.[2019] Der Senat hatte sein Ziel, die Unterdrückung der Burschenschaft, also mittelbar erreicht.[2020]

e) Gerichtliches Vorgehen gegen die Studenten

Auf den Verruf reagiert das akademische Gericht mit einer genauen Untersuchung, die zur öffentlichen Relegation von zweiundneunzig Studenten führt.

Zunächst werden alle Studenten, die sich am Auszug beteiligt hatten, am 15. August 1828 durch einen Aushang am Schwarzen Brett der Universität vorgeladen. Am folgenden Tag beginnt der Universitätsamtmann Dr. Lang mit den Verhören der in der Neckarstadt verbliebenen Hochschüler. Allerdings geben diese mehrheitlich an, nichts von einem Verruf zu wissen.[2021]

Da unter den nicht nach Heidelberg zurückgekehrten Studenten die Anführer des Auszugs sind, erfolgt am 30. August deren öffentliche Ladung. Sie werden aufgefordert, sich innerhalb von vierzehn Tagen vor dem Universitätsamt zu rechtfertigen.[2022] In der Vernehmung durch den Amtmann sagen mehrere Akademiker aus, dass sie nur zufällig abgereist seien. Es finden sich aber auch schuldbewusste Studenten. So gibt der Jurist Wilhelm Wolf an, er habe den über ihn nach seiner Rückkehr verhängten Stadtarrest nur gebrochen, weil er von der Gültigkeit des Verrufs ausgegangen war und der Wagen

---

nahm ein Großteil der Ausgezogenen den Verruf ausdrücklich zurück, um Reue zu zeigen und eine Begnadigung zu ermöglichen.

2018 Vgl. das Schreiben der Göttinger Universität an den Heidelberger Senat vom 6. September 1828 in: UAH RA 5504.

2019 Lorentzen, S. 48; Goetze in: Heidelberg-Jahrbuch 1998, S. 35; Dietz, S. 44. Nach der Rückkehr nach Heidelberg begannen im Seniorenconvent der Corps unmittelbar Bestrebungen, den Verruf als kommentwidrig Rückgängig zu machen. Besonders im Ausschluss der Suevia aus dem S.C. und damit von ihrem Stimmrecht und der großen Eile bei der Beschlussfassung wurden Verstöße gegen den Komment gesehen, vgl. die Abschrift eines Schreibens an den Seniorenconvent in: GLA 205/1222.

2020 Senatsprotokoll vom 31. Dezember 1828 in: UAH RA 5501, fol. 41r.: *„Die sogenannte allgemeine Burschenschaft muß und wird auf allen Academien vertilgt werden“.*

2021 Protokoll des Amtmanns Dr. Lang vom 16. August 1828 in: UAH RA 6825.

2022 Vorladung vom 30. August 1828 in: UAH RA 7061.

samt seinen „*Reisegefährten*" schon wartete. Seine Aussage beendet er: „*Ich sehe ein, daß ich gefehlt habe, hoffe aber, da ich freiwillig zurückkehrte,* [auf] *eine gelinde Bestrafung*".[2023] Auf Antrag des Universitätsamtmanns Dr. Lang wird er durch den Senat zur Unterschrift unter das *consilium abeundi* verurteilt. Da dem Amtmann bekannt ist, dass Wolf die Universität verlassen will, wird die Strafe durch einen achttägigen Karzeraufenthalt und die Auferlegung der Kosten verschärft. Der Kurator bestätigt das Urteil, wodurch es Rechtskraft erlangt.[2024]

In den Wochen nach der Rückkehr bereuen immer mehr Studenten den Verruf, zumal er nicht demokratisch beschlossen worden war. Durch das Vorgehen der Behörden wird der Reumut gesteigert: in den Vernehmungen legt der Amtmann jedem Studenten den unterschriebenen Widerruf eines Kommilitonen vor. Dadurch erkennt der Beschuldigte, dass sich nicht alle seiner Standesgenossen an das in Frankenthal gegebene Ehrenwort gebunden fühlen. In der Abwägung, ob das Halten des Ehrenworts die erhebliche Strafe wert sein würde, überwiegt häufig die Aussicht auf eine problemlose Fortsetzung der Studien.[2025] Die im Seniorenconvent organisierten Corps erklären nach der Rückkehr nach Heidelberg nach und nach den Verruf für commentwidrig, da er unter Druck und ohne Kenntnis aller Informationen von der Burschenschaft durchgesetzt worden sei.[2026]

Durch die Spaltung der Studentenschaft in Befürworter des Verrufs, die sich an ihr Ehrenwort gebunden fühlen, und denjenigen, die ihre Teilnahme bereuen, kommt es zu Spannungen, die zu Schlägereien führen. Durch den Verruf war der allgemeine Komment außer Kraft gesetzt. Deshalb kann das traditionelle studentische Mittel zur Konfliktlösung, das Fordern und Gewähren von Satisfaktion, nicht mehr angewandt werden. Durch den sogenannten „*Holzcomment*", der Ersatzweise zur Anwendung kam, werden Schlägereien zum Ventil für den in der Studentenschaft entstandenen Druck.[2027]

2023 Protokoll vom 26. September 1828 in: UAH RA 7061.

2024 Antrag des Amtmanns vom 1. Oktober 1828 und das Urteil vom selben Datum und Bestätigung des Kurators vom 3. Oktober in: UAH RA 7061. Das unterschriebene *consilium abeundi* und der Kostenbeschluss über 3 fl. 44 Kr. sind im Anhang XVII zu finden.

2025 Roeseling, S. 94f.; S. 96.

2026 Den Anfang machte das Corps Suevia, das wegen seines Verbleibens in Baden von den anderen Corps in Verruf gesetzt worden war. Ihm schlossen sich bald die Saxo-Borussen an, die sich an beide Verrufe nicht mehr gebunden fühlten, vgl. den Bericht des Senats an den Kurator vom 31. August 1828 in: UAH RA 7051.

2027 Vgl. den Bericht des Senats an den Kurator vom 31. August 1828 in: UAH RA 7051.

f) Die Strafen

Nach Abschluss der Untersuchung wird eine erhebliche Anzahl von Studenten bestraft. Dabei urteilt die Universität, die ihre Entscheidungen dem Kurator vorlegt, der sie an das Innenministerium weiterleitet, welches die Urteile schließlich Großherzog Ludwig zur Kenntnis bringt. Um die Strafmaßnahmen bekannt zu machen wird ein offizielles Relegationspatent gedruckt und veröffentlicht. In dem Patent[2028] werden die bestraften Akademiker namentlich unter Angabe ihres Herkunftsortes genannt.[2029]

aa) Statistik

Nach Abschluss der Untersuchung werden folgende Strafen verhängt und von Kurator und Großherzog bestätigt, wobei dieser von seinem Begnadigungsrecht Gebrauch macht:

Insgesamt wurden 351 Hochschüler befragt. In Folge der Befragungen wird gegen 289 eine Untersuchung wegen der Stürmung des Karzers und der Verrufserklärung eingeleitet.

Von den 289 Studenten zeigen 197 Reue, 92 halten ihr Verhalten auch im Nachhinein für berechtigt. Die Reumütigen können begnadigt werden, wenn sie den Verruf schriftlich widerrufen und bestätigten, kein Mitglied einer Verbindung zu sein.

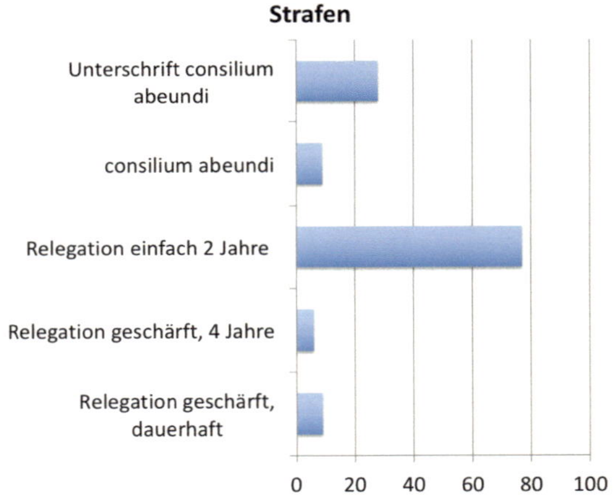

2028 Ein Patent bezeichnet eine öffentliche Urkunde, die öffentlich bekannt gemacht wurde und deshalb statt der Versiegelung eine Untersiegelung am Textende aufweist, siehe Erler in: HRG III, Sp. 1532f.

2029 Siehe das Relegationspatent aus UAH RA 7065 und GLA 205/1223 im Anhang XVIII. Gedruckt auch bei Hanssen, S. 155.

Insgesamt erfolgt die Bestrafung von 129 Akademiken. Neben den 92 Relegationen, die sich in 9 dauerhafte, 6 geschärfte vierjährige und 77 einfache zweijährige untergliedern, werden 9 Studenten durch das *consilium abeundi* und 28 durch die Unterschrift unter selbiges bestraft.[2030] Die im Ergebnis ausgesprochenen Strafen liegen unterhalb des Votums der Universität.[2031]

bb) Begnadigungen vor der Veröffentlichung des Relegationspatents

Auf Vorschlag des Senats begnadigt der Großherzog alle Studenten die den Verruf zurücknehmen, sofern ihnen kein anderes Vergehen, wie etwa die aktive Teilnahme am Karzersturm oder das Anführen des Auszugs vorgeworfen wird. Bereits unmittelbar nach dem Fortgang der Akademiker hatte der Senat am 15. August dieses Vorgehen angekündigt: *„die, denen kein anderes Vergehen zur Last fällt, und welche bloß durch den Auszug mit fortgerißen wurden, auf Verzeihung ihrer* Übereilung *rechnen können.“*[2032] Die Rücknahme erfolgt schriftlich durch Briefe, wobei der Senat die von besorgten Vätern von Studenten verfassten Schreiben nicht akzeptierte,[2033] oder in der Befragung durch den Amtmann. Dabei stehen die Hochschüler vor dem Problem, dass sie den Verruf mit ihrem Ehrenwort bekräftigt hatten. In der ehrbetonten studentischen Gesellschaft des neunzehnten Jahrhunderts droht bei der Rücknahme eines solchen Ehrenwortes ein empfindlicher Reputationsverlust. Deshalb berufen sich zahlreiche Studenten auf die äußeren Umstände beim Beschluss des Verrufs in Frankenthal.[2034] Die Universität neigt dazu, die Begründung ausreichen zu lassen, zumal schon Professor Mittermaier

---

2030 Bekanntmachung des Senats in der Allgemeinen Zeitung vom 31. Oktober 1828 in: UAH RA 7061. Siehe ebd. auch das Schreiben des Kurators mit dem Gnadenerlass des Großherzogs vom 24. Oktober 1828.

2031 Die Universität wollte am 13. November 1828 123 Studenten relegieren, 9 dauerhaft, 8 geschärft auf vier Jahre, 22 einfach auf drei Jahre, 84 einfach auf zwei Jahre. Das consilium abeundi sollten 12 erhalten und weitere 28 unterschreiben.

2032 Aufforderung des Senats vom 15. August 1828 in: UAH RA 5504.

2033 Vgl. etwa das Schreiben des Commisars Friderici aus Hannover vom 16. Oktober 1828 zu Gunsten seines Sohnes Hartwig in: UAH RA 7060; Da Hartwig Friderici zu den Anführern der Studenten zählte, wurde er dauerhaft relegiert, vgl. das Relegationspatent im Anhang XVIII. Der Widerruf musste immer eigenhändig erfolgen.

2034 Die Rücknahmeschreiben sind gesammelt in UAH RA 7060. Ebd. finden sich auch Schreiben von auswärtigen Behörden, bei denen sich Studenten eingefunden hatten, um ihrem Widerruf eine offizielle Prägung zu geben. Exemplarisch ist der Widerruf des stud. iur. Julius Klugkist aus Bremen, der noch bei seiner Vernehmung in Heidelberg von der Bindungswirkung seines Ehrenwortes ausging, dann aber am 17. Oktober 1828 doch widerrief. Er gab an, durch eine Reise an einem früheren Widerruf verhindert worden zu sein. Anscheinend ging sein Schreiben noch Rechtzeitig ein, denn auf dem offiziellen Relegationspatent fehlt sein Name.

nach seinem Besuch in Frankenthal berichtet hatte: *„leider sind es nach meiner Erfahrung nur etwa 30 Studierende welche eine Uebermacht über die anderen ausüben, und sie mit dem in der Uebereilung von 400 Studierenden gegebenen Ehrenwort festhalten.* [...] *Auch glaube ich daß nur wenige den reinen Stand der Dinge und der Abgrund an dem sie stehen bekannt ist.*“[2035]

Auf die Versuche der Universität, die Hochschüler zu einer Rücknahme ihres Ehrenwortes anzuhalten, reagieren die Anführer des Auszugs mit dem Aushang eines anonymen Plakats. Durch den Aufruf das Ehrenwort zu halten, soll die Geschlossenheit in der Studentenschaft gefördert werden und es jedem Einzelnen schwerer gemacht werden, das Ehrenwort zurück zu nehmen.[2036]

cc) Gnadengesuche nach Veröffentlichung des Relegationspatents

Nachdem die Urteile gefällt und publiziert sind versuchen einige der Verurteilten, eine Milderung ihrer Strafen zu erreichen. Zu ihrer Entschuldigung schreiben etwa die Brüder van der Hellen aus Bremen am 7. November, dass sie wegen der großen Entfernung ihrer Heimat nicht in der Lage gewesen seien, rechtzeitig zu widerrufen. Tatsächlich hatte der Senat in Abstimmung mit dem Kurator am 25. Oktober entschieden, dass alle Widerrufe, die vor dem 27. Oktober abgeschickt wurden, noch zu Begnadigungen führen sollten. Da die Brüder van der Hellen am 25. Oktober an einen Heidelberger Freund die Bitte, sich für sie einzusetzen, gesendet hatten, akzeptierte der Senat ihr ausführliches Schreiben vom 7. November. Man entscheidet, sie *„unter die Zahl der Begnadigten noch aufzunehmen.*“[2037]

Insgesamt werden von den siebenundsiebzig Hochschülern, die mit der einfachen Relegation auf zwei Jahre bestraft waren und deren Namen auf dem Patent verzeichnet sind, mindestens fünf nachträglich begnadigt. Der Universität steht dabei kein eigenes Gnadenrecht zu. Sie kann eingehende Gnadengesuche lediglich mit einer Entscheidungsempfehlung versehen und an den Kurator weiterleiten. Durch den Beamten werden die Bittschriften an das Ministerium des Inneren gesandt; dieses entscheidet, ob sich aus den Dokumenten Gründe ergeben, die eine Vorlage beim Großherzog rechtfertigen.[2038]

2035 Schreiben Mittermaiers an den Rektor vom 18. August 1828 in: UAH RA 5504.

2036 Plakat vom 20. August 1828 in: UAH RA 7051. Vgl. auch Roeseling, S. 103.

2037 Beide Schreiben in: UAH RA 7062.

2038 Der Ablauf ergibt sich aus den zahlreichen Gnadengesuchen in: UAH RA 7062 und 7063.

Insbesondere bei zu spät eingegangenen Widerrufen und Gnadengesuche, die von den Hauptschuldigen stammen, lehnt das Innenministerium eine Vorlage bei Großherzog als unbegründet ab.[2039]

Die Gnadengesuche beschäftigten den Amtmann und den Engeren Senat noch bis in das Jahr 1830 hinein. Als letzte erfolgreiche Bittschriften sind die Gesuche von acht Studenten verzeichnet, denen im Juni und Dezember 1829 ihre Strafe erlassen wird. Es handelt sich um die Unterschrift unter das *consilium abeundi*, also die schwächste Strafe, die nach dem Auszug verhängt worden war.[2040]

g) Weitere Folgen des Auszugs

Abgesehen vom gerichtlichen Vorgehen gegen die beteiligten Studenten haben die „*Excesse*" eine Reihe von weiteren Folgen. Entscheidend ist aus Sicht der Behörden, dass die Heidelberger Burschenschaft geschwächt wurde.[2041]

aa) Der Erlass des Großherzogs vom 9. Oktober 1828

Auch für die Professoren, den Amtmann und den Kurator hat der Auszug Konsequenzen: In einer Versammlung wird ein ausführlicher Erlass Großherzog Ludwigs vom 9. Oktober verlesen. Der Herrscher drückt in scharfen Worten seine Unzufriedenheit mit der bisherigen Verfolgung der Verbindungen und von aufrührerischen Studenten aus. Besonders bedauert Ludwig, dass der gute Ruf der Universität, den die Regierung und die Professoren aufgebaut hatten, durch den Auszug stark gelitten habe.[2042]

bb) Reaktion der Universitäten des Deutschen Bundes

Bereits kurz nach dem Auszug, am 28. August, erkundigt sich der preußische Regierungsbevollmächtigte der Berliner Universität in Heidelberg nach dem Auftreten der Burschenschaft und vor allem der Verwicklung von preußischen Untertanen in die Vorfälle. Dabei bietet er an, Informationsgesuche der badischen Behörden bereitwillig zu beantworten.[2043] Die Universitäts-

---

2039 So zum Beispiel im Fall des Hartwig Friderici aus Hannover, dessen Vater mit zahlreichen ausführlichen Gutachten versuchte, die dauerhafte Relegation seines Sohnes rückgängig zu machen, siehe UAH RA 7062. Zur Rolle von Friderici siehe Roeseling, S. 97.

2040 Vgl. die Gesuche und die Beschlüsse in: UAH RA 7063.

2041 Die Landsmannschaften (Corps) galten als politisch ungefährlich, vgl. Dietz, Studetenleben, S. 95.

2042 Eine Kopie des Erlasses von Großherzog Ludiwg an die Universität vom 9. Oktober 1828 in: UAH RA 5504.

2043 Schreiben des Regierungsbevollmächtigten der Berliner Universität vom 28. August 1828 in: GLA 205/1222. Siehe auch das Schreiben der Göttinger Universität vom 6. September 1828 ebd. Der Kurator der Heidelberger Universität wies diese an, die

gerichts-Deputation aus Göttingen teilt mit, dass sie nur Studenten aufnehmen werde, die einen ausdrücklichen Nachweis der Heidelberger akademischen Behörden vorlegen können, dass sie nicht an den Vorfällen beteiligt waren.[2044]

Durch die Schreiben wird deutlich, dass die Regierungen des Deutschen Bundes aufrührerische Studenten und besonders die Burschenschaft beobachten und sich im Rahmen der Gerichtsbarkeit über diese gegenseitige Amtshilfe leisten.[2045] Allerdings betonen die Göttinger Behörden, dass sie nur aus den Zeitungen von dem *„höchst strafbaren Benehmen"* der Heidelberger Studenten erfahren hatten.

cc) Beschränkung der Zuständigkeit der akademischen Gerichtsbarkeit

Der Auszug hatte offen gezeigt, dass die verbotenen Verbindungen, insbesondere die als politisch angesehene Burschenschaft, in Heidelberg weiterhin bestanden. Den akademischen Behörden sind die beteiligten Studenten schon vor dem Verruf des Museums bekannt. Das wird durch die unmittelbar folgende Festnahme der führenden Burschenschafter und dem Bericht des Senats für die Zeitungen erkennbar.[2046]

Auf die deutlich zu Tage getretene Oberflächlichkeit der Bekämpfung des Verbindungswesens durch die Universität hin reagiert die badische Regierung entschieden. In seinem Erlass vom 24. Oktober 1828 bestimmt der Großherzog, dass die Mitgliedschaft in einer *„geheimen Verbindung"* nunmehr als Verbrechen, das mit Kriminalstrafen zu ahnden war, angesehen werde.[2047] Dadurch wird die Zuständigkeit der Universität für geheime Verbindungen aufgehoben[2048] und die akademische Gerichtsbarkeit in ihrer Zuständigkeit eingeschränkt. Als geheim im Sinne des § 32 der akademischen Gesetze gilt eine Verbindung so lange, bis ihre Statuten vom Senat geneh-

---

gewünschten Auskünfte zu erteilen und nach Berlin zu melden, *„daß der Burschenschaft in Heidelberg durchaus keine politische Tendenz zum Grund liege"*, vgl. das Schreiben des Kurators vom 16. September 1828 in: UAH RA 7061.

2044 Schreiben der Königlich großbritannisch-hannoverischen Universitätsgerichts-Deputation vom 6. September 1828 in: UAH RA 5504.

2045 Die Universität Halle erkundigte sich ausdrücklich in Heidelberg, wie die Strafe gegen einen bestimmten Studenten lauten werde, der in Halle weiterstudieren wollte, vgl. das Schreiben der Universität Halle vom 13. Oktober 1828 in: UAH RA 7061.

2046 Schon am 15. August 1828 verfasste die Universität ihre Darstellung der Geschehnisse für die Karlsruher Zeitung des folgenden Tages. In dem Bericht wird die führende Rolle der Burschenschaft betont, vgl. die beiden Quellen in UAH RA 5504. Siehe auch Roeseling, S. 105.

2047 Senatsprotokoll vom 31. Dezember 1828 in: UAH RA 5501, fol. 40ff.

2048 Dietz, S. 44.

migt sind. Auch lange bestehende und offen auftretende Bünde können unter die Verbotsnorm fallen, da allein die formale Genehmigung durch den Senat entscheidend ist, nicht die tatsächliche Kenntnis der akademischen Behörden. Durch den Erlass werden außerdem sämtliche bestehenden Verbindungen aufgelöst. Da diese nicht offiziell genehmigt waren, droht einer Vielzahl von Studenten die Verfolgung als Kriminelle.

Vom Erfolg des Verbots ist der Senat nicht überzeugt. Unter dem Datum des 31. Dezembers 1828 teilt er dem Kurator mit: *„Diese Auflösung ist auch formell erfolgt. Jedeß haben doch viele derer, welche früher in Verbindungen waren, ihren bisherigen Umgang fortgesetzt, und es leidet keinen Zweifel, daß sie sich in Beziehung auf Duelle das Wort gegeben haben, den herkömmlichen hiesigen Comment beizubehalten"*.[2049] Auf Grund dieser Absprache, die der Senat wegen dem duelleinschränkenden Charakters des Heidelberger Komments begrüßt, fürchten die Studenten, vor Kriminalgerichte gestellt zu werden. Deshalb entsteht die Tendenz innerhalb der Studentenschaft, Heidelberg zum Ende des Wintersemesters zu verlassen. Der Senat spricht sich deshalb für die Genehmigung und Beaufsichtigung der Verbindungen aus.

dd) Reaktion des Senats: Zulassung der Corps, Verbot der Burschenschaft

Da der Senat in den Verbindungen, obwohl diese bisher offiziell geheim gewesen waren, ein wichtiges Erziehungsmittel sieht, durch das sich die Studentenschaft selbst diszipliniert, will er an den bisherigen Zuständen möglichst festhalten. Deshalb beantragt die Universität die Akademischen Gesetze zu ändern.[2050] Dazu sollte deren § 32:[2051]

> *a) Alle geheime Verbindungen der Studierenden, sie mögen die Benennung, Burschenschaft, Orden, Landsmannschaft, Corps, oder irgend eine andere führen, sind auf das strengste verboten;*

neu gefasst werden und künftig lauten:[2052]

> *a) Haben Verbindungen der Akademiker einen, den peinlichen Gesetzen widerstreitenden Zweck, so gehört die Entscheidung vor den peinlichen*

2049 Senatsprotokoll vom 31. Dezember 1828 in: UAH RA 5501, fol. 40.

2050 Senatsprotokoll vom 13. Oktober 1828 in: UAH RA 5501, fol. 31ff.; Bauer/Pietzsch in: Einst und Jetzt 1970, S. 68.

2051 § 32, Titel V der Akademischen Gesetze von 1821 in: UAH RA 4603.

2052 Senatsprotokoll vom 13. Oktober 1828 in: UAH RA 5501, fol. 31v, 32r.

Richter. In jedem Fall ist an das Staatsministerium unverweilt Bericht zu erstatten; wenn solche Verbindungen endeckt werden.

b) Die sogenannte Burschenschaft, oder allgemeine Burschenschaft, ist durchaus verboten, auch wenn sie unter einem anderen Namen errichtet wird. [...]

Dadurch würde die Zuständigkeit der akademischen Gerichtsbarkeit für alle Verbindungen, außer der als staatsgefährdend angesehenen Burschenschaft, weiter bestehen. Denn wenn eine Verbindung genehmigt ist, richtet sie sich nicht gegen die Strafgesetze und damit besteht die Zuständigkeit weiter. Durch die Untersuchung der Statuten sollen Anträge der Burschenschaft und von burschenschaftlich geprägten Corps erkannt werden.[2053] Eine solche Verbindung kann dann lediglich geheim und damit illegal fortbestehen.

Im Unterschied zu der Burschenschaft sieht der Senat in der Bildung von Landsmannschaften, wie die Corps damals zum Teil noch bezeichnet werden, eine natürlich Tendenz, die *„nie verhindert werden können. Die Geschichte der Academien lehrt dies seit vielen Jahrhunderten"*.[2054] Denn dass sich die jungen Studenten nach dem Auszug aus dem Elternhaus in selbstgewählten Gemeinschaften zusammenfinden, besonders wenn deren Mitglieder eine gemeinsame Herkunft vereint, erachten die Professoren als selbstverständlich.[2055]

Der Kurator legt den Antrag des Senats dem badischen Innenministerium vor, welches eine Änderung der Akademischen Gesetze zwar ablehnt, aber feststellt, dass nach deren § 33 gesellschaftliche Vereine zum geselligen Beisammensein der Studenten genehmigungsfähig seien.[2056] Als solche können Corps angesehen werden, die forthin geduldet werden.

Auf eine Anfrage des Heidelberger Senats teilt die Universität Erlangen 1829 mit, dass an der bayrischen Universität Studentenverbindungen geduldet werden, sofern sie sich *„blos auf eine der inlaendischen Universitäten beziehen, die Verbindungen selbst ihre Satzungen offen vorlegen und ihre Vorstaende und Mitglieder nennen"*.[2057]

Als es 1831 in Heidelberg zu Ausschreitungen kommt, zeigt sich, dass die Corps ihrer vom Senat gewünschten Funktion gerecht werden: Sie sorgen

2053 Zu den Anträgen der Burschenschaft und ihrer Tarnorganisationen siehe Dietz, S. 45, S. 48.

2054 Senatsprotokoll vom 31. Dezember 1828 in: UAH RA 5501, fol. 41r.

2055 Nicht zuletzt aus den traditionellen Namen der Verbindungen wird ihr ursprünglich landsmannschaftlich, also regionalgeprägter, Charakter deutlich. Heidelberger Beispiele sind etwa in den Corps Saxo-Borussia und Rhenania zu sehen.

2056 Beschluss des Innenmnisteriums vom 12. Januar 1829 in: UAH RA 5501, fol. 44v.

2057 Schreiben der Universität Erlangen vom 14. September 1829 in: UAH RA 1829.

für Ruhe unter den Studenten. Dafür dankt der Stadtdirektor den Senioren der Corps schriftlich.[2058] Im Anschluss an den Frankfurter Wachensturm werden ab 1833 allerdings auch die Corps wieder verboten und verfolgt. Nach einer erneuten Phase des verdeckten Bestehens etablieren sich die Corps ab 1838 wieder und der Senat duldet sie, obwohl das Verbot formell weiter besteht.[2059]

Bereits zwanzig Jahre zuvor hatte der Jurist Thibaut als Prorektor Verbindungen als *„überall unvermeidlich"* angesehen.[2060] Ein zeitgenössischer Lexikoneintrag bezeichnet Landsmannschaften generell als von den akademischen Behörden geduldete Vereinigungen.[2061] An der Landshuter Universität akzeptiert der Senat ab 1821 die offen aufretenden Corps, um sich auf die Verfolgung der Burschenschaften konzentrieren zu können.[2062] Die Heidelberger Universität selbst begründet ihren Antrag beim Innenministerium auf Duldung der Corps mit einem Verweis auf Göttingen, wo die Disziplin besonders gut sei, gleichzeitig aber Corps bestünden, und Dorpat, wo *„unter den Augen des Curators die 3 Corps der Liev-, Esth- und Curländer"* existierten.[2063] Erst durch einen Erlass des Kurators vom 19. August 1847 wird die Duldung der Corps auch von einer übergeordneten Stelle bestätigt. Durch die Erlaubnis erwartet der Kurator, dass auch die *„gesitteten und fleissigen Studenten solchen Verbindungen lieber beitreten und so* [...] *die Einwirkung auf die Gesamtheit erleichtert seye."*[2064]

Noch 1850, als das Verbindungswesen als solches längst etabliert ist, verbietet der Senat die neugegründete Burschenschaft Germania, obwohl es sich um eine Verbindung handelt, die das Duell bekämpft und *„ein Studentenleben, gegründet auf Sittlichkeit"* anstrebt. Das Verbot wird vom Badischen Innenministerium bestätigt.[2065] Dadurch wird deutlich, dass die Änderung der Zuständigkeit für geheime Verbindungen nicht abschließend war. Anstelle der Kriminalgerichte befasst sich der Senat als Universitätsgericht mit dem Vorgang.

2058 Schreiben vom 24. November 1831 in: UAH RA 7943.

2059 Kussmaul, S. 125 berichtet aus seiner Studienzeit um 1840, als der Pedell jeden Kneipabend um 23 Uhr beendete und dabei keinerlei Anstoß an den offen getragenen Farben nahm.

2060 Zitiert nach Dorothee Mussgnug in: Übergang an Baden, S. 140.

2061 Krönitz, Encyklopädie, Band 149, S. 9.

2062 Jakob, S. 57.

2063 Senatsprotokoll vom 31. Dezember 1828 in: UAH RA 5501, fol. 41v.

2064 Erlass des Kurators vom 19. August 1847 in: UAH RA 7279.

2065 Beschluss des Senat vom 6. August 1850 und desen Bestätigung durch das Innenministerium vom 1. Oktober 1850 in: UAH RA 7275.

ee) Untersuchung gegen Otto Abegg

Der Sohn des Prorektors, stud. cam. Otto Abegg,[2066] stand im Verdacht, Maßnahmen zur Aufrechterhaltung des Verrufs getroffen zu haben. In einer Untersuchung im Dezember 1828 wird er beschuldigt, in Versammlungen von Heidelberger Studenten in Frankfurt im Herbst Reden gegen die Rücknahme des Verrufs gehalten zu haben. Da Abegg und mehrere Kommilitonen mit ihrem Ehrenwort versichern, dass es sich um unbegründete Gerüchte handelt, wird seine Unschuld in der Untersuchung festgestellt.[2067] Die Episode zeigt, dass der Senat die Verfolgung der Burschenschaft und die Verhinderung der Durchsetzung des Verrufs ernst nimmt.

4. Der Auszug nach Neustadt

In einem engen Zusammenhang mit der Badischen Revolution der Jahre 1848/49 steht der Auszug des Großteils der Heidelberger Studentenschaft nach Neustadt an der Weinstraße.[2068]

Im Sommersemester 1848 hatte sich in Heidelberg ein Demokratischer Studentenverein[2069] gegründet, der ausgehend von den im März des Jahres erreichten Grundrechten – also insbesondere der Presse- und Redefreiheit – die weitere Umgestaltung Deutschlands zu einer Republik erreichen wollte.[2070] Als die badische Regierung den Verein auflöst, bringt sie dadurch die gesamte Studentenschaft in Aufruhr, da sich das Verbot nicht gegen sämtliche Demokratische Vereine richtete, sondern nur gegen den studentischen.

a) Der Demokratische Studentenverein

Initiator und Sprecher des Vereins ist der erst achtzehnjährige Philosophiestudent Adolph Hirsch,[2071] der gemeinsam mit seinen Kommilitonen Böhringer und Winckelmann den Vorstand bildet. Durch einen Anschlag am Schwarzen Brett vom 8. Juli 1848 wird die Neugründung den akademi-

2066 Immatrikuliert am 23. Oktober 1827 als „*collegae filius*“: Toepke V, S. 350.

2067 Protokolle vom 18. Dezember 1828 in: UAH RA 7062.

2068 Der Auszug ist dargestellt bei: Moraw/Karst, S. 52ff

2069 Ein Zusammenhang zum im Juni 1848 aufgelösten Heidelberger „Demokratischen Verein“ bestand nicht, Derwein, Vormärz und Revolution, S. 86, 90.

2070 Zepf in: Heidelberg-Jahrbuch 1998, S. 68ff.

2071 Immatrikuliert am 9. Mai 1848, Toepke VI, S. 66; Abbildung eines Ölgemäldes bei Rink in: Die Universität zwischen Revolution und Restauration, S. 31.

schen Behörden bekannt.[2072] In dem Aufruf fordert der Verein die Kommilitonen auf, sich nach dem Vorbild der Wiener Studentischen Legion[2073] zu organisieren um dem *„Vaterland und der Sache der Freiheit“* zu dienen. Unmittelbar nach der Entdeckung entfernt der Universitätsamtmann den Anschlag. Hierin sehen die Studenten neben der Wiederauflebung der Zensur auch eine Kompetenzüberschreitung des Amtmannes, dem Organ der akademischen Gerichtsbarkeit. Da es sich um das Schwarze Brett der Universität handelt, halten sich die Studenten für berechtigt, eigene Informationen auszuhängen, die höchstens durch den Senat entfernt werden dürften. Dieser Ansicht tritt der Senat entgegen und legitimiert das Vorgehen des Amtmanns ausdrücklich. In der Sache berichtet er beschwichtigend an das Innenministerium und verweist auf das Vereinigungsrecht.[2074] Tatsächlich ist den Studenten die *„Oeffentliche Anheftung von unerlaubtem Inhalte, und die Verbreitung aufrührerischer, ehrenrühriger, oder Gesetz-, Sitten- und Religionswidriger Schriften“* am Schwarzen Brett bei Androhung erheblicher Strafen, bis hin zur Relegation und peinlicher Strafe, verboten.[2075]

Der Demokratische Studentenverein hat nach seinen Statuten als Zweck und Ziel die Verwirklichung der Republik, was der Kurator vor dem Hintergrund der in der Frankfurter Nationalversammlung zugunsten der konstitutionellen Monarchie gefassten Beschlüsse als Hochverrat einordnete.[2076] Demgegenüber sieht der Senat das Delikt weder als versucht noch als vollendet an. Das Vorbereitungsstadium erachteten die Professoren als von der Gedankenfreiheit geschützt.[2077] Gleichwohl erfolgt am 11. Juli das Verbot des Vereins durch das badische Innenministerium.[2078] Entscheidend ist die Einordnung als Hochverrat für die weitere Zuständigkeit.[2079] Denn für peinliche Verbrechen besteht keine gerichtliche Kompetenz der Universität. Einer Übernahme durch die ordentliche Gerichtsbarkeit steht der Senat regelmäßig kritisch gegenüber, da die Professoren von ihrer besonderen Befähigung zur Beurteilung studentischen Verhaltens ausgehen.

2072 Das Original des Aufrufs befindet sich in: UAH RA 7273. Der Inhalt ist wortgetreu wiedergegeben bei Thielbeer, S. 50f.

2073 Zu der bedeutensten studentischen Organisation der Revolution siehe Waldenegg in: Zwischen Wissenschaft und Politik, S. 116ff.

2074 So auch Thielbeer, S. 51.

2075 § 21, V. Titel der Akademischen Gesetze von 1821 in UAH RA 4603.

2076 Curatorial-Erlaß vom 9. Juli 1848 in: UAH RA 7273.

2077 Im Umlaufverfahren gefasster Senatsbeschluss vom 11. Juli 1848 in: UAH RA 7273.

2078 Der Aushang des Erlasses erfolgte am 14. Juli 1848. Er liegt vor in: UAH GF 122.

2079 Thielbeer, S. 52.

Seine gesetzliche Grundlage findet das Verbot – entgegen der Ansicht der Studenten – im badischen Gesetz über die Vereinigungsfreiheit aus dem Jahr 1833. Dieses statuiert zwar grundsätzlich das Recht zur freien Vereinsbildung, allerdings bleibt der Staat berechtigt, Vereine wegen der Gefährdung der staatlichen Sicherheit oder des Gemeinwohls zu verbieten.[2080]

b) Eskalation

Als sich unter den Hochschülern die Forderung verbreitet, im Falle des Fortbestehens des Verbots Heidelberg zu verlassen, reagiert der Senat mit der Veröffentlichung eines gedruckten Aushangs, in dem die Studenten zum Verbleiben aufgefordert und das Verbot und dessen gesetzliche Grundlagen erläutert werden.[2081]

Daraufhin findet am 15. Juli eine Versammlung der Studentenschaft statt, in der das Vereinsverbot zu einer Sache aller Studenten erklärt und eine Deputation aus Professoren, Dozenten und Studenten gebildet wird,[2082] die in Karlsruhe eine Aufhebung des Verbots erreichen soll. Bereits zu diesem Zeitpunkt beschließt man, im Fall der Ablehnung der Forderung die Universitätsstadt zu verlassen. Zu einem geeigneten Ausweichsort merkt einer der Redner an: *„Hr. Kommilitonen, ein großer weiter fluß soll uns von dieser verachtenden Zwingherrschaft, von diesem Orth, wo Gesetzlosigkeit e. Gewalthätigkeit herrschen, scheiden! Ja! meine Herren, in die Pfalz nach Neustadt od. Frankenthal!"*.[2083]

Interessant erscheint, dass durch das behördliche Vorgehen auch der nichtrevolutionäre Teil der Studentenschaft – der jedenfalls die große Mehrheit ausmacht – den Verein und dessen Interessen unterstützt. Während zu Beginn der Auseinandersetzung lediglich 28 Studenten, also etwa 5 % der Immatrikulierten, Mitglieder gewesen waren,[2084] sieht die Gesamtstudentenschaft in dem Verbot einen Angriff auf die Rechte und das Ehrgefühl aller.

Auch der Stadtrat solidarisiert sich mit dem Verein und reicht eine Bittschrift beim Innenministerium ein, mit der die Wiederzulassung angestrebt

2080 Duttlinger, S. 123.

2081 Der großformatige Aushang vom 16. Juli 1848 liegt unter UAH GF 122 vor.

2082 Von Seiten der Professorenschaft beteiligte sich der Jurist Karl Eduard Morstadt. Zu diesem siehe Schroeder, Universität für Juristen, S. 150ff.

2083 Über die Versammlung der Studentenschaft berichtete ein Student per Brief an einen Freund. Aus Angst vor der Postöffnung blieb der Absender anonym. Der Brief aus Privatbesitz ist im Anhang XV als Transkript zu finden.

2084 Thielbeer, S. 50.

wird. Das – wie bei den früheren Auszügen wirtschaftlich motivierte – Anliegen wird am 19. Juli abschlägig beschieden.[2085]

c) Der Auszug

Der Auszug, der am 16. Juli abends ohne Diskussion erneut durch die Studentenschaft beschlossen wird, findet am darauffolgenden Vormittag statt. 364 Studenten ziehen unter dem schwarz-rot-goldenen Banner der Burschenschaft aus der Stadt.[2086] Das Geleit wird ihnen von replubikanischen Bürgern gegeben. Bei den Studenten handelt es sich jedoch keineswegs ausschließlich um Republikaner.[2087] Ein in Neustadt gegründeter Ausschuss der Studenten betont in einer Zeitungsveröffentlichung, dass sich sowohl Demokraten als auch Konstitutionelle unter den Ausgezogenen befinden. Geeint sind die verschiedenen Lager durch den Anspruch, die studentische Ehre vor einem Angriff zu schützen, der in der politischen Bevormundung durch das Verbot nur des akademischen Vereins gesehen wird.[2088]

Während des Auszuges erscheint im Heidelberger Journal eine Rechtfertigung des Vorgehens der Studenten mit einer scharfen Kritik am Verbot des Vereins. Der anonyme Autor sieht das gesamte *„Associationsrecht“* durch das Vereinsverbot verhöhnt, da die Rechte gerade der gegen den Staat gerichteten Minderheit gewahrt werden müssten.[2089]

In einem Erlass vom 18. Juli kündigt das Innenministerium an, dass jedem Studenten, der sich nicht innerhalb von drei Tagen[2090] ab Bekanntgabe des Erlasses beim Universitätsamt in Heidelberg zurückmeldet, das akademische Bürgerrecht aufgekündigt und Inländern das Semester nicht als Regelstudienzeit anerkannt werde.[2091] Den Rädelsführer droht man härtere

2085 Erlass des Innenministeriums vom 19. Juli 1848 in: UAH RA 7273; eine Notiz über die Bitte findet sich im Heidelberger Journal vom 21. Juli 1848 in: UAH GF 122.

2086 Eine Abbildung findet sich bei Schroeder, Universität für Juristen, S. 188. Eine detaillierte Beschreibung bei Thielbeer, S. 53ff.

2087 Derwein, Vormärz und Revolution, S. 91.

2088 Thielbeer, S. 55.

2089 Heidelberger Journal vom 21. Juli 1848, S. 3 in: UAH GF 122.

2090 Nach einer Petition an die Zweite Kammer wurde die Frist verlängert bis zum 26. Juli. Aufruf an die Akademiker vom 24. Juli 1848 in: UAH RA 7273.

2091 Gegen die Unterscheidung zwischen badischen und ausländischen Studenten verwehrte sich die Studentenschaft in einer Erklärung im Heidelberger Journal vom 25. Juli 1848, S. 3 in: UAH GF 122.

Strafen an.[2092] Der Erlass wird bereits einen Tag später durch die Neustädter Behörden bei den Studenten bekannt gemacht.[2093]

Nach dem Auszug stehen sich die durch ihr Ehrenwort gebundenen Studenten und der badische Staat, der eine allgemeine Aufruhr fürchtet, zunächst unversöhnlich gegenüber. Die Lösung der verfahrenen Situation gelingt durch eine paradoxe Wendung: am 22. Juli verbietet der Großherzog auf einen Vorschlag Professors Jolly hin sämtliche Demokratische Vereine im Land.[2094] Die Rückkehr der Studenten erfolgt daraufhin am 27. Juli, da ihre Kernforderung – die Gleichbehandlung von Studenten und Bürgern – erfüllt worden war.

d) Die Folgen

Bereits am 21. Juli ordnet der Kurator an, zu prüfen, ob unter den Teilnehmern des Auszugs Stipendiaten zu finden seien. Dadurch soll die Auszahlung von Stipendienleistungen für das Semester verhindert werden, da durch den Erlass des Innenministeriums vom 18. Juli die Nichtanrechnung des Semesters angedroht worden war.[2095]

Eine umfassende Strafkampagne wie nach dem Auszug nach Frankenthal findet jedoch nicht statt, vermutlich um die republikanischen Tendenzen unter den Studenten nicht zu stärken.

XV. KAPITEL: Schlägereien und Excesse

1. Schlägerei zwischen Bürgersöhnen und Studenten im Sommer 1801

Das traditionell gespannte Verhältnis zwischen Studenten und der nichtakademischen Jugend führt am 15. Juli 1801 zu einer gewaltsamen Auseinandersetzung, die das Universitätsgericht über einen längeren Zeitraum beschäftigt. Auf dem Deckblatt des ersten Aktenbandes sind die Vorfälle beschönigend als *„in der Hirschgasse zwischen den Academicern und den hiesigen*

2092 Gedruckter Erlass des Innenministeriums vom 18. Juli 1848 in: UAH RA 7273. Der Erlass wurde auch im Heidelberger Journal vom 21. Juli 1848, S. 3 in: UAH GF 122 veröffentlicht.

2093 Schreiben des königl.-bayr. Landkommissariats vom 20. Juli 1848 in: UAH RA 7273.

2094 Erlass des Großherzogs vom 22. Juli 1848 abgedruckt im Heidelberger Journal vom 25. Juli 1848, S. 1 in: UAH GF 122.

2095 Erlass des Kurators vom 21. Juli 1848 in: UAH RA 7273.

Bürgers Söhnen vorgefallenen Mishelligkeiten" bezeichnet.[2096] Am Tatort, der nördlich des Neckars extra muros gelegenen Hirschgasse, befindet sich eine gleichnamige Gaststätte, die über lange Jahre das Mensurlokal der Heidelberger Studenten ist.[2097]

a) Der Konflikt

Den Vorfall brachte eine von 33 Studenten unterzeichnete Anzeige beim Rektor zur Kenntnis. Darin werfen sie einer Gruppe von Bürgersöhnen vor, sie bei einer Tanzveranstaltung in der Gaststätte überfallen zu haben. Der *Wachtmeister-Lieutnant Hübinger* soll dabei dem Studenten der Staatswirtschaft Roeler[2098] mit seinem Bürgerwehrsäbel einen *„fürchterlichen Schlag auf den Kopf"* versetzt haben, wodurch dieser ohnmächtig geworden sei. Auslöser des Konflikts war ein Zusammenstoß beim Tanz zwischen einem Studenten und einem Bürgersohn, dem eine verbale Auseinandersetzung folgte.[2099] Im Anschluss daran sollen sich nach der Stellungnahme der Studenten die Bürger organisiert und mit Säbeln, Mistgabeln und Prügeln bewaffnet den Saal gestürmt haben.[2100]

b) Die gemeinsame Untersuchungskommission

Der Rektor ernennt einen Juristen, Professor Johannes Kirschbaum,[2101] zum *„Commisarius"* der Universität. Dieser soll die Untersuchung gemeinsam mit den städtischen Behörden durchführen.[2102] Die Ernennung zeigt, dass es sich aus Sicht des Senats um einen erheblichen Vorfall handelt. Der Senat – zu diesem Zeitpunkt das Gericht erster Instanz – überträgt seine Untersuchungskompetenz an den fachkundigen Professor. Im ersten Schritt geben die Universität, das Oberamt und der Stadtrat gemeinsam ein medizinisches Gutachten in Auftrag. Der Oberamtsphysikcus Doktor Zipf und der Medizinprofessor Franz Anton Mai[2103] stellen fest, dass die Wunde auf dem Kopf

---

2096 UAH RA 6355.

2097 Schroeder, Tod den Scholaren, S. 88.

2098 Als Johann Friederich Röhler aus Halle in Schwaben am 11. November 1800 immatrikuliert, Toepke IV, S. 373.

2099 Die Universität sah in Tanzveranstaltungen, die von Handwerksburschen und Studenten besucht wurden, ein erhebliches Konfliktpotential: Schroeder, Tod den Scholaren, S. 99f.

2100 Anzeige der Studentenschaft vom 16. Juli 1801 in: UAH RA 6355.

2101 Johannes Jacob Kirschbaum, Professor für Natur- und Völkerrecht sowie Juristische Praxis. Seit 1757 in Heidelberg, ehemals Rektor und mehrfacher Dekan der Juristischen Fakultät, siehe Schroeder, Juristische Fakultät der kurpfälzischen Universität Heidelberg, S. 396ff.; Drüll I, S. 135.

2102 Aktenvermerk des Rektors vom 16. Juli 1801 in: UAH RA 6355.

2103 Professor der Medizin in Heidelberg seit 1773, Drüll I, S. 170.

des Studenten Roeler zwei Zoll lang ist und *„bis auf die Knochenhaut"* reicht. Verursacht wurde sie durch einen stumpfen Gegenstand. Eine Genesung halten sie für möglich, aber keineswegs für sicher.[2104]

Der Vorfall zeigt exemplarisch, wie eng die verschiedenen Jurisdiktionen verwoben sind: während das akademische Gericht für die Studenten zuständig ist, stehen die Bürgersöhne unter städtischer Gerichtsbarkeit; schließlich ergibt die Untersuchung, dass einzelne Beteiligte dem Militärstand angehören – und damit einem dritten Gericht unterstehen. Der Tatort liegt außerhalb der Zuständigkeit der drei Gerichte: das nördliche Neckarufer fällt unter der Herrschaft des Oberamts, was zu dessen gerichtlicher Zuständigkeit als *judici fori delicti* führt. Das Zuständigkeitsproblem wird pragmatisch gelöst: Das Oberamt tritt seine Kompetenz an die Universität und den Stadtrat ab, da keine seiner Untertanen beteiligt gewesen sind.[2105] Darüber berichtet der Senat an das *„Churfürstlich Rheinpfälzische Hochpreißliche Hofgericht"*.[2106] Die übergeordnete Instanz genehmigt die Kompetenzübertragung und bevollmächtigt die Untersuchungskommission, sämtliche beteiligte Zivilisten zu verhören. Der Ablauf entspricht dem heute geltenden Recht, nachdem bei Unklarheiten über die örtliche Zuständigkeitd das nächsthöhere Gericht entscheidet.[2107] Eine Genehmigung zur Vernehmung der betroffenen Soldaten musste dagegen erst vom militärischen Oberkommando eingeholt werden.[2108]

Die gemeinsame Untersuchungskommission beginnt unmittelbar nach dem Vorfall eine rege Tätigkeit. Neben zahlreichen selbst durchgeführten Verhören[2109] beauftragt sie Behörden außerhalb Heidelbergs mit Befragungen, wie etwa die der Musiker der Tanzveranstaltung, die hauptamtlich beim Mannheimer Theater beschäftigt waren.[2110] Die einzelnen Geschädigten – neben dem Verletzen Roeler vor allem der Wirt der Hirschgasse Georg Adam Dittenay – melden der Kommission ihre Schäden, die erhebliche Höhen erreichen. So summieren sich die Schäden des Gastwirts auf 615 fl., 29 Kr.[2111]

2104 Medizinisches Gutachten vom 16. Juli 1801 in: UAH RA 6355.

2105 Der Wirt der Hirschgasse Georg Adam Dittenay trat später als Geschädigter auf; wahrscheinlich war er Untertan des Oberamts. Entweder war seine Geschädigtenstellung zunächst unbekannt oder das Oberamt stellte auf die Tatbeteiligten ab.

2106 Bericht des Senats an das Hofgericht vom 17. Juli 1801 in: UAH RA 6355.

2107 § 36 Abs. 1 Nr. 2 ZPO.

2108 Schreiben des Hofgerichts vom 25. Juli 1801 in: UAH RA 6355.

2109 Die Verhöre füllen mehrere Aktenbände: UAH RA 6356, 6358, 6359,6360.

2110 Berfragung des Musikers Andreas Gervais durch den Syndikus des Theaters am 1. August 1801 in: UAH RA 6355.

2111 Schreiben des Georg Adam Didenay vom 23. Januar 1802 in: UAH RA 6357.

Der Student fordert neben den Behandlunsgkosten ein Schmerzensgeld von 1.500 fl. und den Ersatz des verlorenen Semesters in Höhe von 650 fl.[2112]

c) Das Urteil

Abgesehen von den vielfältigen Untersuchungsmaßnahmen befasst sich die Kommission auch mit formellen Detailfragen, etwa dem Wortlaut eines Eides, den Verdächtige schwören sollen.[2113] Schließlich zeigt sich, dass die Kommission mit der Aufgabe, den Vorfall aufzuklären, überfordert ist.[2114] Als mehr als zwei Jahre nach Beginn der Untersuchung noch kein Ergebnis vorliegt, ordnet das Hofgericht in Mannheim den Abbruch an.[2115] Die Universität protestiert mit Verweis auf die Arbeitsüberlastung des beauftragten Professors gegen die Einstellung. Sie erbittet weitere sechs Wochen zur Untersuchung.[2116] Die Fristverlängerung wird gewährt, bis zum Abschluss des Vorgangs durch ein Urteil vergehen allerdings nochmals zwei Jahre: Erst unter dem Datum des 19. Oktobers 1805 veröffentlicht das Hofgericht seine Entscheidung.[2117]

In dieser behandelt das Gericht sowohl straf- als auch zivilrechtliche Aspekte. Die Hauptschuld sehen die Mannheimer Richter bei den Bürgersöhnen, von denen acht *„wegen sträflicher Beiwürckung bei befraglicher Schlägerei zu 6 wöchentlichem gemeinem Gefägniße bei Suppe, Wasser und Brod"* verurteilt werden. Zwei weitere städtische Untertanen straft man mit vier Wochen, einen mit acht Tagen zu entsprechenden Bedingungen. Ein Student wird zu sechs Wochen, je einer zu drei und zu zwei Wochen verurteilt, während fünf Akademiker lediglich acht Tage inhaftiert werden sollen. Hafterleichterungen, wie etwa die sonst typische Überweisung in den Karzer, gewährt das Gericht nicht. Allerdings können sämtliche Verurteilten, die zwischenzeitlich eine öffentliche Anstellung erhalten haben, die Haft durch Zahlung einer Geldbuße von einem Reichstaler je Gefängnistag abgelten. Die Schadensersatzfoderungen des Studenten Röhler – abzüglich des geforderten Schmerzensgeld von 1.500 fl. – und des Gastwirtes Didenay haben sämtliche Verurteilte anteilig zu bezahlen, ebenso die Untersuchungskosten. Auf die beteiligten Akademiker kommt so eine Forderung von jeweils 49 fl., 13 Kr. zu.[2118]

2112 Schreiben des Friedrich Röhler vom 10. Oktober 1810 mit Anlagen in: UAH RA 6357.
2113 Schreiben der Kommission an das Hofgericht vom 5. Januar 1802 in: UAH RA 6357.
2114 Vgl. das Mahnschreiben des Hofgerichts vom 16. März 1803 in: UAH RA 6160.
2115 Auszug aus dem Hofgerichtsprotokoll vom 13. Dezember 1803 in: UAH RA 6160.
2116 Schreiben der Universität an das Hofgericht vom 27. Dezember 1803 in: UAH RA 6160.
2117 Urteil des Hofgerichts vom 19. Oktober 1805 in: UAH RA 6361.
2118 Verzeichnis des Universitätsgerichts vom 28. Juni 1806 in: UAH RA 6361.

Das Hofgericht, bei dem es sich um die Instanz über dem Stadtgericht und dem Universitätsgericht handelt, urteilt als Gericht der Eingangsinstanz. Hierfür sprechen praktische Erwägungen: So kann in einem Urteil der gesamte Tatkomplex behandelt werden. Gleichwohl ist die Entscheidung als Eingriff in die betroffenen Jurisdiktionen zu sehen und zeigt so den schleichenden Verlust an Eigenständigkeit sowohl der Stadt als auch der Universität. Folgerichtig verhängt das Hofgericht keine spezifisch akademischen Strafen, wie die der Relegation, Karzerhaft oder dem *consilium abeundi.* Da zwischen dem Vorfall und dem Urteil über vier Jahre vergangen waren, hätten solche Strafen durch die wahrscheinlich zwischenzeitliche Beendigung des Studiums auch wenig gefruchtet.

2. Studentischer „*Excess*" im Schwetzinger Schlossgarten

Eine Auseinandersetzung zwischen einer Gruppe von etwa fünfzehn Studenten und der großherzoglichen Wache im Schwetzinger Schlossgarten führt 1807 zu einem Verfahren vor dem Universitätsgericht.[2119] Am 3. Juni wird ein Akademiker von der Invalidenwache des Gartens ermahnt, weil er entgegen einem Verbot Blumen gepflückt hatte. Da er unmittelbar nach der Ermahnung sein Verhalten fortsetzt, nimmt ihn die Wache fest und bringt ihn in die Hauptwache. Dort versammeln sich daraufhin die übrigen anlässlich eines Ausflugs in Schwetzingen anwesenden Studenten. Als sich einer von ihnen an der Schildwache „*vergriff, erhielt* [er] *von ihr einige Kolbenstösse, jedoch ohne bedeutende körperliche Verletzung*".[2120] Der Kommandant der Wache wird daraufhin durch den Studenten Peter Feddersen Stuhr[2121] beleidigt und zum Duell gefordert.[2122] Nachdem der ursprünglich festgenommene Akademiker freigelassen worden war, verhängt der Kommandant ein vorübergehendes Verbot für Studenten, den Schlossgarten zu betreten. Dieses wird durch an den Eingängen zusammengezogene Wachen, die durch Bauern verstärkt werden, durchgesetzt. Die Hochschüler versuchen die Sperren gewaltsam zu durchbrechen, was ihnen aber letztlich nicht gelingt. Der

2119 Die Untersuchungsakte ist überliefert in: GLA 205/1186. Der stud. iur. Joseph von Eichendorff erwähnt den Vorfall in seinem Tagebuch vom 3. Juni 1807, S. 584: „*fürchterliche Massacre zwischen der Wache u. Studenten im Schwetzinger Garten, wo leztere gegen den Großherzog renomirt hatten.*"

2120 Nach Eichendorff, Tagebuch, S. 584 erlitt der Student einen Stich mit dem Bajonett und musste auf einem Wagen nach Heidelberg gebracht werden.

2121 Immatrikuliert am 06. Mai 1806, Toepke IV, S. 400.

2122 Bericht vom 4. Juni 1807 in: GLA 205/1186.

nach Schwetzingen gekommene Prorektor Martin[2123] stellt am Abend, die Ruhe wieder her. In der Folge verurteilt das Universitätsgericht den geständigen Peter Stuhr zu einem vierzehntägigen Arrest auf der Festung Dilsberg bei anschließendem *consilium abeundi*. Der Student Johann Stintzing[2124] erhält das sofortige *consilium*, sein Kommilitone Ottens[2125] muss selbiges unterschreiben und für sechs Tage in den Karzer. Ein weiterer Student wird ernstlich ermahnt, künftig besseres Verhalten zu zeigen. Den Verurteilten legt man die Hälfte der Untersuchungskosten auf.[2126]

XVI. KAPITEL: Duelle und Mensuren vor dem akademischen Gericht

Duelle und Mensuren gelten als typische studentische Delikte des neunzehnten Jahrhunderts. Da die Studenten der Ruperto Carola zur Erschwerung der Strafverfolgung den Gerichtsbezirk – der zumindest formell auf das Stadtgebiet Heidelbergs begrenzt war – zur Durchführung der Zweikämpfe verlassen konnten, war das Universitätsgericht örtlich nicht zuständig. Schon durch die Querung des Neckars konnte dies geschehen, da die Neuenheimer Gemarkung unter der Zuständigkeit des Oberamts stand.[2127] Unmittelbar in der Nähe der Carl-Theodor-Brücke liegt das über lange Zeit als Paukboden genutzte Gasthaus „*Hirschgasse*".[2128]

Daneben ziehen die Studenten auch in andere Dörfer und Städte der Umgebung, wie etwa die badische Sommerresidenz Schwetzingen,[2129] den südlich von Heidelberg gelegenen Kohlhof[2130] oder das neckaraufwärts gelegene

2123 Zur Vita des Rechtsprofessors Christoph Georg Martin siehe Schroeder, Universität für Juristen, S. 26.

2124 Er hatte sich wie Stuhr, der ebenfalls zuvor in Kiel Jura studiert hat, am 6. Mai 1806 eingeschrieben, Toepke IV, S. 400.

2125 Auch Peter Ottens aus Holstein hat vor seiner Heidelberger Immatrikulation am 20. April 1807 in Kiel Jura studiert, Toepke V, S. 4.

2126 Abschrift des Senats-Urteils in: GLA 205/1186.

2127 Das Fischer- und Bauerndorf Neuenheim war ein beliebter Ausflugsort der Studenten. Es wurde erst 1891 nach Heidelberg eingemeindet, vgl. Schmith, S. 267, 328.

2128 Die Entwicklung der Hirschgasse zum Pauklokal der Heidelberger Studentenschaft wird ausführlich von Lorentzen, Chronik der Hirschgasse, beschrieben.

2129 Von einer Paukerei in Schwetzingen im Mai 1807 berichtet der Student Kloß in einem Brief, gedruckt in: Einst und Jetzt Sonderheft 1963, S. 18.

2130 Schreiben des Ministeriums des Innern vom 19. Januar 1857 in: UAH RA 7624. Der Kohlhof und der Pleikartsförsterhof gehörten zum Bezirk der Stadt Heidelberg, wurden aber wegen ihrer abgelegenen Lage im Wald oberhalb der Stadt für Duelle genutzt.

Schlierbach.[2131] Neben Gasthäusern wurden auch Privatunterkünfte als Verstecke für unauffällige Duelle und Mensuren genutzt.[2132]

Der Tatort außerhalb der örtlichen Zuständigkeit hindert das akademische Gericht jedoch nicht am Vorgehen gegen beteiligte Studenten, sondern erschwert lediglich die Aufklärung. Gewohnheitsrechtlich anerkannt war die Zuständigkeit der Universität für die genuin akademischen Delikte, auch wenn sie extra muros begangen wurden. Deutlich wird wiederum, dass die verschriftlichen Regeln keine ausschließlich Geltung hatten.

1. Unterscheidung zwischen Duell und Mensur

Im Hinblick auf begriffliche Unschärfen ist es zunächst erforderlich zwischen dem eigentlichen Duell und der auch als Studentenduell[2133] bezeichneten Mensur zu unterscheiden.[2134] Während die Mensur und ihre Vorläufer der Freude am Kampf und dem Nachweis des persönlichen Mutes dient, zielt das Duell auf die Wiederherstellung der verletzten Ehre durch den Nachweis des Beleidigten, die persönliche Ehre über das Leben zu stellen. Allerdings lassen sich die beiden Ausprägungen des akademischen Fechtens erst in der zweiten Hälfte des neunzehnten Jahrhunderts scharf voneinander trennen. Im Laufe einer längeren Entwicklung formalisiert sich der studentische Zweikampf immer stärker, bis neben das eigentliche Duell die Mensur tritt. In den Akten des Universitätsgerichts wird eine sprachliche Unterscheidung nicht vorgenommen. Der Begriff *„Duell“* wird für beide Formen genutzt.[2135]

2131 Es handelte sich um das Gasthaus *„Hausacker“* in Schlierbach, vgl. Debon, S. 92. Dieses wird auch als Tatort einer Schlägerei zwischen Studenten erwähnt in der Befragung vom 16. September 1803 in: UAH RA 5460.

2132 Das Haus eines Sattlers Müller (am Schießtor gelegen) wird für einen Zweikampf 1806 genannt. Der Sattler sei *„Camerad“* der Studenten. Dies ergibt sich aus einem Zettel vom 26. Januar 1806, mit dem ein Dritter das Duell anzeigte in: UAH RA 5450. Aus einem Bericht vom 7. Februar 1806 in derselben Akte ergibt sich der Vorwurf, im Saal des Sattlers hätten schon über 100 Duelle stattgefunden.

2133 In der Encyklopädie von Krönitz, Band 149, S. 7 aus dem Jahr 1828 werden unter dem Stichwort: *Studentenduell* die Gemeinsamkeit der beiden Arten des Duells betont, als Unterschied wird das geringere Verletzungsrisiko bei der akademischen Varianten genannt.

2134 So auch Brüdermann, S. 170. Prägnant Hielscher in: Convent 1964, S. 97: *„Der Zweikampf ist ein Waffenkrieg, die Mensur ist ein Waffenspiel“.*

2135 Vgl. etwa das Schreiben des Prorektors an den Universitätsamtmann vom 9. Dezember 1819 in: UAH RA 7924. Zu Beginn des neunzehnten Jahrhunderts wurden in Deutschland nach Schätzungen mindestens 2000 Duelle pro Jahr ausgetragen, davon etwa die Hälfte von Studenten (Frevert, S. 134). Im Jahr 1815 soll es in einer Woche unter den 350 Studenten Jenas zu 147 Duellen gekommen sein (Treitschke, Band II, S. 412) In seinen

Zeitweise unterschied der Senat zwischen einfachen Duellen im Sinne der Mensur und *„geschärfteren Duelle*[n], *als Pistolen, auf einen Gang, krumme Säbel, u. dergl.“*[2136]

a) Form und Entwicklung

Ursprung, Ablauf und Bekämpfung des Duells ändern sich zu Beginn des neunzehnten Jahrhunderts im Vergleich zu vorangegangenen Jahrzehnten nur wenig. Allerdings ist eine weiter gestiegene Formalisierung des Ablaufs festzustellen. Darin setzte sich eine Tendenz seit dem Aufkommen des Duells im deutschsprachigen Raum fort. Unter diesem Gesichtspunkt ist die entstehende Trennung und eigenständige Entwicklung des studentischen Duells bzw. der Mensur[2137] vom außeruniversitären Zweikampf zu sehen. Zu Beginn des neunzehnten Jahrhunderts werden beide Begriffe auch unter Heidelberger Studenten noch im Sinne der ursprünglichen Bedeutung im Rahmen von Duellen genutzt.[2138] Die studentischen Duelle folgen bereits damals den Regeln des Komments. So hatte auf eine Beleidigung, insbesondere auf die Bezeichnung als *„Dummer Junge“*,[2139] eine Forderung innerhalb von drei Tagen zu erfolgen, die *„Schlägerey“* muss regelmäßig fünf Tage später durchgeführt sein. Dabei soll die Forderung durch einen Sekundanten überbracht werden und nicht öffentlich erfolgen.[2140] Spätestens ab 1806 ist bei gegenseitigen Beleidigungen auch eine *„Reforderung“* möglich, wodurch der

Erinnerungen an die Studienzeit in Heidelberg berichtet Georg Hanssen, dass beim Auszug nach Frankenthal im Jahr 1828 die bei Duellen verwundeten Hochschüler auf Leiterwagen im Liegen transportiert wurden (Hanssen, S. 21). Es muss sich also um eine größere Gruppe von Studenten gehandelt haben. Deutlich wird die sprachliche Vermischung der beiden Bezeichnungen, da eine Beteiligung einer größeren Anzahl von Studenten an eigentlichen Duellen nicht zur Gesamtzahl der Immatrikulierten passt.

2136 Protokoll vom 22. Juli 1837 in: UAH RA 7945.

2137 Mensur stammt von lat. *mensura*, dt. Abmessung, was sich auf den genau festgelegten Abstand zwischen den beiden Kontrahenten bezieht. Im Gegensatz zum dynamischen Sportfechten ist es Zweck einer Mensur, den Mut und die Standfestigkeit der Beteiligten nachzuweisen. Vgl. dazu, insbesondere zur Situation in Heidelberg: Graebke in: Weiland Bursch zu Heidelberg, S. 21f. Zur Entstehung der Bestimmungsmensur im neunzehnten Jahrhundert siehe Hauser in: Einst und Jetzt 2007, S. 6ff.

2138 Z.B. in der Aussage eines Duellbeteiligten in der Untersuchungsakte GLA 205/1182, als Sekundant habe er *„die Mensur, um gefährliche Hiebe unmöglich zu machen, sehr weit gesetzt“*. Vgl. auch den Komment von 1806 in: Einst und Jetzt, Sonderheft 1967, S. 48.

2139 In der Vernehmung des Studenten Leonhard vom 20. September 1807 in UAH RA 7954 im Vorfeld eines Duells sagt dieser aus, er habe *„ihm einen dummen Jungen geben lassen“*.

2140 So die Bestimmungen in den Art. XIV, XVI des Komments von 1803 in: Einst und Jetzt, Sonderheft 1967, S. 25. Lediglich ein beleidigter Fux durfte, da er als neuer Student ggfs. noch nicht fechten konnte, vier Wochen lang Übungsstunden nehmen. Dies galt aus-

Geforderte Nachteile bei der Durchführung des Duells vermeiden konnte.[2141] Geregelt ist auch die Kostenübernahme für einen anwesenden Chirurgen und das Verbandsmaterial, sowie das Recht der Waffen- und Ortswahl.[2142]

aa) Verhinderung von Duellen

Als Förderer des Duell- und Mensurenwesens wurden die studentischen Verbindungen angesehen. Eines der Ziele bei deren Verfolgung ist es daher, Zweikämpfe zu verhindern. Eine weitere Maßnahme, die zeitweise durchgeführt wird, ist das schriftliche ehrenwörtliche Versprechen von Studenten, während ihres Aufenthalts in Heidelberg keine Duelle auszuführen.[2143] Im Gegensatz zu der Versicherung, keiner Verbindung beizutreten, die bei jeder Immatrikulation zu leisten war, werden die hier angesprochenen Ehrenworte nur von solchen Hochschülern gefordert, die in den Verdacht eines bevorstehenden Duells geraten waren. Wenn die Universität, etwa durch Untersuchungen der Pedelle oder auf Grund von Anschwärzungen anderer Studenten, von einer Forderung erfahren hatte, lädt der Amtmann die betroffenen *studiosi* vor und fordert ihr Ehrenwort, kein Duell durchzuführen.[2144]

Auch das Kuratel-Amt versucht Zweikämpfe zu verhindern und informierte den Senat bei entsprechenden Erkenntnissen.[2145] Auf Vorschlag der Uni-

---

drücklich nicht für den Beleidiger. Die Vorschriften des Komments von 1806 entsprechen weitgehend den vorgehenden, vgl. Einst und Jetzt, Sonderheft 1967, S. 45ff.

2141 Abschnitt VII, III, Nr. 3 im Komment von 1806 in: Einst und Jetzt, Sonderheft 1967, S. 46. Die *„Avantage“* (franz. Vorteil), stand dem zu, der die Beleidigung ausgesprochen hatte, vgl. ebd., S. 48. Deshalb war es zeitweise üblich, auf eine Beleidigung mit einer schärferen, ggfs. auch tätlichen Beleidigung zu antworten. Denn dann konnte der *Re-Beleidiger* abwarten, ob er gefordert wurde und dann Ort und Zeit bestimmen, siehe Stichwort: Avantage in: Studentenhistorisches Lexikon, S. 33.

2142 Art. XIX, XX, XXI des Komments von 1803 in: Einst und Jetzt, Sonderheft 1967, S. 26.

2143 Vgl. etwa das Versprechen von Heinrich Sebastiani (Toepke IV, S. 392) vom 13. Januar 1806 und das von Clemens Ehrmann (Toepke IV, S. 405) vom 28. Januar 1806 in: UAH RA 5450. Auffallend ist, dass beide Daten nicht mit dem Zeitpunkt der Immatrikulation zusammenfallen, das Versprechen von Ehrmann datiert sogar zehn Monate vor der Immatrikulation!

2144 Eine Zettel, auf dem ein bevorstehendes Duell, wohl von einem anderen Studenten, angezeigt wurde, ist unter UAH RA 5450 überliefert. Adolf Kussmaul berichtet auf S. 74 seiner Memoiren von den Kellnern, die Studenten im Wirtshaus belauschten und dann dem Pedell von drohenden Duellen berichteten, woraufhin das Versprechen abgenommen wurde. Entsprechende Versicherungen mit Unterschrift und Handschlag sind auch in der Vernehmung der Studenten Leonhard und Fleischmann vom 20. September 1807 in: UAH RA 7954 abgefordert worden. Ebd. findet sich ein solches Versprechen eines Studenten Rößler vom 30. Januar seines Gegners von Blomberg vom 31. Januar 1808.

2145 Siehe das Schreiben der Kuratel an den Senat vom 25. Januar 1806 in: UAH RA 5450.

versität hin bestätigt der Kurator 1831 eine Prämienregelung, nach der Pedelle für die Anzeige eines bevorstehenden Duells sechs Gulden und für die Anzeige eines vollzogenen Duells einen Gulden, 30 Kreuzer erhalten sollen.[2146]

Neben dem Vorgehen gegen bevorstehende oder ausgeführte Zweikämpfe befasst sich der Senat auch mit der Frage, ob eine Strafbarkeit der Beteiligten, insbesondere der Sekundanten und *„ärztlichen Assistenten"* besteht.[2147] Im Unterschied zum Kurator der Freiburger Universität geht der Heidelberger Senat von einer Straflosigkeit der Sekundanten und Chirurgen aus. Abgeleitet wird diese Stellungnahme, die von Thibaut mitunterzeichnet ist, von den älteren Akademischen Gesetzen und einer Parellelwertung in den Bürgerlichen Gesetzen.

bb) Fälle

Duelle mit Beteiligung von Studenten werden meist mit Stich- oder Hiebwaffen, sehr selten auch mit Schusswaffen ausgetragen. Letztere setzen eine erhebliche Ehrverletzung voraus. Es handelt sich bei Pistolen- und Säbelduellen um Forderungen auf *„schwere Waffen"*, im Unterschied zum zuerst in Göttingen aufgetretenen *Schläger*, der weniger gefährlichen Mensurwaffe. Die Unterscheidung zwischen der regulären und der Forderung auf schwere Waffen ist insbesondere für die ersten Jahrzehnte des neunzehnten Jahrhunderts wichtig, als sich die Bestimmungsmensur noch nicht entwickelt hatte und deshalb formal auch die Mensur vom Duellbegriff umfasst waren.[2148]

aaa) Zweikämpfe mit Hiebwaffen

Im Unterschied zur vorangegangenen Epoche werden studentische Duelle bereits im ausgehenden achtzehnten Jahrhundert nahezu ausschließlich mit Hiebwaffen wie Säbeln und dem Hieber[2149] durchgeführt.[2150] Im Vergleich zu Stichwaffen, wie etwa dem Stoßdegen,[2151] zeichnen sich Hiebwaffen durch

2146 Schreiben des Kurators vom 19. Juli 1831 in: UAH RA 7924.

2147 Ausgelöst durch einen Bericht des Kurators der Universität Freiburg aus dem Jahr 1825, der dem Heidelberger Senat zur Begutachtung vorgelegt wurde, UAH RA 7924.

2148 Hauser in: Einst und Jetzt 2007, S. 6.

2149 Zum Hieber als Teil der studentischen Tracht siehe etwa Eichendorff, Tagebücher, S. 481, den 12. Juli 1805: *„Schon um 5 Uhr des Abends klirrten über 50 Studenten aus allen 5 Landsmannschaften in völligem Burschenwiks mit Stürmer, Pfundsporen u. den Hieber an der Seyte, auf dem Ringe herum."* Eine Übersicht über studentische Fechtwafffen in: Hdb. d. Kösener Corpsstudenten, S. 158.

2150 Vgl. Art. XI des Komments von 1803 in: Einst und Jetzt, Sonderheft, 1967, S. 25 und ebd., S. 47, Nr. 5 im Komment von 1806.

2151 Der auch als *Pariser* bezeichnete Stoßdegen führte häufig zu Lungenverletzungen (deswegen auch *Lungenfuchser* genannt), die tödlich enden konnten. Siehe *Pariser* in: Stu-

ein geringeres Risiko von schweren Verletzungen und Todesfällen aus.[2152] Deshalb war der Hieber in Göttingen nach dem einzigen Duelltoten im achtzehnten Jahrhundert eingeführt worden.[2153] Die Dauer eines Zweikampfes verabreden die Sekundanten im Vorfeld. Gerechnet wird in Gängen, die sich aus einer bestimmten Anzahl von Hieben zusammensetzen. Maßgebend ist die Schwere der Beleidigung. Zur Wiederherstellung der individuellen Ehre ist nach einer besonders erheblichen Schädigung ein Kampf über mehr Gänge notwendig, als nach einer leichteren.[2154] Generell genügte ein *„Anschiß"*, worunter man *„Jede Trennung der Haut durch Hieb"* verstand, um die Ehre wiederherzustellen und das Duell zu beenden.[2155] Der Körper der Fechtenden wird bereits damals durch Bandagen geschützt, abgesehen von drahtverstärkten Mützen oder Hüten ist Schutzkleidung jedoch untersagt.[2156]

(1) Ein Duell mit Todesfolge

Eines der verhältnismäßig seltenen Duelle mit Todesfolge[2157] findet im Jahr 1806 zwischen den Juristen Friedrich Rüdt von Collenberg[2158] und Wilhelm August Wyncken[2159] statt. Der aus Bruchsal stammende Rüdt bezahlt die Forderung seines Kommilitonen mit dem Leben.[2160] Neben dem tragischen

---

dentenhistorisches Lexikon, S. 200. Abbildungen einer Mensur auf Stoß in: Hdb. d. Kösener Corpsstudenten, S. 164 und bei König, S. 31.

2152 Gierens, S. 231. Die Tendenz, Hieb- statt Stichwaffen zu verwenden, bestand schon im siebzehnten Jahrhundert. Ein Schreiben der Herzöge von Sachsen-Weimar-Gotha an Kurpfalz vom 29. Juni 1676 zeigt, dass schon damals auf Hieb gefochten wurde: *„daß nemlich das duelliren sowohl uf den stoß, als uf den hieb, sub poena publicae relegationis, auch nach befindung in perpetuum, und cum infamia gäntzlich verboten würde, als daß sowohl der Provocans, als Provocat"*, vgl. GLA 205/1133. Zur Risikobewertung im neunzehnten Jahrhundert siehe Krönitz, Encyklopädie, Band 149, S. 7f.

2153 Deneke, S. 3, 14f.

2154 So bestimmten die Sekundanten im unten beschriebenen Duell Rüdt gg. Wyncken sechs Gänge als angemessene Dauer, weil die Studenten ursprünglich befreundet waren und der Streitanlass als nichtig angesehen wurde. Auch Art. XXVI des Komments von 1803 in: Einst und Jetzt, Sonderheft 1967, S. 26 nennt sechs Gänge als ausreichend, sofern nicht vorher eine Verletzung eingetreten war.

2155 Art. XXXVIII des Komments von 1803 in: Einst und Jetzt, Sonderheft 1967, S. 27.

2156 Komment von 1803 in: Einst und Jetzt, Sonderheft 1967, S. 49. Zu den Bandagen siehe auch unten im Duell v. Rüdt.

2157 Ein weiterer Fall aus dem Jahr 1831 ist in UAH RA 7924 überliefert. In einem Duell wurde Moritz von Othegraven (Toepke V, S. 435) durch seine eigene Waffe tödlich verletzt.

2158 Immatrikuliert am 3. Juni 1804: Toepke IV, S. 384.

2159 Immatrikuliert am 25. April 1806, vorher in Göttingen: Toepke IV, S. 395.

2160 Die umfassende Akte der Regierung ist unter GLA 205/1182 überliefert, einige Notizen des Senats unter UAH RA 6351; siehe auch Dorothee Mussgnug in: Übergang an Baden, S. 140f. mit einer Reproduktion eines Schreibens von Reitzenstein über das Duell.

Ausgang macht den Fall eine weitere Tatsache interessant: Der damalige Prorektor Thibaut leitete die Untersuchung persönlich. Da sich der berühmte Rechtslehrer auch auf der Ebene der Statuten mit der Duellfrage befasste, ist seine praktische Tätigkeit besonders untersuchenswert. Auch die badische Regierung in Karlsruhe wird einbezogen. Der Großherzog lässt sich mehrfach Bericht erstatten, weil der tödlich getroffene Rüdt der Sohn eines Oberhofrichters ist. Der Vorfall wird so auch aus Sicht der Regierung zum Anlass, sich mit der akademischen Disziplin und dem Duellwesen zu befassen.[2161] Zur Feststellung des tatsächlichen Zustands der Disziplin und zur Vorbereitung von geeigneten Maßnahmen muss Prorektor Thibaut ausführen.[2162]

Weiterhin zeigt der Fall, dass selbst aus unerheblichen Anlässen potentiell tödliche Zweikämpfe entstehen konnten. Hier handelt es sich um einen Streit beim Mittagessen zwischen Freunden, der entstand, als sich Wyncken weigert, eine Schüssel an Rüdt zu reichen und ihn verspottet.[2163] Wilhelm Höpfner, Rüdts Sekundant, sagte gegenüber der Untersuchungskommission aus, dass der Student sich den Stich in die Brust selbst zugefügt hatte, als der Sekundant der Gegenseite nach einem vermuteten Treffer und zweimaligem „*Halt*"Rufen den Kampf unterbrechen wollte. Während er mit seinem Hieber Rüdts Waffe nach oben abdrängte, habe diese sich, da Rüdt mit links gefochten habe, gebogen und den Duellanten selbst durchbohrt. Der Student stellt den Tod somit als einen Unfall dar.

Nach dem plötzlichen, unerwarteten[2164] Todesfall sehen sich die übrigen Teilnehmer, neben Wyncken insbesondere die beiden Sekundanten, dem Risiko einer erheblichen Strafverfolgung ausgesetzt. Diese folgt aus § 29 der Akademischen Gesetze, gemäß dem die Zuständigkeit beim Tod eines Beteiligten vom Universitätsgericht zur ordentlichen Gerichtsbarkeit wechselt, da es sich um ein peinliches Verbrechen handelt.

2161 Aktennotiz über den Vortrag beim Großherzog vom 12. Dezember 1806 in: GLA 205/1182.

2162 Bericht des Prorektors Thibaut über die akademische Disziplin vom 15. Dezember 1806 in: GLA 205/1182.

2163 Vernehmung von Wilhelm Höpfner in: GLA 205/1182. Auch innerhalb dem Kreis der Beteiligten (Sekundanten und Freunde) scheint der Streit als unerheblich angesehen worden zu sein. Zu bedenken ist allerdings, dass die potentiell strafbaren Beteiligten sich in der Untersuchung naheliegender Weise als Schlichter darstellen wollten.

2164 In seiner Vernehmung betont Höpfner, dass die Sekundanten wegen der Unerheblichkeit der Beleidigung besondere Sicherheitsmaßnahmen ergriffen: Es sollten nur sechs Gänge mit einem großen Abstand zwischen den Fechtern ausgetragen werden. Auch habe er v. Rüdt vor dem Kampf besonders gut verbunden, um Verletzungen unwahrscheinlicher zu machen.

Deshalb fliehen der Duellant und die Sekundanten sofort aus Heidelberg: mit einem Boot setzen sie über den Neckar nach Neuenheim, von wo aus sie mit einem Schiff nach Ladenburg fahren, in einen Wagen nach Heppenheim steigen und schließlich per Extrapost ins hessische Darmstadt reisen. Dort kommen sie am selben Abend an. Während die beiden anderen sofort nach Frankfurt am Main weiter fahren, kehrt der aus Darmstadt stammende Höpfner, möglicherweise nach entsprechenden Beratungen, am selben Tag nach Heidelberg zurück. Da er kurz vor dem Ende seiner juristischen Studien steht und festgestellt hatte *„wie wenig straffällig er wegen dieses Vorfalls sei“*,[2165] stellt er sich dem Universitätsgericht zur Vernehmung. Sein Verhalten zeigt, wie die akademische Gerichtsbarkeit das Verhalten von Studenten beeinflusst. Nach der zunächst erfolgten Flucht kehrt Höpfner zurück, um als Zeuge von der Milde des Gerichts zu profitieren und seine eigene Rolle positiv darzustellen. Keinesfalls wollte er durch den Fortgang aus Heidelberg den privilegierten Gerichtsstand gefährden.

Ein Urteil ist in den Akten nicht überliefert, aus entsprechenden Vermerken ergibt sich jedoch, dass der überlebende Duellant und die Sekundanten zu Karzerstrafen verurteilt werden und auch zur Haft antreten. Vor dem Antritt dürfen sie sich in Heidelberg frei bewegen, nachdem sie Bürgen gestellt haben.[2166] Der Fall zeigt wiederum, dass die Regelungen der Akademischen Gesetze nicht durchgehend eingehalten wurden – für das peinliche Verbrechen fehlt es eigentlich bereits an der Zuständigkeit der Universität. Gerade die zum Teil drakonischen Strafandrohungen des § 29 wendet das Universitätsgericht in praxii nicht an. In Anbetracht der Häufigkeit von Duellen wäre dies auch nur schwer möglich gewesen.

Ein deutlicher Unterschied zu der milden Strafpraxis in Baden besteht in der Verfolgung eines entsprechenden Falls in Göttingen im Jahr 1766. Dort wird der geflohene Täter in Abwesenheit zum Tode und einem unchristlichen Begräbnis verurteilt, wie es dem Duelledikt entsprach. Zur Abschreckung soll ein Bild des Studenten am Galgen gehenkt werden, ohne dass durch die Durchführung *in effigie* die tatsächliche Strafe berührt worden wäre. Erst nachdem das Gericht Verfahrensfehler entdeckt, lässt es von der Aufhängung ab.[2167]

2165 Vernehmung von Wilhelm Höpfner in: GLA 205/1182.

2166 Aktenvermerke aus dem August 1809 in: UAH RA 6351.

2167 Der Vorfall wird beschrieben von Deneke. Siehe auch Brüdermann, S. 177. Allgemein zur Bildnisstrafe Brückner in: HRG I, Sp. 582ff.

bbb) Duelle mit Schusswaffen

Eines der seltenen Pistolenduelle findet am 29. Januar 1841 in der Nähe der Hirschgasse statt. Trotz des tödlichen Ausgangs des Duells zwischen den Studenten Ludwig Wilhelm Wild,[2168] dem Senior des Corps Rhenania, und Carl v. Rosen[2169] aus Holstein findet sich keine überlieferte Akte.[2170] Ob eine Untersuchung durch das Universitätsgericht oder durch das Oberamt erfolgte, bleibt unklar.

cc) Ergebnis

Auf die Maßnahmen des Senats als Legislative und Judikative der Universität zur Verhinderung und Verfolgung von Duellen reagieren die Studenten. Sie führen die Duelle außerhalb Heidelbergs durch. Insbesondere in Phasen des erhöhten Verfolgungsdrucks, wie etwa im Zeitraum von 1829–1834, wird außerdem die Dauer der Zweikämpfe verkürzt und ohne Unterbrechungen gefochten. War die Anzahl der Gänge zuvor von den Sekundanten ausgehandelt worden, so ging man zu dieser Zeit zu *„Duellen auf einen Gang"* von nur circa 15 Minuten über.[2171] Dem Senat ist die erhöhte Gefährlichkeit der unter Zeitdruck durchgeführten Zweikämpfe bewusst, weshalb er sich beim Ministerium des Innern gegen eine Kriminalstrafbarkeit des Duellwesens einsetzt, um den Verfolgungsdruck nicht weiter zu erhöhen. Das Ministerium teilt der Universität daraufhin mit, dass je nach den Umständen des Einzelfalls Strafen bis zur geschärften Relegation verhängt werden können.[2172] Von einer Kriminalstrafbarkeit geht das Ministerium somit nicht aus.

Um die Gefährdung durch Mensuren zu reduzieren, entwickeln sich in der studentischen Übung verschiedene Schutzmaßnahmen, zunächst in Form von wattierter Kleidung und *„Secundirrappiere"*, später auch von Brillen und Kettenhemden. Die Schutzkleidung wird bei entdeckten Mensuren durch den Universitätsamtmann beschlagnahmt und insofern wie die Waffen selbst bewertet. Ab 1857 ändert der Senat nach entsprechender Rückversicherung beim Karlsruher Innenministerium sein Vorgehen und lässt den Amtmann nur noch die Schläger, nicht aber die Schutzkleidung beschlagnahmen. Dadurch soll die Verwendung von Schutzkleidung bei den Studenten gefördert werden, nachdem es im selben Jahr zu einer schweren Augen-

2168 Immatrikuliert am 27. April 1839: Toepke V, S. 614.
2169 Immatrikuliert am 9. Mai 1840: Toepke V, S. 642.
2170 Lorentzen, S. 58.
2171 Bericht im Senat vom 14. März 1834 in: UAH RA 7924.
2172 Antwort des Ministeriums des Innern vom 8. Juli 1834 in: UAH RA 7924.

verletzung gekommen war, als ein Zweikampf ohne Mützen ausgefochten worden war.[2173]

Die Strafverfolgung durch den Universitätsamtmann erfolgt in Duellsachen wenig entschieden. Solange es zu keinen schweren Verletzungen oder Todesfällen kommt werden Zweikämpfe als typisches studentisches Verhalten akzeptiert. Die Behörden, wie auch die Bürger Heidelbergs hatten sich weitgehend an die Duelle gewöhnt, wie nicht zuletzt aus der gesellschaftlichen Akzeptanz eines bei den Zweikämpfen anwesenden Arztes deutlich wird. Das badische Ministerium des Innern ist Mitte des neunzehnten Jahrhunderts weit weniger aufgeschlossen und rügt den mangelnden Untersuchungseifer des Amtmannes. Man teilt mit, *„daß die Oberflächlichkeit, mit welcher diese Untersuchung geführt wurde, dahier sehr aufgefallen sei, und daß bei einer solchen Art der Nachforschung allerdings ein Resultat kaum je erwartet werden könne“*.[2174]

Deshalb erfolgen – vor der Abschaffung der akademischen Gerichtsbarkeit wenige Jahre später – besonders um 1857/1858 zahlreiche schriftliche Nachfragen des Innenministeriums, wann eine Untersuchung abgeschlossen werde und welche Folgen sie habe. Begründet werden die wiederholten Rekurse im typischen Ablauf einer Untersuchung: Entdeckt die Gendarmerie außerhalb Heidelbergs ein Studentenduell, so meldet sie dies an das Innenministerium, das die Nachricht an die Universität weiterleitet. Der Senat beauftragt sodann den Amtmann mit der Untersuchung, der dem Senat seine Ergebnisse präsentiert und in leichten Fällen selbst urteilt. In schweren Fällen entscheidet der Senat über die Strafe. Zuvor holt man oftmals ein Votum des Innenministeriums ein.[2175]

Als das Privileg der akademischen Gerichtsbarkeit in Baden im Jahr 1868 aufgehoben wird, bestimmt das Aufhebungsgesetz in § 4 ausdrücklich, dass Zweikämpfe unter Studierenden, die mit einem Schläger ausgeführt werden und keine bleibenden Schäden hinterlassen, nicht als Straftat, sondern lediglich als „Polizeiübertretung“ zu bestrafen sind.[2176] Im Oktober 1880 publiziert das Akademische Direktorium in Heidelberg einen Auszug aus dem Urteil des Reichsgerichts vom 2. Juni 1880, nachdem Studentenduelle

2173 Gesamter Vorgang in: UAH RA 7624.

2174 Schreiben des Ministeriums des Innern vom 27. November 1857 in: UAH RA 7624.

2175 Vgl. mehrere Fälle in: UAH RA 7624.

2176 § 4 des Gesetzes die Rechtsverhältnisse der Studirenden an den beiden Landes-Universitäten betreffend vom 20. Februar 1868, zitiert nach Gerber, S. 198f.

als Zweikämpfe mit tödlichen Waffen anzusehen seien und unter die allgemeine Gerichtsbarkeit fallen.[2177]

XVII. KAPITEL: Badische Revolution 1848/49

An der – zumindest zunächst – maßgeblich durch das Bildungsbürgertum getragenen badischen Revolution waren auch Professoren und Studenten beteiligt. Mitglieder der Ruprecht-Karls-Universität nahmen an den Diskursen, Wahlen und schließlich an den Kämpfen teil.[2178] Allerdings blieb die Anzahl der Heidelberger Studenten, die im Badischen Heer eine Akademische Legion bildeten, mit 30 sehr niedrig. Von diesen wurde 29 später das akademische Bürgerrecht aufgekündigt.[2179] Die Liste der Ausgeschlossenen deckt sich mit den Unterzeichnern eines gedruckten Aufrufs an die Kommilitonen, sich dem Kampf anzuschließen.[2180]

Insgesamt ist der Schwerpunkt des Engagements der Universitätsangehörigen eher im Vorfeld des militärischen Konflikts zu sehen[2181] und sehr unterschiedlich ausgeprägt gewesen.[2182] Das Engagement von Teilen der Studetenschaft im Demokratischen Studetenverein und der Auszug nach Neustadt können so eingeordnet werden. Auch setzt die Mehrheit der Dozenten den Vorlesungsbetrieb während der militärischen Auseinandersetzungen fort. Die starke Dezimierung der Zuhörerschaft beruht dabei auf der Furcht der jungen Männer, zum Waffendienst gezwungen zu werden. Deshalb hatten viele von diesen – neben Studeten auch Bürgersöhne – die Stadt verlassen.[2183] Die Professoren der Ruperto-Carola werden zwar als politisch liberal beschrieben, getragen wurde die Revolution in Baden aber von der radikalen Linken.[2184] Deshalb verwundert die professorale Zurückhaltung nicht.

2177 Veröffentlichung des Akademischen Direktoriums vom 19. Oktober 1880 in: UAH RA 7624.

2178 Wolgast in Semper Apertus II, S. 12. Schroder, Tod den Scholaren, S. 117ff.

2179 Beschluss des engeren Senats vom 13. August 1849 in: UAH RA 5545, S. 9. Anders Rink in: Universität zwischen Revolution und Restauration, S. 34, der von Relegation der Studenten ausgeht.

2180 Der Aufruf *„An unsere Commilitonen"* findet sich in: UAH RA 5545.

2181 So etwa der Versuch des Studenten Schlöffel, am 2. März 1848 durch eine Rede vom Balkon des Rathauses aus auf seine Zuhörer einzuwirken. Zuvor war er mit einer roten Fahne vom Karlstor zum Marktplatz marschiert, vgl. UAH RA 5541.

2182 Schroeder, Universität für Juristen, S. 187ff. zum Engagement der Heidelberger Juristen.

2183 Rau, Die vierzig Tage in Heidelberg, S. 101.

2184 Thielbeer, S. 48.

1. Vorgehen gegen aktiv beteiligte Studenten

Nach der Niederschlagung des badischen Aufstandes durch preußisches Militär werden die aktiv an den Kampfhandlungen beteiligten Personen verfolgt. Zumindest einzelnen Studenten droht die Anklage vor dem Kriegsgericht. So etwa Arnold Steck,[2185] dem vorgeworfen wird, für die Beschießung Ludwigshafens verantwortlich gewesen zu sein. Im Juli 1849 bitten mehrere seiner Kommilitonen um Gnade für ihren *„Landsmann"* und darum, ihn vor ein ordentliches Gericht zu stellen. Nicht politische Überzeugung, sondern jugendlicher Leichtsinn und *„seine Vorliebe für das Militärische"* habe ihn zum Eintritt in das Revolutionsheer veranlasst. Da Steck als Schweizer in Baden ohne den Schutz seiner Verwandten auskommen müsse, sei er besonders schutzwürdig.[2186] Der Senat leitet das Gesuch über das akademische Direktorium an das Justizministerium weiter.[2187] Zugleich verfasst der Senat ein eigenes Gnadengesuch an den Großherzog. Darin bittet die Universität für den Fall der Verurteilung zum Tode um Strafmilderung.[2188]

Die Bittschriften waren wohl erfolgreich, da sich Stecks Name nicht auf der Liste der ausgeschlossenen Hochschüler findet.[2189]

Von Seiten der Universität erfolgt keine entschiedene Verfolgung der an der Revolution beteiligten Studenten. Dies wird auch an der milden Bestrafung der Unterzeichner des Aufrufs deutlich. Um die Hochschule im reaktionären Umfeld nach der Niederschlagung des Aufstandes zu schützen, wird die Beteiligung vertuscht.[2190]

2. Die Forderung nach Abschaffung der akademischen Gerichtsbarkeit

Eine der Kernforderungen der politischen Reformer und Revolutionäre stellt die Nivellierung der Standesunterschiede dar, die klassische Forderung nach Gleichheit. In der Paulskirchenversammlung wurde die Abschaffung der Standesunterschiede zum Grundrecht.[2191] Für den Bereich der Universi-

2185 Aus Bern, immatrikuliert am 26. Oktober 1848, Toepke VI, S. 73; siehe auch Derwein, Vormärz und Revolution, S. 120.

2186 Gnadengesuch vom 5. Juli 1849 in UAH RA 7948.

2187 Beschluss des Justizministeriums vom 16. Juli 1849 in: UAH RA 7948

2188 Konzept eines Gnadengesuches in: UAH RA 7948.

2189 Liste gedruckt bei Rink in: Universität zwischen Revolution und Restauration, S. 34.

2190 Derwein, Vormärz und Revolution, S. 109.

2191 Artikel II der Paulskirchenverfassung, vgl. Duttlinger, S. 69.

tät bedeutet dies insbesondere die Abschaffung der akademischen Gerichtsbarkeit, in der ein überlebtes Vorrecht der Studenten gesehen wird.[2192]

Einen entsprechenden Beschluss fasst ein Kongress deutscher Hochschüler auf der Wartburg im Juni 1848. Nach der Versammlung wird der Beschluss an den einzelnen Universitäten in den Studentenschaften diskutiert und über ihn abgestimmt. In Heidelberg votieren die Akademiker am 8. August für die Annahme und damit für die Abschaffung ihres Privilegs.[2193] Der weitere Verlauf der Revolution führt jedoch zum Fortbestand des *status quo ante.*

3. Die Preußische Commandantur 1849–1851

Nach der militärischen Niederlage der Revolutionäre wird die Stadt Heidelberg besetzt und unter preussische Militärverwaltung gestellt.

Unter dem Datum des 25. Novembers 1849 wendet sich die Preußische Commandantur mit der Bitte an den Senat, wegen der *„nächtlichen Ruhestörungen, so wie mancher auch am hellen Tage von Studirenden verübten Straßen-Excessen“* die Akademiker zur Einhaltung der Disziplin aufzufordern. Keineswegs will die Commandantur direkt gegen die Studenten vorzugehen, zumal dem preussischen Major bekannt ist, dass *„Eine gewisse Ungebundenheit, eine übersprudelnde Fröhlichkeit, eine mindere Beachtung gesetzlicher Formen“* für Universitätsstädte typisch sei. Zu bedenken gibt er allerdings: *„Ist es ohnehin schon ein Zeichen der Zeit, daß die mindere Volksklasse mit Neid auf die bevorzugten Stände blickt, so muß dieser Neid und die damit in Einklang stehende Verdächtigung ‚ungerechter‘ Bevorzugung sich nur steigern, wenn der Proletarier sieht, daß bei ihm Dinge mit harten Strafen belegt werden, die, von jungen Leuten der gebildeten Stände begangen, weniger gestraft oder wohl ganz nachgesehen werden. – Dies darf und kann nicht sein!“*[2194]

Der Senat veröffentlicht daraufhin einen durch Prorektor Zöpfl entworfenen Aufruf an die Studenten, im eigenen Interesse Ruhe zu halten.[2195]

Zumindest ab Februar 1850 begleitet aufgrund einer Übereinkunft des Universitätsamts mit der Commandantur ein Oberpedell die nächtlichen Militärpatrouillen in der Stadt, um ein gebührliches Verhalten bei der Festnahme von Studenten sicherzustellen.[2196]

2192 Thielbeer, S. 195.

2193 Thielbeer, S. 57.

2194 Schreiben der Preußischen Commandantur vom 25. November 1849 in: UAH RA 7630.

2195 Entwurf des Aufrufs vom 26. November 1849 in: UAH RA 7630.

2196 Schreiben des Universitätsamts vom 28. Februar 1850 in: UAH RA 7630.

Eine Einmischung der preussischen Militärverwaltung in den Bereich der akademischen Gerichtsbarkeit der Universität Heidelberg kann nicht festgestellt werden.

XVIII. KAPITEL: Strafpraxis bis 1868

1. Allgemein

Bis zur Aufhebung der akademischen Gerichtsbarkeit im engeren Sinn im Jahr 1868 urteilt die Universität in einer Vielzahl von Fällen. Hier erfolgt eine Systematisierung der verhängten Strafen. Dabei werden die verschiedenen einschlägigen Gesetze, wie etwa die Verordnung über die Strafbarkeit der Realinjurien und die allgemeinen akademischen Gesetze mit der Strafpraxis in Zusammenhang gebracht.

2. Verweise

Beim Verweis handelt es sich um das Disziplinarmittel, das im neunzehnten Jahrhundert am häufigsten zur Anwendung kam. Verweise werden bei leichteren Vergehen in den unterschiedlichsten Ausprägungen erteilt, so zum Beispiel bei der Überziehung der Polizeistunde oder wegen der Teilnahme an einer *„Arretirung und Mißhandlung eines Handwerksburschen“*.[2197]

Neben dem einfachen Verweis wird als geschärfte Strafe auch der *„ernstliche Verweis“* ausgesprochen.[2198] Geregelt ist der Verweis in § 39 der Akademischen Gesetze von 1810.

3. Geldstrafen

Bis in das achtzehnte Jahrhundert nutzt die Universität Heidelberg immer wieder Geldstrafen als Sanktionsmöglichkeit für studentisches Fehlverhalten. Allerdings besteht das Problem, dass anstelle der jungen Akademiker,

2197 So urteilte der Amtmann am 22. März 1826; der Haupttäter erhielt vierzehn Tage Karzerhaft: GLA 205/1163.

2198 Zum Beispiel im Februar 1850 gegen stud. Schenck und Oberpedell Hauser wegen ungeeignetem Benehmen gegenüber der Gendarmerie, vgl. Schreiben des Universitätsamts vom 28. Februar 1850 in: UAH RA 7630.

die meist über kein eigenes Einkommen verfügen, regelmäßig deren Eltern diejenigen waren, die von der Strafe getroffen werden. Außerdem profitieren Professoren als Mitglieder des Gerichts finanziell von verhängten Geldstrafen, da ihnen ein Drittel des Strafgeldes zusteht.

Im neunzehnten Jahrhundert verschwindet die Geldstrafe deshalb aus der Strafpraxis der Universitätsgerichte in Leipzig[2199] und Göttingen.[2200] Für Heidelberg kann dies nicht festgestellt werden. Gerade im Bereich der Bagatelldelikte war die Geldstrafe, meist zwischen 30kr. und 3fl. angesetzt, das probate Strafmaß.[2201]

Nach der Aufhebung der akademischen Gerichtsbarkeit entsprechen die Disziplinarstrafen, wie sie in § 39 der Vorschriften über das akademische Bürgerrecht, die akademische Disziplin und den Besuch der Vorlesungen durch Nichtakademiker von 1908[2202] genannt werden, weitgehend den früher üblichen Strafen. Die Geldstrafe wird in § 39 im Unterschied zur Fassung von 1810 nicht aufgeführt. In den durch das Amtsgericht Heidelberg abgeurteilten Polizeisachen gegen Studenten findet sich dagegen eine Vielzahl von verhängten Geldstrafen.[2203]

4. Freiheitsstrafen

Neben der Haft im universitätseigenen Karzer verurteilt das akademische Gericht Studenten seit dem achtzehnten Jahrhundert auch zur Festungshaft auf dem Dilsberg. Ein Problem bei der Durchsetzung von Freiheitsstrafen besteht im Fall der Abreise vor der Vollstreckung, die nicht notwendigerweise als Flucht anzusehen ist. Vor dem Hintergrund des gesunkenene Abschreckungspotentials des Karzers handelte es sich zum Teil auch um einfache Wechsel der Universität oder Ferienreisen.[2204] Nach § 39 der Akademischen Gesetze besteht nur in den ersten drei Tagen einer Karzerstrafen das Ver-

2199 Rudolph/Kern in: Einst und Jetzt 54, S. 57.

2200 Brüdermann, S. 125.

2201 Siehe dazu die Auswertung der Strafstatistik, S. 358f.

2202 Im Folgenden: Akademische Gesetze 1908. Abgedruckt bei Jellinek, S. 119ff.

2203 Tabellarische Übersichtend es Amtsgerichts Heidelberg von 1869–1874 unter RA 7635.

2204 Winkelmann II, Nr. 2643: Im Fall des Erbprinzen von Hohenlohe-Kirchberg, der 1806 vor der Vollstreckung einer achttägigen Haftstrafe wegen der Unterstützung eines Duells abreiste, antwortete der Kurator dem Senat, es bliebe abzuwarten, ob der Prinz nach Heidelberg zurückkäme, da er wegen dieses Deliktes nicht verfolgt werden konnte.

bot, Vorlesungen zu besuchen. Geregelt ist der Vollzug der Karzerhaft in der Karzerordnung.[2205]

a) Karzer

Im Laufe des neunzehnten Jahrhunderts verliert die Karzerstrafe für die Studenten ihren Schrecken: Der zumindest einmalige Aufenthalt im Universitätsgefängnis gehört nun fast zum guten Ton. So zeigt sich beim Frankenthaler Auszug 1828, das der Karzer unter den Studenten nicht gefürchtet wird, stellen sie doch als Bedingung für ihre Rückkehr, dass es bei der folgenden Untersuchung nur zu Karzerstrafen, nicht aber zu Relegationen kommen darf.[2206]

Gleichwohl spricht die Universität häufig Karzerstrafen aus, während sie nur selten Studenten mit dem *consilium abeundi* straft oder zur *„Aufkündigung des akademischen Bürgerrechts"* schreitet.

Kürzere Haftstrafen verhängt der Amtmann typischerweise wegen Vergehen wie Sachbeschädigungen. Die Mindestdauer einer solchen Haft beträgt regelmäßig vierundzwanzig Stunden; nur in seltenen Ausnahmefällen spricht man auch Karzerstrafen von lediglich zwölf Stunden Dauer aus.[2207]

Karzerstrafen von mittlerer Dauer, meist acht oder zehn Tage, treffen Akademiker die bei der Durchführung eines Duells Unterstützung geleistet haben, also etwa als Sekundanten, Unparteiische oder Ärzte augetreten sind.[2208]

Strafen, die zu einer Haftdauer von mehr als zwei Wochen führen, werden relativ selten verhängt. Meist handelt es sich bei den Bestraften dann um Duellanten.

b) Festungshaft

Im Unterschied zur kurpfälzischen Epoche finden sich nach dem Übergang an Baden keine überlieferten Urteile des akademischen Gerichts mehr, in denen eine Verurteilung zu Festungshaft ausgesprochen wurde.

Nachweise für die Verurteilung von Studenten zu Festungshaft durch das Hofgericht Mannheim liegen in den untersuchten Akten vor. Als Beispiel kann ein Urteil aus dem Jahr 1857 dienen, als zwei Studenten wegen eines Zweikampfs, bei dem einer der Beteiligten bei seinem Gegner den *„bleibenden Verlust des Sehvermögens des linken Auges verursacht"* hatte, zu Fes-

2205 UAH RA 7962 und im Anhang XIX.

2206 Siehe oben S. 352.

2207 Eine solche erhielt der stud. von Pigage aus Heidelberg im Jahr 1827 wegen Trunkenheit: GLA 205/1163.

2208 Siehe z.B. Winkelmann II, Nr. 2643.

tungshaft verurteilt werden. Das Duell ist zwar mit den üblichen Waffen, aber ohne Mützen durchgeführt worden.[2209] Der Schwerverletzte Student wird deutlich milder bestraft als der Unverletzte, beiden wird die Verbüßung auf der Festung aufgrund ihres Standes gestattet. Der Fall ist von besonderem Interesse, da deutlich wird, dass das Hofgericht in schweren Fällen unter Berufung auf § 44 der akademischen Gesetze unmittelbar über Studenten urteilt.

5. Aufkündigung des akademischen Bürgerrechts

Im neunzehnten Jahrhundert finde sich der bloße Ausschluss aus der Universität unter der Bezeichnung *„Aufkündigung des academischen Bürgerrechts"* in den Akten. Als einschneidende Strafe kann sie nur durch den Senat verhängt werden. Beantragt wird sie regelmäßig durch den Universitätsamtmann, der als Richter der Bagatelldelikte mit der laufenden Überwachung des Verhaltens der Studenten betraut ist. Der Ausschluss erfolgt allgemein bei unwürdigem Verhalten, unter anderem auch um eine Durchsetzung von Rechten Dritter vor der ordentlichen Gerichtsbarkeit zu ermöglichen. Ein Beispiel ist der Fall des Studenten Friedrich Lang aus dem Jahr 1864, der aufgrund Zahlungsunfähigkeit und Überschuldung ausgeschlossen wird. Man verdächtigt den Student, er habe *„eine Mätresse, für welche er das Geld verwendet, das er zur Bezahlung seines Lebensunterhaltes"* benötigt. Ein Beschluss des engeren Senats kündigt ihm daraufhin das akademische Bürgerrecht auf Grundlage des § 88 der akademischen Gesetze.[2210] Möglich ist es auch, die *„Androhung der Aufkündigung des academischen Bürgerrechts"* mit einem Verweis zu kombinieren, etwa bei unregelmäßigem Kollegienbesuch und Nachtschwärmerei.[2211]

6. Unterschrift unter das consilium abeundi

Als Vorstufe zur Fortweisung aus der Universitätsstadt, dem *consilium*, straft die akademische Gerichtsbarkeit auch im neunzehnten Jahrhundert Studenten mit der sogenannten *Unterschrift unter das consilium abeundi*. Dabei han-

2209 Urteil des Hofgerichts Mannheim vom 12. Mai 1857 in: UAH RA 7624.

2210 Beschluss des engeren Senats vom 4. März 1864 in: UAH RA 7476. Lang stammte aus St. Petersburg und hatte sich am 16. Juni 1860 eingeschrieben, vgl. Toepke VI, S. 383.

2211 Vgl. etwa den Auszug aus dem Sentasprotokoll vom 10. April 1834 in: UAH RA 5496.

delt es sich um eine Art der Bewährungsstrafe, die in § 40 der Akademischen Gesetze (1810) geregelt ist. Dem straffälligen Akademiker wird sein Fehlverhalten förmlich vorgehalten und angekündigt, dass er bei einer Wiederholung mit der Fortweisung zu rechnen hat. Durch seine Unterschrift unter die Strafandrohung akzeptiert der Student das Urteil und macht deutlich, dass ihm die zukünftig drohende Sanktion bewusst ist. Die Strafe verhängt das Gericht, wenn ein Student bereits leichtere Gesetzesverstöße begangen hat, um zu verdeutlichen, dass ein weiterer Verstoß ernste Konsequenzen haben werde.[2212] Die Kombination mit Karzerhaft ist möglich.[2213]

7. consilium abeundi

Das in § 41 der Akademischen Gesetze statuierte *consilium abeundi*, also die Fortweisung aus der Stadt und dem Bezirk,[2214] ist eine mildere Form des Ausschlusses aus der Universität. Sie ist insbesondere nicht ehrenrührig und wird nicht bekannt gemacht. Durch die Verordnung über die Realinjurien von 1810 ist das *consilium* als Mindeststrafe für einfache Formen von tätlichen Beleidigungen unter Akademikern festgelegt.[2215] Auch in § 42 der Akademischen Gesetze wird die Strafe für Real-Injurien vorgesehen. Weiterhin soll eine wiederholte nächtliche Ruhestörung, ein sogenannte „*Excess*", zu einem *consilium* führen.[2216]

2212 Das unterschriebene Urteil gegen den Studenten Gerhard Oncken aus dem Jahr 1858 findet sich in: UAH RA 7479.

2213 Zum Beispiel beim Studenten Frhr. v. Fürth, der an den Ausschreitungen gegen den Constantistenorden im Jahr 1805 beteiligt war, UAH RA 5444. Außerdem sollten z. B. die einfachen Mitglieder einer verbotenen Studentenverbindung gemäß Art. 3 der Verordnung über die Realinjurien vom 9. Juni 1809 in: GLA 205/1060 mit zehn bis vierzehn Tagen Haft und der Unterschrift unter das *consilium abeundi* bestraft werden.

2214 Erlass des badischen Polizeidepartements vom 16. April 1808 in: GLA 205/1148. Vgl. auch das abgewiesene Gnadengesuch aus dem Jahr 1806 in: GLA 205/1146. Bei dem genannten Bezirk handelt es sich um die sog. „*Pfalzgrafschaft*", womit der badische Teil der ehemaligen Kurpfalz gemeint war.

2215 Art. 1 der Verordnung über die Realinjurien vom 9. Juni 1809 in: GLA 205/1060. Auch bei der Real-Injurie des stud. Simon gegenüber einem Gendarmen wurde die Strafe verhängt: vgl. Schreiben des Universitätsamts vom 28. Februar 1850 in: UAH RA 7630.

2216 Siehe die Veröffentlichung des Senats vom 20. Februar 1805 in: UAH RA 5432 und im Anhang XX, letzter Abschnitt: „*im Wiederholungsfalle aber unnachsichtlich von hiesiger Akademie hinweg gewiesen werden*". Durch die Bezugnahme auf „*hiesige Akademie*" wird deutlich, dass nur der Aufenthalt in Heidelberg, nicht aber an jeder Universität verhindert werden sollte. Dadurch wird deutlich, dass es sich um das *consilium* und nicht um die Relegation handelte.

Da die Fortweisung aus Heidelberg für den betroffenen Studenten empfindliche Folgen haben kann, wird jedoch zeitweise eher zu schwächeren Strafen gegriffen. So werden 1826 und 1827 nur jeweils drei Akademiker mit dem *consilium* gestraft.[2217] Im Jahr 1833 findet sich die Strafe deutlich häufiger; allein in einer Sitzung am 2. Mai urteilte der Senat in mehreren Injuriensachen dreimal entsprechend.[2218]

Im Unterschied zur Relegation ist es der Sinn der Strafe, eine Fortsetzung der Studien zu ermöglichen; deshalb wird die Höchstdauer der Strafe auf eineinhalb Jahre festgesetzt.[2219] Gemäß den Statuten vom 9. Dezember 1805 kann ein Student, der das *consilium abeundi* durch die Heidelberger Universität erhalten hatte, bei einer späteren Fortsetzung des Studiums keine akademische Würden der juristischen Fakultät mehr erhalten, ohne dass zuvor beim Kurator der Universität angefragt worden war. Dies gilt ansonsten nur für Studenten, die an anderen Universitäten relegiert worden waren.[2220] Für die badischen Studenten der Rechtswissenschaften wiegt die Strafe damit besonders schwer, da durch die Anfrage beim Kurator, meist einem höheren Beamten des Innenministeriums, der Name des Studenten kurz vor einer eventuellen Bewerbung zum Staatsdienst bekannt wird.

Nach der *Consilierung* an der Universität Tübingen schreibt sich ein Student Schlösser unter dem Namen Carl Eduard Reinsdorff im Jahr 1807 in die Heidelberger Matrikel ein.[2221] Den Verdacht, unter falschem Namen zu handeln, kann er durch eine Zeugenaussage entkräften.[2222] Der Fall zeigt, dass das *consilium abeundi* eine einschneidende Strafe darstellt.

8. Relegation

Der in § 41 der Akademischen Gesetze geregelte Ausschluss aus der Universität wird als schärfste Strafe nur in seltenen Fällen verhängt. Als typisch können die Jahre 1826 und 1827 angesehen werden, in denen zusammen genommen lediglich drei Studenten relegiert werden. Eine Ausnahme

2217 Vgl. die Statistik in: GLA 205/1163.

2218 Senatsprotokoll vom 2. Mai 1833 in: UAH RA 813:

2219 Im Jahr 1808 bestand im Senat Unklarheit über den Charakter der Strafe, weshalb eine Instruktion des zuständigen Ministeriums eingeholt wurde, vgl. GLA 205/1148.

2220 §3, III. Vorschriften über die Erteilung der Akademischen Würden in der juristischen Fakultät in: Jellinek, S. 30

2221 Am 28. April 1807: Toepke V, S. 6.

2222 Der Fall ergibt sich aus einem in Einst und Jetzt, Sonderheft 1963, S. 20ff. veröffentlichten Briefwechsel.

stellt das Jahr 1828 dar. In der Folge des Auszugs nach Frankenthal kommt es zum Ausschluss von zweiundneunzig Studenten. Ziel der harten Strafmaßnahme ist es, die Existenz der Heidelberger Burschenschaft zu beenden. Deshalb wird insbesondere Burschenschaftern das akademische Bürgerrecht entzogen.

Zur Anwendung kommt der Ausschluss aus der Universität auch im neunzehnten Jahrhundert bei schwereren Delikten um eine außeruniversitäre Strafverfolgung zu ermöglichen. So entscheidet der Senat 1862 im Fall des Studenten Hugo Friedrich Nast, einem Medizinstudenten, der im Verdacht stand, „*Abtreibungen der Leibesfrucht*" durchgeführt zu haben, das akademische Bürgerrecht aufzukündigen. In der Folge ergeht ein Urteil des Hofgerichts in Mannheim, durch das der ehemalige Student zu eineinhalb Jahren Haft verurteilt wird.[2223]

Neben dem offiziellen Charakter der Strafe besteht zumindest zu Beginn des neunzehnten Jahrhunderts eine innerstudentische Folge einer Relegation oder eines *consiliums*: Gemäß Art. IX des Komments von 1803 muss eine Forderung eines so Bestraften durch eingeschriebene Studenten nicht angenommen werden, da es sich nach den akademischen Gesetzen dann nicht um ein Duell unter Studenten handeln würde, was zu einer Strafmaßverschärfung führt.[2224]

Die akademischen Gesetze von 1805 bestätigen die bisherige Praxis, Studenten, die schwere Verstöße begangen hatten, aus der Universität auszuschließen. Dabei verwendet der Gesetzgeber folgende Begriffe: einfache, öffentliche und geschärfte Relegation. Auf eine Definition verzichtet er dabei, vielleicht vor dem Hintergrund der langjährigen Nutzung der Bezeichnungen. Im August 1807 stellt sich jedoch bei der Bestrafung des Akademikers August von Storitz heraus, dass dem Engeren Senat die Abstufung der Grade der Relegation unklar sind. Deshalb bittet man beim *Großherzoglichen Landes Polizey Departement* um eine erläuternde Weisung, wie die Relegationsgrade anzuwenden seien.[2225] Der Geheime Rat in Karlsruhe, der sich mit der Angelegenheit befasst, antwortete kurz darauf.[2226]

2223 Gesamter Vorgang in: UAH RA 7478.

2224 Art. IX des Komments von 1803 in: Einst und Jetzt, Sonderheft 1967, S. 25.

2225 Vgl. das Schreiben des Prorektors Martin an das Polizey Departement vom 20. August 1807 in: GLA 205/1145. Dem Schreiben beigefügt war ein Auszug aus dem Senatsprotokoll vom 9. August, in dem die Universität ihre Auslegung erläuterte.

2226 Antwortschreiben des Geheimen Rats vom 4. September 1807 in: GLA 205/1145.

aa) Einfache Relegation

Der Senat geht 1807 davon aus, dass eine einfache Relegation nur durch ein handschriftliches Patent am Schwarzen Brett der Ruperto Carola bekannt gemacht wird. Der badische Geheime Rat erklärt dagegen:

> *1. Einfache Relegation, bestehend in der Entfernung aus der Stadt und ihrer Nachbarschaft für bestimmte Zeit von 2 bis 4 Jahren mit öffentlichem Anschlag eines gedruckten Relegationspatents an dem Universitätsbrett und Bekanntmachung derselben an alle Universitätslehrer, dann an die Gerichts und Polizeybehörden der Stadt und Nachbarschaft nebst Meldung der zuerkannten Relegations Strafe an Eltern oder Vormünder des Relegati.*

Es sollen also wesentlich mehr Personen und Behörden informiert werden, als nach Ansicht des Senats. Deshalb ist in der Anordnung des Geheimen Rats eine Schärfung der Strafe zu sehen.

bb) Öffentliche Relegation

Als Steigerung der einfachen Relegation sehen sowohl der Engere Senat als auch die Regierung die öffentliche Relegation an. Die Heidelberger *alma mater* interpretiert die Gesetze dahingehend, dass bei einer öffentlichen Relegation ein gedrucktes Patent[2227] an alle deutschen Universitäten und an die Obrigkeit des Bestraften geschickt werden muss. Dagegen statuierte der Geheime Rat:

> *2. Oeffentliche Relegation, welche als das Majus auch das Minus, nehmlich die Bestimmungen der einfachen Relegation enthält. Außerdem noch in Uebersendung des Relegations Patents an die wegen wechselseitiger Meldung der Relegation mit dortiger Universitaet uebereingekommenen Academien.*

Da nunmehr keine Mitteilung an die Obrigkeit des Relegierten erfolgen soll und nur die Kartelluniversitäten[2228] zu informieren sind, handelt es sich um

2227 Gedruckte Patente der Universität Heidelberg sind unter UAH RA 7934 überliefert. Siehe auch Anhang XVIII. Das Relegationspatent für Julius Wolff aus Hannover liegt in UAH RA 5496 vor. Das Patent wurde dem Verurteilten durch das Stadtgericht Hannover zugestellt.

2228 Entsprechend gingen auch andere Universitäten vor, vgl. das gedruckte Patent der Universität Würzburg vom 15. Juni 1833 in: UAH RA 7934, mit dem die Relegation von acht Studenten wegen der *„Theilnahme an einer von der Staatsregierung nicht bestätigten*

eine Minderung der Strafschärfe gegenüber der bisherigen Ansicht des Engeren Senats. Die Entfernung eines *Academicus Wolf*, der in Göttingen relegiert worden war, mithilfe der Polizei im Jahr 1806 zeigt, dass der Senat die Relegation von einer Kartelluniversität tatsächlich durchsetzt.[2229]

cc) Geschärfte Relegation

Als letzte Steigerung der Strafhärte steht die geschärfte Relegation zur Verfügung. Der Senat sieht in einer solchen eine öffentliche Relegation, bei der in das Patent eine ausdrückliche Erklärung der Ehrlosigkeit des Bestraften eingefügt wird. Dagegen stuft der Geheime Rat ab:

> *3. Geschärfte Relegation enthalte ebenfalls die Bestimmungen der öffentlichen Relegation, und außerdem nach Beschaffenheit der Umstände*
> *a Meldung an die ordentliche Obrigkeit des Bestraften,*
> *b Gefängnis Strafe vor der Ausweißung*
> *c immer währende Entfernung, oder doch auf längere Zeit als 4 Jahre*
> *die Anwendung der Schärfung der Relegation durch Erkennung der Ehrlosigkeit finde übrigens nur in eigentlichen Criminalfällen statt*

Die Abstufung erweitert die Strafmöglichkeiten des akademischen Gerichts. Da nunmehr die Meldung an die Obrigkeit des Bestraften erst auf der Ebene der geschärften Relegation erfolgen kann, aber nicht muss, anstatt wie bisher bereits bei der öffentlichen Relegation, erleichtert der Geheime Rat die Strafen insgesamt. Denn durch die Meldung an die Obrigkeit eines Studenten drohen diesem erhebliche Konsequenzen. Da die Beamtenlaufbahn meist nur Landeskindern eröffnet ist, kann eine Strafe, die an die Regierung des Herkunftslandes mitgeteilt wird, zu einem erheblichen Hindernis in der Berufslaufbahn werden.

Der letzte Satz der Instruktion macht wiederum deutlich, welch hohen Rang die persönliche Ehre im Weltbild des neunzehnten Jahrhundert inne hat: Nur bei Verbrechen soll es möglich sein, einen Akademiker für ehrlos zu erklären.

---

burschenschaftlichen Studenten-Verbindung" bekannt gemacht wurde. Ebd. auch entsprechende Drucke und Schreiben der Universitäten München, Göttingen, Halle.

2229 Auszug aus dem Protokoll vom 19. November 1806 in: UAH RA 5432.

9. Disziplinarstrafen-Statistik der Jahre 1826 bis 1830 sowie von 1867

Ab September 1825 muss die Universität zu Beginn jedes Monats einen Bericht über die im vorherigen Monat gegen die Studenten erlassenen Urteile an den Kurator senden. Die tabellarischen Berichte liegen noch aus den Jahren bis 1830 vor.[2230] Für die Arbeit werden die Jahre 1826, 1827, 1828, 1829 und 1830 statistisch ausgewertet. Die Untersuchung der Daten aus dem Jahr 1825 unterbleibt, da die Tabellen für dieses Jahr erst ab August vorliegen. Aus der Zeit unmittelbar vor Abschaffung der eigentlichen Gerichtsbarkeit sind entsprechende Tabellen über Disziplinarverstöße für das Jahr 1867 überliefert.[2231] Aus dieser ergeben sich neben den abgeurteilten Delikten auch die verhängten Strafen. Am Beispiel des Sommersemesters 1867 zeigt sich, dass in den weitaus meisten Fällen auf Geldstrafe zwischen 30 Kr. und 3 fl. (43 von 76 Strafen) erkannt wird, von den 28 zur Karzerhaft verurteilten müssen nur vier länger als fünf Tage einsitzen. Je ein Student wird zu vier Wochen Festungshaft und zum *consilium abeundi* verurteilt.[2232]

Entsprechende Übersichten werden, zumindest zu Beginn des Jahrhunderts, auch in Göttingen angefertigt.[2233]

XIX. KAPITEL: Personelle Zuständigkeit

Die Zuordnung einer Person zum akademischen Gerichtsstand erfolgt weiterhin durch den Akt der Immatrikulation als Unterwerfung unter die akademischen Gesetze. Problematisch ist dies, wenn eine Person mehreren privilegierten Gerichten untersteht. Als Beispiel kann der Fall Ludwig Clausing gelten.[2234] Der Student der Kameralistik hatte während seines Studiums für einige Wochen Militärdienst abgeleistet. Deshalb beansprucht das badische Kriegsministerium die Überstellung unter die Militrägerichtsbarkeit, als Clausing wegen einer versuchten Tötung im Karzer in Untersuchungshaft festgehalten wird. Das Hofgericht in Mannheim entscheidet zunächst, dass die Untersuchung federführend durch das Universitätsamt erfolgen soll und der Beschuldigte erst nach Abschluss der Untersuchung an das Militär

2230 GLA 205/1163.

2231 Die Tabellen für 1867 und 1868 sind unter UAH RA 7634 verzeichnet. Diejenigen des Amtsgerichts Heidelberg von 1869–1874 unter RA 7635.

2232 Tabelle in: UAH RA 7634.

2233 Meiners I, S. 194.

2234 Immatrikuliert am 28. April 1838, Toepke V, S. 447.

zu übergeben sei.[2235] Nachdem die Armee Clausing aus dem Dienst ausgeschlossen hatte, entscheidet das Hofgericht, dass die Universität die Untersuchung fortführen solle.[2236] In der Folge vernimmt der Universitätsamtmann die studentischen Zeugen, während das Oberamt die nichtimmatrikulierten Zeugen befragt und der Universität die Protokolle übersendet.[2237] Schließlich verurteil ihn das Oberhofgericht Mannheim zum Tode.[2238] Der Fall zeigt, dass die personelle Zuständigkeit verschiedener Sondergerichte bestehen konnte.

XX. KAPITEL: Der Rechtsweg

Gegen die Entscheidungen des Senats als akademisches Gericht ist der Rechtsweg zum Universitätsamt, also dem Kurator, eröffnet. Daneben besteht die Möglichkeit, im Gnadenweg beim Innenminsterium eine Milderung des Urteils zu erbitten.[2239]

XXI. KAPITEL: Eingriffe der badischen Regierung

Im Unterschied zur kurpfälzischen Regierung, die insbesondere nach dem Wegzug der Residenz aus Heidelberg, die Rupertina meist wenig beachtet und nur verhältnismäßig selten in ihre inneren Belange eingriffen hatte, zeigen die badischen Herrscher und ihre Ministerien ein starkes Interesse an der Ruperto-Carola. Neben den positiven Aspekten einer besseren Dotierung und qualifizierten Berufungspraxis zeigt sich auch ein für diese nachteiliger Aspekt: die Häufigkeit der Eingriffe nimmt zu.

Bereits im Wintersemester 1805 zieht der Großherzog die Untersuchung gegen die Studentenverbindungen an sich, indem er nach Vorlage eines Untersuchungsberichts im Einzelnen über die Konsequenzen entscheidet.[2240] Ein weiteres Beispiel ist das Verfahren nach dem tödlichen Duell zwischen Rüdt und Wyncken. Um sich einen Überblick über die akademische Diszi-

---

2235 Beschluss des Hofgerichts vom 25. Juni 1832 in: UAH RA 6835, S. 27.

2236 Beschluss des Hofgerichts vom 9. August 1832 in: UAH RA 6834, S. 115.

2237 Protokolle des Oberamts in: UAH RA 6836, S. 7ff.

2238 Urteil des Oberhofgerichts vom 20. Mai 1833 in: UAH RA 6835, S. 116f.

2239 So jedenfalls 1850, vgl. den Fall des stud. Bertram Simon in: UAH RA 7949. Das einjährige *consilium abeundi* milderte das Innenministerium in eine dreiwöchige Karzerstrafe. Ebenso im Jahr 1851 im Fall des stud. Emil Reiß ebd.

2240 Siehe S. 296.

plin, Duelle und sonstigen Verfehlungen zu verschaffen, fordert die Regierung neben einem *„Resumé“* die gesamten Prorektoratsakten eines Jahres an. Ziel war die Kontrolle der gerichtlichen Maßnahmen.[2241] Bereits vier Tage später erstattet der Prorektor Thibaut seinen Bericht.[2242]

Als weiteres Beispiel zu nennen ist die Anzeige des Kommandos der Gendarmerie aus dem Jahr 1846.[2243] Nach Ansicht der Gendarmerie ist es in der ersten Hälfte des Jahres zu einem *„Ueberhand nehmen nächtlicher Excesse in Heidelberg“* gekommen. Dies zeigt das Komando beim badischen Innenministerium an. Daraufhin wendet sich das Ministerium an den Kurator, der am 23. Juli ein Schreiben an das Universitätsamt richtet. In diesem weist er die Universität an, zu ihrer Verteidigung eine Statistik des zweiten Halbjahres 1845 und des ersten Halbjahres 1846 über die Häufigkeit von Anzeigen wegen der *Excesse* zu erstellen. Der Kurator wählt in seinem Schreiben zwar einen freundlichen Ton und empfiehlt der Universität lediglich, sich entsprechend zu verteidigen. Aus der Antwort,[2244] die als *„Gehorsamer Bericht des Universitäts-Amtes Heidelberg“* überschrieben ist, wird der Weisungscharakter aber deutlich. In dem Bericht bezeichnet das Universitätsamt den Vorwurf einer zu nachsichtigen Bestrafung als haltlos und weist auf die geringe Anzahl von Vorfällen – trotz der Krankheit eines der Oberpedelle, der gestiegenen Studentenzahlen und die *„die Trunkenheit u. Nachtschwärmerei* [fördernde] *Hitze dieses Sommers“* – hin. Konkret sei es lediglich zu zwei vollzogenen Duellen, zwei tätlichen Beleidigungen unter Studenten und dem unbefugten Einsteigen in das Erdgeschoß eines Gasthofes gekommen. Im Vorjahreszeitraum sollen neben zwei vollzogenen Duellen auch tätliche Beleidigungen gegenüber der städtischen Polizei, der Gendarmerie, dem Polizeidiener sowie unter Studenten vorgekommen seien. Deutlich wird an der Aufzählung, dass ein gewisser Umfang an Disziplinarverstöße als angemessen angesehen wird. Aus Sicht der Universität ist der Gendarmerie eine erhebliche Mitschuld am Auftreten von nächtlichen Ruhestörungen zu geben, da *„Das Erscheinen eines Gendarmen in der Nähe von Studirenden nach der Polizeistunde* [...] *hinreichend* [sei], *Unfug zu vergrößern, Exceße zu veranlassen“*. In einem weiteren Bericht beanstandet das Universitätsamt die unnötige Härte der Gendarmerie, über die sich die Studenten beschwert hatten.[2245]

2241 Aktennotiz über den Vortrag beim Großherzog vom 12. Dezember 1806 in: GLA 205/1182.

2242 Bericht des Prorektors Thibaut über die akademische Disziplin vom 15. Dezember 1806 in: GLA 205/1182.

2243 UAH RA 7631.

2244 Schreiben des Universitätsamts vom 28. Juli 1846 in UAH RA 7631.

2245 Schreiben des Universitätsamts vom 30. November 1846 in UAH RA 7631.

Auch aus diesem Vorgang wird einer der Grundkonflikte in Bezug auf die akademische Gerichtsbarkeit deutlich. Während der Staat an einer strengen Bestrafung zur Verbesserung der Disziplin interessiert ist, sieht die Universität ihren Ruf unter den potentiellen Studenten gefährdet. Da ihr Einkommen zu einem erheblichen Teil auf den Hörergeldern beruht,[2246] besteht für die Professoren die wirtschaftliche Notwendigkeit, sowohl für Studieninteressierte, aber auch deren Eltern, attraktiv zu wirken. Dazu ist aus ihrer Sicht ein ausgewogenes Verhältnis von Bestrafung und Milde notwendig, welches durch Eingriffe der Gendarmerie gefährdet war.

2246 Thibaut konnte 1806/07 allein durch die Pandektenvorlesung mit 1400–1600 fl. in einem Semester etwa den dreifachen Jahresunterhalt eines durchschnittlichen Studenten einnehmen, Schroeder, NJW 2008, S. 732.

E. Vierter Schwerpunkt: Ende der akademischen Gerichtsbarkeit und universitäre Disziplinargerichtsbarkeit als Nachklang

I. KAPITEL: Abschaffung der akademischen Gerichtsbarkeit

Die eigentliche akademische Gerichtsbarkeit endet reichseinheitlich spätestens mit der Einführung des Gerichtsverfassungsgesetzes (GVG) im Jahr 1879. An den meisten Universitäten erfolgt die Abschaffung jedoch bereits früher.[2247] So beendet das *„Gesetz die Rechtsverhältnisse der Studierenden an den beiden Landesuniversitäten betr. vom 20.2.1868"*[2248] die Universitätsgerichtsbarkeit in Baden. Lapidar heißt es hierzu in § 1 des Gesetzes:

> *Die Studirenden der beiden Universitäten Heidelberg und Freiburg stehen lediglich unter den allgemeinen Landesgesetzen. Die besondere Gerichtsbarkeit der Akademiker ist aufgehoben.*

Der privilegierte Gerichtsstand der Studenten der Heidelberger *alma mater* endet dadurch 482 Jahre nach deren Gründung. Keinesfalls trauert die öffentliche Meinung dem traditionsreichen Sondergericht nach. Zeitgenössische Autoren begrüßen die Abschaffung ausdrücklich.[2249] Auch von Seiten der Universität oder aus der Studentenschaft ist keinerlei Widerstand gegen die Neuzuweisung des Gerichtsstandes überliefert. Die Abschaffung fällt in eine eine Phase der Erneuerung der liberalen Politik im Großherzogtum Baden. Während die 1850er Jahren nach der Niederschlagung der Revolution unter dem Zeichen der konservativen Reaktion standen, beginnt ab Ostern 1860 eine Rückkehr zur liberalen Politik des Vormärzes.[2250] Der Bericht der von Professor Wilhelm Wundt geleiteten Kommission der II. Kammer des

---

2247 Kommissionsbericht Wundt in: Gerber, S. 423.

2248 Das Gesetz ist gedruckt bei Jellinek, S 118f.; Gerber, S. 198f.; Hintzelmann, S. 48. Siehe auch Maack, S. 66; Alenfelder S. 283; Schroeder, Universität für Juristen, S. 198.

2249 Stein, S. 113, S. 141 Fn. 92. Vgl. auch Meroth, S. 98.

2250 Derwein, Vormärz und Revolution, S. 124.

Badischen Landtags von 1867 nimmt ausdrücklich Bezug auf 1848.[2251] Mit der Abschaffung der akademischen Gerichtsbarkeit als privilegierte Sondergerichtsbarkeit der Immatrikulierten erfüllt die Regierung eine alte Forderung liberaler Kreise, vergleichbar mit der Einebnung sonstiger Standesunterschiede, wie etwa der Militär- und Adelsgerichte.

II. KAPITEL: Disziplinargerichtsbarkeit

Erhalten bleibt der Universität jedoch die Disziplinargerichtbarkeit, also das aus dem besonderen Gewaltverhältnis zwischen Student und Universität herrührende Sanktionsrecht.[2252]

Eng verknüpft mit der Disziplinargerichtsbarkeit ist das wohl bekannteste äußere Zeichen der akademischen Gerichtsbarkeit: der Karzer. Doch während das Universitätsgericht zum Zeitpunkt seiner höchsten Machtfülle neben zum Teil mehrjähriger Kerker- und Festungshaft auch mindestens ein Todesurteil vollstrecken ließ, handelt es sich bei den Karzerstrafen des ausgehenden neunzehnten Jahrhunderts um reine Erziehungsmittel. Deutlich wird dies nicht zuletzt an den bekannten Wandmalereien, die Studenten während ihrer *„Incarcerierung"* erstellten, die auf humorvolle Weise über die Hintergründe der Strafe berichten oder die Insassen und ihre Studentenverbindungen verewigen. Keineswegs zeichnen sie ein Bild einer harten Strafe unter gesundheitsschädlichen Haftbedingungen, wie die Berichte über Karzerstrafen aus dem sechzehnten und siebzehnten Jahrhundert.

Als Disziplinargericht amtet in schwereren Fällen, wie bereits vor der Abschaffung der eigentlichen Gerichtsbarkeit, der Engere Senat. Zumindest bis zur Reformation der akademischen Gesetze im Jahr 1908 gehen die Kompetenzen des Senats noch relativ weit. So urteilt er beispielsweise 1875, nachdem es zu mehreren Pistolenduellen – eines davon mit tödlichem Ausgang – gekommen ist, auf die Relegation von drei Studenten und vierzehntägiger Karzerhaft für zwei Studenten.[2253] An den Sitzungen des Engeren Senats als Disziplinargericht nimmt der Disziplinarbeamte zwingend teil. Er trägt das

2251 Kommissionsbericht Wundt in: Gerber, S. 423.

2252 Ebert in: HRG I, Sp. 1090f.

2253 Gesamter Vorgang in: UAH RA 7441. Vgl. auch die Relegation nach achttägiger Karzerhaft des Studenten Erlinghagen am 10. Oktober 1887 in: UAH RA 7600. Erlinghagen, Mitglied des Corps Suevia, hatte einen Kommilitonen der Burschenschaft Franconia durch zwei Schläge mit dem Spazierstock auf den Kopf tätlich beleidigt.

Untersuchungsergebnis aus den Akten vor und stellt einen Strafantrag, dem der Senat meist, nicht aber notwendigerweise, entspricht.[2254]

Entscheidungen des Disziplinargerichts, insbesondere über den Ausschluss eines Studenten, konnten veröffentlicht werden.[2255]

In leichteren Fällen, wie etwa den einfachen Beleidigungsdelikten, amtet der akademische Disziplinarbeamte, der stets die Untersuchungen durchführt, auch als Richter.[2256] Er tritt damit an die Stelle des Universitätsamtsmanns. Bei ihm können Studenten ehrenrührige Äußerungen ihrer Kommilitonen und ähnliche Delikte anzeigen. Die Untersuchung einschließlich der Zeugenvernahme erfolgt durch den Disziplinarbeamten, der den Fall – zumindest wenn erheblicheren Strafandrohungen im Raum stehen – dann dem engeren Senat zur Entscheidung vorlegt.[2257] Wird nur ein einfacher Disziplinarverstoß festgestellt, oder wenn bei gegenseitigen Beleidigungsvorwürfen eine abschließende Aufklärung des Sachverhalts nicht möglich ist, kann der Disziplinarbeamte eine Verwarnung aussprechen, die in den Akten festgehalten ist.[2258] Zuständig ist das Disziplinaramt auch für die Sperrung von Pässen und sonstigen Dokumenten, insbesondere den Abgangszeugnissen, von Studenten, die im Verdacht einer Straftat stehen. Die Staatsanwaltschaft Heidelberg informiert in entsprechenden Fällen das Disziplinaramt, um eine Flucht zu erschweren.[2259] Das typischerweise vom Disziplinarbeamten verhängte Strafmaß umfasst neben den Verwarnungen auch Haft im Karzer von bis zu sieben Tagen,[2260] nach den Akademischen Gesetzen von 1908 bis zu acht Tagen.[2261]

2254 Anschaulich zum Ablauf ist etwa das Verfahren gegen Otto Wulff im Jahr 1906, UAH RA 7227. Das Urteil in der Sache findet sich im Anhang XXI.

2255 Bekanntmachung des Disziplinaramts vom 20. Juli 1905 einschließlich der Nennung des einschlägigen Paragraphen in: UAH RA 7394. Vgl. auch die Bekanntmachung vom 19. August 1902 in: UAH RA 7384.

2256 Als Beispiel kann der Fall Volkert gegen Förster aus dem Jahr 1876 dienen: UAH RA 7439.

2257 Im Fall Volkert gegen Förster entschied der Senat auf vierzehn Tage Karzerhaft und Androhung des Ausschlusses aus der Universität. Ebenso im Fall des Wilhelm von Treunfels, der den Fechtlehrer der Universität betrunken beleidigt hatte, UAH RA 5491.

2258 Vgl. etwa die Untersuchung gegen die Studenten Sprenger, Wiedemann und Reichard im Dezember 1901, denen ein Kommilitone vorgeworfen hatte, sie hätte ihn in einem Lokal mit Blicken fixiert und lachend zugeprostet, in: UAH RA 7673.

2259 So etwa mit Schreiben vom 18. Juli 1907 in: UAH RA 7673.

2260 Vgl. die Verfügung vom 30. November 1901 in: UAH RA 7402: Sieben Tage Karzerhaft wegen des öffentlichen Zeigens frischverbundener Schmisse. Siehe auch die in UAH RA 7310 gegen Studenten der Burschenschaft Franconia verhängten Strafen von drei bis sieben Tagen weiterer Haft wegen eines Geleits zum Karzer.

2261 § 46, Jellinek, S. 129.

Die Disziplinargerichtsbarkeit kann neben der ordentlichen Strafgerichtsbarkeit tätig werden.[2262] Eine ausdrückliche Regelung findet sich in § 38 der akademischen Gesetze von 1908.[2263] Es handelt sich um eine Kannvorschrift. Keineswegs ergreift die Universität bei Straftaten von Studenten immer eigene Maßnahmen. Insbesondere bei empfindlichen Strafen der ordentlichen Gerichte verzichet man auf eine zusätzliche Disziplinarstrafe. Als Beispiel für die langjährige Praxis mag das Urteil des Landgerichts Mannheim gegen den Studenten Carl von Reinhard gelten, der 1880 nach einem Säbelduell wegen Zweikampfs mit tödlichen Waffen zu dreimonatiger Festungshaft verurteilt wird. Die Universität wird zwar durch das Gericht informiert, sieht jedoch für eigene Maßnahmen keine Veranlassung.[2264] In anderen Fällen zirkulieren die Akten zwischen Amts- oder Landgericht und akademischem Disziplinargericht.[2265] Tätig wird die Universität insbesondere in Fällen, in denen sie in den vor den ordentlichen Gerichten abgeurteilte Taten einen Angriff auf die Standesehre der Akademiker sieht. Neben Sittlichkeitsverstößen ist dies insbesondere bei Eigentumsdelikten gegeben.[2266]

Um dem Disziplinarbeamten einen Überblick über die vom Amtsgericht Heidelberg gegen Studenten erlassenen zivil- und strafrechtlichen Urteile zu verschaffen, übermittelt das Gericht monatlich tabellarische Übersichten, aus denen sich Name, Streitgegenstand bzw. Delikt und das Urteil ergaben.[2267]

Gegen die Urteile des Engeren Senats in Disziplinarsachen ist der Rechtsweg an das Innenministerium,[2268] später der Rekurs an das Ministerium der Justiz, des Kultus und Unterrichts,[2269] eröffnet. Dabei können sich Studenten

2262 Vgl. die Bekanntmachung des Bezirksamt vom 6. Juli 1893 mit einer zusätzlichen Bekanntmachung des Akademischen Disziplinarbeamten vom 10. Juli 1893 in: UAH RA 7190. Neben die Androhung der Polizei, bei nächtlichen Ruhestörung schärfer vorzugehen, trat die Androhung des Disziplinarbeamten, zusätzliche Disziplinarmaßnahmen zu ergreifen.

2263 Jellinek, S. 128.

2264 UAH RA 7459.

2265 Verfahren gegen Wilhelm Weber im Jahr 1908 in: UAH RA 7695.

2266 Vgl. etwa den 1903 erfolgten Ausschluss aus der Universität für vier Jahre des Studenten Gegner, nachdem das Amtsgericht München ihn wegen Unterschlagung eines unbezahlten Lexikons zu einer Geldstrafe von 30 Mark verurteilt hatte, UAH RA 7384.

2267 Die Tabellen für Dezember 1868 – März 1874 finden sich in: UAH RA 7635.

2268 Entscheidung des Ministeriums des Innern vom 30. Juni 1876 im Fall Volkert gegen Förster in: UAH RA 7439.

2269 Entscheidung des Ministeriums der Justiz, des Kultus und des Unterrichts vom 30. Januar 1908 in: UAH RA 7262; Entscheidung des Ministeriums des Kultus und Unterrichts vom 29. Juli 1911 im Fall Sommer gegen Czapski in: UAH RA 7393.

auch anwaltlich vertreten lassen.[2270] Zur Begründung des Rekurses werden unterschiedliche Gründe vorgetragen, typisch war die Bitte um Milderung wegen übertriebener Strenge des Urteils. Zumindest in einem Fall erklärt ein Student, er sei aufgrund einer geistigen Erkrankung unzurechnungsfähig gewesen und begehrte deshalb ein psychatrisches Gutachten. Dieser Bitte kommt das Ministerium nicht nach.[2271] Keinen Strafausschliessungs- oder Entschuldigungsgrund stellt im Übrigen die Trunkenheit dar, da es sich bei dieser gemäß § 35 Nr. 10 der Akademischen Vorschriften selbst um ein Disziplinardelikt handelt. Berücksichtigung findet die Trunkenheit jedoch als Milderungsgrund.[2272]

Unmittelbares Rechtsmittel gegen die Entscheidungen des Disziplinarbeamten stellt der Rekurs an den engeren Senat dar.[2273]

Zu den typischerweise durch das Disziplinargericht entschiedenen Fälle zählen die Beleidigungsdelikte. Neben den Konflikten unter Studenten, wie etwa den vielfältigen Auseinandersetzungen zwischen Verbindungen,[2274] war auch die Beamtenbeleidigung erfasst. Verurteilt wird beispielsweise wegen Störung der *„Sitten und Ordnung des akademischen Lebens"* zu einer Strafe von zwei Tagen Karzer, wer einen Polizisten als *„Polypen"* bezeichnet.[2275] Wiederholt hat sich der engere Senat mit antisemitischen Beleidigungen zu befassen. Insbesondere ab 1880 finden sich entsprechende Fälle in den Akten.[2276] Auch vor dem Hintergrund der Gründung der jüdischen Verbindung Badenia im Wintersemester 1890/91 kommt es zu entsprechen-

2270 § 58, Jellinek, S. 131. Telegrafische Vollmacht an einen Rechtsanwalt in UAH RA 7441. Eine weitere Vollmacht in: UAH RA 7570.

2271 Entscheidung des Ministeriums der Justiz, des Kultus und des Unterrichts vom 30. Januar 1908 in: UAH RA 7262 im Verfahren gegen Christoph Herfurth wegen unsittlichem Verhalten.

2272 So schon in § 34 der Akademischen Gesetzen von 1810, vgl. hierzu auch Meroth, S. 33.

2273 § 56, Jellinek, S. 131.

2274 Vgl. etwa die Beleidigungssache zwischen der Verbindung Vineta und einem nichtkorporierten Student im Jahr 1899 in: UAH RA 7695 oder ebd. die Anzeige der katholischen Verbindung Arminia aus dem November 1910, ein Student habe sie als *„eine ganz infame Gesellschaft"* bezeichnet, sowie die Auseinandersetzung des Arminen Sommer mit dem Badenen Czapski um eine Ohrfeige, UAH RA 7393. Letzterer Fall zeigt das Konfliktpotential zwischen den Außenseitern unter den korporierten Studenten, den katholischen und den jüdischen Bünden.

2275 Strafbefehl gegen stud. Ludwig Litten vom 8. Dezember 1899 in: UAH RA 7695.

2276 Vgl. das Verfahren gegen stud. Jakob Fischer im Jahr 1880 in: UAH RA 7467. Fischer hatte nachts auf der Hauptstraße stehende Kommilitonen mosaischen Glaubens mit dem Ausruf: *„Da stehen Judenbuben"* beleidigt und sich erkundigt, ob dessen Kommersbuch ein hebräisches Buch sei. Zum gehen aufgefordert, schlug Fische seinen Kommilitonen auf den Mund. Bestraft wurde er mit sechs Tagen Karzer und Ausschluss aus der Universität für ein Jahr. Ein Fall aus dem Jahr 1905 findet sich in: UAH RA 7420.

den Konflikten.[2277]Bei Konflikten zwischen Studentenverbindungen wurde typischerweise zunächst versucht, eine Lösung ohne Einschaltung des Disziplinaramts zu erreichen. Wenn dies nicht gelang, scheute man aber die Anzeige bei diesem auch nicht. Bei weniger erheblichen Verstößen, wie etwa dem Entwenden von Fahnen in den Farben der Verbindungen, sprach das Disziplinaramt dann etwa einen Verweis aus.[2278]

Wie bereits seit dem achtzehnten Jahrhundert finden sich auch nach Aufhebung der Gerichtsbarkeit die als *Excesse* bezeichneten Handlungen meist alkoholisierter Studenten in den Akten. Unter den Begriff wird ein breites Verhaltensspektrum subsumiert. Neben dem Löschen von Gaslaternen und nächtlichen Ruhestörungen findet sich wiederholt das Klettern auf den Brunnen auf dem Ludwigsplatz, dem heutigen Universitätsplatz, als Tathandlung.[2279]

Ausdrücklich als Disziplinarangelegenheit angesehen werden auch Verrufserklärungen (§ 37 Ziffer 6 der Akademischen Gesetze 1908). Als Anwendungsbeispiel kann ein Fall aus dem Jahr 1880 gelten, als die dem S. C. angehörenden Corps einen Nichtstudenten in Verruf setzen. Nachdem der Vorfall dem Senat bekannt geworden war, werden die Senioren der Corps zum Widerruf der Erklärung aufgefordert, was diese mit Verweis auf die Bindungswirkung des Comments und ihre ehrenwörtliche Verpflichtung verweigern. Während den Corps zunächst die Auflösung angedroht wird, entscheidet der Senat schließlich auf achttägige Karzerhaft für die Senioren. Über den Vorfall wird in mehreren Zeitungen berichtet, da die Einwohner Heidelbergs einen Auszug der Studentenschaft befürchten, sollten die Corps aufgelöst werden.[2280]

Dem akademischen Disziplinaramt werden auch Fälle angezeigt, in denen es zu *„Liebesbeziehungen“* von Studenten gekommen war.[2281] Dieses Verhalten wird unter dem Gesichtpunkt des *„beflecken der Standesehre“* oder als

2277 Döring in: Geschichte der Juden in Heidelberg, S. 326. Die Geschichte der Badenia stellt Berger in: Weiland Bursch zu Heidelberg, S. 352f. dar. Ders. ebd. S. 354ff. zur Geschichte der jüdischen Verbindung Bavaria. Zu den Hintergründen der Auseinandersetzungen mit jüdischen Korporierten siehe insbesondere Schroeder, Tod den Scholaren, S. 137f.

2278 So 1913, als Angehörige der Burschenschaft Vineta die Fahnen der katholischen Verbindung Arminia entwendeten. Zur Entschuldigung wurde vorgetragen, alkoholisierte Mitglieder hätten die Farben falsch zugeordnet, UAH RA 7297.

2279 Schreiben des Ministeriums der Justiz, des Kultus und Unterrichts vom 11. August 1882 in: UAH RA 7166.

2280 Der gesamte Vorgang findet sich in: UAH RA 7453.

2281 Vgl. etwa die ausführliche Meldung des Schutzmannes Lorch vom 23. Juli 1910 über Besuche des Studenten Heinrich Licht bei Tag und Nacht in der Wohnung der Kellnerin Anna Jannes in: UAH RA 7695.

„grobe Unsittlichkeit“ gemäß § 37 Ziffer 9 der Akademischen Gesetze (1908) verfolgt. Ersterer Vorwurf ist erfüllt, wenn es sich bei der vermeintlichen Kellnerin um eine Prostituierte handelt und der Student hiervon Kenntnis hat. Auf *„grobe Unsittlichkeit“* oder *„Handlungen, welche die Sitte und Ordnung des akademischen Lebens ernstlich gefährden“* entscheidet man bei Gutgläubigkeit des Beschuldigten. Als Strafe setzt der Senat in einem Fall acht Tage Karzer und die Androhung des Ausschlusses fest.[2282] In einem anderen Fall wird der beteiligte Student für die Dauer von drei Jahren aus der Universität ausgeschlossen.[2283] Einen Ausschluss auf zwei Jahre verhängt die Universität – neben der Strafverfolgung durch die ordentliche Gerichtsbarkeit – gegen einen Studenten, der in der Öffentlichkeit homosexuelle Handlungen vorgenommen hatte.[2284]

Ebenfalls einen Disziplinarverstoß stellen unbezahlte Schulden dar. Auch hier tritt die Disziplinarstrafe neben den ordentlichen Rechtsweg. Insbesondere in Bezug auf Forderungen von Professoren aus offenen Hörergeldern ergibt sich so ein doppeltes Haftungsregime zulasten der Studenten.[2285] Nach Ansicht des Disziplinarbeamten sind zwar *„die früher in Geltung gewesenen besonderen Vorschriften über die Schulden der Studierenden nicht mehr in Kraft“*, gleichwohl habe *„ein Einschreiten der akademischen Behörden doch stets dann zu erfolgen, wenn durch das Schuldenmachen eines Studierenden „die Sitten und Ordnung des akademischen Lebens gestört oder ernstlich gefährdet“* im Sinne des § 35 Abs. 1 der Akademischen Gesetze seien. Insbesondere gilt dies für nichtbezahlte Kollegiengelder.[2286] Wiederum wird die Verschränkung der Interessensphäre deutlich: die Vorenthaltung der den Professoren geschuldeten Vorlesungsvergütung wurde als Disziplinarverstoß geahndet.

Ab 1887 zählt auch das Vorgehen gegen die *„sozialdemokratische Beeinflussung der Studierenden“* zu den Disziplinaraufgaben der Universität. Auf Anregung der preussischen Regierung hatte das badische Ministerium der Justiz, des Kultus und Unterrichts eine entsprechende Anweisung erteilt.[2287]

2282 Verfahren gegen den Studenten Waldemar von Berens wegen außerehelichem Zusammenlebens mit Alwine Schaab im März 1912 in: UAH RA 7570. Weitere Anzeigen aus den Jahren ab 1910 auch in UAH RA 7683.

2283 Verfahren gegen Martin Ludwig im November 1878: UAH RA 7449. Das Verfahren war aufgrund einer Meldung des Hofgerichts Mannheim über das Urteil in der Scheidungssache der beteiligten Frau eingeleitet worden.

2284 Entscheidung des engeren Senats vom 20. Dezember 1907 in: UAH RA 7262.

2285 Vgl. etwa das Schreiben des stud. Rudolf Bungert an den Senat vom 7. August 1904 in: UAH RA 7390 sowie das Schreiben des stud. Heinrich Dewitz an den Senat vom 12. Februar 1904 in: UAH RA 7387.

2286 Bericht des Disziplinarbeamten an den engeren Senat vom 18. Juli 1902 in: UAH RA 7384.

2287 Erlass des Ministeriums vom 15. Dezember 1887 in: UAH RA 7199.

Vor diesem Hintergrund wird 1904 die Immatrikulation einer Gruppe von 14 aus Russland stammenden Studenten, die wegen politischer Agitation aus Preußen ausgewiesen wurden, in Heidelberg verhindert.[2288]

III. KAPITEL: Ausblick auf die Entwicklung der akademischen Gerichtsbarkeit nach 1918

Während das Ende des Ersten Weltkriegs mit dem Versailler Vertrag weitreichende Folgen auf die Gesellschaft sowie die Politik und damit auch auf das Leben der Studenten hat, sind zunächst keine Änderungen im Bereich des verbliebenen Überrests der akademischen Gerichtsbarkeit zu konstatieren. Insgesamt führt der Übergang von Monarchie zu Republik zu nahezu keinen Konsequenzen für die Verfassung der Ruperto Carola. Am augenfälligsten ist, dass nach der Abdankung des Großherzogs das Ehrenrektorat abgeschafft wird und der vormalige Prorektor wieder als Rektor amtet.[2289]

1. Änderung der Zusammensetzung des Disziplinargerichts

Die Disziplinargerichtsbarkeit verbleibt der Universität auch währen der Weimarer Republik grundsätzlich. Allerdings erhält die Studentenschaft 1920 das Recht, an der Disziplinargerichtsbarkeit mitzuwirken.[2290] Der Disziplinarbeamte wechselt von der richterlichen Stellung in die eines Staatsanwalts und Untersuchungsrichters. Zumindest ab 1923 wird die Aufgabe auch tatsächlich von Staatsanwälten im Nebenamt ausgeübt.[2291]Neben der Ermittlung des Sachverhalts und der Vetretung der Anklage kann der Disziplinarbeamte auch Strafbefehle mit Zustimmung des Rektors erlassen (§ 45). Das neukonstituiertes Disziplinargericht besteht aus dem Rektor und sechs Beisitzern. Vier der Beisitzer wählt der Senat aus dem Kreis der Fakultätsmitglieder, wobei zumindest zwei Juristen sein müssen. Zwei Beisitzer wählt der Allgemeine Studenten-Ausschuss.[2292] Bei gleichzeitiger Verfolgung durch

2288 Vorgang in UAH RA 7968.

2289 Weisert, S. 113; Schroeder, Tod den Scholaren, S. 147.

2290 Weisert, S. 119.

2291 Ernennung von Staatsanwalt Dr. Haas durch das Ministerium des Kultus und Unterrichts vom 29. 9. 1923 in: UAH B-2756.

2292 § 39 der Vorschriften über das akademische Bürgerrecht, die akademische Disziplin und den Besuch der Vorlesungen durch Nichtakademiker vom 9. 4. 1920 in: UAH B-1351/1; siehe auch Weisert, S. 123.

die ordentlichen Strafgerichte und das Disziplinargericht, die gemäß § 36 ausdrücklich zulässig ist, erfolgt die disziplinarrechtliche Behandlung üblicherweise nachdem das Strafurteil vorliegt, um dieses zur Grundlage des Disziplinarverfahrens zu machen.[2293]

2. Strafen ab 1920

Entfallen ist die traditionsreiche Karzerstrafe. Erhalten bleibt aber das abgestufte System der Ausschlüsse, insbesondere der Relegation, des ehrenhaften Ausschlusses und des consilium abeundi (§ 37). Entsprechend bestraften Studenten anderer Universitäten konnte die Immatrikulation an der Ruperto Carola versagt werden.[2294]In § 35 der Disziplinarvorschriften findet sich ein Katalog besonders strafwürdigen Verhaltens. Aufgezählt werden die typischen leichteren Vergehen, mit denen sich die akademische Gerichtsbarkeit seit Jahrhunderten befasst hatte, wie etwa die *Verletzung der am schwarzen Brett angehefteten Anschläge*, der *Störung der Ordnung und Ruhe* [...] *im Universitätsgebäude*, die *Verrufserklärungen*, *Ehrenkränkungen unter Studierenden*, die *Anwesenheit auf Duellplätzen* und schließlich die *Erregung von Ärgernis durch Unsittlichkeit oder Trunkenheit*. Die grundsätzliche Anwendung der Strafprozessordnung auf das Verfahren vor dem Disziplinargericht statuiert § 40. Als Rechtsmittel steht gemäß § 46 der Rekurs an das Unterrichtsministerium zur Verfügung.

3. Die Beisitzer

Aus der Juristischen Fakultät amtet Professor Graf zu Dohna von 1920 bis zu seinem Fortgang aus Heidelberg 1926 als Beisitzer.[2295] Ebenfalls als langjähriger Beisitzer ist Professor Karl Jaspers verzeichnet. Die studentischen Vertreter wechseln im Unterschied dazu spätestens nach zwei Semestern. Die nach den Statuten vorgegebene Zusammensetzung wird in der Praxis gelebt, wie sich aus den vorliegenden Mitteilungen der Wahlergebnisse der Beisitzer ergibt.[2296] Probleme entstehen, als der verfassten Studentenschaft

2293 Schreiben Karl Jaspers an den Rektor vom 15. 2. 1931 in: UAH B-1351/1.

2294 § 9, Vorschriften über das akademische Bürgerrecht, die akademische Disziplin und den Besuch der Vorlesungen durch Nichtakademiker vom 9. 4. 1920 in: UAH B-1351/1.

2295 UAH B-1351/1.

2296 Für den Zeitraum 1920 bis 1935 in UAH B-1351/1 überliefert.

Heidelbergs 1931 die staatliche Anerkennung entzogen wird, nachdem der Asta Wehrsportübungen satzungswidrigerweise finanziert hatte.[2297] Während der Engere Senat eine Bestimmung der studentischen Beisitzer durch die Dekane anregt,[2298] entscheidet das Ministerium für Kultus und Unterricht, die studentische Beteiligung insgesamt zu streichen, da diese an der Mehrzahl der deutschen Universitäten nicht bestehe.[2299] Um die aufgeheizte Stimmung unter den Studenten nicht weiter zu verstärken, lehnt der Engere Senat die Änderung ab. Letztlich stimmt das Ministerium zu und gestattet vorläufig die Auswahl von Beisitzern durch den Engeren Senat aus dem Kreis geeigneter studentischer Vereinigungen.[2300]

Weitere Änderungen treten mit der Machtergreifung der Nationalsozialisten ein. Während die studentischen Beisitzer vormals vom Asta oder den Fachschaften gewählt wurden, bestimmt nun der „Führer der Heidelberger Studentenschaft“ Gustav Adolf Scheel diese.[2301]Auch der akademische Disziplinarbeamte und sein Stellvertreter werden 1933 ausgewechselt.[2302]

4. Entwicklung ab 1933

Aus dem November 1933 liegt der Eröffnungsbeschluss über ein disziplinarrechtliches Hauptverfahren gegen einen Studenten vor, der sich öffentlich negativ unter anderem über die Aufklärung des Reichstagsbrandes geäußert hatte.[2303] Der Vorwurf lautet auf Störung der Sitte und Ordnung des akademischen Lebens. Deutlich wird die Anpassung der Heidelberger akademischen Disziplinargerichtsbarkeit an die geänderten Umstände.

Am 1. April 1935 wird die Disziplinargerichtsbarkeit im gesamten Deutschen Reich aufgehoben. An ihre Stelle tritt eine besondere Strafordnung für Studenten. Ein „Dreiausschuss“ aus dem Rektor, dem Leiter der Dozentenschaft und dem Leiter der Studentenschaft ersetzt das Disziplinargericht.[2304]

2297 Schroeder, Tod den Scholaren, S. 151.

2298 Schreiben des Engeren Senats an das Unterrichtsministerium vom 13.3.1931 in: UAH B-1351/2.

2299 Schreiben des Unterrichtsministeriums an den Engeren Senat vom 21.5.1931 in: UAH B-1351/2.

2300 Schreiben des Unterrichtsministeriums an den Engeren Senat vom 13.7.1931 in: UAH B-1351/2.

2301 Schreiben Gustav Adolf Scheel an das Rektorat vom 19.6.1933 in: UAH B-1351/1.

2302 Schreiben des Unterrichtsministeriums vom 3.5.1933 in: UAH B-2756.

2303 Beschluss des Disziplinargerichts vom 2.11.1933 in: UAH B-1351/1.

2304 Strafordnung für Studenten, Hörer und studentische Vereinigungen anden deutschen

5. Wiederbegründung nach 1945

Als die Ruperto Carola 1945 wieder konstituiert wird, kehrt man in Bezug auf das Disziplinargericht zum Zustand vor 1935 zurück. Die Disziplinargerichtsbarkeit hat ihre Bedeutung jedoch eingebüßt. Überlieferte Fälle aus dem Zeitraum nach dem Dritten Reich beschränkten sich auf das Vorgehen gegen Angestellte der Universität.

Ein in den frühen Fünfzigerjahren viel diskutiertes Thema an den Universitäten war die Wiederbegründung der Studentenverbindungen. Die Rektorenkonferenzen wenden sich scharf gegen die Wiederbegründung der farbentragenden Kooperationen, da in ihnen ultranationalistische Gruppen gesehen werden. Befürchtet wird eine Spaltung der Studentenschaft.[2305] Unter anderem mit den Mitteln des Disziplinarrechts will man dem entgegentreten. Insbesondere soll jegliche Form der Mensur als Disziplinarvergehen verfolgt werden. Entgegen der auch von der Heidelberger Universität vertretenen Ansicht entscheidet der Bundesgerichtshof 1953, dass die Teilnehmer einer Mensur in eventuelle Körperverletzungen einwilligen.[2306] Eine Strafbarkeit wegen der tatbestandlich erfüllten gefährlichen Körperverletzung besteht daher jedenfalls bei Einhaltung der üblichen Schutzmaßnahmen nicht, was sich aus der damaligen Fassung des § 226a StGB (derzeit § 228 StGB) ergibt.[2307] Unter die bis zur Strafrechtsreform von 1969 existierenden §§ 201 bis 210 StGB, die Vorschriften über den Zweikampf mit tödlichen Waffen, subsumiert der Bundesgerichtshof die Mensur nicht, da der Schläger nicht als tödliche Waffe angesehen wird. Dies geschieht in Abkehr von der Rechtsprechung des Reichsgerichts, das noch 1926 von der entsprechenden Strafbarkeit ausgegangen war.[2308] Der Engere Senat hatte in der Folge dieses Urteils die Studenten über die Anweisung des badischen Justizministers an die Staatsanwaltschaften infomiert, Schlägermensuren mittels Anklageerhebung zu verfolgen.[2309]

Hochschulen des Reichs- und Preussischen Ministers für Wissenschaft, Erziehung und Volksbildung vom 1. 4. 1935 in: UAH B-3070/5.

2305 Ausführlich zu den Hintergründen führt das Urteil des Göttinger Disziplinargerichts vom 19. 1. 1952 aus: UAH B-3070/5.

2306 BGHSt 4, S. 24ff., S. 31; Urteil des BGH und der Vorinstanz in: UAH B-3070/5.

2307 Scharf kritisiert wurde die Entscheidung vom Heidelberger Professor Eberhard Schmidt in: JZ 1954, S. 369, 371; siehe auch Schroeder, Tod den Scholaren, S. 187.

2308 Beschluss der Vereinigten Strafsenate vom 15. 5. 1926.

2309 Veröffentlichung des Engeren Senats in: UAH H-II, 990/2. Hierzu ist es offenbar nicht gekommen. Ab 1933 waren Schlägermensuren ausdrücklich strafrei.

Zu disziplinargerichtlichen Verfahren wegen der Teilnahme an Mensuren ist es in Heidelberg nach dem Zweiten Weltkrieg soweit ersichtlich nicht gekommen.

Auch nach 1945 befasste sich die Disziplinargerichtsbarkeit noch mit dem Verhalten von nichtakademischen Mitarbeitern der Universität, den vormaligen Universitätsverwandten. Überliefert ist die Auseinandersetzung zwischen zwei Hausmeistern verschiedener Institute, die sich von 1947–1956 hinzog und letztlich ohne Ergebnis blieb.[2310]

Mit der Grundordnung 1969 werden die Reste der Disziplinargerichtsbarkeit beseitigt.[2311] Vortan stehen die Mitglieder der Universität nur noch unter den allgemeinen Strafgesetzen, was angesichts des Charakters einer Massenuniversität im Unterschied zur ursprünglichen korporativen Gemeinschaft von Lehrenden und Lernenden folgerichtig ist.

2310 Vorgang in: UAH B-3075/20.

2311 Zur damaligen Situation in Heidelberg und den Hintergründen der Grundordnung siehe Schroeder, Tod den Scholaren, S. 193ff. und Wolgast, S. 180f.

F. Schlussbetrachtungen

„Die akademische Gerichtsbarkeit der Universität Heidelberg", wie sie im Titel der Arbeit genannt wird, bestand nie als festumgrenzte, aus Gesetzen klar hergeleitete Institution. Vielmehr handelt es sich um eine personenbezogene Jurisdiktion, die zwar zum Teil auf Gründungsurkunden und Statuten beruht, aber auch gewohnheitsrechtliche Elemente aufweist. In den akademischen Gesetzen, die unter der badischen Herrschaft umfangreicher werden, war die Gerichtsbarkeit nur skizzenhaft beschrieben. Wichtige Aspekte wurden ad hoc durch den Senat geregelt oder – bei bedeutenderen Angelegenheiten – ein Votum der Regierung eingeholt.

Die Lückenhaftigkeit der geschriebenen Regeln und deren Anpassung oder Nichtbeachtung bei wichtigeren Fällen ist, wie der Vergleich mit der ungleich jüngeren Universität Göttingen zeigt,[2312] typisch für die akademische Gerichtsbarkeit.

Geprägt wird die universitäre Rechtsprechung von zwei Spannungsfeldern. Zum einen dem zwischen der Universität als Organisation und der jeweiligen Regierung, zum anderen dem zwischen dem professoralen Selbstverständnis als Lehrer und der Ausübung hoheitlichem Zwangs gegenüber den Schülern. In Konflikt mit der Regierung kommt der Senat – über Jahrhunderte gleichzeitig legislative und judikative Gewalt der Universität – wiederholt, wenn die Disziplin der Studenten aus staatlicher Sicht gesunken war.

Besonders war auch das Verhältnis zwischen Student und Universität. Durch die Immatrikulation, zeitweise verbunden mit einem Eid oder einer Handtreue, unterwirft sich der Student dem universitätaren Regime einschließlich der Sondergerichtsbarkeit. Auf diesen Akt der Unterwerfung beruft sich der Senat beispielsweise im Duelledikt von 1676.

Ob es sich bei den akademischen Lehrern um besonders milde „väterliche" Richter handelt, wie in der Literatur zur Universitätsgerichtsbarkeit zum Teil angemerkt, kann auf der Grundlage der überlieferten Akten nicht beurteilt werden. Auffällig erscheinen einzelne milde Urteile, wie etwa im beschriebenen Fall Lanius, in dem statt auf Todesstrafe auf Relegation erkannt wurde. In anderen Zeiten und Zusammenhängen kam es auch zu durchaus strengen Urteilen, wie beispielsweise nach dem Auszug nach Fran-

2312 Brüdermann, S. 106f.

kenthal 1828. Schon 1779 verteidigte sich die Universität in einer Denkschrift an den Kurfürst gegen den Vorwurf, sie wäre *„zu gelind in der Bestrafung"*.[2313]

Die Heidelberger akademische Gerichtsbarkeit wird erst spät abgeschafft. Nach dem Mittelalter erfolgte reichsweit eine Welle der Einschränkung, die mit der Gründung der neuzeitlichen Universitäten wie Kiel, Halle und Göttingen wieder ins Gegenteil verkehrt wurde. Die eigenständige Rechtsprechung wird als Werbemaßnahme gesehen,[2314] die Studienzeit als Phase vor dem Ernst des Lebens verstanden.[2315] Auch der Heidelberger Senat erklärte ausdrücklich die ihm *„anvertraute Zöglinge mehr durch väterliche Güte als durch strenge Gesetze, ihrem erhabenem Berufe gemäß"* behandeln zu wollen.[2316] Das Badische Innenministerium sieht 1809 *„das eigentliche Gepräge der den Academien anvertrauten Gerichtsbarkeit in jener Mischung der Obrigkeitlichen mit der väterlichen Gewalt"*.[2317] Auch Zöpfl schreibt 1832: *„aus dieser Rücksicht ist es nothwendig, daß auf den Universitäten an die Stelle der väterlichen Aufsicht und Rüge die Disciplinar-Gewalt der Lehrer trete, welche durch ihren Ausschuß, dem Senat, ausgeübt wird"*[2318]

Angesichts der großen Bandbreite innerhalb der Studentenschaft – zwischen dem Adligen oder reichen Bürgersohn, der eine Führungsposition im Staat anstrebt und deshalb an der Juristischen Fakultät studiert und dem armen, kirchlich geförderten Theologiestudenten – dient die akademische Gerichtsbarkeit als verbindende Klammer, als Gleichmacher und Rahmen.[2319]

Kritik am wenig strengen Vorgehen gegen straffällige Studenten übte Großherzog Ludwig von Baden im Zusammenhang mit dem Auszug der Studenten nach Frankenthal im Jahr 1828. Zu den Gründen der Professoren für ihr Vorgehen schreibt er:[2320]

> *theils auch in der zu verderblichen Folgen führenden Absicht, die academische Jugend, mit deren unüberlegten Streichen man Nachsicht tragen müsse, nicht Bestrafungen auszusetzen, welche ihr für ihre künftige Lebensbahn nachtheilig werden könnten. Alle, welche dieses thun, scheinen*

2313 UAH RA 3413.
2314 Gundelach, S. 35f.
2315 So bereits Meiners I, S. 107 im Jahr 1801.
2316 Da die Disziplin nachgelassen hatte, drohte der Senat in seiner Veröffentlichung vom 20. Februar 1805 aber auch mit gesteigerter Strenge, siehe UAH RA 5432 und im Anhang XX.
2317 Verordnung vom 18. Dezember 1809 in UAH RA 4610, fol. 179ff.
2318 Zöpfl, S. 13.
2319 Brandt in: Deutschlands Weg in die Moderne, S. 124.
2320 UAH RA 5504.

aber nicht zu bedenken, daß es für den Flor der Universität weit vorteilhafter sei u daß ihr guter Ruf im Ausland u im Innland bei Eltern u Vormündern weit mehr begründet würde, wenn die, welche sich in die gesetzliche Ordnung nicht fügen wollen, in kleiner Zahl von Zeit zu Zeit entfernt würden, als wenn aus Mangel an Aufsicht u pflichtmäßigem Streben die Anordnungen an Tag u zur Strafe zu bringen, die Gesetzlosigkeit den höchsten Grad erreicht u zur öffentlichen Störung aller Ruhe, Ordnung u Sitte geführt hat

Literaturverzeichnis

ALENFELDER, Klaus Michael, 2002, *Akademische Gerichtsbarkeit,* Baden-Baden, Nomos Verl.-Ges., zitiert als: Alenfelder, S.

ARNOLDT, Daniel Heinrich, 1756, *Ausführliche und mit Urkunden versehene Historie der Königsbergischen Universität,* Königsberg, zitiert als: Arnoldt, S.

ASSMANN, Rainer, 1996, Kränzchen – Landsmannschaften – Corps, zur Frühgeschichte der Corps. *Einst und Jetzt,* 41, zitiert als: Assmann in: Einst und Jetzt 1996, S.

BAHNSON, Karsten, 1973. *Akademische Auszüge aus deutschen Universitäts- und Hochschulorten.* Saarbrücken, Univ., Diss., zitiert als: Bahnson, S.

BAHNSON, Karsten (Hrsg.) 1975. *Student und Hochschule im 19. Jahrhundert: Studien und Materialien,* Göttingen, Vandenhoeck & Ruprecht, zitiert als: Bearbeiter in: Student und Hochschule im 19. Jhd., S.

BAUER, Erich, 1963. *Einst und Jetzt Sonnderheft 1963,* Verden a. d. Aller, zitiert als: Einst und Jetzt, Sonderheft 1963, S.

BAUER, Erich, 1964, *Der erste und der sogenannte zweite Progress.* Der Convent 15, zitiert als: Bauer in: Convent 1964, S.

BAUER, Erich, 1967, *14 der ältesten SC-Komments vor 1820,* Verden a. d. Aller, zitiert als: Einst und Jetzt, Sonderheft 1967, S.

BAUER, Erich, 1968 *„Der älteste Burschenkomment von 1778 verfaßt von Martialis Schluck Raufenfeldis“,* Verden a. d. Aller, zitiert als: Bauer in: Einst und Jetzt 1968, S.

BAUER, Erich / PIETZSCH, Friedrich August 1970. „Der Auszug der Heidelberger Studenten nach Frankenthal im August 1828 und die Geschichte der Allemania (1828–1831), des Corps des Struwwelpeter-Hoffmann“. *Einst und Jetzt,* 15, 51–73, Verden a. d. Aller, zitiert als: Bauer/ Pietzsch in: Einst und Jetzt 1970, S.

BAUR, Sebastian, 2009, *Vor vier Höllenrichtern ...: die Lizentiats- und Doktorpromotionen an der Juristischen Fakultät der Universität Heidelberg,* Frankfurt a. M.; Berlin; Bern; Wien, zitiert als: Baur, S.

BEHRENS, Ulrich, 1999, *»Sozialdisziplinierung« als Konzeption der Frühneuzeitforschung.* Historische Mitteilungen, 12, zitiert als: Behrens in: HM 12/1999, S.

BENDER, Klaus, 1967, *Die Hofgerichtsordnung Kurfürst Philipps (1476–1598) für die Pfalzgrafschaft bei Rhein.* Mainz, Univ., Diss., zitiert als: Bender, S.

BENZ, Richard, 1975, *Heidelberg, Schicksal und Geist,* Sigmaringen, zitiert als: Benz, S.

BERGEL, Josef / BLASCHKA, Anton / HEMMERLE, Josef, 1954, *Studien zur Geschichte der Karls-Universität zu Prag,* Freilassing, zitiert als: Bearbeiter in: Geschichte der Karls-Universität, S.

BERGER, Gerhart / AURAND, Detlev (Hrsg.), 1986, *... Weiland Bursch zu Heidelberg ...: eine Festschrift der Heidelberger Korporationen zur 600-Jahr-Feier der Ruperto Carola,* Heidelberg, zitiert als: Bearbeiter in: Weiland Bursch zu Heidelberg, S.

BIASTOCH, Martin, 1995, *Duell und Mensur im Kaiserreich,* Vierow, zitiert als: Biastoch, S.

BINDING, Karl, 1909, *Die Ehre,* Leipzig, zitiert als: Binding, S.

BLAIMHOFER, Sebastian, 1781, *Alte und neue Welt auf Schlitten von den Studenten des kurfürstlichen Schulhauses in München zur Faschingszeit aufgeführt 1781,* München, zitiert als: Blaimhofer, S.

BORGOLTE, Michael, (Hrsg.), 1988, *Litterae medii aevi: Festschrift für Johanne Autenrieth zu ihrem 65. Geburtstag,* Sigmaringen, zitiert als: Bearbeiter in: Litterae Medii Aevi, S.

BOROWSKY, Peter (Hrsg.) 2005. *Schlaglichter historischer Forschung* Hamburg, zitiert als: Borowsky, S.

BRANDT, Harm-Hinrich (Hrsg.) 1998. *„Der Burschen Herrlichkeit“: Geschichte und Gegenwart des studentischen Korporationswesens,* Würzburg, zitiert als: Bearbeiter in: „Der Burschen Herrlichkeit“, S.

BRANDT, Peter, 1988, *Studentische Lebensreform und Nationalismus – Vor- und Frühgeschichte der Allgemeinen Deutschen Burschenschaft,* Berlin, zitiert als: Brandt, S.

BRAUBACH, Max, 1929, Die katholischen Universitäten Deutschlands und die französische Revolution. *Historisches Jahrbuch,* 49, zitiert als: Braubach, Hist. Jahrbuch 49 (1929), S.

BRAUBACH, Max, 1932, Deutschland und die französische Revolution. *Historisches Jahrbuch,* 52, zitiert als: Braubach, Hist. Jahrbuch 52 (1932), S.

BRAUN, Werner, 1953, *Gerichtsverfassung und Prozeß des Heidelberger Stadtgerichts im 18. Jahrhundert,* Dissertation, Heidelberg, zitiert als: Braun, S.

BRÜDERMANN, Stefan, 1990, *Göttinger Studenten und akademische Gerichtsbarkeit im 18. Jahrhundert,* Göttingen, zitiert als: Brüdermann, S.

BRÜDERMANN, Stefan, 1991, *Der Göttinger Studentenauszug 1790 - Handwerkerehre und akademische Freiheit,* Göttingen, zitiert als: Brüdermann II, S.

BRUNN, Hermann, 1950, *Wirtschaftsgeschichte der Universität Heidelberg von 1558 bis zum Ende des 17. Jahrhunderts*, Dissertation, Heidelberg, zitiert als: Brunn, S.

BRUNNER, Otto / CONZE, Werner / KOSELLECK, Reinhart, 1975, *Geschichtliche Grundbegriffe, Band 2, E–G,* Stuttgart, zitiert als: Bearbeiter in: Geschichtliche Grundbegriffe II, S.

BUBACH, Bettina, 2005, *Richten, Strafen und Vertragen: Rechtspflege der Universität Freiburg im 16. Jahrhundert,* Berlin, zitiert als: Bubach, S.

BÜNZ, Enno / RUDERSDORF, Manfred / DÖRING, Detlev, 2009, *Spätes Mittelalter und frühe Neuzeit 1409–1830/31,* Leipzig, zitiert als: Bearbeiter in Geschichte der Universität Leipzig I, S.

BÜTTINGHAUSEN, Karl, 1776, C. *Buettinghausens Beyträge zur pfälzischen Geschichte/1,* zitiert als: Büttinghausen, S.

CHERUBIM, Dieter, (Hrsg.) 1984, *Gespräche zwischen Alltag und Literatur: Beiträge zur germanistischen Gesprächsforschung,* Tübingen, zitiert als: Bearbeiter in: Alltag und Literatur, S.

CSENDES, Peter, 1986, *Die Rechtsquellen der Stadt Wien,* Wien, zitiert als: Csendes, S.

CSER, Andreas (Hrsg) 1996, *Geschichte der Juden in Heidelberg,* Heidelberg, zitiert als: Bearbeiter in: Geschichte der Juden in Heidelberg, S.

CUNZ, Dieter, 1934, *Die Regentschaft des Pfalzgrafen Johann Casimir in der Kurpfalz 1583–1592.* Frankfurt a. M., Diss., zitiert als: Cunz, S.

DEBON, Günther, 1991, *Das Heidelberger Jahr Joseph von Eichendorffs,* Heidelberg, zitiert als: Debon, S.

DEMETER, Karl, 1962, *Das deutsche Offizierkorps in Gesellschaft und Staat 1650–1945,* Frankfurt a. M., zitiert als: Demeter, S.

DENEKE, Otto, 1934, *Ein Göttinger Studenten-Duell von 1766,* Göttingen, zitiert als: Deneke, S.

DENEKE, Otto, 1935, *Die Westphälische Landsmannschaft zu Göttingen 1787–1812,* Göttingen, zitiert als: Deneke, Westphälische Landsmannschaft, S.

DENIFLE, Heinrich, 1885, *Die Entstehung der Universitäten des Mittelalters,* Berlin, zitiert als: Denifle, S.

DERWEIN, Herbert, 1940, *Die Flurnamen von Heidelberg,* Heidelberg, zitiert als: Derwein, S.

DERWEIN, Herbert, 1958, *Heidelberg im Vormärz und in der Revolution 1848/49,* Heidelberg, zitiert als: Derwein, Vormärz und Revolution. S.

DETTE, Thorsten / SCHNEIDER, Lutz, 1997, *Studentische Disziplin und akademische Gerichtsbarkeit in der 1. Hälfte des 19. Jahrhunderts: Namensregister zu den in den Disziplinargerichtsprotokollen der Universität Gießen aufgeführten Studenten,* Gießen, zitiert als: Dette/Schneider, S.

DEUCHERT, Norbert, 1983, *Vom Hambacher Fest zur badischen Revolution,* Stuttgart, zitiert als: Deuchert, S.

DIETZ, Eduard, 1895, *Die deutsche Burschenschaft in Heidelberg: ein Beitrag zur Kulturgeschichte deutscher Universitäten,* Heidelberg, zitiert als: Dietz, S.

DIETZ, Eduard, 1903, *Neue Beiträge zur Geschichte des Heidelberger Studentenlebens,* Heidelberg, zitiert als: Dietz, Studentenleben, S.

DITTENBERGER, Wilhelm Theophor, 1844. *Die Universität Heidelberg im Jahre 1804,* Heidelberg, zitiert als: Dittenberger, S.

DOERR, Wilhelm, (Hrsg.) 1985, *Semper Apertus: Das neunzehnte Jahrhundert: 1803–1918,* Berlin, zitiert als: Bearbeiter in: Semper Apertus II, S.

DOERR, Wilhelm, (Hrsg.) 1985. *Semper Apertus: Mittelalter und frühe Neuzeit: 1386–1803,* Berlin, zitiert als: Bearbeiter in: Semper Apertus I, S.

DÖRING, Detlev, (Hrsg.) 2007, *Universitätsgeschichte als Landesgeschichte: die Universität Leipzig in ihren territorialgeschichtlichen Bezügen; Tagung der Historischen Kommission der Sächsischen Akademie der Wissenschaften zu Leipzig vom 7. bis 9. Oktober 2004.* Beiträge zur Leipziger Universitäts- und Wissenschaftsgeschichte: Reihe A; Bd. 4, 2007 Leipzig, zitiert als: Bearbeiter in: Universitätsgeschichte als Landesgeschichte, S.

DREßLER, Hans-Heinrich, 1967, *Das deutsche Beleidigungsrecht des 16. und 17. Jahrhunderts.* Frankfurt a. M., Diss., 1967, zitiert als: Dreßler, S.

DRÜLL, Dagmar, 1986, *Heidelberger Gelehrtenlexikon 1803–1932,* Heidelberg, zitiert als: Drüll I, S.

DRÜLL, Dagmar, 1991. *Heidelberger Gelehrtenlexikon 1652–1802,* Heidelberg, zitiert als: Drüll II, S.

DRÜLL, Dagmar, 2002. *Heidelberger Gelehrtenlexikon 1386–1651,* Heidelberg, zitiert als: Drüll III, S.

DRÜLL, Dagmar, (Hrsg.) 2013. *Über Heidelberger Universitätsämter 1386–2013,* Wiesenbach, zitiert als: Bearbeiter in: Heidelberger Universitätsämter, S.

DUTTLINGER, Rudolf, 1948. *Die geschichtlichen Wurzeln der Grundrechte des deutschen Volkes in der Verfassung der Paulskirche,* Heidelberg, Diss., zitiert als: Duttlinger, S.

EBERSOLD, Günther, 1985, *Rokoko, Reform und Revolution – Ein politisches Lebensbild des Kurfürsten Karl Theodor,* Frankfurt a. M., zitiert als: Ebersold, S.

EBERT, Wolfgang / EMMERICH, Werner, (Hrsg.) 1937. *Von Land und Kultur: Beiträge zur Geschichte des mitteldeutschen Ostens,* Leipzig, zitiert als: Bearbeiter in: Land und Kultur, S.

EGER, Wolfgang, (Hrsg.), 1982, *Geschichte der Stadt Speyer Band 1,* Stuttgart, Berlin, Köln, Mainz, zitiert als: Bearbeiter in: Geschichte der Stadt Speyer I, S.

EICHENDORFF, Joseph von, 1980, *Nachlese der Gedichte. Erzählerische und dramatische Fragmente. Tagebücher: 1798–1815,* München, zitiert als: Eichendorff, Tagebücher, S.

EULENBURG, Franz, 1904, *Die Frequenz der deutschen Universitäten von ihrer Gründung bis zur Gegenwart,* Leipzig, zitiert als: Eulenburg, S.

FABRICIUS, Wilhelm, 1926. *Die deutschen Corps,* Frankfurt a. M., zitier als: Fabricius, S.

FEINE, Hans Erich, 1972, *Kirchliche Rechtsgeschichte – Die katholische Kirche,* Köln, zitiert als: Feine, S.

FENGLER, Heinz / GIEROW, Gerhard / UNGER, Willy, 1976, *Lexikon der Numismatik,* Innsbruck, zitiert als: LexNum, S.

FERRUOLO, Stephan, 1985, *The origins of the university: the schools of Paris and their critics, 1100–1215,* Stanford, zitiert als: Ferruolo, S.

FISCHER, Hartmut (Hrsg.) 1985, *Handbuch des Kösener Corpsstudenten,* Würzburg, zitiert als: Hdb. d. Kösener Corpsstudenten, S.

FISCHER, Kuno, 1903, *Die Schicksale der Universität Heidelberg,* Heidelberg, Winter, zitiert als: Kuno Fischer, S.

FREVERT, Ute, 1991, *Ehrenmänner: das Duell in der bürgerlichen Gesellschaft,* München, zitiert als: Frevert, S.

FRIED, Johannes, 1974, *Die Entstehung des Juristenstandes im 12. Jahrhundert: zur sozialen Stellung und politischen Bedeutung gelehrter Juristen in Bologna und Modena,* Köln, Wien, zitiert als: Fried, S.

FUCHS, Christoph, 1995, *Dives, pauper, nobilis, magister, frater, clericus: sozialgeschichtliche Untersuchungen über Heidelberger Universitätsbesucher des Spätmittelalters, (1386–1450),* Leiden, zitiert als: Fuchs, S.

FÜSSEL, Marian, 2005, „Riten der Gewalt. Zur Geschichte der akademischen Deposition und des Pennalismus in der frühen Neuzeit". *Zeitschrift für Historische Forschung,* 32, zitiert als: Füssel, S.

FÜSSEL, Marian, 2006, „Gelehrtenkultur als symbolische Praxis", Darmstadt, zitiert als: Füssel, Gelehrtenkultur, S.

GEISTHÖVEL, Alexa, 2008, *Restauration und Vormärz 1815–1847,* Paderborn, zitiert als: Geisthövel, S.

GERBER, Hans, 1957, *Der Wandel der Rechtsgestalt der Albert-Ludwigs-Universität zu Freiburg im Breisgau seit dem Ende der vorderösterreichischen Zeit, Urkunden, Band 2,* Freiburg, zitiert als: Gerber, S.

GERGEN, Thomas (Hrsg.), 2004, *Vielfalt und Einheit in der Rechtsgeschichte: Festgabe für Elmar Wadle zu seinem 65. Geburtstag,* Köln, zitiert als: Bearbeiter in: FS Wadle, S.

GIERENS, Michael, 1938, *Ehre, Duell und Mensur: Darstellung u. Begründung d. christl.-ethischen Anschauungen über Ehre und Ehrenschutz, Duell und Mensur auf Grund einer Synthese histor., bibl., jurist., kanonistischer u. philosoph. Erkenntnisse,* Paderborn, zitiert als: Gierens, S.

GOETZE, Jochen / MORAW, Ingrid / NELLEN, Petra / RIESE, Reinhard, (Hrsg.) 1998, *Jahrbuch zur Geschichte der Stadt Heidelberg Jahrgang 3,* Heidelberg, zitiert als: Bearbeiter in: Heidelberg-Jahrbuch 1998, S.

GÖTZE, Otto, 1932, *Die Jenaer akademischen Logen und Studentenorden des XVIII. Jahrhunderts,* Jena, zitiert als: Götze, S.

GRIMM, Jacob, 1963, *Seeleben–Sprechen,* Leipzig, zitiert als: Begriff in: Grimm XIII, Sp.

GUNNOE, Charles, 2011, *Thomas Erastus and the Palatinate: a Renaissance physician in the Second Reformation,* Leiden, zitiert als: Gunnoe, S.

HAAS, Alban, 1960, *Die Lazaristen in der Kurpfalz,* Speyer, zitiert als: Haas, S.

HAAß, Robert, 1952, *Die geistige Haltung der katholischen Universitäten Deutschlands im 18. Jahrhundert,* Freiburg, zitiert als: Haaß, S.

HANDWÖRTERBUCH ZUR DEUTSCHEN RECHTSGESCHICHTE, Band III, 1984, *List–Protonotar,* Berlin, zitiert als: Bearbeiter in: HRG III, Sp.

HANDWÖRTERBUCH ZUR DEUTSCHEN RECHTSGESCHICHTE, Band I, 2008, *Aachen–Geistliche Bank,* Berlin, zitiert als: Bearbeiter in: HRG I, Sp.

HANDWÖRTERBUCH ZUR DEUTSCHEN RECHTSGESCHICHTE, Band II, 2012, *Geistliche Gerichtsbarkeit–Konfiskation,* Berlin, zitiert als: Bearbeiter in: HRG II, Sp.

HANDWÖRTERBUCH ZUR DEUTSCHEN RECHTSGESCHICHTE, Band V, 1998, *Straftheorie–Zycha, Register,* Berlin, zitiert als: Bearbeiter in: HRG V, Sp.

HANSSEN, Georg, 1910, *Lebenserinnerungen des Agrarhistorikers und Nationalökonomen Georg Hanssen. Zeitschrift der Gesellschaft für Schleswig-Holsteinische Geschichte,* 40, zitiert als: Hanssen, S.

HARDTWIG, Wolfgang, 1985, *Krise der Universität, studentische Reformbewegung und die Sozialisation der jugendlichen deutschen Bildungsschicht. Geschichte und Gesellschaft 11 (1985) S. 155–176,* zitiert als: Hardtwig, Krise der Universität, S.

HARDTWIG, Wolfgang, 1986, „Sozialverhalten und Wertwandel der jugendlichen Bildungsschicht im Übergang zur bürgerlichen Gesellschaft". *Vierteljahrschrift für Sozial- und Wirtschaftsgeschichte,* 73 (1986), 31, zitiert als: Hardtwig in: Vierteljahrschrift für Sozial- und Wirtschaftsgeschichte 73, S.

HARDTWIG, Wolfgang, 1986, Studentische Mentalität – Politische Jugendbewegung – Nationalismus. Die Anfänge der deutschen Burschenschaft. *Historische Zeitschrift,* 242/3, 581–628, zitiert als: Hardtwig in: Historische Zeitschrift 1986, S.

HARDTWIG, Wolfgang, (Hrsg.) 1993, *Deutschlands Weg in die Moderne: Politik, Gesellschaft und Kultur im 19. Jahrhundert,* München, zitiert als: Bearbeiter in: Deutschlands Weg in die Moderne, S.

HARDTWIG, Wolfgang, 1994, *Nationalismus und Bürgerkultur in Deutschland, 1500–1914: ausgewählte Aufsätze,* Göttingen, zitiert als: Hardtwig, S.

HÄRTER, Karl, (Hrsg.) 2000, *Policey und frühneuzeitliche Gesellschaft,* Frankfurt a. M., zitiert als: Bearbeiter in: Policey und frühneuzeitliche Gesellschaft, S.

HATTENHAUER, Hans / BERNERT, Günther, (Hrsg.) 1994, *Allgemeines Landrecht für die preußischen Staaten: von 1794,* Neuwied, zitiert als: Hattenhauer, S.

HAUSER, Peter, 2007, *„Zur Entstehung der Bestimmungsmensur“, Einst und Jetzt,* 52, zitiert als: Hauser in: Einst und Jetzt 2007, S.

HÄUSSER, Ludwig, 1924, *Geschichte der rheinischen Pfalz nach ihren politischen, kirchlichen und literarischen Verhältnissen,* Heidelberg, zitiert als: Häusser, S.

HAUTZ, Johann Friedrich, 1980, *Geschichte der Universitaet Heidelberg: 2 Bände in 1 Band,* Hildesheim, zitiert als: Hautz, Band, S.

HECKER, Oswald Artur (Hrsg.) 1922. *Schriften Dr. Melchiors von Osse,* Leipzig und Berlin, zitiert als: Melchior von Osse, S.

HEER, Georg, 1927, *Geschichte der Deutschen Burschenschaft – Zweiter Band „Die Demagogenzeit“,* Heidelberg, zitiert als: Heer I, S.

HEER, Georg, 1929, *Geschichte der Deutschen Burschenschaft – Dritter Band „Die Zeit des Progresses“,* Heidelberg, zitiert als: Heer II, S.

HEIMPEL, Hermann (Hrsg.) 1969, *Drei Inquisitions-Verfahren aus dem Jahre 1425: Akten der Prozesse gegen die deutschen Hussiten Johannes Drändorf und Peter Turnau sowie gegen Drändorfs Diener Martin Borchard,* Göttingen, zitiert als: Heimpel, S.

HEINZ, Michael, 2008, *Studentische Landsmannschaften und Studentenorden am Ende des 18. Jh. in Jena,* Saarbrücken, zitiert als: Heinz, S.

HENNE, Helmut, (Hrsg.) 1984, *Wörterbücher des 18. Jahrhunderts zur deutschen Studentensprache,* Berlin, zitiert als: Wörterbuch der Studentensprache, S.

HESS, Christel, 1988, *Absolutismus und Aufklärung in der Kurpfalz. Zeitschrift für die Geschichte des Oberrheins,* 136, zitiert als: Hess, ZGO 136 (1988), S.

HEYCK, Eduard, 1886, *Heidelberger Studentenleben zu Anfang unseres Jahrhunderts: nach Briefen und Akten,* Heidelberg, zitiert als: Heyck, S.

HIELSCHER, Friedrich, 1964, Zweikampf und Mensur. *Der Convent,* 15, zitiert als: Hielscher in: Convent 1964, S.

HILDEBRANDT, Ludwig, 2004, *Ottmar Stab aus Wiesloch, Reformator von Sinsheim, kurpfälzischer Hofprediger und Pfarrer in Kempten, sowie seine Familie im 16. Jahrhundert,* Eppingen, zitiert als Hildebrandt, S.

HINTZELMANN, Paul, 1888, *Almanach der Universität Heidelberg für das Jahr 1888,* Heidelberg, zitiert als: Hintzelmann, S.

HINZ, Gerhard, (Hrsg.) 1961, *Aus der Geschichte der Universität Heidelberg und ihrer Fakultäten: [1386–1961],* Heidelberg, zitiert als: Hinz in: Ruperto-Carola Sonderband 1961, S.

HIPPLER, Thomas, 2004, *Der „Progreß" an der Berliner Universität 1842–1844. Jahrbuch für Universitätsgeschichte 7 (2004),* S. 169ff., zitiert als: Hippler in: Jahrbuch für Universitätsgeschichte 7 (2004), S.

HOCKERTS, Hans Günter (Hrsg.) 2003. *Neue Deutsche Biographie Band 21 Pütter–Rohlfs,* Berlin, zitiert als: Bearbeiter in: NDB XXI, S.

HOFFMANN, Florian, 2000, „Burschen Heraus!" Der Auszug der Heidelberger Studentenschaft nach Frankenthal im Jahre 1828. *Frankenthal einst und jetzt,* 1/2000, 48–51. Zitier als: Hoffmann in: Frankenthal einst und jetzt 1/2000, S.

HÖFLER, Constantin von, 1861, *Ruprecht von der Pfalz, genannt Clem, römischer König 1400–1410,* Freiburg, zitiert als: Höfler, S.

HÜMMER, Hans Peter, 1996, *Ein Vivat der akademischen Freiheit – Stammbuch Woesch aus Remlingen in Franken (Jena 1792/94). Einst und Jetzt,* 41, zitiert als: Hümmer in: Einst und Jetzt 1996, S.

ISELIN, Jakob Christoph, 1729, *Historisch- und Geographisches Allgemeines Lexicon [D–J],* zitiert als: Iselin, S.

JÄGER, Georg, 2010, *Geschichte des deutschen Buchhandels im 19. und 20. Jahrhundert Band 1,* Berlin, zitiert als: Jäger, Geschichte des Buchhandels, S.

JAKOB, Josef, 2002, *Die Studentenverbindungen und ihr Verhältnis zu Staat und Gesellschaft an der Ludwigs-Maximilians-Universität Landshut / München von 1800 bis 1833,* Hagen, Diss., zitiert als: Jakob, S.

JAMMERS, Antonius, 1964, *Die Heidelberger Juristenfakultät im neunzehnten Jahrhundert als Spruchkollegium,* Heidelberg, zitiert als: Jammers, S.

JARAUSCH, Konrad, 1984, *Deutsche Studenten 1800–1970,* Frankfurt a. M., zitiert als: Jarausch, S.

JELLINEK, Georg (Hrsg.) 1908, *Gesetze und Verordnungen für die Universitaet Heidelberg,* Heidelberg, zitiert als: Jellinek, S.

JUNG, Johann Heinrich, 1787, *Jubelrede ueber den Geist der Staatswirthschaft,* Mannheim, zitiert als: Jung, S.

KARLOWA, Otto, 1878, *Über die Reception des römischen Rechts in Deutschland: mit besonderer Rücksicht auf Churpfalz; Rede zum Geburtsfeste des höchstseligen Grossherzogs Carl Friedrich von Baden und zur akademischen Preisvertheilung am 22. November 1878.* Heidelberg, zitiert als: Karlowa, S.

KAUFMANN, Georg, 1920, *Zwei katholische und zwei protestantische Universitäten vom 16.–18. Jahrhundert,* München, zitiert als: Kaufmann, Katholische und protestantische Universitäten, S.

KAUFMANN, Georg, 1958, *Entstehung und Entwicklung der deutschen Universitäten bis zum Ausgang des Mittelalters,* Graz, zitiert als: Kaufmann, S.

KELLER, Richard, 1913, *Geschichte der Universität Heidelberg im ersten Jahrzehnt nach der Reorganisation durch Karl Friedrich 1803–1813,* Heidelberg, zitiert als: Keller, S.

KEMPTER, Friedrich Eckehard, 1975, *Die Gutachten- und Urteilstätigkeit der Juristenfakultät Ingolstadt – Landshut – München,* München, zitiert als: Kempter, S.

KERN, Bernd-Rüdiger, 1983, „Das Pfälzer Landrecht und die Landesordnung von 1582". *Zeitschrift der Savigny-Stiftung für Rechtsgeschichte Germanistische Abteilung,* 100, zitiert als: Kern in: ZRG GA 100 (1983), S.

KERN, Bernd-Rüdiger, 1989, „Die Appellation in Kurpfälzer und verwandten Rechtsquellen des 15. Jahrhunderts". *Zeitschrift der Savigny-Stiftung für Rechtsgeschichte Germanistische Abteilung,* 106, zitiert als: Kern in: ZRG GA 106 (1989), S.

KERN, Bernd-Rüdiger, 1991, *Die Gerichtsordnungen des Kurpfälzer Landrechts von 1582,* Köln, zitiert als: Kern, Gerichtsordnungen, S.

KERN, Bernd-Rüdiger / WADLE, Elmar / SCHROEDER, Klaus-Peter / KATZENMEIER, Christian (Hrsg.) *Humaniora: Medizin, Recht, Geschichte; Festschrift für Adolf Laufs zum 70. Geburtstag,* Berlin, zitiert als: Bearbeiter in: Humaniora, S.

KESSLER, Herbert, 1957, „Orden und Landsmannschaften unter akademischer Gerichtsbarkeit". *Einst und Jetzt* 2/1957, zitiert als: Kessler in: Einst und Jetzt 1957/2, S.

KIBRE, Pearl, 1961, *Scholarly privileges in the Middle Ages: the Rights, Privileges, and Immunities, of Scholars and Universities at Bologna, Padua, Paris, and Oxford,* London, zitiert als: Kibre, S.

KIERNAN, Victor, 1988, *The duel in European history: honour and the reign of aristocracy,* Oxford, zitiert als: Kiernan, S.

KLEIST, Heinrich von, 1955, *Sämtliche Werke, Fünfter Band,* Hamburg, zitiert als: Kleist V, S.

KOCH, Hans-Albrecht, 2008, *Die Universität: Geschichte einer europäischen Institution,* Darmstadt, zitiert als: Koch, S.

KOHNLE, Armin / ENGEHAUSEN, Frank (Hrsg.) 2001, *Zwischen Wissenschaft und Politik: Studien zur deutschen Universitätsgeschichte,* Stuttgart, zitiert als: Bearbeiter in: Zwischen Wissenschaft und Politik, S.

KOHNLE, Armin / ENGEHAUSEN, Frank / HEPP, Frieder / FUCHS, Carl-Ludwig, (Hrsg.) 2003, *Die Kurpfalz im Übergang an Baden 1803,* Heidelberg, zitiert als: Bearbeiter in: Übergang an Baden, S.

KOLB, Johann, 1999, *Heidelberg: die Entstehung einer landesherrlichen Residenz im 14. Jahrhundert,* Sigmaringen, zitiert als: Kolb, S.

KÖNIG, Hans, 1983, *Burschen, Knoten und Philister,* Nürnberg, zitiert als: König, S.

KÖRNER, Rudolf, 1961, *„Vom Wesen der Studentenorden", Einst und Jetzt 6,* zitiert als: Körner in: Einst und Jetzt 1961, S.

KÖRNER, Rudolf, 1964, *Der Einfluß der Französischen Revolution von 1789 auf die Orden und Corps, Einst und Jetzt 9,* zitiert als: Körner in: Einst und Jetzt 1964, S.

KÖRNER, Rudolf, 1972, *Politik und studentische Jugend Deutschlands von 1791 bis 1819, Einst und Jetzt, 17,* zitiert als: Körner in: Einst und Jetzt 1972, S.

KRUG-RICHTER, Barbara, 2004, *„Von Messern, Mänteln und Männlichkeit Aspekte studentischer Konfliktkultur im frühneuzeitlichen Freiburg im Breisgau", Wiener Zeitschrift zur Geschichte der Neuzeit 4/1,* zitiert als: Krug-Richter, S.

KRUG-RICHTER, Barbara, 2007, *Hund und Student – eine akademische Mentalitätsgeschichte. Jahrbuch für Universitätsgeschichte 10 (2007),* zitiert als: Krug-Richter II, S.

KRÜNITZ, Johann Georg, 1827, *Ökonomisch-technologische Encyklopädie,* Berlin, zitiert als: Krünitz, Encyklopädie, Stichwort, S.

KURFÜRST, Ludwig VI, (Hrsg.) 1582, *Chür-Fürstlicher Pfaltz Landt-Recht,* Heydelberg, zitiert als: Landrecht, Teil, Titel, fol.

KUSSMAUL, Adolf, 1960, *Jugenderinnerungen eines alten Arztes,* München, zitiert als: Kussmaul, S.

LAUKHARD, Friedrich Christian, 1989, *Leben und Schicksale: von ihm selbst beschrieben,* Leipzig, zitiert als: Laukhard, S.

LEIMGRUBER, Nada Boškovska, (Hrsg.) 1997. *Die Frühe Neuzeit in der Geschichtswissenschaft: Forschungstendenzen und Forschungserträge,* Paderborn, zitiert als: Bearbeiter in: Frühe Neuzeit, S.

LORENTZEN, Theodor, 1910, *Chronik der Hirschgasse,* Heidelberg, zitiert als: Lorentzen, S.

LOSSEN, Richard, 1907, *Staat und Kirche in der Pfalz im Ausgang des Mittelalters,* Münster, zitiert als: Lossen, S.

LUCAE, Friedrich, 1711, *Europäischer Helicon: auff welchem die Academien, oder Hohe Schuhlen von Anfang der Welt biß jetzo aller Nationen, besonders Europae mit ihren Fundationen, Unglücksfällen ... sambt ihren vornehmsten Lehrern, deren Verdienste, und Academischen Ehren-Tituln in sieben haupt Theilen vorgestelt,* Frankfurt am Mayn, zitiert als: Lucae, S.

LUTZ, Heinrich, 1985, *Zwischen Habsburg und Preussen: Deutschland 1815–1866,* Berlin, zitiert als: Lutz, S.

MAACK, Heinrich, 1956, *Grundlagen des studentischen Disziplinarrechts,* Freiburg (i. Br.), Diss., zitiert als: Maack, S.

MADER, Hubert, 1983, *Duellwesen und altoesterreichisches Offiziersethos,* Osnabrück, zitiert als: Mader, S.

MANN, Golo, 1971, *Wallenstein – Sein Leben erzählt von Golo Mann,* zitiert als: Golo Mann, S.

MEINERS, Christoph, 1801, *Ueber die Verfassung und Verwaltung deutscher Universitäten,* Göttingen, zitiert als: Meiners, Band, S.

MERKEL, Gerhard, 1973, *Wirtschaftsgeschichte der Universität Heidelberg im 18. Jahrhundert,* Stuttgart, Diss., zitiert als: Merkel, S.

MEROTH, Ekkehart, 1989, *Disziplinar- und Strafgewalt der Universität Freiburg im 19. und 20. Jahrhundert,* Freiburg, Diss., zitiert als: Meroth, S.

MIETHKE, Jürgen / LUTZMANN, Heiner, 1986, *Libri actorum Universitatis Heidelbergensis,* Heidelberg, zitiert als: Miethke, Amtsbücher, Band, Nr., S.

MOELLER, Bernd / PATZE, Hans / STACKMANN, Karl, 1983, *Studien zum städtischen Bildungswesen des späten Mittelalters und der frühen Neuzeit: Bericht über Kolloquien der Kommission zur Erforschung der Kultur des Spätmittelalters 1978 bis 1981,* Göttingen, zitiert als: Bearbeiter in: Studien zum städtischen Bildungswesen, S.

MÖLLER, Silke, 2001, *Zwischen Wissenschaft und „Burschenherrlichkeit": studentische Sozialisation im deutschen Kaiserreich 1871–1914,* Stuttgart, Diss., zitiert als: Möller, S.

MORAW, Peter, 2008, *Gesammelte Beiträge zur deutschen und europäischen Universitätsgeschichte: Strukturen, Personen, Entwicklungen,* Leiden, zitiert als: Moraw, S.

MORAW, Peter / KARST, Theodor, 1963, *Die Universität Heidelberg und Neustadt an der Haardt,* Speyer, zitiert als: Moraw/Karst, S.

MORITZ, Werner (Hrsg.), 1998, *Die Universität zwischen Revolution und Restauration,* Ubstadt-Weiher, zitiert als: Bearbeiter in: Die Universität zwischen Revolution und Restauration, S.

MORITZ, Werner (Hrsg.), 2005, *Eine neue Gründungsurkunde für die Universität Heidelberg,* Heidelberg, zitiert als: Bearbeiter in: Moritz, Gründungsurkunde, S.

MORITZ, Werner / SCHROEDER, Klaus-Peter (Hrsg.), 2009, *Carl Joseph Anton Mittermaier: 1787–1867; ein Heidelberger Professor zwischen nationaler Politik und globalem Rechtsdenken im 19. Jahrhundert; Katalog zur Ausstellung in der Universitätsbibliothek Heidelberg, 19. Februar–10. Mai 2009,* Ubstadt-Weiher, zitiert als: Moritz/Schroeder, S.

MUGDAN, Liselotte, 1964, Jesuiten im Lehrerkollegium der Universität Heidelberg während des 18. Jahrhunderts. *Zeitschrift für die Geschichte des Oberrheins,* 112, zitiert als: Mugdan, ZGO 112 (1964), S.

MÜTH, Reinhard, 1977, *Studentische Emanzipation und staatliche Repression,* Tübingen, zitiert als: Müth, S.

NUDING, Matthias, 1998, *„Die Universität, der Hof und die Stadt um die Wende zum 15. Jahrhundert: Fragen an die ältesten Heidelberger Rektoratsakten",* *Zeitschrift für die Geschichte des Oberrheins,* 146 *(107 Neue Fassung),* zitiert als: Nuding, S.

OBERDÖRFER, Eckhard, 1997, Bemerkungen zur Geschichte der akademischen Gerichtsbarkeit in Heidelberg. *Zeitschrift für die Geschichte des Oberrheins,* Band 145, zitiert als: Oberdörfer, Bemerkungen, S.

OESTREICH, Gerhard, 1969, *Geist und Gestalt des frühmodernen Staates,* Berlin, zitiert als: Oestreich in: Geist und Gestalt, S.

OESTREICH, Gerhard, 1980, *Strukturprobleme der frühen Neuzeit,* Berlin, zitiert als: Oestreich in: Strukturprobleme der frühen Neuzeit, S.

PACE, Guilio, 1594, *Ivris Qvo Vtimvr Epitome Scecvndvm Ordinem Institvtionvm Imperialium digesta: Et In* XXX. *disputationes tributa,* Spirae, zitiert als: Pace, S.

PALATINUS, Theodor, 1886, *Heidelberg und seine Universität,* Freiburg im Breisgau, zitiert als: Palatinus, S.

PASCHKE, Robert, 1999, *Studentenhistorisches Lexikon,* Köln, zitiert als: Stichwort in: Studentenhistorisches Lexikon, S.

PAULSEN, Friedrich, 1960, *Geschichte des gelehrten Unterrichts auf den deutschen Schulen und Universitäten vom Ausgang des Mittelalters bis zur Gegenwart,* Berlin, zitiert als: Paulsen, S.

PIETZSCH, Friedrich August, 1961, *„Blau- und Weißkrägler" Heidelberger Studentenverbindungen am Ende des 18. und Anfang des 19. Jahrhunderts", Einst und Jetzt 6,* 59–61, zitiert als: Pietzsch in: Einst und Jetzt 1961, S.

PLETTENBERG, Alexandra, 1983, *Die Hohe-Kameral-Schule zu Lautern 1774–1784,* München, zitiert als: Plettenberg, S.

POENSGEN, Georg / BAIER, Hermann, (Hrsg.) 1956, *Ottheinrich: Gedenkschrift zur vierhundertjährigen Wiederkehr seiner Kurfürstenzeit in der Pfalz (1556–1559),* Heidelberg, zitiert als: Bearbeiter in: Ottheinrich-Gedenkschrift, S.

POLLER, Oskar, 1979, *Schicksal der ersten Kaiserslauterer Hochschule und ihrer Studierenden,* Ludwigshafen am Rhein, zitiert als: Poller, S.

PRESS, Volker, 1968, *„Calvinismus und Territorialstaat",* Stuttgart, zitiert als: Press, S.

PRESS, Volker, 1982, *Zwischen Versailles und Wien – Die Pfälzer Kurfürsten in der deutschen Geschichte der Barockzeit, Zeitschrift für die Geschichte des Oberrheins,* 130, zitiert als: Press, ZGO 130 (1982), S.

PRODI, Paolo (Hrsg.), 1993, *Glaube und Eid: Treueformeln, Glaubensbekenntnisse und Sozialdisziplinierung zwischen Mittelalter und Neuzeit. Schriften des Historischen Kollegs: Kolloquien;* München, zitiert als: Bearbeiter in: Glaube und Eid, S.

RASHDALL, Hastings, 1987, *The universities of Europe in the Middle Ages: in two volumes. Italy, Spain, France, Germany, Scotland etc.* (Reprint), Oxford, zitiert als: Rashdall, S.

RAU, Karl Heinrich, 1999, *Die vierzig Tage in Heidelberg,* Ubstadt-Weiher, zitiert als: Rau, Die vierzig Tage in Heidelberg, S.

REITZENSTEIN, Alexander von, 1939, *Ottheinrich von der Pfalz,* Bremen, zitiert als: Reitzenstein, S.

REXROTH, Frank, 1992, *Deutsche Universitätsstiftungen von Prag bis Köln: die Intentionen des Stifters und die Wege und Chancen ihrer Verwirklichung im spätmittelalterlichen deutschen Territorialstaat,* Köln, zitiert als: Rexroth, S.

RICHTER, Walter, 1978, *Entstehung und Ausbreitung des Constantisten-Ordens, Einst und Jetzt, 23,* zitiert als: Richter in: Einst und Jetzt 1978, S.

RICKER, Leo Alexander, 1960, *„Woher kommt die Bezeichnung „Bursch" für den deutschen Studenten?", Einst und Jetzt, 5,* zitiert als: Ricker in: Einst und Jetzt 1960, S.

RITTER, Gerhard, 1921, *Marsilius von Inghen und die okkamistische Schule in Deutschland,* Heidelberg, zitiert als: Ritter, Marsilius, S.

RITTER, Gerhard, 1922, *Via antiqua und via moderna auf den deutschen Universitäten des* XV. *Jahrhunderts,* Heidelberg, zitiert als: Ritter, via antiqua, S.

RITTER, Gerhard, 1936, *Die Heidelberger Universität: Das Mittelalter, Band 1,* Heidelberg, zitiert als: Ritter, S.

ROESELING, Severin, 1999, *Burschenehre und Bürgerrecht: die Geschichte der Heidelberger Burschenschaft von 1828 bis 1834,* Heidelberg, zitiert als: Roeseling, S.

RÖSSLE, Hellmuth (Hrsg.), 1970, *Universität und Gelehrtenstand: 1400–1800; Büdinger Vorträge 1966,* Limburg/Lahn, zitiert als: Bearbeiter in: Universität und Gelehrtenstand, S.

RUDOLPH, Susanne / KERN, Bernd-Rüdiger, 2009, *„Duelle vor Gericht". Einst und Jetzt,* 54, zitiert als: Rudolph/Kern in: Einst und Jetzt 54, S.

RÜEGG, Walter (Hrsg.), 1993, *Geschichte der Universität in Europa,* München, zitiert als: Bearbeiter in: Geschichte der Universität, Band, S.

SAVIGNY, Friedrich Carl von, 1834, *Geschichte des Römischen Rechts im Mittelalter,* Heidelberg, zitiert als: Savigny, S.

SCHAAB, Meinrad, 1966, *Die Wiederherstellung des Katholizismus in der Kurpfalz im 17. und 18. Jahrhundert. Zeitschrift für die Geschichte des Oberrheins,* 114, zitiert als: Schaab, ZGO 114 (1966), S.

SCHAAB, Meinrad, 1999, *Geschichte der Kurpfalz – Band 1 Mittelalter,* Stuttgart, zitiert als: Schaab I, S.

SCHAAB, Meinrad, 1992, *Geschichte der Kurpfalz – Band 2 Neuzeit,* Stuttgart, zitiert als: Schaab II, S.

SCHAAB, Meinrad (Hrsg.), 1993, *Territorialstaat und Calvinismus. Veröffentlichungen der Kommission für Geschichtliche Landeskunde in Baden-Württemberg: Reihe B, Forschungen, 127,* Stuttgart, zitiert als: Bearbeiter in: Territorialstaat und Calvinismus, S.

SCHARNKE, Berta, 1921, *Über Zusammensetzung und soziale Verhältnisse der Heidelberger Universitätsangehörigen im 15ten Jahrhundert.* Heidelberg, Diss., zitiert als: Scharnke, S.

SCHAYER, Hans, 1912, *Die Bestrafung des Zweikampfdeliktes.* Heidelberg, Diss., zitiert als: Schayer, S.

SCHLICK, Heinrich, 1930, *Die rechtsrheinische Pfalz beim Anfall an Baden,* Karlsruhe, zitiert als: Schlick, S.

SCHLOSSER, Hans, 1971, *Spätmittelalterlicher Zivilprozess nach bayerischen Quellen; Gerichtsverfassung und Rechtsgang,* Köln, zitiert als: Schlosser, S.

SCHMIDGALL, Georg, 1940, *„Deposition, Pennalismus, Fuchsenbrennen und Fuchsenstoß in Tübingen"*, Beiträge zur Tübinger Studentengeschichte, Tübingen, zitiert als: Schmidgall in: Beiträge zur Tübinger Studentengeschichte 1940, S.

SCHMIDT, Eberhard, 1954, *Schlägermensur und Strafrecht* in: Juristenzeitung 1954, S. 369ff., zitiert als: Schmidt in: JZ 1954, S.

SCHMITH, Heinrich, 1928, *Neuenheim: Vergangenheit einer Pfälzer Dorfgemeinde in Verbindung mit der Geschichte der Heimat,* Heidelberg, zitiert als: Schmith, S.

SCHMUTZ, Jürg, 2000, *Juristen für das Reich, Textband,* Veröffentlichungen der Gesellschaft für Universitäts- und Wissenschaftsgeschichte, 2, Basel, zitiert als: Schmutz, S.

SCHNEIDER, Franz, 1913, *Geschichte der Universität Heidelberg im ersten Jahrzehnt nach der Reorganisation durch Karl Friedrich 1803–1813,* Heidelberg, zitiert als: Schneider, S.

SCHRÖDER, Richard / KÜNßBERG, Eberhard von, 1922, *Lehrbuch der deutschen Rechtsgeschichte,* Berlin, zitiert als: Schröder/v.Künßberg, S.

SCHROEDER, Klaus-Peter, 2010, *„Eine Universität für Juristen und von Juristen": die Heidelberger Juristische Fakultät im 19. und 20. Jahrhundert,* Tübingen, zitiert als: Schroeder, Universität für Juristen, S.

SCHROEDER, Klaus-Peter, 1973, *Wimpfen – Verfassungsgeschichte einer Stadt und ihres Verhältnisses zum Reich,* Stuttgart, zitiert als: Schroeder, Wimpfen, S.

SCHROEDER, Klaus-Peter, 2008, *„Lange Canapé-Unterhaltung mit Hofrath Thibaut" – Die Heidelberger Semester des stud.iur. Joseph von Eichendorff (1807–1808). Neue Juristische Wochenschrift 2008, S. 729–735,* zitiert als: Schroeder, NJW 2008, S.

SCHROEDER, Klaus-Peter, 2014, *„Immer gerettet und aufrecht geblieben" Die Juristische Fakultät der kurpfälzischen Universität Heidelberg von ihren Anfängen bis zum Jahr 1802,* Neustadt an der Weinstraße, zitiert als: Schroeder, Juristische Fakultät der kurpfälzischen Universität Heidelberg, S.

SCHROEDER, Klaus-Peter, 2016, *„Tod den Scholaren" Studentische Kriege, Revolten, Exzesse und Krawalle an der Heidelberger Universität von den Anfängen bis zum Ausgang des 20. Jahrhunderts,* Heidelberg, zitiert als: Schroeder, Tod den Scholaren, S.

SCHROETER, Bernhard, (Hrsg.) 2006, *Für Burschenschaft und Vaterland. Festschrift für den Burschenschafter und Studentenhistoriker Prof. Dr. Peter Kaupp,* Norderstedt, zitiert als: Bearbeiter in: FS Peter Kaupp, S.

SCHULZE, Friedrich / SSYMANK, Paul, 1910. *Das deutsche Studententum: von den ältesten Zeiten bis zur Gegenwart,* Leipzig, zitiert als: Schulze/Ssymank, S.

SCHULZE, Wienfried, 1987, Gerhard Oestreichs Begriff „Sozialdisziplinierung in der Frühen Neuzeit". *Zeitschrift für Historische Forschung* 14, S. 265–302, zitiert als: Schulze in: ZFH 14/1987, S.

SCHUMANN, Sabine, 1974, *Die ‚nationes' an den Universitaeten Prag, Leipzig und Wien: ein Beitrag zur älteren Universitätsgeschichte.* Berlin, Univ., Diss., zitiert als: Schumann, S.

SCHWAB, Johannes, 1790, *Quatuor seculorum Syllabus rectorum,* Heidelberg, zitiert als: Schwab, Syllabus Rectorem II, S.

SCHWEIGARD, Jörg, 2000, *Aufklärung und Revolutionsbegeisterung,* Frankfurt a. M., zitiert als: Schweigard, S.

SCHWINGES, Rainer Christoph, 1986, *Deutsche Universitätsbesucher im 14. und 15. Jahrhundert: Studien zur Sozialgeschichte des alten Reiches,* Stuttgart, zitiert als: Schwinges, S.

SCHWINGES, Rainer Christoph, 1992, *Rektorwahlen – Ein Beitrag zur Verfassungs-, Sozial- und Universitätsgeschichte des alten Reichs im 15. Jahrhundert,* Sigmaringen, zitiert als: Schwinges, Rektorwahlen, S.

SOMMER, Johannes, 2011, *Cornelius Relegatus (1605),* Sandersdorf-Brehna, zitiert als: Sommer, Cornelius Relegatus, Zeile

SPEER, Heino, (Hrsg.) 1997–2001. *Deutsches Rechtswörterbuch Zehnter Band,* Weimar, zitiert als: Stichwort in: DRW X, Sp.

SPEITKAMP, Winfried, 2010, *Ohrfeige, Duell und Ehrenmord: eine Geschichte der Ehre,* Stuttgart, zitiert als: Speitkamp, S.

STAMMEN, Theo (Hrsg.), 1996, *Politik – Bildung – Religion: Hans Maier zum 65. Geburtstag,* Paderborn, zitiert als: Bearbeiter in: FS Hans Maier, S.

STEFFEN, Walter, 1981, *Die studentische Autonomie im mittelalterlichen Bologna: eine Untersuchung über die Stellung der Studenten und ihrer Universitas gegenüber Professoren und Stadtregierung im 13./14. Jahrhundert,* Bern, zitiert als: Steffen, S.

STEIN, Friedrich, 1891, *Die akademische Gerichtsbarkeit in Deutschland,* Leipzig, zitiert als: Stein, S.

STEINHILBER, Horst, 1995, *Von der Tugend zur Freiheit: studentische Mentalitäten an deutschen Universitäten 1740–1800,* Hildesheim, zitiert als: Steinhilber, S.

STELZER, Winfried, 1978, *Zum Scholarenprivileg Friedrich Barbarossas (Authentica „Habita"). Deutsches Archiv für Erforschung des Mittelalters, 34. Jahrgang,* zitiert als: Stelzer, DA 34, S.

STOLBERG-WERNIGERODE, Otto zu (Hrsg.), 1977, *Neue deutsche Biographie Band 11 Kafka–Kleinfercher,* Berlin, zitiert als: Bearbeiter in: NDB XI, S.

STOLBERG-WERNIGERODE, Otto zu (Hrsg.), 1994. *Neue deutsche Biographie Band 17 Melander–Moller,* Berlin, zitiert als: Bearbeiter in: NDB XVII, S.

STRACK, Friedrich (Hrsg.) 1987. *Heidelberg im säkularen Umbruch: Traditionsbewußtsein und Kulturpolitik um 1800,* Stuttgart, zitiert als: Bearbeiter in: Heidelberg im säkularen Umbruch, S.

STROHM, Christoph (Hrsg.), 2006, *Späthumanismus und reformierte Konfession: Theologie, Jurisprudenz und Philosophie in Heidelberg an der Wende zum 17. Jahrhundert,* Tübingen, zitiert als: Bearbeiter in: Späthumanismus und reformierte Konfession, S.

STRUVE, Burkhard Gotthelf, 1721, *Burcard Gotthelf Struvens Ausführlicher Bericht Von der Pfältzischen Kirchenhistorie: In sich fassend Die verschiedenen ReligionsVeränderungen und den KirchenStaat in der ChurPfaltz und andern Pfältzischen Landen Von Beginn der Reformation an, bisz auf gegenwärtige Zeiten; Welchem alle Pfältzische Religions-Gravamina Recesse und Acta Auch was auf dem ReichsTag und sonsten diszfalls vorgefallen, allhier in Forma beygefüget, und was man darvon Stückweise gehabt, zusammen getragen,* Frankfurt, zitiert als: Struve, S.

STURM, Hans-Gerhard, 1968, *Pfalzgraf Reichard von Simmern, 1521–1598,* Trier, Diss., zitiert als: Sturm, S.

SUTOR, Jakob, 1612 (Neuausgabe 1849), *Jakob Sutor's künstliches Fechtbuch zum Nutzen der Soldaten, Studenten und Turner. Neu hrsg. Wort- und Bildgetreu nach dem Original durch J. Scheible. Mit 89 Holzschnitten,* Stuttgart, zitiert als: Sutor, S.

TEUFEL, Waldemar, 1977, *Universitas Studii Tuwingensis: die Tübinger Universitätsverfassung in vorreformatorischer Zeit (1477–1534),* Tübingen, Diss., zitiert als: Teufel, S.

THIELBEER, Heide, 1983, *Universität und Politik in der Deutschen Revolution von 1848,* Bonn, zitiert als: Thielbeer, S.

THIELE, Gunter (Hrsg.), 1990, *Demokratisierung in der Französischen Revolution,* Villingen-Schwenningen, zitiert als: Bearbeiter in: Demokratisierung in der Französischen Revolution, S.

THORBECKE, August, 1886, *Die älteste Zeit der Universität Heidelberg 1386–1449,* Heidelberg, zitiert als: Thorbecke, S.

THORBECKE, August (Hrsg.), 1891, *Statuten und Reformationen der Universität Heidelberg vom 16. bis 18. Jahrhundert,* Leipzig, zitiert als: Thorbecke, Statuten, S.

THÜMMEL, Hans-Wolf, 1975, *Die Tübinger Universitätsverfassung im Zeitalter des Absolutismus,* Tübingen, Diss., zitiert als: Thümmel, S.

TILGNER, Daniel, 2000, *Sozialdisziplinierung und Sozialregulierung: Die Policeyordnungen für Schleswig-Holstein von 1636 und für das Amt Bergedorf von 1623,* Hamburg, zitiert als: Tilgner, S.

TOEPKE, Gustav, 1884, *Die Matrikel der Universität Heidelberg von 1386–1553; nebst einem Anh. enth.: 1. Calendarium acad. vom Jahre 1387,* Heidelberg, zitiert als: Toepke I, S.

TOEPKE, Gustav, 1886, *Die Matrikel der Universität von 1554–1662; nebst einem Anh. enth.: 1. Matricula univ. 1663–1668,* Heidelberg, zitiert als: Toepke II, S.

TOEPKE, Gustav, 1903, *Die Matrikel der Universität Heidelberg von 1704–1807; nebst einem Anhang,* Heidelberg, zitiert als: Toepke III, S.

TOEPKE, Gustav, 1904, *Die Matrikel der Universität Heidelberg von 1807–1846,* Heidelberg, zitiert als: Toepke IV, S.

TÖNSING, Michael, 2004, *Johannes Malkaw aus Preußen (ca. 1360–1416): ein Kleriker im Spannungsfeld von Kanzel, Ketzerprozeß und Kirchenspaltung,* Warendorf, Konstanz, Diss., zitiert als: Tönsing, S.

TREITSCHKE, Heinrich von, 1894, *Deutsche Geschichte im neunzehnten Jahrhundert, Band 2,* Leipzig, zitiert als: Treitschke, II, S.

TREITSCHKE, Heinrich von, 1894, *Deutsche Geschichte im neunzehnten Jahrhundert, Band 5,* Leipzig, zitiert als: Treitschke, V, S.

TWAIN, Mark, 2007, *A tramp abroad,* Stilwell, KS, USA, zitiert als: Twain, S.

VAN DÜLMEN, Richard, 1969, *Antijesuitismus und katholische Aufklärung in Deutschland. Historisches Jahrbuch 89,* zitiert als: van Dülmen, Hist. Jahrbuch 89 (1969), S.

VÄTERLEIN, Christian (Hrsg.), 1987, *Baden und Württemberg im Zeitalter Napoleons Band 2,* Stuttgart, zitiert als: Bearbeiter in: Baden und Württemberg im Zeitalter Napoleons II, S.

VIERNSTEIN, Karl, 1931. *Karl Joseph Anton Mittermaier als Student und Lehrer an der Universität Landshut. Bayernzeitung,* Sonderdruck, zitiert als: Viernstein, S.

VON DER HEYDE, Wolfgang Gerhard, (Hrsg.) 1820, *Repertorium der Polizeigesetze und Verordnungen in den Königlich preussischen Staaten, Band 2,* Halle, zitiert als: Repertorium der Polizeigesetze, Band, S.

WADLE, Elmar / SAUDER, Gerhard (Hrsg.), 1997, *Georg Friedrich Rebmann: (1768–1824); Autor, Jakobiner, Richter,* Sigmaringen, zitiert als: Bearbeiter in: Georg Friedrich Rebmann, S.

WAGENER-FIMPEL, Silke, 1996, *Pedelle, Mägde und Lakaien: das Dienstpersonal an der Georg-August-Universität Göttingen 1737–1866,* Göttingen, Diss., zitiert als: Wagener-Fimpel, S.

WAGNER, Wolfgang Eric, 1999, *Universitätsstift und Kollegium in Prag, Wien und Heidelberg: eine vergleichende Untersuchung spätmittelalterlicher Stiftungen im Spannungsfeld von Herrschaft und Genossenschaft,* Berlin, Diss., zitiert als: Wagner, S.

WEBLER, Heinrich, 1927, *Die Kameral-Hohe-Schule zu Lautern,* Speyer, zitiert als: Webler, S.

WEISERT, Hermann, 1974, *Die Verfassung der Universität Heidelberg: Überblick 1386–1952,* Heidelberg, zitiert als: Weisert, S.

WESEL-ROTH, Ruth, 1954, *Thomas Erastus: ein Beitrag zur Geschichte der reformierten Kirche und zur Lehre von der Staatssouveränität,* Lahr/Baden, Freiburg, Diss., zitiert als. Wesel-Roth, S.

WESTPHALEN, Raban Graf von, 1979, *Akademisches Privileg und demokratischer Staat,* Stuttgart, zitiert als: Westphalen, S.

WIEACKER, Franz, 1952, *Privatrechtsgeschichte der Neuzeit: unter besonderer Berücksichtigung der deutschen Entwicklung,* Göttingen, zitiert als: Wieacker, S.

WINKELMANN, Eduard, 1886, *Urkundenbuch der Universitaet Heidelberg, Band 1: Urkunden,* Heidelberg, zitiert als: Winkelmann I, S.

WINKELMANN, Eduard, 1886, *Urkundenbuch der Universitaet Heidelberg, Band 2: Regesten,* Heidelberg, zitiert als: Winkelmann II, S.

WIRTH, Johann Georg August, (Hrsg.), 1832, *Das Nationalfest der Deutschen zu Hambach,* Neustadt an der Weinstraße, zitiert als: Bearbeiter in: Wirth, S.

WOESTE, Peter, 1987, *Akademische Väter als Richter: zur Geschichte der akademischen Gerichtsbarkeit der Philipps-Universität unter besonderer Berücksichtigung von Gerichtsverfahren des 18. und 19. Jahrhunderts,* Marburg, Diss., zitiert als: Woeste, S.

WOLF, Karl Henning, 1991, *Die Heidelberger Universitätsangehörigen im 18. Jahrhundert: Studien zu Herkunft, Werdegang und sozialem Beziehungsgeflecht,* Heidelberg, Diss., zitiert als: Wolf, S.

WOLGAST, Eike, 1986, *Die Universität Heidelberg: 1386–1986,* Berlin, zitiert als: Wolgast, S.

WUNDT, Friedrich Peter, 1786, *Beiträge zu der Geschichte der Heidelberger Universität: besonders genaue Nachricht von der Reformation dieser hohen Schule unter dem Kurfürst Otto Heinrich im Jahr 1558 aus einer seltnen Handschrift,* Mannheim, zitiert als: Wundt, S.

ZAHN, Eberhard, 1960, *Die Heiliggeistkirche zu Heidelberg: Geschichte und Gestalt,* Karlsruhe, zitiert als: Zahn, S.

ZAUNSTÖCK, Holger, 2010, *Das Milieu des Verdachts: Akademische Freiheit, Politikgestaltung und die Emergenz der Denunziation in Universitätsstädten des 18. Jahrhunderts,* Berlin, zitiert als: Zaunstöck, S.

ZAUNSTÖCK, Holger (Hrsg.), 2003, *Sozietäten, Netzwerke, Kommunikation: neue Forschungen zur Vergesellschaftung im Jahrhundert der Aufklärung,* Tübingen, zitiert als: Bearbeiter in: Sozietäten, Netzwerke, Kommunikation, S.

ZEILINGER, Kurt, 1984, *Das erste roncaglische Lehensgesetz Friedrich Barbarossas, das Scholarenprivilleg und Gottfried von Viterbo,* zitiert als: Zeilinger, S.

ZEILLER, Martin / **MERIAN**, Matthaeus d. Ä. (Hrsg.), 1645, *Topographia Palatinatus Rheni et vicinarum regionum: Das ist Beschreibung und Eigentliche Abbildung der Vornemsten Statte & Plätz der Untern Pfaltz am Rhein Und benachbarten Landschafften, als der Bistümer Wormbs Und Speyer, der Bergstrass, des Wessterreichs, Hundrücks, Zweybrüggen, etc; Sampt einer Zugabe Ettlicher des H. Röm. Reichs zu dem Ober Reinischen Cräyss gezogenen Ständen, alss Bisantz, Metz, Tull, Verdun, Lothringen, Savoyen, etc,* Kassel, zitiert als: Zeiller/Merian, S.

ZIMMERMANN, Karin, 1996, *Der Heidelberger Rotulus aus dem Jahre 1401: (UAH* XII,2 *Nr. 33); Studien zu den Personennamen,* Heidelberg, Diss., zitiert als: Zimmermann, S.

ZOEPFL, Heinrich, 1832, *Ueber akademische Gerichtsbarkeit und Studenten-Vereine: Mit Rücksicht auf den in der zweiten Kammer der Badischen Landstände vom Abgeordneten Rettig v. C. erstatteten Bericht über eine Petition mehrerer Hochschüler zu Heidelberg,* Heidelberg, zitiert als: Zoepfl, S.

ZÖLLER, Richard / **GEIMER**, Reinhold / **GREGER**, Reinhard (Hrsg.), 2010. *Zivilprozessordnung: mit FamFG (§§1–185, 200–270, 433–484) und Gerichtsverfassungsgesetz, den Einführungsgesetzen, mit internationalem Zivilprozessrecht, EG-Verordnungen, Kostenanmerkungen; Kommentar,* Köln, zitiert als: Zöller-Bearbeiter, §, Rn.

Anhang

VERZEICHNIS DER ANHÄNGE

I Der Eid der Scholaren

Winkelmann I, S. 14, Nr. 12, 21. November 1386 (lat.)

Erstens werdet ihr schwören, dass ihr treu der Universität und dem Studium von Heidelberg seid und diese fördert mit eurem ganzen Können, bis zu welchem Stand ihr auch immer kommen möget. Und so auch dient der Ehre des Rektors und Rektorats und gehorchet dem Rektor wie es sich gehört und ehrenhaft ist, in welchem Stand auch immer ihr sein werdet.

Und so sollt ihr auch der Heidelberger *universitas* dienen, so den vier Fakultäten unter einem Rektor, soviel ihr könnt, auch wenn ihr nicht überall übereinstimmen werdet, weil die Trennung der Fakultät oder der Fakultäten von anderen Fakultäten daraus entstünde, sondern ihr werdet dafür sorgen, soviel ihr könnt, das alle im Heidelberger Studium unter einer Mutter Universität und unter einem Rektor für alle Zeit regiert werden.

Schließlich auch, wenn euch ein Unrecht widerfahren sollte durch jemand aus der Heidelberger Universität, ihr euch nicht nach eigener Erwägung rächen sollt sondern euch an den Rektor wendet oder an einen anderen eurer Oberen und zufrieden mit ihm seid, wenn er ein gerechtes Urteil ohne Falsch fällt.

II Karte der Universitätsgebäude

„Wissenschaftsatlas der Universität Heidelberg", herausgegeben von Peter Meusburger und Thomas Schuch, Heidelberg, 2011 (mit freundlicher Nutzungsgenehmigung von Herrn Dr. Merkel und dem Leibniz-Institut für Länderkunde, Leipzig).

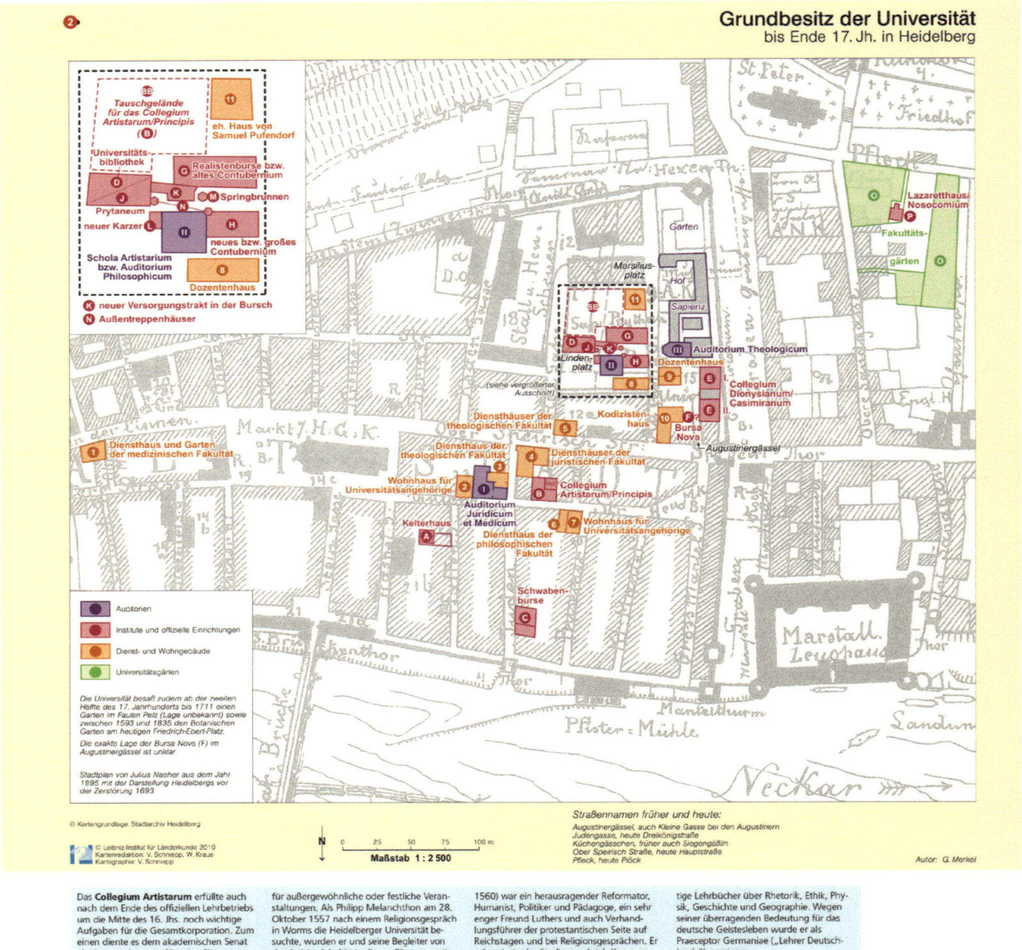

Das **Collegium Artistarum** erfüllte auch nach dem Ende des offiziellen Lehrbetriebs um die Mitte des 16. Jhs. noch wichtige Aufgaben für die Gesamtkorporation. Zum einen diente es dem akademischen Senat als Versammlungsort für seine Sitzungen, zum andern bot es den feierlichen Rahmen für außergewöhnliche oder festliche Veranstaltungen. Als Philipp Melanchthon am 28. Oktober 1557 nach einem Religionsgespräch in Worms die Heidelberger Universität besuchte, wurden er und seine Begleiter von der Artistenfakultät in diesen Räumen gastlich empfangen. Philipp Melanchthon (1497-1560) war ein herausragender Reformator, Humanist, Politiker und Pädagoge, ein sehr enger Freund Luthers und auch Verhandlungsführer der protestantischen Seite auf Reichstagen und bei Religionsgesprächen. Er reformierte das Studium, schrieb Kommentare zu antiken Autoren und verfasste wichtige Lehrbücher über Rhetorik, Ethik, Physik, Geschichte und Geographie. Wegen seiner überragenden Bedeutung für das deutsche Geistesleben wurde er als Praeceptor Germaniae („Lehrer Deutschlands") gepriesen.

III Carcermandat

Lateinisches Original bei Winkelmann I, S. 312, Nr. 205.
Übersetzung von Lukas Herbert.

Der Rektor der Heidelberger Akademie

Wir untersagen allen und jeden Studenten, dass von jetzt an mit denen, die im Karzer eingesperrt sind geplaudert, gesoffen oder ihnen Wein besorgt wird, so wie viele bis jetzt leichtfertig genug getan haben. Wer dagegen handelt, der wisse, dass er selbst in den Karzer eingesperrt wird und mit derselben Strafe belegt wird wie der Gefangene.
Gegeben am 7. Februar 1572

IV Der Eid der Universitätsverwandten von 1592

UAH RA 667, fol. 83v, 84r (gedruckt bei Toepke II, S. 157, Fn. 3.)

„Ir samp und sonderß sollet geloben und schweren zu Gott dem almechtigen, dass ir der universitet und hohenschul Heidelberg noch al euwerm vemögen gedencket und wellet treuw und holtt sein, derselben schaden wenden und nutzen fordern, auch dero ordtnung und satzung euch haltten und nochkomen, dem rectori oder dessen amptsverwesern in allem, was recht und pillich ist, gehorsamen, und do ir von inen beruffen erscheinen und allem dem ienigen, so wieder unsern gnedigsten churfürsten und hern, die universitet und derselbigen rector sein und furgenomen werden möchte, eich gentzlich enthaltten, auch alle gerichtshendel, so ir mitt andern universitetverwantten habet oder gewinnet, fur dem rectore furnemen und außtragen, und endtlich auß dieser hohenschul oder stadt nicht weichen wellet, es sei dan sach, das ir allen, denen ir etwaß schuldig, dorum betzalung oder sonsten ein volleß genugen gethon habet.“

V Der Fall Meuerer

UAH RA 7096

„Beide stud. Meürer.

In Consist. Acad. den 12. Mey klagt stud. Reitz [Reiß][1] g. [gegen] Beyde stud. Meürer dass selbige als er leztmahle durch die Bursch gangen ihm biß in die kleine Augustiner gaße nachgelauffen, und ihn verfolget, der Jüngere auch damahl ihn einen Hund etc. gescholten. Und immer gefragt, ob er ihn wieder schelten wolle. Und solch falls mit schläg gedrohet. Ehliche Tag hernach sey er in die große Augustiner gaße vorbey den Eltern [Älteren] gang, selbig, weil sie ihn und seinen Bruder vorher offentlich injuryrt, nicht gegrüßt noch den Hudt abgezogen.
Worauf dieser ihm nachgefolget, anfangs mit scheltworten angegriffen und hernach mit dem * deg geschlag.
He. M. Rect. referirt darbey daß als die erste händel fürgang er durch Pedelle allen [durchgestrichen] beyden ** sag laßen daß sie bey großer straf weither nicht thätliches fürnehmen solten, deßen ohngeacht seyen die anderen händel pahsiert.
stud. Meürer der Eltern darüber vernommen gibt er daß stud. Reitz die händel veranlaßet, den hudt als er im Vorbeygang in Kopff getreht Und wie er mir zu stud. Reichenbach gesagt daß sie wohl ein grober Kerl, ihn so bald einen groben gesellen gescholten, worauff er eingeschlag.
Decret. Weil sie das factum dihformiler erzehl [?] als soll schriftl. gehandelt und die Sach weither Untersuchet werden.

Stud. Meürer der Eltern.

Weg deß Duelli so er mit stud. Reichenbach gehabt. Darbey seied geweßen stud. Meürer der Jüngere, stud. Persig [Bersich] und Berlepsch, auch Rynsch. Was die händel so im Kaltenthal vorgang betrifft ist dahin noch nichts ad protocoll. kommen.

---

* entblösten
** Meürern
1 Anmerkungen in Klammern von Lukas Herbert

VI Vergleich zwischen den Studenten Johannes Rost und Caspar Flaminius und dem Soldaten Michel Rost

UAH RA 668, fol. 363r fortfolgende

„Folgt der abschiedt zwischen vorgemeltten studioso
Johanni Rosthio und dem Reysigen
Knecht Michel Weigern von Kammern.

Wir Rector und Universitet gemeinlich alhir Zu Heydelbergh, thun kundt und zu wissen meninglich hirmitt, alß sich Spänn und Zwitracht, wegen ihres bey nechtlicher weilen wegescher zugetragenen Schlaghandelß und hieruff erfolgter Verwundung, Zwischen Johann Rosthio von Bettborn unßerem angehörigen studios zu einem. Und Michel Weigern von Kammern In Landts Beyern gelegen Reißig Knecht, anderntheils, entstanden, dass wir beude Partheien auff heut dato, nach gehörttem Irem fürbring, mitt Irer gutten bewilligung zwischen denselben, nach ettlichmale zuvor gepflogener handlung ein guttlich Vertrag und Undterhandlung vorgenommen. Und dahin entlich verglichen. Daß obwol Johann Rosthius, zu solchem Schlaghandel und Verwundung wegeschen und ezlich massen Unschuldig kommen, auch seinem Vorgehen nach, sich nottwendig defendiren und wehren müssen. Jedoch und dieweil sich ein solches bey nechtlicher weilen zugetragen, und welchen den anderen zum ersten angegriffen, zweifelhaftig gewesseb, nichts destoweniger aber der Reysige Knecht Michel Weigern dermassen verwundet worden, daß er Ime vieleicht sein lebtag schaden möchte, auch sonsten ein arm gesell, wie Inen Rosthium entlich dahin vermöcht, daß er gedachtem Michel Weigern, zu ettwaß ergötzung solches schadens und Verwundungen, auch zu Verhüttung weittleufigen Rechtens mühe und kostens und alßo *pro redimenda vexa*[2] Viertzig gülden und dan Casparus Flaminius von ambsterdam, welcher angeregtem schlaghandel auch beigewessen, zwölf gülden und alß sie beede samptlich zwen und funfzig gülden für den artz und balbirerlohn zuerlegen und bewilligt und zugangen haben. Damit sollen beede theil irer gehabten Irrung halben in güte entscheiden, alle rechtfertigungen gefallen, und waß darunder mitt worten od. vorredhen furgelassen, keinem theil an seinem [unleserlich] od. ehren schedlich oder

2 Lat. für: Nur zur Freude. Gemeint war also eine freiwillige Leistung.

nachtheilig sein, auch derrenthalben ferner [unleserlich], in oder ausserhalb achtens kein anspruch forderung od. äfferung durch sich selbsten die Irigen od. jemandts anders, wer der auch sein möchte, von Irent wegen an oder gegen ein ander thun, noch haben sollen, noch schaffen gethan werden, noch sich einigerley Rechtens, Freyheitten od. gnaden hierunder behelffen oder gebrauchen, wie daß [unleserlich] und Menschen Sinn erdencken möchte. Da keinen weg, sonder dißen vertrag unverbruchlich, stäth und fest haltten.

Dem sie dan auch [unleserlich] nach zu khommen mit handt gebunden [unleserlich] an Aydts statt angelobt und zugesagt haben, Sonder [unleserlich], dessen zu [unleserlich] seindt dießer abschiedt ihren gleiches Inhalts und unsers Rectorats Insigel verfertigt, und iedem theil einer, sich dessen seiner Notturft nach haben Ingebrauchen, mittgetheilt worden, acta heidelbergh, den 18. Monatstag aprilis, 1594."

VII Duellverbot von 1681

Generallandesarchiv Karlsruhe, GLA 205/1133

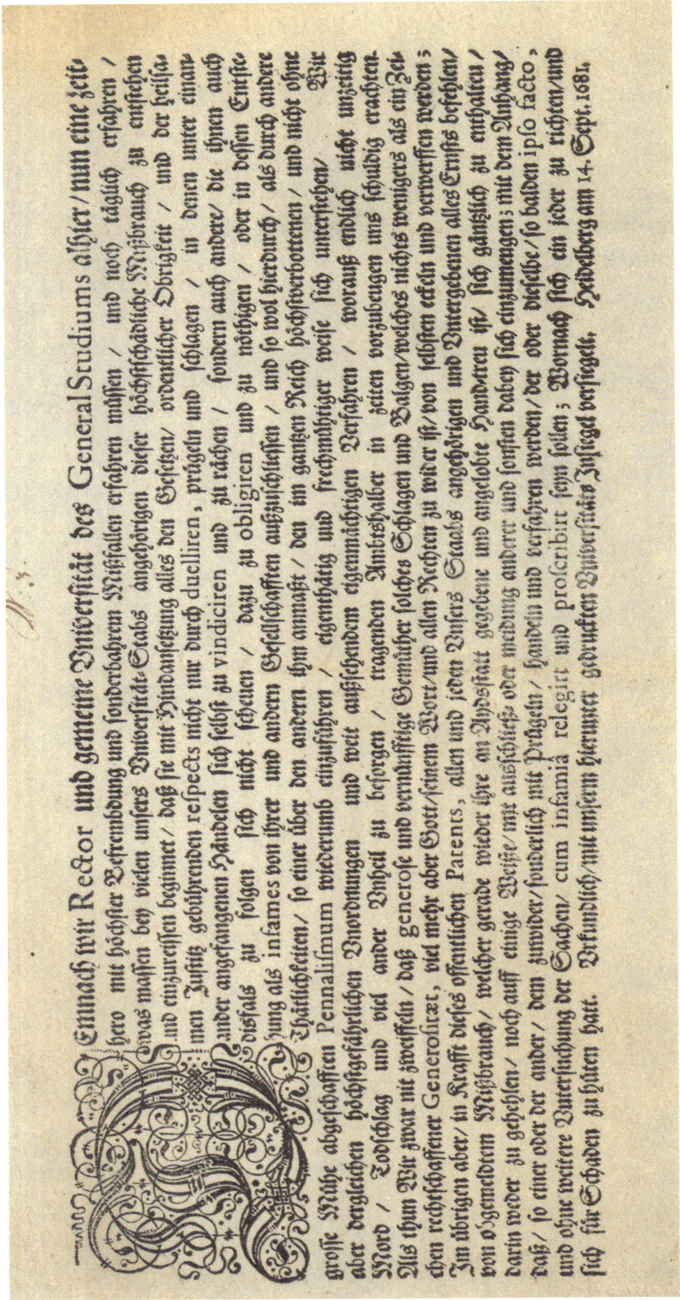

DEmnach wir Rector und gemeine Vniversität des General Studiums alhier / nun eine zeithero mit höchster Befrembdung und sonderbahrem Mißfallen erfahren müssen / und noch täglich erfahren / was massen bey vielen unsers Vniversität-Stabs angehörigen dieser höchstschädliche Mißbrauch zu entstehen und einzureissen beginnet / daß sie mit Hindansetzung alles den Gesetzen / ordentlicher Obrigkeit / und der heilsamen Justitz gebührenden respects nicht nur durch duelliren, prügeln und schlagen / in denen unter einander angefangenen Händelen sich selbst zu vindiciren und zu rächen / sondern auch andere / die ihnen auch disfals zu folgen sich nicht scheuen / dazu zu obligiren und zu nöthigen / oder in dessen Entstehung als infames von ihrer und andern Gesellschafften außzuschliessen / und so wol hierdurch / als durch andere Thätlichkeiten / so einer über den andern ihm anmaßt / den im gantzen Reich höchstverbottenen / und nicht ohne grosse Mühe abgeschafften Pennalismum wiederumb einzuführen / eigenthätig und frechmühtiger weise sich unterstehen / Wir aber dergleichen höchstgefährlichen Vnordnungen und weit außsehendem eigenmächtigen Verfahren / worauß endlich nicht unzeitig Mord / Todschlag und viel ander Vnheil zu besorgen / tragenden Ambtshalber in zeiten vorzubeugen uns schuldig erachten. Als thun Wir zwar nit zweiffeln / daß generose und vernünfftige Gemüther solches Schlagen und Balgen / welches nichts wenigers als ein Zeichen rechtschaffener Generositæt, viel mehr aber Gott / seinem Wort / und allen Rechten zu wider ist / von selbsten eckeln und verwerffen werden; Im übrigen aber / in Krafft dieses offentlichen Patents, allen und jeden Vnsers Staabs angehörigen und Vntergebenen alles Ernsts befehlen / von obgemeldtem Mißbrauch / welcher gerade wieder ihre an Aydsstatt gegebene und angelobte Hand-treu ist / sich gäntzlich zu enthalten / darin weder zu gehehlen / noch auff einige Weiße / mit ausschließ- oder meidung anderer und sonsten dabey sich einzumengen; mit dem Anhang / daß / so einer oder der ander / dem zuwider / sonderlich mit Prügeln / handeln und verfahren werden / der oder dieselbe / so balden ipso facto, und ohne weitere Vntersuchung der Sachen / cum infamia relegirt und proscribirt seyn sollen; Wornach sich ein jeder zu richten / und sich für Schaden zu hüten hatt. Vrkundlich / mit unserm hierunter gedruckten Vniversitäts Insiegel versiegelt. Heidelberg am 14. Sept. 1681.

VIII Urteil gegen stud. Hüber

UAH RA 864

Sententia

Studiosum Huber betrf:

Nachdem Jacobus Hüber von Beindersheim als in unter dahiesiger Universität stehender Studiosus Juris unterm 16. Marty nechsthin bey Vorbeytragung des heyl. Viatici auß der ordnung getretten, undt auf des Hollandischen He. Minister Baronen von Spina laquayen obwohle Er selbigen gekannt zu haben nicht geständig, auch dessen nicht überwiesen, geschlagen; Als habe wir Rector und Professores ersagter Universität nach geschehener untersuchung auß erwiesen ursachen in versambleten Senat zu recht erkant, daß genanter Studiosus Hüber solchen an eines außwärtigen Ministri diener verübten ungebühr halben in perpetuum zu relegiren seye, wie wir denn denselben hirmit und kraft dieses in perpetuum relegieren. urkundlich unseres [unleserlich] Rechts [unleserlich] so geschehen Heydelberg den 23 May 1720

nicht allein ex Matricula zu eliminiren, sondern auch in perpetuum zu religiren, von hier fort zu weisen und nicht mehr für ein mitglied gemeiner Universität zu erkennen, oder zu halten seye: Wie Wir ihn derselbs hiermit und in krafft dieses urtheils vermög unserer erhabenen Statuten und Privilegien ietzo auf ewig religiren, ex Matricula eliminiren, fortweisen und von gemeiner Universität alhier gäntzlich außchliesen, dergestalten daß Er sich derselben auf altzeit enthalten, auch sich anhier zu begeben nicht macht, vil weniger sich derselbigen Privilegien und Freyheiten mehr zu erfreuen oder zu gebrauchen haben solle. Hiermit unsern Universitäts- angehörigen anbefohlend, [unleserlich] Hüber fürterhin nicht mehr bey [unleserlich], wen und Kraft bey sich zu halten, noch zu hausses zu beherbergen; sondern sich dessen völlig zu entschlagen. Urkundlich unseres hirvon getrübten Rectorats Insigels [unleserlich] Heydelberg den 2. May 1720.

IX Befragung des Studenten Sartorius

UAH RA 864

Heydelb. den 28. Marty
1720

He. Recte. Magf. P. Honigke[3]
He. Pf. Hertling[4]
He. Pf. Hartsoecker[5]
He. Pf. Pastoir[6]
He. Pf. von Leüneschloß[7]

Nachdem Ihe. Churfl. Durchl. weg undersuchung der wieder des Hollandischen He. gesandens bedienten bey umbtragung des heyl. Viatici ohnlängst Vorgegangener Thättlichkeit dero Churpfalltzl. Reges Räthshr. von Sachs und he. Thyllio,[8] sodann dem obristwachtmeister von Kehsell Commission gdgst [gnädigst] ausgetrag darbeneben auch specialiter gdgst befohlen, daß die Universität den desfalls beschuldigten Studiosum Juris Sartorium[9] nach nothdurft Vernehmen, und das darüber ob haltende protocollum jetzt hhl. Commissarys communiciren solle; Als ist dem zu folge erstgen. Studiosus vor die von Universitäts weg angeordnete und obstehend hhl. Professoribus austgetragene Commission vorbeschieden und folgenter gestalt ad protocollum constituiret worden.

3 Mathias Hoenicke, SJ, Theologie, Rektor 1720: Drüll II, S. 69.
4 Friedrich Hertling, katholisch, Jurist: Drüll II, S. 65.
5 Christian Hartsoeker, reformiert, Mathematiker: Drüll II, S. 54.
6 Philipp Ludwig Pastoir, reformiert, Kirchenhistoriker: Drüll II, S. 118.
7 Friedrich Gerhard von Lüneschlos, reformiert, Mathematiker: Drüll II, S. 96.
8 Carl Otto Thyllius, reformiert, Jurist und Regierungsrat: Drüll II, S. 154f.
9 Johann Georg Sartorius aus Neckarsulm, immatrikuliert am 20. Dezember 1718: Toepke IV, S. 41
10 Das Wirtshaus zu den Drei Königen befand sich in der damaligen Judengasse, seit 1832 Dreikönigsstraße: Derwein, S. 167f.

Generalia

1.	Ad 1.
Wie Er heiße und woher Er Seye.	Hans Georg Sartorius von Nekarsulm
2.	Ad 2.
Wie alt und was Religion	22 Jahr, catholischer religion.
3.	Ad 3.
Cuius rei Studiosus	Juris
4.	Ad 4.
ob er wiße, warumb Er citirt worden.	weg den affairen, wie sie seyed mit dem heyl. viatico gang.

Specialia

1.	Ad 1.
Ob Er wiße, daß ahn des Holländischen he. gesandens laquay einige Thättlichkeit seye verübt worden.	Derselbe seye von einem Soldaten, und wie Er gehört von einem Studenten geschlag worden.
2.	Ad 2.
Wer der Student geweßen und Er heiße	Habe von anderen gehört Er heiße Hüber, daß aber derselbe den laquay geschlag das habe Er nicht gesehen, wohl, daß Er auß der ordnung und auf ihn zu gang
3.	Ad 3.
Wann, und wo es geschehen	vor des 3 Konigs würthsthier [Tür des Wirtshauses „Drei Könige“[10]]

4.	Ad 4.
ob nicht ein Student mit eigenen ??? und braunen Kleidt hinzugelaufen und dem laquay ein ohrfeig geben.	cessat. [dt.: er zögert]
5.	Ad 5.
Worinnen die Thättlichkeit bestanden.	Hatte gesehen daß der Soldat ihn den laquay gestoßen.
6.	Ad 6.
Warumb sothann Thättlichkeit verübt worden.	Weilen Er bey umbtragung des heyl. viatici auff der gassen gestanden.
7.	Ad 7.
Ob und wie der laquay hierzu einig anlaß geben	Er seye von des Willikhaußen Hauß durch die reihe mit aufgesetztem Huth gangen vor dem venerabili, und wäre vor des 3 König würthshaußthier stehen blieben. beruft sich auf des He. P. Lotterers diener, daß Er solches gesehen.
8.	Ad 8.
Ob nicht der laquay auf seite gang, und seinen huth abgethan	Solang habe Er seinen huth aufsitzen lassen, biß der soldat auf ihn zukommen, da habe Er den huth erst abgethan, gleich hernach aber wieder aufgesetzt.
9.	Ad 9.
Ob mann den laquay zum nieder knien forciren wollen, und waß derselbe darauf gesagt.	Wüste es nicht, habe auch eigentlich nichts hiervon gehört.
10.	Ad 10.
Wer ihn darzu forciren wollen.	cessat.

11.	Ad 11.
Ob Er Inquisit nicht [unleserlich] hingegangen seye, und denselben darzu obligiren wollen	Er seye auß der reih gang und zu Ihm nur gesagt Er solte das schänd und schmähen bleiben lassen.
12.	**Ad 12.**
Wie weit Er auß der reih gang	Ohngefähr ein schritt.
13.	**Ad 13.**
Ob Er ihm nicht selbste eine ohrfeig geben und ins gesicht oder sonst geschlag	Nein
14.	**Ad 14.**
Warumb er dießes läuge, da Er doch diesweg auf die wacht gesetzt auff angeben des laquayen	Es seye ebendesweg großes unrecht gescheh, und berufft sich auf zeugen: als den ältesten He. von Sickingen, stud. Schwan, stud. Hain stud. Gras, des He. P. Lotterers diener, einem Italianer, und einen [?] Knecht nahmens lemmler.
15.	**Ad 15.**
Ob nicht der laquay, da Er ihn geschlag hierauff gesagt, gebe Er acht, wen Er schlage, ich bin des Holländisch gesandens laquay	habe nichts anders von Ihm hören sag, als Er könne sie alle mit einand
16.	**Ad 16.**
Ob Er nicht darauf geantwortet, du hunds etc. magst seye, wer du willst so bist du willst so bist du doch I. V. ein hunds etc.	negat, und bleibt dabey Er habe nichts anders zu ihm gesagt, alß Er solte das schänd und schmähen bleiben lassen.

17.	Ad 17.
Ob der laquay ihm hierauf nicht nachgerufen du schelm schelm ich könne dich schon, ich will dich schon krieg	dießes habe Er gehört, warthes nur ich will eich schelm schon bekommen.
18.	Ad 18.
ob Er Sartorius hierauf nicht versetzt, wann du nicht genug hast will ich dir noch mehr geben.	negat Er wüßte davon gar nichts
19.	Ad 19.
Waß der laquay vor oder nach den schläg vor reden habe außgestossen.	Konne eigentlich nichts sagen, weilen Er nicht darauf regardirt habe sondern in der reih fort gang.
20.	Ad 20.
Ob derselbe sich nicht mit fleiß und zum despect [also respektlos] ahn die thier gestellt	affirmat denn Er stehen blieben, und ins hauß hette füglig gehen können.
21.	Ad 21.
Ob Er seinen huth und mit waß manier ab genohmen	seye schon beantworttet.
22.	Ad 22.
Ob Er sich habe retirren können oder nicht.	Ja wie gemeldet, dass die thier habe offen gestanden.
23.	Ad 23.
Ob der laquay, da Er eine ohrfeig bekommen gesagt, darauf habe ich gewarttet!	habe selbst gehöret, daß wie der soldat ihn geschlag, Er gesagt hierauf habe ich gewarttet.

nach diesem alßo auf gdgste [gnädigste] Verordnung geschehenen Examine hat die desfalls gdgst ernante Commission hiebeygelegte inquisitional articul der hiesig Universität communicirt, und den inquisitum darüber zu constituiren verlangt. worauf derselbe Deponirt.

X Stadtplan von 1821

Heidelberger Geschichtsverein, online veröffentlicht auf: http://www.s197410804.online.de/Bilder/Stadtplan1821.jpg, zuletzt abgerufen am 19. 02. 2018

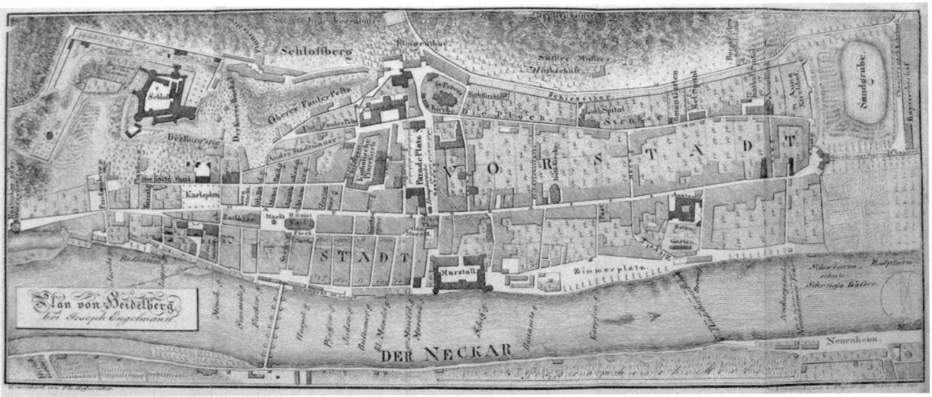

XI Instruction für das Academische Gericht zu Heidelberg

RA 4609

Instruction
für das
Academische Gericht
zu
Heidelberg

Das academische oder Universitäts-Gericht ist ein Untergericht, welches aus einem formierten Collegium bestehet. Das ihm vorgesezte Obergericht ist das Hofgericht der badischen Pfalzgrafschaft, von diesem gehen die Appellationen an das großherzogliche Oberhofgericht als dritte und lezte Instanz.

Die Personen, welche zu dem academischen Gericht gehören, sind:
1. ein Dirigent, der jedesmalige amtführende Prorector, und bei dessen Verhinderung der lezt abgegangene Prorector. – Da jedoch der eine oder andere nicht immer eine zur Justizpflege völlig qualificirte und verpflichtete Person ist; so wird dann, wann das Prorectorat von einem Mitgliede des academischen Senats verwaltet wird, welches in dem Spruch Collegium der juristischen Facultät nicht Sitz und Stimme hat, die Direction des Gerichts zwar auch von dem Prorector, aber mit Rath und Zustimmung des ersten Assessors besorgt, und der Prorector enthält sich, in Justiz Sachen des Votirens, doch mit Beibehaltung der Umfrage und Formirung des Conclusi.

Wenn eine Stimmengleichheit bei Aburtheilung einer einzelnen Sache entstehet, so wird, zur Erhaltung der Mehrheit, ein Mitglied der Juristen Facultät nach der Wahl des Prorectors, als außerordentlicher Beisizer beigezogen.
2. Erster Assessor des academischen Gerichts, ist immer ein Mitglied der Juristen Facultät, in welcher dieses Amt von 2 zu 2 Jahren der Reihe nach wechselt. –
Außerdem daß dieser Beisizer in den oben angezeigten Fällen, bei dem Directorium des Gericht, führt er in Justizsachen das erste Votum, und ist Decernent und Referent in allen Sachen, in welcher der Syndicus diese Stelle nicht vertritt; Auch wird ihm die Instruction der Sache übertragen, wenn das Directorium es nöthig findet; es ist nicht nothwendig daß er zugleich Mit-

glied des Senats sey. Sein Stellvertretter bei Verhinderungen, ist ein anderer Professor aus der Juristen Facultät nach der Wahl des Prorectors. – Wird er Prorector, so rückt der auf ihn in der Reihe folgende Professor der Juristen Facultät an seiner Stelle ein; er muß aber nach geendigtem Prorectorat sein Biennium vollständig aushalten; und seinem Nachfolger wird der, während seines Prorectorats gehaltene Beisiz zu gut gerechnet – Der neue Beisizer rückt, in der Regel nie bei dem Prorectoratwechsel, sondern immer ein halbes Jahr früher ein.
3. Der Syndicus der Universität ist beständiger zweiter Beisizer des Gerichts. In der Regel ist er Instrument in allen Sachen, und auch Decernent und Referent, so oft nicht der erste Beisizer, nach dem Willen des Directores, dieße Stelle versiehet, welcher auch sein beständiger Correferent ist.
4. Der Universitätsactuar ist Protocollführer.
5. zu Vorladungen und zur Aufwartung bei Gerichts Sizungen, dienen die Universitäts Pedellen.
In den Geschäftskreis des academischen Gerichts gehören:
A. Alle Sachen der freiwilligen Gerichtsbarkeit. Welche Universitäts Mitglieder und Angehörige betreffen, sofern darinn nicht ein anderes Gericht als *forum rei sitae* competent ist, oder gemacht werden darf.
B. Alle persönliche Civil- und alle Criminial Rechtssachen sämtlicher Lehrer, Diener und Angehörigen der Universität, ihrer Familien und Dienstleute. Bei eigenen Rechtssachen des amtsführenden Prorectors, vertritt der abgetretene die Stelle des Dirigenten, und bei Rechtssachen eines Beisizer wird dessen Stelle durch einen außerordentlichen Beisizer aus der Juristen Facultät ersezt.
C. Alle persönlichen Civil Rechtshändel, soweit sie das Mein und Dein betreffen, also namentlich alle Schuldsachen, desgleichen alle Criminal Sachen der Studirenden. – Ausgenommen sind:

a) alle Polizei- und Diciplinarsachen, dann
b) alle Verbal und Realinjurien Händel der Studirenden. – Solche gehören zu dem Ressort der Oberherrlichen Polizeidirection.

Bei vermischten Sachen weiset das Universitäts Gericht den Disciplinar oder Polizei punct, unter Mittheilung der Acten an die Polizeidirection. Sind beide Puncte nach dem Ermessen der Polizeidirection untrennbar, so ist der Polizeidirector, oder dessen Amtsverweser für dieselbe Sache, Beisizer des academischen Gerichts, sizt und stimmt unmittelbar nach dem Prorector, und vollzieht den Polizei oder Disciplinar Punct des Erkenntnißes allein. – Entstehet Zweifel darüber, ob eine Sache für vermischt zu halten sey, so ist jedes Mal die bejahende Meinung anzunehmen.

Lebensgefährliche Verwundungen die ein Studirender dem andern oder sonst Jemand zufügt, gehören vor das academische Gericht; jedoch gebühret auch darin der Polizeidirection, die erste Cognition bis zur Ergreifung des Thäters und rechtlichen Feststellung der Lebensgefährlichkeit so wie auch dem Polizeidirector oder seinem Stellvertreter der Beisiz *cum voto,* während der Verhandlung vor dem academischen Gericht zustehet.
Die in untrennbaren *causis mixtis* und sonst von dem Universitätsgericht erkannte Strafe des *consilii abeundi* oder der Relegation, bedarf um sofort vollzogen zu werden, bloß der Bestätigung des academischen Senats. Für die Vollziehung hat die Polizeidirection zu sorgen.
Das academische Gericht verfährt und entscheidet nach den besonderen academischen, dann nach den allgemeinen Staats- Civil- und CriminalGesezen. In Sachen der Studirenden unter sich und mit andern, wird in der Regel der Summarische Proceß beobachtet, und schriftliches Verfahren nicht gestattet, SchuldenSachen der Studirenden werden nach den academischen Gesezen behandelt. Für solche wie auch für andere geringfügige, vor das Universitätsgericht gehörige Rechtshändel der Studirenden wird ein GeneralProtocoll gehalten, welches foliirt, geheftet, mit einem alphabetischen PersonalRegister versehen, und am Ende jeden Jahrs geschlossen wird. – Die dazugehörigen Beilagen, werden unter fortlaufenden Nummern, besonders gesammelt und geheftet.
Criminal Sachen werden vor versammeltem academischen Gerichte verhandelt, aber die Erkenntnisse sind von dem academischen Senat nach dem Gutachten der Juristen Facultät abzufassen, von dem UniversitätsGericht hingegen zu publizieren und zu vollziehen.
EheSachen werden mit Beobachtung der Eheordnung ebenso verhandelt und durch hofgerichtlichen Spruch, wie bei anderen Untergerichten auch, abgethan.
Das Depositenwesen besorgt das UniversitätsGericht. Es wird ein Depositalprotocoll, nach der besonders vom Senat zu ertheilenden Vorschrift, und ein wohl verwahrter eiserner Depositen Kasten gehalten, zu welchem der Prorector und die beiden Gerichtsbeisizer drei verschiedene Schlüssel haben.
Die Concepte zu den Ausfertigungen des Gerichts werden in der Regel von dem Syndicus aufgesezet, von dem Prorector und ersten Beisizer hingegen veridirt und signirt. – Die Ausfertigung geschieht in der Universitäts-Expedition.
Bei dem Gericht werden Exhibitions- Relations- und Expeditions-Journale, Citations-Insinuations- und Depositenbücher, und eine Prozeßliste, nach der besonders gegebenen Vorschrift gehalten.

Die Sporteln werden nach der dem Gericht vorgeschriebenen Sporteltaxen erhoben, und unter die Mitglieder des Gerichts so vertheilet, daß der Prorector zwei Theile, jedes der übrigen Stimmführenden Mitglieder des Gerichts einen Theil erhält. – Die Actuariats Gebühren gehören dem Actuar, die Citations-Insinuations- und Aufwartgebühren den Pedellen zu gleichen Theilen. Die Geldstrafen sind an den academischen fiscus abzuliefern.
Die ordentlichen Sizungen des Gerichts werden am Mittwoch und Sonnabend jeder Woche vormittags gehalten. Der erste Tag ist bestimmt zu ??? und Aufnehmung der Klagen, der Instruction der Sachen bis zum Endurtheil, so auch zu der Publication der Erkenntniße: der andere Tag zu dem Vortrage der Eingaben, und der instruirten Rechtssachen an das versammelte Gericht, zu Berathschlagungen, zu Abfassung rechtlicher Erkenntniße und anderer Beschlüße. Für eilige Fälle werden, wenn es nöthig, außerordentliche Sizungen gehalten.
Die Aufsicht über das Universitätsgericht führt der academische Senat. Dieser veranlasst auch die Justiz Visitation des Gerichts, nach der besonders mitgetheilten Vorschrift. Die ordentliche Visitation wird in der ersten Woche jeden Jahrs, eine außerordentliche so oft es nöthig oder räthlich vorgenommen. Visitatoren sind zum von dem Senat erwählte Senatoren, mit Ausschluß des Prorectors und des ersten Gerichtsassessors von dem verflossenen Jahre, von denen wenigstens einer Mitglied der Juristen Facultät seyn muß. Sie nehmen die Visitation in Gegenwart des Syndicus und des Actuars vor, und senden das darüber abgehaltene Protocoll an den Senat, welcher darauf die etwa nöthigen Verfügungen erläßt.

Hiernach ist sich zu achten. Gegeben unter dem Geheimen Polizei Departements-Insiegel.
Carlsruhe den 4n 7br 1807

Graf v. Bentzel-Sternau

XII Urteil Brügelmann ./. Montanus

UAH RA 6371

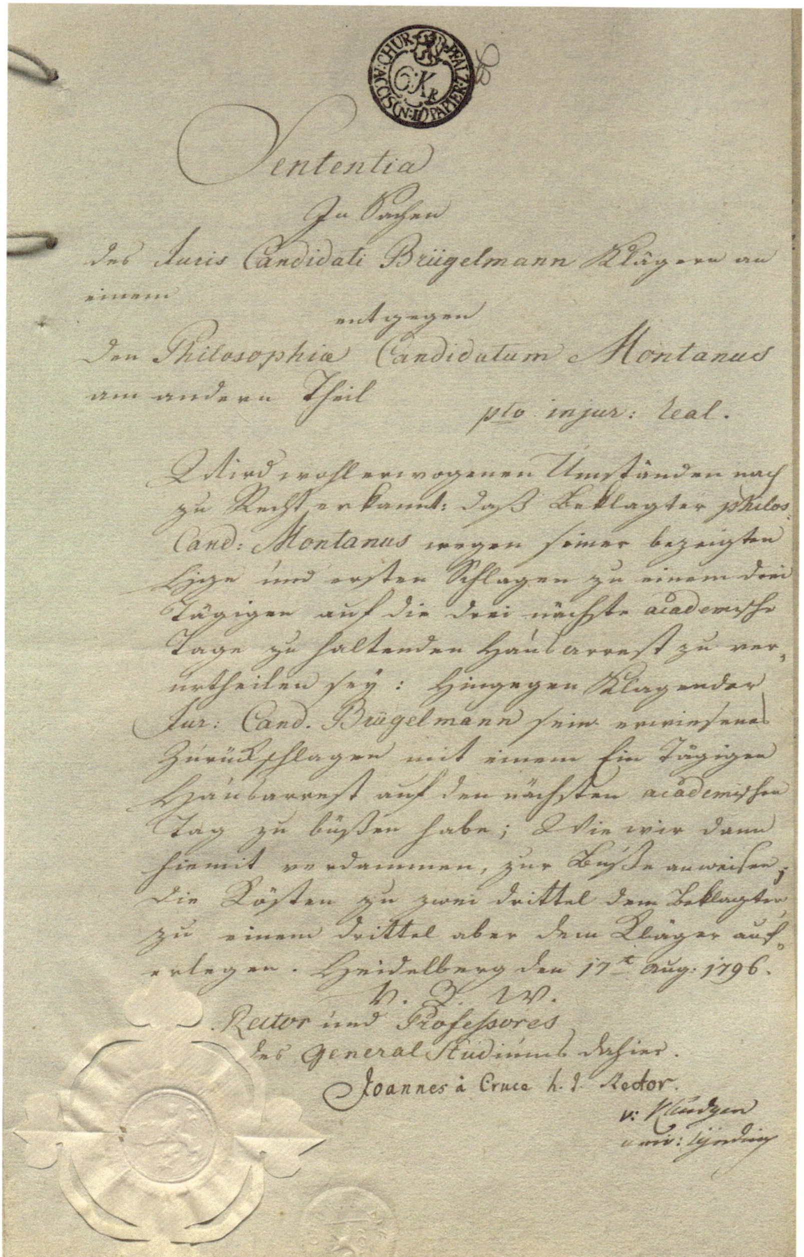

Sententia

In Sachen

des Iuris Candidati Brügelmann Klägern an einem

entgegen

den Philosophiæ Candidatum Montanus am andern Theil

pto injur: real.

Wird wohlerwogenen Umständen nach zu Recht erkannt: daß Beklagter philos: Cand: Montanus wegen seiner bezeigten Hize und ersten Schlagen zu einem drei tägigen auf die drei nächste academische Tage zu haltenden Hausarrest zu verurtheilen seye: hingegen Klagender Iur: Cand. Brügelmann seine vermeintliche Zurückschlagen mit einem ein tägigen Hausarrest auf den nächsten academischen Tag zu büßen habe; Wie wir dann hiemit verdammen, zur Buße anweisen, die Kösten zu zwei drittel dem Beklagten zu einem drittel aber dem Kläger aufer legen. Heidelberg den 17. Aug: 1796.

V. R. W.

Rector und Professores des General Studiums dahier.

Joannes à Cruce h. t. Rector.

v. Kleudgen
univ: Syndicus

XIII Anhang zu den Akademischen Gesetzen von 1805

UAH RA 4603

Revers,
den jeder Studirende bei der Immatriculation
zu unterschreiben hat.

Ich Endesunterschriebener verspreche, nicht nur überhaupt die gesammten academischen Geseze nach meinen besten Kräften zu beobachten, sondern versichere auch hiermit noch insbesondere auf mein Ehrenwort, 1) daß ich kein Mitglied einer geheimen Ordens- oder landsmannschaftlichen Verbindung sey, oder doch, falls ich bisher oder ehemals ein solches gewesen seyn sollte, von diesem Augenblicke an davon ausscheiden, und während meines Aufenthaltes auf der hiesigen Universität weiter nicht die mindeste Verbindung mit derselben unterhalten wolle, und 2) daß ich während dieses Aufenthaltes in eine solche geheime Ordens- oder landsmannschaftliche Verbindung, was dieselbe auch immer für einen Namen führen möge, auf keine Weise und unter keinem Vorwande eintreten, sondern die darüber gegebenen Geseze aufs unverbrüchlichste beobachten werde.

Beides auf mein Ehrenwort.

Zugleich verpflichte ich mich, daß, wenn der academische Senat mich für dringend verdächtig erklären sollte, daß ich diesem meinem Ehrenworte zuwider in einer solchen geheimen Verbindung stehe, ich auf die mir deshalb geschehene Weisung, ohne einen vollständigen Beweis des mir zum Verdacht gelegten Verbrechens zu verlangen, die hiesige Universität mit dem Ende des Semesters freiwillig verlassen wolle; wobei es sich jedoch von selbst versteht, daß diese meine Entfernung in keiner Hinsicht als eine gegen mich verhängte Strafe betrachtet werden dürfe.

Zur Beglaubigung alles dieses habe ich gegenwärtigen Revers eigenhändig unterschrieben.

Heidelberg, (Freiburg) den 18

XIV Revers von 1837

UAH RA 4717

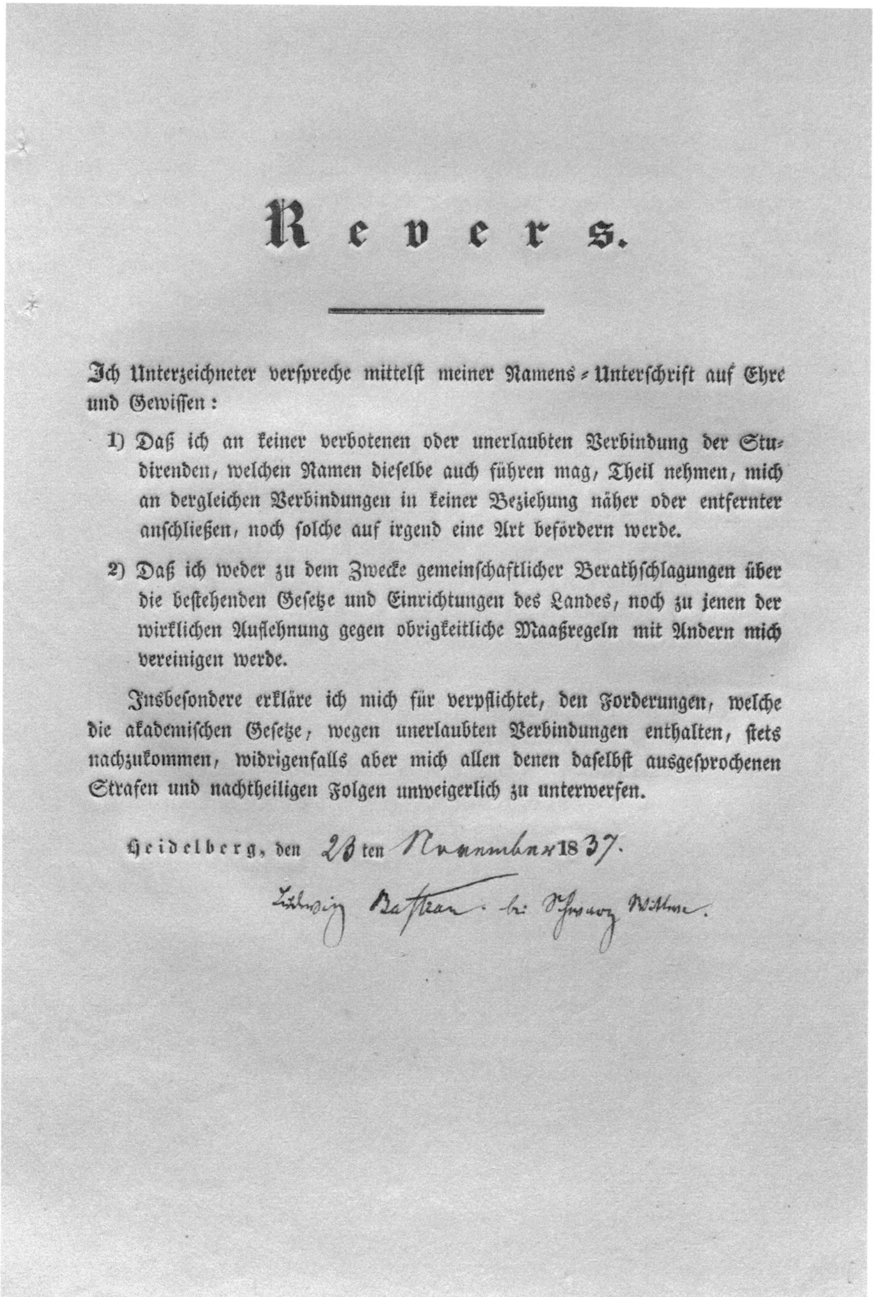

Revers.

Ich Unterzeichneter verspreche mittelst meiner Namens-Unterschrift auf Ehre und Gewissen:

1) Daß ich an keiner verbotenen oder unerlaubten Verbindung der Studirenden, welchen Namen dieselbe auch führen mag, Theil nehmen, mich an dergleichen Verbindungen in keiner Beziehung näher oder entfernter anschließen, noch solche auf irgend eine Art befördern werde.

2) Daß ich weder zu dem Zwecke gemeinschaftlicher Berathschlagungen über die bestehenden Gesetze und Einrichtungen des Landes, noch zu jenen der wirklichen Auflehnung gegen obrigkeitliche Maaßregeln mit Andern mich vereinigen werde.

Insbesondere erkläre ich mich für verpflichtet, den Forderungen, welche die akademischen Gesetze, wegen unerlaubten Verbindungen enthalten, stets nachzukommen, widrigenfalls aber mich allen denen daselbst ausgesprochenen Strafen und nachtheiligen Folgen unweigerlich zu unterwerfen.

Heidelberg, den 28ten November 1837.

Ludwig Bastian bei Schwarz Wittwe.

XV Brief zum Auszug nach Neustadt a. d. H.

Aus Privatbesitz

Heidelberg, 16. Juli 1848

Da ich nun einmal angefangen habe, lieber Freund, dir die neusten Begebenheiten unserer Universität mitzuteilen, so sehe ich mich ferner genöthigt, dir von der großer Studenten und Bürgerversammlung im faulen Pelz von gestern Abend zu berichten. Es waren vielleicht keine 20 Studenten mehr in Heidelberg, die nicht zugegen gewesen wären. Die Versammlung zeichnete sich, präsidiert von dem Vorsteher des demokrat. Stud.vereins, durch Ruhe, Würde und vorzügliche Redner und Reden aus.
Der von dem Präsidenten der Versammlung vorgeschlagene Antrag, welcher mit großer Majorität angenommen wurde, hat im Ganzen 3 erfreuliche Punkte und lautet:

I.) Die Versammlung solle beschließen, daß die Sache des demokrat. Stud. Vereins zu der ihrigen gemacht e. zu einer allg. Studentenfrage erhoben werde.

II.) Der akademische Senat müsse sich aller weiteren Maaßregeln gegen diesen demok. St. Verein enthalten, bis

III.) Eine aus 6 Mitgliedern ernannte Deputation an das Ministerium des Inneren, welche mit der ausdrücklichen Erklärung, daß, wenn binnen 24 Stunden das Verbot des dem. V. nicht zurückgenommen wäre, sämtliche Studierenden die Universität verlassen e. ausziehen würden, abreisen sollte, nach Heidelberg zurück gekehrt wäre.

[Seite 2]
Alsbald wurden nun die 6 Depurtirten gewählt, welche theils aus Demokraten, theils aus Konstitutionellen, Chorpstudenten und Nichtchorpst. besteht. Ihnen wurden nundann 6 Docenten der Univ. beigegeben, welche im Namen der Professoren gegen diese Gewaltthätigkeit des Ministeriums protestieren

e. die Sache der Stud. unterstützen sollten. Unter diesen nenne ich dir Doktor Levita,[11] Doktor Schiele [Schieb], Morstadt,[12] Prof. Henle.[13]
Außerdem begleitete diese Deputation, welche heute früh 6 Uhr nach Carlsruhe abgereist ist, eine chaleche[14] von Seiten der Bürger e. man ist nun höchst gespannt, was sie heute Abend zurück bringen werden.
Die Studenten sind fest entschlossen, auszuwandern e. sollte es die Mehrzahl thun e. kein Kolleg mehr gehalten wird, muß man sich dem fügen und mit machen. Als neuen Aufenthalt wurde fast einstimmig die Pfalz e. zwar Neustadt gewählt, wo man am besten, am freiesten e. von der „zügellosen" Soldateska entfernt leben könne.
So wird nun, wenn das Ministerium „Nein" sagt, Neustadt, für einige Zeit wenigstens, ein Studentenlager! Das wird sehr heiter!
Da kommt der August mich als besuchen. Morgen frühe soll schon dahin abgezogen werden im Falle der nicht Erfüllung. Was mich betrifft, so werde ich noch zusehen, und wenn es die Mehrzahl thut, derselben nach reiten, besonders denn wenn die Univ. geschlossen wird.
Am frechsten e. unverschähmtesten hat sich wieder Berg [?] gezeigt!

[Seite 3]
Welcher die Redner öfter unterbrach, dagegen sehr oft mit einem „Halt dein frech Maul, Lausbub!" abgeschnauzt wurde. Köstlich war es zu hören, wie er, sich auf die Rednerbühne drängend, schrie: „Hr. Kommilitonen, ein großer weiter fluß soll uns von dieser verachtenden Zwingherrschaft, von diesem Orth, wo Gesetzlosigkeit e. Gewalthätigkeit herrschen, scheiden! Ja! meine Herren, in die Pfalz nach Neustadt od. Frankenthal!" Einen anderen Redner, welcher einwarf, man wäre in der Pfalz dem Militär zu nahe und könnte leicht mit diesem zu schaffen bekommen, fiel er ins Wort: „Man wird dieser frechen Soldateska zu begegnen wissen!" worauf lautes Gelächter entstand e. Berg mit dem allg. Rufe: Ab! Ab! zu schweigen gezwungen wurde.
So steht es jetzt bei uns. Gibt die Regierung nach, so ist es eine Blamage für sie; gibt sie nicht nach, so dürfte vielleicht der Kurs in Neustadt zu Ende gelesen werden. Schöne Geschichten!

---

11 Dr. Julius Levita, Jurist, immatrikuliert am 25. Oktober 1846, Toepke V, S. 776, oder Privatdozent Carl Levita, Jurist, Republikaner, siehe siehe Schroeder, Universität für Juristen, S. 189.

12 Zu Prof. Dr. Karl Eduard Morstadt, Jurist, siehe Schroeder, Universität für Juristen, S. 150ff.

13 Jacob Henle, Med., immatrikuliert am 8. Mai 1830, Toepke V, S. 422.

14 Gemeint ist wohl eine Kalesche, also eine Kutsche.

Heute gehe ich (2 Uhr) nach M.[15] wo, wie ich dir gestern schon schrieb, der „Schwarze Domino“[16] abermals gegeben wird. Mit dem 10 Uhr zuge kehre ich zurück e. bin begierig, was ich dann noch im bad. Hofe erfahren werde. Ich lege diesen Brief in M. zur Post. Lebe wohl treuer Freund.

Mit gewohnter Liebe dein

A.

Heidelberg, den 16. Juli 1848 (Dieser Brief dürfte nicht für Jedermann sein!)
Sonntag Mittags 12 Uhr.

---

15 Gemeint ist Mannheim, von wo der Brief ausweislich des Poststempels abgeschickt wurde.

16 Eine komische Oper von Daniel-François-Esprit Auber.

XVI Freiburger Zeitung vom 19. 08. 1828

Freiburger Zeitung.

Dienstag den **Nr. 232** 19. August 1828.

Meteorologische Beobachtungen vom 17. August 1828.	Zeit d. Beobachtung.	Therm. nach Reaum.	Barometer.	Wind.	Witterung.
	Morgens 6 Uhr.	+ 8 3/4 Grad.	27 Z. 3 1/4 L.	O.	Sonne.
	Nachmittag 2 —	+ 14 1/2 —	— Z. 3 1/4 L.	—	—
	Nachts 10 —	+ 12 3/4 —	— Z. 3 1/4 L.	—	Sternenvoll.

Inländische Nachrichten.

Karlsruhe den 17. Aug. Ihre Hoheit die Frau Markgräfin Friedrich und Ihre Durchlaucht die Prinzessin Auguste von Nassau sind gestern von Ihrem Sommeraufenthalt in Baden im besten Wohlseyn zurückgekommen.

Heidelberg den 15. Aug. Es haben hier gestern tumultuarische Auftritte statt gehabt, welche, so unangenehm sie auch an sich sind, unserer Akademie gewiß am Ende zum Besten gereichen werden.

Es ist hier nämlich in diesem Jahr aus den Mitteln der Professoren und anderer angesehenen Einwohner für 70 000 fl. ein sehr schönes Museum erbauet, dem gesellschaftlichen Vergnügen gewidmet, und insoferne auch auf das Beste aller Studirenden berechnet, welche der feineren Bildung geneigt sind. Die nach der sorgfältigsten Prüfung entworfenen Gesetze des Instituts konnten natürlich denen, welche hier nur kurze Zeit verweilen, nicht die vollen Rechte der Angesessenen geben, aber es ward doch darin den Studirenden alles Mögliche eingeräumt, daher sich auch gleich einige 60 der gebildetsten Akademiker als Mitglieder der Gesellschaft einschreiben ließen. Andere verlangten aber eine Aenderung der Gesetze nach ihrem Sinn, und so ward denn von mehreren Seiten Alles darauf angelegt, die Gemüther in Gährung zu bringen, und durch Drohungen zu schrecken. Vorgestern Abends erhielt der akademische Senat die Anzeige, daß das Museum förmlich in Verruf gethan sey, und zwar von der sogenannten allgemeinen Burschenschaft, welche hier bisher noch immer im Dunkeln fortbestanden hatte. Der Senat ließ hierauf gestern in aller Frühe die sämmtlichen Mitglieder der Burschenschaft unter Hausarrest setzen, und vier ihrer vermuthlichen Vorsteher auf das Carcer bringen, worauf sofort die Untersuchung begann. Allein wenige Stunden nachher rottirten sich Freunde der Arretirten zusammen, zogen die letzten an sich, befreiten mit Gewalt die, welche sich auf dem Carcer befanden, und beschlossen einen förmlichen Auszug, welcher auch gleich um 8 Uhr erfolgte. Die Zahl der Ausgezogenen betrug kaum ein Drittheil der hiesigen Akademiker, und unter diesen waren viele, welche gezwungen, oder um Verfolgungen auszuweichen, mitgiengen, und daher auch schon an demselben Abend still zurückkehrten. Die Untersuchung wird nun mit allem Ernst fortgesetzt, und hat unfehlbar auch den heilsamen Erfolg, daß hier die allgemeine Burschenschaft auf immer von Grund aus vertilgt wird. (K.Z.)

Deutschland.

Stuttgart den 2. Aug. Das neue kön. Hausgesetz enthält folgende wesentliche Bestimmungen: „Die kön. Prinzen und Prinzessinnen der Hauptlinie werden „königl. Hoheit“, die der Nebenlinien „Herzoge und Herzoginnen von Würtemberg“ genannt und mit „Hoheit“ angeredet. Die Volljährigkeit des Kronprinzen tritt nach zurückgelegtem 18ten Jahre, die der k. Prinzen und Prinzessinnen nach dem 21sten, und die der Herzoge und Herzoginnen erst nach dem 22sten Lebensjahre ein. Alle Apanagen entstehen künftig nur aus den, den nachgebornen Söhnen oder Enkeln eines Königs von dem Regierungs-Nachfolger zu gewährenden Abfindungen, und gehen mit Ausschluß jeder Vererbung an Seitenverwandte, zunächst auf die männliche Nachkommenschaft des Letztverstorbenen über. Die Größe der Apanage eines nachgebornen Sohnes des Königs beträgt, wenn nicht mehr als zwei vorhanden sind, 40,000 fl., wenn aber mehr als zwei vorhanden sind, 30,000 fl. Die Söhne und Enkel des Königs erhalten, bis zur Apanagirung, von erreichter Voll-

XVII Consilium abeundi nebst Kostenbeschluss

UAH RA 7061

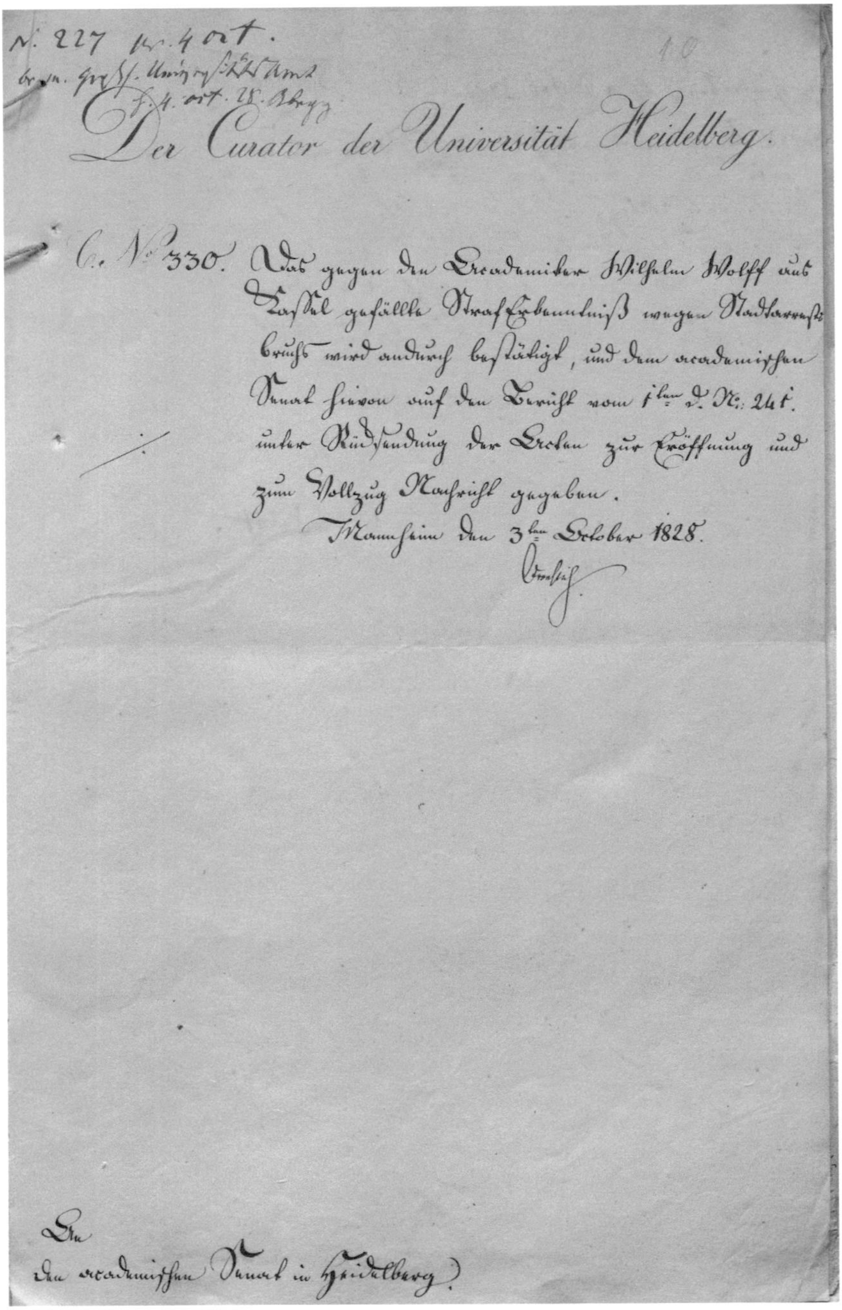

N. 227 pr. 4 Oct.

Der Curator der Universität Heidelberg.

C. No 330. Das gegen den Academiker Wilhelm Wolff aus Cassel gefällte Strafserkenntniß wegen Stadtarrestbruchs wird andurch bestätigt, und dem academischen Senat hievon auf den Bericht vom 1ten d. M. N. 24?. unter Rücksendung der Acten zur Eröffnung und zum Vollzug Nachricht gegeben.

Mannheim den 3ten October 1828.

An den academischen Senat in Heidelberg.

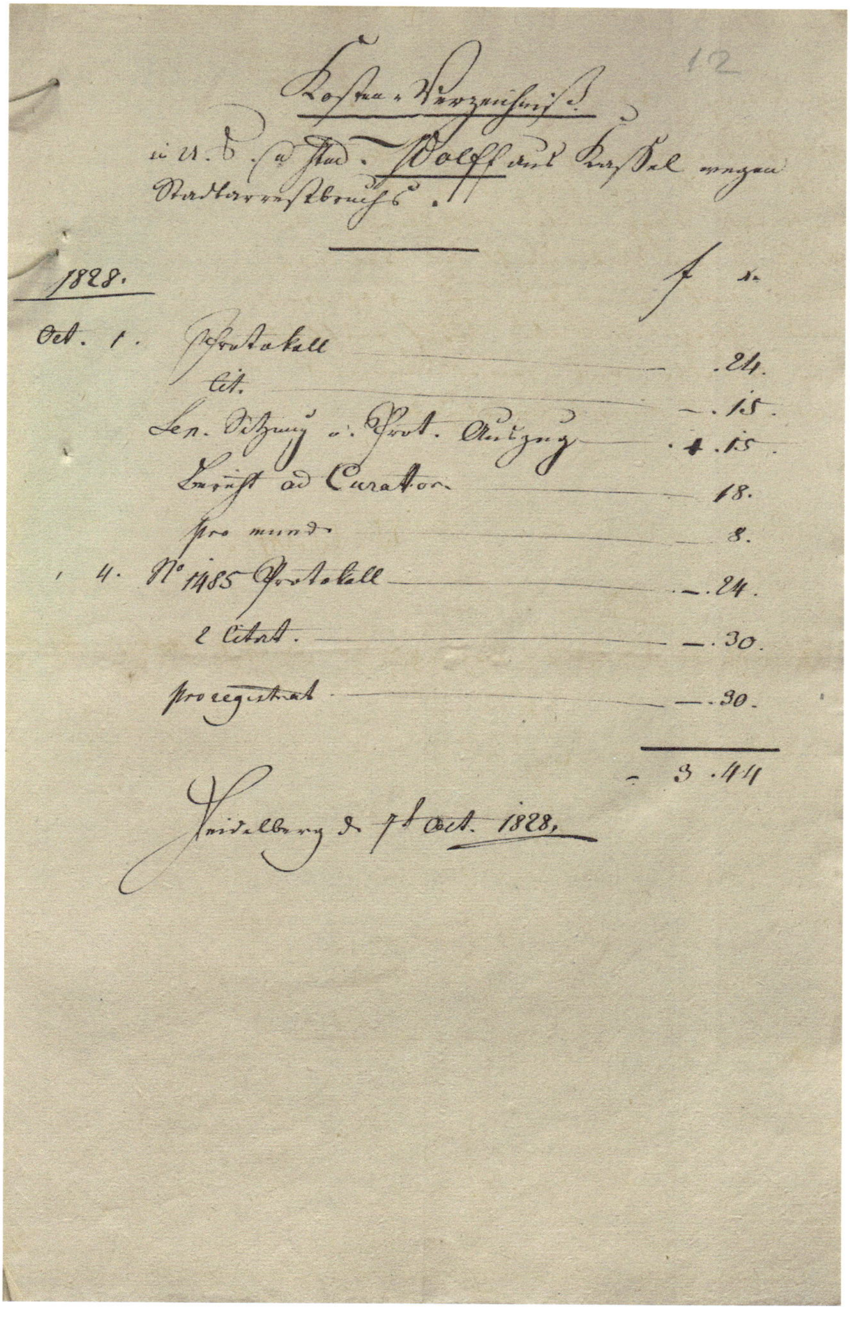

12

Kosten-Verzeichniß
in U. S. ca Stud. Wolff aus Kassel wegen Stadtarrestbruchs.

1828.		fl	kr
Oct. 1.	Protokoll		.24.
	Cit.	–	.15.
	Sen. Sitzung u. Prot. Auszug	1	.15.
	Schrift ad Curator		18.
	pro mund.		8.
„ 4.	No 1485 Protokoll	–	.24.
	2 Citat.	–	.30.
	pro registrat.	–	.30.
		= 3	.44

Heidelberg d. 7t Oct. 1828.

XVIII Relegationspatent

UAH 7934

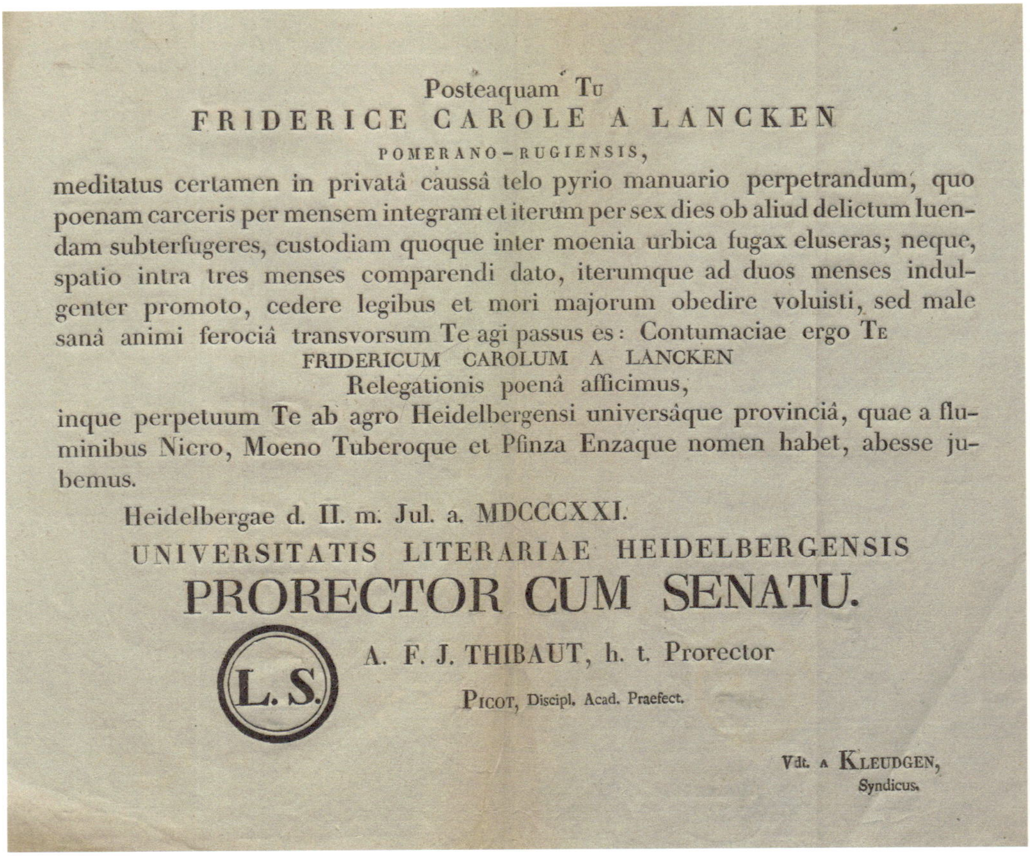

Posteaquam Tu
FRIDERICE CAROLE A LANCKEN
POMERANO-RUGIENSIS,
meditatus certamen in privatâ caussâ telo pyrio manuario perpetrandum, quo poenam carceris per mensem integram et iterum per sex dies ob aliud delictum luendam subterfugeres, custodiam quoque inter moenia urbica fugax eluseras; neque, spatio intra tres menses comparendi dato, iterumque ad duos menses indulgenter promoto, cedere legibus et mori majorum obedire voluisti, sed male sanâ animi ferociâ transvorsum Te agi passus es: Contumaciae ergo Te
FRIDERICUM CAROLUM A LANCKEN
Relegationis poenâ afficimus,
inque perpetuum Te ab agro Heidelbergensi universâque provinciâ, quae a fluminibus Nicro, Moeno Tuberoque et Pfinza Enzaque nomen habet, abesse jubemus.

Heidelbergae d. II. m. Jul. a. MDCCCXXI.
UNIVERSITATIS LITERARIAE HEIDELBERGENSIS
PRORECTOR CUM SENATU.

(L. S.) A. F. J. THIBAUT, h. t. Prorector

Picot, Discipl. Acad. Praefect.

Vdt. a Kleudgen,
Syndicus.

XIX Karzerordnung

UAH RA 7962

Carcer Ordnung

§ 1

Die Aufnahme eines Academikers in den Untersuchungs-Arrest ist bezüglich der Zeit unbeschränkt, sie geschieht nach Maßgabe der academischen Gesetze; jene in den Straf Arrest auf Vorzeigen einer amtlichen Vorladung zur Strafersehung findet nur im Laufe des Tages [von Morgens 7 bis Abends 7 Uhr] statt.

§ 2

Hinsichtlich beider Arten des academischen Arrestes gelten folgende Bestimmungen sofern sie nicht auf eine Art ausdrücklich beschränkt sind.

§ 3

In den Carcer dürfen außer den nothwendigen Lebensbedürfnißen nur diejenigen Requisiten mitgenommen werden, deren der Verhaftete zu seinem Studium bedarf.

§ 4

Die Verköstigung des Incarcerirten geschieht auf seine beliebige Bestellung und seine Rechnung jedoch nur Morgens 8, Mittags 12 und Abends 7 Uhr.

§ 5

Der Genuß geistiger Getränke im Carcer ist insoweit untersagt, daß jedem Verhafteten täglich nur 1 Schoppen Wein und 2 Flaschen Bier gestattet werden.

§ 6

Vor Morgens 7 Uhr und nach 10 Uhr Nachts darf im Carcer kein Licht gebrannt werden.

§ 7

Den im Strafarrest befindlichen Studirenden ist gestattet ihre Lohnbedienten Morgens zwischen 7 und 8 Uhr zu sich kommen zu lassen. Andere Besuche werden nur auf besondere Erlaubniß des Großherzoglichen Universitätsamtes zugelassen.

§ 8

Muthwillige Beschädigungen und Verunreinigungen im Carcer werden auf Ermessen mit Arrest bestraft.

§ 9

Dem Universitäts Hausmeister sind folgende Gebühren von dem Verhafteten sofort baar zu entrichten:

a. bei der Aufnahme in den Carcer	30 kr.
b. Wartgeld täglich	15 kr.
c. im Winter für Feuerung	15 kr.
d. die Beleuchtung wird nach Bestellung besonders berechnet	
e. bei Entlaßung aus dem Carcer	30 kr.

XX Veröffentlichung des Senats vom 20. 02. 1805

UAH RA 5432

Das Bemühen des akademischen Senats ging seither unabläßig dahin, die seiner Obsorge anvertraute Zöglinge mehr durch väterliche Güte als durch strenge Geseze, ihrem erhabenem Berufe gemäß, zu leiten.
Allein nicht ohne große Indignation macht derselbe seit ge-raumer Zeit die traurige Erfahrung, daß Leidenschaften und Partheigeist nicht nur dazu genüzet werden, um die erforder-liche Eintracht unter den Studirenden selbst zu stören, sondern daß zur Verachtung der akademischen Geseze sogar die öffentliche Ruhe durch ein die Würde eines akademischen Bürgers in Wahrheit entehrendes Betragen mit jedem Tage mehr gefährdet werde, und jene akademische Freiheit, welche der akademische Senat nie zu kränken gewöhnt ist, vielmehr bei jeder Gelegenheit zu schüzen sich bemühete, nach lauten Klagen der sämtlichen hiesigen Einwohnerschaft in Frechheit und Zügellosigkeit auszuarten beginne.
Der akad. Senat warnt sohin mit väterlichem Ernste sämtliche irrgeleitete akademische Bürger, sieht sich aber zugleich genöthiget, durch gegenwärtiges Publicandum denselben bekannt zu machen, daß man zu Abstellung aller ferneren zu nächtlichen Weile verübten Excesse mit dem hiesigen Militair Commando nähere Communication gepflogen, und die Verfügung getroffen habe, daß alle jene, welche zu Abendszeit sich Lärmen auf den Straßen oder sonstigen Unfug jeder Art erlauben, ohne weiteres auf die Hauptwache gebracht und aldem der akademischen Behörde ausgeliefert werden sollen; wobei diejenige, welche sich der geringsten Widersezlichkeit gegen die Patrouille erlauben, sich nicht nur die etwa daraus entstehende Folgen selbst beizumessen, sondern noch überdies eine öffentliche ihrem Vergehen angemessene Strafe zu erwarten haben.
Alle jene eingebrachte Ruhestöhrer aber sollen bei dem ersten Betretungsfalle einer exemplarischen Strafe unterworfen, im Wiederholungsfalle aber unnachsichtlich von hiesiger Akademie hinweg gewiesen werden. Heidelberg den 20. Febr. 1805.
Prorector und Professores

XXI Urteil gegen Otto Wulff

UAH RA 7227

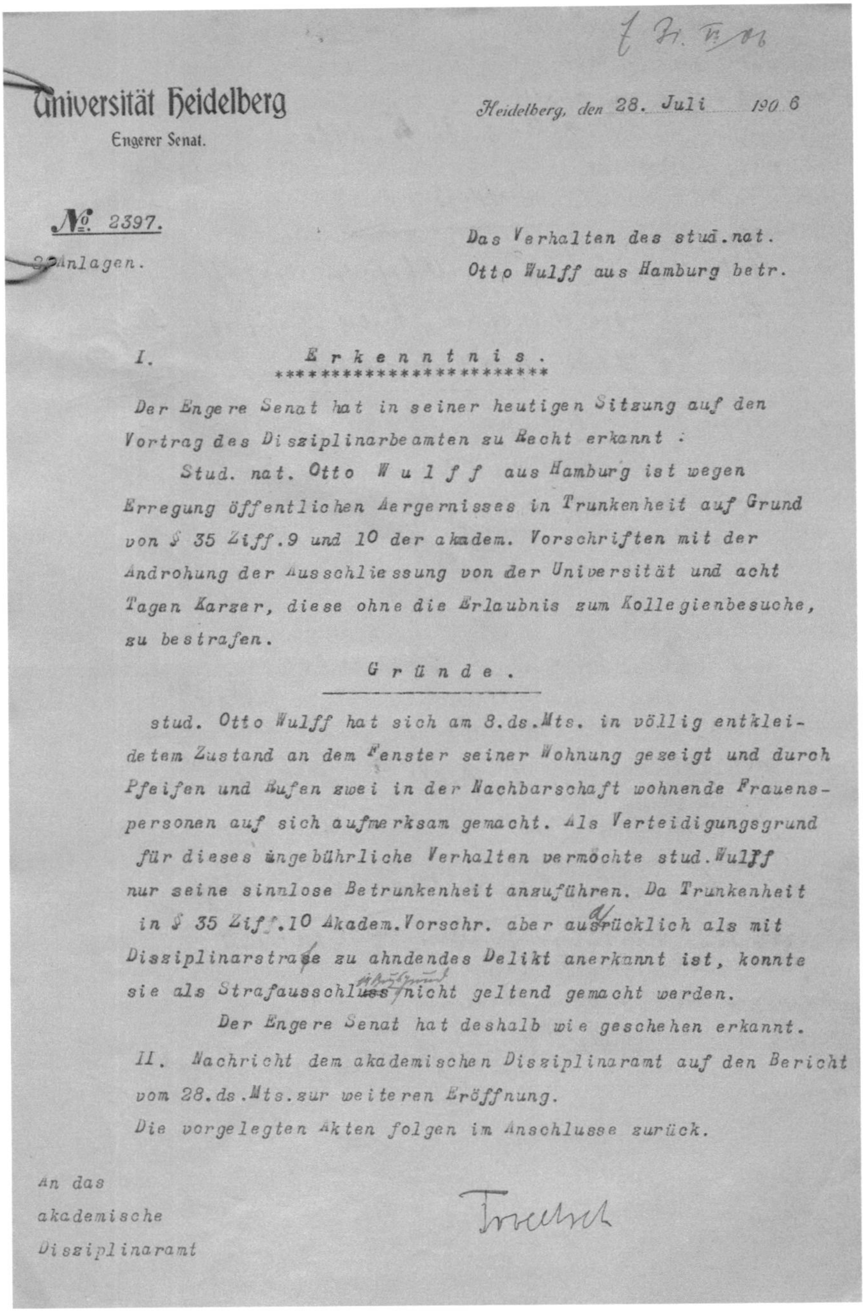

Universität Heidelberg
Engerer Senat.

Heidelberg, den 28. Juli 1906

No. 2397.
2 Anlagen.

Das Verhalten des stud. nat. Otto Wulff aus Hamburg betr.

I. Erkenntnis.

Der Engere Senat hat in seiner heutigen Sitzung auf den Vortrag des Disziplinarbeamten zu Recht erkannt :

Stud. nat. Otto Wulff aus Hamburg ist wegen Erregung öffentlichen Aergernisses in Trunkenheit auf Grund von § 35 Ziff. 9 und 10 der akadem. Vorschriften mit der Androhung der Ausschliessung von der Universität und acht Tagen Karzer, diese ohne die Erlaubnis zum Kollegienbesuche, zu bestrafen.

Gründe.

stud. Otto Wulff hat sich am 8. ds. Mts. in völlig entkleidetem Zustand an dem Fenster seiner Wohnung gezeigt und durch Pfeifen und Rufen zwei in der Nachbarschaft wohnende Frauenspersonen auf sich aufmerksam gemacht. Als Verteidigungsgrund für dieses ungebührliche Verhalten vermöchte stud. Wulff nur seine sinnlose Betrunkenheit anzuführen. Da Trunkenheit in § 35 Ziff. 10 Akadem. Vorschr. aber ausdrücklich als mit Disziplinarstrafe zu ahndendes Delikt anerkannt ist, konnte sie als Strafausschliessungsgrund nicht geltend gemacht werden.

Der Engere Senat hat deshalb wie geschehen erkannt.

II. Nachricht dem akademischen Disziplinaramt auf den Bericht vom 28. ds. Mts. zur weiteren Eröffnung.

Die vorgelegten Akten folgen im Anschlusse zurück.

An das
akademische
Disziplinaramt

Troeltsch

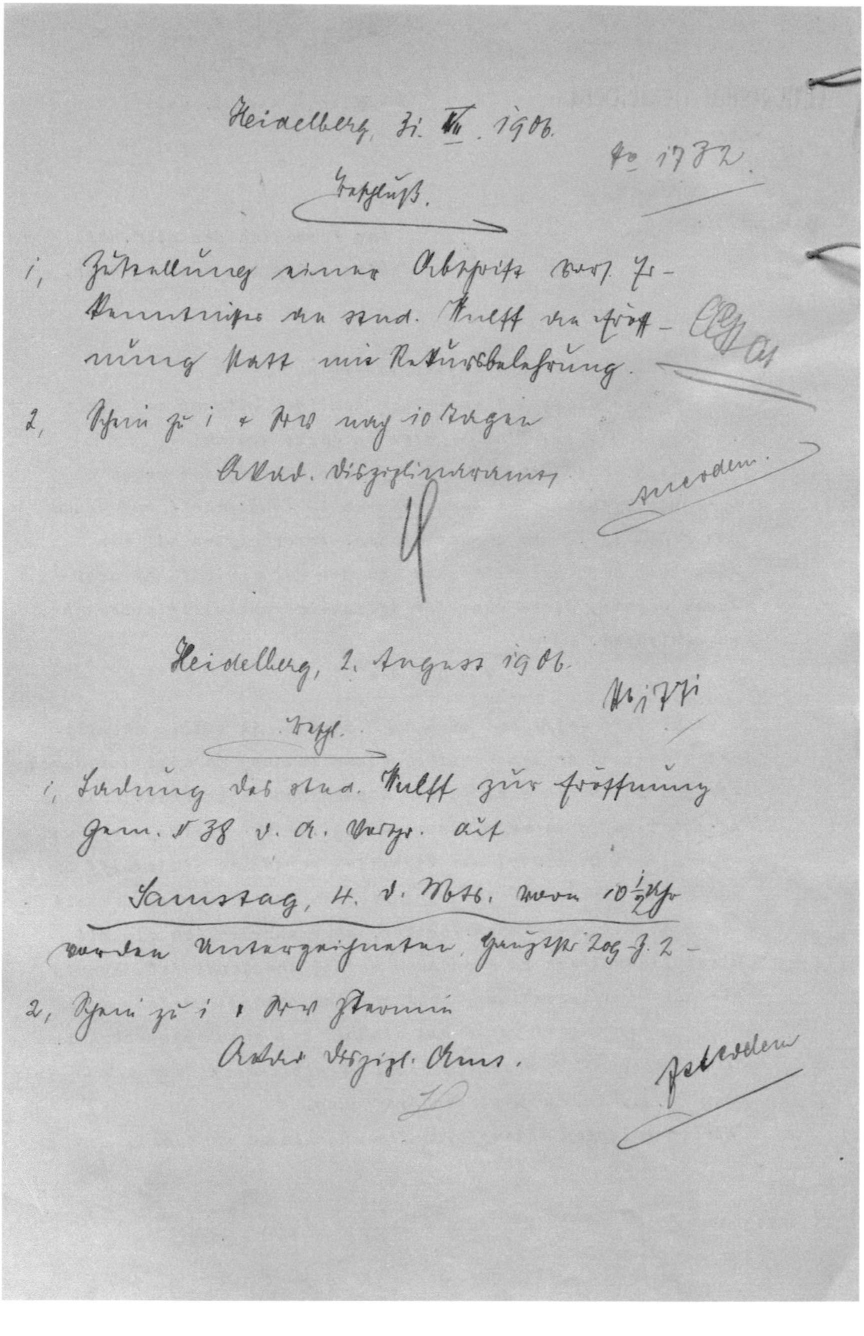

Heidelberg, 31. VII. 1906.

No 1772.

Beschluß.

1, Zustellung einer Abschrift des [illegible] an stud. Wulff zur Eröffnung statt mit Rechtsbelehrung.

2, Wv. zu 1 u. 2 nach 10 Tagen

Akad. Disziplinaramt

Heidelberg, 2. August 1906.

No 1771

Beschl.

1, Ladung des stud. Wulff zur Eröffnung gem. § 38 d. A. Vorschr. auf

Samstag, 4. d. Mts. vorm. 10 ½ Uhr

vor den Unterzeichneten. [illegible]

2, Wv. zu 1 nach Termin

Akad. Diszipl. Amt.